中国社会科学院马克思主义理论
学科建设与理论研究系列丛书

马克思主义哲学研究

第2辑

本卷主编 谢地坤

中国社会科学出版社

图书在版编目（CIP）数据

马克思主义哲学研究（第 2 辑·2012）/谢地坤主编 . —北京：中国
社会科学出版社，2013.4
ISBN 978 - 7 - 5161 - 2535 - 9

Ⅰ.①马…　Ⅱ.①谢…　Ⅲ.①马克思主义哲学—文集　Ⅳ.①B0 - 0

中国版本图书馆 CIP 数据核字（2013）第 080748 号

出　版　人	赵剑英
责任编辑	徐　申
责任校对	韩海超
责任印制	李　建

出　　　版	中国社会科学出版社
社　　　址	北京鼓楼西大街甲 158 号（邮编 100720）
网　　　址	http://www.csspw.cn
	中文域名:中国社科网　　010 - 64070619
发 行 部	010 - 84083685
门 市 部	010 - 84029450
经　　　销	新华书店及其他书店

印刷装订	北京七彩京通数码快印有限公司
版　　　次	2013 年 4 月第 1 版
印　　　次	2013 年 4 月第 1 次印刷

开　　　本	710 × 1000　1/16
印　　　张	31.5
插　　　页	2
字　　　数	523 千字
定　　　价	79.00 元

凡购买中国社会科学出版社图书,如有质量问题请与本社联系调换
电话:010 - 64009791

前　　言

　　以毛泽东、邓小平、江泽民为核心的党的三代领导集体和以胡锦涛同志为总书记的党中央始终高度重视党的理论工作，重视全党对马克思主义理论的学习和研究工作。

　　2004年1月，《中共中央关于进一步繁荣发展哲学社会科学的意见》下发，并决定实施马克思主义理论研究和建设工程。

　　为贯彻落实党中央关于把中国社会科学院努力建设成为马克思主义坚强阵地、党和国家的思想库智囊团、哲学社会科学的最高殿堂的要求，中国社会科学院采取了一系列重要措施。2009年初决定把加强马克思主义理论学科建设与理论研究作为一项重要工作来抓，并成立中国社会科学院马克思主义理论学科建设与理论研究工作领导小组。领导小组成立后，一方面注重抓好马克思主义理论学科组织机构的建设，设立马克思主义理论类别的研究室和中心等；同时又注重马克思主义基础理论研究。

　　为了推进马克思主义基础理论研究，决定从2011年开始编辑出版《马克思主义专题研究文丛》，每年收录全国范围内相关学科领域具有代表性的文章。

中国社会科学院马克思主义理论学科建设

与理论研究工作领导小组

2011年9月

目　　录

总　论

哲学基本问题

历史唯物主义

方法论

价值论

文本研究

国外马克思主义研究

马克思主义与后现代

马克思主义与空间理论

总　　论

深入研究中国发展道路和发展经验，丰富和发展马克思主义社会形态理论

王伟光

　　社会形态理论是马克思主义的重要内容，是唯物史观不可分割的重要组成部分，是马克思主义经典作家以深邃的历史洞察力深刻剖析人类社会历史发展进程而收获的重要理论硕果。马克思虽然没有就社会形态问题撰写过专著，但一生中围绕着这一问题留下了大量论述。马克思最早提出"社会形态"（Gesellchaft formation）的概念，是在 1851 年撰写的《路易·波拿巴的雾月十八日》。马克思写道："新的社会形态一形成，远古的巨人连同复活的罗马古董——所有这些布鲁土斯们、格拉古们、普卜利科拉们、护民官们、元老们以及恺撒本人就都消失不见了。冷静务实的资产阶级社会把萨伊们、库辛们、鲁瓦耶—科拉尔们、本杰明·贡斯当们和基佐们当作自己真正的翻译和代言人；它的真正统帅坐在营业所的办公桌后面……"① 马克思在这里使用社会形态这一概念，是为了表明资本主义社会是人类历史发展的一个新阶段，是不同于以往的社会形态。根据日本学者大野节夫的考证，形态（Formation）这一语词是马克思从当时的地质学术语中借用过来的。该词在当时的地质学中用以表示在地壳的历史中先后形成的不同岩层，一个形态就是一个不同的岩层单位。可以看出，马克思使用"社会形态"这一概念，意在表明人类社会的发展也是由不同的历史层次、不同的历史阶段、不同的社会样态构成的。在《1857—1858 年经济学手稿》中，马克思指出，"家长制的，古代的（以及封建的）状态随着商业、奢侈、货币、交换价值的发展而没落下去，现代社会则随着这些东

---

① 《马克思恩格斯选集》第 1 卷，人民出版社 1995 年版，第 585—586 页。

西同步发展起来"①。1859 年 1 月，马克思在《〈政治经济学批判〉序言》中对唯物史观作了经典表达，并指出："大体说来，亚细亚的、古代的、封建的和现代资产阶级的生产方式可以看作是经济的社会形态演进的几个时代。资产阶级的生产关系是社会生产过程的最后一个对抗形式……人类社会的史前时期就以这种社会形态而告终。"② 通观马克思关于社会形态的诸多论述，我认为，马克思主义社会形态理论最核心、最根本的要旨就在于说明，人类社会发展是囿于生产力与生产关系的矛盾运动所致，由不同的历史阶段构成，表现为不同的社会形态演进，资本主义社会同其前的其他社会形态一样，只是人类社会历经的一个历史阶段，资本主义社会必然由兴盛走向灭亡，人类社会形态必将驰入一个全新的进程。

岁月更替，人世沧桑，而马克思主义社会形态理论并不因时代的变迁而丧失理论光彩，相反，它依然以其宏大的世界视野、科学的理论价值，对当今社会发展发挥着重要的指南作用。必须始终坚持将马克思主义社会形态理论的基本原则与时代特征、中国的具体实际相结合，使马克思主义社会形态理论在中国的实践中获得时代的升华。

中国和世界正在发生着的深刻变化，为我们研究、创新马克思主义社会形态理论，提供了极其宝贵的机遇。当今世界正处于一个急剧变革的历史时期。自苏东剧变以来，世界社会主义运动陷入了暂时的低潮，世界格局呈现出西强我弱的态势。与此相适应，一些抱有政治倾向的西方学者则在"别无选择"的喧嚣声浪中抛出"冲突"与"终结"等各色话语，认为人类社会历史的发展已经最终止步于西方资本主义制度。然而，人类社会历史的发展却不以其意志为转移。近年来，美国次贷危机引发的席卷全球的世界性经济危机，显示出世界多极化和经济全球化的深刻变化，一超多极的格局虽未根本改变，但美国的霸权已日渐式微，以中国为代表的新兴经济体和平发展的力量正在逐步壮大，以中国特色社会主义为旗帜的社会主义正在走出一条中国式的成功之路，中国特色社会主义日益显示出旺盛的生命力。我在《运用马克思主义立场、观点和方法，科学认识美国金融危机的本质和原因》一文中曾谈道，"美国金融危机引发的全球性危机既是一场严重的金融危机，又是一场深度的经济危机、思想危机、社会危

---

① 《马克思恩格斯全集》第 30 卷，人民出版社 1995 年版，第 108 页。
② 《马克思恩格斯选集》第 2 卷，人民出版社 1995 年版，第 33 页。

机和资本主义制度危机，是资本主义的全面危机。危机伴随社会的深刻变化。历史上，资本主义几次带有全球性的危机都曾引起时代和世界格局的重大变化。从长期来看，美国金融危机的结局将使世界经济进入一个大调整、大动荡时期。这次危机具有颠覆性、全面性、深度性和长期性的负面效应，将给世界经济社会发展带来重大和持续的破坏性影响，世界局势乃至格局将发生重大变化，世界发展进程和历史也将会发生重大转折"。这一历史形势，将愈益激发人们对人类文明发展道路、社会历史发展规律、社会主义发展规律的再探索、再认识，对马克思主义社会形态理论的再研究、再发展。

当代中国既面临着前所未有的发展机遇，也面临着前所未有的挑战。改革开放以来，中国特色社会主义道路的艰辛探索，创造了人类文明的历史奇迹，为当代中国哲学社会科学的理论研究和学术探索提供了绝好的实践场域与理论舞台，对中国发展道路和发展经验的科学总结与理论概括，必然形成当代中国哲学社会科学的最高成就。今天，深入探讨马克思主义社会形态理论，充分发挥哲学社会科学对人类社会历史发展的前瞻性、预见性和指导性，将对中国特色社会主义事业阔步迈进提供精神动力和智力支持。

马克思主义社会形态理论本身，也需要结合新的历史事实和现实实际，不断进行科学的概括、总结和创新，将其推向前进。马克思主义经典作家在创立唯物史观和科学社会主义理论的过程中，当时其注意力和着眼点，主要是放在西方发达资本主义国家。但后来的实践发展促使他们开始注意并研究西方国家和东方国家社会主义革命的不同情况，提出了非资本主义国家走社会主义道路的可能性问题，进一步修订和发展了原先的看法，丰富和发展了唯物史观和科学社会主义理论。通过对东方国家和民族发展道路的研究，他们认为，在一定条件下，经济文化比较落后的国家可以不经过资本主义的充分发展阶段，跨越资本主义制度的"卡夫丁峡谷"，而是进行社会主义革命，走上社会主义道路，实现社会形态的跨越式发展。

今天，围绕从理论与实践上深入回答"什么是社会主义，怎样建设社会主义"这一当代最重大的时代课题，学习马克思主义关于社会形态理论和非资本主义道路理论，需要从以下四个方面来加深认识：第一，马克思主义关于非资本主义道路理论，是在承认一般规律的前提下，对历史发展特殊规律的探索。既要考虑一般社会发展规律，又一定要从本国的特殊发展规律出发，来回答"什么是社会主义，怎样建设社会主义"的问题。第二，马克思主义关于非资本主义道路理论，是在充分估计具体历史条件的前提下，对历史发展道路具体多样性的科学预测。这就告诉我们，各国的具体国情不同，社会主义的具体模式和建设社会主义的具体道路也应当是多样化的，而不能只是一个模式，仅一条道路，一定要在遵从历史发展总体规律的前提下，从历史多样性出发，来回答"什么是社会主义，怎样建设社会主义"的问题。第三，马克思关于非资本主义道路的理论，是在肯定社会形态的演进是一个自然历史过程的前提下，注意到作为历史主体的人对历史的选择作用。从中可以认识到，既要坚持社会发展是一个自然历史过程，坚持历史决定论，又要承认人的历史主体能动性，从历史决定论和历史选择论的辩证统一出发，来回答"什么是社会主义，怎样建设社会主义"的问题。第四，马克思主义关于非资本主义道路理论，实际上只是一种审慎的科学设想，只是一种现实可能性的分析，尚需经过社会实践的验证。这表明"什么是社会主义，怎样建设社会主义"既是一个理论问题，更是一个实践问题，只有随着社会主义实践的不断深入，随着不断的实践的检验，对这个首要的基本问题的认识，才能越搞越清楚，才能不断深化。

如何科学地辩证地认识马克思主义关于原始社会、奴隶社会、封建社会、资本主义社会和未来共产主义社会的五种社会形态理论，我的看法是：理论在概括事物本质时，剔除了大量偶然的因素，舍去了活生生的事例，只是对历史发展客观逻辑的一种抽象，并不是对全部社会现象的总汇。需要特别指出的是：唯物史观认为，人类社会经历了五种社会形态，讲的只是一种总的历史趋势，或者说总的历史规律，并不等于说每个国家、每个民族都必须完整地经历这五种社会形态。事实上，迄今为止，我们看到许多国家和民族，都没有完整地经历这五种社会形态；五种社会形态的前后递进，也是如此，并不等于否定历史的跨越，也不等于否定历史可能出现的倒退。从学术的角度看，作为人类社会演进的基本历史趋势，马克思主义关于五种社会形态的概括具有充分的历史依据。也要看到，理论概括源于实际，但并不等于每一个具体的历史实际。"五形态"说只反映了人类历史发展的普遍性规律，而具体的历史发展不是单一的、直线的、绝对的。在一定历史条件下，哪个国家、哪个民族、哪个地区是否可以有特例、有偶然的情况发生，是否都要依次经过同样的社会形态发展阶段，马克思主义经典作家从来没有把它绝对化。马克思主义从来不以认识历史过程的一般规律为满足，而是努力进一步探索不同民族、国家和地区符合一般规律的特殊发展道路。

马克思主义经典作家认为，一般地说，像英国等资本主义比较发达的国家，资本主义生产方式是通向共产主义的必经阶段。但他们又预言，像俄国那样经济文化比较落后的国家可以不经过资本主义制度的"卡夫丁峡谷"，而走向社会主义。也就是说，马克思主义经典作家在阐述资本主义生产力和生产关系的矛盾必然导致社会主义革命这一原理时，并不排除不同国家、不同民族、不同地区依各自具体的历史条件所采取的特殊发展道路的特殊性，并不排除某些落后国家在一定条件下实现社会主义变革的可能性。归根到底，这一切取决于生产力与生产关系的矛盾运动，由这种运动所决定和表现出来的历史环境，由客观条件所决定的主体能动性。这个重要思想具有世界观方法论的意义，它告诉我们：经济文化比较落后的国家一定要从本国具体国情出发，选择适合本国特殊性的社会主义模式，走具有本国特色的社会主义发展道路。可见，马克思恩格斯关于非资本主义道路的理论不是对人类社会历史发展进程一般规律理论的否定，而是对该理论的深化和丰富。

社会主义各国的经验教训，特别是苏联东欧社会主义事业失败的沉痛教训，我国社会主义建设的经验教训表明，绝不能离开本国实际，照抄照搬科学社会主义创始人所得出的现成结论，从本本出发，是不可能搞清楚"什么是社会主义，怎样建设社会主义"问题的，也不可能真正懂得马克思主义社会形态理论的本质。

党的十七大报告有一个总结性的论断："改革开放以来我们取得一切成绩和进步的根本原因，归结起来就是：开辟了中国特色社会主义道路，形成了中国特色社会主义理论体系。"事实证明，正是在中国特色社会主义事业的伟大实践中，对社会主义的中国特色、具体形态和特殊规律的大胆探索中，科学社会主义才保持了强大的生命力。"中国特色社会主义理论体系"是中国现代化实践逻辑的真实体现，是中国人民对时代精神的深刻表达，也是当代中国学术走向世界的引领旗帜。可以说凡是具有重大社会影响的理论成果，都离不开中国特色社会主义的基本问题，这些基本问题正是当代中国马克思主义研究始终如一的主题。从这个意义上说，中国哲学社会科学的最高成就，就是对社会主义中国的发展模式、发展经验和发展道路的理论总结与学术建构，这也是马克思主义社会形态理论得到丰富和发展的希望所在。

（原载《中国社会科学》2011 年第 1 期）

论马克思主义哲学的时代化

"时代"是从经济、政治、科技等视角对人类社会发展的特定阶段的高度概括，是对一定历史时期人类社会的基本特征和发展趋向的综合反映。考察马克思主义哲学在现时代的适应性和生命力，必须批判性地反思马克思主义哲学与现时代的关系，特别是以创新的姿态，与时俱进地发展马克思主义哲学，使之不愧为现时代"时代精神的精华"。

一 真正的哲学是"时代精神的精华"

哲学与时代的关系历来是一个意味深长的有趣话题。黑格尔曾经悲观地认为，哲学的产生总是落后于时代，"密纳发的猫头鹰要等黄昏到来才会起飞"。确实，哲学因其冷静的"反思"之特性，其理论往往落后于时代的生活实践，人们甚至常常发现哲学在重大现实问题面前"失语"。然而，作为"实践的唯物主义者"，马克思并不满足于"解释世界"的哲学，他突破理论与实践的决然二分，明确地将哲学的主旨调整为"改变世界"，要作为人类解放报晓的"高卢雄鸡"，表现出强烈的现实针对性、历史使命感和时代责任感。

首先，任何哲学都是一定时代的产物，都具有鲜明的时代性。黑格尔曾经这样表述："每个人都是他那个时代的产儿。哲学也是这样。""妄想一种哲学可以超出它那个时代，这与妄想个人可以跳出他的时代，跳出罗陀斯岛，是同样愚蠢的。如果它的理论确实超越时代，而建设一个如其所应然的世界，那末这种世界诚然是存在的，但只存在于他的私见中，私见是一种不结实的要素，在其中人们可以随意想象任何东西。"① 哲学作为 "思想中所把握到的时代"，可以从孕育它的特定时代中，找到其产生和赖以存在的现实基础和理性根据。

其次，真正的哲学不仅是时代的产物，而且应该是 "时代精神的精华"，"文明的活的灵魂"。哲学家是自己的时代、自己的人民的产物，人民的最美好、最珍贵、最隐蔽的精髓都汇集在哲学思想里。黑格尔曾经指出，哲学是时代精神 "最盛开的花朵"。哲学是活在思想中的时代，是思想所集中表现的时代内容，是时代精神的集中概括。哲学的价值就在于深刻体现自己时代的本质特征，反映自己时代的精神诉求，形成指导实践的独特智慧。当然，我们也必须指出，并非任何时代产生的任何哲学都正确地把握了 "时代精神的精华"，触及了 "文明的活的灵魂"。只有真正触摸到了自己所处时代的脉搏，从总体上把握了时代的特点和发展趋势，概括性地反映了时代的本质内涵，才是富有时代特色、具有时代水准的哲学。

再次，由于不同时代的异质性和实践差异，每一时代的哲学往往具有不同的内容和形式。时间是人类活动的空间。而人类活动具有自主性、目的性、计划性和创造性，也具有历史延续性和积累性；随着时间的一维单向流失，不同时代的人类活动往往具有内容和形式方面的质的差异；从而导致哲学思想的内容和表达形式发生变化。恩格斯指出："每一个时代的理论思维，从而我们时代的理论思维，都是一种历史的产物，它在不同的时代具有完全不同的形式，同时具有完全不同的内容。"② 哲学不仅从内部就其内容来说，而且从外部就其形式来说，都必须和自己时代的科技发展、实践形式、生活方式和文化模式紧密接触，相互作用，给予重大的时代性问题以充满智慧、富于启迪的回答。例如，农业时代的生产方式基于 "铁和火"，生产组织形式是以土地为核心的自给自足的小农经济；工业时代与机器的使用息息相关，按照 "资本的逻辑" 追求规模化、标准化的大机器生产，实行以市场为导向的专业化的分工、协作；信息时代肇始于信息科技革命和信息产业的崛起，基于互联网和全球市场的信息生产、传播和应用是典型的生产方式；……不同时代的生活实践反映在哲学上，必然形成不同的哲学理念、价值观念、思维方式和哲学精神。

---

① 黑格尔：《法哲学原理》，商务印书馆 1961 年版，第 12 页。
② 《马克思恩格斯选集》第 4 卷，人民出版社 1995 年版，第 284 页。

第四，哲学作为"时代精神"，对于时代的生活实践具有反作用。马克思深刻地指出：从前的"哲学家们只是用不同的方式解释世界，问题在于改变世界"①。真正的哲学不是虚构的"精神花朵"，不是闲人们的无病呻吟，而是从实际活动着的人出发、关注人的生活世界的哲学，是认识世界和改造世界的世界观和方法论，是反思和批判世界、治疗和变革世界的精神武器。只有密切关注哲学与时代、实践的互动关系，正确地反映时代走势和潮流，科学地揭示社会发展的历史必然性，哲学才能与时俱进，成为时代前进的号角，社会变革的先导，解决具体问题的精神武器。

最后，真正的哲学不能停滞和僵化，必须随着时代的沧桑巨变而不断发展。恩格斯在论述哲学需要随着自然科学基础的发展而发展时指出："随着自然科学领域中每一个划时代的发现，唯物主义也必然要改变自己的形式。"② 随着时代主题的转换、科技创新的发展、实践程度的深化，作为时代精神之精华的哲学必然在关注重大现实问题、迎接各种质疑与挑战中增添新的内涵、注入新的活力，以新的理论观点、方法和精神满足时代的变迁和实践的需要，为各种时代性问题提供经得起实践检验的理论方案，或者为回答时代性问题开辟新的方向和道路。

可见，哲学是时代性的"大智慧"，具有与时俱进的理论品质。真正的哲学总是站在时代潮头，倾听和把握时代的真切呼声，关注和反映实践中的各种矛盾，反思和求解实践中的各种问题，主导和参与时代的社会变革，并随着时代的发展而不断改变自身的形态。与时代绝缘、与生活实践没有任何关系的普适哲学，根本就不可能存在；背弃时代、脱离生活实践的哲学，也必将为时代和人民所抛弃。只有充满时代气息、不断丰富和发展的哲学，才能适应时代变迁的需要，具有无限的生机与活力，实现自身的功能和价值。

二　时代变迁呼唤马克思主义哲学的创新

马克思主义哲学产生于 100 多年前的西欧，具有强烈的时代感和鲜明的时代烙印。19 世纪 30—40 年代，资本主义生产方式在英、法等西欧国

---

① 《马克思恩格斯选集》第 1 卷，人民出版社 1995 年版，第 57 页。
② 《马克思恩格斯选集》第 4 卷，人民出版社 1995 年版，第 228 页。

家占据了统治地位，社会的主要矛盾转变为资产阶级与无产阶级的矛盾，以欧洲三大工人运动为标志，工人阶级作为独立的政治力量登上了历史舞台。马克思恩格斯热切地支持和参加工人运动，通过深刻揭露、批判资本主义制度及其价值体系的基础，第一次创造性地提炼出了反映无产阶级根本利益、指导无产阶级革命实践的马克思主义哲学。作为"时代精神的精华"，马克思主义哲学不仅是基于自然规律、社会历史发展必然性的真理性学说，而且也是反映无产阶级根本利益、指导无产阶级在革命和建设实践的价值体系，它体现着真理性和价值性的高度统一。它曾经引领世界掀起波澜壮阔的共产主义运动的浪潮，令资本主义阵营瑟瑟发抖，惶惶不可终日。

在苏东剧变、冷战结束和时代急剧变迁的今天，有人直言，马克思主义哲学面临"危机"；有人抱怨，马克思主义哲学"过时"了；有人宣称，马克思主义哲学"终结"了；还有人呼吁，需要对马克思主义进行"修正"……言辞虽然有些危言耸听，也不排除有人别有用心，但从马克思主义哲学需要与时俱进，需要随着时代的发展而发展而言，也不无警示和启迪意义。当代马克思主义哲学确实必须对所处时代有一个清晰的判断，必须直面时代生活实践的新挑战，努力把握"时代精神的精华"，并创新自己的表达形式，从而永葆创造激情和青春活力，对新世界的创造做出新的贡献。

从历史发展的眼光宏观地看，当今时代正在发生重大变迁，与马克思主义经典作家所处的时代已经有了巨大的、甚至实质性的差别。虽然对于目前究竟是一个什么样的时代，时代的总特征到底发生了什么实质性的变化，人们可能会众说纷纭，莫衷一是，但如下几个方面是越来越多的有识之士普遍关注的。

首先，从现时代的世界大格局看，当前仍然处于马克思恩格斯所断言的无产阶级反对资产阶级、社会主义逐步取代资本主义的时代。20世纪初，列宁根据时代的新变化曾对时代精神进行了新的概括，认为19世纪末20世纪初人类社会进入了一个帝国主义与无产阶级革命时代。在列宁看来，帝国主义是资本主义发展的最高阶段，是垄断的、腐朽的和垂死的资本主义；由于世界政治经济发展不平衡，不可避免地接连发生争夺市场和原料、争夺投资场所和势力范围、争夺世界霸权和扼杀弱小民族的帝国主义战争；战争必然引起革命，导致整个资本主义世界的崩溃，进入无产阶级革命的时代；无产阶级革命是世界性的，要求各国工人阶级结成紧密的联盟，采取一致的革命行动。有学者对列宁的论断提出了异议，认为列宁对资本主义的生命力、自我调节能力和发展潜力估计不足；对帝国主义战争及其与无产阶级革命的关系的看法过于简约；对世界社会主义革命的进程及胜利前景过分乐观；只强调了国际阶级斗争，对民族国家的作用重视不够；等等。但列宁对他所生活时代的本质特点的认识是深刻的，与马克思恩格斯的概括是一致的，认为时代主题仍然是无产阶级反对资产阶级、社会主义逐步取代资本主义，这一点在当代世界也没有过时。

当然，我们也必须正视现时代之时代主题的明显变化——它已不再是革命与战争，而是和平与发展，正视现时代许多新情况、新问题所内蕴的哲学意义。例如，由于苏东剧变，苏联模式的社会主义失败了，国际共产主义运动进入了相对的低潮期；同时，发达资本主义国家不断进行内部调整，如对社会生产的无政府状态进行宏观调控，通过高工资、高福利政策改善工人阶级的生存与生活状况。但是，发达资本主义国家的经济、政治危机并未消失，金融危机和局部战争不断爆发，不少发展中的资本主义国家更是步履蹒跚，生产力和人民生活水平提升艰难。冷战结束后，两极对峙的格局已经终结，世界正朝着多极化方向发展；但同时，历史并未像福山所说的"终结"，社会主义与资本主义的竞争、较量远未结束，它日益表现为全面、协调、可持续发展的竞赛，表现为对广大人民群众的全面争取。此外，中国等社会主义国家的改革开放政策成就斐然，理论和实践中取得了许多突破性成果，如"社会主义初级阶段"、"社会主义市场经济"、"一国两制"、"以人为本的科学发展观"、"社会主义和谐社会"、"生态文明"……其中内蕴的哲学理念、方法和精神令马克思主义哲学表现出强大的适应性和生命力。因此，立足于时代主题的重大转移和时代内容的创新性转换，为了保持马克思主义哲学对于当今社会主义实践的指导作用，必须概括时代精神中的新内容，发掘其中富有革命性的新内涵。

其次，随着信息科技、生物科技等高新科技的发展，特别是电脑、手机、互联网等高科技成果的普及性应用，人类正在迈入"后工业"的"信息时代"。人们生活在数字化、虚拟化、时空压缩化、开放式、交互式的电子时空，认识和实践活动的深度、广度得以实质性拓展，能动性、自由度前所未有地提高，人类面临着有史以来最诡异的一种生存变异和活动革命。社会生产方式、社会组织结构，以及人们的生活方式、文化价值观念都正在被迅速、彻底、全方位地改变，一种新型的技术社会形态——"信息社会"正在席卷世界的每个区域。

信息时代和"信息社会"的到来，改变了马克思主义哲学的理论视野，对马克思主义哲学基本理论提出了若干尖锐的挑战。例如，信息"既不是物质也不是能量"，还不能划入意识范畴，这打破了物质和意识的二分对立；"电脑"的发展和机器思维、人机互补和互动、人工智能等的突破性进展，导致既有的思维或意识理论十分苍白；社会生产的全球规模的分工协作，虚拟实践、虚拟交往的出现，改变了实践的结构和形式，导致人类的生存和活动方式明显变化，实践与认识、知与行等之间的原则界限已经模糊；信息成为最重要的经济和社会资源，传统产业日益信息化，信息产业强势崛起，知识经济正在快速扩张，传统的资源观、资本观、劳动观、价值观、财富观、权力观等都在发生改变；虚拟家庭、虚拟族群、电子社区大量涌现，社会组织方式正在重构，传统管理方式面临困境，文化价值观念在交流与撞击中剧烈变化；社会形态正在变迁，"信息社会"具有不同的性质和发展趋势，它与工业社会或现实社会的关系需要厘清；……这一切已经凸显为马克思主义哲学把握时代和时代精神的理论生长点。

再次，与资本主义或共产主义的全球开拓，以及信息时代、信息社会的发展相联系，当今社会正在迈入一个"全球化时代"，即全世界相互联系、相互依存、深刻互动的时代。现代交通运输工具、信息通讯工具的广泛使用，信息的充分流通和共享，人们交往的普遍化，导致世界变得越来越小，我们居住的星球成了"地球村"。在发达国家和跨国企业的主导下，封闭的自给自足的自然经济被打破了，生产要素在全球范围内自由流动和配置，全球市场已经形成，全球经济已经紧密联系在一起。现代社会日益开放，不同宗教和民族国家、不同利益集团之间的竞争日益加剧，文化和文明的冲突也前所未有地突出出来。

全球化是一个复杂的历史过程，是世界现代化的最新阶段。目前全球化运动早已溢出经济领域，广泛辐射到宗教、政治、思想、文化等领域。人类面临的一些新老问题已经演变为影响世界各国、决定人类命运的全球性问题。全球性问题涵盖极广，既包括人们熟悉的生态和环境问题、人口和粮食问题、资源和能源问题、阶级和民族问题等，也包括由于科技和社会发展突出的一些新问题，如核扩散的威胁、基因技术的负效应、数字化犯罪、恐怖主义、文明的冲突等。全球性问题以否定的形式强化了世界的一体化和相互依存性，要求人们立足整体和全局的高度系统地思考问题，携手协同地解决问题。尽管马克思提出了"世界历史理论"，初步奠定了全球化理论的哲学基础；但是，目前全球化的程度及对社会的影响，全球化对于人类公共利益和协同发展的强调，仍然是过去不可同日而语的。它为当代共产党人提供了一个新的思考问题的视野，提出了如何适应开放社会、通过对话整合公共利益、通过协商实现包容性发展、通过解放人类从而解放自我等新课题。

哲学是时代的号角。它具有强烈的时代意识，与时代的发展和变革休戚相关。冷静观察现时代的这些重大变化，认真咀嚼生活实践中的新情况、新问题，我们发现，经典作家的文本中基本上没有现成的答案。毕竟，任何思想家都不可能超越他们生活的时代，宣布超越时代的永恒的具体真理。毛泽东指出："马克思活着的时候，不能将后来出现的所有的问题都看到，也就不能在那时把所有的这些问题都加以解决。"[1] 邓小平更是直言："马克思去世以后一百多年，究竟发生了什么变化，在变化的条件下，如何认识和发展马克思主义，没有搞清楚。绝不能要求马克思为解决他去世之后上百年、几百年所产生的问题提供现成答案。列宁同样也不能承担为他去世以后五十年、一百年所产生的问题提供现成答案的任务。真正的马克思列宁主义者必须根据现在的情况，认识、继承和发展马克思列宁主义。"[2] 因此，迈入一个全新的时代，面对现实中的各种挑战和问题，面对新的实践基础及其理论诉求，马克思主义哲学必须进行批判性的反思，正确认识时代的性质，总体把握时代的发展方向，及时解答时代提出的问题，从而为生活实践提供新的哲学观念、理论和思维方式的指导。

三　通过创新推进马克思主义哲学的时代化

时代性是马克思主义哲学的显著特征。马克思主义哲学不是僵死、固定、教条化的"已是"，而是面向时代和生活实践不断生成、并在生活实践中发挥着作用的"流变的智慧"。马克思主义哲学能否真正把握时代，

---

① 《毛泽东文集》第 8 卷，人民出版社 1999 年版，第 5 页。
② 《邓小平文选》第 3 卷，人民出版社 1993 年版，第 291 页。

关键在于能否解放思想，紧扣时代主题，以实事求是的态度，紧密联系生活实践，随着时代的变化发展而不断进行自我审视、自我批判，依据实践的新发展创新、检验、完善理论和方法。康德引用贺拉斯的诗感叹："乡下佬等候在河边，企望着河水流干；而河水流啊、流啊，永远流个不完"①；马克思主义哲学也是一条波澜壮阔、奔流不息的大河，我们怎能企望抽刀断水，将它凝固化、僵化，变成一池波澜不惊的死水呢？

毋庸讳言，马克思主义哲学是在特定时代的历史条件下产生的，具有鲜明的时代性和阶级性，但同时，它又高扬否定和批判的旗帜，具有与时俱进的理论品格。如果不因应时代而不断创新和发展，只盯着"故纸堆"和伟人语录，固守"教科书体系"的"不变"教条，那么就既不可能真正理解马克思，也不可能掌握马克思主义哲学的命运。毛泽东多次说过，不如马克思，不是马克思主义者；等于马克思，不是马克思主义者；只有超过马克思，才是真正的马克思主义者。邓小平也曾经指出："不以新的思想、观点去继承和发展马克思主义，不是真正的马克思主义者。"② 当代马克思主义哲学的要义，在于正确处理坚持与发展、创新的关系——既坚持马克思主义哲学的本真精神，又要以发展和创新为核心，反映当代世界发展的潮流和各国社会主义的实践，实现哲学观、哲学理论和哲学思维的全方位突破。

第一，坚持实践倾向，用心倾听生活实践的呼声。生活实践是哲学理论之"源"，是哲学生生不息之所在。马克思哲学具有实践品格，它从来就不是书斋里的"学院派哲学"。马克思不屑于、也绝不满足于闭门造车式的"解释世界"，他对于构建体系完整、结构精致的哲学理论了无兴趣，对空洞而贫乏的逻辑思辨极度厌恶，更没有精力与已经过时了的理论观点反复纠缠，而总是直面时代的生活实践，坚持认为"问题在于改变世界"③。因而马克思主义哲学创新的关键，在于拥抱新时代，贴近新生活，通过广泛的调查研究，捕捉时代基本矛盾所表现出来的重大问题和挑战；对时代的挑战和生活的拷问进行冷峻的梳理和分析，提炼、创造这一时代特有的哲学理念、方法和精神。当然，还要坚持实践是检验真理的唯一标

---

① 康德：《任何一种能够作为科学出现的未来形而上学导论》，庞景仁译，商务印书馆1978年版，第5页。

② 《邓小平文选》第3卷，人民出版社1993年版，第292页。

③ 《马克思恩格斯选集》第1卷，人民出版社1995年版，第57页。

准，坚持生活实践对一切理论、方法和精神的裁判权。

第二，强化问题意识，以重大的时代性问题研究为突破口。马克思说："问题就是公开的、无畏的、左右一切个人的时代声音。问题就是时代的口号，是它表现自己精神状态的最实际的呼声。"① 马克思认为，每个时代总有属于它自己的问题，准确地把握并解决这些问题，就会把理论、思想和社会大大地向前推进一步。当然，对现时代人们关注的问题本身不可盲目，而是需要进行认真的清理、分析和判断。必须弄清楚哪些才是现时代的重大问题，哪些是属于过去时代、已经解决了的问题，哪些是本不成为问题的"伪问题"。如果将时间和精力依然聚焦于已经解决了的问题或"伪问题"之上，不仅无异于浪费时间和生命，而且可能将哲学思考导入歧途，并对生活实践产生负面作用。

第三，以现时代的实践探索为基础，提炼马克思主义哲学的内容和形式。马克思主义哲学不是既成的学院派理论，而是生活实践中尝试性、创造性的解题思路和方法。对当代社会实践中面临的挑战和问题，它主张以"向前看"的改革、实验、创新的方式，通过知行合一的"做"加以解决。从内容方面说，它强调如同邓小平那样，破除理论和实践的界限，通过实事求是的、开放性的探索实践，在实践中发展马克思主义，并以之为基础提炼出源于实践又高于实践、既"精"而又"管用"的哲学理念、方法和精神。从形式方面说，它强调根据时代主题的转换，转变哲学的研究对象、思想范式和话语系统。马克思主义产生于批判资本主义、进行无产阶级革命的历史过程中，具有鲜明的革命性和阶级性；而随着时代主题转变为和平与发展，主要社会主义国家的工作重心调整为现代化建设和追赶世界先进水平，因而应该将以革命为主旨的思想范式和话语系统转变为以建设为主旨的思想范式和话语系统，实现从"革命哲学"到"建设哲学"的理论转变。

第四，以"有容乃大"的胸襟，汲取一切可能的学术资源和思想智慧。当代马克思主义哲学的创新是一个系统工程，不能割断历史和外部联系，不能排斥任何可能的学术资源和思想智慧，不能拒绝中西马之间的深入对话和互动。马克思主义哲学本是"西方哲学"，是马克思恩格斯立足西方的哲学文化传统、根据西欧资本主义的实际和工人阶级运动的需要而

---

① 《马克思恩格斯全集》第40卷，人民出版社1982年版，第289—290页。

创立的，它与中国文化传统（包括哲学传统、语言和思维方式、文化价值观）和中国具体实际存在明显差异，甚至具有相当程度的异质性。在中国马克思主义哲学的创新中，要求始终保持博大、开放、包容的胸怀，广泛吸收和借鉴人类思想文化发展中的一切优秀成果，创造出"说汉语"的当代中国哲学。当然，无论什么哲学资源都不能盲目照搬、简单套用，而必须立足实际情况进行反思、选择，在实际运用中通过消化、改造而促进创新。

第五，绝不妥协地反对本本主义、教条主义，营造马克思主义哲学创新的良好环境。恩格斯在致威·桑巴特的信中声明："马克思的整个世界观不是教义，而是方法。它提供的不是现成的教条，而是进一步研究的出发点和供这种研究使用的方法。"[①] 邓小平指出："马克思主义理论从来不是教条，而是行动的指南。它要求人们根据它的基本原则和基本方法，不断结合变化着的实际，探索解决新问题的答案，从而也发展马克思主义理论本身。"[②] 本本和教条是过去时代或他人实践的产物，用以指导我们的当代实践常常"害死人"，毛泽东、邓小平曾经反复告诫过这一点。必须将马克思主义哲学理解为动态的历史的"生成性智慧"，彻底地毫不含糊地清算"左"倾思想、本本主义和教条主义，弘扬"不唯书、不唯上、只唯实"的精神，坚持"真理面前人人平等"，赋予我们自己依实际情况创新马克思主义哲学的权力。反对神化经典作家，反对认为经典作家的话字字句句都是亘古不变的真理、不可稍加逾越的观点；反对神化过去对马克思哲学的"权威解读"，反对任何人垄断解释权和发展权，等等，实在是马克思主义哲学走出凝固化、僵化，进行实质性创新的基本前提。

第六，保持马克思主义哲学的开放性，运用过程性思维创新马克思主义哲学。恩格斯指出："世界不是既成事物的集合体，而是过程的集合体，其中各个似乎稳定的事物同它们在我们头脑中的思想映象即概念一样都处在生成和灭亡的不断变化中。"[③] 由于现时代的生活实践仍在不断发展，由于时代问题的深刻性、复杂性，以及暴露程度的历史局限性，由于从具体的实践到一般性理论的抽象并非易事，因而马克思主义哲学的创新不可能

---

① 《马克思恩格斯选集》第4卷，人民出版社1995年版，第742—743页。
② 《邓小平文选》第3卷，人民出版社1993年版，第146页。
③ 《马克思恩格斯选集》第4卷，人民出版社1995年版，第244页。

一蹴而就，不可能毕其功于一役，它必然是一个与时俱进、逐渐生成的历史过程，一个在时代的生活实践中不断检验、完善、发展的历史过程。

（原载《哲学动态》2011 年第 12 期）

马克思主义哲学教学体系的形成与演变

袁贵仁　杨　耕

马克思并不是一个把哲学课题化、体系化的职业哲学家，而"首先是一个革命家"，是一个以实现无产阶级和人类解放为毕生使命的革命家。但是，以无产阶级和人类解放为理论主题，以形而上学批判、意识形态批判和资本批判为理论形式的马克思主义哲学，又的确存在着理论体系。马克思虽然没有写过系统阐述马克思主义哲学基本原理的"纯粹"的哲学著作和"经典"的哲学文本，但是，马克思又的确具有丰富而深邃的哲学思想，其基本观点之间又的确存在着内在的逻辑联系。这种丰富而深邃的哲学思想、存在着逻辑联系的基本观点及其理论体系，就存在于马克思的各种论战性著作中，存在于其形而上学批判、意识形态批判和资本批判以及政治批判、历史研究的著作中，需要我们把它解读出来并加以解释。马克思主义哲学教学体系就是一种特殊的解释系统。问题在于，任何一种解读、解释都要受到各自的历史条件、文化传统、实际需要、知识结构和价值观念的制约，因此，马克思主义哲学教学体系在不同的国家及其不同的时期必然具有不同的形式。

一　苏联马克思主义哲学教学体系——辩证唯物主义与历史唯物主义教学体系的形成和确立

用教科书的形式来解释、宣传马克思主义哲学是苏联①首创，而始作

---

①　1922年，以俄国为主体的苏维埃社会主义共和国联盟正式成立。为行文方便，本书把1917年俄国十月革命后到1922年苏联成立时的这一段历史也称为苏联时期。

俑者是德波林和布哈林，标志是德波林的《辩证唯物主义纲要》和布哈林的《历史唯物主义理论》。

1916 年，德波林出版了《辩证唯物主义纲要》。十月革命后，德波林在斯维尔德洛夫大学讲授马克思主义哲学时，就是以这本著作为主线和内容的，在这个意义上，《辩证唯物主义纲要》也是一本马克思主义哲学教科书。按照德波林的观点，"辩证唯物主义，是一个完整的世界观"，这一完整的世界观由三个主要部分构成："1. 作为关于合乎规律的联系的科学的唯物辩证法……是关于运动的普遍规律的抽象的科学。2. 自然辩证法（数学、力学、物理学、化学、生物学，研究的是不同等级的自然界）。3. 唯物主义辩证法在社会中的运用——历史唯物主义。"（转引自安启念，第 168 页）依照上述观念，《辩证唯物主义纲要》建构了以"物质"为理论起点，以物质运动的辩证性为理论线索，包括一般辩证法、自然辩证法、历史辩证法三个层次在内的马克思主义哲学教学体系。这一教学体系在内容上包括唯物辩证法和历史唯物主义，但突出的是辩证唯物主义。

与德波林以辩证唯物主义为主要内容阐释马克思主义哲学不同，布哈林以历史唯物主义为主要内容阐释马克思主义哲学。1921 年，布哈林出版了《历史唯物主义理论——马克思主义社会学通俗教材》。在这部教科书中，布哈林提出了两个事关历史唯物主义全局的重要观点：一是历史唯物主义是"关于社会及其发展规律的一般学说"，而"社会学是社会科学中最一般的（抽象的）科学"，因此，历史唯物主义是"马克思主义的社会学"（布哈林，第 6、7 页）；二是历史唯物主义是马克思主义理论"基础的基础"，"包括为数不少的所谓'一般世界观'的问题"（同上，"序言"第 1 页）。

在以上两个重要观点的引导下，《历史唯物主义理论》建构了这样一个马克思主义哲学教学体系：导论 社会科学的实际意义；第一章 社会科学中的原因和目的（因果论和目的论）；第二章 决定论和非决定论（必然和意志自由）；第三章 辩证唯物主义；第四章 社会；第五章 社会与自然界之间的平衡；第六章 社会要素之间的平衡；第七章 社会平衡的破坏和恢复；第八章 阶级和阶级斗争。在这里，社会与自然、社会与个人、人与物、人与观念、社会的技术装备和社会的经济结构、生产力与社会经济结构、上层建筑及其结构、社会心理与社会意识形态、阶级和阶级斗争、社会发展中的决定论和非决定论等历史唯物主义的基本观点都得到了阐述。如果说德波林的《辩证唯物主义纲要》是俄国人第一次试图以教科书的形式系统阐述辩证唯物主义，那么，布哈林的《历史唯物主义理论》则是俄国人第一次试图以教科书的形式系统阐述历史唯物主义。

按照布哈林的观点，20世纪20年代初，俄国"要求对历史唯物主义理论作系统阐述的呼声是很急切的"，而他"之所以选择历史唯物主义的题材，是因为马克思主义理论的这个'基础的基础'还缺乏系统的阐述"。（布哈林，"序言"第1页）由于是苏联第一本以教科书的形式"系统阐述"历史唯物主义的著作，同时，由于布哈林被列宁称为"党的最宝贵的和最大的理论家"（《列宁全集》第43卷，第339页），所以，《历史唯物主义理论》出版后客观上起到了重大的思想启蒙作用，一度被誉为历史唯物主义的权威著作。卢卡奇当时评论道："布哈林的新著（指《历史唯物主义理论》——引者注）是符合长期以来对一部关于历史唯物主义的系统的马克思主义解说需要的"，"布哈林在把马克思主义的一切有意义的问题归纳到一种完整的、系统的解说中去这方面是成功的，这部解说多少是马克思主义的；其次，阐述一般清晰易懂，所以，作为一部教材，这本书可喜地达到了它的目的"（《论布哈林和布哈林思想》，第216页）。

但是，《历史唯物主义理论》又有其致命缺陷，那就是过多地强调了历史唯物主义的"社会学"特征，而淡化了历史唯物主义的哲学性质；过多地强调了平衡论，而淡化了辩证法，甚至提出用"现代力学的语言"代替"辩证法的语言"。正是在这个意义上，列宁指出，布哈林"从来没有完全理解辩证法"（《列宁全集》第43卷，第339页）。卢卡奇则认为，"布哈林的理论宗旨不同于从马克思和恩格斯经过梅林和普列汉诺夫到列宁和罗莎·卢森堡的历史唯物主义伟大传统"（《论布哈林和布哈林思想》，第227页）。

德波林的《辩证唯物主义纲要》和布哈林的《历史唯物主义理论》开启了以教科书的形式阐释、宣传马克思主义哲学的先河，标志着苏联马克思主义哲学教学体系开始形成。在此之后，苏联出版了一批马克思主义哲学教科书。例如，沃里夫松的《辩证唯物主义》（1922年）、萨拉比扬诺夫的《辩证唯物主义导论》（1925年）、德—米扬斯基的《辩证唯物主义导论》（1930年）、蒂缅斯基的《辩证唯物主义导论》（1930年）、贝霍夫斯基的《辩证唯物主义哲学概论》（1930年）、西洛可夫和爱森堡的《辩证法唯物主义教程》（1931年）；丘缅涅夫的《历史唯物主义理论》（1922

年）、谢姆科夫斯基的《历史唯物主义讲稿》（1922 年）、戈列夫的《历史唯物主义概论》（1925 年）、拉祖莫夫斯基的《历史唯物主义理论教程》（1924 年）、芬格尔特和萨尔文特的《历史唯物主义简明教程》（1928 年）、麦德杰夫和希尔文特的《历史唯物主义概要》（1931 年）、沃尔松和加克的《历史唯物主义概论》（1931 年）；芬格尔特和萨尔文特的《辩证唯物主义和历史唯物主义》（1929 年），等等。1929 年出版的芬格尔特和萨尔文特的《辩证唯物主义和历史唯物主义》，把辩证唯物主义与历史唯物主义相提并论，辩证唯物主义与历史唯物主义这种"二分结构"已见雏形。这部书的出版标志着苏联马克思主义哲学教学体系初步形成。

　　1932 年、1934 年出版的米汀和拉祖莫夫斯基主编的《辩证唯物论与历史唯物论》，则标志着苏联马克思主义哲学教学体系基本形成。《辩证唯物论与历史唯物论》从一开始就是作为苏联党校和高校的哲学教科书而编写的，全书分上、下两册共十五章。上册　辩证唯物论：第一章　当作宇宙观看的马克思主义；第二章　唯物论和唯心论；第三章　辩证法唯物论；第四章　唯物辩证法之诸法则；第五章　哲学中两条阵线上的斗争；第六章　辩证法唯物论发展中的新阶段。下册　历史唯物论：第一章　辩证法唯物论与唯物史观；第二章　论社会经济形态生产力与生产关系；第三章　资本主义的和社会主义的经济关系；第四章　关于社会群和国家的学说；第五章　过渡时期之政权与社会斗争；第六章　意识形态论；第七章　战斗的无神论；第八章　社会变革论；第九章　马克思主义和修正主义等。

　　其中，辩证唯物主义部分的第五、六章的内容，历史唯物主义部分的第五、七、九章的内容，是当时苏联政治形势的产物。去掉这些章节，《辩证唯物论与历史唯物论》的内容和结构，同当今占主导地位的马克思主义哲学教科书的内容和结构是一致的。在这种内容和结构的背后是这样一种思想：马克思主义哲学是彻底的唯物论，"这种彻底的唯物论……就是辩证法的唯物论"，而"辩证法唯物论——这是一种完整的、彻底革命的、包括自然界、有机体、思维和人类社会的宇宙观"（米汀等，上册，第 25 页）。历史唯物论则是辩证唯物论在社会生活领域的运用：马克思、恩格斯"借政治的批判，把自己的哲学思想，施之于对人类社会的研究……揭露了政治理想之物质的内容，开创了历史唯物论"，历史唯物论的创立"加深和发展哲学的唯物论"，"达到唯物论之彻底的发展"（同上书，下册，第 1 页）。辩证唯物论与历史唯物论具有一致性，二者之间存在着"直接的和不可分裂的联系",这就是,一般唯物论根据存在说明意识,历史唯物论根据社会存在说明社会意识。

可见,《辩证唯物论与历史唯物论》并没有明确提出马克思主义哲学就是辩证唯物主义与历史唯物主义,但它却明确地把马克思主义哲学分为辩证唯物主义与历史唯物主义两个部分。问题在于,无论是"辩证唯物主义"、"历史唯物主义",还是"辩证唯物主义和历史唯物主义",都不是马克思本人提出来的。从历史上看,"辩证唯物主义"是狄慈根首先提出的,"历史唯物主义"是恩格斯首先提出的,"辩证唯物主义和历史唯物主义"则是卢卡奇首先提出的。

1886年,狄慈根在《一个社会主义者在认识论领域中的漫游》中,首次提出"辩证唯物主义"这一概念(《狄慈根哲学著作选集》,第252页),用于描述其本人的哲学思想,而狄慈根本人的哲学思想实际上是在恩格斯哲学思想框架内的一种发挥。真正用"辩证唯物主义"来规定马克思主义哲学本质特征的是普列汉诺夫。普列汉诺夫明确指出:"马克思和恩格斯的哲学不仅是唯物主义哲学,而且是辩证的唯物主义哲学。"(《普列汉诺夫哲学著作选集》第3卷,第79页)"'辩证唯物主义'这一术语,它是唯一能够正确说明马克思的哲学的术语"。(同上书,第1卷,第768页)同时,由于辩证唯物主义涉及历史领域,所以,在这个意义上,可以把辩证唯物主义称为"历史唯物主义"。"历史的""这个形容语不是说明唯物主义的特征,而只表明应用它在解释的那些领域之一"(同上书,第2卷,第311页)。这就是说,把马克思主义哲学称为"辩证唯物主义",是为了凸显马克思主义哲学的本质特征;把马克思主义哲学称为"历史唯物主义",是为了说明马克思主义哲学的研究领域。

同普列汉诺夫一样,列宁也认为,马克思主义哲学就是辩证唯物主义。"马克思一再把自己的世界观叫做辩证唯物主义,恩格斯的《反杜林论》(马克思读过全部手稿)阐述的也正是这个世界观。"(《列宁全集》第18卷,第258页)但是,在解释辩证唯物主义与历史唯物主义的关系时,列宁提出了与普列汉诺夫不同、且影响深远的观点,即历史唯物主义是辩证唯物主义在社会历史中的"推广运用"(《列宁选集》第2卷,第311、423—424、425页)。在列宁看来,"既然唯物主义总是用存在解释意识而不是相反,那么应用于人类社会生活时,唯物主义就要求用社会存在解释社会意识"。"一般唯物主义认为客观真实的存在(物质)不依赖于人类的意识、感觉、经验等等。历史唯物主义认为社会存在不依赖于人类的社会意识……在这个由一整块钢铸成的马克思主义哲学中，决不可去掉任何一个基本前提、任何一个重要部分"（《列宁选集》第2卷，第221页）。这就是说，马克思主义哲学有两个基本前提，即存在决定意识和社会存在决定社会意识；两个重要部分，即辩证唯物主义与历史唯物主义，把这两个基本前提、两个重要部分熔铸在一起，就构成了"一整块钢"的马克思主义哲学。

几乎与狄慈根同时，恩格斯提出了一个与"辩证唯物主义"相似的概念，即"唯物主义辩证法"（《马克思恩格斯选集》第4卷，第243页）。这一概念与恩格斯提出的另一概念即"现代唯物主义"，在本质上是相同的。按照恩格斯的观点，无论是在历史观上还是在自然观上，"现代唯物主义本质上都是辩证的"（《马克思恩格斯选集》第3卷，第364页），换言之，马克思主义哲学是辩证唯物主义。1859年，恩格斯在《卡尔·马克思〈政治经济学批判。第一分册〉》一文中，首次提出"唯物主义历史观"这一术语，并认为唯物主义历史观的要点在《〈政治经济学批判〉序言》中作了"扼要的阐述"（《马克思恩格斯选集》第2卷，第38页）；1890年，恩格斯在致康·施米特的信中首次使用了"历史唯物主义"这一概念（《马克思恩格斯选集》第4卷，第692页）；1892年，恩格斯在《社会主义从空想到科学》的英文版导言中，对"历史唯物主义"作出解释："用'历史唯物主义'这个名词来表达一种关于历史过程的观点……这种观点认为一切重要历史事件的终极原因和伟大动力是社会的经济发展，是生产方式和交换方式的改变，是由此产生的社会之划分为不同的阶级，是这些阶级彼此之间的斗争。"（《马克思恩格斯选集》第3卷，第704—705页）显然，在恩格斯那里，"历史唯物主义"和"唯物主义历史观"是同一个概念，二者是马克思主义历史观的不同表述。

从马克思主义哲学史上看，首先把辩证唯物主义和历史唯物主义相提并论的是卢卡奇。1923年，卢卡奇在为布哈林的《历史唯物主义理论》写的书评中提出一个新的概念，即"历史唯物主义和辩证唯物主义"（《论布哈林和布哈林思想》，第218页），但他并未对这一新的概念作出解释。1929年，芬格尔特、萨尔文特出版了《辩证唯物主义和历史唯物主义》，以此为题阐述马克思主义哲学基本原理。

可见，无论提出"辩证唯物主义"、"历史唯物主义"、"辩证唯物主义和历史唯物主义",还是把辩证唯物主义与历史唯物主义相提并论作为马克思主义哲学的基本内容,米汀等都不是始作俑者。《辩证唯物论与历史唯物论》关于辩证唯物主义、历史唯物主义的定义和定位,关于辩证唯物主义与历史唯物主义的关系的说明,都不是"空穴来风",而是以恩格斯、列宁的思想为理论依据的;把辩证唯物主义与历史唯物主义相提并论,作为马克思主义哲学的基本内容,也不是"无中生有",而是对恩格斯、列宁思想的发挥。在《唯物主义和经验批判主义》中,列宁明确指出:"马克思和恩格斯的学说是从费尔巴哈那里产生出来的,是在与庸才们的斗争中发展起来的,自然他们所特别注意的是修盖好唯物主义的上层,也就是说,他们所特别注意的不是唯物主义认识论,而是唯物主义历史观。因此,马克思和恩格斯在他们的著作中特别强调的是辩证唯物主义,而不是辩证唯物主义,特别坚持的是历史唯物主义,而不是历史唯物主义。"(《列宁选集》第 2 卷,第 225 页)《辩证唯物论与历史唯物论》一方面强调辩证唯物主义是彻底的唯物论、完整的世界观,另一方面与"辩证唯物主义"并列,又加上"历史唯物主义"来称谓马克思主义哲学,实际上是为了强调历史唯物主义的独创性,强调马克思唯物主义的"彻底性"、"完整性",因为马克思唯物主义的彻底性、完整性集中体现在历史唯物主义中。

《辩证唯物论与历史唯物论》的影响是空前而深远的,它的出版标志着苏联马克思主义哲学教学体系基本形成。

首先,《辩证唯物论与历史唯物论》体现了联共(布)中央的意志和对马克思主义哲学的定位。1931 年,在批判德波林的高潮中,联共(布)中央向苏联哲学界提出一个重大的政治任务,即编写新的、统一的马克思主义哲学教科书。在当时苏联哲学界主要领导米汀的主持下,组织了全苏联哲学界的力量,以苏联科学院哲学研究所的名义集体编写了《辩证唯物论与历史唯物论》。这本著作标明作为苏联党校和高校哲学教科书,它不仅阐述了马克思主义哲学的一些基本观点,而且直接为当时的苏联政治、政策作论证,从而体现了联共(布)对马克思主义哲学的最终定位,即直接为现实政治服务、为现行政策论证。这是马克思主义哲学在苏联的特殊的社会位置和历史使命。

其次,《辩证唯物论与历史唯物论》形成了以列宁、恩格斯的著作为主,以马克思的著作为辅这一马克思主义哲学教科书的文献格局。马克思主义哲学教科书的理论依据或文献依据当然应以马克思、恩格斯的著作，尤其是马克思的著作为主。可是，在当时特殊的历史条件下，《辩证唯物论与历史唯物论》的文献依据却是列宁的著作多于恩格斯的著作，恩格斯的著作多于马克思的著作，而集中体现马克思哲学思想的著作，如《1844年经济学哲学手稿》、《关于费尔巴哈的提纲》、《德意志意识形态》、《资本论》却很少甚至几乎没有被引证。这就造成一个奇怪的现象，即名曰马克思主义哲学教科书，却很少甚至几乎没有引证马克思的重要哲学著作。列宁的著作多于恩格斯的著作，恩格斯的著作多于马克思的著作，这一文献格局逐步成为苏联马克思主义哲学教科书的"经典"文献格局。后来的苏联马克思主义哲学教科书，包括成为主流教材、权威版本的《马克思主义哲学原理》（康斯坦丁诺夫主编），都维持了这一文献格局。

再次，《辩证唯物论与历史唯物论》制定并巩固了辩证唯物主义与历史唯物主义的"二分结构"。在芬格尔特、萨尔文特的《辩证唯物主义和历史唯物主义》中，辩证唯物主义与历史唯物主义的"二分结构"并未成型。米汀等的《辩证唯物论与历史唯物论》则在马克思主义哲学史上，第一次明确地把马克思主义哲学分为辩证唯物主义与历史唯物主义两个部分，明确地把"物质"作为马克思主义哲学的起点范畴，分别论述了马克思主义哲学的唯物论、认识论、辩证法、历史观，从而建构了一个特色鲜明的马克思主义哲学教学体系。米汀不无得意地自我评价道："我把马克思主义哲学分为辩证唯物主义和历史唯物主义，这种分法被人接受，流传下来了。"（转引自安启念，第173页）

实际上，米汀制定的辩证唯物主义与历史唯物主义"二分结构"不仅"流传下来了"，而且支配了苏联马克思主义哲学教学体系半个世纪之久。无论是斯大林去世后的批判斯大林运动，还是赫鲁晓夫下台后的批判赫鲁晓夫运动；无论是1954—1955年对亚历山大诺夫的《辩证唯物主义》和康斯坦丁诺夫的《历史唯物主义》的讨论，还是后来出版的一批又一批马克思主义哲学教科书；无论是20世纪50—80年代认识论派与本体论派的论争，还是1965年、1977年两次唯物辩证法讨论，都没有从根本上动摇辩证唯物主义与历史唯物主义"二分结构"这一马克思主义哲学教学体系。

以20世纪50—80年代苏联马克思主义哲学教科书的权威版本——康斯坦丁诺夫主编的《马克思主义哲学原理》为例。《马克思主义哲学原理》于1958年首次出版，之后随着国内形势的变化一再修订，分别出版

了 1962 年版、1971 年版、1972 年版、1974 年版、1982 年版，是 20 世纪
50—80 年代苏联马克思主义哲学教学的主流教材和权威版本。其中，1958
年出版的《马克思主义哲学原理》的结构是：导论：第一章　哲学的对
象；第二章　马克思主义产生以前哲学史上唯物主义和唯心主义的斗争；
第三章　马克思主义哲学的产生和发展。第一篇　辩证唯物主义：第四
章　物质及其存在形式；第五章　物质和意识；第六章　现实中各种现象
的合乎规律的联系；第七章　辩证法的基本规律，量变到质变的转化规
律；第八章　对立面的统一和斗争规律；第九章　否定之否定规律；第十
章　认识过程的辩证法。第二篇　历史唯物主义：第十一章　历史唯物主
义是关于社会发展规律的科学；第十二章　物质生产是社会生活的基础；
第十三章　生产力和生产关系的辩证法；第十四章　社会的基础和上层建
筑；第十五章　阶级，阶级斗争，国家；第十六章　社会革命是社会经济
形态更替的规律；第十七章　社会意识及其在社会生活中的作用；第十八
章　人民群众和个人在历史上的作用；第十九章　现代资产阶级哲学和社
会学的主要流派。

可以看出，尽管康斯坦丁诺夫要去除斯大林的影响，尽管"辩证唯物
论与历史唯物论"这一书名被改为"马克思主义哲学原理"，尽管在一些
具体安排上有所变化，但辩证唯物主义与历史唯物主义的"二分结构"在
《马克思主义哲学原理》中被保存下来了。之后不断修订的版本，除了贯
彻苏联共产党第二十一至二十五次代表大会的精神，并对马克思主义哲学
教学体系做了局部改良，在一些具体观点的阐述上有所深化外，在总体框
架上并没有突破《辩证唯物论与历史唯物论》所确立的辩证唯物主义与历
史唯物主义的"二分结构"。

特殊的社会地位，即直接为现实政治服务和为现行政策作论证；特殊
的文献格局，即引证的列宁、恩格斯的著作多于马克思的著作；特殊的总
体框架，即以"物质"为起点范畴的辩证唯物主义与历史唯物主义的"二
分结构"，构成了特色鲜明的苏联马克思主义哲学教学体系。这三个基本
特征在《辩证唯物论与历史唯物论》中得到集中体现。因此，米汀等的
《辩证唯物论与历史唯物论》的出版，标志着苏联马克思主义哲学教学体
系的基本形成。

1938 年，斯大林出版了《论辩证唯物主义和历史唯物主义》。该书开
宗明义指出："辩证唯物主义是马克思列宁主义党的世界观。它所以叫做

辩证唯物主义，是因为它对自然界现象的看法、它研究自然界现象的方法、它认识这些现象的方法是辩证的，而它对自然界现象的解释、它对自然界现象的了解、它的理论是唯物主义的。""历史唯物主义就是把辩证唯物主义的原理推广去研究社会生活，把辩证唯物主义的原理应用于社会生活现象，应用于研究社会，应用于研究社会历史"（《斯大林选集》下卷，第 424 页），并以此为依据先后阐述了马克思主义辩证方法的基本特征、马克思主义哲学唯物主义的基本特征和历史唯物主义。显然，斯大林的《论辩证唯物主义和历史唯物主义》是以米汀等的《辩证唯物论与历史唯物论》为基础的，以有所变化的形式肯定了辩证唯物主义与历史唯物主义的"二分结构"。同时，由于斯大林在当时的苏联和国际共产主义运动中的特殊地位，由于当时苏联的体制，斯大林的《论辩证唯物主义和历史唯物主义》又反过来巩固并确立了辩证唯物主义与历史唯物主义这一总体框架，使辩证唯物主义与历史唯物主义的"二分结构"成为马克思主义哲学教学体系的"经典"，产生了极其广泛而持久的影响。斯大林《论辩证唯物主义和历史唯物主义》的出版，标志着辩证唯物主义与历史唯物主义教学体系在苏联以至整个国际共产主义运动中真正确立下来了。

二 辩证唯物主义与历史唯物主义教学体系在中国的形成和确立

中国人最早知道马克思的学说是在 20 世纪初：1903 年，马君武在《社会主义与进化论的比较》一书中第一次向中国人初步介绍了唯物主义历史观。中国人开始较为系统地了解马克思主义哲学是在俄国十月革命之后：1919 年，李大钊发表了《我的马克思主义观》，首先向中国人较为系统地介绍了唯物主义历史观；瞿秋白则首先向中国人介绍了辩证唯物主义，并于 1924 年出版了中国第一本马克思主义哲学教科书，即《社会哲学概论》和《现代社会学》，从而在中国开启了编写马克思主义哲学教科书的先河。

从内容上看，瞿秋白是依据恩格斯的《反杜林论》、普列汉诺夫的《马克思主义的基本问题》、布哈林的《历史唯物主义理论》来阐述马克思主义哲学的。《社会哲学概论》展示了这样一条逻辑线索："（一）先从哲学上之宇宙根本问题研究起；（二）继之社会现象的秘密之分析；

（三）再进于社会主义之解说。"（《瞿秋白文集》（政治理论篇）第 2 卷，第 340 页）它制定了如下理论框架：哲学中之唯心唯物论，唯物哲学与社会现象，宇宙之源起，生命之发展，细胞——生命之历程，实质与意识，永久的真理——善与恶，平等，自由与必然，互变律，数与质——否定之否定，社会的物质——经济，原始的共产主义及私产之起源，阶级之发生及发展，分工，价值的理论，简单的与复杂的劳动，资本及余剩价值。《现代社会学》则从第一章社会学之对象及其与其他科学的关系、第二章社会科学之原因论与目的论、第三章有定论与无定论、第四章社会现象之互辩律、第五章社会这五个方面，进一步深化了《社会哲学概论》中的唯物史观部分，实际上是一部唯物主义历史观的教科书。按照瞿秋白的观点，包括"唯物哲学之历史观"在内的马克思主义哲学是一种"新的宇宙观"（同上书，第 339 页）；在这种"新的宇宙观"中，"唯物主义的，互辩律的哲学"，"是一切社会科学的方法论"，"唯物哲学之历史观"，即"社会学乃是研究人类社会及其一切现象，并研究社会形式的变迁，各种社会现象相互间的关系，及其变迁之公律的科学"；"研究社会现象的时候，尤其应当细细的考查这唯物主义的，互辩律的哲学"（同上书，第398、334 页）。因此，《社会哲学概论》、《现代社会学》在重点阐释"唯物哲学之历史观"的同时，阐述了"唯物主义的，互辩律的哲学"，包括矛盾规律、质量互变规律和否定之否定规律，并指出："宇宙的根本是物质的动，动的根本性质是矛盾——是否定之否定，是数量质量的互变。"（同上书，第 357 页）这样，《社会哲学概论》和《现代社会学》就较为系统地阐述了马克思主义哲学。

从体系结构上看，《社会哲学概论》和《现代社会学》受到布哈林的《历史唯物主义理论》和戈列夫编写、瞿秋白翻译的《新哲学——唯物论》的影响。《现代社会学》在阐释历史唯物主义的过程中介绍了辩证唯物主义的一些基本观点，《社会哲学概论》则在第一部分首先阐述辩证唯物主义，然后在第二部分阐述历史唯物主义，换言之，辩证唯物主义与历史唯物主义的"二分结构"在《社会哲学概论》和《现代社会学》中已见端倪。这标志着辩证唯物主义与历史唯物主义的教学体系在中国初步形成。

1937 年，李达出版了《社会学大纲》。这部马克思主义哲学教科书以马克思的《〈黑格尔法哲学批判〉导言》、《1844 年经济学哲学手稿》、

《神圣家族》、《关于费尔巴哈的提纲》、《德意志意识形态》、《共产党宣言》、《资本论》，恩格斯的《反杜林论》、《路德维希·费尔巴哈和德国古典哲学的终结》，列宁的《唯物主义和经验批判主义》、《哲学笔记》等著作为依据，以哲学基本问题及其科学解答为基本线索，以辩证法、认识论和逻辑学三者同一为基本原则，建构了这样一个马克思主义哲学教学体系，即第一篇　唯物辩证法：第一章　当作人类的认识史的综合看的唯物辩证法；第二章　当作哲学的科学看的唯物辩证法；第三章　唯物辩证法的诸法则；第四章　当作认识论和伦理学看的唯物辩证法。第二篇　当作科学看的历史唯物论：第一章　历史唯物论序说；第二章　布尔乔亚社会学及历史哲学批判。第三篇　社会的经济构造：第一章　生产力和生产关系；第二章　经济构造之历史的形态。第四篇　社会的政治建筑：第一章　阶级；第二章　国家。第五篇　社会的意识形态：第一章　意识形态的一般概念；第二章　意识形态的发展。

可以看出，《社会学大纲》在体系安排上仍然采用辩证唯物主义与历史唯物主义的"二分结构"，并认为"历史唯物论是把辩证唯物论运用于社会的认识理论"，"所谓辩证唯物论与历史唯物论的关联，这句话的本来的意义，就是彻底地把辩证唯物论应用并扩张于历史的领域。只有彻底的把辩证唯物论扩张于人类社会或历史的领域，才能使辩证唯物论更趋于深化和发展"（《李达文集》第2卷，第285、283页）。在整体结构和理论体系上，《社会学大纲》没有超出苏联马克思主义哲学教科书。

但是，我们注意到，同《社会哲学概论》以及同一时期的马克思主义哲学教科书相比，《社会学大纲》不仅具有列宁、恩格斯的"元素"，而且具有更多的马克思的"元素"；尤其难能可贵的是，它阐述了《1844年经济学哲学手稿》、《关于费尔巴哈的提纲》、《德意志意识形态》的一些重要观点。《社会学大纲》高度评价了《1844年经济学哲学手稿》，认为它为"马克思的彻底的哲学唯物论"奠定了基础，其中，根本契机是把黑格尔辩证法中的实践概念"放在唯物论的基础上展开出来，引入于唯物论之中，给唯物论以新的内容、新的性质"，正是基于对实践的正确理解，马克思"建立了实践的唯物论"，达到唯物辩证法这一"统一的世界观"。《社会学大纲》明确提出"当作实践的唯物论看的唯物辩证法"这一命题，并认为"辩证法的唯物论，以劳动的概念为媒介，由自然认识的领域扩张于历史认识的领域，使唯物论发生了本质的变化，变成了实践的唯物论"；"实践唯物论，把实践当做历史的——社会的范畴，解释为感性的现实的人类的活动，并把它作为认识论的契机，所以能够在其与社会生活的关联上去理解人类认识的全部发展史，因而克服观念论哲学的抽象性与思辨性，而到达于唯物辩证法"；"实践的唯物论，由于把实践的契机导入于唯物论，使从来的哲学的内容起了本质的变革"（《李达文集》第 2 卷，第56、60—61 页）。

同时，《社会学大纲》对辩证唯物主义与历史唯物主义的关系也有自己独特的见解：一方面，自然辩证法是唯物辩证法的基础，历史唯物论是辩证唯物主义在历史领域的"应用"和"扩张"；另一方面，马克思、恩格斯"首先阐明了历史领域中的辩证法，其次由历史的辩证法进到自然辩证法，而在社会的实践上统一两者以创出科学的世界观的唯物辩证法"（同上书，第 56 页）。唯物辩证法是唯物辩证的历史观和自然观的"综合"和"统一"，而二者统一的基础则是科学的实践观。正是基于对实践意义的正确理解，马克思发现了"人与自然相结合的媒介"，发现了人类社会的物质基础，在把唯物辩证法从历史领域"贯彻于"自然领域的同时，又把唯物论从自然领域"扩张于"历史领域，从而"建立彻底的唯物论、统一的世界观"（同上书，第 57—58 页）。

《社会学大纲》对辩证唯物主义与历史唯物主义内在关联的理解有明显的逻辑矛盾，而且没有把科学的实践观作为马克思主义哲学的核心观点贯彻始终。但是，《社会学大纲》已经在一定程度上意识到科学的实践观是马克思主义哲学的理论基础，意识到实践唯物主义与历史唯物主义、辩证唯物主义存在着内在联系，意识到实践唯物主义的创立是哲学史上革命变革的契机。所以，在马克思主义哲学教学体系的安排上，《社会学大纲》力图用劳动—实践范畴连接辩证唯物主义与历史唯物主义。这表明，中国的马克思主义哲学教学体系接受的既有"打上了俄罗斯印记的列宁主义与斯大林模式"，又有"经典意义上的马克思主义"；既受到当时苏联哲学论战，如"辩证法派"与"机械论派"、米汀与德波林论战的影响，又有对当时国内哲学论战，如关于中国社会性质、中国社会史、唯物辩证法论战的总结；既受到苏联马克思主义哲学教科书的影响，又凝聚着中国学者对马克思主义哲学的独特理解，从而在一定程度上体现了中国学者的独创性。

《社会学大纲》在当时就产生了很大的影响，直接影响到毛泽东写作包括《实践论》、《矛盾论》在内的《辩证法唯物论提纲》。毛泽东后来高度评价《社会学大纲》，认为"《社会学大纲》就是中国人自己写的第一本马克思主义哲学教科书"（转引自胡为雄，第69页）。毛泽东可能忽略或没有看到瞿秋白的《社会哲学概论》，所以误把李达的《社会学大纲》看作是"中国人自己写的第一本马克思主义哲学教科书"。如前所述，瞿秋白的《社会哲学概论》才是中国人自己写的第一本马克思主义哲学教科书。但是，无论是对西方哲学史的分析，还是对马克思主义哲学史的考察，无论是对马克思主义哲学经典著作把握的广度，还是对马克思主义哲学基本观点阐述的深度，无论是对马克思主义哲学基本范畴界定的准确性，还是对马克思主义哲学教学体系建构的完整性，《社会学大纲》都比《社会哲学概论》以至同一时期的其他马克思主义哲学教科书高出一筹。应该说，《社会学大纲》是中国人以自己的表述方式撰写的第一部全面、系统、透彻阐述马克思主义哲学基本原理的教科书，代表着新民主主义革命时期中国马克思主义哲学教科书的最高水平，标志着辩证唯物主义与历史唯物主义教学体系在中国基本形成。

新中国成立后，1950—1959年，由于特殊的历史原因，中国马克思主义哲学教学体系基本沿袭了苏联马克思主义哲学教学体系。这一时期，不仅苏联马克思主义哲学教科书被引进中国，而且苏联马克思主义哲学专家也被邀请到中国讲授马克思主义哲学及其经典著作，同时，苏共中央高级党校编写的《辩证唯物主义与历史唯物主义教学大纲》（1953年出版）也被苏联专家介绍到中国，这就对中国马克思主义哲学教学产生了重大影响。从1959年开始，遵照中共中央书记处的指示精神，中国学者开始编写马克思主义哲学教科书。1961年，艾思奇主编的《辩证唯物主义 历史唯物主义》由人民出版社出版。这是新中国成立后出版的、由中国学者自己编写的第一本马克思主义哲学教科书。

《辩证唯物主义 历史唯物主义》明确提出："辩证唯物主义和历史唯物主义是马克思主义哲学，是马克思主义的全部学说的哲学基础，是革命的工人阶级的世界观"，"是真正科学的世界观"，而作为世界观的学问，"哲学观点就是人们对于世界上的一切事物、对于整个世界的最根本的观点"（艾思奇，第1、2页）；"马克思主义哲学——辩证唯物主义和历史唯物主义"，历史唯物主义就是"把辩证唯物主义推广到对人类社会的认识"（同上书，第19、200页）。按照这一指导思想，除第一章绪论外，《辩证

唯物主义　历史唯物主义》对马克思主义哲学教学体系做了这样的安排：上篇　辩证唯物主义：第二章　世界的物质性；第三章　物质和意识；第四章　对立统一规律；第五章　质量互变规律；第六章　否定之否定规律；第七章　唯物辩证法的基本范畴；第八章　认识和实践；第九章　真理。下篇　历史唯物主义：第十章　历史唯物主义和历史唯心主义的根本对立；第十一章　生产力和生产关系；第十二章　经济基础和上层建筑；第十三章　阶级和国家；第十四章　社会革命；第十五章　社会意识及其形成；第十六章　人民群众和个人在历史上的作用。

显然，《辩证唯物主义　历史唯物主义》受到康斯坦丁诺夫主编的《马克思主义哲学原理》（1958 年版）的影响。但是，《辩证唯物主义　历史唯物主义》又不是对苏联马克思主义哲学教科书的简单模仿，它在某些方面比苏联马克思主义哲学教科书具有更高的水平，在一定程度上具有特创性：一是结合中国新民主主义革命和社会主义建设的实际来阐述马克思主义哲学基本原理；二是结合中国传统哲学来阐述马克思主义哲学基本原理；三是充分反映了毛泽东哲学思想对马克思主义哲学的丰富和发展，其对对立统一规律、认识和实践的阐述，基本上采用了《矛盾论》、《实践论》的体例。

《辩证唯物主义　历史唯物主义》是由中共中央书记处决定并组织编写的，同时，由于编写者是当时国内一流专家、学者，代表着当时国内马克思主义哲学教学的最高水平，因而具有极高的权威性。《辩证唯物主义　历史唯物主义》在马克思主义哲学教学体系发展史上的地位在于，它标志着辩证唯物主义与历史唯物主义教学体系在中国的确立，同时，作为全国党校、高校通用的马克思主义哲学教科书，它结束了在中国课堂上使用苏联马克思主义哲学教科书的历史。《辩证唯物主义　历史唯物主义》在中国的影响是深远的：1961—2011 年，50 年间，国内出版的各类马克思主义哲学教科书已高达千余种，但除极少数外，绝大多数教科书在基本内容、逻辑结构和理论体系上都没有超出《辩证唯物主义　历史唯物主义》。

三　东欧、苏联学者对马克思主义哲学教学体系的新探索

在社会主义国家，首先对苏联马克思主义哲学教学体系提出质疑，并

对马克思主义哲学教学体系作出新探索的，是东欧南斯拉夫和民主德国的学者。

无疑，南斯拉夫的马克思主义哲学教学体系曾深受苏联马克思主义哲学教学体系的影响。1949 年，鲍·齐赫尔出版了《辩证唯物主义和历史唯物主义》，这是"二战"后南斯拉夫出版的第一部马克思主义哲学教科书。1955 年、1958 年，伊·科桑诺维奇分别出版了《辩证唯物主义——马克思主义哲学的基本问题导论》、《历史唯物主义——马克思主义社会学的基本问题导论》；1958 年，普·弗兰尼茨基出版了《辩证唯物主义和历史唯物主义》。无论是从阐述的内容来看，还是就表达的方式而言，这些在南斯拉夫具有代表性的马克思主义哲学教科书都深受苏联马克思主义哲学教学体系的影响。

20 世纪 60 年代，随着南斯拉夫"实践派"与"辩证唯物主义派"的形成与分化，南斯拉夫哲学界对辩证唯物主义与历史唯物主义教学体系的认识和评价发生了根本分歧。

"实践派"明确否定辩证唯物主义，认为辩证唯物主义不是马克思的哲学，而是由列宁建立，斯大林加以简单化、教条化的哲学观点。"马克思所理解的'哲学'并不是'辩证唯物主义和历史唯物主义'。最初由列宁加以描绘后来由斯大林赋予最终形态的辩证唯物主义的基本原理，同马克思是毫无关系的。辩证唯物主义的基本'本体论'原理，即关于自然界先于精神，物质先于意识的原理，同辩证唯物主义的基本'认识论'原理，即关于人的意识是对现实的反映的原理一样，是和马克思的基本思想，即实践的思想相对立的。""对马克思来说，主要的哲学问题，并不是物质和精神的关系，而是人和世界的关系"（贾泽林，第 206—207 页），是在创造一个更加人道的世界的同时如何实现人的本质，并指明走向人的自我实现的实际步骤。这是其一。

其二，"实践派"认为，辩证法并不是关于客观世界普遍规律的科学，把辩证法描述为关于自然界、人类社会和思维运动一般规律的科学，是"消极的科学主义"和"实证主义的本体论"。按照"实践派"的观点，唯物主义本质上是教条主义的、形而上学的，而辩证法本质上是批判的、革命的，因此，辩证法同唯物主义的结合只能是虚构；客观对象和过程只有同人的需要、人的实践活动相关联时，才具有实际价值，因此，辩证法只有同人的实践活动结合起来才具有其真实意义。"辩证法既不是一种绝对、抽象的精神结构（如黑格尔所说），也不是自然界的一种一般结构（如恩格斯所说），而是人类历史的实践及其本质方面的一种总体结构——批判思维。"（马尔科维奇、彼得洛维奇，第 26 页）实践是马克思主义哲学的核心范畴，人道主义是马克思主义哲学的本质特征；重建马克思主义哲学，就是要"使辩证法成为人道主义的辩证法"，"使人道主义成为辩证法的人道主义"。

其三，"实践派"一般承认历史唯物主义，但它把历史唯物主义归结为一种社会批判理论，认为历史唯物主义的主要任务就是对异化进行批判性的分析，从而发现那些摧残人、阻碍人的发展，导致经济异化、政治异化的特殊的社会制度。"历史唯物论不是马克思关于人和历史的一般理论，而是他对阶级社会自我异化的人（作为'经济动物'的人）的批判，也就是他关于自我异化的人类历史（更确切地说是'史前史'）的批判理论。"（衣俊卿、陈树林，第 279 页）同时，历史唯物主义只有成为马克思实践哲学这一理论整体中的一个组成部分，才能获得存在的合法性。"在实践哲学中，人被理解为自由的创造性的存在物，他通过自己的活动实现自身和自己的世界。然而，正因为是自由的存在物，人也可能自我异化，成为自我异化的不自由的存在物，成为经济动物。正因为人的自我异化，历史唯物主义作为对自我异化的社会和人的解释及批判有其存在的理由和相对的价值。但是，从实践哲学的整体中分离出来的、孤立的历史唯物主义，只能描述阶级社会中的经济决定作用和剥削的机制，甚至连这种社会和自我异化的人是非人道的这一根本命题也不能阐述……甚至不能充当关于阶级社会和阶级的人的完整的见解。"（同上，第 281 页）

"作为教条并在根本上具有保守倾向的'辩证唯物主义'……至多只能导致现有的科学知识的一般化和系统化，而无助于创立一种能够引导实践的社会力量走向世界的解放和人化的批判的时代精神。"（同上，第 311 页）因此，必须破除苏联马克思主义哲学教学体系，即辩证唯物主义与历史唯物主义，重建一种具有人道主义和社会批判精神的马克思主义实践哲学。然而，由于种种历史原因，"实践派"并没有建立起这样一种实践哲学体系。换言之，"实践派"提出了问题，但没有解决问题；重在解构苏联马克思主义哲学教学体系，但没有建构起南斯拉夫马克思主义哲学教学体系。

如果说"实践派"重在"破"：解构苏联"类型"的马克思主义哲学

教学体系，那么，"辩证唯物主义派"则重在"立"：建构南斯拉夫"类型"的马克思主义哲学教学体系。与"实践派"不同，"辩证唯物主义派"坚持辩证唯物主义，强调建立南斯拉夫"类型"的马克思主义哲学教学体系。从总体上看，这种南斯拉夫"类型"的马克思主义哲学教学体系具有两个特征：一是强调马克思主义哲学是同逻辑学、认识论和方法论密切联系的关于世界普遍规律的科学，是科学的决定论；二是强调马克思主义哲学是"批判的辩证唯物主义"，具有人道主义的性质。一句话，马克思主义哲学是"科学性和人道主义的统一"，社会主义人道主义是一种世界观。

20世纪60—70年代，"辩证唯物主义派"出版了一批马克思主义哲学教科书，如波·合希奇的《辩证唯物主义》、奥·曼迪奇的《辩证唯物主义概论》、安·斯托伊科维奇的《马克思主义哲学原理》、波·合希奇的《马克思主义哲学》、奥·别扬诺维奇的《马克思主义哲学》等。其中，安·斯托伊科维奇的《马克思主义哲学原理》先后出了八版，在南斯拉夫产生了广泛而深刻的影响，极具代表性。安·斯托伊科维奇的《马克思主义哲学原理》分三篇共九章。第一篇　哲学、科学和实践：第一章　哲学形成和发展的条件和前提；第二章　哲学的对象及其与专门学科、其他文化领域和社会实践的关系；第三章　辩证唯物主义的形成及其革命实质。第二篇　辩证唯物主义的基本学说：第一章　世界的一般结构和规律；第二章　辩证唯物主义世界观的逻辑—认识论—方法论原理；第三章　马克思主义哲学的人道主义实质。第三篇　辩证唯物主义优于现代非马克思主义的世界观：第一章　马克思主义与资产阶级意识形态；第二章　对马克思主义哲学发展的看法；第三章　世界和南斯拉夫马克思主义哲学发展的现状和前景。

显然，安·斯托伊科维奇的《马克思主义哲学原理》不同于苏联马克思主义哲学教科书，具有鲜明的南斯拉夫特色：一是提出哲学基本问题包含四个方面的内容，即本体论、逻辑—认识论—方法论、价值规范和人本主义，并始终围绕着这一基本问题来阐述马克思主义哲学；二是认为马克思主义哲学是关于人与世界的认识关系和价值关系的科学，不仅阐述了本体论、认识论，而且阐述了价值论；三是强调马克思主义哲学的人道主义实质和社会主义人道主义的世界观意义，不仅阐述了世界的一般结构和规律，而且阐述了人的生存的意义，阐述了人是最高价值和目的本身；四是强调马克思主义哲学是辩证唯物主义，历史唯物主义即唯物主义历史观则是马克思主义社会学。

尽管斯托伊科维奇等人在其他场合仍把马克思主义哲学称为辩证唯物主义与历史唯物主义，但在安排马克思主义哲学教学体系的结构时，则把历史唯物主义排除在马克思主义哲学外，认为随着哲学和社会学的发展，作为研究社会运动和发展一般规律的科学，历史唯物主义已经不属于哲学，而属于社会学。这样一来，历史唯物主义的世界观意义被忽视了，历史唯物主义是马克思的第一个伟大发现的意义被淡化了。

几乎与南斯拉夫哲学界"实践派"和"辩证唯物主义派"论争的同时，民主德国哲学界发生了"实践论争"，继而发生了"体系论争"。"实践论争"的主题是何谓实践，力图对实践范畴的内涵进行新的探讨；"体系论争"的主题则是在重新审视实践范畴的基础上，对马克思主义哲学的研究对象、结构理论、叙述方法、总体框架进行新的探讨。正是在这场"体系论争"的过程中，1967年，民主德国出版了柯辛的《马克思主义哲学·教科书》。《马克思主义哲学·教科书》分六个部分共十四章。第一部 现代的哲学：第一章 社会主义的世界观；第二章 马克思主义哲学的产生和发展。第二部 世界统一于物质性：第三章 哲学的根本问题和根本流派；第四章 物质和世界的统一性。第三部 世界的合乎规律的秩序：第五章 客观实在的体系的性质；第六章 辩证的决定论；第七章规律及社会规律的有意识的利用。第四部 世界是发展的：第八章 作为质变的发展；第九章 作为否定之否定的发展；第十章 辩证的矛盾是运动及发展的源泉。第五部 人对客观世界的认识：第十一章 认识过程的社会基础；第十二章 认识的本质和结构。第六部 现代的社会形态及精神生活的改造：第十三章 工人阶级创造新的世界；第十四章 现代精神生活的变革。

柯辛建构的马克思主义哲学教学体系与苏联马克思主义哲学教学体系有如下较大的差异。

在马克思主义哲学的对象上，苏联马克思主义哲学教科书把马克思主义哲学的对象规定为自然界、人类社会和思维运动的一般规律；《马克思主义哲学·教科书》则提出，从事实践的人才是马克思主义哲学的对象。"人对于世界的关系是通过人的能动的活动的各种形式来实现的。处于对世界的这种关系中的人，才是马克思主义哲学的主要对象。马克思主义哲学最重要的是研究人在革命实践中如何变革自己的周围世界和他们自身。"
"只有从这一点出发，自然和社会在其一体性和相互作用中，社会的实践
在理论和实践的相互关系中……才能成为马克思主义哲学的对象，同时，
科学、政治、道德和艺术……也才能成为马克思主义哲学的对象……马克
思主义哲学自己研究的对象就是这样的一切领域同人、人的活动之间的联
系，以及规定一切领域特征的各种普遍规律和本质的特征。"（《当代哲学
思潮述评》，第45、47页）《马克思主义哲学·教科书》对马克思主义哲
学对象规定的特点就在于，对象被理解为人的实践活动，以及由此产生的
认识活动所媒介的领域，或者说，从现实的人出发，并以人的实践活动为
基础来规定马克思主义哲学的对象，从而合理解决全部哲学问题。在这个
意义上，我们赞同日本学者把《马克思主义哲学·教科书》称为"实践的
唯物主义"。

　　在马克思主义哲学的结构上，苏联马克思主义哲学教科书把马克思主
义哲学规定为辩证唯物主义与历史唯物主义，并把辩证唯物主义与历史唯
物主义作为两个独立的部分分别阐述；《马克思主义哲学·教科书》则提
出，马克思主义哲学是辩证的、历史的唯物主义，强调辩证唯物主义与历
史唯物主义的"一体化"，力图使马克思主义哲学的基本范畴、基本观点、
基本规律在这种"一体化"的联系上得到说明。这是《马克思主义哲学·
教科书》"体系叙述"的基础，也是其鲜明特征和新颖之处。正是在这一
思想指导下，生产力、生产关系是放在"物质和世界的统一性"中阐述
的，经济形态、政治形态、阶级结构是放在"客观实在的体系性"中阐述
的，社会革命是放在"作为质变的发展"中阐述的，而认识论则是以历史
唯物主义为基础展开的，等等。《马克思主义哲学·教科书》的基本原则，
就是把社会生活及其历史置于客观实在的领域，即世界的物质统一性中加
以考察，并认为马克思主义的新世界观以人类活动、社会生活过程作为出
发点和中心内容，马克思主义哲学的"优越性"在于"对人类社会及社会
实践的唯物主义解释"，"抛开历史唯物主义就不存在辩证唯物主义。两者
在马克思主义的世界观中是融为一体的"（《当代哲学思潮述评》，第43
页）。应该说，这一观点正确而深刻，体现出历史唯物主义的世界观意义
及其划时代贡献。

　　在探索辩证唯物主义与历史唯物主义"一体化"的道路上，《马克思
主义哲学·教科书》的确迈出了重要一步。但是，我们注意到，《马克思

主义哲学·教科书》又存在着内在的矛盾：它一方面强调实践是马克思主义哲学的基础和出发点，全部哲学问题的合理解决都存在于"社会实践和从概念上把握社会实践"中，另一方面又把"物质"、"意识"、"实践"这三个范畴并列，作为马克思主义哲学的根本范畴，并从自然史的角度出发阐述物质、意识、实践之间的关系，从物质范畴出发阐述马克思主义哲学，只是在第五部分即认识论部分才开始阐述实践的结构、地位以及主体与客体的关系。这犹如太阳的单独运行规律已经被指明，但关于整个天体运动的解释仍然运用着托勒密的理论。

比东欧的南斯拉夫、民主德国晚了约 20 年，苏联学者开始全面反思辩证唯物主义与历史唯物主义的教学体系，重新探讨马克思主义哲学教学体系。

1982 年，《哲学问题》第 12 期发表编辑部文章，在苏联历史上首次提出，要从根本上反思辩证唯物主义与历史唯物主义的教学体系，认为这一体系的根本缺陷就在于，分开阐述辩证唯物主义与历史唯物主义，把二者解释为两个独立的哲学学科，忘记了"二者的本质同一"。

1985 年，格列察内、卡拉瓦耶夫、谢尔热托夫在《列宁格勒大学学报》第 13 期上发表《论辩证唯物主义和历史唯物主义的本质同一》一文，对辩证唯物主义与历史唯物主义的本质同一进行了深入分析，认为辩证唯物主义与历史唯物主义不是整体与部分、一般与特殊的关系，不是马克思主义哲学结构上的两个组成部分，而是马克思主义哲学的两个相互补充的特征；社会是人同自然界的本质统一，超出社会存在就没有意识与存在的关系，唯物主义的辩证性质只有在历史唯物主义的形式中才成为可能，历史唯物主义是唯物辩证法的集中体现，而实践则是把辩证唯物主义与历史唯物主义整体化为统一的完整学说的哲学范畴；辩证唯物主义与历史唯物主义的统一不是结构上的统一，而是实质上的统一，是统一的有机整体、统一的科学体系；辩证唯物主义与历史唯物主义教学体系的根本缺陷在于，在一个完整的马克思主义哲学中形成两个对象、两种"存在"、两种唯物主义以至两个学科，从而造成了"本体论断裂"。所以，必须"摒弃辩证唯物主义—历史唯物主义的图式"。

由此，苏联哲学界开始全面反思辩证唯物主义与历史唯物主义的教学体系，重新探讨马克思主义哲学教学体系。在这个过程中，1989 年，苏联出版了弗罗洛夫主编的《哲学导论》。

《哲学导论》的书名是中性提法，但它对马克思主义哲学持一种明确的肯定态度，阐述的主要是马克思主义哲学的基本观点，实际上仍是一部马克思主义哲学教科书。《哲学导论》分上、下两卷共 18 章。上卷 哲学的形成和发展：第一章 哲学及其使命、意义和功能；第二章 哲学的产生及其历史类型；第三章 马克思主义哲学的形成和发展；第四章 20 世纪的非马克思主义哲学。下卷 理论和方法论：问题、概念、原理：第五章 存在；第六章 物质；第七章 辩证法；第八章 自然界；第九章 人；第十章 实践；第十一章 意识；第十二章 认识；第十三章 科学；第十四章 社会；第十五章 进步；第十六章 文化；第十七章 个性；第十八章 未来。下卷的章节顺序安排和上卷的哲学史的发展及其反映的社会发展是相互观照的，以体现逻辑和历史的统一，体现哲学知识的整体性及其发展的阶段性和连续性，体现马克思主义哲学是在批判继承人类文化优秀成果的基础上产生的，是在创造性地研究当代社会现实和当代文化成果的基础上发展的。

按照弗罗洛夫的观点，这部教科书之所以取名《哲学导论》，"当中蕴含着特定的意义"：一是"帮助那些学哲学的人，对哲学的问题和语言、哲学研究的手段和方法、概念和范畴，对哲学史和当代的哲学问题，有个初步的了解，从而使他们能在这纷繁复杂的事物中，独立地确定研究方向"（弗罗洛夫，上卷，"前言"第 3 页）；二是提高人们的理性思维素养，善于得心应手地运用概念"提出、论证或批判某些见解"，"看清变化和发展中的现实"；三是"尽力揭示和证明"马克思主义哲学的新颖性和独创性，"也绝不会抛弃以前的哲学"，马克思主义哲学是以前社会思想和哲学思想的直接继续，马克思主义哲学之所以强大有力，就是因为它善于批判地改造和吸收世界哲学思想的优秀成果，"以往的杰出哲学家不仅是我们的先辈，而且也是我们的'同代人'，因为我们可从他们那里学到许多东西，可以同他们进行平等的对话和辩论"（同上书，"前言"第 5 页）；四是恢复唯物辩证法的本来面貌和应有作用，以批判的态度对待现实。唯物辩证法本来是对社会进行批判改造的武器，但在《联共（布）党史简明教程》第四章第二节中变成了"毫无生命力的、单调乏味的死板公式"，变成了"掩盖现实生活的矛盾"，"为现存的那些远非理想的事物进行辩护和颂扬"的工具。因此，必须恢复唯物辩证法的批判性，以批判的态度对待现实，探索改造和发展现实的各种可能性。"只有在改造现实的

过程中和在实践中，哲学问题才能够得到解决，人类思维的现实性和威力方能显示出来。"（弗罗洛夫，上卷，"前言"第3页）

从内容和观点上看，《哲学导论》保留了传统的马克思主义哲学教科书中"经受住了时间检验的一切东西"，同时，依据当代社会生活的深刻变革对传统课题进行新的阐述，如"物质、空间与时间"、"存在的普遍联系"、"认识中感性与理性的统一"，并增加了"一些以前的教科书里没有的题目"，如"存在"、"文化"、"个性"、"实践"等，其中最重要的就是"实践"。《哲学导论》明确指出，实践构成了人的存在方式和人类世界的基础，是人类对待世界的特殊方式，新世界观的基本思想就是唯物主义的实践观。"马克思的主要的和基本的哲学思想在于……实践是初始的和第一性的。"（同上书，第183页）

从结构和主体上看，《哲学导论》彻底打破了辩证唯物主义与历史唯物主义的"二分结构"，建构了以人类解放为主题的马克思主义哲学教学体系。《哲学导论》明确指出："马克思主义的最高目的，是研究和从理论上论证被奴役的人类的解放问题。马克思主义证明，消灭一切奴役制度，消灭人的屈辱、异化和不自由，是不可避免的。哲学通过探讨、分析和研究人类普遍的实践经验和人类普遍的精神经验这两个方面，而使历史进程的这个最崇高的目的得以实现。"（同上书，第174页）

《哲学导论》从三个方面展开了对人类解放这一主题的论证：一是沿着人与世界的关系、人与人的关系以及人的本质这些"根本性的经典问题"而展开，并认为"对根本性的经典问题的研究，构成了马克思主义哲学的核心和本质"（同上）；二是沿着"对共产主义的含义进行哲学论证"而展开，"把人的解放问题改变为有关个人和社会沿着共产主义的道路前进的历史发展问题"，并认为"全面发展的人，这就是作为共产主义理想'核心'，而展现在马克思面前的理想的哲学形象"（同上书，第177、187、181页）；三是沿着人道主义的思路而展开，认为"马克思主义继承和发展了以往哲学的各种人道主义趋向，阐明了将人道主义理想付诸实现的途径、使人获得解放的途径和建设无愧于自由的人的社会的途径"（同上书，"前言"第5页），所以，必须恢复和发展马克思主义最崇高的人道主义理想，以适应新的历史条件。

在《哲学导论》中，人的解放与人道主义密切相关甚至融为一体，马克思主义的最高目的——实现人类解放，和马克思主义的最崇高的理想——人道主义具有相同的内涵。《哲学导论》力图把人道主义精神贯彻到马克思主义哲学之中，建构一种苏联式的人道主义的马克思主义哲学。从历史上看，从 1953 年斯大林逝世到 1991 年苏联解体，苏联马克思主义哲学演变的趋势就是人道主义化。从 1954—1955 年讨论亚历山大洛夫的《辩证唯物主义》和康斯坦丁诺夫的《历史唯物主义》，对辩证唯物主义与历史唯物主义的个别观点进行反思，到认识论派与本体论派的论争，认识论派否定脱离人和人的活动的本体论，再到 20 世纪 80 年代对辩证唯物主义与历史唯物主义教学体系进行全面反思，要求"摒弃辩证唯物主义——历史唯物主义的图式"；从苏共二十二大提出"一切为了人，一切为了人的幸福"，推动斯大林去世后日渐抬头的人道主义思潮的发展，到 1987 年"哲学与生活"的讨论提出，"全部哲学都要把人视为社会进步的最终目的，视为最高的价值和一切事物的尺度，也就是说，要使哲学人道化"（拉宾，第 5 页），再到 1987 年、1989—1991 年"哲学是不是科学"的讨论提出，哲学不是科学，否定辩证唯物主义与历史唯物主义的科学性，进而否定哲学为政治合理性论证的可能性，苏联哲学中的人道化倾向一直艰难但顽强地表现出来，形成一种趋势。《哲学导论》就是这种哲学人道化的历史延伸和集中体现，标志着苏联人道主义的马克思主义哲学教学体系的形成。

《哲学导论》的主编弗罗洛夫时任苏共中央书记处书记、《真理报》主编，是苏共中央总书记戈尔巴乔夫的助手，其作者大多是苏联一流哲学家，因此，《哲学导论》出版后立即取代了在苏联哲学界占主导地位 30 年之久的《马克思主义哲学原理》（康斯坦丁诺夫主编），并成为苏联马克思主义哲学教科书的新的权威版本。《哲学导论》的出版标志着苏联辩证唯物主义与历史唯物主义教学体系的终结，同时，标志着 30 多年来艰难演进的苏联马克思主义哲学的人道化得到了官方的肯定和学界的认可，成为苏联哲学的主流。然而，好景不长，1991 年，随着苏共解散、苏联解体，《哲学导论》的主导地位不复存在，它所建立的人道主义的马克思主义哲学教学体系也寿终正寝，只能作为思想博物馆的标本陈列于世，而不是兴盛于世。在这个意义上，《哲学导论》又是苏联整个马克思主义哲学教学体系终结的标志。

四　中国学者对马克思主义哲学教学体系的新探索

　　1961年，毛泽东嘱咐李达编一本马克思主义哲学教科书。1965年，毛泽东在阅读李达主编的《马克思主义哲学大纲》（内部讨论稿）[①]时，否定了苏联马克思主义哲学教科书把质量互变规律、对立统一规律和否定之否定规律并列的形式，明确指出："旧哲学传下来的几个规律并列的方法不妥"；同时，在其中的"两种发展观互相对立的焦点"这一节明确批写："不必抄斯大林"。这实际蕴含着毛泽东对苏联马克思主义哲学教科书的不满，蕴含着毛泽东对中国化的马克思主义哲学教科书的期盼。

　　李达主编的《马克思主义哲学大纲》实际上开始了中国学者对马克思主义哲学体系的新探索。然而，由于种种历史原因，这一探索一度中断了。重启对马克思主义哲学教学体系新探索的，是高清海主编，1985年、1987年出版的《马克思主义哲学基础》（上、下册）。《马克思主义哲学基础》认为，马克思主义哲学是"关于外部世界和人类思维的运动的一般规律的科学"，并明确提出："马克思主义哲学就是辩证唯物主义"（高清海，上册，"目录"第2页），"'辩证的'唯物主义，标示出了马克思主义唯物主义整个理论内容与旧唯物主义不同的性质"（同上书，第95页）；实践是马克思主义哲学全部理论内容的核心，马克思主义哲学"把实践的观点提到首要和基本观点的地位"，"并且把这一原则彻底贯彻到哲学全部内容之中，建立了以实践为基础、与实践内在统一的哲学体系"，从而实现了哲学史上的革命性变革（同上书，第107页）。依据这一原则，《马克思主义哲学基础》建构了一种新的马克思主义哲学教学体系：绪论——马克思主义哲学是科学的世界观认识论方法论的统一。第一篇　意识与存在的关系——认识的基本矛盾：第一章　人类认识的基本矛盾及其历史发展；第二章　马克思主义哲学对存在与意识关系的科学解决；第三章　客体的规定性；第四章　客体的规律性；第五章　世界统一于运动着的物质。第二篇　主体——人作为主体的规定性及其主体能力的根据和发展：

---

　　① 由于"文化大革命"，李达主编的《马克思主义哲学大纲》上册没有出版，下册没有写完。"文化大革命"结束后，陶德麟主持对《马克思主义哲学大纲》上册进行修改，1978年以《唯物辩证法大纲》为名由人民出版社出版。这是"文化大革命"结束后出版的第一本马克思主义哲学教科书。

第六章　人作为主体的基本规定性；第七章　主体能力的自然基础；第八章　主体的社会规定性。第三篇　主体与客体的统一——在实践基础上真善美的统一与自由的实现：第九章　主客体统一的规定性；第十章　实践；第十一章　认识；第十二章　自由。

《马克思主义哲学基础》认为，历史唯物主义既是辩证唯物主义得以形成的基础，同时又是体现在历史观上的辩证唯物主义。就理论性质而言，辩证唯物主义与历史唯物主义是一般世界观和历史观的关系，二者在内容和观点上是相互内在地包含的，而不是外在地结合在一起的。因此，把辩证唯物主义与历史唯物主义拆开并列起来，变成外在结合的联系，不符合辩证唯物主义与历史唯物主义所固有的内在的统一关系。正因为如此，《马克思主义哲学基础》突破了辩证唯物主义与历史唯物主义的"二分结构"，在阐述"辩证唯物主义的物质观"时就说明了社会的物质性，包括社会存在、社会发展是自然—历史过程，以及自然的物质性与社会的物质性的关系，并以意识与存在的关系这一认识活动的基本矛盾为基本线索，以客体的规定性、主体的规定性、主体与客体的统一以及自由的实现为逻辑结构，展示出一种新的马克思主义哲学教学体系。

同时，《马克思主义哲学基础》明确提出，实践的观点是马克思主义哲学首要的和基本的观点，并力图把实践原则作为马克思主义哲学教学体系的建构原则。按照《马克思主义哲学基础》的观点，"实践是马克思主义哲学全部理论内容的核心"，马克思主义哲学正是从实践活动出发去理解主体与客体及其相互关系的，"从此哲学理论才既摆脱了停止于外部偶然联系的直观性，又摆脱了追求抽象本体的超验性，成为以揭示客观规律为主要内容、具有可检验性的科学理论"（高清海，上册，第107页）。这就突破了苏联马克思主义哲学教学体系对实践范畴的认识论限定，而将其上升到马克思主义哲学的理论核心和建构原则的高度，上升到主体与客体分化和统一基础的高度，并明确指认了实践在马克思主义哲学本体论、历史观和认识论中的整体性地位，力图建构以实践观点为理论基础和逻辑中介的马克思主义哲学教学体系。

但是，《马克思主义哲学基础》又留下了两个理论难题：

一是虽然明确提出了实践观点是马克思主义哲学的首要观点和理论核心，但在具体阐述马克思主义哲学基本观点时，却没有把这一首要观点、理论核心贯穿始终；相反，只是在阐述了客体规定性、主体规定性之后，在第四篇第十章即"主体与客体的统一"中，才对实践观点作出阐述。更重要的是，没有把实践的观点同客体的规定性、规律性有机结合起来，使辩证原则游离于实践观之外。

二是虽然强调历史唯物主义对马克思主义哲学的形成具有特殊的意义，认为历史唯物主义是辩证唯物主义得以形成的基础，"关于实践的理论既是发现唯物史观的必然结果，又是唯物史观的基本内容"（高清海，下册，第 260 页），但却提出"不能由此就认为，马克思主义哲学主要就是历史唯物主义"，在马克思主义哲学中，"基础理论""就是辩证唯物主义"，历史唯物主义则是把辩证唯物主义运用于历史领域的"中介性理论"，是体现在历史观上的辩证唯物主义（同上书，上册，第 101 页）。这是一个逻辑矛盾。实际上，在马克思主义哲学中，并不存在一个独立的、作为理论基础的辩证唯物主义，也不存在一个独立的、具有运用性质的历史唯物主义。历史唯物主义本身就是"真正批判的世界观"。（《马克思恩格斯全集》第 3 卷，第 261 页）

继《马克思主义哲学基础》之后，肖前、李秀林、汪永祥主编，1991年出版的《辩证唯物主义原理》（修订本）、《历史唯物主义原理》（修订本）；辛敬良主编，1991 年出版的《马克思主义哲学导论》；李秀林、王于、李淮春主编，1995 年出版的《辩证唯物主义和历史唯物主义原理》（第 4 版），都明确提出实践的观点是整个马克思主义哲学首要的和基本的观点，并力图用实践唯物主义精神改造原有的马克思主义哲学教学体系，或者说，以实践为原则建构马克思主义哲学教学体系。

《辩证唯物主义原理》（修订本）、《历史唯物主义原理》（修订本）认为，马克思主义哲学是唯物主义和辩证法、唯物辩证的自然观和历史观高度统一的理论体系；辩证唯物主义本身就包含着历史唯物主义，历史唯物主义则使辩证唯物主义获得了全面的巩固的基础；"辩证唯物主义之所以是彻底的唯物主义，不仅是因为它唯物地解释了自然，包含有唯物主义的自然观，而且特别是由于它唯物地解释了社会生活，包含有唯物主义的历史观"。"历史唯物主义是彻底的唯物主义的标志，如果没有这个标志，就意味着彻底的唯物主义即辩证唯物主义还没有创立"，历史唯物主义"使全部马克思主义哲学建立在科学实践观的基础之上"（肖前、李秀林、汪永祥，1991 年 b，第 28、29 页）；马克思主义哲学确认实践是人的存在方式、社会生活的本质和现存世界的基础，并把实践的观点看作是自己首要的和基本的观点，因此，"马克思主义哲学的新唯物主义，同时可以说是实践的唯物主义"（肖前、李秀林、汪永祥，1991 年 a，第 44 页）。

这不乏真知灼见，但这一精神没有自始至终贯彻下去。《辩证唯物主义原理》（修订本）、《历史唯物主义原理》（修订本）仍然"保持原来的基本理论格局"（同上书，"前言"第 1 页），即仍然保持辩证唯物主义与历史唯物主义的"二分结构"，只是在辩证法和认识论之间增加了专门阐述实践的一章，对实践的根本地位、主要特征、内在结构、活动过程和历史发展作了深入而全面的阐述，以尽力弥补"原来基本理论格局"的不足。

与《辩证唯物主义原理》（修订本）、《历史唯物主义原理》（修订本）"保持原来的基本理论格局"不同，《辩证唯物主义和历史唯物主义原理》（第 4 版）对原来的"体系结构作了较大的改变"，"对理论内容进行了较多的充实和调整"，改变了辩证唯物主义与历史唯物主义的"二分结构"，突出了辩证唯物主义与历史唯物主义的"一体化"，展现了马克思主义哲学是以实践为本质特征的辩证、历史的唯物主义，并明确指出："辩证唯物主义和历史唯物主义这两个特征，都是从实践的唯物主义这一本质特征引申出来的，是这一本质特征必然展开的内在逻辑和理论表现。"（李秀林、王于、李淮春，1995 年，第 24 页）①

正是在这一思想的指导下，《辩证唯物主义和历史唯物主义原理》（第 4 版）力图改变辩证唯物主义与历史唯物主义"二分结构"，建构辩证唯物主义与历史唯物主义"一体化"的马克思主义哲学教学体系：导论 科学的世界观和方法论；第一章 世界的物质统一性；第二章 实践与世界；第三章 社会及其基本结构；第四章 世界的联系和发展；第五章 联系和发展的基本规律；第六章 联系和发展的基本环节；第七章 社会发展过程及其动力；第八章 从客观辩证法到主观辩证法；第九章 认识的本质和结构；第十章 认识的过程及其内在机制；第十一章 真理和价值；第十二章 认识与思维方法、思维方式；第十三章 文化与社会现代

---

① 《辩证唯物主义和历史唯物主义原理》（第 5 版）进一步指出："用'实践唯物主义'来称谓马克思主义哲学，是为了透显马克思的唯物主义所内含的实践维度及其首要性和基本性"；"用'辩证唯物主义'称谓马克思主义哲学，是为了透显马克思的唯物主义所内含的辩证法维度及其批判性和革命性"；"与'辩证唯物主义'并列，加上'历史唯物主义'来称谓马克思主义哲学，是为了透显马克思的唯物主义所内含的历史维度及其彻底性和完备性"。（李秀林、王于、李淮春，2004 年，"第 5 版说明"第 2 页）

化；第十四章 人的本质、自由和全面发展。

这一教学体系有两个突出特点：一是在"世界的物质统一性"一章中充分体现了自然观和历史观的统一，阐述了自然界的物质性与人类社会的物质性及其关系，阐述了物质形态的同源性和同构性；二是在"实践与世界"一章中明确提出了实践的世界观意义，阐述了实践是人的存在方式，是主观世界和客观世界、自在世界和人类世界分化与统一的基础。

但是，如何把辩证法同实践观有机结合起来，仍是一个未解决的理论难题。在《辩证唯物主义和历史唯物主义原理》（第4版）中，辩证法仍然游离于实践观之外。《辩证唯物主义和历史唯物主义原理》（第5版）对辩证法部分做了较大的改进，在"联系和发展"一章中阐述了"物与物的关系和'为我而存在的关系'"、"客观辩证法、主观辩证法与实践辩证法"，在"发展的基本规律"一章中阐述了"否定性的辩证法与实践观、矛盾观"；但从本质上看，辩证法仍然游离于实践观之外，辩证法与实践观的有机结合这一理论难题仍然没有得到根本解决。

辛敬良主编，1991年出版的《马克思主义哲学导论》向我们展示了这样一个马克思主义哲学教学体系：第一篇马克思主义的实践观，包括第一章马克思主义实践观的创立及其意义；第二章实践与主客体关系；第三章实践是马克思主义哲学大厦的基石。第二篇以实践为中介的自然过程，包括第四章自然的客观性及对人的优先地位；第五章自然界的对象性及向人的呈现；第六章自然界的历史性及与人在社会中的统一。第三篇以实践为本质的社会历史过程，包括第七章社会有机体；第八章历史的主客体和历史过程；第九章社会物质生产；第十章人自身生产和人群共同体；第十一章社会精神生产；第十二章精神产品的两大类型——意识形态和科学；第十三章社会形态及其演进序列；第十四章人、人性和人的全面发展。第四篇以实践为基础的意识和认识过程，包括第十五章意识的发生和结构；第十六章认识过程；第十七章实践与真理；第十八章思维的规律和方法。显然，这是一个新的马克思主义哲学教学体系，而贯穿这一教学体系的红线就是实践唯物主义精神。

从马克思主义哲学教学体系演变的历史看，李达的《社会学大纲》提出了"当作实践的唯物论看的唯物辩证法"这一命题，已经初步具有了马克思主义哲学是实践唯物主义的思想。"辩证法的唯物论，以劳动的概念为媒介，由自然认识的领域扩张于历史认识的领域，使唯物论发生了本质的变化，变成了实践的唯物论。"（《李达文集》第 2 卷，第 60 页）这是新中国成立前马克思主义哲学教科书首次提出马克思主义哲学是实践唯物主义的思想。李秀林、王于、李淮春主编，1982 年出版的《辩证唯物主义和历史唯物主义原理》（第 1 版），提出了"马克思主义哲学的奠基人把自己的学说称为实践的唯物主义"这一命题，其中包含着马克思主义哲学是实践唯物主义的思想。马克思主义哲学"第一次把科学的实践观点引入哲学，全面地、科学地论证了实践及其在认识中的决定作用和哲学中的基础地位"；同时，"强调自己的全部理论都要付诸实践，指导实践，变为群众的行动，化作改造世界的物质力量"；"'实践的唯物主义'还表明，'全部问题都在于使现存世界革命化，实际地反对和改变事物的现状'"（李秀林、王于、李淮春，1982 年，第 25 页）。这是新中国成立后马克思主义哲学教科书首次提出马克思主义哲学是实践唯物主义的思想。亚历山大诺夫主编，1954 年出版的《辩证唯物主义》，提出了"辩证唯物主义是实践的唯物主义"这一命题，其中蕴含着马克思主义哲学是实践唯物主义的思想。"马克思和恩格斯把辩证唯物主义推广去理解社会生活，从而使哲学和革命实践、和政治、和反对资本主义的斗争联系起来。正因为这样，他们认为辩证唯物主义——唯物主义理论的最高发展——是实践的唯物主义。"（亚历山大诺夫，第 30 页）这是苏联马克思主义哲学教科书首次提出马克思主义哲学是实践唯物主义的思想。

但是，无论是《社会学大纲》、《辩证唯物主义和历史唯物主义原理》（第 1 版），还是《辩证唯物主义》，当它们提出马克思主义哲学是实践唯物主义的思想时，所表明的主要是一种要把理论付诸行动的哲学态度，而不是把实践观点作为马克思主义哲学体系的建构原则；所阐述的主要是实践观点是马克思主义认识论首要的和基本的观点，而不是把实践观点作为整个马克思主义哲学首要的和基本的观点。即使后来出版的一些马克思主义哲学教科书，自觉意识到并明确提出实践观点是马克思主义哲学首要的和基本的观点，是马克思主义哲学教学体系的建构原则，但由于种种原因，并没有把这一原则贯彻始终。

与此不同，《马克思主义哲学导论》的副标题就是"实践的唯物主义"，它不仅明确提出马克思主义哲学是实践唯物主义，而且对实践唯物主义的内涵作了深入阐述，认为实践唯物主义不是把世界当作与人的活动无关的纯客观的存在，不是对世界本原的终极性思考，而是把世界作为人的实践活动的对象来把握，以理论思维的形式从总体上把握人与世界的关系，从而成为理论体系与价值体系的统一，唯物主义自然观与历史观的统一，辩证法与历史唯物主义的统一，辩证法、认识论与逻辑学的统一。

在这一新的马克思主义哲学教学体系中，实践观点的地位与作用是基础性和全方位的：在主体与客体的关系中，强调实践是主体与客体分化和统一的基础，"实践活动的本质内涵，就在于具体的和历史的主体，在活动进程中按照自己的目的，用关于现实的观念模式和关于客体属性的知识来实现对客体的物质规定，并通过对象化的活动而改造自己，创造自己和进一步完善自己"（辛敬良，第 54 页）；在自然观中，强调以实践为中介的自然过程，以及以实践为基础和中介的"历史的自然和自然的历史"，认为"物质是标志客观实在的哲学范畴；是作为实践对象的一切事物的共同特性的抽象或概括，这一特性（即客观实在性）指的是事物在实践过程中唯一能保持不变的属性，也是历史地发展着的实践活动的能动改造作用的最后界限"（同上书，第 132 页）；在历史观中，强调以实践为本质的社会历史过程，认为社会是在人的实践基础上生成的不断自我更新的有机体，历史是人类实践活动在时间中的展开，意识形态和科学是人们在实践基础上掌握世界的精神样式；在认识论中，强调以实践为基础的意识和认识过程，认为意识和自我意识的内容与形式都取决于人的实践活动及其发展水平，"实践活动是主客体相互作用的过程，主体与客体的相互规定及双向运动的结构亦即对立统一的关系，就内化为辩证思维的规律也就是矛盾思维律"，作为辩证思维的内容，事物的"辩证本性"是"由实践活动赋予的性质，而不是与人无关的所谓'自然界的辩证法'"（同上书，第 588 页）。

但是，《马克思主义哲学导论》回避了一个重要问题，即如何在科学实践观的基础上阐述辩证法，阐述实践活动如何"赋予"事物以"辩证本性"。

在这一方面颇有建树的，是陈晏清、王南湜、李淑梅编著，2001 年出版的《马克思主义哲学高级教程》。从马克思主义人类活动论的哲学思维范式出发，《马克思主义哲学高级教程》建构了一个以必然与自由的关系为基本线索，以实践为首要观点和核心范畴，以人的自由为目标的马克思主义哲学教学体系：第一章　哲学的精神；第二章　马克思的哲学变革；第三章　合理形态的辩证法；第四章　现代形态的唯物主义；第五章　人化自然的观念；第六章　社会生活的实践本质；第七章　人类历史的辩证过程；第八章　人类认识的辩证过程；第九章　人类自由——真、善、美的统一。其中，第一章专门阐述了自由与必然是人类存在的本原性结构和人类活动的本原性矛盾，说明哲学是人类对自身活动的反思，是解决自由与必然关系问题的一种独特努力；第三章专门阐述了实践论的辩证法，分析了辩证法的实践原型与其理论抽象，并对自然辩证法提出新的理解；第四章中专门阐述了实践论的唯物主义，分析了现代唯物主义的实践性、辩证性和历史性；第七章中专门阐述了异化问题，说明异化和异化的扬弃是人类历史演进的必经之路。

《马克思主义哲学高级教程》深入探讨了"辩证法的实践原型"和"合理形态的辩证法"，明确指出："马克思哲学的唯物论、辩证法，都是对于人的活动的根本理解、根本观点"，因此，要"把实践的观点作为整个马克思主义哲学的首要的和基本的观点，把'实践'作为马克思主义哲学体系的核心范畴，据此去阐明马克思主义的实践论的唯物论和实践论的辩证法的基本特征，并在此基础上，阐明实践论的自然观念、社会观念、历史观念、知识观念及其作为全部哲学观念之综合的自由观念，建构起一个将实践观念贯通到底的马克思主义哲学的解释体系"（陈晏清、王南湜、李淑梅，第6—7页）。这是其一。

其二，《马克思主义哲学高级教程》认为，马克思的哲学思考总是指向人的现实活动，明确地把哲学视为人类对自身活动的反思，"这就是马克思的基本的哲学理念"。马克思的哲学观是"人类活动论的哲学观"，马克思的哲学思维范式是"人类活动论的或人类学的哲学思维范式"，而这种哲学观和哲学思维范式的核心就是实践论。"只有把握了马克思哲学的这一基本理念，理解了马克思开创的人类活动论思维范式的意义，才能对马克思哲学的主体性维度有真正的和正确的理解。"正因为如此，《马克思主义哲学导论》力图"建构起一个符合马克思的人类活动论思维范式的解释框架"（陈晏清、王南湜、李淑梅，第6页）。

其三，《马克思主义哲学高级教程》认为，人的活动就是要把自然世界改造成为适合人类生存和发展的属人世界，因而不断地制造世界的分化，同时又实现着世界的统一。作为人类自身活动的反思，哲学就是要思考世界的分化与统一。哲学所要把握的世界的统一性，不是那种离开了人的活动的统一性，而是由于人的活动而分化的统一性；因人的活动而分化的世界的同一性，实质上是人类活动中的必然与自由的统一性。自由与必然是人类存在的本原性结构和人类活动的本原性矛盾，是哲学发展的基本线索。"马克思主义哲学就是一种在现代条件下，以其特有的方式解决思维与存在的关系问题并进而解决自由与必然之现实对立的哲学体系。"（陈晏清、王南湜、李淑梅，第9页）

可以看出，改革开放以来，中国学者对马克思主义哲学教学体系的新探索，是沿着深化马克思主义的实践观点，以实践观点为首要观点、核心范畴和建构原则，以实践唯物主义、辩证唯物主义和历史唯物主义的统一为宗旨这一研究路径展开的。

之所以如此，一是因为中国学者立足于改革开放和现代化建设这一新的实践，深入解读马克思的《1844年经济学哲学手稿》、《1857—1858年经济学手稿》等著作，重新解读马克思的《关于费尔巴哈的提纲》、《神圣家族》、《德意志意识形态》、《资本论》等著作。正是在这些著作中，实践观点在马克思主义哲学中的基础地位和核心作用得到了深刻而充分的论述。从根本上说，对经典的任何一种解读、重读都是由实践所激发，并受实践所制约的。

二是因为在一定程度上受到西方马克思主义、东欧新马克思主义的启发。1982年，徐崇温的《西方马克思主义》、贾泽林的《南斯拉夫当代哲学》出版，这标志着西方马克思主义、东欧新马克思主义在中国"登陆"，为中国学者展示了一个不同于苏联马克思主义哲学教学体系的研究领域。西方马克思主义、东欧新马克思主义对马克思早期著作的解读，对社会存在理论、社会批判理论、实践观点的研究等，扩展了马克思主义哲学的研究视野，提供了更多的马克思主义哲学的研究方法。中国学者以实践观点为首要观点、核心范畴和建构原则建构马克思主义哲学教学体系，既有中国现实的基础，又在一定程度上受到西方马克思主义、东欧新马克思主义的启发。

三是因为改革开放以来中国学界关于实践标准的讨论，关于人、人道主义和异化问题的讨论，关于主体性问题的讨论，关于实践唯物主义的讨论不断深化。对人、人道主义和异化问题研究到一定程度必然引发主体性问题，主体性维度是马克思主义哲学本身所固有的。主体性维度的背后还有一个更为基础性的东西，那就是实践。只有正确把握实践的内涵、地位和作用，才能正确理解主体性维度，因此，对主体性问题的讨论又必然引发关于实践唯物主义的讨论。从历史上看，用实践唯物主义来称谓马克思主义哲学并非始于中国学者。1927 年，河上肇就在强调实践性、阶级性的意义上，把马克思主义哲学称作实践唯物主义；1948 年，梅洛—庞蒂在否定辩证唯物主义的意义上，把马克思主义哲学看作实践唯物主义。从理论上看，西方马克思主义、东欧新马克思主义以及日本马克思主义都对实践唯物主义做过探讨。但是，无论是从广度上看，还是就深度而言，中国学者对实践唯物主义及其与辩证唯物主义、历史唯物主义关系的讨论、研究，都是无与伦比的；它直接推动了马克思主义哲学教学体系的改革，并在马克思主义哲学史上留下了浓墨重彩的一章。

五　简短的结语

这里，我们不想对以上的论述作一概括，而是拟就在马克思主义哲学教科书中如何阐述马克思主义哲学的基本观点作一简要述评，以有助于我们更好地编写马克思主义哲学教科书，建构面向 21 世纪的、中国化的马克思主义哲学教学体系。

任何一门学科的教科书的主要任务，就是阐述这门学科的基本观点。马克思主义哲学教科书也是如此，其任务就是阐述马克思主义哲学的基本观点。但是，我们应当辩证地理解马克思主义哲学的基本观点。具体地说，有些基本观点已经成为"常识"，如物质统一论、能动反映论、历史决定论以及矛盾论等，对于这样一些基本观点，马克思主义哲学教科书应结合当代实践的新经验、当代科学的新成果，用"新话"对之作出新的解释，使这些已经成为"常识"的经典观点历久弥新，显示出当代内涵和当代价值。这是其一。

其二，有些观点本来就是马克思主义哲学的基本观点，只是由于种种原因，过去的马克思主义哲学教科书没有涉及或未加重视，没有把它们作为马克思主义哲学的基本观点加以阐述，如实践是人的存在方式、社会生活在本质上是实践的、历史向世界历史的转变、人的自由而全面发展等。对于这样一些观点，马克思主义哲学教科书应以当代实践和科学为基础，在重新解读马克思主义哲学文本的过程中对之进行深入挖掘，并给予全面阐述。

其三，有些观点本来不是马克思主义哲学的基本观点，在马克思主义哲学创始人那里只是有所论述，但没有充分展开、详尽论证。然而，当代实践和科学日益凸显了这些观点所蕴含的问题，使之成为迫切需要解答的重大问题，如文化在社会发展中的作用、人与自然的"和解"、时间是人的发展空间等。对于这样一些观点，马克思主义哲学教科书同样应以当代实践和科学为基础，对之进行深入分析、系统论证，使之成熟完善，上升为马克思主义哲学的基本观点，并同原有的基本观点融为一体。

其四，有些观点马克思主义哲学创始人并没有明确提出，而是后来的马克思主义者依据马克思主义的方法论，研究"变化中的实际"和发展中的科学提出来的新观点，如对立统一规律是辩证法的实质和核心、辩证逻辑的基本要求、矛盾普遍性与特殊性的关系、科学技术是第一生产力等。由于这些观点反映了人与世界的总体关系以及社会发展的基本规律，因而应当成为马克思主义哲学的基本观点。"马克思主义是马克思的观点和学说的体系"（《列宁选集》第2卷，第418页），离开了马克思的观点和学说的马克思主义哲学，只能是打引号的马克思主义哲学。但是，我们又不能把马克思主义哲学和马克思的哲学完全等同起来，认为只有坚持马克思以及恩格斯的所有哲学思想，才是坚持马克思主义哲学。按照这种观点，马克思主义哲学必然终止于1883年或1895年。马克思主义哲学教科书不能奉行"原教旨主义"，以教条主义的态度对待马克思主义哲学，相反，应当按照马克思主义的精神对待马克思主义哲学的基本观点。

其五，有些基本观点直接凸显着政治效应，如社会主义代替资本主义的必然性等；有些基本观点则间接蕴含着政治意义，如对立统一规律等。尽管哲学观点、哲学命题的理论意义与政治效应并非等值，但哲学观点、哲学命题具有这种或那种政治效应却是无疑的；更重要的是，哲学与时代的统一性首先是通过它的政治效应实现的。因此，马克思主义哲学教科书应当也必须彰显马克思主义哲学的政治情怀。如果说马克思主义哲学是政治经济学，那么，在一定意义上，马克思主义哲学就是政治哲学。同时，马克思主义哲学教科书又不能成为某种政治的传声筒、某种政策的辩护词，而应该保持自身的相对独立性，以反思的态度、批判的精神和科学的原则对待现实。"凡是现实的，都是合理的"不是马克思主义哲学的思维方式，而是黑格尔哲学的思维方式。

其六，用中国的语言风格和表述方式阐述马克思主义哲学基本观点。马克思主义哲学是马克思、恩格斯创立的，它肯定具有德国的语言风格和表述方式；马克思主义哲学又是经过俄国十月革命传入中国的，经过俄国的中介传入中国的马克思主义哲学又肯定具有某些俄国的语言风格和表述方式。因此，中国的马克思主义哲学教科书应该也必须学会说"中国话"，用中国的语言风格和表述方式讲深、讲透、讲活马克思主义哲学基本观点。但是，用"中国话"去阐述马克思主义哲学并不是把马克思主义哲学的范畴简单地转化为中国传统哲学的范畴，把矛盾变成阴阳、规律变成道、物质变成气、共产主义社会变成大同社会；这样做只能是语言游戏。更重要的是，马克思主义哲学中国化绝不是使马克思主义哲学去迎合中国传统哲学，用中国传统哲学去"化"马克思主义哲学；这种迎合和"化"的结果只能使马克思主义哲学"空心化"，成为所谓的"儒学马克思主义"。

我们必须明白，马克思主义哲学是现代工业文明的结晶，中国传统哲学以及儒家学说则是古代农业文明的产物。不是儒家学说、传统哲学挽救了近代中国，而是新民主主义革命的胜利使儒家学说、传统哲学免于同近代中国的衰败一道走向没落；不是儒家学说、传统哲学把一个贫穷落后的中国推向世界，而是当代改革开放和现代化建设的巨大成就把儒家学说、传统哲学推向世界。从根本上说，马克思主义哲学中国化就是用马克思主义哲学"化解"中国的实际问题，用中国的宝贵经验"深化"马克思主义哲学。同时，在这个过程中，用马克思主义哲学"化解"中国传统哲学，吸取其精华，并对之进行创造性转换，使其"融入"马克思主义哲学之中。通过这样一个"化解"、"深化"、"融入"循环往复、不断发展的过程，使马克思主义哲学具有时代精神、"中国元素"、民族形式，这是中国马克思主义哲学教科书应有的品格，是中国马克思主义哲学教学体系的发展方向。

参考文献

艾思奇，1961年：《辩证唯物主义　历史唯物主义》，人民出版社。

安启念，2010年：《新编马克思主义哲学发展史》，中国人民大学出版社。

布哈林，1983年：《历史唯物主义理论》，人民出版社。

《当代哲学思潮述评》，1984年，求实出版社。

《狄慈根哲学著作选集》，1978年，生活·读书·新知三联书店。

弗罗洛夫，2011年：《哲学导论》，北京师范大学出版社。

胡为雄，2007年：《新中国第一本马克思主义哲学教科书的编写及其经验》，载《毛泽东邓小平理论研究》第5期。

贾泽林，1982年：《南斯拉夫当代哲学》，中国社会科学出版社。

拉宾，1988 年：《关于苏联哲学研究发展的构想》，载《哲学译丛》第 4 期。

《李达文集》，1981 年，人民出版社。

《列宁全集》，1987 年，人民出版社。

《列宁选集》，1995 年，人民出版社。

《论布哈林和布哈林思想》，1982 年，中国社科院马列所编，贵州人民出版社。

马尔科维奇、彼得洛维奇，1994 年：《南斯拉夫"实践派"的历史和理论》，重庆出版社。

《马克思恩格斯选集》，1995 年，人民出版社。

米汀等，1936 年：《辩证唯物论与历史唯物论》，商务印书馆。

《普列汉诺夫哲学著作选集》，1962 年，生活·读书·新知三联书店。

《瞿秋白文集》（政治理论篇），1988 年，人民出版社。

《斯大林选集》，1979 年，人民出版社。

衣俊卿、陈树林，2008 年：《当代学者视野中的马克思主义哲学·东欧和苏联学者卷》下卷，北京师范大学出版社。

陈晏清、王南湜、李淑梅，2001 年：《马克思主义哲学高级教程》，南开大学出版社。

高清海，1985 年：《马克思主义哲学基础》，人民出版社。

《李达文集》，1981 年，人民出版社。

李秀林、王于、李淮春，1982 年：《辩证唯物主义和历史唯物主义原理》（第 1 版），中国人民大学出版社。

李秀林、王于、李淮春，1995 年：《辩证唯物主义和历史唯物主义原理》（第 4 版），中国人民大学出版社。

李秀林、王于、李淮春，2004 年：《辩证唯物主义和历史唯物主义原理》（第 5 版），中国人民大学出版社。

《列宁选集》，1995 年，人民出版社。

《马克思恩格斯全集》，1960 年，人民出版社。

肖前、李秀林、汪永祥，1991 年 a：《辩证唯物主义原理》（修订本），人民出版社。

肖前、李秀林、汪永祥，1991 年 b：《历史唯物主义原理》（修订本），人民出版社。

辛敬良，1991 年：《马克思主义哲学导论》，复旦大学出版社。

亚历山大诺夫，1954 年：《辩证唯物主义》，人民出版社。

（原载《哲学研究》2011 年第 10、11 期）

同一与差异:马克思和恩格斯
哲学观比较研究

杨学功

在西方马克思学中,马克思和恩格斯的学术思想关系是一个焦点性问题。这个问题以前对于中国学界来说并不突出,因为我们长期奉行马恩"一致论"的观点。近年来,随着"回到马克思"思潮影响的扩大和国外马克思学成果的译介引入,马恩关系特别是马克思和恩格斯哲学思想的关系日益引起学界的重视和广泛讨论,从而成为一个不能回避的问题。本文试图通过马克思和恩格斯哲学观的比较研究,表明作者在这个问题上的基本观点和立场。

一 "马克思恩格斯问题"和所谓"柯尔施问题"

众所周知,在西方马克思学中,一直存在着"青年马克思和晚年马克思对立论"、"马克思和恩格斯对立论"、"马克思和马克思主义对立论"三个教条。中国学者则长期坚持马克思和恩格斯"一致论"的观点,而对西方马克思学采取批判态度。近年来,随着"回到马克思"思潮影响扩大,有的学者提出了不同于传统"一致论"的新观点,如"差异论"、"异质论"、"马克思哲学思想的恩格斯化"等。与此同时,曾经受到批判的西方马克思学也开始受到重视和重新评价,"国外马克思学译丛"公开出版,有的学者甚至提出要"重建马克思学"或"创建中国马克思学"。①

---

① 参见曾枝盛《重建马克思学——〈吕贝尔马克思学文集〉导言》,载《马克思主义与现实》2007年第1期;王东《为什么要创建"中国马克思学"?》,载《马克思主义与现实》2007年第3期。

正是在这样的背景下，马克思和恩格斯学术思想的关系成为人们普遍关注并有所争论的问题。

在西方马克思学的三个教条中，要害是马克思和马克思主义对立论，关键却是马克思和恩格斯对立论。因为在很多西方马克思学家看来，恩格斯是"第一个马克思主义者"，他是"马克思主义的奠基人"①。因此，马克思和恩格斯的学术思想关系就成为一个关节点。为简明起见，我们称之为"马克思恩格斯问题"。对于这个问题，中国学界经历了一个明显的态度转变。早在20世纪80年代，中国学界就开始了对西方马克思学的介绍和研究，但这种研究是以意识形态批判为基调的。比如有学者说，西方的所谓"马克思学"者伪造马克思主义的惯用手法之一，就是歪曲马克思主义的发展过程。他们制造的所谓"马恩对立论"的神话，就是这种歪曲的表现。现在情况发生了很大的变化，虽然研究者不否认西方马克思学中确实存在意识形态的偏见，但主张从学术角度进行研究已经成为主流。

例如，有学者曾提出，马克思恩格斯问题的研究必须坚持"价值优先"的原则。因为本来并不存在什么马克思和恩格斯的关系问题，它是一个被西方学者"刻意制造出来的问题"，因而是一个被意识形态化了的问题，我们为什么不做出意识形态的回应呢？但是，正如另一些学者针锋相对地指出的，西方另一类马克思学家的存在，使我们不能不做另外的考量。在西方关于马克思的研究中，既有坚持价值优先、在研究中掺杂意识形态因素的学者；也有坚持学术优先、注重文本研究的严肃学者。对于后一类马克思学家的研究成果，就必须采取学术的方式来对待。即使是那些带有意识形态性质的学术问题，也不妨首先用学术的方式来解决，这可能是一种更有力和更有益的应对方式。② 这也是本文所持的基本立场。

事实上，很多学者都逐渐认同了这样的观点，马克思恩格问题是一个"标准的研究课题"，即是一个必须从学术上认真对待和研究的问题。同时，它已经成为《马克思恩格斯全集》历史考证版（MEGA 2）编纂过程

① Tom Rockmore, *Marx after Marxism: the Philosophy of Karl Marx*, Blackwell Publishers Ltd., 2002, p. 5（参见《马克思主义之后的马克思》，杨学功、徐素华译，东方出版社2008年版，第21页）。

② 参见梁树发等《马克思恩格斯关系研究方法辨析》，载《江西社会科学》2010年第2期。

中的"头等问题"。正如英国马克思学家卡弗（Terrell Carver）所指出的，马克思和恩格斯的关系问题包含两个层面：一是事实所经历的按年代顺序排列的实际过程，二是由恩格斯建构的回顾性说明。① 马克思曾谈到过他和恩格斯的关系，但谈得不多；关于他们的关系，主要是由恩格斯来叙述的。而且这些叙述大多是在马克思逝世以后，带有回顾追忆的性质。这是我们不能不予以注意的。

如果放宽视界，在马克思恩格斯问题上，西方的观点也不是整齐划一的。根据有的学者归纳和概括，主要有以下五种观点：（1）"一致论"，这是以考茨基和普列汉诺夫为代表的第二国际"正统马克思主义"在马克思和恩格斯思想关系问题上的看法。（2）"修正论"，这是伯恩斯坦关于马克思和恩格斯思想关系的观点，认为恩格斯修正了马克思，通过恩格斯的"修正"，唯物史观从马克思不成熟的"最初的形态"提高到恩格斯的"成熟的形态"。（3）"误解论"，这是早期西方马克思主义者对马克思和恩格斯思想关系的定位，认为恩格斯误解了马克思，应该"回到马克思"。（4）"对立论"，这是西方马克思学者和一些晚期西方马克思主义者在马克思和恩格斯思想关系问题上的基本立场，其核心观点是：恩格斯背离了马克思，应该回归马克思。（5）"同质论"，这是以古德纳尔、亨勒、利格比等为代表的部分西方马克思学者对马克思和恩格斯关系问题的新看法，基本立场是：马克思和恩格斯的思想具有同质性，都包含着内在矛盾，应该被解构。② 其中"同质论"是对西方马克思学观点的新概括，这种概括是否准确是另一个问题。

在这个问题上，我的基本观点是：既不赞同"对立论"，也不赞成"同质论"；我比较赞同"差异论"。但差异是以同一为前提的，反之亦然。简言之，马克思和恩格斯学术思想的关系是：有同有异，大同小异；异中有同，同中有异。

马克思和恩格斯本人的叙述可以支持我们的上述看法，仅举两段人们熟悉的话为例。马克思在谈到恩格斯的早期著作《国民经济学批判大纲》

---

① 卡弗：《马克思与恩格斯：学术思想关系》，中文版序言，姜海波等译，中国人民大学出版社2008年版，第1页。

② 参见吴家华《国外学者关于马克思恩格斯比较研究诸范式简评》，载《高校理论战线》2004年第10期。

时，曾经说过一段很有名的话：

> 自从弗里德里希·恩格斯批判经济学范畴的天才大纲（在《德法年鉴》上）发表以后，我同他不断通信交换意见，他从另一条道路（参看他的《英国工人阶级状况》）得出同我一样的结果。当1845年春他也住在布鲁塞尔时，我们决定共同阐明我们的见解与德国哲学的意识形态的见解的对立，实际上是把我们从前的哲学信仰清算一下。①

这就表明，恩格斯通过不同的道路，结果殊途同归，与马克思大体同时形成了他们共同的基本思想。晚年恩格斯在回忆他们的早年生涯时，又说过另一段很有名的话：

> 当我1844年夏天在巴黎拜访马克思时，我们在一切理论领域中都显出意见完全一致，从此就开始了我们共同的工作。当我们1845年春天在布鲁塞尔再次会见时，马克思已经从上述基本原理出发大致完成了发挥他的唯物主义历史理论的工作，于是我们就着手在各个极为不同的方面详细制定这种新观点了。②

这段话表明，马克思和恩格斯在制定和阐发马克思主义的基本理论时是有着不同的侧重和分工的。两段话说的是同样的事情，意思也差不多。总的来看，马克思和恩格斯在学术思想上的基本观点是一致的，但这种一致是以差异为前提的，一致并不是等同。正像世界上没有两片完全相同的树叶一样，世界上也没有两个完全相同的人。既然是两个不同的人，马克思和恩格斯的思想不可能没有任何差异。③ 下面试从哲学的视角来分析。

1923年，柯尔施（Karl Korsch，1886—1961）发表了他最重要的著作

---

① 《马克思恩格斯选集》第2卷，人民出版社1995年版，第33—34页。
② 《马克思恩格斯选集》第4卷，人民出版社1995年版，第196页。
③ 据卡弗考证，有一次，一个新闻记者在报道中使用了"马克思和恩格斯说"的提法，马克思在给恩格斯的信中抱怨说："真是太奇怪了，他用一个合称来称呼我们"（Terrell Carver, *The Postmodern Marx*, Manchester: Manchester University Press, 1998, p. 165）。

《马克思主义和哲学》，其中写道：

> 直到最近，不论是资产阶级的还是马克思主义的思想家们，对于马克思主义和哲学之间的关系可能会提出一个非常重要的理论的和实践的问题这一事实，都没有较多的了解。对于资产阶级教授们来说，马克思主义充其量不过是 19 世纪哲学史中一个相当不重要的分支，因而就把它当作"黑格尔主义的余波"而不予考虑。但是，"马克思主义者们"也不想大力强调他们理论的"哲学方面"，尽管这是出于完全不同的理由。①

柯尔施在这里所提出的问题，如其书名所示，简略地说，就是马克思主义和哲学的关系问题。这个问题被有的学者命名为"柯尔施问题"，为了表述的便利，我们姑且沿用这一说法。"柯尔施问题"的针对性是："在那个时期，无论马克思主义理论和资产阶级理论在所有其他方面有多大的矛盾，这两个极端在这一点上却有着明显的一致之处。资产阶级的哲学教授们一再互相担保，马克思主义没有任何它自己的哲学内容，并认为他们说的是很重要的不利于马克思主义的东西。正统的马克思主义者们也一再互相担保，他们的马克思主义从其本性上来讲与哲学没有任何关系，并认为他们说的是很重要的有利于马克思主义的东西。但还有从同样的基本观点出发的第三种倾向。它由各种'研究哲学的社会主义者'所组成，他们声称他们的任务是用来自文化哲学的观念或者用康德、狄慈根、马赫的哲学概念或别的哲学来'补充'马克思主义。然而，正是因为他们认为马克思主义体系需要哲学的补充，他们也就使人们明白了，在他们眼里，马克思主义本身是缺乏哲学内容的。"② 也就是说，据柯尔施观察，那个时代占主导地位的观点是：马克思主义没有自己的哲学。

应该承认，柯尔施所提出的这个问题，即马克思主义和哲学的关系问题，是一个至今仍没有得到完全解决的问题，近年还引起了比较热烈

---

① 柯尔施：《马克思主义和哲学》，王南湜等译，重庆出版社 1989 年版，第 1 页。
② 同上书，第 4 页。

的讨论。① 这就为我们探讨"马克思恩格斯问题"提供了一个很好的切入口。下文从马恩比较的视角，着重从哲学观层面做点探讨。不妨预先说明，在我看来，马克思和恩格斯的哲学观有同有异：在对待传统哲学的根本态度上以同为主，而在阐发马克思哲学的角度和侧重点上则有明显差异。

二 "消灭哲学"和"哲学终结"

马克思和恩格斯在哲学观上最大的共同点，集中表现在他们对待传统哲学的态度上。

任何一个熟悉传统西方哲学（指从柏拉图到黑格尔的古典西方哲学），又认真阅读过马克思原著的人，都不难从二者的比照中获得这样一种强烈的印象：如果把传统西方哲学叫做"哲学"的话，那么马克思的思想就怎么看都不像"哲学"。事实上，我们从马克思的著作中就可以找到这种印象的直接佐证，即他关于"消灭哲学"的提法。

在马克思的大学时期和他刚开始从事其理论活动的初期，从哲学上提出问题，凭借哲学的方式求解问题，曾经是他的理论活动的基本方式，表现出对哲学的根本依赖。在1837年11月10—11日给父亲的信中，他表示"没有哲学我就不能前进"②。这里所说的"哲学"，是指黑格尔学派那种从抽象的一般观念中推导出现实具体事物的思想方式。③ 然而，这种思想方式与马克思逐渐形成的"转而向现实本身去寻求观念"的致思取向是相

---

① 徐长福曾发表《求解"柯尔施问题"——论马克思学说跟哲学与科学的关系》（载《哲学研究》2004年第6期）一文。该文提出，马克思在形成自己学说的过程中，对自己学说的性质及其跟哲学和科学的关系有过一个较为明晰的看法：哲学是一种抽象的思辨的学问，科学才是真正的知识；哲学随着黑格尔哲学的瓦解而终结了，他所创立的学说是科学而不是哲学。他还认为，在马克思那里发生了一种知识观的变迁，即从"哲学—知识"观到"科学—知识"观的变迁。马克思学说的性质是介于哲学与科学之间。该文发表后引起了较热烈的讨论，参见邓晓芒《"柯尔施问题"的现象学解——兼与徐长福先生商讨》（载《哲学研究》2005年第2期）；张盾《怎样理解马克思哲学变革规划的总问题——评论徐长福教授对马克思哲学观的解读》（载《文史哲》2005年第6期）；王金福《马克思恩格斯为什么要否定哲学——对马克思主义哲学性质、功能的再思考》（载《福建论坛·人文社会科学版》2006年第10期）；等等。
② 《马克思恩格斯全集》第40卷，人民出版社1982年版，第13页。
③ 马克思大学时期未能流传下来的哲学习作和他根据黑格尔的哲学方法所构造的几个法学体系的流产，就是这种哲学观的明证。参看马克思1837年11月10—11日给父亲的信。

互矛盾的。随着这一思想取向的进展,在《〈黑格尔法哲学批判〉导言》中,马克思表达了对思辨哲学的"否弃"①。他在批评德国的实践政治派时写道:

> 德国的**实践**政治派要求**对哲学的否定**是正当的。该派的错误不在于提出了这个要求,而在于停留于这个要求——没有认真实现它,也不可能实现它。该派以为,只要背对着哲学,并且扭过头去对哲学嘟囔几句陈腐的气话,对哲学的否定就实现了。该派眼界的狭隘性就表现在没有把哲学归入**德国的**现实范围,或者甚至以为哲学低于德国的实践和为实践服务的理论。你们要求人们必须从**现实的生活胚芽**出发,可是你们忘记了德国人民现实的生活胚芽一向都只是在他们的**脑壳**里萌生的。一句话,**你们不使哲学成为现实,就不能够消灭哲学。**②

同时,马克思又批评了起源于哲学的理论政治派:

> 起源于哲学的理论政治派犯了同样的错误,只不过错误的因素是**相反的**。该派认为目前的斗争只是**哲学同德国世界的批判性斗争**,它没有想到**迄今为止的哲学**本身就属于这个世界,而且是这个世界的补充,虽然只是观念的**补充**。该派对敌手采取批判的态度,对自己本身却采取非批判的态度,因为它从哲学的**前提**出发,要么停留于哲学提供的结论,要么就把从别处得来的要求和结论冒充为哲学的直接要求和结论,尽管这些要求和结论——假定是正确的——相反地只有借助于**对迄今为止的哲学的否定、对作为哲学的哲学的否定**,才能得到。……该派的根本缺陷可以归结如下:**它以为,不消灭哲学,就能够使哲学成为现实。**③

这就是马克思关于"消灭哲学"的直接谈论。那么,如何看待这里"消灭哲学"(Philosophie aufheben)的提法呢?有的学者认为,上述引文

---

① 参见 Daniel Brudney, *Marx's Attempt to Leave Philosophy*, Harvard University Press, 1998。
② 《马克思恩格斯选集》第 1 卷, 人民出版社 1995 年版, 第 8 页。
③ 同上。

中被翻译为"消灭"的德文词 aufheben 应译为"扬弃",即将相关语句译为:"你们不在现实中实现哲学,就不能扬弃哲学"。但是我们觉得,即使这样改译之后,这句话仍然是费解的。因为只有当一种新哲学"取代"了旧哲学,才可以在辩证"否定"的意义上说,旧哲学被"扬弃"了,怎么能说在现实中实现哲学,就是哲学的"扬弃"呢?

事实上,问题并不是由翻译而引起的。经查对英译本,Philosophie aufheben 被翻译为"abolish philosophy"①,与中文翻译成"消灭哲学"完全一致。Aufheben 这个德文词本身确实是"扬弃"的意思,即包含肯定于其自身中的否定。但从马克思当时使用这个词的语境来看,他是在与"否定"(英文翻译为"negation of philosophy"②)相等同的意义上说的。对此,前引马克思批评"起源于哲学的理论政治派"的错误时所说的一段话最为明白:"它从哲学的**前提**出发,要么停留于哲学提供的结论,要么就把从别处得来的要求和结论冒充为哲学的直接要求和结论,尽管这些要求和结论——假定是正确的——相反地只有借助于**对迄今为止的哲学的否定**、对作为哲学的哲学的否定,才能得到。"③

本来,这个问题在前面提到的科尔施 1923 年出版的《马克思主义和哲学》一书中就已经提出来了。科尔施的看法是:"至少,从 1845 年以来,马克思和恩格斯就不再把他们的新唯物主义的和科学的见解表述为哲学的见解。……他们恰恰不是反对特殊的哲学体系——他们要用科学社会主义最终克服和取代哲学。"④ 简略地说,科尔施的问题就是:"我们应当如何理解马克思和恩格斯主要在 19 世纪 40 年代,但也在后来的许多场合讲述的废除哲学的话。"⑤ 他强调这一问题具有最大的理论上和实践上的重要性。第二国际时期著名的马克思主义理论家梅林也曾谈到,马克思恩格

———————————

① "you cannot abolish philosophy without realizing it." "it belived that it could realize philosophy without abolishing it." (Robert C. Tucker (ed.), *Marx-Engels Reader*, Second Edition, New York: W. W. Norton & Company, 1978, p. 59)

② Ibid., p. 58.

③ 这段话的英文翻译是:"It took as its point of departure the *presuppositions* of philosophy; and either accepted the conclusions which philosophy had reached or else presented as direct philosophical demands and conclusions, demands and conclusions drawn from elsewhere. But these latter—assuming their legitimacy—can only be achived by the *negation of previous philosophy*, that is, philosophy as philosophy." (Ibid., p. 59)。

④ 科尔施:《马克思主义和哲学》,王南湜等译,重庆出版社 1989 年版,第 15、16 页。

⑤ 同上书,第 18 页。

斯已经"抛弃所有的哲学幻想"①。

对此,人们提出了各种不同的解释。如前所述,有人以为只要把"消灭哲学"改译为"扬弃哲学",这个问题就被轻易消除了;还有人从区别于后现代主义的立场来"为马克思辩护",说马克思不是"哲学终结论者";更通常的做法和更普遍的情形则是强调,马克思要"消灭"的哲学是指"旧哲学",马克思用"新哲学"取代了"旧哲学";如此等等。所有这些看法,都没有真正理解马克思"消灭哲学"提法的意思和意图,也未达到80多年前科尔施的理解水平。其实,马克思上述论断中的"哲学"一词是有特定所指的,他所要"消灭"或者说他决心要抛弃的,是那种脱离现实的思辨哲学,是把哲学当做可以解释一切的万能公式去追求的做法,是把哲学实体化的企图。

马克思这一思想是一以贯之的。在《德意志意识形态》中,他写道:"在思辨终止的地方,在现实生活面前,正是描述人们实践活动和实际发展过程的真正的实证科学开始的地方。关于意识的空话将终止,它们一定会被真正的知识所代替。对现实的描述会使独立的哲学失去生存环境,能够取而代之的充其量不过是从对人类历史发展的考察中抽象出来的最一般的结果的概括。这些抽象本身离开了现实的历史就没有任何价值。"② 马克思还说过如下一段非常具有讽刺意味的话:

> 须要"把哲学搁在一旁",须要跳出哲学的圈子并作为一个普通的人去研究现实。……哲学和对现实世界的研究这两者的关系就像手淫和性爱的关系一样。③

那么,马克思"消灭哲学"的提法究竟何意呢? 从当时的语境看,它当然是针对青年黑格尔派而言的,扩而言之是针对整个黑格尔学派的,就是指要"消灭"黑格尔学派那种从抽象的一般观念中"推导出"现实具体事物的思想方式。青年黑格尔派的代表人物如鲍威尔、施蒂纳、赫斯、费尔巴哈等人的思想,都曾对马克思早期思想发生过重要影响,但当马克思

---

① 转引自科尔施《马克思主义和哲学》,王南湜等译,重庆出版社1989年版,第3页。
② 《马克思恩格斯选集》第1卷,人民出版社1995年版,第73—74页。
③ 《马克思恩格斯全集》第3卷,人民出版社1960年版,第262页。

开始清算这些"德意志意识形态家"们的影响时，就明确意识到了他们的思想都不过是"黑格尔哲学的支脉"。因此，全部问题的焦点就是黑格尔，而黑格尔哲学不是哲学之"一种"，而是哲学之"一切"①。事实上，黑格尔哲学作为范式所表征的思想方式，可以说是传统理性主义哲学的普遍特征。历来的哲学家都把研究普遍的东西当做哲学的对象，而把研究特殊的东西当做具体科学的对象。在他们看来，哲学研究的是普遍的东西，而且只有普遍的东西才是现实的（想想黑格尔的命题吧："凡是合乎理性的都是现实的"）。然而，他们却颠倒了一般和个别、普遍和特殊的关系，认为哲学是具体科学的基础，具体科学的原理是从哲学中演绎出来的。第一个把哲学和具体科学相对区分开来的亚里士多德就认为，只有哲学才为具体科学提供真理，对具体科学"进行特殊研究的人，不管是几何学家还是算学家，都不打算对它们的真假发表任何意见。"② 近代理性主义哲学的奠基人笛卡尔的观点更明确，他把全部哲学比喻为一棵树，其中形而上学是树

---

① 有学者非常敏锐地指出了这一点："马克思对全部旧哲学的批判可以被归结为对黑格尔的批判，并且因为如此，马克思的这一批判不仅是对黑格尔的哲学的批判，而且是对理性形而上学本身的批判——在这里，'黑格尔哲学'所意指的不是形而上学之一种，而是形而上学之一切。"（吴晓明：《论马克思哲学的当代性》，载《马克思的哲学革命及其当代意义》，人民出版社 2005 年版，第 7 页）在另一处又说："对马克思哲学——其赖以成立的根本性质——具有决定意义的'事件'是对黑格尔哲学的批判。这里的意思并不是说，例如，对费尔巴哈的批判以及对鲍威尔兄弟等等的批判是完全无关紧要的；关键之点在于，对他们的批判被归并到对黑格尔的批判之中——正像前者最终被归结为'黑格尔哲学的支脉'一样，后者被完全正当地理解为黑格尔哲学的某个方面、片断以及漫画式的和夸张的形象。……如果是这样的话，那么，马克思对黑格尔哲学的批判是否意味着要比我们通常想到的有更多一些东西呢？这个问题牵涉到的不是哲学的不同（乃至对立）样态，而是根本不同的基本性质——甚至极而言之地说来，是'哲学'与'非哲学'之间的原则区别（如果'哲学'意味着并被标识为'形而上学'的话）。倘若我们把马克思对黑格尔的批判仅只理解为对这一个或这一种形而上学的批判，那么我们恰好在这里错失了马克思哲学革命的真实意义，并从而使这一哲学的当代性遁入晦暗之中。马克思的批判是终结全部形而上学，换言之，是揭示整个超感性世界的虚假性。"（吴晓明：《马克思的哲学革命与全部形而上学的终结》，同上书，第 108、109 页）事实上，一些当代西方学者也明确指认黑格尔哲学作为传统哲学代表的独特地位。例如，美国哲学家怀特在《分析的时代》一书中指出："几乎 20 世纪的每一种重要的哲学运动都是以攻击那位思想庞杂而声名赫赫的 19 世纪的德国教授（指黑格尔——引者注）的观点开始的。"（怀特：《分析的时代》，商务印书馆 1981 年版，第 7 页）威廉·巴雷特在谈到基尔凯郭尔与黑格尔的争论时也说，争论的根本问题既非一地的亦非一时的，"因为就这些问题而言，黑格尔只不过是整个西方哲学传统的代言人而已。……今天，在我们看来，黑格尔讲得常常显得十分极端、放肆乃至疯狂，这只是因为他把那些从希腊人开始就一直是西方哲学隐含着的先决条件张扬了出来"（巴雷特：《非理性的人》，上海译文出版社 1992 年版，第 167 页）。

② 北京大学哲学系外国哲学史教研室编译：《西方哲学原著选读》上卷，商务印书馆 1981 年版，第 121 页。

根，具体科学是树干和枝叶，"它们都是从哲学取得它们的原理的"①。这种把哲学凌驾于具体科学之上，主张哲学向科学输送原理的旧哲学，完全颠倒了哲学和具体科学的关系，背离了人类认识从个别到一般、从特殊到普遍的正常次序。马克思则认为，哲学必须以各门具体科学提供的知识为基础，是从中抽象出来的最一般结果的概括，而不是相反。这就是说，普遍的东西应该是结果，而不是前提。对于黑格尔学派那种从抽象的一般观念中推导出现实具体事物的思想方式，马克思的态度非常明确而坚决：这是一种"醉醺醺的思辨"。在《资本论》第一卷第二版跋中，马克思把自己的方法与黑格尔的方法尖锐地对立起来："在黑格尔看来，思维过程，即甚至被他在观念这一名称下转化为独立主体的思维过程，是现实事物的创造主，而现实事物只是思维过程的外部表现。我的看法则相反，观念的东西不外是移入人的头脑并在人的头脑中改造过的物质的东西而已。"②把现实事物的发展看作"抽象的、绝对的思维的生产史，即逻辑的思辨的思维的生产史"，这就是黑格尔哲学的逻辑。在马克思看来，这种逻辑不仅是"颠倒"的，而且是"疯狂"的（"醉醺醺的"）。

在拒斥传统思辨哲学的根本立场上，恩格斯与马克思是完全一致的。恩格斯曾经在马克思"终结"了传统哲学的意义上说，马克思的思想"已经根本不再是哲学"。"现代唯物主义，否定的否定，不是单纯地恢复旧唯物主义，而是把两千年来哲学和自然科学发展的全部思想内容以及这两千年的历史本身的全部思想内容加到旧唯物主义的永久性基础上。这已经根本不再是哲学，而只是世界观，它不应当在某种特殊的科学的科学中，而应当在各种现实的科学中得到证实和表现出来。因此，哲学在这里被'扬弃'了，就是说，'既被克服又被保存'；按其形式来说是被克服了，按其现实的内容来说是被保存了。"③

恩格斯认为，马克思的世界观，宣告了黑格尔式的思辨自然哲学和历史哲学及其所体现的哲学观的"终结"。如果还有哲学，它所努力的就不再是构造臆想的联系，而是"发现现实的联系"；它所追求的也"不再是

_____

① 北京大学哲学系外国哲学史教研室编译：《十六——十八世纪西欧各国哲学》，商务印书馆 1975 年版，第 140 页。

② 《马克思恩格斯全集》第 44 卷，人民出版社 2001 年版，第 22 页。

③ 《马克思恩格斯选集》第 3 卷，人民出版社 1995 年版，第 481 页。

达不到而且任何单个人都无法达到的绝对真理"，而是要"沿着实证科学和利用辩证思维对这些科学成果进行概括的途径去追求可以达到的相对真理。"恩格斯对这种哲学观的变革作出了明确的阐述：

> 不再需要任何凌驾于其他科学之上的哲学了。一旦对每一门科学都提出要求，要它们弄清它们自己在事物以及关于事物的知识的总联系中的地位，关于总联系的任何特殊科学就是多余的了。于是，在以往的全部哲学中仍然独立存在的，就只有关于思维及其规律的学说——形式逻辑和辩证法。其他一切都归到关于自然和历史的实证科学中去了。①

> 如果存在的基本原则是从实际存在的事物中得来的，那么为此我们所需要的就不是哲学，而是关于世界和世界中所发生的事情的实证知识；由此产生的也不是哲学，而是实证科学。……既然哲学本身已不再需要，那么任何体系，甚至哲学的自然体系也就不再需要了。关于自然界所有过程都处在一种系统联系中的认识，推动科学从个别部分和整体上到处去证明这种系统联系。但是，对这种联系作恰当的、毫无遗漏的、科学的陈述，对我们所处的世界体系形成精确的思想映象，这无论对我们还是对所有时代来说都是不可能的。②

> 我们现在不仅能够说明自然界中各个领域内的过程之间的联系，而且总的说来也能说明各个领域之间的联系了，这样，我们就能够依靠经验自然科学本身所提供的事实，以近乎系统的形式描绘出一幅自然界联系的清晰图画。……自然哲学就最终被排除了。任何使它复活的企图不仅是多余的，而且**是倒退**。③

> 这种历史观（指唯物史观——引者注）结束了历史领域内的哲学，正如辩证的自然观使一切自然哲学都成为不必要的和不可能的一

---

① 《马克思恩格斯选集》第 3 卷，人民出版社 1995 年版，第 364 页。
② 同上书，第 375—376 页。
③ 《马克思恩格斯选集》第 4 卷，人民出版社 1995 年版，第 246 页。

样。现在无论在哪一个领域,都不再要从头脑中想出联系,而要从事实中发现联系了。这样,对于已经从自然界和历史中被驱逐出去的哲学来说,要是还留下什么的话,那就只留下一个纯粹思想的领域:关于思维过程本身的规律的学说,即逻辑和辩证法。①

在上述论断中,恩格斯分别从哲学与自然科学以及哲学与历史科学的关系角度,说明了那种超验的思辨哲学——"关于总联系的特殊科学"——是"不必要的"和"不可能的",而把哲学的和立足点确定为"关于思维及其规律的学说",顺应了近代哲学的认识论转向,是符合近代哲学精神的。他认为使旧的思辨哲学"复活"的企图,"不仅是多余的,而且是倒退"。这体现了恩格斯哲学观的基本要义。

传统的思辨哲学作为先验哲学,它企望提供的是可以到处套用的刻板公式和现成结论。恩格斯曾经嘲讽过的"官方黑格尔学派"就是典型。恩格斯说:

> 自从黑格尔逝世之后,把一门科学在其固有的内部联系中来阐述的尝试,几乎未曾有过。官方的黑格尔学派从老师的辩证法中只学会搬弄最简单的技巧,拿来到处应用,而且常常笨拙得可笑。对他们来说,黑格尔的全部遗产不过是可以用来套在任何论题上的刻板公式,不过是可以用来在缺乏思想和实证知识的时候及时搪塞一下的词汇语录。结果,正如一位波恩的教授所说,这些黑格尔主义者懂一点"无",却能写"一切"。②

拒斥思辨哲学和先验哲学,就不能也不允许把哲学原理作为逻辑演绎的大前提,用它来代替对具体事物的深入研究,从中推导出具体的科学结论。恩格斯对自然哲学的批判很能说明这一点。自然哲学反科学的本性在黑格尔的自然哲学体系中就表现得十分清楚,黑格尔对物理学家的攻击用词特别尖刻,他嘲笑道尔顿,蔑视牛顿,胡诌光学、电学和原子物理的规律。恩格斯指出,自然哲学反对某个科学理论(或假设),往

---

① 《马克思恩格斯选集》第4卷,人民出版社1995年版,第257页。
② 《马克思恩格斯选集》第2卷,人民出版社1995年版,第40页。

往不是从事实出发，而是从原则出发，以论证某个科学理论不符合哲学原理而应予抛弃。这种从原则出发的推论是错误的，因为原则不是研究的出发点。

综上所述，在对待传统哲学的根本态度上，马克思和恩格斯的基本观点是一致的，或者说大同小异。

三 恩格斯对"马克思哲学"的解释及其特征

如果说马克思和恩格斯在对待传统哲学的根本态度上是一致的，那么他们在阐发马克思哲学的角度和侧重点上则有明显的差异。

一个值得注意的基本事实是，我们从马克思成熟时期的著作中几乎找不到他关于哲学的直接谈论，更不用说建构所谓完整严密的哲学体系了。当然，这一事实并不意味着马克思没有自己的哲学思想，也不能成为否定"马克思哲学"存在的理由。① 但是，马克思没有留下一部以哲学为专门内容并有完整叙述体系的著作，这对马克思哲学的传播史产生了极其重大的影响。它使马克思哲学的性质和内容都带有某种模糊性或不

---

① 在承认"马克思哲学"存在的前提下，必须高度注意这种哲学的存在方式和特点。很明显，如果承认马克思有"哲学"的话，它已经不是"独立的哲学"，也不是"纯粹哲学"和"体系哲学"。一些高度评价马克思哲学贡献的西方学者就非常敏锐地看到了这一点。例如，美国学者洛克莫尔在《马克思主义之后的马克思》一书中指认："I believe that Marx is one of the most important but least understood philosophers."（"我认为马克思是最重要然而最不被理解的哲学家之一。"）（Tom Rockmore, *Marx After Marxism: The Philosophy of Karl Marx*, Blackwell Publishers Ltd. , 2002, p. 1）与此同时，该书又指出，"黑格尔是一个哲学天才，但仅仅是一位哲学家而已。而马克思却不仅仅是一位哲学家，他不同凡响的思想家形象意味着他的学说不可能仅仅局限在哲学、经济学、政治学或任何其他单一的学科领域之中。就像为数不多的其他人一样，他孜孜不倦地广泛涉猎的领域超越了人为的学科分界线。"（Ibid. , p. XV）无独有偶，美国斯坦福大学艾伦·伍德（Allen W. Wood）教授在 2004 年出版的《卡尔·马克思》第二版序言中也写道："本书是对19 世纪最伟大的哲学家之一的思想所作的同情的（我希望不是非批判的）哲学解说。对马克思来说，他在经济学、历史学和社会理论中的学术成就，毫无疑问值得被称为'哲学的'——在这个词最受尊敬的意义上，这些学术成就打破了狭隘的学科限制，不受过去研究传统的束缚，而是完全从经验证据出发，在独立思考和理论建构的道路上获得的。"（Allen W. Wood, *Karl Marx*, Second edition, Routledge, 2004, pp. XI—XII）这两本书都突出地强调了马克思在哲学上的重要性，并且给予了极其崇高的评价。同时又指认马克思哲学存在方式的独特性，即它突破了传统的学科本位的局限。可以说，在马克思那里，哲学不是实体性的，而是功能性的；不是名词，而是形容词——犹如伍德所说的"philosophical"。马克思是"跳出哲学搞哲学"的典范，他的哲学思想弥散和体现在他的全部著述之中。

确定性,需要凭借后来阐释者的叙述来理解和确定。从一定意义上说(在工作分担的意义上),当马克思集中精力研究政治经济学并撰写《资本论》巨著之时,恩格斯在 19 世纪 70 年代以后,便自觉地担当了"马克思哲学"阐释者的角色,以至于我们在马克思主义创始人经典中所看到的以哲学为专门内容的著作,几乎都出自恩格斯的手笔。当然,从这一事实中仍不能得出"马恩对立论"的结论。因为恩格斯所写的哲学著作,除马克思逝世以后的著作外,大都是得到马克思同意和认可的。但是由于他们在学术修养、知识结构、个人趣味,乃至写作风格和表述方式等方面的差异,又必然带来马克思哲学思想与其经恩格斯阐释后的面貌之间的差异。

必须承认,在马克思与自己的关系上,恩格斯总的来说是十分低调的。马克思逝世后,有不少人提到恩格斯在制定马克思主义理论方面的贡献,恩格斯在他的著作《路德维希·费尔巴哈和德国古典哲学的终结》中,在谈到"从黑格尔学派的解体过程中还产生了另一个派别","这个派别主要是同马克思的名字联系在一起的"时,特别加注说:

> 近来人们不止一次地提到我参加了制定这一理论的工作,因此,我在这里不得不说几句话,把这个问题澄清。我不能否认,我和马克思共同工作 40 年,在这以前和这个期间,我在一定程度上独立地参加了这一理论的创立,特别是对这一理论的阐发。但是,绝大部分基本指导思想(特别是在经济和历史领域内),尤其是对这些指导思想的最后的明确的表述,都是属于马克思的。我所提供的,马克思没有我也能够做到,至多有几个专门的领域除外。至于马克思所做到的,我却做不到。马克思比我们大家都站得高些,看得远些,观察得多些和快些。马克思是天才,我们至多是能手。没有马克思,我们的理论远不会是现在这个样子。所以,这个理论用他的名字命名是理所当然的。①

但是,由于前面所说的情况,晚年恩格斯实际上充当了"马克思哲学"的代言人或第一发言人,他在苏联马克思主义哲学形态中甚至取得了

---

① 《马克思恩格斯选集》第 4 卷,人民出版社 1995 年版,第 242 页。

比马克思本人更高的地位。这是值得我们注意的。①

有没有"恩格斯哲学"？如果有，它与"马克思哲学"是什么关系？在这个问题上，我的基本观点是：没有与"马克思哲学"相并列的"恩格斯哲学"，正如没有与"马克思主义"并列的"恩格斯主义"② 一样。这当然不是说恩格斯没有自己的哲学思想，但这些思想就其内容和实质而言乃是对"马克思哲学"的一种阐释，恩格斯本人原创性的哲学思想还不足以构成一种独立的哲学形态。综观恩格斯对"马克思哲学"的阐释不难发现，他们的基本观点是一致的，同时在阐释角度和侧重点上又有明显的差异。

首先，在对马克思哲学的基本定位和定性上，恩格斯与马克思的基本观点是一致的。在恩格斯晚年，他已经形成了对于整个马克思主义的总括式理解。他首次明确地概括了马克思一生的"两个伟大的发现"——唯物史观和剩余价值学说。在他看来，正是由于这两大发现，社会主义才从空想变成了科学。按照这种理解方式，在马克思主义的理论领域中，属于哲学的就是唯物史观。在这种意义上，也可以说马克思哲学就是唯物史观。如同马克思反对把他的历史观变成"超历史的一般历史哲学理论"一样，恩格斯也反对把马克思的历史观变成"公式"和"教条"。他批评德国的一些青年著作家把马克思的历史观当做套语，再把这个套语当做标签贴到各种事物上去，而不对事物本身作进一步的研究，就以为问题已经解决了，严峻地提出：

> 我们的历史观首先是进行研究工作的指南，并不是按照黑格尔学派的方式构造体系的诀窍。必须重新研究全部历史，必须详细研究各

---

① 徐长福曾以一本有影响的书《马列著作选读 辩证唯物主义和历史唯物主义（试编本）》（人民出版社 1977 年版）为个案，对经典作家的文本所占比重进行过统计分析。结果是：在该书中，马克思、恩格斯、列宁的文本所占页数分别为 13 页、193 页、130 页，比例约为 1：15：10。他由此感叹道："马克思本文所占比重如此之小，特别是与恩格斯本文之比如此悬殊，恐怕是许多人不曾留意到的。这说明，由斯大林亲自制定的'辩证唯物主义和历史唯物主义'解释体系所依据的主要是恩格斯和列宁的本文，而不是马克思的本文。"（徐长福：《马克思主义研究的学术化探索》，社会科学文献出版社 2010 年版，第 5 页）但是，即使我们提高马克思文本所占的比重，如何科学地确定经典作家以及其他马克思主义者的文本在"马克思主义哲学"叙述体系中的比例，仍然是一个技术上不可能解决的问题。

② 美国著名马克思学家诺曼·莱文别出心裁地制造了"恩格斯主义（Engelsism）"这个术语（Norman Levine, *Divergent paths: Hegel in Marxism and Engelsism*, Lexington Books, 2006. 参见《不同的路径：马克思主义与恩格斯主义中的黑格尔》，藏峰宇译，北京师范大学出版社 2009 年版）。这在我看来是十分怪诞的。

种社会形态存在的条件, 然后设法从这些条件中找出相应的政治、私法、美学、哲学、宗教等等的观点。在这方面, 到现在为止只做了很少的一点工作, 因为只有很少的人认真地这样做过。在这方面, 我们需要很大的帮助, 这个领域无限广阔, 谁肯认真地工作, 谁就能做出许多成绩, 就能超群出众。但是, 许许多多年轻的德国人却不是这样, 他们只用历史唯物主义的套语 (一切都可能变成套语) 来把自己的相当贫乏的历史知识 (经济史还处在襁褓之中呢!) 尽速构成体系, 于是就自以为非常了不起了。①

至于恩格斯在阐发马克思哲学方面的特点和差异, 我想通过恩格斯的几部哲学代表作来予以分析和说明。

许多西方马克思学者, 一般都把《反杜林论》"哲学"编 (写于 1876 年 9 月至 1877 年 1 月)、《自然辩证法》(间断性地写于 1873—1886 年)、《费尔巴哈论》(写于 1886 年初) 等几部著作, 作为恩格斯的哲学代表作, 并认为在这些著作中所表达的哲学思想与马克思本人的哲学思想存在着实质性差异。这是他们主张马恩 "对立论" 的主要理由。如果事情果真如此, 当然不能因为约定俗成或其他理由拒绝承认。然而在我看来, 把这几部著作当做恩格斯的哲学代表作, 进而认为恩格斯提出了一种与 "马克思哲学" 不同的哲学, 其根据远不能说是充分的和自足的。

众所周知,《反杜林论》只是恩格斯的一部论战性著作。虽然它的外观即它的结构布局②很容易被误认为是对马克思主义几个组成部分的系统论述, 然而, 正如恩格斯在该书 "序言" 中所说, "本书的目的并不是以另一个体系去同杜林先生的 '体系' 相对立"③。虽然恩格斯提醒读者不

---

① 《马克思恩格斯选集》第 4 卷, 人民出版社 1995 年版, 第 692 页。

② "结构布局" 这个术语是俞吾金教授率先提出和使用的。参见俞吾金《运用差异分析法研究马克思的学说》, 载《哲学动态》2004 年第 12 期。

③ 《马克思恩格斯选集》第 3 卷, 人民出版社 1995 年版, 第 344 页。恩格斯这句话是什么意思呢? 什么是 "杜林先生的体系"? 是指 "思想观点的体系", 还是 "学说结构的体系"? 很显然, "杜林的体系" 是指杜林学说结构的体系, 而恩格斯并不是要建构这样一个 "体系" 去同杜林的 "体系" 相对立。至于 "思想观点的体系" (即 "各种见解之间的内在联系") 的对立, 那是一目了然的。杜林的 "体系" 由哲学、政治经济学和社会主义三个部分构成, 体现在他的两本书《哲学教程》及《国民经济学和社会主义批判史》之中。为了批判杜林, 恩格斯 "不得不跟着杜林先生走", 结果杜林的 "体系" 结构就成了《反杜林论》的篇章结构。既然如此, 把《反杜林论》的篇章结构当做马克思主义的理论体系就是缺乏根据的。

要忽略他所提出的"各种见解之间的内在联系",但我们显然不能把它当做对马克思主义理论内容的全面的正式表述,其"哲学"编也就不能想当然地被当做恩格斯对马克思主义哲学的体系建构来看待。事实上,《反杜林论》"哲学"编所叙述的体系,基本上是按照杜林《哲学教程》的结构来安排的,所以我们不能把它简单拿来当做马克思主义哲学的叙述体系(至于传统哲学教科书潜在地受到这一体系结构的影响,那是另一回事情)。根据恩格斯的转述,杜林对哲学的理解是这样的:

> 哲学是对世界和生活的意识的最高形式的阐发,在更广的意义上说,还包括一切知识和意愿的**原则**。……这些原则是简单的或迄今被设想为简单的成分,……这些终极的成分或原则,一旦被发现,就不仅对于直接知道和接触到的东西,而且对于我们不知道和接触不到的世界也都有意义。因此,哲学原则就成了科学要成为对自然界和人类生活进行解释的统一体系所需要的最后补充。除了一切存在的基本形式,哲学只有两个真正的研究对象,即自然界和人类世界。这样,在我们的材料整理上就**自然而然地**分成了三部分,这就是:一般的世界模式论,关于自然原则的学说,以及最后关于人的学说。①

这就是说,在杜林看来,哲学是关于原则的学说,其内容包括三个部分:首先是一般的世界模式论,然后是关于自然的学说,最后是关于人的学说。很明显,《反杜林论》"哲学"编的结构顺序,基本上就是按照杜林的体系来安排的,我们怎么能把它当做马克思主义哲学的体系来看待呢?这从恩格斯对旧的自然哲学和历史哲学所持的尖锐批判态度中也可以看出来。

与《反杜林论》在内容上有密切联系的《自然辩证法》,除了几篇成型的论文外,大多是一些读书札记,是一部未完成的著作。"未完成"本身就意味着某种不成熟性。恩格斯在《反杜林论》序言中谈到他在数学和自然科学方面知识的欠缺,说他自己"在理论自然科学的领域中总的说来表现得相当笨拙"②,可以作为这种不成熟性的证据。在一个如此长的时间

---

① 《马克思恩格斯选集》第3卷,人民出版社1995年版,第373页。参见E.杜林《哲学教程》,郭官义等译,商务印书馆1991年版,第2、7—8、13页。
② 《马克思恩格斯选集》第3卷,人民出版社1995年版,第349页。

跨度内（《自然辩证法》手稿的写作开始于 1873 年，到恩格斯 1895 年去世，时间长达 22 年），恩格斯不是没有机会来写完这部著作。确实，正如恩格斯自己所解释的那样，在马克思逝世之后，更紧迫的义务（如整理出版《资本论》等）几乎占去了他的全部时间，使他不得不中断这部书的写作。但是，这一选择本身也说明，在恩格斯看来，整理出版《资本论》是比写完他的《自然辩证法》更重要的任务。恩格斯还说："理论自然科学的进步也许会使我的劳动绝大部分或者全部成为多余的。"① 在我看来，这是他对自己这部未完成著作的价值的清醒估计，也可以认为是他最终没有下决心完成这部著作的真正原因。因此，我们也不能把《自然辩证法》作为恩格斯的哲学代表作，更不能认为它是对马克思主义哲学的正面叙述。关于这部手稿在马克思主义理论领域中的位置，我认为可以按照恩格斯自己的一个说法，把它定位为马克思本人没有从事过的"几个专门的领域"之一（此外还有军事学等领域，也是恩格斯的特长，而马克思很少涉猎）。

至于《费尔巴哈论》，其写作动机是了却马克思和恩格斯四十年前的一个夙愿，即阐明他们的新见解与德国哲学的意识形态见解的对立，把他们从前的哲学信仰清算一下。从这部书的内容来看，可以分为两大部分：前面三章为一个部分，最后一章是一个独立的部分。就第一部分看，其内容是对近代哲学特别是黑格尔哲学和费尔巴哈哲学的批判性分析，其中提出的一些论断，如哲学基本问题、唯物主义的形式等，都只适用于近代哲学的范围。可是我们以前僭越了论域，把它们视为可以用来解释和说明全部哲学史和马克思哲学本身的普遍理论，结果造成在哲学史研究中简单化的做法大行其道，而在对马克思哲学实质的理解上又陷入"近代性"的遮蔽。最后一章可以看作恩格斯对"马克思哲学"的正面论述。这些论述表明，恩格斯对"马克思哲学"的阐释确实带有他所特有的视角和倾向性，甚至可以说形成了"马克思哲学"的恩格斯解释模式。恩格斯对"马克思哲学"的解释具有如下几个特征：

第一，恩格斯在宣布旧的自然哲学终结的同时，又试图重建辩证法，并把辩证法定义为"关于外部世界和人类思维的运动的一般规律的科学"②，确认自然辩证法对于历史辩证法的优先性。这明显是由于受到这一

---

① 《马克思恩格斯选集》第 3 卷，人民出版社 1995 年版，第 351 页。
② 《马克思恩格斯选集》第 4 卷，人民出版社 1995 年版，第 243 页。

时期恩格斯自然辩证法研究的影响，即把他自己的研究结果带入到对"马克思哲学"的解释之中。但是，恩格斯对这方面的内容没有具体展开，这就为后人根据他的其他著作特别是《反杜林论》和《自然辩证法》来补缀阙失的内容留下了余地，因为在这两部著作中有这方面的现成内容。但是，根据我们前面的论述，很难认为这些补缀是合法的。

第二，恩格斯论述的重点是唯物史观。在非常有限的篇幅里，他相当详尽地阐述了唯物史观的基本原理。在这里，恩格斯还明确地把从黑格尔学派的解体过程中产生的一个新派别，即"同马克思的名字联系在一起的"新派别，界定为"在劳动发展史中找到了理解全部社会史的锁钥的新派别"①。在另一个地方，他又说："一旦了解到以往的德国唯心主义是完全荒谬的，那就必然导致唯物主义，但是要注意，并不是导致 18 世纪的纯粹形而上学的、完全机械的唯物主义。同那种以天真的革命精神简单地抛弃以往的全部历史的做法相反，现代唯物主义把历史看作人类的发展过程，而它的任务就在于发现这个过程的运动规律。"②

第三，在谈到旧哲学终结的后果时，恩格斯写道："对于已经从自然界和历史中被驱逐出去的哲学来说，要是还留下什么的话，那就只留下一个纯粹思想的领域：关于思维过程本身的规律的学说，即逻辑和辩证法。"③ 在我看来，这段话可以看作恩格斯本人哲学观的简明自白，而怎样理解这段话，则是把握恩格斯本人哲学观的关键。遗憾的是恩格斯没有充分展开，至今也还没有人对此作出令人信服的解释。

综上所述，恩格斯对"哲学"确实有他自己独立的不完全等同于马克思的看法，但是他对"马克思哲学"的解释，又牢牢地把握住了唯物史观这个核心。这就说明，恩格斯对马克思哲学的解释在主导方面和马克思是一致的，同时在阐释角度、侧重点和表述风格等方面又有个性差异。认识到这一点，是我们恰当评价恩格斯的哲学贡献及其与马克思的关系的基本前提。

（原载《马克思主义与现实》2011 年第 4 期）

① 《马克思恩格斯选集》第 4 卷，人民出版社 1995 年版，第 258 页。
② 《马克思恩格斯选集》第 3 卷，人民出版社 1995 年版，第 738 页。
③ 《马克思恩格斯选集》第 4 卷，人民出版社 1995 年版，第 257 页。

哲学基本问题

哲学的形而上学历险

孙正聿

一 表征人的形上本性的形而上学

哲学是人类把握世界的一种基本方式。这个命题具有双重含义：其一，不能用哲学方式代替其他方式；其二，不能以其他方式代替哲学方式。因此，对哲学的理解，就是对哲学以何种方式把握世界的理解。从这种思路出发，本文的基本观点是：区别于宗教、艺术和科学的"哲学方式"的特殊性质和独特价值，在于它是人性的理论自觉，是一种表征人的形上本性的"形而上学"，即作为理论形态的人类自我意识的"形而上学"。

哲学的形而上学，根源于人类的实践的存在方式。人的存在就是人的生命活动。然而，人的生命活动并不是动物式的本能的"生存"活动，而是"使自己的生命活动本身变成自己意志的和自己意识的对象"① 的"生活"活动。"世界不会满足人，人决心以自己的行动来改变世界"。"为自己绘制客观世界图景的人的活动改变外部现实，消灭它的规定性（＝变更它的这些或那些方面、质）"，"使它成为自在自为地存在着的（＝客观真实的）"。② 人的实践活动使世界的"现实性"变成"非现实性"，也就是使人的"理想性"成为真正的"现实性"，这就是人与世界之间的否定性的统一关系。在人的实践活动及其历史发展中，人永远以自己的"对象性"活动而实现自己的"目的性"，人永远创造着自己和自己的世界，人

---

① 《马克思恩格斯选集》第 1 卷，人民出版社 1995 年版，第 46 页。
② 列宁：《哲学笔记》，人民出版社 1993 年版，第 183、187 页。

本身和人所创造的世界永远是未完成的存在。因此，人是世界上最奇异的存在——理想性的、超越性的、创造性的存在，即与世界否定性统一的存在，也就是把现实变成理想的现实的存在。否定现实和追求理想，是人的"形上"本性；以理论形态表征人对现实的否定和对理想的追求，则构成哲学的"形而上学"。哲学的形而上学正是以理论方式表征了人类关于自身存在的理想性、超越性和创造性的自我意识。

实践是人的思维的"最本质最切近的基础"。实践活动的理想性与现实性的矛盾决定了思维的"至上性"与"非至上性"的矛盾。"人的思维是至上的，同样又是不至上的，它的认识能力是无限的，同样又是有限的。按它的本性、使命、可能和历史的终极目的来说，是至上的和无限的；按它的个别实现情况和每次的现实来说，又是不至上的和有限的。"①基于人类实践本性的人类思维，总是渴求在最深刻的层次上或最彻底的意义上把握世界、解释世界和确认人在世界中的地位和价值，这就是人类思维指向终极存在、终极解释和终极价值的"终极关怀"②。哲学的形上追求，从人类把握世界的一种基本方式上说，正是以理论的方式表征了以实践为基础的人类思维的"本性、使命、可能和历史的终极目的"，也就是理论地表征了人类思维"仰望星空"的"终极关怀"。因此，哲学的形而上学，始终是一种追本溯源的意向性追求，是一种自我超越的理想性追求，是一种以理想关照现实和反省现实的"形上之思"，是一种塑造和引导时代精神的"文明的活的灵魂"。

否定现实和追求理想，是人类的"现实的生活过程"。人类文明的历史进程，始终充满着理想的冲突与搏斗、社会的动荡与变革、历史的迂回与前进。由此构成的人类自己创造自己、自己发展自己的扑朔迷离、色彩斑斓的文明史画卷，展现的是人类发展过程的否定现实和追求理想的历险。以理论的方式表征人类发展过程的历险，追究世界、历史和人生的奥秘，反思思想构成自己的根据、标准和尺度，探求政治理想、社会正义、道德基础、价值诉求的"抑制不住的渴望"，则构成哲学发展过程的形而上学历险。因此，哲学的形而上学历险，从根本上说，是以理论的形态表征了人类文明的历险。

---

① 《马克思恩格斯选集》第 3 卷，人民出版社 1995 年版，第 427 页。
② 参见孙正聿《哲学通论》，复旦大学出版社 2007 年版，第 224—228 页。

在人类文明的历险中，人类的实践活动始终存在着理想性与现实性的矛盾，以实践为基础的人的思维始终存在着"至上性"与"非至上性"的矛盾，因此，作为理论形态的人类自我意识，哲学在自己的形而上学历险中，始终存在两个基本矛盾：其一，作为人类思维"至上性"的理论表征，它力图以"绝对真理"的化身为人类提供永恒的"安身立命"之本，而人类历史的发展和人类思想的变革却不断地否定"绝对真理"的权威性和有效性；其二，哲学把自己的"绝对真理"作为判断、解释和评价一切的根据、标准和尺度，而哲学自身的发展却实现为哲学挣脱自我解释循环的自我批判，也就是实现为哲学自身的变革。因此，在哲学的形而上学历险中，从其对待"形而上学"的根本理念上看，可以区分为三种基本的理论形态：一是"不知其不可而为之"即把哲学当作"绝对真理"化身的"传统形而上学"，它成为今人所诟病和"拒斥"的"形而上学的恐怖"；二是"知其不可而不为之"即以"科学"取代"哲学"的"拒斥形而上学"，它成为今人所反思和批判的"科学主义思潮"；三是"知其不可而为之"即把哲学视为人的"形上"本性的理论表征的"形而上学追求"，它成为今人所倡言或拒绝的"形而上学的复兴"。从哲学的形而上学历险看哲学史，"现代哲学"对"传统哲学"的革命，本质上是实现了形而上学由"不知其不可而为之"到"知其不可而为之"的革命性变革，即：把"形而上学的恐怖"变革为"形而上学的追求"，把作为"绝对之绝对"的超历史的传统形而上学变革为作为"相对之绝对"的"时代精神的精华"和"文明的活的灵魂"。

形而上学历险中的三种理论形态，从根本上说，是以理论的方式表征了人类文明的历险，因而成为理论形态的人类自我意识即哲学。通过对人类文明史的总结和概括，马克思把人的存在概括为"人的依赖性"、"以物的依赖性为基础的人的独立性"和以"每个人的自由发展"为条件的"一切人的自由发展"这三种历史形态。作为理论形态的人类自我意识的哲学，它对人的存在的历史形态的理论表征，构成了哲学的形而上学历险的总体进程：以自然经济中的人的存在方式为根基，确立表征"人的依赖性"的"神圣形象"，以"绝对真理"的化身规范人的全部思想和行为，这就是"形而上学的恐怖"；以市场经济中的人的存在方式为根基，揭露人在"神圣形象"中的"自我异化"和表征"以物的依赖性为基础的人的独立性"，以"无限理性"的化身规范人的全部思想和行为，这就是西方近代以来的"理性形而上学";以人的未来的或理想的"全面发展"的存在方式为指向，揭露人在诸种"非神圣形象"中的"自我异化"和表征人对自己的"自由而全面的发展"的向往和追求，以"有限理性"的化身批判地反思人的全部思想和行为，这就是现代性反省中的"后形而上学"。确立"神圣形象"、消解"神圣形象"和消解"非神圣形象"，构成哲学形而上学历险的根本性的文化内涵，因而以理论形态表征了人类关于自身存在的自我意识。

二 作为概念批判史的形而上学

形而上学作为理论形态的人类自我意识，它既不是通常所说的以"整个世界"为对象而观之的"世界观"，也不是通常所理解的凌驾于科学之上的"科学的科学"，而是对人类文明的"反思"，即以思想自身为对象反过来而思之的"反思"，也就是以概念（思想）为对象的"形上之思"。概念作为人类文明史的积淀和"文化的水库"，它构成人类文明进程中的"阶梯"和"支撑点"；对概念的批判性反思，就是以理论方式表征人的否定现实和追求理想的"形上"本性，就是以时代性内涵求索人类性问题，也就是对人类文明的反省和引导。这种以对概念（思想）的批判性反思为内容的形而上学历险，从其理论旨趣、思维方式、社会功能和历史演进上看，是作为概念（思想）的批判史而存在的；能否从概念批判史看待哲学的形而上学历险，从根本上制约着人们对"形而上学"的理解。

其一，就形而上学的理论旨趣而言，是寻求超越各种具体的"物理"的"统一性原理"。亚里士多德提出，形而上学就是"寻求最高原因的基本原理"[①]；对此，黑格尔作出如下解释："要这样来理解那个理念，使得多种多样的现实，能被引导到这个作为共相的理念上面，并且通过它而被规定在这个统一性里而被认识"[②]；总结形而上学史，瓦托夫斯基提出："不管是古典形式还是现代形式的形而上学思想，其驱动都在于力图把各种事物综合成一个整体，提供出一种统一的图景或框架，使我们经验中的事物多样性能够在这个框架内依据某些普遍原理而得到解释，或可以被解

[①] 亚里士多德：《形而上学》，吴寿彭译，商务印书馆 1959 年版，第 56 页。
[②] 黑格尔：《哲学史讲演录》第 2 卷，贺麟、王太庆译，商务印书馆 1960 年版，第 385 页。

释为某种普遍本质或过程的各种表现。"① 在哲学的形而上学历险中，如何看待形而上学所寻求的"统一性原理"——是"不知其不可而为之"还是"知其不可而为之"——则把全部哲学区分为"传统形而上学"与"后形而上学"。"传统形而上学"把自身视为它所指向的"统一性原理"的化身，而"后形而上学"则把作为"统一性原理"化身的"传统形而上学"作为自己的最为根本的批判对象，从而把"不知其不可而为之"的"形而上学的恐怖"革命性地变革为"知其不可而为之"的"形而上学追求"。

其二，就形而上学的思维方式而言，寻求"统一性原理"的形而上学，是以超越表象思维和形式推理的思辨思维所展开的概念的反思与批判。对此，黑格尔曾提出：所谓"表象思维"，"可以称为一种物质的思维，一种偶然的意识，它完全沉浸在材料里，因而很难从物质里将它自身摆脱出来的同时还能独立存在"；所谓"形式思维"，"乃以脱离内容为自由，并以超出内容而骄傲"；所谓"思辨思维"，则是努力地把思想的"自由沉入于内容，让内容按照它自己的本性，即按照它自己的自身而自行运动，并从而考察这种运动"②，以实现"全体的自由性"与"环节的必然性"的统一。这种"思辨思维"，就是以对"概念"的批判性反思，展现人类思想运动的逻辑，并从而展现人类文明历险的逻辑。瓦托夫斯基提出："形而上学的历史是一部关于这种普遍的或一般类别的概念的批判史，是一部致力于系统表述这些概念的体系的历史……我们也许可以这样总结这种历史，即把形而上学定义为'表述和分析各种概念、对存在的原理及存在物的起源和结构进行批判性、系统性探究的事业'。"③ 因此，能否从概念批判史的视阈看待形而上学历险，而不只是单纯地从对"统一性"原理的寻求看待形而上学历险，从根本上制约着人们对形而上学的理解与解释。在概念批判史的视阈中看"后形而上学"，所谓的"后形而上学"不仅不是对形而上学所承担的概念批判的否定，而恰恰是对形而上学所承担的概念批判的深刻的理论自觉——它自觉地把为人类思想和人类文明奠基的理性、真理、进步、规律等基本概念（思想）作为自己批判反思的对象。

---

① 瓦托夫斯基：《科学思想的概念基础》，范岱年等译，求实出版社 1989 年版，第 19 页。
② 黑格尔：《精神现象学》（上），贺麟、王玖兴译，商务印书馆 1979 年版，第 40 页。
③ 瓦托夫斯基：《科学思想的概念基础》，范岱年等译，求实出版社 1989 年版，第 20—21 页。

其三，就形而上学的社会功能而言，这种以对概念（思想）的批判性反思为内容的形而上学，是以超越经验常识和实证科学的某种统一性原理规范人们的全部思想和行为，或把人们的全部思想和行为归结为某种统一性原理的自我实现。罗蒂提出："自希腊时代以来，西方思想家们一直在寻求一套统一的观念，……这套观念可被用于证明或批评个人行为和生活以及社会习俗和制度，还可为人们提供一个进行个人道德思考和社会政治思考的框架。""它成为这样一个文化领域，在这里人们可以脚踏根基……从而可以发现其生命的意义。"① 具体言之，传统形而上学的社会功能在于：一是以寻求"万物之理"的形上之思而推进理论思维和科学技术的发展，推进人类对自身的生活意义的反思，并为这种"发展"和"反思"提供"抑制不住的渴望"；二是以"普遍理性"的方式而确认诸种"神圣形象"或"非神圣形象"，为社会的价值规范提供"最高的支撑点"；三是以"万物之理"和"普遍理性"的方式表征自然经济中的"人的依赖性"和在市场经济中的对"物的依赖性"的存在方式。传统形而上学具有"科学的"和"哲学的"双重内涵：就其作为关于"万物之理"的物理主义，它是以"真正的科学"或"科学的科学"自期自许的；就其以人的"形上本性"而追究"统一性原理"并达成人的"安身立命之本"，它又是"哲学的"，即以理论形态的人类自我意识而存在的。因此，能否从价值理想的视阈看待形而上学历险，而不只是从某种知识论的立场看待形而上学历险，不仅从根本上制约人们理解形而上学的立场与态度，而且从根本上制约着人们如何理解形而上学历险中的"后形而上学"。在概念批判史的视阈看"后形而上学"，所谓的"后形而上学"，不仅不是对形而上学所承担的价值诉求的否定，而恰恰是对形而上学所承担的价值诉求的深刻的理论自觉——它自觉地把为人类思想和人类文明奠基的价值、自由、正义、发展等基本概念（思想）作为自己批判反思的对象。

其四，就形而上学的历史演进而言，表征"人的依赖性"、"以物的依赖性为基础的人的独立性"和以"每个人的自由发展"为条件的"一切人的自由发展"的形而上学历险，即确立"神圣形象"、消解"神圣形象"和消解"非神圣形象"的形而上学历险，它经历了由"古代哲学"到

---

① 理查·罗蒂：《哲学和自然之镜》，李幼蒸译，生活·读书·新知三联书店 1987 年版，"中译本作者序"第 11、1、2 页。

"近代哲学"再到"现代哲学"的变革，并从总体上实现了从"传统形而上学"到"后形而上学"的变革。因此，能否从理论形态的人类自我意识，即理论地表征人的存在形态的历史变革去理解和把握哲学的形而上学历险，不仅从根本上制约人们对形而上学历程的理解，而且从根本上制约着人们在何种程度上把握到形而上学历险的深层的文化内涵，特别是从根本上制约着人们能否从形而上学历险的视阈把握到"后形而上学"的深层的文化内涵。

在西方哲学史上，一直占有统治地位的传统形而上学，就是柏拉图—黑格尔主义。传统形而上学最初的表现形态是客体主义的形而上学，即作为理念世界的柏拉图主义；中世纪的表现形态是一神教的形而上学，即以人的本质的异化形态（上帝）所表现的客体主义的形而上学；自笛卡尔、培根以来的近代哲学表现为反"独断论"的即认识论反省的形而上学，也就是具有主体性特征的形而上学；作为传统形而上学的总结与超越，黑格尔哲学既是把客体主义逻辑化的形而上学，又是把客体主义历史化的形而上学，即历史与逻辑相统一的形而上学，也就是以概念辩证法为内容的形而上学。辩证法形态的形而上学，深刻地体现了被阉割的形而上学的根本性的特质与功能——作为概念批判史的形而上学。因此，传统形而上学的最高形态，就是黑格尔的存在论、认识论和逻辑学相统一的形而上学，即以概念批判为内容的辩证法的形而上学。它既反对单纯主观性的"全体的自由性"，又反对单纯客观性的"环节的必然性"，而要求实现"全体的自由性"与"环节的必然性"的统一。这是主客统一或思存同一的形而上学。

作为理论形态的人类自我意识，哲学所表征的人类自我意识，从来不只是"外向"地指向"万物之理"，而且"内向"地指向人的全部精神世界。卡西尔说："走向人的理智和文化生活的那些最初步骤，可以说是一些包含着对直接环境进行某种心理适应的行为。但是在人类的文化进展方面，我们立即就遇见了人类生活的一个相反倾向。从人类意识最初萌发之时起，我们就发现一种对生活的内向观察伴随着并补充着那种外向观察。人类的文化越往后发展，这种内向观察就变得越加显著。"① 在古希腊哲学的"人是万物的尺度"的命题中，已经蕴含对人的理性与非理性的矛盾的

---

① 卡西尔：《人论》，甘阳译，上海译文出版社 1985 年版，第 5 页。

思考。在哲学的形而上学历险中，一直存在着物理主义与心理主义的矛盾纠缠。作为自然主义的唯物主义，始终表现出对人作为生理存在的关切；而以精神为本体的唯心主义，则从未离开对作为精神现象的心理的关切。黑格尔的思存同一的形而上学，把人的全部精神活动——情感、意志、表象——"复归于"思维，因而是"无人身的理性"（马克思）的自我运动的形而上学。反叛黑格尔，就是反叛"无人身的理性"的自我运动，因而也就是把"主体"——人——"复归"为精神的多样性和丰富性。由此构成的形而上学就是现代意义的心理主义的形而上学。而无论是作为概念批判史的物理主义的形而上学，还是作为精神分析史的心理主义的形而上学，都不可逃避地在"文化"的视阈中展开其形而上学，都不可逃避地构成其"在思想中所把握到的时代"。自笛卡尔以来的对概念内涵的形上反思，在近代哲学的终结处构成了作为思想的内涵逻辑的黑格尔哲学，并开启了马克思的作为历史的内涵逻辑的现代哲学。

作为概念批判史的形而上学，它的概念批判具有双重内涵：一方面是对构成思想的基本观念的前提批判，其中主要的是对规范人的思想和行为的真、善、美等基本观念的前提批判；另一方面则是对这些基本观念所蕴含的"思维和存在的一致"即"思想的客观性"的前提批判。前者是形而上学直接指向的"基本观念"，后者则是形而上学在对"基本观念"的批判中所揭示的哲学的"重大的基本问题"——"思维和存在的关系问题"。因此，形而上学的概念批判史，既是对思想构成自己的基本观念的批判史，也是哲学展开其"基本问题"——思维和存在的关系问题——的历史。在对构成思想的基本观念的批判中而深化对构成思想的基本信念——思维和存在的关系问题——的前提批判，又在对构成思想的基本信念——思维和存在的关系问题——的前提批判中而展开对构成思想的各种时代性的基本观念的前提批判，这就是作为概念批判史的形而上学。

三 形而上学历险中的后形而上学

哲学形而上学历险中的最具革命性的"转向"，是由"不知其不可而为之"的"形而上学恐怖"转向"知其不可而为之"的"形而上学追求"。这种"转向"的根本标志和基本形态，就是所谓的"后形而上学"。

"后形而上学"的"后"，集中地体现在两个方面：其一，不是"断言"或"表述"关于"思维和存在"的"统一性原理"，而是展现为对构成思想的各种基本观念——思想的客观性或真理性、历史的必然性或规律性、价值的一元性或绝对性、发展的单一性或单向性、文化的层级性或根基性——的前提批判，从而使哲学自觉地成为"知其不可而为之"的批判活动；其二，不是把理论思维的两种基本方式——哲学和科学——当作"理性"的化身而奉为一切文化的圭臬，而是"反其道而行之"，以对哲学和科学的批判而实现对"理性"本身的具有颠覆性的前提批判——从"无限理性"到"有限理性"的革命性转变。简言之，以"有限理性"的理论自觉而深切地展开对构成思想的各种"基本观念"的前提批判，并由此实现对构成思想的基本信念——思维和存在的同一性——的前提批判，这是真正意义的"后形而上学"，也是"后形而上学"的真实意义。因此，"后形而上学"是形而上学历险中的"现代哲学"，而不是"终结哲学"的"非形而上学"。

西方哲学史上的黑格尔哲学，是全部传统形而上学的集大成；批判黑格尔哲学及其集大成的传统形而上学，则是整个现代哲学的出发点。在《分析的时代——二十世纪的哲学家》一书的开头，美国哲学家莫尔顿·怀特就以"绝对理念之衰微与没落"而提出"几乎二十世纪的每一种重要的哲学运动都是以攻击那位思想庞杂而声名赫赫的十九世纪的德国教授的观点开始的"[1]；英国哲学家艾耶尔则用"叛离黑格尔"这个极具刺激性的口号而阐发《二十世纪哲学》；德国哲学家赖欣巴哈更以《科学哲学的兴起》为题而批判基于人的"不幸的本性"的形而上学。"拒斥形而上学"，不仅成为 20 世纪哲学的最为时尚的"关键词"，而且真实地构成了 20 世纪占有主导地位的"哲学理念"。"拒斥形而上学"的"真实意义"，首先是暴露了传统形而上学的"理性的狂妄"，即暴露了传统形而上学"不知其不可而为之"的"哲学"本质，也就是暴露了传统形而上学把"哲学"当作"无限理性"的化身的本质。这具体地表现在对传统形而上学的集大成的黑格尔哲学的三个方向的前提批判：

一是对黑格尔哲学的马克思主义批判。针对传统哲学以思辨的方式实现思维把握和解释世界的全体自由性的"幻想"，恩格斯提出，"如果世界模式不是从头脑中，而仅仅是通过头脑从现实世界中得出来的，如果存在

---

① 怀特：《分析的时代》，杜任之等译，商务印书馆 1987 年版，第 7 页。

的基本原则是从实际存在的事物中得来的，那么为此所需要的就不是哲学，而是关于世界以及关于世界中所发生的事情的实证知识；由此产生的也不是哲学，而是实证科学"①。因此，"就哲学是凌驾于其他一切科学之上的特殊科学来说，黑格尔体系是哲学的最后的最完善的形式。全部哲学都随着这个体系没落了"②。正因如此，恩格斯提出，作为"现代唯物主义"的马克思主义哲学"已经根本不再是哲学，而只是世界观"③。关于这种不再是"哲学"的"世界观"，马克思本人的最为精辟的论断是："社会生活在本质上是实践的。凡是把理论导致神秘主义的神秘东西，都能在人的实践中以及对这个实践的理解中得到合理的解决。"④

二是对黑格尔哲学的科学主义批判。赖欣巴哈在系统阐述其"科学哲学"与"思辨哲学"原则对立的著作中提出，人类的一大"不幸"在于，"总是倾向于甚至在他们还无法找到正确答案时就作出答案"。这样，"当科学解释由于当时的知识不足以获致正确概括而失败时，想象就代替了它，提出一类朴素类比法的解释来满足要求普遍性的冲动"，"普遍性的寻求就被假解释所满足了"。由此他提出，形而上学就是"努力想获致一种关于普遍性的、关于支配宇宙的最普遍原则的知识"⑤。卡尔纳普则更为明确地说："我将把所有那样的一些命题都叫做形而上学的，即这些命题宣称了某种在全部经验之上或之外的东西的知识，例如，表述了事物真实本质的知识，表述了自在之物、绝对者以及诸如此类的东西的知识"，"这些命题都不是可证实的……也就使这些命题失去了任何意义"。由此他得出结论，形而上学"给予知识的幻相而实际上并不给予任何知识。这就是我们为什么要拒斥它的理由"。⑥ 正是由于科学主义不仅"拒斥"传统形而上学的基本理念和思维方式，而且"拒斥"传统形而上学的追求目标和历史成就，因此，科学主义就由传统形而上学的"不知其不可而为之"而"转向"了"知其不可而不为之"的"终结形而上学"。

三是对黑格尔哲学的人本主义批判。在现代西方人本主义思潮看来，

---

① 《马克思恩格斯选集》第 3 卷，人民出版社 1995 年版，第 75 页。
② 同上书，第 63 页注。
③ 同上书，第 481 页。
④ 《马克思恩格斯选集》第 1 卷，人民出版社 1995 年版，第 60 页。
⑤ 赖欣巴哈：《科学哲学的兴起》，伯尼译，商务印书馆 1983 年版，第 9—11 页。
⑥ 转引自怀特《分析的时代》，杜任之等译，商务印书馆 1987 年版，第 215、216、223 页。

黑格尔的"无人身的理性"是一种"冷酷的理性",它把人的情感、意志、想象、体验、个性等人的全部丰富性都异化给了非人的或超人的思维,这种"冷酷的理性"是敌视个人存在的。他们认为,黑格尔以这种"冷酷的理性"去描述思维与存在的同一性,去展现历史必然性的逻辑,不仅是纯粹的虚构,是与人的生存状态相悖谬的,而且是对个人生存价值的否定。人本主义思潮把它对传统哲学的批判诉诸包括人的情感、意志、想象、人格以及"潜意识"等在内的人生体验和关于人的生存状态、人的"生活世界"的"人学"。在他们的理论中,凸显了人的自在性与自为性、理性与非理性、意识与潜意识、生与死、个人与社会、人生的意义与价值等矛盾,从而把传统形而上学对"绝对真理"的寻求转变为对人的存在的关切。

从总体上说,西方现代哲学所理解的"形而上学",就是对世界的普遍性作超科学的、不可证实的"假解释"。正因如此,他们不仅"拒斥"传统形而上学的纯思辨的研究方式,而且"拒斥"传统形而上学的追求目标及其历史成就。现代西方哲学的两大思潮,都否认理性的权威性、确定性和统一性,并力图动摇人类生存的合理性、必然性和规律性信念。与追求思维把握和解释世界的全体自由性的传统形而上学相比,它们从对人类理性的鲸吞宇宙的幻想,变成了对人类理性深感忧虑的怀疑;从对人类未来的满怀激情的憧憬,变成了对人类未来的惴惴不安的恐惧;从对真善美的雄心勃勃的追求,变成了对真善美的黯然失色的叹息。这种基本观念是对现代社会生活的理论折射,是对现代人类面临的"文化危机"的敏感反应,也是对当代全球问题的消极回答。因此,这种基本观念具有二重性:一方面,它通过对传统形而上学的批判而启发人们对人类理性及其对象化活动进行深刻的、全面的反省;另一方面,则在哲学层面向人类生存的合理性及历史过程的进步性提出严峻的挑战。"后形而上学"的本质特征就在于,它集中地揭示了形而上学的"普遍理性"的内在矛盾性:其一,它揭露了从柏拉图到黑格尔的"理性主义的放荡"所造成的"形而上学的恐怖",即"普遍理性"对"人"的"偏离"所构成的"本质主义的肆虐";其二,它对形而上学的"层级性"追求的"拒斥",凸显了"顺序性"的选择与安排的生存论意义,从而"终结"了以"普遍理性"扼杀实践的选择性、文化的多样性的"同一性哲学";其三,它在"瓦解"主体形而上学的进程中,凸显了"主体间性"、"交往理论"、"商谈"、"对话"、"有机团结"在人类历史活动中的现实意义；其四，它在否定"同一性哲学"的进程中，试图构建以"非同一性"为前提的、超越绝对主义和相对主义的新的哲学理念，从而使得"必要的张力"成为当代哲学的基本理念。这种"后形而上学"思想，对于深入地审视真理—规律—客观性观念，把"对现存的一切进行无情的批判"的哲学理念贯彻到全部社会生活，从而不断深入地"揭露人在非神圣形象中的自我异化"，具有重要的理论意义和实践意义①。

以批判"形而上学"为理论聚焦点的"后形而上学"，从根本上说，是以"哲学"本身为对象的批判活动，也就是以"理论形态的人类自我意识"为对象的批判活动。这种批判活动的实质是变革人类关于自身存在的自我意识，这种批判活动所诉诸的基本方式是各种文化样式之间的"对话"，而在"对话"中所展开的则是"形而上学"的概念批判。"后形而上学"所展开的各种最为重要的"对话"——哲学与其他文化样式的对话、各种哲学理论或哲学思潮之间的对话、哲学与"现实的历史"或"生活世界"的对话——其基本方式和根本内容都是对概念（思想）的前提批判。这包括对"哲学"与"宗教"、"艺术"、"科学"的前提批判，对"哲学"与"文化"、"经济"、"政治"的前提批判，对"哲学"与"理性"、"真理"、"规律"的前提批判，对"哲学"与"自由"、"正义"、"平等"的前提批判，对"哲学"与"专制"、"民主"、"协商"的前提批判。正是在这种现代意义的概念批判中，"后形而上学"承担起了"揭露人在非神圣形象中的自我异化"的历史使命，转化成了以概念（思想）为对象的"思的事情"，实现了"知其不可而为之"的"形而上学追求"。因此，"后形而上学"是形而上学历险中的关于当代人类自我意识的理论形态，而不是放弃以理论形态表征人类自我意识的"哲学的终结"。

（原载《天津社会科学》2011 年第 5 期）

---

① 参见孙正聿《理论思维的前提批判》，中国人民大学出版社 2010 年版，第 307—308 页。

哲学是什么与做什么？

郭　湛

在人类精神世界中，哲学是一个历史悠久、内涵丰富而又变化无穷的领域。走近哲学的历史，我们看到的是一场接一场的辩论，人类的理性、思想和智慧在这里相互砥砺，竞长争高。辩论以问题为中心，旧的问题还没有完全解决，新的问题又随之产生。就连"哲学是什么"这个需要首先回答的问题也众说纷纭，莫衷一是。哲学作为一个学科始终处于未完成状态，这也许正是它的常态。对于哲学是什么与做什么，需要不断地追问。这是哲学令人困惑之处，也是其充满魅力的原因所在。

一　思考"哲学是什么"的路径

关于某种事物是什么的问题，当然是以这种事物的存在为前提的。我们首先可确定哲学存在，这是历史和现实的事实。尽管还存在问题，如前些年热议过的"中国哲学合法性"问题，但它所涉及的事实上不是中国有没有哲学，而是如何理解中国的哲学。中国古代可能没有西方意义上的"哲学"，却可以有具有中国特点的哲学。哲学作为人类理性把握世界的一种方式，完全可能以多种不同的形式存在。哲学是一个民族思想的权利。一个民族的文化发展到一定高度，必然会形成某种哲学思想并加以表达。所以，哲学存在并以多种形式存在，应该是没有疑问的。

那么，所谓"哲学"究竟是什么？纵看历史，横看当代，各种说法不胜枚举。如果说哲学是 x，那么，x = a，b，c，……n。对于"哲学是什么"，可能有三种类型的回答：（1）一解论的回答；（2）多解论的回答；（3）无解论的回答。这也就是思考"哲学是什么"的三类路径。

通常情况下，我们相信一个确定的问题应该有一个确定的解。按照经典科学的思维方式，关于"哲学是什么"的回答应该是一解论的。但是在这里，一解论的回答实际上导致了 n 个相互排斥的不同的解。因为既然只能有一个解是正确的，那么就不能容许同时有其他解存在。但在哲学的历史和现实中，确实存在着许多关于哲学可能的解。根据一解论的思维模式，只有一个解是正确的，因此拥有每个解的人都自以为这个解是唯一正确的。于是在这种思维模式下，出现 n 个与其他解对立的解。哲学的历史和现实，事实上否定了在这个问题上的一解论的解决路径。

一解论的路径走不通，是否可以尝试多解论的解决路径呢？如果多个解并存，实际上就意味着哲学具有多面性，可以从不同角度对之作出不同的解释。在多解论的思路下，如果说哲学是 x，那么，x = a + b + c + ⋯⋯ n。于是，哲学像是一颗多面的钻石在灯光下闪烁，或者不如说像太阳光通过无数水滴折射而呈现的彩虹。太阳光是白色的，但我们都知道实际上是七色的。而如果算上红外线、紫外线和七色之间无数过渡色，也可以说太阳光有 n 个颜色。马克思说："每一滴露水在太阳的照耀下都闪现着无穷无尽的色彩。""你们赞美大自然令人赏心悦目的千姿百态和无穷无尽的丰富宝藏，你们并不要求玫瑰花散发出和紫罗兰一样的芳香，但你们为什么却要求世界上最丰富的东西——精神只能有一种存在形式呢？"（《马克思恩格斯全集》第 1 卷，第 111 页）哲学这种"精神的太阳"（同上），照耀在不同的个体、不同的事物上，不可能只产生一种色彩。

所以，已有的和可能出现的 n 个关于哲学 x 的不同的解，可能是对哲学 x 的 n 个属性的不同程度的描述，各有其相应的某种合理性或真理性。以一种多解论的心态去看待各种哲学，应当承认每种哲学都包含着对于哲学的某种理解，各种理解可能都有各自的某种合理性。人类哲学精神可谓"大象无形"，它融会贯通着"形而上"的道，又立足于并连接着"形而下"的器，无形的东西要通过有形的东西来表达。任何有形的东西都是有限的，无限无形的东西寓于有限有形的东西之中。

关于哲学 x 的 n 个不同的解，并不一定都具有同等的真理和价值。所以，我们总是更偏重于某种或某些解释，如我们更相信马克思主义哲学关于"哲学是什么"的解释。但马克思主义哲学是以西方哲学传统为背景的，西方古代各种哲学及其现代的各个流派，都与之有直接或间接的、肯定或否定的联系。东方哲学，特别是中国古代哲学博大精深，蕴含着关于"哲学是什么"的多样理解。在东西方文化包括哲学相互碰撞和交流、马克思主义哲学日益中国化的今天，我们对于"哲学是什么"的理解必然会包含更多中国哲学的因素。对"哲学是什么"的多种理解加以整合或综合，这种可能性是存在的，它要求对问题的整体把握、中西会通。哲学本来就是整体性的、综合性的，对于哲学自身的理解也应该是整体性、综合性的。

前述对问题的一解论和多解论思路是不同的，二者共同之处在于都属于有解论。而与有解论真正构成对立的是无解论，即认为"哲学是什么"这个问题是"无法回答"的，因为该问题无解。持这种观点的学者从确认"哲学是什么"的问题"是一个没有确定答案的问题"（参见刘福森，第35页）出发，得出了该问题没有答案即无解的结论。这里的问题在于，一个问题如果没有确定的答案，特别是没有一个确定的答案，是否就等于说没有答案？

按照传统的线性决定论的思维方式，在一种简单的线性因果关系中，一个问题只能有个确定的答案。经典科学是基于简单事物的线性因果关系建立起来的，这是科学思维发展必经的、基础的阶段。但世界毕竟是复杂的，而哲学作为人类精神世界的"形而上"层面尤其复杂。现代复杂性科学越来越深入地揭示了世界的复杂的、非线性的因果关系，也为我们运用复杂性思维方式理解哲学这种复杂现象开拓了思路。其实，真正深刻的哲学本来就具有复杂性思维的特征，是对复杂事物的理性把握。在复杂的、非线性的关系系统中，一个问题的答案常常不只有一个，而是相对于一系列变量的一系列可能的结果。既然哲学是一种复杂的精神现象，那么，对它是什么的解释就完全可能有多个。也就是说，在"哲学是什么"这个问题上，否定一解论后可以选择多解论，并不必然导致无解论。包含着一解论和多解论的有解论思维，仍然有足够的理论空间。而要进入多解论的思考路径，需要放弃简单的线性决定论思维方式，采取更具有复杂性、系统性和包容性的解释框架。

二　对于"哲学是什么"的描述

我们暂且放弃一解论式的哲学定义，而把从各个角度或层面对"哲学是什么"的说明看作某种描述。下面，我们列出一些较有代表性的对"哲学是什么"的描述。每一种描述都是不完全的，甚至可能是不确切、片面的，但都在一定程度上揭示了哲学的某种性质、特征、结构或功能。这是一个开放的系列，是可以有增有减的，由此构成了关于"哲学是什么"的若干个解。

1. 哲学是一种文化。在这个意义上，哲学是区别于科学（技术）文化、政治文化、经济文化、宗教文化、艺术文化等的哲学文化。人类各个民族哲学的历史和现实的存在及其作用，无可争辩地证明了它的文化身份。在文化的各种形态中，哲学作为"形而上"的理性精神具有核心的意义。正如马克思所说的，哲学"是自己的时代、自己的人民的产物，人民的最美好、最珍贵、最隐蔽的精髓都汇集在哲学思想里"，"哲学正变成文化的活的灵魂"（《马克思恩格斯全集》第 1 卷，第 219—220 页）。作为文化的哲学，提供人与世界关系的文化理解，思考具有普遍意义的人为的程序和为人的取向。

2. 哲学是一种思维方式。就思考的特征而言，哲学是一种整体性、动态性、批判性、反思性的思维方式。哲学是与日常思维、科学思维等不同的一种思维方式。作为思维方式的哲学，不是一种固定的思维方式，而是多种不同并可以互补的思维方式。哲学思维方式因其整体性而具有综合、整合的取向，不同于对事物的部分的、局部的思考。因为哲学思维面对的整体是开放的动态的存在，因而哲学在整体上也是开放的，其动态性使之永不停滞而又变幻莫测。批判性是哲学的内在本性，是理性的辨析能力的集中体现。全面、彻底的批判不仅是理论的，而且是实践的；不仅是对象的，而且是反身的。思维对于自身的批判即反思，在哲学那里是一种自觉的反思性。狭义的关于思维方式的哲学，关注思维与存在的认识论关系，研究人的思维方式的现实前提和变化趋势，揭示不同哲学作为特定思维方式的共性与差别。哲学运用整体性、动态性、反思性、批判性的思维方式，把握世界、人和人与世界的关系。

3. 哲学是时代精神的精华。马克思说："任何真正的哲学都是自己时代的精神上的精华。"（同上书，第 220 页）哲学是思想中的时代。真正的哲学总是立足于自身所处的时代，从当代人的认识和实践中提炼其精神上的精华。马克思主义哲学是自觉意识到并具有鲜明的时代性的哲学。时代的转换和变化要求哲学与时俱进，从而永葆其不断纳新和创新的生命活力。中国马克思主义哲学是立足于当代中国社会和人的发展需要的哲学，在具有时代特点的同时又具有中国特色。中华民族在当代世界中的再度崛起，相应地必然会有其哲学上的表现。伴随着 21 世纪中国在世界上影响的扩大，作为这个"时代的精神上的精华"的中国哲学的成长，将会打破整个世界西方哲学一统天下的局面。

4. 哲学是系统化、理论化的世界观和方法论。这是一个较能体现哲学思维整体性特征的说法。如此理解的哲学似乎颇有"宏大叙事"之嫌，但哲学这种整体性思维方式的本性决定了它不能排斥一定程度的"宏大叙事"。因为日常思维、科学思维等流连于具体事物、特定领域，人们可能陷于细枝末节，因而需要一种宏观的、全局的、背景的观照与之互补。人们常说："哲学是'明白学'"（李瑞环，第 931 页）。人需要活得"明白"，但所谓明白有大明白，有小明白。具体事物上的明白是小明白，而世界观和方法论上的明白是大明白。作为世界观和方法论的哲学探究宇宙、社会、人生、思想的奥秘。哲学描绘或提供一定的时代所能形成的某种世界图景，这是与科学的、政治的、经济的、宗教的、艺术的等领域描绘的图景有关联而又不同的世界图景。哲学是世界观，也是方法论，一定的世界观关联着一定的方法论。哲学重视方法，在具体方法的基础上概括总结人类实践和认识的一般方法，这就是方法论。方法论是关于方法的哲学理论。

5. 哲学是人世的智慧。如马克思所说，"人世的智慧即哲学"，"来世的智慧即宗教"（《马克思恩格斯全集》第 1 卷，第 223 页）。当然，哲学也可能成为一种宗教的思想前提，那是一种宗教哲学，也属于来世的智慧。在历史上，曾经有过哲学与宗教浑然一体的时候。不属于宗教或者摆脱了宗教的哲学作为"人世的智慧"，从整体上揭示世界（宇宙）和人的关系、人与人的关系以及人的身与心的关系，同时也是人对自己的反思。在对于人的认识中，西方古代哲人强调"认识你自己"，中国古代先贤则说："知人则哲，自知则明。"人在世间生活，在待人的同时要处事，所谓"人世的智慧"既是待人的智慧，也是处事的智慧。待人和处事即通常所说的做人和做事，两者是一致的，做人也要通过做事来体现。能不能在做人事和做事上恰当地处理各种关系和矛盾，是时时刻刻都发生着的对人的智慧的考验。

6. 哲学是一种科学。历史上的萌芽形态的各门科学曾经属于哲学，近代以来，各门科学相继分化出来成为独立的学科，进而形成门类齐全的现代科学体系。过去科学从属于哲学，现在哲学从属于科学，科学成为人类理性的代表形态。在这样的背景下，很容易理解恩格斯所说的"辩证法是关于普遍联系的科学"（《马克思恩格斯选集》第4卷，第259页）。列宁在谈到俄国革命家赫尔岑时说："他领会了黑格尔的辩证法。他懂得辩证法是'革命的代数学'。"（《列宁选集》第2卷，第284页）这不仅是在理论的意义上，而且是在实践的意义上把哲学看作一种科学。在科学占主导地位的氛围中，许多哲学家都认为自己的哲学是某种科学，或者强调真正的哲学具有科学的性质，这是哲学发展的一个历史阶段或历史形态。那些以科学及其领域为对象的哲学，确实应建立在具体科学知识和方法的基础之上，反思科学活动和科学思维的前提、过程和结果。哲学作为科学的反思，研究自然、社会、思维及相关科学领域中具有普遍性、一般性的问题，于是形成相应的一系列"部门哲学"或"领域哲学"，如自然哲学、社会哲学、科学哲学、技术哲学、政治哲学、法哲学、经济哲学、管理哲学、宗教哲学、文化哲学、艺术哲学等。这些"部门哲学"或"领域哲学"处于科学和哲学之间，在学科划分时常常被纳入有关科学领域，因而更有理由将其看作一种科学。

7. 哲学是一种艺术。由于哲学又有与科学十分不同的一面，使许多人把哲学当做艺术来对待，至少是看做一种生活的艺术。作为一种艺术的哲学，借助行为与语言，在理智与情感、理性与非理性、可言说与不可言说之间得以表达。在历史上，哲学与艺术有时结合在一起，以诗、寓言、小说、散文等文学形式存在。哲学这种人类精神现象确实有其类似艺术的一面。把哲学看做一种艺术，立足于哲学内在的艺术本性，这是与对哲学的科学理解完全不同的一种理解。那些"玄之又玄，众妙之门"（《道德经》）的东西，需要用艺术的方式来感悟和表达，这样的哲学就是一种艺术。在科学主导人类精神的时代，人们认为只有像科学那样论证，才是哲学应有的表达方式。这种理性尺度遮蔽了事情的另一方面：对于哲学之艺术的或准艺术的情感、内涵和境界，用语言的或非语言的艺术方式来表达，或许更为合适。

8. 哲学是人的一种生存方式。本性自由的人可以多种方式生存。正如科学、政治、经济、宗教、艺术等可以成为一种生存方式，哲学也可以成为一种生存方式。在这种生存方式下，人的思想、情感、事业、生活等有机地结合在一起，造成了一种精神上高度自由的人生境界。作为生存方式的哲学引导、规范人的生存活动，如同科学、政治、经济、宗教、艺术等可以影响人的生活一样。哲学作为生存方式是多样的,可以选择乃至创造其特定的形态。主体的选择和创造避免了生存状态的单调和僵化。哲学的生存方式是以思想的充分自由为前提的。人的自由的和全面的发展,不会导致生存方式的齐一化、同质化,而会形成个性化、多样化的生存现实。

上述这些描述彼此不同,但它们未必彼此排斥,相反倒是可以相互补充。这些对于"哲学是什么"的描述,加上还没有列出的无数可能的有意义的描述,构成关于哲学之所是的 x 的 n 个不同的解。把这 n 个不同的解综合起来,才能真正理解和回答"哲学是什么"。

三 从哲学"是什么"到"做什么"

"哲学是什么",就其最终的、绝对的答案而言,任何特定的时代、特定的哲人都无法得到,因而可以说是他们"无法回答"的。但我们又不能因此就说,任何特定的时代、特定的哲人都不应该试图回答这个问题,即使回答了也毫无价值,所以必须免开尊口。人类任何认识的真理性都是通过相对而走向绝对的过程。尽管特定的时代、特定的哲人不可能最终提供绝对的答案,但却可以提供自己时代相对的答案。人类世世代代无数哲人无数相对的答案的总和,是可以接近那个最终的、绝对的答案的。否定这种精神劳作的意义,会通过相对主义走向虚无主义,意味着对于哲学自身反思的否定,进而也会导致对于哲学本身的否定。

对于"哲学是什么"的回答,无疑是回答"哲学做什么"的前提。事物的性质、结构决定了它的作用、功能。大体说来,哲学是什么规定着哲学做什么。也就是说,如何回答"哲学是什么",同如何回答"哲学做什么"是一致的。哲学是人类精神的一个特殊领域,受自然、社会、文化等外在条件的制约,同时又在其历史发展中形成某种内在逻辑,有其"自己构成自己"的道路。哲学自身做什么的问题,也就是哲学如何存在和发展的问题,具有较多学科或专业的内涵。按照多解论的思路,可以有多方面、多角度、多层次的回答。本文前面从八个方面对"哲学是什么"的描述,每一个都可以相应地引出对于"哲学做什么"的较为具体的说明。这是一些需要运用更为专业的方式来说明的问题,当然不是一般的泛泛之论所能解决的。为了避免"接着讲"难以避免的重复感,这里不再按前面那个顺序来叙述，而只是依据上述问题第二个层面的含义，对"哲学做什么"予以较具现实感和实践性的说明。

在这个限定的意义上，我们可对"哲学做什么"作出多种回答。这里不仅涉及哲学与对象世界的关系，而且涉及哲学与主体自身的关系，特别是哲学与我们的关系。但哲学与我们的关系不仅取决于哲学本身是怎样的，而且取决于我们是怎样的。人们问："哲学有什么用?"这种提问常常站在纯"客观"的立场上，似乎哲学之功用完全是哲学本身的事情，与作为主体的我们无关。实际上，功用即价值不是某种实体属性，而是某种关系属性，是客体与主体的价值关系。哲学对于我们是否有用，不仅取决于我们掌握的是怎样的哲学，而且取决于我们是怎样掌握哲学的主体，问题的关键在于主体的本性、素质和能力。物对我之用取决于我对物之用，善用者无物不可用，不善用者可用之物亦不可用。

我们自己的本性、素质和能力，包括对于哲学来说特别重要的"慧根"或悟性，决定了哲学对于我们的价值关系。具体说来，哲学对于我们可以成为：(1) 一种研究的对象；(2) 一种思想的导引；(3) 一种行动的指南；(4) 一种批判的武器；(5) 一种智慧的源泉；(6) 一种生活的艺术；等等。这当然是个开放的系列，每个人都可以根据自己与哲学的现实关系有所增加或减少。

1. 哲学可以成为我们研究的对象。已有的哲学凝聚着人类精神的宝贵财富，是可供我们学习、体味的对象。哲学不是仅从外面张望就可知其大概的屋宇，而是需要深入内里才能领悟其真谛的殿堂。哲学做什么?首要的就是做我们研究的对象。如果我们不能在一定程度上掌握哲学，不能构成我们与哲学的现实关系，哲学对于我们也就无用可言。这一点对于后面所说的那些哲学做什么，无疑具有基础或前提的意义。学哲学与用哲学，首先是要学哲学，不学习就不能掌握，用哲学也就是一句空话。

2. 哲学可以成为我们思想的导引。通过学习、领悟而掌握了某种哲学，也就是接受了某种思维方式，从而受到这种思维方式的引导。哲学思维条分缕析而又高度概括，穷根究底而又超越创新，对于增强人的理论素养和思想能力是十分有益的。阅读经典的哲学著作，如果能够在聆听先贤言说的同时有自己的体悟，进而在内心中与之对话，那是学习者思想成长中的更高境界。在这个过程中深深影响我们的不仅是思想的力量，而且有品格的力量，感受思想者的胸怀、气度和品性。一句话，哲学能够砥砺人的思想与品格。

3. 哲学可以成为我们行动的指南。人是思想者，又是行动者，是在思想支配下自觉行动的主体。行动是人的真实的生存，是现实地适应或改变环境的过程。行动就是做事。对于做事来说，一要做正确的事，二要正确地做事，总之，要正确地做正确的事。哲学作为世界观与方法论，最重要的作用就是帮助我们正确地做正确的事。做正确的事涉及做事的方向，与世界观有关；正确地做事则涉及做事的方法，与方法论有关。具有思想和行动能力的人常常错误地运用这种能力做错事，包括做错误的事和错误地做事。缜密的、反思的哲学注重做事即行动前的思考，也强调行动中和行动后的思考，有利于增强行动的自觉性、可控性和有效性。

4. 哲学可以成为我们批判的武器。作为批判性的反思，哲学不满足于已有的意识状况，对于流行的非批判观念持批判的态度。批判的实质是理性的辨析，是辩证法的思维方式，并非简单地否定一切。批判可以相对区分为理论批判、实践批判和自我批判。对批判所做的批判，特别是批判的自我批判，可以防止或纠正批判的独断论倾向。借助于哲学的批判性思维，我们可以提高理性辨析能力，在理论思考和实践活动中获得更大的自由。

5. 哲学可以成为我们智慧的源泉。在人类意识中，知识和智慧相互关联而又明显不同。知识是对于事物的确定性的认识，有较为规范的表述方式，可以在人与人之间传播、交流。知识是实践和思考的结果，又成为思考和实践的依据。智慧以一定的知识为前提，在人的思考和实践中体现出来，但它本身是不确定的、非规范的，表现为某种洞幽烛微、触类旁通、融会贯通、举重若轻的能力。《孙子兵法》十三篇文本，固然可以当作知识来学习，甚至倒背如流；而用兵的智慧，所谓"运用之妙，存乎一心"（《宋史·岳飞传》），却是难以言传的。知识可以让人按照已有的方式思考和行动，智慧则使人立足已知探索未知，善于发现问题、提出问题、分析问题，进而自主地、创造性地解决问题。哲学思想是人类智慧的结晶，理解已有的哲学，感悟其中闪耀的智慧之光，有助于启迪、催化我们本已有根的智慧。

6. 哲学可以成为我们生活的艺术。人是一种现实生活的存在，是如海德格尔所说的有时间性的"在世"的"此在"。"此在的'本质'根基于它的生存。"（海德格尔，第144页）从生存方式上理解哲学，可以把哲学当作一种生活的艺术。它不应当仅仅是一种外在的语言的或行为的艺术，成为某种"哲学秀"，只为给别人看；而更应当是一种内在的情感、思想、品格、意境等的艺术化，使人生成为一种"诗意的栖居"。作为生活艺术的哲学，是通过对生活的审视、反思、批判与超越所达到的一种生存状态。

　　总而言之，我们每个人都从不同方面、不同层面这样那样地与哲学相关联，可以不同方式使哲学成为有思想的实践、生活的一部分。哲学是人的思想的一种状态或境界。人们在日常思维、科学思维等的基础上，只要继续思考和概括，就会达到某种哲学思维。人们登上"形而上"这层楼，就会进入哲学的殿堂。哲学是琢磨和讲论道理的，这是在日常道理、科学道理等基础上的"形而上"的道理。"形而上者谓之道"（《周易·系辞上》），对于有形事物的抽象、概括，如果把握了内在的、本质的、必然的联系，那就意味着悟出了道理。"道不远人。"（《礼记·中庸》）哲学化为素质、见诸行动，可以成为我们做人、做事包括做学问之道。哲学是什么与做什么，这是个一而二二而一的问题。在这个问题的一解论回答陷入困境时，不必转向无解论，而可考虑采取多解论的思路。

（原载《哲学研究》2011 年第 11 期）

马克思的存在论革命与通达
社会现实的道路

吴晓明

当《云南大学学报》给我机会来回顾自己的学术研究进路及"路标"时，我是颇费踌躇的。因为并没有什么显著的成绩，只是在探索的小径上尝试了几步。可以用来描画这些探索的要点是：我努力研究了马克思在哲学史上所实现的革命性变革，这一发生于存在论根基处的变革最为坚决地开辟出一条通达社会现实的道路，而马克思主义哲学在理论上的当代意义唯经由此一道路方始积极地显现出来。

一

对我来说，研究马克思主义哲学的存在论基础一事起源于某些颇为深入的理论矛盾，而且随着思考的逐渐展开，这样的矛盾似乎表现得愈益尖锐起来。我们今天可以清晰地看到：在对马克思哲学的阐释过程中，第二国际的理论家和西方马克思主义者（首先是其早期领袖）是多方面彼此对立的。当前者依循"经济决定论"类型的实证科学定向来理解和发挥马克思主义哲学时，后者则猛烈抨击了"梅林—普列汉诺夫正统"的"庸俗马克思主义"倾向，并试图从所谓"批判的"和"革命的"方面来对马克思的哲学作出决定性的阐述，从而与前者那种非批判的实证主义构成显著的对立。

这样的对立在某种意义上又似乎都能成立。也就是说，彼此相反的方面——实证的和批判的、客观定向和主观定向、科学因素和价值因素等等——似乎都可以在马克思的思想中找到根据，就像施特劳斯的"实体"和鲍威尔的"自我意识"都可以在黑格尔的哲学中找到根据一样。这样一来，上述的对立是否就因此解除了呢？某种轻易的观点可以出来调解说，其实两者之间并不存在真正的对立，它们是能够"辩证地"统一的。这种说法固然"不错"，但却往往是不及根本的。关键的问题总在于：如果上述的对立是可以统一的，那么，它们在马克思那里将立足于怎样的哲学基础之上方始能够实现其统一？不及根本的调和不是遗忘就是匆匆越过了这个重大问题，而把种种尖锐对立的原因想象得太表面化和太无内在联系了。

事实上，在研究能够被深化的地方，我们会发现：第二国际理论家和西方马克思主义早期领袖之间的诸多对立最终将不可避免地被归结为某种更加根本的、哲学基础上的对立——主要表现为二者在对马克思哲学基础之理解和阐释上的对立。让我们首先指明：这里所说的"哲学基础"，主要是指哲学存在论（ontology，或译本体论）之基础。马克思的哲学存在论基础是唯物主义的，这似乎没有疑问，但实际的理解方案和解释方案却大相径庭。第二国际理论家的重点是费尔巴哈，是依循费尔巴哈来阐释马克思的哲学存在论基础：梅林论证了机械唯物主义和历史唯物主义在"基础"上的同一性，而当普列汉诺夫将马克思和费尔巴哈的唯物主义等同起来时，他一方面将这种唯物主义经由18世纪一直追溯到斯宾诺莎那里，另一方面又在"基础"的外部附加了黑格尔的辩证法。这样一种阐释定向很快遭到了来自西方马克思主义早期领袖——首先是卢卡奇和柯尔施——的坚决反驳，他们的重点是黑格尔，他们否认费尔巴哈具有本质重要的作用而要求使对"基础"的理解直接衔接着黑格尔。这意味着：黑格尔的辩证法不能被设定在马克思哲学存在论的外部，而应当直接成为其内部的本质与核心。但这样一种哲学存在论将如何构成，并在何种意义上方始能够是唯物主义的呢？

流俗的见解看来同样易于使上述的对立调和起来：唯物主义和辩证法、费尔巴哈和黑格尔，据说将它们混合起来就有了马克思的哲学唯物主义基础。至于混合物的比例，在配制的谱系中可以各有不同，它的一端似乎是梅林，另一端是卢卡奇，而调和的观点总是最可靠地居于两者之间。但是，在这样的情形下，马克思的哲学存在论基础依然是蔽而不明的，它不可能得到真正的阐述，就像我们不可能仅仅通过一般地"混合"斯宾诺莎和费希特而对黑格尔的哲学基础作出真正的阐明一样。无论如何，在对马克思哲学唯物主义基础的理解方面，事实上存在着尖锐的对立，而这种对立看来并不是可以轻易解除的，除非我们能够就此作出远为深入的和批判性的存在论考察。下述例证是很能说明问题的：《关于费尔巴哈提纲》的实践"概念"——感性的活动或对象性的（gegenständliche）活动——无疑在马克思的哲学存在论中居于决定性的地位，但是，当普列汉诺夫将这一实践概念与费尔巴哈所呼之同名者混为一谈时，卢卡奇却将马克思的实践原则发挥为费希特式的、主观主义的"行动主义"。

正是在这样的背景中，我试图在存在论的根基处对马克思的哲学唯物主义进行更加深入的探讨，并由此对马克思哲学革命的性质和意义作出积极的重估。我认为，就事情的实质而言，对马克思哲学进行阐释的上述两个基本路向都未能真正摆脱近代哲学的主导框架，亦即都从属于现代形而上学的基本建制。就像第二国际的理论家把马克思哲学的本质性导回到前康德的唯物主义基础中去一样，西方马克思主义的早期领袖依循黑格尔主义（或是其整体，或是其主观片段）来为重新阐释制定方向。需要补充一句的是：这种彼此对立的但同时又都是退化的理解方案并不仅仅从属于上述的两个"派别"，毋宁说，它们是非常普遍的，几乎可以说是渗入到整个马克思哲学的解释领域。在这种情况下，马克思哲学的存在论基础就陷入晦暗之中，而马克思的哲学革命也在本质上湮没无闻了——它退化或弱化为现代形而上学框架之内可以容纳的东西，其残存下来的点滴意义至多就像费希特纠正康德或黑格尔纠正谢林一样。

为了对马克思的存在论革命作出深入的和积极的阐述，我在不断返回马克思主义经典及其思想史过程的同时，力主马克思主义哲学与当代哲学的对话；这种广泛的批判性对话应当深入于存在论的根基处，以便使一种寻根究底的探究能够通达马克思哲学之当代意义的敞开状态。在这样的探究中，首要之事乃是使全部形而上学的历史性边界再度明确起来，而马克思率先竖立起来的界标——全部形而上学终结于一般意识形态的虚假性之中——只是在这种边界之再度明确起来的过程中，方能使其当代的并因而也是历史的意义昭彰显著。因此，必须追问的是：马克思的哲学革命是如何在存在论上达致一个超越现代形而上学之区域的？马克思强有力的思想曾第一次决定性地开启过这个区域，而当代的一些卓越思想家亦曾尝试以不同的方式开拓通达此区域的路径。这些年的研究工作使我深切感到，在以形而上学为枢轴的现代性（modernity）所构筑的"庞大之物"的笼罩下，不断被湮没的当代的——后形而上学的——思想只有在不断的重新开启中才能保持其本已的意义，而此种不断的重新开启恰恰居留于当代思想之切近的批判性对话中。马克思主义哲学具有进入这种对话的能力与承当，并借此使其变革意义充分显示出来。

对马克思主义哲学之存在论的深入研究，最终将本质重要地围绕着现代形而上学的"基本建制"来获得开展，因为这里的根本之点或要害之点就是现代形而上学之基本建制的持存或瓦解，是它的被保有或被击穿。这种基本建制，就其大要而言，可以被概括在"意识的内在性"一词中。进一步的说明则如海德格尔所言："只要人们从 Ego cogito（我思）出发，便根本无法再来贯穿对象领域；因为根据我思的基本建制（正如根据莱布尼兹的单子基本建制），它根本没有某物得以进出的窗户。就此而言，我思是一个封闭的区域。"① 我们之所以将这一建制特别地强调为考察检审的核心，是因为它构成理解当代哲学变革之基本性质的真正尺度。只要"我思"作为意识的内在性依然被保持着，即便是以一种变相的形式被保持着，现代形而上学就没有从根本上被触动；那些仅只从外部被打碎的哲学片段就会依然环绕着那个拱心石旋转，并将再度构成一种本质上向其核心回返的形而上学。因此，只要重估马克思的哲学革命从而把握其唯物主义基础的任务仍然真实地存在着，那么，这一任务在今天就根本不可能避开"意识的内在性"这个核心之点而获得其存在论意义上的彻底澄清。

二

对马克思哲学变革的存在论考察一方面使我们深入到一些最基本的、看起来似乎是深奥的哲学问题中，另一方面又使得所有哲学问题似乎都敞开于、勾连于"生活世界"（前概念、前逻辑和前反思的世界），并聚集到"社会现实"的主题之上。时下的见解往往得其一面，它们将"学术"与"现实"割裂开来，甚至对立起来：或者是以前者之名鄙薄后者，或者是以后者之名拒斥前者。殊不知马克思主义的哲学学术——即便是最"深奥的"存在论学术——在任何情况下总意味着开辟出一条通达于社会现实的道路。离开了这条道路，也就谈不上真正的马克思主义哲学学术了。雷蒙·阿隆在谈到西方马克思主义的现象学——存在主义学派和结构主义学

---

① 《晚期海德格尔的三天讨论班纪要》，载《哲学译丛》2001 年第 3 期。

派时说，这两个学派与其说对历史实在感兴趣，毋宁说对哲学的先天条件感兴趣。萨特和阿尔都塞都未曾试图把《资本论》的批判分析运用于我们的时代。"他们考察的问题看来不是马克思的著作或思想和我们生活在其中的社会之间的关系，而是巴黎高等师范学校学生称之为康德的问题，恩格斯可能称之为小资产阶级的问题：'马克思主义何以是可能的？'"①

　　然而，如果以为"现实"（或"社会现实"）是无论什么人随随便便就可以把握到的东西，是无需乎理论思维就能前来同我们照面的东西，那么这同样是一种幻觉；而且，由于广为流传的实证主义意识形态的遮蔽，这甚至可说是一种更加普遍的幻觉。人们往往漫不经心地将"事实"和"现实"混为一谈，但这两者在哲学上却是相当不同的。所谓"事实"，是某种可以在知觉中被直接给予我们的东西；而所谓"现实"（wirklich-keit），按黑格尔的说法，乃是本质与实存的统一。因此，"现实"的概念在《逻辑学》中不是出现在"存在论"中，而是出现在"本质论"中；或按黑格尔的另一说法，现实性在其展开过程中表现为必然性。这意味着：除非我们能够真正进入到本质性或必然性的领域，否则的话，"现实"本身就会在我们的视野之外，就不可能为我们所把握。卢卡奇在《历史与阶级意识》中曾颇为精详地分辨过"事实"与"现实"，并就立足于二者至上的不同的"科学"进行了哲学上的批判性分析，这一分析成果是值得高度关注的。

　　我对马克思的哲学革命及其唯物主义基础的研究导致了这样一个结果：就思想渊源而言，社会现实的发现，是黑格尔与马克思在哲学思想上最为本质也最为切近的联系线索；无论是黑格尔哲学的积极成果，还是马克思对黑格尔哲学的决定性批判，都是依循此一线索来制定方向的。就哲学的基本性质而言，马克思的存在论革命直接导致（直接意味着）历史唯物主义的决定性奠基，而这一基础本身将表明，社会现实的积极呈现构成其整个理论思维的真正枢轴和生命线。

　　由此看来，现实本身能否被揭示着前来同我们照面，在很大程度上是取决于某种基本的哲学定向的；而要从哲学上来谈论社会现实的发现，必须首先涉及黑格尔。因为比较切近地说来，正是黑格尔在现代形而上学的范围内，第一次把理解社会现实作为一项真正的哲学任务标举出来。在

---

① 雷蒙·阿隆：《想象的马克思主义》，上海译文出版社 2007 年版，第 98 页。

《20世纪的哲学基础》一文中，伽达默尔很敏锐也很正确地把对主观意识的批判与"人类社会现实"的首次发现联系起来，并把继续批判主观意识（或主观思想）的任务理解为20世纪哲学的基本主题——这一主题真正来说乃是从黑格尔哲学的遗产发源的："因为黑格尔哲学通过对主观意识观点进行清晰的批判，开辟了一条理解人类社会现实的道路，而我们今天仍然生活在这样的社会现实中。"①

黑格尔对主观意识或主观思想进行批判的哲学立场是思辨唯心主义的：哲学以真理为对象，而这就意味着，哲学的真正内容就是"现实"。换句话说，在黑格尔看来，作为真理的现实就是理念，而哲学的任务就在于深入到理念中去揭示真正的现实。当黑格尔由此把他的批判矛头一般地指向全部知性形而上学时，他也把这一矛头特别地指向了以康德为代表的批判哲学。因为这一哲学可说是达到了主观意识的极致：它把对现实（即真理、理念）的无知当成良知，从而弃绝了通达和理解现实的道路。批判哲学"……确信曾证明了我们对永恒、神圣、真理什么也不知道。这种臆想的知识甚至也自诩为哲学"②。

因此，黑格尔对主观思想的全部批判，从本质上来说要求一种与康德哲学相当不同的"思想的客观性"，亦即要求使思想完全进入到事物的客观内容之中。而这种"完全进入"的存在论根据在于：思想不只是我们的思想，而且是事物的自身（an sich）。以此为基础，黑格尔在谈论思想的真正客观性时声称，真理乃是思想的内容与其自身的符合，"客观思想一词最能够表明真理"。客观思想意味着：思想必得深入于作为事物之实质的内容之中，而这内容就是合理的现实。在这个意义上，伽达默尔称黑格尔为哲学之客观性（Sachlichkeit）态度的"魁首"。正是以一种绝对唯心主义的方式，黑格尔开辟了一条理解社会现实的道路。当恩格斯说，黑格尔的法哲学"形式是唯心主义的，内容是实在论的"时，恩格斯所予肯定的，恰恰是与黑格尔的这一功绩相联系的思想成果。而在这里与之形成鲜明对照的，既可以是康德的"软弱无力的绝对命令"，也可以是"费尔巴哈的惊人的贫乏"。无论如何，通过对主观思想的批判，黑格尔是把深入于社会现实的要求当做一项真正的哲学任务提示出来了。

---

① 伽达默尔：《哲学解释学》，上海译文出版社1994年版，第111页。
② 黑格尔：《小逻辑》，商务印书馆1978年版，第34页。

马克思对黑格尔哲学的批判，并不在于这一哲学要求作为内容的社会现实的积极呈现，而恰恰在于绝对唯心主义最终依然从根本上遮蔽了社会现实本身。正如卡尔·洛维特所说，由于黑格尔把现实领会为"本质与实存的统一"，所以，他便史无前例地把现实的、当前的世界提升为哲学的内容；这样一来，真正重要的事情就在于，弄清楚哲学的内容如何就是世界的或者可经验的现实的内容。虽说马克思（以及基尔凯郭尔）尖锐抨击了黑格尔的理性与现实的和解，但这一批判本身，是依循现实实存的概念来制定方向的。① 在这个意义上，马克思是黑格尔这一遗产的继承者。然而，在马克思看来，黑格尔哲学对社会现实的最终遮蔽起源于这一哲学的根本性质：思辨唯心主义必然要把经验神秘化；而它之所以把经验神秘化，是因为现实最终被完全等同于理性。这种等同也就是黑格尔所谓理性与现实的和解，亦即自我意识的理性与存在着的理性的和解。正是这种神秘化使得黑格尔哲学成为一种"非批判的实证主义和同样非批判的唯心主义"；② 并且正是由于这种根本上的非批判性，使得真正的社会现实再度隐遁起来。

马克思的批判表明：由于黑格尔的体系以纯粹的思辨的思想开始，并以绝对的即超人的抽象精神结束，所以这一体系不过是哲学精神的自我对象化。但是，这种哲学精神的本质作为本质，首先是绝对精神的"内部自身"：它既意味着无限的自我意识在自身内部的纯粹的活动，又意味着真正的本质性被导回到"人和自然界的思辨的、思想的价值"。这样一来，作为内容的社会现实本身就不得不被抽象的思想所扼杀：那种被绝对唯心主义所认可的本质，说到底乃是人和自然界的与一切现实的规定性毫不相干地生成的本质，因而真正说来乃是其"非现实的本质"。正是围绕着这一枢轴，马克思开展出对黑格尔哲学——以及从属于"德意志意识形态"的全部"黑格尔哲学的分支"——的存在论批判，同时也开展出对"一般意识形态"的批判和对政治经济学的批判。我以为，所有这些批判，以及由此而来的整个哲学变革的真实核心和基本成果，正在于拯救社会现实本身。"意识在任何时候都只能是被意识到了的存在，而人们的存在就是他

---

① 参见洛维特《从黑格尔到尼采》，生活·读书·新知三联书店 2006 年版，第 184 页。
② 《马克思恩格斯全集》第 3 卷，人民出版社 2002 年版，第 318 页。

们的现实生活过程。"① 历史唯物主义的这个基本命题意味着什么呢？它意味着社会现实在新唯物主义基础上的重新开启。当黑格尔把所谓的"现实"的内容转变为理性思辨的形而上学本质时，马克思将它导回到"理性前的"现实生活过程之中。历史唯物主义的全部深刻洞见都是由此发源的。

三

因此，我近来的探讨总是力图表明：马克思主义哲学研究目前所面临的最基本的问题是，如何能够揭示并切中当今的社会现实。之所以如此这般地提出这个问题，一方面是因为马克思主义哲学的主旨最关本质地与社会现实的发现相联系——离开了这个根本之点，就再也谈不上马克思主义哲学，谈不上历史唯物主义了；另一方面则是因为现代性的意识形态总是这样那样地遮蔽或曲解社会的现实——使之重新遁入到抽象观念的晦暗之中，从而为无批判的实证主义大开方便之门。关于这种情形，海德格尔在1969 年曾这样说过：现今的"哲学"只是满足于跟在知性科学后面亦步亦趋，这种哲学完全误解了我们时代的双重独特现实，即经济发展以及这种发展所需要的架构；而"马克思主义懂得这双重的现实"。② 在另一处，海德格尔把社会现实称为"历史的本质性的一度"，并指认对这一度的把握乃是马克思历史观点之重大的、无与伦比的优越性："因为马克思在体会到异化的时候，深入到历史的本质性的一度中去了，所以马克思关于历史的观点比其余历史学优越。但因为胡塞尔没有，据我看来萨特也没有在存在中认识到历史事物的本质性，所以现象学没有、存在主义也没有达到这样的一度中，在此一度中才有可能有资格和马克思主义交谈。"③

然而，要能够真正把握历史的本质性的一度，也就是说，要能够真正揭示并切中当今的社会现实，直到今天仍然绝非易事。在现代形而上学依然具有普遍支配力的情形下，社会现实的遮蔽和隐匿就会成为一种顽固的常态，就像汪洋大海般的意识形态幻觉总是对现实本身进行种种伪装和掩

---

① 《马克思恩格斯选集》第 1 卷，人民出版社 1995 年版，第 72 页。
② 参见《晚期海德格尔的三天讨论班纪要》，载《哲学译丛》2001 年第 3 期。
③ 《海德格尔选集》上卷，上海三联书店 1996 年版，第 383 页。

盖一样。在这里起支配作用的仍是黑格尔毕生予以批判的主观思想：正像其基本的思维形式是知性形而上学一样，它对"现实"的想象乃出自抽象的经验主义和实证主义。要是我们如此这般地来设想历史唯物主义所开启的社会现实，那么我们非但没有从黑格尔那里前进一步，相反倒是大踏步地退回到主观思想的窠臼中去了。面对着主观思想的广为流传，为要能够深入到社会现实中去，马克思主义的哲学研究面领着双重任务：一方面是批判性的，另一方面是建设性的；而在其批判任务中，一方面当与黑格尔哲学结成联盟，另一方面则表现为与这一哲学的批判性脱离。

在哲学以及知性的社会科学中，主观思想之最主要、最基本和最普遍的形式是所谓"外部反思"。按黑格尔的说法，抽象的外部反思"通常是以主观的意义被认为是判断力的运动"①。这种反思是作为忽此忽彼地活动着的推理能力，它仅仅知道如何把一般原则运用到任何内容之上，却完全不知道如何深入于特定的内容之中，如何在此一深入中切中内容的真正客观性。因此，作为外部反思的主观思想从来不可能触动并揭示社会现实，相反却使之完全被掩盖起来。在这个意义上，外部反思只是在玩弄"抽象空疏的形式"，而完全疏离于作为现实性的内容本身。黑格尔把这种外部反思称作诡辩论的现代形式，并指认其特征不过是浪漫主义虚弱本质的病态表现。并不需要太多的聪明就可以看出，外部反思大体上就是某种知性的形式主义，或通常被称为"教条主义"的东西；同样并不需要太多的聪明就可以看出，那种"仅仅知道把一般原则运用到任何内容之上"的外部反思，在我们当今的知识界和学术领域是多么的盛行。人们当然还记得，曾有一些教条主义的马克思主义者是如何把抽象的一般原则强加到中国革命和建设的内容之上，从而使之遭遇到极大的危险和挫折；但却往往忘记了，他们在今天采取的是同样的外部反思的方式，只不过其抽象的一般原则不是出自苏联，而是出自现代西方罢了。

对于从属于主观思想的外部反思来说，社会现实还根本未曾在其视野中出现，并且实际上是永远不可能出现的。对于思辨唯心主义来说，社会现实只是在理念自身的运动中获得其颠倒的反映，并最终被溶解在思辨的思维中——"现有经验在哲学上的分解和恢复"。而对于历史唯物主义来说，社会现实乃是在人们的生活实践过程中形成和实现的全部社会关系，

———————————

① 参见黑格尔《逻辑学》下卷，商务印书馆1981年版，第20页。

其根本的任务就是深入到这样的社会现实之中。为了使上述较为一般的判断得到理论上的深化和具体化，就我的研究而言，目前有两方面的工作是相当迫切的。一方面，必须再度返回到马克思策动了革命性变革的存在论领域，对其整个哲学的唯物主义基础做出更加深入的澄清与阐述。因为对社会现实的全部领会，以及这种领会可能达到的深度和广度，是至为根本地与马克思的存在论革命相联系、相表里的。只有把这一革命及其后果牢牢地置入当代哲学和科学的意识中，我们才能真正理解马克思对整个现代形而上学的决定性超越，并且才有可能真正把握经由马克思的哲学变革才开始向我们显现的社会现实本身。

另一方面，必须思及当今中国的社会现实，并在此基础上思及真正的"中国问题"和"中国经验"。既然历史唯物主义以切中社会现实为旨归，那么深入这一领域也就成为马克思主义哲学研究的题中应有之义了。在这里需要特别强调的是：当中国的社会现实本身处于遮蔽状态时，就根本谈不上真正的中国问题和中国经验；同样，在中国问题和中国经验不可能被真正构成的地方，也就根本揭示不了中国的社会现实。海德格尔曾指出：重要的是作出物自身的基本经验，但如果从意识（我思）出发，就根本无法作出这种经验。我们可以在类似的意识上说，重要的是构成中国自身的问题与经验，但只要从主观思想及其外部反思出发，就再也不可能真正构成这样的问题与经验了。我们完全可以设想：当教条主义的马克思主义者试图把中国革命置入"中心城市武装起义"的原则时，中国的社会现实恰恰是被弃之不顾的，这里既没有中国问题，也没有中国经验；有的只是俄国的问题和经验，我们所面对的始终只是俄国问题和经验的变相，是其或多或少有缺陷的形式。唯当中国的社会现实在"农村包围城市"的纲领中被揭示的时候，方始有真正的中国问题和中国经验。同样的道理，在仅仅立足于抽象的西方原则而开展出来的外部反思中，中国的社会现实就会遁入晦暗之中，因而也就不再有真正的中国问题和中国经验，有的只是西方问题和经验的种种变相，是其或多或少被改变了的，但终归是有缺陷的形式。从这种外部反思的主观思想中解放出来，在切中当今中国之社会现实的同时，构成并把握真正的中国问题和中国经验将是我们的哲学社会科学目前所面临的重大任务。

很显然，这意味着开辟出一个十分巨大和意义深远的领域。在这个领域中，马克思主义哲学研究将有无比广阔的用武之地，就像领会了历史之本质性一度的社会科学将会有远大的前程一样。如果说，以往的马克思主义哲学研究终于将我们引领到了这个领域的近旁，那么，我相信今后的马克思主义学术将很快被召唤到此间的重大问题之中。面对这些问题作出积极而有效的应答，既构成马克思主义哲学研究的基本课题，又在实际上成为对这种研究的真正考验。

［原载《云南大学学报（社会科学版)》2011 年第 6 期］

回到哲学基本问题本身

高云涌

一

哲学是一种反思活动。哲学活动的反思性是由思维具有把思维和存在的关系作为思考的对象而反过来思之的特性决定的。这既使得思维和存在的关系问题作为哲学基本问题，事实上扮演了哲学规范的角色——只有从思维和存在的关系出发进行的思考才称得上是哲学层面的思考，也使得对这一问题本身的反思成为我们探讨各种具体的哲学问题时都回避不了的前提性工作。正是在对思维和存在的关系问题的追问中，我们发现以往关于哲学基本问题的讨论中存在的两个原则性混淆：一是对现代汉语语境中"基本的哲学问题"概念和"哲学的基本问题"概念的混淆；二是对思维和存在的关系问题本身和对这个问题的具体提问方式的混淆。

一方面，根据我国学术界的习惯，人们一般使用"哲学基本问题"概念来指称思维和存在的关系问题。不过在现代汉语语境中，人们实际上又是把这个概念同"基本的哲学问题"和"哲学的基本问题"这两个概念作为其同义语不加区分地加以使用的。其实，在现代汉语中，它们是不能互相等同的。后两个概念从语词层面上看在语法结构上虽然都属于偏正结构，但在语用或语义上却又有着根本不同，前者的修饰语和中心词之间是一种限定关系，后者则是一种领属关系。前者的所指是：对于某一具体从事哲学活动的人而言，在他所面对的某一特定的哲学研究课题所展开的问题网络中处于支配地位、起着决定作用、在该课题研究全过程中都存在的问题。后者的所指是：对于所有从事哲学活动的人而言，在人类哲学事业发展的全过程中都存在，并且是处于支配地位、起着决定作用的问题，是规定哲学的特殊的理论性质的问题。而当我们使用通行的"哲学基本问题"概念时，仅从字面形式上是无法作出上述区分的。

另一方面，问题逻辑的研究成果告诉我们，任何一个逻辑上有解的真问题，在问题结构上都包括问题的疑项、问题指向、提问方式、应答域预设和求解规则、问题背景或问题情境等构成要素。哲学基本问题也不例外。具体而言，哲学基本问题的疑项（往往都在具体的提问方式中被省略掉）是"应该是怎样的"；其问题指向是"思维和存在的关系"；其提问方式是提问者以一定的问题背景、知识结构、基本信念、习惯、方法和视野等因素构成的并以语言外壳为表现形式的思考与表述哲学基本问题的程式和方法；其应答域预设是关系领域；其解题规则则是判定哲学基本问题的具体提问方式是否具有合法性的标准，也是所有的哲学研究者必须遵守的原则；等等。在以往有关讨论中，由于许多讨论者没有自觉意识到哲学基本问题本身存在的问题逻辑和问题结构，往往将这个问题本身混同于对这个问题的具体提问方式。将"思维和存在的关系问题"等同于"精神和物质的关系问题"，或者将"哲学基本问题"等同于"认识论基本问题"等主张都是其中的典型表现。

以往讨论中存在的这两种原则性混淆导致了关于哲学基本问题的理解中出现了所谓"形变论"、"不变论"、"转换论"和"终结论"之间的理论纷争，甚至使得哲学基本问题事实上是规定了哲学的特殊理论性质的问题这一焦点之处反倒处于模糊不清之中。以往讨论中出现的上述两种混淆归根结底就是由于没有从哲学基本问题本身出发去讨论问题。为了扭转这一局面，我们有必要重新回到哲学基本问题本身。"回到哲学基本问题本身"这个提法意味着：我们既要回到"哲学基本问题"这个概念本身，同时也要回到作为"哲学基本问题"的"思维和存在的关系"这个问题本身。

二

以往关于哲学基本问题讨论中那种焦点不清的状况还导致了许多哲学问题的纷争不断。例如，近年哲学界关于如何理解历史唯物主义的真实意义问题的讨论中出现的究竟应该在"世界观"的意义上理解历史唯物主义还是应该在"历史观"的意义上理解历史唯物主义的争论，或者是应该把

"历史唯物主义"中的"历史"理解为解释原则还是理解为研究对象的争论，其根本分歧追根溯源就在于其各自的主张者对"哲学基本问题"的不同理解。再如，在关于如何理解马克思辩证法的理论实质问题的讨论中出现的所谓"存在论的辩证法"的理解方式和"认识论的辩证法"的理解方式之间的分歧，归根结底同样在于争论双方对于"哲学基本问题"的不同理解。当我们回到哲学基本问题本身，所争论的问题也就明朗化了。

当我们回到"哲学基本问题"这个概念本身的时候，我们不难发现，作为规定了哲学的特殊的理论性质的问题，只能是以"思维和存在的关系"为问题指向的现代汉语语境中的"哲学的基本问题"。正如孙正聿先生曾反复强调的：作为哲学基本问题的"思维和存在的关系问题"，是规定哲学作为人类把握世界的一种基本方式的问题；一个问题之所以成为哲学问题，就在于它是从思维对存在的关系提出问题，就在于它揭示了这个问题所蕴含的"思维和存在的关系问题"，离开思维对存在的关系问题而探讨"自然"、"社会"或"思维"的问题，那就是实证科学的问题而不是哲学层面的问题。而"基本的哲学问题"则是一个相对性概念，它是在某一特定的哲学问题系统或问题网络中相对于"非基本的哲学问题"而言的，不同的哲学研究者面对着不同的哲学问题系统，该问题系统中基本问题的直接指向并非都是"思维和存在的关系"，因此带有非常鲜明的个性色彩。如此看来，那些持有哲学基本问题"可变论"和"终结论"立场的研究者往往也就是把"哲学基本问题"概念等同于"基本的哲学问题"概念的人。

当我们回到作为"哲学基本问题"（以下均在"哲学的基本问题"的意义上来使用这个概念）的"思维和存在的关系问题"本身的时候，我们也不难发现，"思维和存在的关系问题"这个提法仅是对问题指向的一个指称，并没有包含明确的问题疑项、应答域预设和求解规则等问题要素，因此并不是一个具体的提问方式。要想把"思维和存在的关系问题"作为一个有解的真问题提出来的话，就要给出一个包含各种问题要素在内的明确的提问方式。提出问题的方式决定回答问题的方式。脱离具体而真实的问题背景去抽象地提出"思维和存在的关系问题"就只能对此问题得到一个抽象的回答，这对人类哲学事业的发展没有任何实际意义。事实上，作为"哲学基本问题"概念的明确提出者的恩格斯也不是在抽象的意义上去提出这个问题的，相反，他是在近代哲学和自然科学包括心理学发展到了一定程度这样一个具体的、历史的问题背景中采取了一个明确的提问方式的——思维和存在谁决定谁的问题以及思维能否认识存在的问题。而一旦混淆了哲学基本问题本身和对这个问题的具体提问方式，自然容易对恩格斯提出的"哲学基本问题"得出不同的理解。

可见，当我们回到哲学基本问题本身的时候，我们才有可能在理论前提上消除以往讨论中焦点不清的状况，这也提示我们必须以哲学的方式去从事哲学活动、去解决各种哲学问题，也就是必须遵守哲学的规范——如果不是从作为"哲学基本问题"的"思维和存在的关系"出发去进行的思考便不是哲学的思考即"反思"。"回到哲学基本问题本身"这项工作同样是在反思的层面上进行的即始终是从"问题和问题意识的关系"出发展开的思考，这种反思实际上涉及两种具体工作：一是澄清"哲学基本问题"的"概念逻辑"，二是澄清"哲学基本问题"的"问题逻辑"。前者是我们展开关于"哲学基本问题"讨论应该遵循的"形式逻辑"，后者则是应该同时遵循的"内容逻辑"。

三

澄清了有关讨论的理论前提，我们就有可能更加明确地意识到上文所列举的一些哲学争论的根本分歧所在："在世界观的意义上理解历史唯物主义"与"在历史观的意义上理解历史唯物主义"二者的区别就在于，前者是从"思维和存在的关系"出发得出的必然结论；而在马克思辩证法理论实质的理解上所谓"存在论的理解方式"对所谓"认识论的理解方式"的批判，则是在前者是将"哲学基本问题"等同于"认识论基本问题"了这个基础上展开的。澄清了有关讨论的理论前提，我们还有可能进一步自觉地意识到：哲学发展史在某种意义上也就是作为"哲学基本问题"的"思维和存在的关系问题"提问方式历史演变的历史。邓晓芒先生的《重审哲学基本问题》（载于《实践唯物论新解：开出现象学之维》，武汉大学出版社2007年版，第317页）一文对哲学基本问题历史表现形态的梳理正好为本文的观点提供了佐证，他指出：哲学基本问题在古希腊主要表现为存在和非存在以及思维、言说和存在三者的关系问题，在中世纪则表现为探讨世界是神创造的还是从来就有的问题或者精神和自然界何者为本原的问题，在近代就表现为恩格斯所概括的思维和存在谁决定谁的问题以

及思维和存在是否具有同一性的问题，在现代则主要表现为探讨思维如何
与存在发生关系的问题。在本文看来，上述概括揭示的实际上正是哲学基
本问题的提问方式的历史演变脉络和发展趋势。

如果按照上述思路继续分析下去的话，我们还可以进一步得出如下结
论：哲学基本问题的问题指向所涉及的"存在"范畴和"思维"范畴内涵
的历史性与"思维"和"存在"二者的关系的历史性是互为因果的，换句
话说，哲学存在论、哲学认识论的历史形态与哲学基本问题的提问方式的
历史形态是互为表里、共同演进的，正是这种动态关系结构内在地支撑着
全部西方哲学发展演进的历史与逻辑。以近代哲学为例，就如孙正聿先生
在《哲学通论》中曾指出的：在近代哲学的意义上，"存在"不仅是"意
识外的存在"，而且是"意识界的存在"；"思维"不仅是指"意识的内
容"，而且是指"意识的形式"；正是这种"存在"和"思维"范畴的多
义性和相对性，构成了思维和存在之间的极为错综复杂的矛盾关系，并从
而形成了近代哲学的极其丰富多彩的理论内容。

回到哲学基本问题本身并不是我们的最终目的。澄清哲学基本问题的
概念逻辑和问题逻辑只是为了清理地基，接下来的工作就是从哲学基本问
题本身出发，"以真正哲学的方式"（欧阳康语）去解决我们所面对的各
种具体的哲学问题。以往关于哲学基本问题究竟包含哪些方面以及这个问
题是永恒的还是变化的等这些争论如果脱离了具体的问题背景就会容易滑
入抽象的议论而无法触到问题的真正焦点，当哲学基本问题本身作为哲学
的规范规定了哲学的特殊理论性质这一真正焦点落到人们的视线之外，讨
论本身也就往往会陷入为争论而争论并且常常不了了之的境地。而对哲学
基本问题本身的真实意义如果没有达到清醒的理论自觉，则会容易导致我
们仅仅停留并满足于"研究哲学"而很少去自觉地展开"哲学研究"（详
见陈德容《哲学研究与研究哲学》，载于《四川大学学报》1993 年第 3
期），或仅仅停留并满足于探讨"哲学中的问题"而很少去自觉地研究
"问题中的哲学"（详见陈先达《哲学中的问题与问题中的哲学》，载于
《中国社会科学》2006 年第 2 期）。在一个倡导哲学社会科学理论创新的
时代，这是一个真正需要引起我们警觉和反思的问题。

（原载《江海学刊》2011 年第 4 期）

历史唯物主义

历史唯物主义与当代社会历史现实

衣俊卿

近年来，关于历史唯物主义的争论又一次构成哲学界的重点问题域和理论热点之一，这对于马克思主义哲学的发展是一种十分积极的现象。目前的讨论涉及许多方面的问题，例如，关涉到历史唯物主义基本理论问题、马克思主义经典文本的重新解读问题；关涉到历史唯物主义面对全球化、风险社会、中国发展经验等问题的当代视野问题；关涉到历史唯物主义在马克思主义理论体系中的地位问题，以及它同马克思主义哲学的其他一些表述或称谓的比较问题；关涉到历史唯物主义的方法论问题，以及它同当代的解释学、历史学等学科的交融等问题；当然，还可以概括出其他一些重要的争论问题。毫无疑问，这些讨论对于在新的历史条件下进一步丰富马克思主义具有重要的价值。

我认为，在关于历史唯物主义的所有讨论和争论中，有一个问题至关重要，这就是马克思主义社会历史理论同今天的社会历史现实的关系问题，它应当成为当今时代深化马克思主义社会历史理论研究特别的着力点。具体说来，马克思学说具有强烈的实践本性，历史唯物主义是一种革命的和实践的社会历史理论，它不仅致力于揭示人类社会历史运动的一般性规律，更是注重在直面每一时代的社会历史现实中彰显自己的创造力和价值。而今天的人类社会历史现实同马克思恩格斯创立社会历史理论的时代相比，在内在结构、运行方式、发展内涵和问题困境方面都发生了重大的，甚至是根本性的变化。这样的社会历史现实要求历史唯物主义自觉地完善、丰富或者转换自己的研究视角、研究方式或者理论范式，以更加积极有效地面对和应对今天的社会历史现实。

概而言之，我们可以这样来简要地概括我们的基本推论：马克思创立社会历史理论时所面对的社会现实是凭借宏大的经济力量而得以展开的，在这种语境中，马克思对人的自由和解放的理论设计更多地关注宏大的经济要素，更多地采用宏观解读和宏大叙事的研究范式，这实际上比较真实地反映了当时思想与对象的真实关系。而今天的社会现实的内在结构和运行方式发生了重大的变化，不仅经济政治文化等社会要素的界限开始模糊，而且任何一个领域、任何一种社会要素，内在的宏观与微观、中心与边缘的结构也被打破，在这种语境中，如果我们不以多样化的微观解读和微观叙事来补充完善历史唯物主义的宏观理论范式，那么，这一社会理论就很难同今天的社会现实建立起真实的关系。

一　深刻透视当代社会历史现实
和社会历史思想的变化

我在这里所使用的"社会历史现实"① 并非一个严格界定的、业已规范运用的哲学范畴，我用以大体上指谓给定时代的人类实践和社会状况。我认为，谈论社会历史现实首先关涉到人的实践活动的状况，但是，又并非笼统地讨论各种形式的实践活动，而是侧重于思考在人的丰富的实践活动中结成的社会关系或社会结构，正如马克思恩格斯所言，"社会结构和国家总是从一定的个人的生活过程中产生的"②。在这种意义上，社会历史现实接近于社会存在这一个概念，但是，其内涵又不局限于"社会物质生活条件的总和"，而是包括了构成人类社会和人类历史活动的多样性的存在。这样一来，我们所讨论的社会历史现实主要是指在人类实践活动和历史活动中所凝聚成的政治、经济、文化等各种社会领域、社会要素、社会关系等所构成的社会整体的内在结构和运行机制，以及它们对于人的自由和人的解放的内在关联。在我们看来，这种意义上的不同时代的社会历史现实应当是作为社会历史理论的历史唯物主义所关注的主要对象。

基于这样的界定，我们在这里所要把握的当代社会历史现实的变化，就不是一般意义上的科学技术的进步、实践形态的发展、社会领域的变化，而是今天的社会历史现实在基本结构、内在机制、运行方式等方面

---

① 我这里使用的"社会历史现实"大体上相当于 socio-historical reality，也可以粗略地称之为"社会实在"。

② 《马克思恩格斯选集》第 1 卷，人民出版社 1995 年版，第 71 页。

的重大变化，以及以社会历史现实为研究对象的哲学社会科学不同领域相应发生的范式转变。这是一个很大很复杂的课题。我们首先简要地对比一下当今时代和马克思生活的时代的社会历史现实的几个重大变化。应当说，影响或促成当代社会历史现实深刻变化的因素比较多，其中主要的因素至少包括这样几个：科学技术革命性进步以及知识积累的加剧和向经济政治等领域的渗透、世界历史进程加速和全球化时代的开启、信息化时代人类生存方式和生产方式的革命性变革、文化的自觉与文化整合力的增强，等等。限于篇幅，我们不去具体解析这些因素，而是把它们当做引发当代社会历史现实深刻变化的前提性因素接受下来。我认为，对于社会历史理论具有实质性意义的社会历史现实变化至少有以下两个大的方面。

第一，从社会结构或构成上来看，由于信息化背景下的文化整合，伴随着工业文明而彼此分化的社会诸领域呈现"再一体化"和相互渗透融合的趋势，从而导致各领域之间界限的模糊，并使社会构成呈现内在差异化和多态化，消解或削弱了主导型领域的统治地位或控制作用。

人们通常习惯地将社会划分为政治、经济、精神或文化等几个主要领域。由于人类分工状况和社会控制方式的原因，这几个领域在不同历史时代的相互关系和地位是不同的。一般说来，在前工业社会或前市场经济时代，人类社会的各个领域一般呈现为"领域合一"的状况。这种合一或是表现在人类初始自在的血缘文化、宗法氏族体系和自发的日常经济活动的未分化状况，或是表现在自然经济条件下以政治的强制统治为核心将各个领域通过臣属关系而形成一个整体的情形。到了工业文明时代，随着科学技术的发展和人类分工的发展，社会的经济、政治和精神文化领域走向了"领域分离"①。各个领域之间的强制性约束关系开始消解或减弱，不再存在着某一支配和统治所有其他领域的中心领域，各个领域开始走向自律。不可否认，这种领域分离对于社会的发展具有比较大的驱动作用，使社会各个领域获得了相对独立的快速发展：分工的合理化和效率的极大提高、依据契约原则的法治和政治民主化，等等。同时也形成了社会结构或社会构成中宏观的经济、宏观的政治等领域占主导地位或统治地位，其余领域处于从属和被支配地位的格局。

---

① 参见王南湜《从领域合一到领域分离》，山西教育出版社 1998 年版。

然而，在信息化时代，人类社会结构开始发生重大的改变，突出表现在人类社会的经济、政治和精神文化领域之间出现了一种重新一体化的趋向。当然，这种新的一体化趋势不是回到前市场经济时代的"领域合一"状态，不是通过确立某一领域的中心地位或取消各个领域的自律性或相对独立性而把社会各个领域强制性地纳入一种集权的一体化之中。这是一种全新的一体化，是在尊重各个领域的相对独立性自律性、尊重合理的社会分工原则前提下通过自觉的文化整合而形成的社会各个领域的有机的一体化。其中，文化不再是以与政治经济相分离的、外在的、相对独立的、被决定的精神文化，而是真正成为人类生存的自觉方式和社会各个领域内在的机理和图式。这是真正的文化自觉的时代。

促使这一文化整合和文化自觉的根本性因素是人类全方位地进入了信息化时代。信息化时代人类社会的变革是多方面的，从人的生存的角度来看，最深刻的变化是生存方式，即文化的变化。实际上，信息化、数字化、网络化是最能展示文化的整合力量的方式，它使文化的力量体现在社会的各个领域之中，极大地改变了人的生存方式和社会运行机制。例如，在信息化时代，经济与其他一切社会活动的知识含量和理性内涵的急剧增大，价值选择、文化设计已经成为所有领域的重要组成部分；信息化、网络化、数字化生存导致交往的全球化，导致交往主体的空前平等与自主选择，主体间的跨文化交往和商谈伦理的日渐突出，优化的政治文化、经济理念和价值观念在全球化的文化冲撞中取得越来越强大的生命力；信息技术和大众传媒使一切文化领域和文化成果从创作到使用（消费）空前普及和平民化，导致了政治的非神秘化和公开化，导致了哲学等精神活动领域的非神圣化，等等。同时，伴随着大众传媒的日益发达、消费社会的出现和文化产业的发展，传统工业、商业等经济活动也日益超越了纯粹工具加工活动和直接的交换活动的特征。摆脱直接性使用价值束缚的理念、价值、形象、想象、追求、希望、策划、设计、广告等体现人的生存方式的文化要素开始从传统经济活动的外在附属物转变为内在的组成部分，甚至是出发点和主动力。在这种背景下，文化和经济、政治、社会生活的传统界限或外在性开始消失或模糊，呈现出一体化的特征。波德里亚在对消费社会的物的符号化和仿真现象的批判中，曾用仿真（simulation）、内爆（implosion）、"超真实"（hyperreality）等概念描述在后现代背景中，形象或仿真与真实之间、符号与经验之间、信息与娱乐之间、文化与经济、影像与政治之间的界限的模糊①。他用一种特殊的方式阐述了社会诸领域的"再一体化"现象。这样一来，原本彼此分离的、自律的宏观社会领域之间的界限变得模糊，彼此渗透和相互融合，形成了既相互区别又相互交织的多态化的、非中心化的社会领域的复杂星丛。

第二，从社会运行和控制机制来看，由于社会诸领域的"再一体化"和相互融合，社会的主导型、中心化的宏观权力逐步分化为非中心化的、弥散的微观权力（例如，微观政治权力、文化权力等），从而使社会的控制机制由几种宏观权力的彼此冲突或相互博弈逐步让位给多态化的微观权力的相互制约和差异化共生。

一般说来，在传统社会中，特别是在工业文明的普遍的理性化进程中，构成社会运行、控制和治理机制的核心要素是宏观力量或宏观权力，其中既包括宏观的生产、交换体系所形成的经济规律和经济力量，也包括由国家机构和社会管理机制形成的宏观政治权力，由此形成的宏观政治一般指国家制度的安排、国家权力的运作等宏观的、中心化的权力结构和控制机制。在这种社会运行机制中，社会的控制和治理主要依靠国家权力和政治管理体制等宏观的公共权力来实施，而在社会转型和社会变革时，一般要通过宏观的革命（多半是暴力性质的变革）和政治运动来实现。

而在信息化时代或者在后现代的背景中，构成社会运行、控制和治理机制的要素除了宏观的政治权力或者宏观的经济力量外，越来越多地大量涌现出非中心化的、分散的、弥散化的、多元差异的微观权力，例如各种相对自律的公共领域、非政府组织、边缘群体、社会微观结构和层面上的微观权力，以及以符号、形象、符码、仿真等形式表现出来的非经济的经济权力和渗透到所有社会领域和层面的、无所不在的文化权力。这种内在于社会生活和日常生活所有层面的弥散化的、微观化的权力结构和控制机制形成了所谓的微观政治，而社会的运行和控制机制开始表现为这种中心化的宏观权力和多态化的微观权力相互交织相互制约的网络。一般说来，这种政治、经济、文化相互融合，真实与符号（符码）彼此渗透的多态化的微观权力结构或者微观政治结构，既可能为个体的自由和个性发展提供空间，也可能使理性对人的统治渗透到生活的每一个角落。而对这种控制

---

① 参见道格拉斯·凯尔纳、斯蒂文·贝斯特《后现代理论：批判性的质疑》，张志斌译，中央编译出版社2001年版，第152—154页。

机制的抗拒和改造往往同样需要各种多态化的、边缘化的微观权力的多维反抗，而无法沿用传统的宏观政治变革模式。

上述两个方面的深刻变化，虽然不能涵盖当代社会历史现实的全部变化，但却代表着它的根本性的、方式的、范式的变化。这种变化为我们透视 20 世纪哲学社会科学中的思想模式和理论范式的转变提供了依据，我们发现，与社会结构和运行机制从自律的宏观领域和宏观权力向多态化的微观领域和微观权力的这一深层次转变相适应，当代哲学社会科学的思想模式也经历了从宏大叙事向微观叙事，从宏观理论范式向微观理论范式的自觉转变。这正是我们所说的必须加以关注的今天的社会思想资源。对此，我们可以以政治学、历史学和哲学为例略加概括分析。

在一定的意义上可以断定，哲学社会科学中传统的①主导型的研究范式更多地是以宏观领域和宏观权力为关注对象，以宏大叙事为表现形态，追求普遍性和规律性的，具有决定论色彩的宏观理论范式。我们可以列举不同学科的情况。首先，传统政治学和政治哲学主要以国家权力的运作、政治制度的安排、政权的更迭、重大历史事件的发生，以及与此密切相关的正义、平等、自由、民主、法治、权威、权利、义务等基本政治概念为对象，而很少关注社会生活其他层面的边缘化的权力结构和日常生活领域中的微观控制机制，或者将这些微观权力视作被宏观权力决定的，微不足道的附属物。其次，与政治学和政治哲学密切相关的历史学情形也十分类似，在某种意义上，传统历史学就是历时态的政治学和政治哲学。尤其需要指出的是，传统史学与传统宏观政治学往往有着共同的主题和共同的爱好，都以宏观政治，即宏观权力为核心。前者基本上围绕着君主、伟人、大事件而展开，主要表现为宏观政治史；后者主要围绕着国家制度安排和政治权力的运行而展开，更多地表现为传统史学的积淀。在传统史学的宏观理论范式中，大人物、大事件、大政权、大结构之外的日常生活和细微的社会结构或领域，基本上没有任何地位和史学价值。再次，与传统政治学和历史学相比，理性化进程中深受自然科学普遍化范式影响的意识哲学最集中、最典型地展示了这种宏观理论范式的特征和本性。理性的普遍化

---

① 这里所说的"传统的"并非在非严格界定的意义上使用的术语，我是在相对于当代哲学社会科学中兴起的微观理论范式的意义上把此前的主要类型的宏观理论范式一般地称为"传统的"。

要求、自然科学所揭示的因果必然性、线性决定特征、还原性、可计算性、普遍性等范畴对思维模式的深刻影响，使得纯粹意识哲学和思辨理论哲学无论面对自然的对象还是社会的存在，都以普遍的、绝对的、放之四海而皆准的规律和必然性为核心，而生活世界、个体的活动、日常的琐碎存在所体现出的个体性、差异性、特殊性等统统都被抹平。在意识哲学的宏观理论范式中，历史的发展主要是基于宏观权力运动和宏观领域制约的必然的、决定论的进程，其主要表现形态就是作为现代性的重要化身的"宏大叙事"（grand narratives）或"元叙事"（meta-narratives），例如，各种奠基于启蒙理性和契约精神的关于人的自由和人类解放的理性设计、以绝对理性的普遍运动为核心的关于绝对真理的阐发、关于历史的合目的性与合规律性的历史决定论等宏大叙事。这些是意识哲学的宏观理论范式关于现代社会历史运动的强有力的理性设计。

20 世纪，特别是 20 世纪后半叶哲学社会科学中的最大变化或者创新就在于对上述宏观理论范式和现代性所代表的宏大叙事的批判和解构，从而使一种以微观领域和微观权力为关注对象，拒斥宏大叙事，保护多样性和差异性的微观理论范式开始走向自觉。我们同样可以列举几个学科的情形来说明这种变化。首先，在史学界出现了自觉的微观理论范式，法国的年鉴学派最先自觉地开始了对传统史学的宏观理论范式和宏大叙事的解构和颠覆，在它的影响下，陆续出现了意大利的微观史学派、德国和奥地利的日常生活史学派、英国的"个案史"学派，以及新文化史、系列史、心态史等，这些流派都反对只写重大历史事件和只关注政治、经济、军事、外交等宏大叙事的历史学，而主张把关注中心转向具体的和微观的日常生活世界的各个领域。年鉴学派代表人物布罗代尔的《15—18 世纪的物质文明与资本主义》共分三卷，其中第一卷就是《日常生活的结构》，主要讨论 15—18 世纪人们的日常生活，包括这一时期人们衣食住行的各个方面和细节，把日常生活作为解读这一时段历史的重点。20 世纪 70 年代之后，更是出现了以"历史的碎片化"为特征的后现代历史叙事。其次，在政治学领域，开始出现多种形式的微观政治学，或者是主张从日常生活的机制去思考制度安排问题，探讨微观权力秩序的重建问题，或者像福柯那样，从监狱、医院、军队、学校等被传统政治学忽略的边缘领域，开展了关于理性权力结构的微观政治学的批判，揭示分散的、不确定的、形态多样的、无主体的、弥散于日常生活和不同社会层面的微观权力，也即知识性的权力或文化权力。微观政治学或政治哲学还确立了微观权力的反抗模式，即各种多元的抵抗，多元的自主斗争。后马克思主义代表人物拉克劳、墨菲、雅索普等人更是基于微观权力样态提出社会主义的新策略，他们关注新兴的女权主义，少数种族、少数民族和性少数的抗议运动，人口边缘阶层发动的反制度化生态斗争等，围绕着领导权而展开微观的政治斗争①。再次，在哲学领域，各种文化批判理论的兴起，从不同侧面反对以宏大叙事为表现形态的意识哲学，自觉或不自觉地开始形成文化哲学的微观理论范式。例如，20世纪哲学的重大创新之一是把日常生活世界从背景世界中拉回到理性的地平线上，使理性自觉地向生活世界回归，日常生活批判范式的要点在于，它不再孤立地探讨和强调政治、经济等宏观社会历史因素的决定作用，而是把所有的社会历史因素都放到生活世界的文化意义结构中加以审视和评价。再如，西方马克思主义的文化批判理论把批判的触角延伸到现代社会的各个层面和现代人的生活的各个角落，一直深入到性格结构和心理机制批判、消费社会文化心理分析等。后现代理论思潮更是把解构宏大叙事、彰显微观权力的导向发展到了极端。

当代哲学社会科学思想模式、研究视角和理论范式的转变毫无疑问存在着许多问题，有的学科或领域存在着走向极端和片面化的问题，对此，我们必须加以分析、鉴别和批判。但是，必须看到，这种从宏观理论范式向微观理论范式的自觉转型不是随心所欲或者心血来潮，而是适应当代社会历史现实深刻变化所作出的积极的调整和理论创新。在这种意义上，我们不得不遗憾地承认，目前我们的历史唯物主义研究无论是对于当代社会历史现实的深层变化，还是对当代哲学社会科学的范式转换，都没有给予足够的重视，更没有积极的应答。这是我们的哲学研究鲜有创新的根本原因之一。

二 完善与创新马克思主义社会历史理论的研究范式

基于上述分析，应当说，我们今天开展关于历史唯物主义的争论或者

---

① Laclau, E. and Mouffe, Ch., *Hegemony and Socialist Strategy: Towards a Radical Democratic Politics*, London and New York: Verso, 1985, p. 1.

对历史唯物主义进行当代阐释，必须通过积极地面对今天变化了的社会历史现实和思想资源完善和创新当代马克思主义社会历史理论的研究范式，进而必须用这种新的理论范式来面对今天的社会历史现实，特别是面对全球化进程和中国的发展现实。具体说来，适应信息化时代人类实践和社会历史现实要求的社会历史理论范式应当是宏观视阈和微观视阈有机统一的理论范式，应当以此进一步拓宽和丰富我们的理论视野。必须强调的是，我们在这里强调微观理论范式，并非要彻底否定或者完全取代宏观理论范式，而是改变传统历史唯物主义阐释中过分注重宏观领域和宏观权力，以至于走向抽象的决定论的问题。

为此，我们应当博采优秀的思想资源。首先就要善于批判地借鉴当代哲学社会科学各学科各领域中已经出现的，但没有引起人们足够重视的各种微观理论范式的积极的思想资源，并深入挖掘马克思学说中的微观理论资源，以马克思学说的批判的和实践的文化精神为引领，形成植根于当代社会历史现实的独特的理论视角，以及哲学、政治学、经济学、历史学等多学科交融的丰富的理论视野。我认为，一种宏观视阈和微观视阈有机统一的社会历史理论范式的基本内涵至少应当包含以下内容或者维度。

第一，在政治、经济、文化等社会诸领域重新整合和融合的基础上，建立起影响和制约当代社会运行的新的权力谱系。其中特别要梳理清楚那些在传统社会历史结构中被宏观的经济权力和政治权力所遮蔽，而在当今社会结构中越来越显示出重要影响的微观权力。应当看到，不同文明时代的微观权力的形态和作用是不同的。在以自然经济为基础的传统社会中，微观权力主要表现为日常生活世界中的各种控制机制，例如，氏族、家庭、血缘网络、乡里制度，以及其与此相适应的习俗习惯、礼俗乡约、道德纲常等自发的规范体系。这些控制机制既表现为政治权力，也表现为文化权力。随着人类社会的理性化进程的不断深化，在现代社会中，除了日常生活权力依旧不同程度地发挥影响力之外，又产生了其他各种类型的微观权力结构：一是宏观的、中心化的理性权力机制向社会生活和个人生活所有层面的渗透所形成的微观控制机制；二是随着公共领域的扩大、社会组织的增加、新社会运动的兴起而产生的各种边缘化的微观权力结构。进而，我们还要看到，微观权力是一个包含政治权力、文化权力、经济权力等在内的，价值取向多元差异的网络，不同的微观权力对于个体发展和社会进步的作用是不同的，例如，传统的日常生活领域的微观文化权力、福柯等人所揭示的现代社会深层的微观知识权力等，表现为强化宏观权力，与宏观权力同构的微观权力；一些传统经验的、人情的微观文化权力会在宏观权力走向民主化、法制化、理性化的进程中表现为阻碍体制机制创新的微观权力；而现代社会的各种公共领域、自治组织、新社会运动中的微观权力在一定的限度内会成为保护自由、公正、平等，反抗宏观政治霸权的微观权力①。显而易见，对于当代社会丰富多彩的微观权力的类型和性质的深入研究，对于建立宏观视阈和微观视阈相结合的理论范式至关重要。

第二，以丰富的微观权力的网络体系或者复杂星丛为中介或者活动平台，建立起经济基础与上层建筑的宏观结构与个体的微观活动结构之间的有机联系和互动交融关系，走出关于二者关系的外在对立和决定论的宏观理解模式。我们知道，唯物史观的确立对于人类的历史认识的确具有重大的意义，它一方面把历史奠定在人所特有的实践活动的基础上，另一方面强调人类历史服从于内在的规律，这两方面的思想构成历史唯物主义的核心。然而，在抽象的宏观理论范式中，二者之间的关系常常呈现为外在的二元对立的状态，人们或者强调经济基础和上层建筑的宏观社会结构决定个体的活动，或者强调个体的自由自觉的和对象化的实践活动决定社会结构的变化和发展。显而易见，关于历史唯物主义的许多根本争论都与此有关。在这里，必须引入微观理论视阈，才能内在地解决二者的统一问题，已经有学者尝试着这样去做②。然而，只有用自觉的微观理论范式去完善和补充传统唯物史观的宏观理论范式，并以自觉地建构起来的微观权力网络体系为中介和活动平台，才能真正建立起自由自觉的实践活动和宏观的社会结构及其规律之间的内在统一。在这方面，萨特在建构存在主义的马克思主义时所做的方法论探讨，对于我们建构微观理论范式具有一定的启示意义。萨特认为，马克思主义的总体化（整体化）方法具有重要的历史感，但是，当代马克思主义研究中的过分普遍化容易导致对个体和特殊性的压抑，即"人学的空场"，因此，萨特提出要用中介方法和前进—回溯方法来补充和完善马克思主义的总体化方法。具体说来，中介方法的主要

① 参见衣俊卿《论微观政治哲学的研究范式》，《中国社会科学》2006年第6期。
② 参见王晓升《社会历史观研究中的微观分析与宏观描述》，《教学与研究》2009年第2期。

特征是，在对人的行为的分析中，不是简单断言社会构成因素对人的直接决定，而是充分重视精神分析学、微观社会学等辅助学科的作用，寻找人和历史条件之间相互作用的中间环节和因素，如与人的活动直接相关的家庭、童年的经历、周围的直接环境、个体心理、情感因素、两性关系等，从而使人成为历史运动中的丰富的个体。他进而强调，要运用前进—回溯方法具体分析社会整体和个人实践之间的复杂关系，无论是社会整体通过各种中介因素对个体行为的影响和决定，还是个体实践在各种中介因素的制约下对社会环境的自主选择，都不是单向的和一次性完成的运动，而是双向往复的运动①。

第三，充分把握政治、经济、文化等社会诸领域通过信息化背景下的文化整合而重新一体化的趋势，对社会结构和运行机制进行宏观的、微观的、多维的、多层面的、多视角的透视，解构单纯宏观权力霸权的宏大叙事，破除外在的决定论历史模式。具体说来，一方面，鉴于在当代社会结构中，不再存在界限分明的政治领域或经济领域，因此对于经济、政治等社会领域不再做单纯的经济学或政治学的封闭的分析，而是开展经济学、政治学、历史学、文化学、哲学等多学科的综合把握；另一方面，无论对于经济、政治，还是别的领域的分析，都不能停留于一般的抽象的宏观把握，而是要深入到文化哲学的微观分析层面，例如，对于政治治理的分析，要综合国家权力、宏观政治治理、行政管理、公共领域、社会自治领域等多层面，以及政治文化理念、宏观经济调控、微观市场运行、个体政治参与等多视角的微观分析，从而真正深入到社会历史现实的丰富内涵，回到人类实践活动的历史丰富性和文化丰富性，形成宏观视阈与微观视阈结合、社会诸领域内在融合的社会历史分析。在这样的理论视阈中，不再有经济决定论、政治决定论或者文化决定论的空间，无论是宏观的历史规律还是具体的实践活动都不再是一种受制于人的活动之外的铁的必然性的自然进化论和线性决定论进程，而是充满文化创造力的人的历史进程。在这种意义上，我们所理解的作为历史解释模式的文化哲学正是这样一种新的社会历史理解范式。文化哲学反对意识哲学用自然科学的普遍化的方法去剪裁人的实践活动的丰富的文化内涵的做法，反对把历史的内涵简单化

---

① 参见让—保罗·萨特《辩证理性批判》上卷，林骧华等译，安徽文艺出版社 1998 年版，第 34—50 页。

地归结为生产方式、经济、技术等几个决定性的因素，更反对运用几个决定性因素把历史描绘成一种类似自然的线性决定过程。它坚信，任何一种因素，无论如何重要，都不可能独自决定历史的全部内涵和命运，它肯定人类历史发展的多样化、个别性、差异性及其价值内涵，强调历史是人的实践活动的各个维度的全面展开的过程，它所揭示的社会历史规律是包含着多样性和差异性的基本发展趋势。

上述工作只是我们在新时期深化马克思社会历史理论的准备性工作，我们所提出的新的理论范式能否真正确立，还取决于我们在面对当代人类社会，特别是中国社会的发展状况时能否真正形成具有突破性的新认识。例如，对于凭借着自身的经济实力和综合实力正从边缘走向世界舞台中心的中国社会，对于正在吸引全球关注的中国经验、中国道路、中国模式的分析，如何能够不再停留于传统的政治的、经济的、文化的彼此分离的宏观的、抽象的理论描述，而真正能够在全球化背景中，在当今世界的变局的背景中，形成一个关于中国发展模式的政治经济文化等多视角结合、历史和现实多维度视阈融合、宏观的和微观的多层面分析紧密结合的具体而丰富的理论把握，这是当代社会历史现实对于我们的社会历史理论提出的最大的挑战、最大的课题，它呼唤理论的力量和思想的力量，急切地期待着哲学社会科学理论范式的实质性转换和创新。

三　全面把握微观视阈和宏观视阈的内在有机统一

我们一方面对今天变化了的社会历史现实和思想资源进行了基本的透视，另一方面尝试着在马克思主义社会历史理论框架中使一种微观视阈得以建构，或者是使其内在已经包含着的微观视阈走向自觉，这是本文的旨趣所在。但是，在这里，我们还必须对上述尝试进行某种"合法性"论证。近年来，我们在微观政治学、微观政治哲学、微观史学、日常生活批判、文化哲学等领域的研究中，经常遇到的一种质疑就是认为，这种微观视阈的研究或社会历史理论的微观理论范式不符合马克思主义的传统，并且容易导致否定社会历史发展规律，从而存在着背离历史唯物主义的危险。因为按照一种比较常见的理解，历史唯物主义从本质上讲必然是宏大叙事，它的创立对社会历史理论的革命性贡献，就是超越繁杂琐碎的社会历史现象，揭示出关于人类历史运动的普遍的、"放之四海而皆准"的一般规律。

这显然是一个十分复杂的问题，关于上述置疑和争论，以及关于社会历史理论的微观视阈的合法性问题，我在这里无法全面细致地展开，也不愿意做那种"Yes or No"的简单的断言式的回答。我想围绕着两个问题加以讨论：一是社会历史理论的微观范式是否符合马克思的思想传统，或者在马克思的理论中是否包含这种微观研究或微观范式？二是我们强调加强马克思主义社会历史理论的微观研究范式的建构，其针对性是什么？这样做是否会导致否定社会历史发展规律，从而背离历史唯物主义的基本立场？我想，这样两个问题的探讨，有助于促使我们比较全面地把握我们的探索的"合法性"，即比较全面地理解社会历史理论的微观视阈和宏观视阈在什么意义上可以是互补的和内在有机统一的。

关于第一个问题，即社会历史理论的微观范式是否符合马克思思想传统的问题，我认为，总体上可以这样来加以判定：由于当时所面临的社会历史现实和时代任务的特点，以及当时社会历史理论变革的要求，在马克思的学说中并没有形成自觉的微观政治哲学、微观史学或者微观社会历史理论范式，但是，马克思的宏观社会历史理论及其所揭示的社会历史规律是建立在关于各种社会现象的丰富的微观分析的基础之上的。因此，在马克思的社会历史理论中具有丰富的微观理论思想资源。

有一个现象应当引起足够的重视，这就是，今天的大多数学生、读者，甚至包括不少的研究者，都是通过我们几十年来编撰的理论教科书或者教材来阅读和理解马克思主义的。这些教科书基本上是以原理、原则、理论要点、概念、范畴等构成的理论体系，其优点是可以让人比较快地把握宏观的规律性的东西，但是，也容易让人们远离具体的社会历史现实，因为，即使这些教科书中我们看到的点滴具体事例也常常是给定的规律的附着物和注脚。然而，如果我们走入马克思恩格斯浩瀚的著述文献，我们几乎看不到这种由原理、原则、理论要点等凝聚而成的理论框架，而是关于无数具体的历史和社会现象的丰富的、鲜活的分析，其规律性认识和方法论揭示都内在于这些微观的具体的分析之中。这种情形并不是因为他们没有时间和精力把自己的理论建构成简洁的思辨理论体系，而是因为他们一直强调自己的理论探索的实践品格和革命本质。在这方面，有两点特别能够说明马克思恩格斯对自己理论定位的清醒意识。一是反对理论思辨和抽象化。马克思从自己的哲学生涯伊始，就对思辨哲学范式的体系化特征深恶痛绝，反复强调哲学要以其内在的批判的自我意识冲破体系的束缚，在现实的社会历史中而不是在纯粹的理性王国中开展批判。人们常常引用马克思在《〈科隆日报〉第179号的社论》中的那句"哲学不是世界之外的遐想"的断言。马克思在批判德国哲学时多次直指它的思辨意识哲学范式的弊端。"哲学，尤其是德国哲学，爱好宁静孤寂，追求体系的完满……就像一个巫师，煞有介事地念着咒语，谁也不懂得他在念叨什么。"① 二是反对脱离生活世界的思辨历史观。马克思和恩格斯在《德意志意识形态》中明确把"现实的生活生产"当作历史的基础，反对脱离日常生活的历史观。他们这样批判传统历史观："迄今为止的一切历史观不是完全忽视了历史的这一现实基础，就是把它仅仅看成与历史过程没有任何联系的附带因素。因此，历史总是遵照在它之外的某种尺度来编写的；现实的生活生产被看成是某种非历史的东西，而历史的东西则被看成是某种脱离日常生活的东西，某种处于世界之外和超乎世界之上的东西。"②

因此，我们在马克思恩格斯的各种文献中，处处可见的都是这种关于现实的人和具体的社会历史现象和现实的具体的、微观的分析。例如，人的问题、人的自由和全面发展、人的解放一直占据马克思恩格斯思想的核心，但是，在他们的著作中，我们看不到那种对"抽象的"、"理想化的"、"大写的"人的一般呼唤或描绘，而是对各种具体的人及其境遇的描述，例如，马克思《1844年经济学哲学手稿》中的异化的、非人化的劳动者，恩格斯《英国工人阶级状况》中饱受压迫的女工、童工、工人家庭等，他们的《德意志意识形态》中作为"一切历史的第一个前提"的吃喝住穿等日常生活，以及作为"历史发展过程的第三种关系"的人自身的生产、繁衍、家庭关系等③。因此，马克思恩格斯认为，他们所理解的历史的前提是现实的人及其物质生活条件，"这些前提可以用纯粹经验的方法来确认"④。再如，马克思特别重视具体化的方法论，他在揭示现代社会运动时，并非抽象地推演生产力和生产关系、经济基础和上层建筑的原理，而是深入到劳动、价值、生产、交换、流通、工资、资本、地租、利润、

① 《马克思恩格斯全集》第1卷，人民出版社1995年版，第219页。
② 同上书，第93页。
③ 同上书，第78、80页。
④ 同上书，第67页。

价格、供给、需求、市场等社会经济运动和社会生活的许多方面。我们还可以列举许多类似的分析①。这些思想资源，连同马克思学说的批判精神和实践精神，对 20 世纪的人类思想发展产生了重要的影响，对此福柯也充分意识到，例如，他在《知识考古学》中探讨年鉴学派开启的微观历史视角时，明确指出，"今天，历史的这一认识论的变化仍未完成。然而这种变化并不是从昨天才开始，因为我们肯定会把它的最初阶段上溯到马克思"②。

当然，必须在这里明确的一点是，虽然马克思的社会历史理论包含着丰富的微观理论思想资源，但是，在马克思的学说中并没有形成自觉的微观政治哲学、微观史学或者微观社会历史理论范式，马克思当时所关注的作为历史发展基础的是宏观的社会领域（经济领域）和宏观的权力（政治权力）及其普遍的规律，例如，生产力和生产关系、经济基础和上层建筑的矛盾运动的规律，人类社会从原始社会到共产主义的宏观的发展模式等。这些也刚好构成人们通常所理解的经典历史唯物主义的宏大叙事和宏观理论范式的基本内涵。我想，造成这种状况的原因并不复杂，我们可以从两方面加以分析。首先，每一时代的社会历史现实对于理论研究提出的任务都是不同的，马克思处在人类历史主要由经济、政治等主导领域和宏观权力所左右的时代，他所面对的社会现实刚好是全球化的世界历史进程、世界性的市场、资本的逻辑、机械化的大生产构成的主宰一切的宏大的经济力量，以致马克思强调"我的观点是把经济的社会形态的发展理解为一种自然史的过程"③。其次，在马克思所处的时代和之前的相当长的历史时期，社会历史理论的总体倾向是不承认人类历史发展中存在着规律和必然性，因此，马克思在对繁杂的社会历史现象分析的基础上，有意识地突出人类社会历史的规律性。恩格斯《在马克思墓前的讲话》中对此作了说明，他指出，正如达尔文发现了有机界的发展规律一样，马克思发现了"历来为繁芜丛杂的意识形态所掩盖着的""人类历史的发展规律"④。这

---

① 我指导的博士研究生赵福生近几年对这一问题进行了专门探讨，参见赵福生《论马克思的微观哲学视域》，《求是学刊》2008 年第 1 期；《福柯与马克思历史观的微观比较》，《理论探讨》2008 年第 1 期。

② 米歇尔·福柯：《知识考古学》，谢强、马月译，生活·读书·新知三联书店 2003 年版，第 12 页。

③ 《马克思恩格斯选集》第 2 卷，人民出版社 1995 年版，第 101—102 页。

④ 《马克思恩格斯选集》第 3 卷，人民出版社 1995 年版，第 776 页。

里还需要指出的一点是，当我们断言马克思学说中没有形成自觉的微观社会历史理论范式时，是针对着今天我们的社会历史理论研究忽视微观分析的问题而言的，实际上，在马克思恩格斯那里，根本就不会有类似的问题提出，因为微观分析和宏观分析不可分的有机统一是他们一直坚持的理论范式。

关于第二个问题，即加强社会历史理论微观研究范式的建构是否会导致否定社会历史发展规律的问题，我的看法是这样的：是否承认社会历史发展的规律，与对社会历史发展进行宏观分析还是进行微观分析，没有必然的因果关联；但是，宏观分析是否拥有扎实的和丰富的微观分析作基础，所揭示的规律的性质和所表述的宏大叙事的性质是有质的差别的。进而，并非任何关于规律的认识都适合于我们对人类社会历史运动的真实把握。

关于这一问题，我们首先需要指出的一点是，对宏观权力和微观权力、宏观政治和微观政治、宏观政治哲学和微观政治哲学的区分只是相对的，实际上并不存在着截然不同、彼此分离的微观政治和宏观政治，即使德勒兹和加塔利等力主微观政治学的后现代思想家，也强调微观政治和宏观政治之间不存在着固定不变的区分，强调政治既是宏观政治，也是微观政治①。列斐伏尔在《日常生活批判》中曾指出，"'宏观'和'微观'层面之间存在着间距和鸿沟，并非就容许我们把其中的一个层面与另一个层面二分开来，更不允许我们'忽视'其中的某一个层面。不可还原性并不等同于截然分立。在'宏观'层面和'微观'层面之间，存在着多种多样的关系、对应性以及同源性"②。因此，不存在绝对的宏观解释模式或者微观解释模式，一种健全的和富有解释力的社会历史理论，一定是兼顾宏观分析和微观分析，一方面善于根据特定的社会历史现实而突出其中的某一个维度，另一方面又善于保持二者间的有机结合，不会用其中的一个维度来否定或取消另一个维度。分析一下当今人类的思想发展状况，特别是社会历史理论发展状况，就会发现，能否将宏观解释和微观解释有机结合直接影响到特定理论的解释力和说服力。在这方面，如上所述，马克思思想

---

① 参见道格拉斯·凯尔纳、斯蒂文·贝斯特《后现代理论——批判性的质疑》，张志斌译，中央编译出版社 2001 年版，第 123 页。

② Henri Lefebvre, *Critique of Everyday Life—Foundations for a Sociology of The Everyday*, volume 2, London and New York: Verso, 2008, p. 140.

的确是一种我们应当学习的楷模，赵福生在分析这一问题时，认为马克思研究范式的优势在于："他走入实证科学，又走出实证科学；他走入微观分析，又走向宏观分析；他走入具体人群，又走向全人类；他走入微观史学，又走向总体史学"，而相比之下，"传统意识哲学和后现代哲学共同的弊病就在于只有走入，传统意识哲学走入宏观视阈，而没有走出宏观视阈，所以陷入抽象化、体系化；后现代哲学走入微观视阈，却没有走出微观视阈，所以陷入断裂化、破碎化"①。这种分析有其合理性。

　　进而，我们应当具体分析社会历史理论研究范式同社会历史规律的把握之间的特殊关联问题。如上所述，我们在今天的语境中强调加强社会历史理论微观研究范式的建构并不是要否定或取消宏观研究范式。同时，能否真正把握社会历史发展的规律，与对社会历史发展进行宏观分析还是进行微观分析没有必然的因果关联。因而，那种笼统地、不加分析地断言微观视阈必然会导致否定社会历史规律的说法，是没有根据的。但是，构建什么样的理论研究范式，对于能否真正把握社会历史规律，却是关系紧密的。具体说来，在今天的理论研究中，人们一般都承认，不能把社会历史规律等同于严格意义上的自然规律，否则，就会取消历史发展道路的多样性、差异性和人的历史创造的可能性。但是，人们较少考虑另一个重要的问题：社会历史规律和自然规律虽然有着本质的联系，但是存在着根本性的差别，因此，必须运用不同的研究方法和理论范式才能真正有效地加以把握。假如运用自然科学的研究方法去揭示和概括社会历史规律，就会把历史必然性变成与自然科学规律无异的"经济决定论"。李凯尔特在《文化科学和自然科学》中就专门探讨了两种科学在方法论上的不同。他认为，自然科学的方法是一种普遍化的方法，它排斥特殊性和个别性，而强调自然之物中的普遍性和同质性，寻找规律性，它强调"事物和现象的本质就在于它们与同一概念中所包摄的对象具有相同之处，而一切纯粹个别的东西都是'非本质的'"②。而与自然现象的给定性和客观性不同，文化作为人为的现象的突出特征是其价值内涵，因此，文化科学的方法不能是普遍化的方法，"只有个别化的历史研究方法才是适用于文化事件的方法。如果把文化事件看作自然，亦即把它纳入普遍概念或规律之下，那么文化

---

① 赵福生：《论马克思的微观哲学视域》，《求是学刊》2008 年第 1 期，第 40—41 页。
② 李凯尔特：《文化科学和自然科学》，涂纪亮译，商务印书馆 1986 年版，第 37 页。

事件就会变成一个对什么都适用的类的事例（Gattungsexemplar），它可以被同一个类的其他事例所代替"①。

这正是我们担忧的地方和问题：我们今天的哲学研究、社会历史研究，甚至包括社会学、文化人类学等实证性很强的学科，常常由于忽略、懒于、不屑于或者拒斥微观分析，不仅没有对今天的社会历史现实做出具体的、微观的深刻分析，而且对马克思恩格斯当年在作出各种理论结论时所作的具体的和微观的历史分析也不甚了解。结果人们常常轻车熟路地、得心应手地从现成的原理和结论出发，对今天的现实做一些蜻蜓点水式、外在观望式、标签套用式的笼而统之的远眺。这常常容易导致双重消极后果：一是由于把历史规律变成自然规律式的"铁的必然性"，变成了盲目的经济逻辑，结果人们以一种貌似坚定不移地"坚守"历史规律的方式取消了历史规律；二是使我们的理论研究无法切中和穿透今天的社会历史现实，成为缺乏创造力和解释力的抽象教条和思辨的理论推演。因此，我们提出加强社会历史理论的微观视阈的建构，以宏观研究和微观研究相结合的方式面对今天的社会历史现实，绝不会导致否定历史发展规律的结果，相反，这应当是在今天的条件下丰富进一步丰富历史唯物主义的重要途径。只有这样，我们才可能获得真正切中今天的社会历史现实的，包含着丰富多样性和差异性，包含着丰富的创造性空间的社会历史规律性的认识。而这正是马克思所强调的，摆脱了思辨抽象性的具体："具体之所以具体，因为它是许多规定的综合，因而是多样性的统一。"②

行文至此，我想起恩格斯晚年在给康拉德·施密特的信中所表达的对德国青年理论家的担忧。恩格斯发现，一些青年人把历史唯物主义的原理当作标签"贴到各种事物上去，再不做进一步的研究"；并且只是用历史唯物主义的套语"来把自己的相当贫乏的历史知识"尽速"构成体系，于是就自以为非常了不起了"。因此，恩格斯告诫，"必须重新研究全部历史，必须详细研究各种社会形态的存在条件，然后设法从这些条件中找出相应的政治、私法、美学、哲学、宗教等等的观点"③。恩格斯120年前的这些语重心长的话语，真的好像是在说我们今天的事儿。在那封信中，恩

---

① 李凯尔特：《文化科学和自然科学》，涂纪亮译，商务印书馆1986年版，第72页。
② 《马克思恩格斯选集》第2卷，人民出版社1995年版，第18页。
③ 《马克思恩格斯选集》第4卷，人民出版社1995年版，第692页。

格斯还特别说道，"一切都可能被变成套语"①。这正是我们对今天的理论研究的担忧所在，也正是本文所提问题的针对性所在。如果不积极探索用一种微观分析的视阈认真思考今天丰富的现实，从而形成关于社会历史规律的更加丰富的认识，而只是站在那里宣布"坚持理论立场"，轻车熟路地运用各种"套语"，并对新的探索加以"扣帽子"式的指责，那就更加令人担忧了。

（原载《中国社会科学》2011 年第 3 期）

---

① 《马克思恩格斯选集》第 4 卷，人民出版社 1995 年版，第 692 页。

与望月清司"历史理论"的相遇

王南湜

当代中国马克思主义哲学研究范式正在发生一种深刻的转变，适逢其时，望月清司的"历史理论"被介绍到了中国学界，这对于促进中国马克思主义哲学研究已经产生了和将持续产生重要的积极影响。以笔者之见，这种影响主要有三个方面：一是在研究范式上有助于中国马克思主义哲学研究回归马克思的实践哲学；二是望月清司在其研究中对于马克思历史理论的解读，能够促进中国学界对这些问题的理论兴趣，将有关研究引向深入；三是望月清司所提出的蕴含着重大意义而又尚未将之明确展开的观念，可能会对不限于中国马克思主义哲学研究产生重要影响。

一

望月清司的"历史理论"对于中国马克思主义哲学研究的最为直接的影响，是为正在探索如何超越以往研究范式而"回到马克思"的我们，提供了一种可供参照的典范。

以笔者之见，当代中国马克思主义哲学研究可以 21 世纪初为大致界线，分为两个大的阶段。前一阶段可名之为回归实践哲学范式，后一阶段则可名之为回归马克思的实践哲学，或曰回归历史唯物主义。但要理解这种变化，还要回到原本的马克思哲学那里去，把握住马克思哲学之为一种现代实践哲学之实质，以及马克思实践哲学的独特性。

我们可以从如何看待理论与生活实践的关系，把全部哲学划分为理论哲学与实践哲学。这两种理论传统的对立，其实质是如何看待实践或人类生活本身与理论活动之间的关系。如何看待这一关系构成了任何哲学思维据以出发的前提，而如何处理这一关系的方式则决定了一种哲学思维的进路或理路。既然理论与实践之间的关系只有两种可能的排列方式，那么，我们由此便可能分辨出两种对立的最为基本的哲学观念或哲学理路来：一种可称之为实践哲学理路，另一种则为理论哲学理路。一种哲学理路，如果认为理论思维为生活实践的一个构成部分，理论思维并不能从根本上超出生活，并不能在生活之外找到立足点，认为理论理性从属于实践理性，它就是实践哲学的理路；一种哲学理路，如果认为理论理性可以超越于生活，在生活之外找到自己的阿基米德点，认为理论理性高于实践理性，它就是理论哲学的理路。

照此分类方式去观察人类的哲学活动，西方哲学自柏拉图以来的主导理路显然是理论哲学，无论是古代哲学还是近代哲学，基本上都属于理论哲学之理路；实践哲学虽然在亚里士多德哲学中有所发展，但是，一则在他那里思辨或理论活动仍具有最高的位置，另则这一实践哲学传统在其后并未得到如理论哲学传统那般的高度发展。这样一种形而上学或理论哲学理路贯穿于西方从古代到近代的哲学之中，直到19世纪在黑格尔哲学中达到登峰造极之后，才受到认真的挑战。而既然理论哲学与实践哲学是两种可能的哲学理路，那么，对于形而上学或理论哲学理路的挑战，便只能是来自于实践哲学。这便如倪梁康先生所言，"黑格尔以后的现代哲学，在总体上是某种意义上的实践哲学，也是在这个意义上的反形而上学"[1]。作为反形而上学理解的实践哲学，便包含了一个相当宽广的系谱，除了西方马克思主义、主张激进民主的美国实用主义以及某些分析哲学家，甚至还可以包括克尔凯郭尔哲学在内[2]。这也就是说，在黑格尔之后，西方哲学发生了一次具有根本意义的转向，而这一转向，若追溯其源头，则非马克思莫属。或者说，早在理论哲学获得高度发展并暴露出其理论困境的19世纪，马克思就发动了一场哲学革命，开创了一种新的实践哲学路向。这一路向的根本特征是对于理论与实践关系的重新理解。关于理论和实践的关系，马克思有过大量的论述证明他的哲学是一种现代实践哲学。对此，人们是不难从马克思本人的有关言说中找到证明的。马克思在许多场合谈

---

① 倪梁康：《欧陆哲学的总体思考：海德格尔思想比较研究》，《求是学刊》2005年第6期。

② 参见哈贝马斯《现代性的哲学话语》，译林出版社2004年版，第72页；Bernstein, Richard J., *Praxis and Action*, Philadelphia：University of Pennsylvania Press, 1971, p. 123。

到过的哲学的终结或对于哲学的否定，显然就是对于整个传统理论哲学的否定。既然其前西方哲学的主流一直是理论哲学，那么，马克思对于哲学的否定便是对于理论哲学理路的否定。

西方实践哲学的源头，可以追溯到亚里士多德那里去。马克思的哲学虽然与亚里士多德的实践哲学有类似之处，却又有着某种根本性的不同。这种不同主要体现在对于实践概念的不同理解以及对于实践在人类生活中地位的不同理解上。基于这种不同，我们可以进而把实践哲学区分为古代和现代两种类型或范式。在这区分中，中国古代哲学当可视之为一种古代实践哲学的典范，而马克思哲学则是一种现代实践哲学的典范。而亚里士多德的那种与理论哲学并列、以处理那些理论哲学不能处理而又为人类生存之根本的问题的实践哲学（伦理学、政治学），则为西方古代哲学中之一特例。

但进一步看，现代实践哲学并非是铁板一块的东西，而是其中也有着十分不同的理论倾向。固然，人们已经从对马克思与海德格尔、杜威等人的比较研究中，发现了其哲学的种种相似之处，但说原本的马克思哲学与杜威、海德格尔等人的哲学同属现代实践哲学范式，却并不意味着它们是同一种哲学，具有同样的哲学主张。例如，从根本上说，他们都是激烈地反对旧形而上学的，就此而言，说他们的哲学属于现代实践哲学是不成问题的，但属于同一种思维范式的哲学，可能有着十分不同甚至对立的理论主张；而不属于同一种思维范式的哲学之间倒可能只是一种简单的不同。事实上，哲学理论之间的尖锐对立，一般说来也只发生于同一种思维范式的哲学之间，如古代的原子论与理念论之间的对立，近代的唯理论与经验论之间的对立。在现代实践哲学范式内，虽然都强调直接的生活世界的重要性，但马克思对于物质生产实践的重视却是与众不同的。而这正是马克思哲学之为唯物主义的关键所在。

把马克思哲学理解为一种现代哲学之典范的现代实践哲学，并不是说所有对于马克思哲学的解释也都自然地属于现代实践哲学之范式。事实上，对马克思哲学的流行解释，基本上不属于现代实践哲学范式，而是属于理论哲学理路的实体性哲学或主体性哲学。在国内，几十年来，也是上述两种解释居于支配地位，即，20 世纪 80 年代之前，先是实体性解释的一统天下，而自 80 年代以来，则兴起了一种主体性哲学。这两种解释都未能揭示马克思哲学的实质，都把马克思在哲学思维范式上的革命性变革掩盖起来了。主体性解释虽然比之实体性解释有着更大的优越性，但它仍属于近代理论哲学的范畴，因而，它就仍未能恰如其分地揭示出马克思哲学作为一种现代实践哲学范式的本质特征来。而只有从超越了近代主体性哲学，从而一般地超越了理论哲学理路的原则上看问题，才能够理解马克思哲学作为现代实践哲学之典范的意义。因而在进入 21 世纪以来，哲学界又进而对这种主体性哲学开始了反思。但这一反思在起初是借助于海德格尔等人的思想进行的，其结果就是虽然划清了马克思与近代主体性哲学之界限，但却往往将马克思哲学混同于其他现代哲学，尤其是海德格尔哲学。既然实践哲学是现代哲学的一种主导性潮流，它具有一种极为宽泛的谱系，包括了几乎一切反形而上学而主张回归现实生活的哲学流派，因而面对这样一种宽泛至极的概念，便非常有必要对之进行辨析，以便能够分辨出在实践哲学这同一名称下的不同哲学旨趣，特别是辨别出马克思哲学在何种意义上是一种实践哲学。如果说在实践哲学的转向之初，人们在与理论哲学或形而上学对立的意义上，将各种实践哲学视为一个笼统的整体性存在，而无暇顾及其间的差别，以便在互相发明之中理解实践哲学之实质，还有其合理之处的话，那么，在实践哲学已成为一种强劲的思想潮流的现今，是到了辨析各种实践哲学的差别的时候了。不然我们就只能不断地谈论实践的转向，而不可能使这一转向深入下去，以真正推动实践哲学的进展。于是，一个目标在于划清马克思与其他现代实践哲学流派的任务也就摆在了人们面前。事实上，近年来马克思主义哲学界关于历史唯物主义的深入讨论，正是人们力求揭示马克思哲学不同于其他现代哲学之独特性的努力。以笔者之见，揭示历史唯物主义之本真意蕴，正是阐发马克思实践哲学独特性之关键所在。无疑，这是实践哲学转向的一个有重大意义的深化，一个回到本真的马克思哲学的举动。

那么，望月清司的工作对于中国马克思主义哲学研究范式的转变有何意义呢？这一意义简单地说，就是"回到马克思"。此话怎讲？难道我们不是一直在认真地阐释马克思的思想吗？是的，我们是在这样做。但是这里要追问一句，在对马克思的思想进行阐释时，我们所依据的基本原则或基本视阈是源于何处的呢？是通过精细地研读马克思的著作而获得的，还是另有所本？只要我们足够诚实地对待这个问题，就会发现，在相当长的时期里，我们阐释马克思的视阈，大多是根源于其他人对马克思的解读。在早先，我们主要是依据以苏联教科书为范本的斯大林式解读；至 20 世纪80年代，主要是汲取科普宁、凯德洛夫等认识论学派的观念，并夹杂以新引进的波普等人的科学认识论的观念；稍后则是依据西方马克思主义，特别是以卢卡奇的《历史与阶级意识》为典范的黑格尔主义式的解读；到世纪之交之际，进而还有海德格尔式的解读。这些不同的解读依据或视阈，大致上也对应于前述中国马克思主义哲学发展的实体性、主体性、实践哲学等几个阶段。这些不同的阶段之间固然从理论观点上看，是相当对立的，但若从阐释方式看，其间却有着极大的一致性，那就是更多地依据他人的解读来理解马克思，而不是直接从马克思的文本出发，通过精细的研读来理解之。尽管这一时期也有一些学者提出并实践着"回到马克思"命题，但以笔者愚见，学界从总体上看仍未自觉到这一点。无论如何，当人们不断地从普列汉诺夫、斯大林、科普宁、卢卡奇、海德格尔那里获取理论立场来解读马克思的时候，总会碰到这个问题：一个人的思想果真能被如此反差巨大地被解释吗？难道就不存在一个本真的马克思吗？至少，难道任何解释都是同样合理的吗？这种理解方式是否导致我们长期以来错失了本真的马克思？对此，一个诚实的研究者迟早总会心有不安的。那么，解决之道何在呢？无他，就是回到马克思的文本，通过自己的精细解读而回到本真的马克思。在此情况下我们再看望月清司"历史理论"的到来，就不难理解其意义了。望月清司那种对于马克思文本的精细解读，正好给了中国的研究者一个如何研究马克思的范本。当然，在日本马克思主义研究界，还有许多类似的学者，如平田清明、广松涉、内田义彦等，但由于种种原因，对于需要精细地解读马克思文本的哲学研究者而言，望月清司的"历史理论"无疑是最具典范性的。

二

望月清司的《马克思历史理论的研究》是一部厚重之作，其中对马克思历史观的诸多重大问题进行了极为深入的研究，提出了一系列极富真知灼见的创新观念。自然，由于拥有共同的研究对象，这些创新观念所涉及的一系列问题，也是中国马克思主义长期以来所讨论的问题。因而，不言而喻，与望月清司的"历史理论"的相遇，也会不可避免地促使中国学界相关研究的深化。望月清司著作中包含一系列创新性观念，但笔者以为，对于中国学界而言，最具影响力的有三个方面的问题：一是对马克思历史理论的总体定位，二是市民社会论，三是三种本源共同体与市民社会关系的理解。其他相关问题，如马克思和恩格斯的"分担问题"，或许更有观念上的冲击力，但这三者无疑是更为基础性的。

这里所说的对于马克思历史理论的总体定位，是指如何理解马克思的历史唯物主义，是首先将其理解为一种为解释整个人类历史而创立的普遍性的历史哲学呢，还是将其理解为一种为了服务于现实地改变世界的人类解放事业，因而是对于资本主义社会历史性进行剖析的历史科学？中国学界以往多按照列宁的说法，认为是马克思先发现了一般的历史规律，然后将之运用于对于资本主义社会的剖析。近年来则有学者提出划分广义历史唯物主义与狭义历史唯物主义，或将历史唯物主义划分为人类学唯物主义与资本逻辑批判两个层面等，亦有学者提出应该将历史唯物主义理解为与黑格尔历史哲学相对立的批判的历史科学，等等。这些新的提法中蕴含了对于马克思历史唯物主义之定位的新的理解。但一般而言，尽管马克思曾针对有人将其历史科学理论"拔高"为历史哲学，严正声明："他一定要把我关于西欧资本主义起源的历史概述彻底变成一般发展道路的历史哲学理论，一切民族，不管他们所处的历史环境如何，都注定要走这条道路……他这样做，会给我过多的荣誉，同时也会给我过多的侮辱"，① 但人们大多仍然倾向将马克思的历史唯物主义理解为一种普遍性的历史哲学。这是涉及将马克思的历史唯物主义理解为到底是一种只是解释世界的理论哲学，还是一种将解释世界从属于改变世界的实践哲学的重大原则性问题。而望月清司的精细研究则表明，马克思的历史理论并非要构造一个普适的历史哲学，而正是对于资本主义社会的解剖，也只是在历史地理解资本主义发生发展的意义上，马克思才涉及对于前资本主义社会的研究，对于未来社会的构想，也是基于对资本主义社会的剖析而进行的。显然，望月清司的工作将会促进中国学界对此一重大问题的进一步深入思考。

关于马克思的市民社会理论，中国学界自上世纪 80 年代以来便多有研究，但正如石井知章在论及平田清明的市民社会理论时所指出的那样："在日本 60—70 年代比较流行的以平田清明为主的所谓马克思主义市民社会论者在理论上的主要贡献是，把市民社会分为作为实体概念的资本主义

---

① 《马克思恩格斯选集》第 3 卷，人民出版社 1995 年版，第 341—342 页。

与作为抽象概念的市民社会,就是分为以历史的个体成立起来的资本主义
与以贯通历史的其下层结构。当时,许多日本马克思学者往往否定了市民
社会本身的意义,从而他们产生误读的同时,也错误地理解了广义的历史
唯物主义的基本结构,使用诸如商品经济社会,或资本主义社会等特殊的
用语。这一点,也许在中国也不例外。"① 石井知章在此用了一个"也
许",但实际上可以肯定地说,是"也不例外"。此外,石井知章上述关于
马克思主义市民社会论者应当包括望月清司在内。当然,正如韩立新教授
所指出的那样:"平田和望月的确有许多共同之处。但是,两人也并非完
全一致,除了望月对问题的论述更为严密、更为系统以外,他们在很多观
点,譬如在对'依赖关系史论'以及对'从封建制到市民社会'的理解上
也不尽相同。"② 这里要特别指出的是,望月清司以其"劳动和所有的同一
性"逻辑,即从劳动和所有的统一、分离和再结合来理解从共同体到市民
社会和资本主义,再到社会主义的历史发展理论,对于中国学界相关研究
的意义。这一理解视角中包含了一系列新颖的观点,如关于人类劳动行为
异化的必然性,异化劳动的第一个规定是贯穿人类历史始终的"自然的异
化"或者"物象的异化",对于《穆勒评注》中关于社会交往异化论理论
地位强调,对于从分工和交换视角理解从共同体到市民社会的变迁,对于
市民社会内在结构在未来社会中辩证扬弃等,都对我们以往的理解构成了
某种冲击,需要我们对之进行回应。而这种回应理所当然地会深化我们的
研究。

最令中国学界耳目一新的恐怕就是望月清司关于本源共同体的三种形
态与市民社会的关系问题的理论了。当然,中国学界早就关于亚细亚社会
形态问题进行过讨论,关于社会发展的"五形态"说与"三形态"说的争
论,更是经久不衰。新中国成立后最早对亚细亚生产方式的涉及大概始于
50 年代中期,在 70 年代末 80 年代初达到一个高潮,这一讨论也与对魏特
夫《东方专制主义》一书的批判相关。而后则在 80 年代末 90 年代初又一
次成为一个高潮。这次讨论高潮多与如何发展市场经济及市民社会有关。
其后虽然断断续续有过讨论,但未再能构成高潮。在这些讨论中,虽然也

---

① 石井知章:《平田清明的市民社会论——〈生产〉与〈交往〉是否能够突破〈亚细亚式〉
的挣扎?》,见张一兵主编《社会批判理论纪事》第 2 辑,江苏人民出版社 2007 年版。

② 韩立新:《马克思历史理论的新解释——关于望月清司〈马克思历史理论的研究〉的译者
解说》,《现代哲学》2009 年第 4 期。

有学者认识到马克思关于三种共同体之间既有时间上的先后关系，亦有并列起来的评价比较关系，但人们大多并未认识到马克思之提出这一概念之意蕴。正是平田清明、望月清司等日本学者所揭示出来的马克思三种本源共同体之"躺成一排"①的、与市民社会的不同关联，给我们打开了一个新的理论视界。这正如望月清司所指出的那样，"人类在不同的地区和不同的历史条件下创造出了亚细亚和地中海世界（阿尔卑斯山以南）以及西欧世界（阿尔卑斯山以北）三大文明圈，这三大文明圈却从根本上是受各自继承下来的本源共同体的解体方式所决定的，在现代是异质的。马克思的'发展阶段'图式不是单线的和继起的，而是复合的和并行的"②。更为重要的是，"包括亚细亚、古代世界在内的人类历史的三大生活圈当中，只有出色的'中世纪'才创造了市民社会，从而也创造了市民社会原理"③。而"从市民社会形成的角度来看，从本源共同体中分化出去的亚细亚（以及斯拉夫）、'古代（地中海）世界'只能是一条死胡同。它们要想完成'中世纪'→'近代'的形式转变，恐怕只有借助外力的作用"④。望月等人的这一说法，可能会使很多人感到诧异甚至震惊。正如韩立新教授所言，"说东方社会不能靠'内因'进入市民社会，这固然是一个令很多东方学者感到愤怒甚至绝望的结论。在《各种形式》公开出版以后，许多中国人、日本人和俄国人都曾对此进行过抗争。第二次世界大战前后曾两次在世界上出现的'亚细亚生产方式论争'、新中国成立前后我国历史学家对中国封建制度的证明以及对马克思'晚年构想'的夸大，其背后都有这一不服气的背景"⑤。但是，情感的意愿不能代替理智的逻辑，在理论思维中，我们只能摈弃非理智的东西。毋庸置疑，望月等人的这一理解，对于中国学界的相关研究将产生非常深刻的积极影响。

望月的著作在中国出版一年多来，已产生了广泛的影响。仅学术期刊网上可查到资料，显示出已有五十余篇论文涉及望月的理论，尽管其中一些论文只是浮光掠影式的涉及，但的确有一些评论性论文显示出论者对望

---

① "躺成一排"是望月清司引自大冢久雄的说法。参见望月清司《马克思历史理论的研究》，北京师范大学出版社 2009 年版，第 463 页。

② 望月清司：《马克思历史理论的研究》，北京师范大学出版社 2009 年版，第 463 页。

③ 同上书，第 473 页。

④ 同上书，第 480 页。

⑤ 韩立新：《中国的"日耳曼"式发展道路（上）——马克思〈资本主义生产以前的各种形式〉的研究》，《教学与研究》2011 年第 1 期。

月的著作进行过相当认真的研究。这表明望月的工作已在中国产生了积极
的影响，随着时间的推移，我以为还会进一步产生更为深入的影响。

三

如本文第一部分所述，中国马克思主义哲学研究正在从以理论哲学范
式转向实践哲学范式，特别是转向马克思的实践哲学范式。而所谓实践哲
学，就是马克思在《关于费尔巴哈的提纲》第十一条中所说的，是改变世
界的哲学。当然，与唯心主义不同，马克思强调是"人创造环境，同样，
环境也创造人"①。或者"人们自己创造自己的历史，但是他们并不是随心
所欲地创造，并不是在它们自己选定的条件下创造，而是在直接碰到的、
既定的、从过去承继下来的条件下创造"②。作为改变世界的哲学，其理论
必须能够说明世界是能够被改变的，以及何以能够被改变。这一问题也就
是历史行动何以可能的问题。但是，以往的马克思主义哲学阐释并未能合
理地说明这一点。第二国际的进化论阐释以及斯大林式的自然唯物主义式
阐释，都必然导向一种机械决定论，自然无以说明世界的可改变性，即便
是卢卡奇等人的黑格尔主义式的阐释，尽管强调主体的能动性，强调阶级
意识的决定作用，但由于将无产阶级本身理解为一种神秘的主体—客体，
试图借助黑格尔的实体即是主体的历史辩证法来解决问题，却仍然走向了
一种特殊而又神秘的历史决定论，从而也就无以说明改变世界何以可能。
萨特用存在主义对马克思主义的"改造"，则陷入了一种自由意志论。这
表明我们仍然必须从理论上探讨改变世界或者历史行动何以可能的问题。
这一问题不仅是中国马克思主义哲学所面临的问题，也是所有马克思主义
研究者所不得不面对的问题。事实上，自卢卡奇式的黑格尔马克思主义之
后，就有不少哲学家在探讨如何不仅超越斯大林式的机械决定论，而且超
越黑格尔式的马克思主义的历史决定论阐释模式。例如，葛兰西之将历史
必然性理解为客观条件与主体普遍意识的"复合体"③，阿多尔诺的"目

① 《马克思恩格斯选集》第 1 卷，人民出版社 1995 年版，第 92 页。
② 同上书，第 585 页。
③ 参见葛兰西《狱中札记》，中国社会科学出版社 2000 年版，第 324—330 页。

的论完全从辩证法的公式中移除了"① 的"非同一性"的"否定辩证法"②，阿尔都塞晚年提出的偶然相遇的唯物主义③，等等，都是在试图探索一种超越历史决定论的方案。但是，这些探讨仍多属抽象思辨，如何将之落实到对具体的历史过程理解之中，特别是如何基于对马克思文本的分析而克服似乎在马克思那里有坚实依据的流行的机械论历史发展模式，尚未能提供有效的论据。

　　然而，望月清司的"历史理论"却为我们提供了一个坚实文献依据的有效思路。这就是望月关于本源共同体的三种形态与市民社会不同关系的理论的进一步的重大意义之所在。望月的理论批判矛头所向是"教义体系"之对马克思的阐释。教义体系将本源共同体的三种形态理解为历时的形态，而望月等人的阐释则证明三种形态之间为"躺成一排"之并列关系。但望月等的这一阐释之意义却不仅限于证明教义体系之为谬误，而是还蕴含着更深的意义。这一意义就是在这里提出了一个重大问题，即既然只有所谓"出色的'中世纪'才创造了市民社会"，而这一"出色的'中世纪'"和不能创造出市民社会的亚细亚和古代世界的形成，都完全是由于"人类在不同的地区和不同的历史条件下"的活动所致，那么，一个不可避免的结论就只能是，能够创造出市民社会的"中世纪"或日耳曼共同体是由于种种偶然的历史条件才得以形成的，从而我们也不得不说，市民社会及作为其发展产物的资本主义社会也只能是偶然的历史条件的产物，而并不具有某种超历史的必然性。当然，在马克思的历史理论中，市民社会以及资本主义一旦形成，它自身就具有某种内在的必然趋势去扩张自身，以及为自身消亡创造历史条件的必然趋向，从而造成世界历史发展的某种必然性，但是市民社会及后继的资本主义的产生条件却是偶然的。换言之，这种必然趋势也是立足于偶然的历史条件之上的。这样一来，如果上述推论成立，那么我们就必须承认，马克思的历史唯物主义不能被归结为一种历史决定论，或者某种弱化的"统计决定论"、"系统决定论"等类似的说法。或者更进一步说，马克思的实践哲学是反对任何这类宣称普遍必然性的历史哲学的，马克思的历史唯物主义是一种对于现实生活进行

① 西姆：《后马克思主义思想史》，江苏人民出版社 2011 年版，第 124 页。
② 参见阿多尔诺《否定的辩证法》，重庆出版社 1993 年版，第 3—9 页。
③ 参见阿尔都塞《马克思与相遇的唯物主义》，《国外理论动态》2009 年第 10 期。

描述的历史科学。这样，在马克思看来，历史过程就是一种人与环境的互相创造，或者说就是在既定条件下的有限创造，从而历史行动或改变世界何以可能的问题也就得到了理论上的说明。

作为参照，此处值得一提的是与望月清司《马克思历史理论的研究》发表的同一时期的一些西方马克思主义的有关研究。这些研究通过对马克思文本的解读，直接得出了马克思主义否定任何历史必然性的结论。如辛德斯和赫斯特在《前资本主义生产方式》中得出了"马克思主义不是决定论，尤其不是经济决定论"的结论，他们认为，"马克思主义拥有一种非目的论的历史理论，按照这种理论，除了在现实进程和非预先给定的进程的结合中进行创造外，历史没有任何的必然性"①。稍后一些，布伦纳亦提出了类似论点。"在布伦纳看来，马克思相信前资本主义的不发展是通例，而从前资本主义到资本主义的过渡反倒是特例。布伦纳在他所谓的马克思'成熟时期'的历史唯物主义理论基础上，进一步考察了资本主义在西欧的起源，认为一系列偶然的历史事件导致了英国农业资本主义的起源，从而推动了农业生产力的发展，并使英国率先跳出'马尔萨斯陷阱'，最终确立了资本主义制度。"② 这样一来，"布伦纳对资产阶级革命的解释可能会得出革命的发生只是偶然的历史事件的结论"③。望月清司的《马克思历史理论的研究》出版于1973年，辛德斯和赫斯特的《前资本主义生产方式》出版于1975年，布伦纳的有关研究亦发表于稍后一段时间中，这一事实表明，望月清司理论眼光之敏锐与独到，同时当然也表明，历史行动的可能性问题在何种程度上成了世界范围内马克思主义研究关注的核心问题。

需要指出的是，前述从望月清司的本源共同体的三种形态理论中得出的关于历史唯物主义并非历史决定论的结论，是本文笔者自己推论出来的，而望月清司自己并未从中得出上述结论，而只是将之限制在一种比较切近的推论中，即认为"马克思的'发展阶段'图式不是单线的和继起的，而是复合的和并行的"。尽管望月清司未直接得出上述结论，但我以为从望月清司本源共同体的三种形态理论的前提中，是能够推出这一结论

① 转引自西姆《后马克思主义史》，江苏人民出版社2011年版，第79、80页。
② 鲁克俭：《重新审视"发展命题"》，《哲学研究》2008年第9期。
③ 参见鲁克俭《布伦纳的政治马克思主义评析》，《当代世界与社会主义》2006年第2期。

的。望月清司是否会同意上述推论，笔者不得而知①，但笔者以为，无论如何，这一结论是应该归功于他的。此外，还需要说明的是，辛德斯和赫斯特以及布伦纳等人的反历史决定论，与笔者从望月清司有关理论中推论出的非历史决定论虽有相近之处，但基本原则上是不相同的。因为在笔者看来，与机械决定论相对，这些对决定论的抛弃似乎又从另一个方向上背离了马克思关于历史是人们在既定条件下有限创造的观念，从而也偏向一个极端了。且以西姆之见，辛德斯和赫斯特等人的这些阐释构成了"后马克思主义之前的后马克思主义"的核心内容，即构成了后马克思主义的先导。而笔者以为，后马克思主义在反驳对于马克思主义之理论哲学阐释而主张一种行动的哲学而言，尽管有其积极意义，但毕竟走得太远了。

（原载《哲学动态》2011 年第 9 期）

---

① 在望月清司来华访问期间的一次座谈会上，笔者曾当面向其提出这一问题，但可能是由于时间关系或其他原因，望月清司未对此问题作回应。

财产权批判的政治观念
与历史方法

张　盾

一　财产权问题的政治之维

　　财富和财产权问题一直是西方学界的热点，近年来国内学界也开始予以关注，这是一个重要学术动向。因为现代社会是经济型社会，财富的生产及其占有既是这个社会的实体，也是它的首要目标，这决定了马克思历史唯物主义从经济角度对现代社会的批判性理解，需要在政治上落实于财产权问题，庶可避免流于抽象和概念化。

　　有关财产问题的持久讨论隐藏着有关现代政治的性质与根基的论争，贯穿了整个现代思想史，构成了马克思资本主义批判和政治经济学批判的总背景。如果从历史上划分，现代对于财产的政治理解经历了两个明显不同的时代。自 17 世纪英国革命之后的大约 100 年间，是财产权被正面理解并奠定为现代政治基础的时代。其理论上的关键一步，先有洛克提出，私有财产权是现代人自由和权利的首要基础，财产权的正当性来自劳动；斯密紧随其后，发现"一般劳动"是财富的唯一本质，从经济学的科学理论上支持洛克。自此，现代对于财产的政治信念有了一个真正的理论基础，财产和劳动成为现代政治哲学的基础性问题。洛克和斯密理论代表了自由资本主义上升时期的时代精神，即完全从正面理解财产权，把私有财产权当作自由的基础，不考虑（或看不到）财产权与贫困和社会不平等的存在是否有着某种内在联系。自 18 世纪中期起，随着现代性矛盾的凸显，这种正面理解被质疑，财产权开始被从反面指认为导致贫苦大众悲惨处境的原因，造成人类不平等的根源，引发一切社会问题的深层症结所在。卢梭1750年的出场可以作为这个财产权批判时代到来的标志。由卢梭唤醒的批判意识，第一次看到财产不仅不是现代政治无可置疑的基础，财产与其对立面贫困构成的矛盾恰恰是现代政治的最大难题，贫困是由财产权在政治上导致的一个后果，在18世纪以后逐渐被称为"社会问题"，该问题只有通过改变财产权的归属结构才能加以解决。这就是18世纪以后新版本的财产权问题，它从法国思想界开始，经过法国社会主义的一系列中介和发展，延伸到19世纪以康德、黑格尔为代表的德国思想界，最后在马克思与蒲鲁东的争论中达到一个高峰。

按照马克思的看法，蒲鲁东在这场关乎现代政治根基的论争中"起了划时代的作用"（《马克思恩格斯选集》第2卷，第613页）。因为将财产权作为一个独立问题提出，并将其确定为"社会问题"的聚焦点，是从蒲鲁东的著作《什么是所有权》开始的，这本书宣布："财产权就是盗窃！"这本书问世的1840年正是马克思革命理论的问题意识从晦暗走向澄明的重要阶段，当时它对马克思的震撼可想而知。在此之前，特别是在圣西门和傅立叶那里，对资本主义的批判和对"社会问题"的解决，终未能将其焦点自觉落在财产权问题上。蒲鲁东的重要性在于，他是第一个对现代资产阶级财产权之合法性的某些最重要的"本质直观"提出致命批判的人。

1. 先占权。某物属于时间上最先占有它的那个人所有，这种先占权是财产作为一种权利之合法性的最古老的直观，它的历史可以上溯至罗马法，向下则延续到自洛克到诺齐克的现代权利观点。它被认为是私有财产的第一位守护神。蒲鲁东的批判矛头首先指向先占权。他极力证明："先占"并非权利的自明前提，平等才是权利的自明前提，平等是正义的本质（蒲鲁东，2009年，第271页）。根据平等原则，蒲鲁东重新规定"占有"概念：第一，占有只能是平等的：每个人占有财富的份额不能妨害他人，这个份额必须是天下财富总额除以参与分割的总人数得出的平均数。第二，占有是变动不居的：对天下财富的占有尺度也要随同出生和死亡导致的人数变动而不断调整，这意味着构成所有权的占有行为是一个偶然的事实，所有权并非天然的绝对的权利（同上书，第87—88、322页）。由上述两点推出，占有的原初概念是"平等占有"，而非"先占权"。

2. 劳动。劳动在现代成为财产权合法性的新基础，在理论上是洛克和斯密的创造："劳动创造财富并确立财产权。"蒲鲁东力排这一现代信条，使劳动和财产的关系成为难题。蒲鲁东首先论证劳动没有使土地这种自然财富私有化的内在效力，以此反驳洛克。即使劳动产生所有权，也只适用于劳动的产品，而不适用于土地，因为土地是不能被私有的，只能被平等地占有（蒲鲁东，第 141、121 页）。劳动产生所有权的正确含义应该是：劳动者是他所创造的全部价值的所有人，这种权利决不仅限于工人的工资。因此，当资本家用工资支付工人的劳动，在工人方面，这完全是无知；在资本家方面，这是盗窃和诈骗（同上书，第 153、146—147 页）。解决的办法是"分割财产"，由劳动者和雇主分享全部产品和价值，其结果必然使所有人在财产和地位上都趋于平等，从而回归劳动的本来意义："通过劳动，我们走向平等。"（同上书，第 152、153 页）

3. 收益权。如果说财产权的合法性根据来自占有和劳动，那么它的实现形式就是收益权。所谓收益权就是资本以产权资格索取剩余价值的权利。蒲鲁东力陈收益权是一种"反社会的"特权，其实现形式是地租、利息和利润，其本质则是所有权人可以不劳动而收获、不生产而占有的一种权力，因此收益权最突出地显示了财产权的盗窃特性，它实际上是对社会的产品预征的一笔反社会的税收（同上书，第 193、206 页）。因此，收益权必须取缔，代之以一种"合理收益"的新概念：既然每个人都有平等的占用权，每个人就都是所有权人，从而每个人都有收益权，"如果劳动者由于所有权而不得不把地租付给土地所有人，那么，根据同样的权利，土地所有人也应该把相等的地租给予劳动者"（同上书，第 212 页）。

蒲鲁东通过上述对先占、劳动和收益权的三个批判击中了财产权的要害。因为，对现代人来说，正是"谁先占归谁所有"、"劳动致富"和"谁出资谁收益"这些基本直观，从根本上支撑着私有财产权神圣不可侵犯的信条。它们是法律的先验基础。蒲鲁东批判这些直观，这等于是对现代"最神圣的东西"挑战，由此引起轩然大波，据说在 1848 年革命期间，体制内机构曾悬赏征集对蒲鲁东的抗辩，巴师夏著名的《经济和谐论》就是为了回应蒲鲁东而作。在同时代人中，只有马克思准确地抓住了蒲鲁东著作的用意及其价值：蒲鲁东把财产权勘定为政治经济学的根本问题，政治经济学总是从私有财产使人民富有这一事实出发为财产权做辩护，蒲鲁东则是从私有财产造成贫穷这一事实出发要求废除财产。"这就是蒲鲁东在科学上完成的巨大进步，这个进步使政治经济学革命化了，并且第一次使政治经济学有可能成为真正的科学。蒲鲁东的'什么是财产?'这部著作对现代政治经济学的意义，正如西哀士的著作'什么是第三等级?'对

现代政治学的意义一样。"（《马克思恩格斯全集》第 2 卷，第 1 版，第
42、38—39 页）

需要说明，当蒲鲁东把财产权定义为盗窃，他反对的是现代资产阶级
财产权，而非反对任何形式的财产权。确切地说，蒲鲁东要求的是那种以
劳动以及自由平等的买卖为基础的最最不能让予的个人的财产，他正是以
这种个人财产权的名义，要求伸张"穷人的权利"和"无产者地位的恢
复"。他捍卫的实际对象是大革命后获得土地的法国农民、"小所有人"、
"自由而诚实的劳动阶级"，资本主义的发展从根本上破坏了这些人的生存
根基。（蒲鲁东，2009 年，第 284—285、355—356 页）马克思非常准确
地把蒲鲁东立场定位为小资产阶级社会主义，对这个立场予以坚决抵制，
指出蒲鲁东在政治上徘徊于资产者与无产者之间，在理论上则摇摆于政治
经济学和共产主义之间，认为"其实他远在这两者之下"，最终"不能超
出资产者的眼界"。（《马克思恩格斯选集》第 1 卷，第 155—156 页）马克
思和蒲鲁东在反资本主义方略上的根本差异在于：马克思用来取代资产阶
级财产权统治的"平等的自由联合"，不是以平等为基础的小财产所有制，
而是"联合起来的个人对全部生产力总和的占有"。这种"联合占有"方
略的根据来自于，现代生产已不是传统农业、手工业那种小生产，而是大
工业和世界市场主导下的社会化大生产。而小资产阶级因其生存基础与现
行生产体制相矛盾，必趋于没落和消亡。蒲鲁东以小私有财产权名义抗议
资本主义的统治，他依据的是法国大革命所揭示的普遍平等原则；马克思
则认为蒲鲁东主张的普遍平等的小财产权是不可能的，他依据的是他自己
建构的一个全新政治理论：现代社会必将分裂为两大阶级的对立，一边是
无产阶级绝对贫困化并最终成长为革命主体，另一边则是资产阶级占有全
部财富，同时也使财富的生产和财富本身变成社会化的，从而为社会主义
的共同占有制奠定基础。马克思坚持在这个框架内理解现代政治的一切
问题。

在批判资产阶级财产权这一共同理论事业中，马克思同蒲鲁东之间关
于财产、阶级和社会结构的争论，对后世产生了重大而深远的影响。反思
历史，人们看到了财产与贫困问题在 1789 年法国革命、1917 年俄国革命
和 1949 年中国革命中发挥的巨大作用，同时也目睹了 20 世纪后期以来资
本主义社会结构的某些重大变化。总的来说，被蒲鲁东和马克思批判的资
产阶级财产权的压迫性依然是最基本的政治事实，但马克思理论遇到的最

大挑战是，无产阶级的绝对贫困化并没有发生，被他寄予厚望的西方发达国家工人阶级反而从潜在革命主体退变成今日消费者大众，成为保守的政治力量，这个变化使马克思关于全体无产者对社会财富总和的联合占有的构想落空。同时，中产阶级的大量崛起改变了贫富两极对立的旧社会结构，也极大地修改了人们以阶级对立为核心的政治想象，使得蒲鲁东以 19 世纪法国小资产者为原型、以普遍平等为基础的个人财产权理论重新引起人们的关注。当代西方学界出现的各种分配正义问题和平等主义财产理论等，均显示着蒲鲁东的影响，也推动着人们重新反思马克思与蒲鲁东关于财产权问题的争论。

回顾历史，法国既是社会主义思潮和财产权批判的故乡，又是小农经济这种落后生产方式的国度。马克思认为这是一个矛盾，他有一个判断：小资产者是社会矛盾的体现，体现在："蒲鲁东一方面以法国小农的（后来是小资产者的）立场和眼光来批判社会，另一方面他又用他从社会主义者那里借来的尺度衡量社会。"（《马克思恩格斯选集》第 2 卷，第 615 页）其实以历史学的眼光看，对财产权的批判首先在法国启动并非偶然。因为，财产权是典型的现代政治问题，但财产问题的尖锐化在法国不是以马克思最关注的资本与劳动对立形式出现，而是以旧世界的特权压迫这种形式来表现。而全新的现代政治问题已经主导了历史，即财产应该成为现代人自由和平等的基础；在法国这个旧世界，只能通过革命的暴力和流血来彻底改变社会的结构，实现平等。可见，法国革命之所以是一场现代革命就在于，它是财产权批判的政治后果，它使对财产权的批判从一个理论观点变成了现实。法国革命的最重要成就，就是以法令的形式低价出售国有土地，使大多数贫困农民成为拥有土地的小财产所有者。所以马克思轻蔑谈到的法国农村小资产者，也许正是法国革命的成果，正是这样的社会基础孕育了法国社会主义和蒲鲁东。至于说到这种平等的社会结构在资本主义条件下如何站不住脚，那才开始进入马克思的问题。

二　财产权问题的历史之维

如果说，马克思对蒲鲁东的第一个重要批判指向蒲鲁东所代表的小资产者立场，那么，他对蒲鲁东的第二个重要批判就是：蒲鲁东对财产权的批判研究缺乏历史感，此批判主要针对的是蒲鲁东的另一本重要著作《贫困的哲学》（1846 年）。这本书不再满足于对财产权本身的批判，而是追求"科学的体系"，为此而模仿了黑格尔的"概念与历史统一"方法，将十个重要经济范畴纳入一种历史系列，称为经济发展的"十个时期"，并宣称这个分期"不是那种符合时间顺序的历史，而是一种符合观念顺序的历史"（蒲鲁东，2000 年，上卷，第 156 页）。蒲鲁东对黑格尔历史方法的模仿根本达不到黑格尔的概念高度，反而损害了他此前批判资产阶级财产权的成就和光芒。马克思认为，蒲鲁东的谬误恰在于他的非历史观点，他在讨论经济体制问题时没有探讨 17 世纪、18 世纪和 19 世纪"历史的实在进程"，特别是没有把这些现存体制看作是"历史性的和暂时的产物"，而是将其看做抽象的永恒的范畴，于是回到资产阶级经济学立场（《马克思恩格斯选集》第 4 卷，第 533、539 页；第 2 卷，第 616—617 页）。

马克思对蒲鲁东的批判，学界多有研究。这里只强调一点：就在马克思开始启动对蒲鲁东论战的那个时刻，他刚刚突破性地发现历史唯物主义的新原理，从政治哲学角度可以认为，新历史理论是马克思在继承黑格尔历史方法和法国财产权批判基础上，重新设计的关于资本主义历史命运的一种政治理论，其核心观点为：资本主义经济关系不是自然的永恒的，而是历史的暂时的，因而是必然灭亡的。这意味着，对资本主义的非历史理解就是对它的永恒性辩护，达不到历史性理解就达不到最彻底的批判。对马克思来说，蒲鲁东的价值就在于他把财产权问题带到历史研究的门口，正是在这种问题背景下，蒲鲁东成为马克思的长期论敌，对财产权的历史研究成为马克思毕生的研究课题。这项历史研究在《1857—1858 年经济学手稿》中充分展开，其中的"资本主义生产以前的各种形式"是一个特别重要的篇章，在那里马克思不忘点明其初衷："蒲鲁东先生称之为财产的非经济起源的那种东西，……无非就是资产阶级经济的历史起源，即在政治经济学各种范畴中得到理论或观念表现的那些生产形式的历史起源。"（《马克思恩格斯全集》第 30 卷，第 2 版，第 480—481 页）尽管手稿里的历史研究内容在《资本论》中因为科学体系的需要而大大压缩，但它在马克思的学说中仍然具有绝对的重要性，因为马克思的意图十分明显：通过对财产权的历史性理解，他将给资本主义的合法性以最致命的一击。

另一点需要预先说明的是，马克思对财产权的历史研究主要在生产领域展开，而较少在分配领域讨论问题，这和蒲鲁东形成鲜明的对比。今天人们看到，马克思对生产的特殊重视在 20 世纪备受诉病，认为马克思忽视了最重要的分配问题，只把分配当做生产的一个内在要素，由此带来了严重的政治后果。更重要的是，今天的财富问题已远远超出作为"实体经济"的生产范畴，而牵涉到金融、商业、服务业和物流业等更广泛的领域，仅仅着眼于生产已远不能解释财富和财产权问题，比如有人把比尔·盖茨的成功当成马克思"剩余价值"学说的终结。尽管如此，就马克思同蒲鲁东关于财产权的历史研究之争这一学术史个案来看，我们将看到，从生产角度切入，赋予了马克思对财产权的历史研究以空前的深度和穿透力；另一方，尽管蒲鲁东也有从罗马帝国到法国大革命之间财产权变革的相当深入的历史研究（参见蒲鲁东，2009 年，第 379—412 页），但恰恰由于他的研究滞留于分配问题而从未进入生产问题，从而根本上限制了他的研究工作的深度。

从历史—生产角度理解财产，马克思发现，所谓财产的最原初含义就是人把他的生产的自然条件看做是属于他的"他自己的东西"；最重要的原初生产条件是土地，财产权意味着"把大地当作劳动的个人的财产"（《马克思恩格斯全集》第 30 卷，第 2 版，第 484、482、476 页）。马克思又强调，这种原始财产关系必须以个人作为共同体成员为前提。马克思详细区分了这种以土地为基础的古代所有制的几种形式：古典古代（希腊和罗马）的、东方（亚细亚）的、中世纪（日耳曼）的等；不论细节，它们一般的共同点是：以土地和农业为基础，生产的目的不是积累财富而是使用价值，以及最重要的劳动与财产的同一性："劳动者是所有者。"（同上书，第 490 页）这是作为辩证法起点的那种抽象同一性，它是全部财产权历史研究的起点，马克思认为，只有在这种劳动与财产同一的原始形式中，才能真正直观到作为现代最高信条的"劳动创造财富并确立财产权"的原初有效状态，在现代它反而失效并退隐。因为，只有在这种简单的原初状态中，个人相互间的经济行为才真正表现为"等价物的交换"："在这里，所有权还只是表现为通过劳动占有劳动产品，以及通过自己的劳动占有他人劳动的产品，只要自己劳动的产品被他人的劳动购买便是如此。对他人劳动的所有权是以自己劳动的等价物为中介而取得的。"（同上书，第192 页）所以只有在这里才能看到洛克倡导的"私有财产之正当性来自劳动"，和蒲鲁东追求的"所有权之自由和平等"。

但是这种抽象的同一性必然否定自身，在后来的发展中，"这样的等价物的交换转向自己的反面，由于必然的辩证法而表现为劳动和所有权的绝对分离，表现为不通过交换不付给等价物而占有他人的劳动"(《马克思恩格斯全集》第30卷，第2版，第510页)。马克思认为，劳动与财产的分离是一个历史过程，这个过程是现代资产阶级财产关系的历史前提，这个历史过程最能揭示资产阶级财产权的政治本质，他在《资本主义生产以前的各种形式》中以很大篇幅描述了这一历史过程。大致说来，随着生产力的提高，旧有的共同体经济结构被破坏，出现了单个的人可能丧失自己财产的条件。马克思详细讨论了三种"财产历史形式"的解体过程：第一种是劳动者把土地看作是自己财产的那种关系的解体，即自由劳动的小农土地所有制的解体；第二种是劳动者对劳动工具的所有权的解体，也就是手工业劳动的行会制度的解体；第三种是劳动者的人身当作生产条件被人占有的农奴制关系的解体，这是劳动者与土地分离的又一种途径（同上书，第490—496页）。这些历史过程的最后结果是：使一个民族的大批个人脱离以前作为其财产的客观生产条件，变成自由雇佣工人，同时使劳动的客观条件成为"他人的财产"和这些个人相对立（同上书，第492、496页），也就是资本。这就是"资本原始积累"。按马克思分析，所谓劳动和财产相脱离意味着：一方面，劳动作为脱离财产的单纯的劳动表现为"活劳动"，另一方面，财产作为劳动的产品获得了与活劳动相对立的完全独立的存在，表现为"对象化劳动"。在这种劳动和财产、活劳动和对象化劳动的否定关系中，人类的财产权观念发生了一次最彻底的巨变，即财产权的实现从简单公正的等价物交换规律变成以赢利为目标的价值增殖规律。

通常认为马克思对资本主义最致命的批判是剩余价值学说的发现，这只是比较早期的看法。今天政治哲学的问题意识认为，马克思对资本主义最致命的批判是他对资产阶级财产权的去合法化，这项工作集中表现在1857年手稿里大量反复展开（而在《资本论》中又被大大压缩）的相关论述中。简单说，无论洛克、康德还是今天的经济学家都认为，现代财产权的合法性在于它基本依循着"劳动确立财产权"和"自由平等交换"的一般规则，在此基础上商业市场、金融市场乃至劳务市场通行的"合理赢利"原则与该基础并无根本冲突，反而是社会存在和发展的必要条件。马克思则极力在他所发现的"劳动与财产分离"这一理论框架中论证：人类财产权的一般规范基础，特别是现代社会所宣扬的所有权的一般规律，在现实的资产阶级财产关系中被彻底颠覆了，这就是1857年手稿里所谓"所有权的两条规律"，这是马克思对财产权的历史研究所得出的最重要的政治结论："为了把资本同雇佣劳动的关系表述为所有权的关系或规律，我们只需要把双方在价值增值过程中的行为表述为占有的过程。例如，剩余劳动变为资本的剩余价值，这一点意味着：工人并不占有他自己劳动的产品，这个产品对他来说表现为他人的财产，反过来说，他人的劳动表现为资本的财产。资产阶级所有权的这第二条规律是第一条规律转变来的……第一条是劳动和所有权的同一性；第二条是劳动表现为被否定的所有权，或者说，所有权表现为对他人劳动的异己性的否定。"（《马克思恩格斯全集》第 30 卷，第 2 版，第 463 页）马克思断言，主流经济学家"没有能力把资本作为资本所采用的占有方式同资本的社会自身所宣扬的所有权的一般规律调和起来"（同上书，第 452 页）。

概括说来，马克思运用历史方法对现代财产权的批判研究包括两个部分：（1）对"资本生成的条件"的研究，证明所谓原始积累就是使劳动和财产分离的历史过程，作为资本主义的历史前提，其本质是对财产权的直接暴力侵犯，其具体内容是："大量的人突然被强制地同自己的生产资料分离，被当作不受法律保护的无产者抛向劳动市场。对农业生产者即农民的土地的侵夺，形成全部过程的基础。"（马克思，1975 年，第 784 页）（2）对"资本现在实现的条件"的研究，这就是"不通过交换却又在交换的假象下占有他人的劳动"（《马克思恩格斯全集》第 30 卷，第 2 版，第 505 页），其本质是在自由平等的形式下对财产权的隐蔽侵犯。

现在我们可以断言，《资本论》的最核心问题是财富和财产权问题，正是在这个意义上蒲鲁东才成为马克思毕生的重要论敌之一。另一个重要论敌是政治经济学，而马克思的政治经济学批判始终聚焦于财产权问题，这一批判在 1857 年手稿里充分展开，并突出表现在：马克思最重要的历史研究作品《资本主义生产以前的各种形式》，所针对的正是政治经济学关于"资本对他人劳动的果实有永恒权利的结论"（同上书，第 499 页）。历史研究的内容在后来出版的《资本论》第一卷中大大压缩。但从《资本论》本身的科学体系仍然可以看出：第一，《资本论》之所以从商品入手，是因为"商品是资本主义生产方式占统治地位的社会的财富的元素形式"（马克思，1975 年，第 47 页），商品分析的理论内核是财富问题。第二，《资本论》第 1 卷第二篇"货币转化为资本"，是浓缩了 1857 年手稿关于财产权历史研究的全部内容之后才得以成立的理论问题，只有在财产权批判这个根本问题背景之下，《资本论》以下各篇关于剩余价值生产的研究才有其归属。因为按照马克思的根本观点，工业资本是私有财产权的现代形式，也是其最高完成形式，"只有这时私有财产才能完成它对人的统治，并以最普遍的形式成为世界历史性的力量"（马克思，2004 年，第 77页）。

学界有一种观点认为，马克思政治经济学批判所实现的最大理论推进，是从一般的财富讨论经过财产权的中介进入"价值"范畴，最后取得了以劳动价值论为基础的剩余价值学说。这种观点无论对理解马克思的政治经济学批判，还是理解他的整个政治哲学，都是全然不得要领的，也许它只看到了价值研究在《资本论》中所占的巨大篇幅。就政治哲学问题的本质来看，"价值"只是马克思对财产权历史变更过程进行分析的工具性概念，马克思政治经济学批判的根本问题仍然是财产权问题。具体来说，原初财产关系中的劳动与财产的同一，表现为以使用价值为目的的生产，后来由于"交换和交换价值的发展……导致劳动对其生存条件的所有权关系的解体"，那些跟劳动分离的客观劳动条件以货币、商业资本乃至工业资本等新形式取得独立的存在，马克思将其规定为"价值"："在这种形式上一切原有的政治等等形式的关系都已经消失，这些劳动的客观条件已经只是以价值的形式，以独立的价值的形式，与那些已同这些条件分离的丧失了财产的个人相对立。"（《马克思恩格斯全集》第 30 卷，第 2 版，第 504、497 页）由此而发生了所有权关系和生产目的的根本改变，按马克思揭示，以交换价值为目的的生产也就是以价值增值为目标的生产，其本质是不支付等价物便占有他人的劳动。这可以证明，马克思政治经济学批判的理论归宿始终是财产权问题，《资本论》基于劳动价值论对剩余价值学说的全部研究，都是为了把财产权问题引入生产领域中来讨论，把价值增值过程揭露为对他人劳动的剥削，从而揭露资产阶级财产权的非法性和不义性。在一定意义上也可以说，是为了回应蒲鲁东的问题。

三 从财产权问题看马克思与黑格尔法哲学

蒲鲁东模仿黑格尔历史方法所带来的一个负面后果，是引发了马克思对黑格尔历史方法的激烈反感。在《哲学的贫困》第二章，马克思把矛头指向黑格尔历史方法：黑格尔把一切事物都归结为逻辑范畴，把一切历史运动都抽象为纯理性的运动。我个人认为，这次批判只与蒲鲁东《贫困的哲学》书中对黑格尔方法的拙劣模仿这个个案有关，它无法与马克思不时表达出的对黑格尔逻辑—历史方法的衷心赞美取得一致。不消说，马克思对黑格尔的态度是充满矛盾的，正是马克思在这之前说过，黑格尔第一次为全部历史特别是现代世界创造了一个全面的结构，黑格尔方法经常在思辨的叙述中把握到事物的真实本质（《马克思恩格斯全集》第 3 卷，第 1 版，第 190 页；第 2 卷，第 1 版，第 76 页）。我认为这才是马克思对黑格尔历史方法的真实而又准确的精神体验。

黑格尔关注的对象就是现实的历史。拉吉罗一言中的："或许除去亚里士多德，还没有一种政治体系像黑格尔《法哲学原理》一样富于历史的内容。"（拉吉罗，2003 年，第 215 页）但是仅仅做到关注现实的历史是不够的，在政治哲学中，更重要的问题是这种关注能否上升到一种"概念式的理解"。《法哲学原理》在开篇处就讨论所有权这个现代政治的核心问题。按黑格尔的概念理解，权利的概念是自由，但自由如果不是幻想中抽象的"无限权力"，它就必须落实在特定的外在对象上："财产是自由最初的定在"（黑格尔，1982 年，§45 附释），"我的意志在所有权中对我说来成为客观的"（同上，§46）。很显然，黑格尔所谈这些乃是由洛克奠定的现代性前提观点，连卢梭和马克思都接受这一前提，现代政治哲学的分歧亦以此为起点而发生。简言之，马克思的革命理论继续执著于财产问题，他批判财产权的资产阶级形式，以此挑战"私有财产神圣不可侵犯"这个洛克信条。黑格尔则把眼光投向比财产更高的目标，他把财产当做只是现代人自由的"最初定在"，而把最终目标确定为，如何在主客观相统一的国家制度层面上实现特殊性和普遍性的统一，以此挽救现代性的危机。重要的是，黑格尔以这种不同于马克思的卓异思路，同样拒斥了"私有财产神圣不可侵犯"的洛克信条，表现于两点。

第一，黑格尔认为，生命权大于财产权，生命作为人格的权利在黑格尔看来是自由的最高内涵，而财产权只是自由的"最初的"和"有限的"定在，只在市民社会这一经济领域是最高权力。当两者发生冲突时，黑格尔明确主张生命的价值高于财产的价值。在《法哲学原理》的第 127 节，可以看到黑格尔对现代财产权信条的抵制："当生命遇到极度危险，而与他人的合法所有权发生冲突时，它得主张紧急避难权（并不是作为公平而是作为权利），因为在这种情况下，一方面定在遭到无限侵害，从而会产生整个无法状态，另一方面，只有自由的那单一的局限的定在受到侵害，因而作为法的法以及仅其所有权遭受侵害者的权利能力，同时都得到了承认。"（黑格尔，1982 年，§127）德文中"紧急避难权"（Notrecht）的直译就是"不法"。黑格尔显然认为，当偷窃一个面包就能挽救生命，此种对所有权的侵犯不算暴行，而是对一个更高权利的肯定。因为，一边是"他人的所有权"受到有限侵害，另一边是"一个人的生命"遭受无限侵害；前者处于危险中的只是"自由的某种单一的有限的定在"，后者处于危险中的却是作为一种"无限"的生命本身。面临这种情况，黑格尔明确主张，生命权可以成为替"不法"行为辩护的根据，"因为克制而不为这种不法行为这件事本身是一种不法，而且是最严重的不法，因为它全部否定了自由的定在"（同上，§127 补充）。在思想史上，生命权是现代政治哲学所主张的另一项基本人权，它在霍布斯那里获得了经典表述：自我保存是人类最大的自然权利。当生命权与财产权发生冲突时，它产生出一种特殊的批判意味：在这种语境中，所谓生命权的实质是对财产权的否定，即"不法"，它的具体内容是指"穷人挣扎着活下去的权利"和"对有产者进行劫掠的权利"。这样一种生命权曾是法国大革命的一个口号，黑格尔则在一个更高的理论高度上，以"生命权"的名义质疑了洛克的私有财产权信条，从而将自己与主流自由主义分开，而跟卢梭和马克思站在一起。

第二，黑格尔进一步认为，对于更高的目标来说，无论财产权和生命权都可以放弃，这个目标就是国家。黑格尔的国家不是哪一个现实中的国家，而是一个用来表示自由理念的建构物：国家是具体自由的定在形态，这个具体自由的内容就是特殊性和普遍性的统一、私利和公共善的统一。黑格尔的国家学说，就其对财产权和生命权的超越来说，乃是与马克思并立而行的又一个与主流现代意识形态完全异质的思路，其批判性价值有待重新评估。其中最重要的是，黑格尔不承认"个人权利"这一现代政治哲学的至上原则，他提出，国家不是市民社会，它拒绝把保护个人的生命和财产权利看做现代政治的最终目的："有一种很谬误的打算，在对个人提出这种牺牲的要求这一问题上，把国家只看成市民社会，把它的最终目的只看成个人生命财产的安全。"（黑格尔，1982 年，§324 附释）今天看，黑格尔这一观点中包含着对现代政治的深刻批判性理解，按此理解，在从自然状态走向公民社会这一实际历史过程中，随着保护个人私有财产上升为现代政治的最高目标，作为政治公共领域的"公民社会"范畴亦下降为作为私人经济活动领域的"市民社会"，公民变成资产者，国家混同于市民社会。黑格尔努力重新划定这两者之间的界限，他的"市民社会"概念和"国家"概念与整个现代政治哲学传统分道扬镳：市民社会只是人们通过经济活动追求私利的领域，国家则是代表具体自由的一个更高的政治领域。黑格尔蔑视资产者的私利原则，认为生命和财产只是"有限的东西"，属于自然领域，只有在生命、财产为国家而牺牲时，它们才"上升为自由的作品，即一种伦理性的东西"（黑格尔，1982 年，§ 324 附释）。耐人寻味的是，马克思接受了黑格尔对市民社会范畴的新理解，但却拒绝了黑格尔从国家出发对现代性的批判思路，坚持在经济领域解决市民社会的一切困局："对市民社会的解剖应该到政治经济学中去寻求。"

随着市民社会与国家概念的界限重新勘定，黑格尔将现代政治的核心问题，即特殊性与普遍性之间、只关注一己私利的经济活动与公共性的政治诉求之间的关系问题，规划为"市民社会与国家"这一问题，集中加以探讨。基于黑格尔对财产和私有制的贬抑态度，他不可能主张"市民社会决定国家"，市民社会虽然在事实上是现代政治的实体，但它不可能成为现代政治的理想。黑格尔认为，市民社会以私利的特殊性为第一原则，使欲望的扩张和贫困的扩张都成为无限度的，必然导致贫富分化和不平等（同上，§ 185、§ 243—245）。黑格尔对现代市民社会的这种否定性态度，最突出地体现在，在他对现代社会等级结构的划分中，竟然没给当时已经羽翼丰满成为统治阶级的资产阶级指定一个明确而合适的位置，而是把"普遍等级"给予了普鲁士的容克地主（同上，§ 305、§ 306）。这种态度再次与主流的现代政治观点大相径庭，其后继者马克思则把这个"普遍等级"给予了无产阶级。

但另一方面，黑格尔辩证的政治思维也拒绝那种"始终死抱住普遍物"，而将特殊性完全排除的非现实态度，他以其概念方法所达到的那种深度和历史感，对现代市民社会的成就与合理性作了公正而有说服力的辩护："市民社会是在现代世界中形成的，现代世界第一次使理念的一切规定各得其所"（同上，§ 182 补充），使每个人的权利特别是财产权成为正当的东西，并使之取得普遍性的基础和必要形式（同上，§ 184）。那种认为黑格尔片面主张了"国家决定市民社会"的看法似缺乏根据，因为黑格尔反复讲，现代国家只有在市民社会这一现实中才能取得它的"定在"，"现代国家的本质在于，普遍物是同特殊性的完全自由和私人福利相结合的"（同上，§ 260 补充）。

总之，黑格尔把现代性之批判和拯救的目标定位为"特殊性与普遍性的统一"，把这种统一具体地标识为"国家"，这个国家作为建构性的政治理想，远远超出直接现实，其性质类似于马克思的"自由人联合体"。两者对比：马克思的目标是全体个人对社会财富总和的联合占有，以及每个人个性的全面发展，其问题意识执著于经济领域和市民社会批判，尤其执著于解决现代最大难题财产权问题，显示了高度的政治理想主义。黑格尔的目标则是实现私利与公共善的完美统一，其问题意识本乎市民社会的财产问题，因而充满现实感；但就其坚信"人是被规定着过普遍生活的"（黑格尔，1982年，§258附释），最终坚持普遍物对特殊利益优先、国家对市民社会优先来说，其问题意识又超越了市民社会、经济领域和财产权问题，而指向更高远的理想，政治气质近于古典共和主义。

在财产权问题上，黑格尔揭示了一条既反对洛克的肯定式理解，又不同于蒲鲁东和马克思的否定性理解的另一种卓异思路，它就体现在《法哲学原理》这本书的"三段式"结构中：黑格尔把财产权及其批判当做只是自由发展的第一阶段（见该书的第一篇），即当做只是纯客观性的"抽象权利"予以扬弃，同时深刻批判了现代社会的私利原则和财产权不可侵犯的信条。在自由发展的第二阶段，即主观自由的"道德"阶段（该书的第二篇），黑格尔将财产权问题推进为：如何根除由于财富分配不均造成的贫困？在这里，他反对通行见解把慈善事业当做根除贫困的一条路径，理由是：基于个人善良的慈善事业作为"道德"的主观性，虽然是一种文明的进步，但这种个人的善行因其建立于个人主观性的偶然基础上，因而是靠不住的。黑格尔认为，解决财产分配和贫困问题的根本途径在于"国家的普遍行动"，即建立起主观善良与客观制度相统一的"道德政治"和"国家善政"，这才进入了自由发展的第三阶段，即主客同一的"伦理"阶段，这就是黑格尔所谓"伦理性的国家"（见该书第三篇）。

在思想史上，马克思对资产阶级财产关系之暂时性、历史性的理解，始终是最深刻的现代性批判。在马克思的政治规划遭遇暂时挫折的今天，重温黑格尔法哲学对现代财产问题的理解，我们发现这是可与马克思互为表里，而又别有洞天的另一种政治哲学思路，它既保持了对现代性的批判性理解，同时又具有很强的现实性和实践感。质言之，在全球化时代的今天，尽管世界政治经济格局和资产阶级财产权的结构与形式都发生了深刻的变化，但黑格尔将现代社会中私利与公共善这一根本矛盾在概念上把握为特殊性与普遍性的关系，这个创意仍然不失其本质性的解释力。对于经济快速增长的当代中国来说，按黑格尔模式，私利与公共善的关系可以勘定为资本市场与国家善政之间的关系。在这种语境中，黑格尔的"伦理国家"和"道德政治"学说产生出一种重要的政治借鉴作用。因为，在市场力量与国家力量之间，黑格尔认为国家的重要性高于市民社会，高于资本和市场，只有通过"国家善政"才能实现"道德政治"，这不仅是对自由主义政治哲学的抵制，在当代政治实践中也仍然是真理。就中国的情况来看，在承认多种所有制并存以实现经济快速增长的前提下，通过国家税收政策调整财富分配，通过国家宏观调控来抑制资本力量推动的各种恶性市场行为，大概是实现"道德政治"和大多数人福祉的唯一可能途径。因为，在不可能彻底消除资产阶级财产权的条件下，除了实行善政的"伦理国家"，没有任何别的政治力量可以和资本的力量抗衡。最近表现于"十二五规划"的一系列国家善政，如改善民生，提高普通居民收入，抑制贫富差距，关注人民幸福感等，均某种程度地再次验证了黑格尔国家学说所揭示的重要真理。

（原载《哲学研究》2011 年第 8 期）

我们如何走出人的自身生产
带来的自身毁灭的危险

——回答海德格尔对马克思人的学说的评论

孙利天　　史清竹

晚期海德格尔在讨论班中曾明确断言："人的自身生产带来了自身毁灭的危险。"① 单就这一孤立的命题而言，并非是新颖的独特的判断。在大众传媒和多种专业语言中关于自然灾难、生态危机、社会风险、人类毁灭等的预言和警告我们已听得很多。我们关注海德格尔的讨论是因为他把这一危险和马克思人的学说联系起来，并且给出了一种虽然简略但有系统的对马克思哲学的批评。我们知道，海德格尔在《关于人道主义的书信》、《哲学的终结和思的任务》等文本中都曾简略地提到马克思，我们的印象是他对马克思肯定、褒扬较多，其批评也曲折隐晦、语焉不详，但在晚期讨论班中可以看到海德格尔视野中马克思哲学的概貌，明确海德格尔和马克思哲学的原则区分。我们必须认真思考：海德格尔正确地理解了马克思吗？海德格尔对马克思哲学的批评有何意义？我们今天应当如何走出人的自身生产带来的自身毁灭的危险？

一　海德格尔对马克思人的学说的评论

我们没有看到《四个讨论班》一书，仅从发表在《哲学译丛》2001年第 3 期的 "晚期海德格尔的三天讨论班纪要" 一文中，大致可以看到海德格尔对马克思的相当确切的理论想法，相当明确的理论批评。他的批评主要有以下几点：

---

① F. 曼迪耶等辑录：《晚期海德格尔的三天讨论班纪要》，《哲学译丛》2001 年第 3 期。

一是，马克思关于人的理论想法源于形而上学，特别是黑格尔的存在概念。我们知道，海德格尔认为一个哲学家只能提出和解决一个问题，他以毕生的精力解决存在问题。在他的晚期讨论班中他重新模糊了人们通常所说的前期和后期海德格尔思想的界限，《存在与时间》中的"存在领会"的重大意义再次得到强调和凸显。不知海德格尔自己是否意识到，他自己的这种唯一的、根本的哲学问题意识同样源自形而上学，难怪后现代哲学称他的哲学为"在场形而上学"。海德格尔对马克思的批评也是从存在概念开始。他从讨论马克思提出的哲学任务，即"哲学家们只是以不同的方式解释世界，而问题在于改变世界"始，不断追问，直至马克思思想的存在概念基础。他问道，"对世界的每一个改变不都把一种理论前见预设为工具吗？"① "在马克思那里谈到的是哪样一种改变世界呢？是生产关系中的改变。生产在哪里有其地位呢？在实践中。实践是通过什么被规定的呢？通过某种理论，这种理论将生产的概念塑造为对人的（通过他自身的）生产。因此马克思具有一个关于人的理论想法，一个相当确切的想法，这个想法作为基础包含在黑格尔哲学之中。"② "对于马克思来说，存在就是生产过程。这个想法是马克思从形而上学那里，从黑格尔的把生命解释为过程那里接受来的。生产之实践性概念只能立足在一种源于形而上学的存在概念上。"③ 我国学者很难接受海德格尔的上述思路，我们可能会同意他说的马克思生产过程的存在概念受到黑格尔把生命解释为过程的辩证法影响，但我们会强调马克思对黑格尔观念论或唯心论辩证法的颠倒，就如海德格尔所说像马尔库塞那样坚持马克思存在优先于意识的思想，从而在海德格尔那里读出某种马克思式的东西。真正的分歧可能在于马克思的生产过程的概念作为人的自身生产是否具有自然的、自在的、物质性的存在维度。所以，海德格尔对马克思的存在论基础的批评集中在下面一点。

二是，马克思哲学是否放弃了人的优先性？海德格尔在晚期讨论班中概括了自己全部哲学的存在视野及其意义。他解释《存在与时间》中的此在的意思就是"此出—离地在"，在意识之外，贯穿意识的内在性，放弃

---

① F. 曼迪耶等辑录：《晚期海德格尔的三天讨论班纪要》，《哲学译丛》2001 年第 3 期。
② 同上。
③ 同上。

意识的优先性及其后果——人的优先性，领会到"我们存在于一个其上主要有存在的平面上"①。海德格尔在讨论班上打开马克思的早期文稿，念了下面的话："所谓彻底就是抓住事情的根本，而人的根本就是人本身。"海德格尔认为，全部马克思主义都以这个论题为依据。他认为"在存在之空明中被理解为此—在，理解为出—离渴求的人与马克思的命题陈述正相对立。"② 简单地说，是存在优先性还是人的优先性，是海德格尔自认为与马克思人的学说的根本分歧。按照我们对马克思人的学说的理解，我们能否从"人的根本就是人本身"的命题得出人的优先性的存在论判断呢？马克思的学说是人类自由解放的学说，在这样的意义上可以说是人的优先性学说。但马克思如海德格尔所指认的那样，把人的自由和解放奠基于生产过程的基础上，把生产关系的改变作为改变世界的主要目标，或者说马克思具体地考察了人类自由解放的物质性的历史条件。这就不仅使实践和生产过程中必然包含的物质的自然的存在要素进入马克思的理论视野，而且使马克思关于人的学说成为历史的唯物主义学说，成为超越意识内在性而达于自然的人道主义学说。进一步思考海德格尔对马克思的评论，我们发现海德格尔对马克思生产过程和人的自身生产的理解缺少马克思本人具有的历史意识和超越意识，海德格尔离开了他曾高度评价的马克思哲学"在体会到异化的时候深入到历史的本质性的一度中"③ 的那一度，即通过异化的扬弃超越生产过程本身，获得人的自由全面发展的新家园。所以，思考海德格尔对马克思的评论又必须推进一步，即马克思对人的理解的历史性维度。

三是，马克思哲学是否是当今之统治思想？在断定"人的根本就是人本身"为全部马克思主义的依据后，海德格尔认为："马克思主义把生产设想为：社会之社会性生产——社会生产其自身——与人作为社会存在体的自身生产。既然马克思主义这么想，它就正是当今之思想，在当今进行统治的就是人的自身生产与社会的自身生产。"④ "按照马克思，人，每一个人（他自身就是他自己的根本），正是这种生产以及隶属于生产的消费

① F. 曼迪耶等辑录：《晚期海德格尔的三天讨论班纪要》，《哲学译丛》2001 年第 3 期。
② 同上。
③ 海德格尔：《关于人道主义的书信》，《海德格尔选集》，上海三联书店 1994 年版，第 383 页。
④ F. 曼迪耶等辑录：《晚期海德格尔的三天讨论班纪要》，《哲学译丛》2001 年第 3 期。

的人。这就是我们现时代的人。"① 海德格尔对马克思和马克思主义的当代性、现代性的论断，不是对马克思的褒扬，而是对马克思的批判，因为他断言人的自身生产已陷入自身毁灭的危险，而马克思人的自身生产的概念作为当今之统治思想正在推进这种自身毁灭的危险。在海德格尔的评论和批判中，我们会体会到人类思想史和哲学史发展中一个有趣的问题，即后继的思想家对前辈思想家的批评和否定往往是特殊的赞扬形式。其原因可能是后来的思想家或许自认为是独创的思想都有渊源，他必须努力划清与其思想渊源的界限，从而表明自己思想的独创性；或许是他自认为独创性的思想与思想史上已有的某种理论十分接近，他必须精细地标示出自己思想的特质，而这两种情况都包含着曲解前辈思想家的危险。海德格尔对马克思的解读可以作为哲学解释学的案例专门研究。海德格尔看似随意的评论，却是他精心打造自己思想时不能绕过的思想搏斗的记录。马尔库塞并非偶然地在马克思文本中读到海德格尔式的东西，我们也并非随意地在海德格尔文本中读出马克思式的东西。超越资本逻辑的马克思与超越技术"支架"的海德格尔，不可避免地思入到超越主观主义形而上学的存在维度和"历史的本质性的一度中"。

二　马克思主义如何理解"人的自身生产"？

海德格尔对马克思哲学的评论绝非随意而为，与其形式上的轻描淡写相反，其思想的深度不容忽视。从他对《关于费尔巴哈的提纲》的评论到《黑格尔法哲学批判导言》中"人的根本就是人本身"的分析以及其他文本中对马克思异化理论的关注等等，表明海德格尔对马克思的学说有过系统深入的理论思考，其中有些见解可能超越了专业的马克思主义研究者，值得我们认真思考和借鉴。仅就他把马克思的存在学说理解为"生产过程"和人本身的自身生产说，也显示出他深邃的理论洞见能力，以至于他的批评也可为我们的马克思主义研究提供强有力的思想刺激。在海德格尔的语境中为马克思辩护，即是把马克思放置在超越海德格尔的思想位置上。

海德格尔断定马克思的存在即生产过程，而生产过程的存在概念源自

---

① F. 曼迪耶等辑录：《晚期海德格尔的三天讨论班纪要》，《哲学译丛》2001 年第 3 期。

黑格尔把生命解释为过程的形而上学存在概念上。他似乎认为，尽管马克思颠倒了黑格尔的观念论，存在优先于意识，生产过程作为社会存在决定了社会意识，但由于生产过程是人的自身生产，人是根本，所以马克思并未超出主观主义形而上学的视阈，仍是人的优先性的理论。从海德格尔的存在视阈看，只有把此在理解为出—离，贯穿意识的内在性，走出意识之外，并且"通过整个此在守护存在且持之不堕"，"守护在空明之中"，由此方可实现"思想之居所的革命"，把传统哲学"置于意识之中的东西迁移到另一处"。"从今以后，人出—离地与那是某物自身的东西面对面地相处，而不再通过相对立的表象"来理解某物自身。从海德格尔的存在视阈看，把事物理解为过程的辩证法仍是内在于意识的思想，仍未出—离地与事物自身直接面对，他批评黑格尔"并未真正做到面向事情本身"①。马克思对黑格尔辩证法的颠倒必然有黑格尔形而上学存在概念的影响，作为感性物质活动的实践和物质生产过程需要黑格尔式的辩证范畴体系加以把握，如马克思《资本论》的范畴体系。以理论的形式把握作为存在的"生产过程"和"人的自身生产"难免于使马克思哲学具有"存在论"或"本体论"的理论形态，中外马克思主义研究都有"社会存在本体论"等马克思主义哲学的理解。而在"存在论"或"本体论"的视阈中，难以避免把存在概念化、把事物表象化的内在意识的形而上学。海德格尔对马克思的批评的深刻在于他迫使我们必须澄清马克思思想中最细微难解的精妙之处，即"生产过程"、"人的自身生产"等概念的非概念式理解，也就是要思入到非思想的"那是某物自身的东西"。按照这样的思想方式，马克思哲学的"实践"、"生产过程"等概念具有超越概念的意蕴，它不是指称或表象作为客体对象的外在过程，而是内在于特定物质活动过程的理论言说。也正是在这种物质活动过程中，内在意识、概念或思想的界限才真实地显现出来，"作为那是某物自身的东西"才自行到来。由此，我们似乎可以说，仅仅作为理论概念的"生产过程"未能超越形而上学存在概念基础，而作为物质活动的"生产过程"则真正走出了意识之外，瓦解和贯穿了内在性。这样理解的马克思与海德格尔相去不远。

　　海德格尔对马克思思想的批评更现实地指向现代人的存在方式和自我

---

① 海德格尔：《哲学的终结和思的任务》，《海德格尔选集》，上海三联书店1994年版，第1248页。

理解。海德格尔认为马克思"生产过程"的存在概念也是"人的自身生产"的人的学说。"人的根本就是人本身",人本身就是人的社会性的自身生产。这样的理解大致符合马克思的本意。马克思在《关于费尔巴哈的提纲》中断言,"在其现实性上,人的本质是社会关系的总和",而生产关系是社会的基础性的物质性的关系,它决定了政治、意识形态等社会关系。人们在物质生产活动中规定和发展人本身,亦即生产人本身。这样的关于人的理论想法,在海德格尔看来仍是主观主义的形而上学,仍是人的优先性的学说,仍是如萨特那样认为"我们存在于一个其上只有人的平面上"的人道主义视野。而在现实性上,这样作为生产者、消费者的现代人在技术"支架"的催逼下只能把意识哲学的"对象"作为"消费品",而不可能把它们作为"是某物自身的东西"。按照海德格尔的思路,即使我们把马克思的"生产过程"作非概念的实践活动过程的理解,在"生产过程"中遭遇的事物或外在性也非"物自身"。在现代性的或者说资本主义主导的"生产过程"中,海德格尔的诘难是正确的。而在海德格尔深思过的马克思的异化理论中,在马克思的共产主义学说中,正是要扬弃私有制下的生产劳动,只有深入到马克思这一"历史的本质性的一度中",才能真正理解马克思"生产过程"和"人的自身生产"理论内容的"一种对世界历史意义的东西的基本经验"。①

在马克思的早期文稿中,特别是在《1844 年经济学哲学手稿》中,扬弃异化、扬弃私有财产的共产主义是马克思的核心主题。也许正是这一政治哲学的立场或"居所"使马克思在存在论上与黑格尔的形而上学断然决裂。扬弃异化劳动和私有财产需要生产过程的充分发展,否则只能是"消极的"粗陋的共产主义幻想。但马克思设想的作为快乐的劳动、作为游戏的劳动、作为人的自由全面发展需要的劳动或生产过程,却是完成了的自然主义和完成了的人道主义的统一,"它是历史之谜的解答"②。我们也可以说,摆脱了生产强制或海德格尔所说技术"支架"强制的自由劳动,既是人的自由和解放,也是存在的自由和解放,是海德格尔之谜的解答。

马克思倾注毕生精力寻求人类解放的历史条件和现实道路,所以他比

---

① 海德格尔:《关于人道主义的书信》,《海德格尔选集》,上海三联书店 1994 年版,第 384 页。

② 马克思:《1844 年经济学哲学手稿》,人民出版社 2000 年版,第 81 页。

同时代的思想家更早更敏锐地把握到作为生产者和消费者的现代人的本质和生存逻辑。马克思用资本统治解释形而上学的抽象统治，用资本的人格化解释资本家的贪婪，用无产阶级的生存条件解释无产阶级革命的本性，用资本主义生产过程的内在矛盾运动论证共产主义的现实性，等等。这一方面使马克思成为现代性或现代社会最精准的诊断师，成为这个时代精神状况的代言人。在这样的意义上，海德格尔对马克思思想的评述，如说它是当今之统治思想，恰是对马克思学说作为现实的理论的肯定和赞扬。但另一方面，马克思又是现代性和现代社会最有力的批判者、超越者和革命家。马克思对资本主义社会的理论批判和武器的批判是海德格尔远远不能企及的。马克思认为，资本主义的生产关系和生产过程支配着现代社会的全部领域，资本自身增殖的逻辑渗透在全部社会关系中，哈贝马斯把这叫做生活世界的殖民化。资本逻辑作为一种客观的必然性的力量形成了现代社会的诸般强制。海德格尔叫做技术"支架"的东西，在马克思主义的传统中可以看做是资本最大化自身的社会性的组织和技术手段的汇聚，从根本上说它是资本逻辑的具体化和技术化。马克思学说与各种现代性批判理论不同，它完全肯定资本主义生产的巨大历史功绩，肯定这一生产过程对人的自身生产带来的性质变化，"以物的依赖性为基础的人的独立性"是这一社会发展阶段的人的特征。人在这一片面的发展形势中虽未摆脱对商品、货币、资本的依赖，甚至形成了商品拜物教、货币拜物教、资本拜物教等异化的本质表现形式，但毕竟摆脱了对人的依赖关系，获得了广阔的形式自由空间。资本逻辑所到之处，科学、文化、教育、娱乐乃至人的身体都被经济理性和技术理性重新塑造和开发，使人的潜能或本质力量在精细的分工中得到畸形的高度发展。这在马克思看来，恰好为超越资本逻辑提供了必要的物质条件和精神条件。

在马克思主义的理论传统中，也有丰富的人和自然关系、人与环境关系和生态平衡等理论文献，从而才有当代活跃的生态马克思主义。恩格斯在《自然辩证法》中从马克思资本逻辑统治的根本原理出发，论述了我们今天面临的生态危机和环境危机的实质和出路。恩格斯这段话经常被人们引用，"我们不要过分陶醉于我们对自然的胜利。对于每一次这样的胜利，自然界都报复了我们"①。因为人们难以预料当下的生产行为所引起的比较

---

① 马克思、恩格斯：《马克思恩格斯选集》第 4 卷，人民出版社 1995 年版，第 383 页。

远的自然影响，即便我们"渐渐学会了认清我们的生产活动的间接的比较远的社会影响，因而我们就有可能也去支配和调节这种影响"①。"但是要实行这种调节，单是依靠认识是不够的。这还需要对我们现有的生产方式，以及和这种生产方式连在一起的我们今天的整个社会制度实行完全的变革"，因为"支配着生产和交换的一个一个的资本家所能关心的，只是他们的行为的最直接的有益效果"②。"销售时可获得的利润成了唯一的动力"③。在我们看来，恩格斯的这些论述提供了一个完整的马克思主义生态哲学论纲。要避免人类自身生产带来的自身毁灭的危险，只有超越资本逻辑的支配，只有超越一般生产过程的存在视阈，而这正是马克思思想的核心。

三 人是事情的根本

在 1973 年 9 月 8 日的讨论会上，海德格尔继续讨论他前一天对马克思"人的根本就是人本身"命题的分析和诘难。他把这一命题理解为形而上学命题，并从形而上学的历史中追溯马克思这一命题，认为"马克思达到了虚无主义的极致"，因为把人确定为自己的最高本质，"作为存在的存在对于人不再存在"。对照《哲学的终结和思的任务》一文中海德格尔的一段话：形而上学就是柏拉图主义，"随着这一已经由卡尔·马克思完成了的对形而上学的颠倒，哲学达到了最极端的可能性。哲学进入其终结阶段了"④。从中我们可以看出，海德格尔对马克思人的理论有着深思熟虑的相当确切的想法，而不是讨论中随意的即兴发挥。按照海德格尔的思路，西方形而上学就是柏拉图主义，柏拉图主义即是用思维规定存在进而宰制存在，从而也就是遗忘存在，而遗忘存在的形而上学的历史就是虚无主义的历史，虚无主义是"西方历史的根本运动"。马克思经由费尔巴哈颠倒了存在和意识的关系，把存在规定为人的自身生产过程，而人的根本是人本

---

① 马克思、恩格斯：《马克思恩格斯选集》第 4 卷，人民出版社 1995 年版，第 385 页。
② 海德格尔：《哲学的终结和思的任务》，《海德格尔选集》，上海三联书店 1994 年版，第 385 页。
③ 马克思、恩格斯：《马克思恩格斯选集》第 4 卷，人民出版社 1995 年版，第 385 页。
④ 海德格尔：《哲学的终结和思的任务》，《海德格尔选集》，上海三联书店 1994 年版，第 1244 页。

身，人是自己的最高本质，从而存在不仅被遗忘而且彻底不见了，马克思把形而上学推到了极端可能性，哲学作为柏拉图主义的形而上学进入了终结阶段。从西方形而上学的历史理解马克思及其人的学说，这本身可能就是一种形而上学的思维。马克思自己也曾讲过独立哲学的消失或哲学的扬弃，恩格斯也曾讲过马克思哲学不再是哲学而只是一种新世界观。仅从海德格尔关注的存在问题看，马克思的新世界观的真实意义恰是要从解释世界的理论哲学的存在视阈走入改变世界的存在视阈。就这一改变世界的过程说，在以私有制为基础的生产过程作为存在、作为人的自身本质时，马克思似乎遗忘了存在；但就改变世界的目标说，恰是要通过异化劳动和私有财产的扬弃使人类真正进入自由王国，结束人类的史前史，使人和自然的本性得到复活，真正进入人和自然统一的存在境界。海德格尔对马克思的虚无主义的指控说的应是贝克莱而不应是马克思。

在马克思看来，要扬弃异化劳动和私有财产必须经过资本主义生产的高度发展而自我否定，而不是人类的自我毁灭。问题的关键仍是人本身。海德格尔在讨论中追问马克思如何从事情的根本推论出人的根本就是人本身。他认为马克思推论中有一个"惊人的跳跃"，"马克思忽视了一个缺少的环节"，这个环节应是"人就是那个所关涉到的事情"。① "马克思一开始就确定的是：人，并且只有人（而并无别的）才是那个事情。"② 海德格尔继续追问："这是从哪里得到确定的？以什么方式被确定的？凭什么权利被确定的？被哪种权威确定的？"③ 他把答案归结为西方形而上学的历史，也就是他所说的柏拉图主义、虚无主义的形而上学使马克思的命题得以可能。在一定意义上我们可以接受海德格尔的这些评论，马克思的推论中可以补充"人是那个事情"的环节，马克思对人是事情的论断也有形而上学历史的根源，正如海德格尔本人的思想是从反思形而上学的历史而获得的那样。同样，马克思和海德格尔尽管对西方形而上学的历史理解不同，但都共同具有超越形而上学的强烈哲学意识。马克思所以认定人是事情，人的根本是人本身，既有文艺复兴以来西方文化和西方哲学特别是黑格尔和费尔巴哈哲学的理论渊源，也有资本主义人的自身生产已使人的独

---

① F. 曼迪耶等辑录：《晚期海德格尔的三天讨论班纪要》，《哲学译丛》2001 年第 3 期。
② 同上。
③ 同上。

立性显示出来的现实根源，更重要的是马克思改变世界的实践哲学必须诉诸批判的武器，以理论的彻底性唤醒无产阶级和全人类自觉行动的武器的批判，以实现共产主义的理想。简单地把马克思的命题归结为形而上学命题是对马克思思想的曲解。

海德格尔对马克思的批评似乎主要不在于形而上学之争，问题的关键是马克思关于人的理论及其规划的改变世界的实践，是否是把理论作为纲领，作为"规划的展示、预先确定和告知"，而陷入"理论和实践的狭隘联系"，陷入技术"支架"的结构中，从而造成人的自身生产带来的自我毁灭的危险？或者说马克思的人的理论是否是现代性的工具理性、技术理性，是否是思维宰制存在的现代理性？不必讳言，在国际共产主义运动的实践中确有这种马克思主义的倾向和表现，以致海德格尔早在1935年就说道："这个欧罗巴，还蒙在鼓里，全然不知它总是处在千钧一发、岌岌可危的境地。如今，它遭遇来自俄国与美国的巨大的两面夹击，就形而上学的方面来看，俄国与美国二者其实是相同的，即相同的发了狂一般的运作技术和相同的肆无忌惮的民众组织。"① 这里海德格尔已露端倪的技术"支架"的想法及其对苏联社会主义形而上本质的判断，可能是他亲近纳粹和批判马克思的重要根源吧？但对马克思本人的思想与其历史实践后果仍需有必要的区分。写入《共产党宣言》的"每个人的自由发展，是一切人自由发展的条件"的命题应是马克思人的理论最重要的部分，人的自由全面发展是共产主义理想的核心。共产主义社会作为"自由人的联合体"得以可能的关键是超越资本主义生产方式，从而也超越人作为生产者和消费者的存在视阈，终结生产逻辑支配的"史前史"，进入人的自由王国。所以，马克思生产过程的存在论及其改变世界的理论规划，就其过程性的中间环节而言确实存在着理论作为"纲领"、"规划"的技术运作，但就其目标而言恰是要超越"理论和实践的狭隘联系"，使人的自由能力全面发展，使存在得以自由绽放或自由呈现。

海德格尔和马克思的区别是否在于"人是事情"的理解呢？我们发现这里仍有理论和实践、过程和目的的复杂关系需要破解。就超越技术"支架"的现实选择说，海德格尔也不得不从人开始，人是最重要的事情本身。具体说，要实现思想居所的"移居"，需要从"存在领会"开始，即

---

① 海德格尔：《形而上学导论》，商务印书馆1996年版，第38页。

从此在出发去思想，放弃意识优先性，使人投身于与存在息息相关的崭新境地。海德格尔认为，自己思想的意义在于"使人首先准备去呼应这样投身之可能性"，这"将对当今现实产生作用"。很显然，从海德格尔哲学的目标说是要放弃人的优先性，达于存在的澄明之境，但从实现这一目标的起点说，仍需从人自身的存在领会的变革开始，人就是那个关涉到的事情。海德格尔对马克思"人的根本就是人本身"命题的激烈追问，倒是从形而上学的视阈得到规定的。

　　从人的自身生产理解人本身是否会导致人的自我毁灭？问题的答案在于人能否在理论和实践上超越现实的人的自身生产的逻辑。马克思的资本批判和共产主义学说的实质正是要寻求走出资本逻辑统治的现实道路。海德格尔也力求让自己的思想"对当今现实产生作用"，力求找到超越"支架"的新的思想的"居所"。尽管海德格尔自己也深知这种思想"移居"的艰难，他常说要"等待"，自己的学说只是一种"准备"。但从马克思主义超越资本逻辑的历史任务看，他所强调的存在领会和思想的移居仍具有重大的意义，从人的存在领会和自身理解方面实现根本变革，至少是超越资本逻辑统治的重要的思想条件和精神前提。

（原载《吉林大学社会科学学报》2011 年第 2 期）

马克思生产关系概念的内涵
演变及其哲学意义

唐正东

在马克思的历史唯物主义理论中，生产关系无疑是一个极其重要的概念。但如果对这一概念在马克思哲学发展的不同时期所具有的不同内涵缺乏一个准确的把握，那就不容易对马克思历史唯物主义的本质进行准确的界定，甚至还会由此而产生各种各样的误解。而在马克思的哲学思想发展史上，的确存在着导致这种误解的各种诱因，因为马克思尽管有时候用的是生产关系概念，但他头脑中想的却只是交换关系或分配关系的内涵。而如果因此把马克思的生产关系仅仅理解为交换关系或分配关系，那就不仅会看不到马克思在其思想的最深刻处所具有的生产关系是发展程度最高的交换关系的思想（参见《马克思恩格斯全集》第31卷，第2版，第347页），并由此而无法对历史唯物主义以生产力与生产关系的内在矛盾运动为基础的历史规律论进行科学的评价，而且还会在把交换关系直接界定为历史唯物主义的最基础概念的前提下，把马克思的哲学仅仅理解为从应有的交往关系的层面对现实的物化的交换关系的批判理论。而实际上，只要我们注意到马克思对资本主义生产过程的理解水平到达什么程度，他对生产关系概念的内涵的把握能力也就发展到什么程度，那么，在我们面前就能清晰地展现出一幅马克思生产关系概念内涵的演变史的画卷。这样一来，我们就既不会把马克思的历史唯物主义理论解读为交换关系的经验式展开理论，也不会把它解读为对异化的交换关系的外在式批判理论。

一

马克思是在《德意志意识形态》中首次运用生产关系概念的。他不仅在论述"封建的或等级的所有制"时直接运用这一概念:"封建时代的所有制的主要形式,一方面是土地所有制和束缚于土地所有制的农奴劳动,另一方面是拥有少量资本并支配着帮工劳动的自身劳动。这两种所有制的结构都是由狭隘的生产关系——小规模的粗陋的土地耕作和手工业式的工业——决定的"(马克思恩格斯,第 15 页),而且在一段对历史观的总结性陈述即"由此可见,事情是这样的:以一定的方式进行生产活动的一定的个人,发生一定的社会关系和政治关系"的最初手稿中,也曾运用过这一概念:"在一定的生产关系下的一定的个人。"(同上)但尽管如此,必须指出的是,马克思此时对这一概念其实并没有很好地把握:他只是从笼统的一般生产过程中的人与人之间的关系的角度来理解这一概念的。我们知道,"生产关系"的核心是生产资料的所有制关系、人们在生产过程中的地位和关系、交换关系、分配关系、消费关系等内容。但应该注意的是,在不同的社会形态中,不仅生产资料的所有制形式有着不同的表现形式,譬如在资本主义大工业阶段,这种所有制形式就不再表现为劳动者对生产资料的所有权,而是表现为劳动者失去这种所有权,表现为资本对劳动的占有权;而且,人们在生产中的地位和关系、交换关系等内容也会具有不同的表现形式,譬如在资本主义大工业阶段,资本家与工人之间的交换关系尽管从表面上看依然是一种交换关系,但它实际上已经不再是一种简单的交换关系,而是表现为资本对雇佣劳动剥削剩余价值的关系,按照马克思的说法,这种关系是由生产的社会性质所决定的,而不是由交易方式的社会性质所决定的(参见《马克思恩格斯全集》第 45 卷,第 2 版,第 133 页)。也就是说,在私有制条件下,随着交换关系的发展,它必然而且只能在生产关系中实现其自身。应该说,马克思后来思想中所具有的这种"特殊社会的、历史地产生的生产关系"(《马克思恩格斯全集》第 44 卷,第 2 版,第 582 页)的思路,在他此时的思想中还没有成型。

究其原因,这跟马克思此时对资本主义生产过程的理解水平是直接相关的。此时的他还无法对手工业资本主义与资本主义大工业之间的区别作出准确的把握。对马克思来说,这两者之间的差别只在于金钱关系或货币关系的发展程度之不同而已,而没有更多的实质上的不同(参见马克思恩格斯,第 54—59 页)。他后来在《资本论》手稿中谈到的劳动对资本的形式上的从属与实际上的从属之间的区别的思想(参见《马克思恩格斯全集》第 48 卷,第 1 版,第 18 页),此时还没有出现。也就是说,马克思此时对资本主义大工业的本质其实还没有完全地把握住。这就使他实际上只是从工场手工业的角度来看待资本主义大工业。因此，他选择了与亚当·斯密相同的视角，从分工的角度来理解生产力的发展，以及从交换关系、交往关系的角度来理解生产关系的发展。而问题恰恰就出在这里。在斯密所处的手工业资本主义时代，正像日本学者广松涉所说的那样："'生产'可以说是个人私事，人们是在通过携带产品（生产的结果）而相互交往的场面中才开始形成所谓的社会。在此意义上，生产不是'社会'的本质规定，毋宁说只是在社会的圈外，即作为属于私人领域的东西被把握。"（广松涉，第55—56页）在这种情况下，所谓的生产方式便只是小商品生产者之间的分工与协作方式，而所谓的生产关系便只是这些独立的商品持有者之间的交换或交往关系。我以为，一旦用这样的视角来解读19世纪40年代的资本主义大工业，那么，交换关系、交往关系、生产关系等概念之间的边界必然是不清楚的。赫斯从交往形式的角度来批判货币的本质，其原因也在于此，因为对于像他这样的德国早期社会主义思想家来说，所关注的重点只是市民社会的伦理分裂特征，而不是资本主义社会关系的历史性发展的特征。而此时的马克思尽管在哲学层面的历史唯物主义基本原理的构建上已经达成了，但在对生产关系内涵之解读这一具体问题上，尚存在着一些遗憾。这就是他为什么在这一文本中对生产关系、交往形式、交换关系、社会关系等概念往往混杂着使用，并且对它们的边界尚不能十分清晰地划分的原因。

当然，如果跟以前的文本相比，马克思能够在《德意志意识形态》中提出生产关系概念（尽管它与交换关系等概念之间的区别尚未被明确地辨析），这已经是一个重要的进步了，因为它标志着马克思已经能从客观内在矛盾的角度来思考历史发展的动力及进程了。而在1844年的相关文本中，这种思路是不存在的。譬如在《詹姆斯·穆勒〈政治经济学原理〉一书摘要》中，马克思尽管在现象分析的层面谈到了私有者与私有者之间的交换关系，但"物物交换"这一概念并没有与生产力等概念合作而生发出历史解读的新思路，而只是被界定为社会交往的异化形式（马克思，第172页）。这说明此时的马克思还只是停留在人性异化的角度来理解市民社会，他还不了解英国式市民社会本身所具有的历史意义以及由其自身的内在矛盾运动所建构出来的对于人类解放的意义。既然如此，他当然不可能有兴趣去思考这种交换关系与生产关系之间的复杂关系。此时的马克思在批判资产阶级政治经济学时的根据，是"国民经济学把社会交往的异化形式作为本质的和最初的、作为同人的使命相适应的形式确定下来了"（马克思，第172页），而我们知道，在《资本论》中，被马克思抓住的资产阶级政治经济学的一个重要缺陷是："不是把生产方式的性质看作和生产方式相适应的交易方式的基础，而是反过来，这是和资产阶级眼界相符合的，在资产阶级眼界里，满脑袋都是生意经。"（《马克思恩格斯全集》第45卷，第133页）这两种解读思路之间的差别应该说是很明显的。到了《神圣家族》时期，马克思在历史观的整体思路上更多地偏向了物质生产，并提出了历史的发源地在于"尘世的粗糙的物质生产"中的结论（《马克思恩格斯全集》第2卷，第1版，第191页），这的确标志着马克思向历史唯物主义的方向迈出了坚实的一步。但同时也应注意到，仅指出粗糙的物质生产的重要性还是远远不够的。"物质生产"其实具有十分精细的内容，它除了包括马克思此时已经关注到的人对自然界的理论关系和实践关系外，还包括人们在现实生产过程中的地位和关系等内容。而这后一项内容尽管已经被马克思注意到了："正是自然的必然性、人的特性（不管它们表现为怎样的异化形式）、利益把市民社会的成员彼此连接起来"（同上书，第154页），但客观地说，这种理解离资本主义生产关系的本质内涵还有一定的距离。事实上，此时的马克思正处在从对市民社会的伦理批判向对资本主义的科学剖析的转变过程之中，他还没有来得及对交换关系背后的生产关系以及货币关系背后的资本关系等内容进行深入的研究。这就导致在他的解读思路中，交换关系的线索还没有跟自然科学及工业的线索有机地结合起来。于是，"物质生产"在此时马克思的解读思路中也只能是粗糙的。到了1845年的文本中，情况有了很大的改变。随着《关于费尔巴哈的提纲》把实践和社会关系的思路放在改变世界的理论平台上辩证地统一起来，马克思的新世界观才算真正跃升出来。《德意志意识形态》中的生产关系概念正是在这样的思想基础上才被提出来的。

二

现在把解读思路继续往前推进。在1847年的《哲学的贫困》中，生产关系概念不再是一个遮遮掩掩的概念，而是被作为核心概念提了出来："经济学家们都把分工、信用、货币等资产阶级生产关系说成是固定的、不变的、永恒的范畴……经济学家们向我们解释了生产怎样在上述关系下进行，但是没有说明这些关系是怎样产生的，也就是说，没有说明产生这些关系的历史运动。"（《马克思恩格斯选集》第 1 卷，第 137—138 页）马克思在这一文本的其他很多地方也使用了这一概念。那么，我们是否因此就能说马克思此时已经完全把握住了生产关系概念的准确内涵呢？我以为不能。从上述引文中可以发现，马克思其实只是从分工关系、货币关系等角度来理解生产关系的内涵的，也就是说，就总体而言，他未超出《德意志意识形态》时期从交换关系的角度来理解生产关系内涵的思想水平。马克思在这一文本中的核心任务是批判蒲鲁东把分工、货币等当做固定的、永恒不变的范畴来看待的形而上学观点，并强调要对这些生产关系范畴的历史产生过程进行客观的研究。但问题是，这后一项任务并不是能轻易地完成的。此时的马克思尽管已经开始了这种研究，但还远远不能说已经完成了这种研究。一个最核心的问题是：马克思还没有发现，随着手工业资本主义向资本主义大工业的转变，原本以货币为媒介的交换关系会演变成资本对雇佣劳动所创造的剩余价值的剥削，或者说演变成资本自身的增殖过程。一旦深入到这一层面，研究者便不再会满足于对交换关系的关注，而必然会关注资本主义生产的独特的社会性质。此时的马克思还没有到达这一思想水平。他所理解的"生产关系"实际上只是生产过程所置立于其中的社会关系。这种理解不能说是错的，但却是太笼统了。由于马克思此时所假定的理论前提是"社会的全体成员都是直接劳动者"（《马克思恩格斯全集》第 4 卷，第 1 版，第 116 页），因此，他实际上是以简单商品流通的社会为现实参照系的。这样一来，马克思就不可能把握住资本主义大工业阶段的生产关系的最核心内容。在他的脑海中，只可能出现任何的生产过程都无法脱离积累劳动与直接劳动的交换、商品与商品之间的交换等内容。这就是他在这一文本的有些地方依然把生产关系与社会关系概念混用在一起的原因。

当然，我们同时也应看到，由于马克思在这一文本中引入了比《德意志意识形态》更为强烈的阶级对抗的理论线索："当文明一开始的时候，生产就开始建立在级别、等级和阶级的对抗上，最后建立在积累的劳动和直接的劳动的对抗上。没有对抗就没有进步。这是文明直到今天所遵循的规律"（《马克思恩格斯全集》第 4 卷，第 104 页），因此，他此时在从交换关系的角度理解生产关系的内涵时，已经不再停留在简单的交换关系的层面，而是进入到了不平等的交换关系的理论层面，尤其是作为积累劳动的资本与直接劳动的不平等交换关系的层面。这种不平等的交换就是上述引文中所说的积累的劳动与直接的劳动的对抗关系。再进一步，由于马克思此时在经济学上接受了李嘉图的劳动价值论，而李嘉图阐发劳动价值论的《政治经济学及赋税原理》一书所研究的主题，恰好是全部产品在土地所有者、资本家、劳动者这三个社会阶级之间的分配法则问题，因而，此时的马克思把上面谈到的那种不平等的交换关系，推进到劳动产品的不平等分配关系的理论层面，也就是一件很自然的事情了。事实也正是如此，马克思在此书的第一章中明确地指出："把劳动时间作为价值尺度这种做法和现存的阶级对抗、和劳动产品在直接劳动者与积累劳动占有者之间的不平等分配是多么不相容。"（《马克思恩格斯全集》第4卷，第95页）由此，我们可以得出这样的判断：当马克思此时在思考生产关系概念时，其解读视阈已经深入到了分配关系的层面。不过，话又说回来，在依然从物的维度上把资本理解为积累劳动，而不是从关系的维度上把它理解为生产关系甚至是生产过程的思想前提下，马克思此时所具有的分配关系的理论层面与其原来具有的交换关系的理论层面之间，其实并没有太大的区别。只有等到马克思开始意识到资本主义的不平等分配根源于其生产的社会性质，而不是其交换的社会性质的时候，他才可能从分配关系的理论层面中生发出新的理论质点。而这在《哲学的贫困》中是不可能的，因为马克思在这一文本中重点阐述的是经济学范畴在整个私有制社会中的形成过程，而不是这些范畴在资本主义阶段的变化过程。

到了《关于自由贸易问题的演说》和《雇佣劳动与资本》中，情况有了一定的改变。由于马克思在这两个文本中是专论作为资本主义阶段的阶级斗争的物质基础的经济关系即雇佣劳动和资本的关系的，因此，他在对资本主义生产关系的内涵的理解上取得了一定的进步。在前一个文本中，马克思尽管没有直接提到生产关系概念，但透过其对雇佣劳动和资本关系的解读，我们可以看出他在对生产关系的理解上的思想进步。这主要体现在以下两个方面：首先，我们知道，在《哲学的贫困》中，马克思在解读资本家与工人的关系时，借鉴了李嘉图等古典经济学家的思路，把它解读为积累劳动与直接劳动之间的关系。这种解读思路明显地带有简单商品流通条件下的交换关系的思路的特点，是仅从物的角度来理解资本之本质的结果。而在《关于自由贸易问题的演说》中，马克思已经放弃了这种用法，直接把这种关系界定为雇佣劳动和资本的关系。（《马克思恩格斯选集》第1卷，第227页）这不可能是一种概念上的随意替换，而必然是马克思在劳资关系问题上已经产生的某种新思想的反映。其次，这种新思想就是：资本主义的不平等分配关系是现有的雇佣劳动和资本关系的一种必然结果。"在现在的社会条件下，到底什么是自由贸易呢？这就是资本的自由。排除一些仍然阻碍着资本前进的民族障碍，只不过是让资本能充分地自由活动罢了。不管商品相互交换的条件如何有利，只要雇佣劳动和资本的关系继续存在，就永远会有剥削阶级和被剥削阶级存在。"（同上）一旦把资本对劳动者的压榨及其导致的资本主义的不平等分配，视为雇佣劳动和资本关系的必然结果，那就向从生产方式而不是交换方式的角度来理解雇佣劳动与资本关系的思路又迈出了坚实的一步。

在《雇佣劳动与资本》（此文本虽发表于1849年4月，但主要内容在1847年12月的一次讲演中就已形成）中，马克思对劳资关系作了更为详细的阐述。他明确地反对把资本解读为积累起来的劳动，并把这种作法视为只见"物"而不见"关系"："纺纱机是纺棉花的机器。只有在一定的关系下，它才成为资本。脱离了这种关系，它也就不是资本了……资本也是一种社会生产关系。这是资产阶级的生产关系，是资产阶级社会的生产关系。构成资本的生活资料、劳动工具和原料，难道不是在一定的社会条件下，不是在一定的社会关系内生产出来和积累起来的吗？"（《马克思恩格斯选集》第1卷，第344—345页）而且，马克思还把生产关系的思路与生产力发展的思路结合在一起："各个人借以进行生产的社会关系，即社会生产关系，是随着物质生产资料、生产力的变化和发展而变化和改变的。"（同上书，第345页）应该说，这是两个重要的理论质点：只要马克思沿着这样的思路继续深入下去，就一定会发现在资本主义大工业这样的生产力发展的特定阶段，生产资料所有权其实并不表现为劳动者对生产资料的所有权，而是表现为生产资料与劳动者相分离的条件下的资本对活劳动能力的占有权；由此，资本主义的生产关系也并不表现为劳动者与资本家相互交换其活动成果的关系，而是表现为资本对雇佣劳动所创造的剩余价值的剥削关系。当然，这对此时的马克思来说只是一种可能性，而不是现实性，因为他此时对资本主义生产过程及其生产关系的理解水平还没有发展到这一步。尽管他已经意识到除劳动能力以外一无所有的工人阶级的存在是资本的必要前提，以及资本与活劳动的交换是资本保存并增大其自身的前提（《马克思恩格斯选集》第1卷，第346页），但是，由于此时的马克思在生产资料所有权这一生产关系的最核心内容上还没有投入足够的注意力，以及在资本通过与活劳动相交换而保存并增殖自身的内在机制（剩余价值理论）上还没有获得足够清晰的思路，因此，我不认为马克思此时已经完全脱离了从交换方式的角度来理解生产关系内涵的思路，他至多只是处在这种脱离的过程之中。

<h1 style="text-align:center">三</h1>

马克思到达伦敦之后，的确加强了对资产阶级政治经济学著作及以英国为代表的资本主义经济现实的研究，但必须指出的是，他对资本主义生产过程的本质及生产关系的深层内涵的把握并不是一蹴而就的。究其原因，这恐怕跟当时困扰着英国社会的商业危机之本质的展开过程有很大的关系。19世纪50年代初，困扰英国社会的问题主要是商业危机，而不是以产品市场的萧条为特征的经济危机，更不是以制造业的衰退为特征的工业危机。尽管我们可以站在1857年的视角上反观50年代初的这场商业危机，并把其本质界定为资本主义生产过程的危机，但客观地说，身处50年代初的马克思是不容易看到这一点的。这就导致马克思在50年代初的"伦敦笔记"中虽然以清晰的逻辑分析，对小资产阶级经济学家从货币制度的缺陷的角度来分析商业危机之本质的观点进行了有效的批判，但略带遗憾的是，他本人的思路也受到了商业交换思路的限制，从而使他本已产生的资本通过与雇佣劳动的交换不断地增殖其自身的观点未能得到令人满意的推进。

下面以《关于大·李嘉图〈政治经济学和赋税原理〉（摘录、评注、笔记）》为例来说明这一点。马克思在这一文本中显然还没有想到从生产方式的社会性质的角度来说明英国的商业危机，而仍然停留在试图从商业交换关系的角度来说明这种商业危机的理论层面上。这首先导致他无法正确区分单位商品的交换价值与全部商品的交换价值总量之间的区别。在论证资本主义危机的必然性时，马克思说："资产阶级的财富和资产阶级全部生产的目的是交换价值，而不是满足需要。要增加这种交换价值，只有……增加产品，更多地生产，此外没有其他办法。要增加生产，就得提高生产力。但是，随着一定量劳动——一定数量的资本和劳动——的生产力的提高，产品的交换价值就会相应地降低，因而加倍的产量只有这个产量的一半从前具有的价值……生产力和商品生产的实际增长，是违背资产阶级生产的目的而进行的，价值增长在自己的运动中扬弃自己，转变为产品的增长，这种价值增长所产生的矛盾，是一切危机等等的基础。"（《马克思恩格斯全集》第44卷，第1版，第109—110页）粗看起来，此处的论证似乎很严谨，但其实不然。这里作一个分析：（1）"资产阶级全部生产的目的是交换价值"，这种观点其实是不准确的：如果商品的生产成本与其交换价值相等同的话，资产阶级的全部生产就没有任何意义了。因此，资产阶级全部生产的目的应该是剩余价值。（2）"要增加这种交换价值，只有增加产品，更多地生产"，这种观点是建立在把交换价值不是理解为单位商品的交换价值，而是理解为可交换的全部商品的交换价值总量之基础上的。只有把单位商品的交换价值视为固定的，才可能通过增加可交换的商品总量，来增加交换价值总量。否则的话，应该是通过增加单位商品的内涵劳动量，而不一定要通过增加商品总量，来达到增加交换价值总量的目的。当然，如果增加的内涵劳动量由相应的增加了的工资来抵消，那么，通过这种方式来增加的交换价值对于资产阶级来说就没有意义了。（3）"要增加生产，就得提高生产力，而随着一定量劳动的生产力的提高，产品的交换价值就会相应地降低"，这种观点又把"交换价值"拉回到了单位商品内含的交换价值的层面上。因为马克思如果继续把交换价值理解成可交换的全部商品的交换价值总量，那么，提高了劳动生产力之后当然会产出更多的商品，从而也当然会得到更多的交换价值总量。如果是这样的话，那就无法证明资本主义经济危机的必然性了。正因为如此，马克思此处突然又把交换价值理解成了单位商品内含的交换价值量，从而得出了这样的论证：劳动生产力提高之后，由于单位商品内含的劳动量减少了，因此，它的交换价值也相应地降低了。可问题是：他在此段论述的前半部分是以单位商品的交换价值是固定的作为理论前提的。我们从此处可以看出，商业交换关系的思路的确仍然对马克思的思想有较大的影响，即他仍然试图从交换关系的角度来论证资本主义商业危机的原因及必然性。这在经济学概念的运用上则表现为马克思还无法把"交换价值"推进到"剩余价值"的层面上。

这种局限性也表现在马克思在这一文本中对价值余额问题的阐述上。我在前面已经说过，马克思在《雇佣劳动与资本》中已经认识到资本通过与雇佣劳动的交换保存和增大了其自身。这种观点在当下的这一文本中得到了延续，但并没有得到实质性的发展。马克思尽管清晰地谈到资本家的利润不是来自于产品与产品之间的交换："余额不是在这种交换中产生的，虽然只有在交换中才能实现。余额是这样产生的：工人从花费了20个工作日的产品中，只得到值10个等等工作日的产品"（《马克思恩格斯全集》第44卷，第1版，第140—141页），但这种观点其实只是对《雇佣劳动与资本》中已经得出的观点的重复。问题的关键是，马克思虽然已经不把资本与雇佣劳动的交换等同于一般的产品与产品之间的交换，但他对前者仍然是从交换关系的角度来加以理解的。他还不能看出资本家和雇佣工人的交换关系不是一般性的交换关系，其本质也不是由交换关系的社会性质所决定的，而是由资本主义生产本身所固有的关系决定的。这使他在谈到资本家的利润时说出了这样的话："由此可见，他能在商业中得到100镑之外的10镑，只是因为他或另一个工厂主当初在生产中已经创造了这10镑。这是十分清楚的。"（同上书，第139页）而且，这也决定了他此时对生产关系内涵的理解仍然无法彻底越出交换关系或分配关系的理论层面。在同时期写作的《反思》等文本中，马克思对生产关系的理解水平也是如此（参见《马克思恩格斯全集》第10卷，第2版，第636—647页），这里不拟展开论述。

我以为，马克思真正从生产的社会性质而不是交换方式的社会性质的角度来理解生产关系概念之内涵的时间，应该在1857年前后。在1857年11月所写的《英国的贸易危机》一文中，马克思实际上对导致上述思想变化的现实背景作出了说明："欧洲危机的中心至今仍然是英国，但是在英国，正如我们所预见到的，危机的性质已有所改变。如果说，大不列颠对我们在美国出现的崩溃的反应最初表现为金融恐慌，随之是产品市场普遍萧条，最后才出现制造业的衰退，如今则最上面是工业危机，最下面才是金融的困境。"（《马克思恩格斯全集》第16卷，第2版，第501页）应该说，正是因为马克思发现了资本主义经济危机的本质是工业危机而不是商业危机，才使他从根本上转变了从交换关系的角度来理解生产关系的思路，并转向了从真正的生产过程的角度来理解生产关系的思路。这在《〈政治经济学批判〉导言》及《1857—1858年经济学手稿》中都有十分清晰的反映。

在《〈政治经济学批判〉导言》中，马克思以前所未有的方式对生产、分配、交换等因素之间的关系作出了详细和科学的说明。在谈到生产和分配的关系时，马克思说："分配关系和分配方式只是表现为生产要素的背面。个人以雇佣劳动的形式参与生产，就以工资形式参与产品、生产成果的分配。分配的结构完全决定于生产的结构。"（《马克思恩格斯全集》第30卷，第2版，第36页）在谈到生产和交换的关系时，马克思说："交换就其一切要素来说，或者是直接包含在生产之中，或者是由生产决定。"（同上书，第40页）这种崭新的学术观点决定了马克思从此之后一定不会再像过去那样，从交换关系或分配关系的角度来理解生产关系的内涵了。事实也是如此，在《1857—1858年经济学手稿》中，马克思从以下两个层面对私有制条件下生产关系的内涵及其与交换关系之间的关系作出了深刻的解读：首先，生产关系是交换关系的发展形态，也就是说，从整个私有制社会的发展史来看，"商品世界通过它自身便超出自身的范围，显示出表现为生产关系的经济关系"（同上书，第180页）。譬如，资本家和工人之间的交换关系，尽管在本质上是一种不平等的交换关系，因而似乎不应该再被看作交换关系。但马克思却不这样看，他反而认为这是交换关系的最高发展形态，因为这是符合私有制条件下交换关系发展的客观事实的："资本家和工人之间所进行的交换，完全符合交换规律，不仅符合，而且是交换的最高发展。因为在劳动能力本身还没有发生交换以前，生产的基础还不是建立在交换上的，交换只限于以不交换为基础的狭小范围，资产阶级生产之前的各阶段的情形就是这样……自由交换的最高阶段是劳动能力作为商品，作为价值来同商品，同价值相交换。"（《马克思恩格斯全集》第31卷，第69页）马克思之所以能得出这样的观点，一个重要的原因是他已经不再仅仅从交换关系的层面来理解交换关系的内涵，更不用说从交换关系的层面去理解生产关系的内涵了。而是相反，他已经从生产过程的社会性质即生产关系的层面，去理解交换关系的性质了。正是因为在马克思的视阈中，交换关系不再是一种笼统的或者说自为存在的关系，而是被生产关系所决定的一种社会关系，所以，尽管资本家与工人之间的交换关系其实是一种不平等的交换关系，但它仍然符合交换关系的发展规律，因为私有制条件下交换关系的发展规律恰恰是由生产关系的发展规律所决定的，而私有制的生产关系最终发展到资本家剥削工人的剩余价值的关系恰恰是一种历史发展的必然。

而更为重要的是，马克思在解读生产关系概念的内涵时引进了生产力发展的线索："以资本和雇佣劳动为基础的生产，不仅在形式上和其他生产方式不同，而且也要以物质生产的全面革命和发展为前提。"（《马克思恩格斯全集》第 30 卷，第 236 页）这种思路在以前是不可能具有的。事实上，在此文本的第三章即"资本章"的第一篇"资本的生产过程"中，马克思在阐述了资本主义生产关系的特殊规定性"只有随着特殊的物质生产方式的发展和在工业生产力的特殊发展阶段上，才成为真实的"（同上书，第 255 页）之后，还特意写了如下的文字："一般来说，这一点在以后谈到'劳动和资本的'这种关系时应该特别加以阐述，因为这一点在这里已经包含在关系本身中了，而在考察交换价值、流通、货币这些抽象规定时，这一点还更多地属于我们的主观反思。"（同上）我以为，正是这种内含着生产力发展线索的生产关系，才是一定的、具体的、历史的生产关系，才是严格意义上的历史唯物主义的生产关系。这是马克思 1857 年前后在生产关系概念的解读上得出的新的思想。只有从这一角度出发，我们才能理解马克思在历史观的解读上为什么会从对异化的交换关系的批判，转向对生产力和生产关系矛盾运动的科学把握：这是因为脱离了生产力发展的线索来谈论包括交换关系在内的社会关系的异化特性及其解放路径，必然会走向抽象的理论层面。应该说，看清这一点，对于我们在当下的学术语境中准确地解读马克思历史唯物主义的本质，是具有重要的理论意义的。

（原载《哲学研究》2011 年第 6 期）

方　法　论

马克思对黑格尔方法论的
改造及其启示

俞吾金

在传统的阐释者们的视野里，最受到重视的是方法论问题，尤其是马克思和黑格尔在方法论上的关系问题。然而，即使是在这个备受重视的研究领域里，阐释者们的思想仍然是不明晰的，这种不明晰性甚至感染了他们的批判者。有鉴于此，厘清马克思和黑格尔在方法论上的准确关系，恢复马克思辩证法的本真含义，无论是对外国哲学的研究，还是对马克思哲学的研究，都具有不可低估的理论意义。

一 "黑格尔的辩证法"≠"黑格尔的方法论"

黑格尔哲学，尤其是他的方法论对中国理论界的影响是无与伦比的。然而，很少有人在"黑格尔的方法论"与"黑格尔的辩证法"之间做出深入的反思和严格的区分，而晚年恩格斯的一系列著作，尤其是《路德维希·费尔巴哈和德国古典哲学的出路》（1888 年，以下简称《出路》）则进一步遮蔽了这种区分。按照恩格斯的看法，在黑格尔哲学中，存在着"体系"和"方法"之间的冲突。他在分析后黑格尔哲学发展的方向时告诉我们："特别重视黑格尔的体系（System）的人，在两个领域（指宗教和政治——引者注）中都可能是相当保守的；认为辩证方法（der dialektis-chenMethode）是主要的东西的人，在政治上和宗教上都可能属于最极端的反对派。"① 显然，当恩格斯使用"辩证方法"这个术语的时候，他把"黑格尔的方法论"和"黑格尔的辩证法"这两个不同的概念完全等同起

---

① 《马克思恩格斯选集》第 4 卷，人民出版社 1995 年版，第 220 页。

来了。事实上，这两个概念之间存在着重大的差别。

黑格尔在许多著作中谈到他的方法论，而最经典的段落则在《小逻辑》中。他在该书中明确地告诉我们："逻辑思想就形式而论有三个方面：（a）抽象的或知性［理智］的方面（die abstrakte oderverstaendige）；（b）辩证的或否定的理性的方面（die dialektische oder negativ-vernuenftige）；（c）思辨的或肯定理性的方面（die speculative oder positive-vernuenftige）。"① 尽管黑格尔在这里谈论的是逻辑思想的形式，但就其实质而言，却是对自己方法论的全面阐述。按照这段重要的论述，黑格尔的整个方法论包含三个环节。第一个环节：抽象的知性（正题）；第二个环节：辩证的或否定的理性（反题）；第三个环节：思辨的或肯定的理性（合题）。

众所周知，黑格尔经常把上述第二个环节"辩证的或否定的理性"简称为"辩证法"。显然，把第二个环节作为黑格尔整个方法论的标志，并不符合黑格尔的本意。实际上，按照黑格尔"正题—反题—合题"的三段式思路，作为第三个环节的合题"思辨的或肯定理性"（简称为"思辨论"）处于最高的位置上，只有它才有资格成为黑格尔整个方法论的标志。

然而，为什么迄今为止的许多阐释者都倾向于把"黑格尔的方法论"等同于"黑格尔的辩证法"呢？显然，这关系到马克思对黑格尔方法论所采取的特殊的态度。我们知道，马克思主张的是实践唯物主义，② 而这种学说直接蕴含着对现存的资本主义社会的否定。马克思这样写道："……实际上，而且对实践的唯物主义者来说，全部问题都在于使现存世界革命化，实际地反对并改变现存的事物。"③ 正是从这样的立场出发，马克思最感兴趣的是黑格尔方法论中的第二个环节——辩证法。因为"辩证法，在其合理形态上，引起资产阶级及其空论主义的代言人的恼怒和恐怖，因为辩证法在对现存事物的肯定的理解中同时包含对现在事物的否定的理解，

---

① 黑格尔：《小逻辑》，商务印书馆 1980 年版，第 172 页。Sehn G. W. F. Hege l, Werke 8（Frankfurt anMain：SuhrkampVerlag, 1986），168。

② 这里的"实践唯物主义"是马克思对自己哲学的称谓，后文中出现的"历史唯物主义"是传统的阐释者们对马克思哲学的称谓。当阐释者们把"历史唯物主义"与"辩证唯物主义"并列起来时，他们对"历史唯物主义"的理解是错误的。我们认为，"辩证唯物主义"是不存在的，"历史唯物主义"应该是马克思的全幅哲学，成熟时期的马克思没有提出过历史唯物主义以外的任何其他哲学理论。这里提到的后一种"历史唯物主义"才是与"实践唯物主义"完全一致的概念。参见拙文《论两种不同的历史唯物主义概念》，载《中国社会科学》1995 年第 6 期。

③ 《马克思恩格斯选集》第 1 卷，人民出版社 1995 年版，第 75 页。

即对现存事物的必然灭亡的理解；辩证法对每一种既成的形式都是从不断的运动中，因而也是从它们的暂时性方面去理解；辩证法不崇拜任何东西，按其本质来说，它是批判的和革命的"①。显然，在马克思看来，在黑格尔的整个方法论中，只有辩证法才真正切合实践唯物主义的宗旨，所以，他从黑格尔的方法论中抽取的只是辩证法。

事实上，马克思一直计划写一部关于辩证法的著作，以便阐明辩证法在黑格尔整个方法论中的地位和作用。在 1868 年 5 月 9 日致约·狄慈根的信中，马克思表示："一旦我卸下经济负担，我就要写《辩证法》。辩证法的真正规律在黑格尔那里已经有了，自然是神秘的形式。必须把它们从这种形式中解放出来。"② 然而，遗憾的是，马克思的这个愿望没有实现。由于辩证法在黑格尔整个方法论中的地位和作用没有得到明确的阐明，而马克思在谈到黑格尔方法论时，主要着眼于辩证法这个环节，这就在传统的阐释者们（包括恩格斯）那里造成了一种思维上的定见，即"黑格尔的方法论"也就等于"黑格尔的辩证法"。那么，这种定见的形成究竟会产生什么样的负面效果呢？我们认为，主要会产生以下两个方面的负面效果。

一方面，这种定见使辩证法成了无源之水，无本之木。因为在黑格尔的整个方法论中，作为第二个环节的辩证法，即辩证的或否定的理性，是以第一个环节，即抽象的知性作为基础的。撇开这个基础性的环节，辩证法便变得不可理解了。我们知道，在黑格尔哲学的语境中，抽象的知性追求的正是规定性和确定性。黑格尔以异乎寻常的口吻肯定了抽象知性的必要性和重要性："……无论如何，我们必须首先承认理智思维的权利和优点，大概讲来，无论在理论的或实践的范围内，没有理智，便不会有坚定性和规定性。"③ 这段话表明，抽象知性的意义不光体现在理论思维中，也体现在"实践的范围内"。黑格尔认为，一个人欲有所成就，"他必须专注于一事，而不可分散他的精力于多方面。同样，无论于哪一项职业，主要的是用理智去从事"④。在黑格尔看来，知性也是教养中的主要成分。一个有教养的人绝不会满足于混沌模糊的印象，只有缺乏教养的人才会停留在游移不停的思维态度和实践态度中。即使在距知性最远的艺术、宗教和哲

---

① 《马克思恩格斯全集》第 44 卷，人民出版社 2001 年版，第 22 页。
② 《马克思恩格斯全集》第 32 卷，人民出版社 1975 年版，第 535 页。
③ 黑格尔：《小逻辑》，商务印书馆 1980 年版，第 173 页。
④ 同上书，第 174 页。

学的范围内，知性也是不可或缺的。尤其是"在哲学里，最紧要的，就是对每一思想都必须充分地准确地把握住，而决不容许有空泛和不确定之处"①。在这个意义上可以说，没有知性的规定性和确定性作为基础，辩证法就会流于诡辩。

另一方面，这种定见使辩证法滑向虚无主义。黑格尔认为，抽象知性也有自己的缺陷，它执著于事物的规定性，忘记了斯宾诺莎关于"规定就是否定"的伟大命题。实际上，规定已经蕴含着否定自身的力量，因而黑格尔设置了第二个环节——辩证的或否定的理性，即以辩证法来消解知性的僵硬性。辩证法的优点是把否定性引入僵硬的知性思维中，其缺点则是流于单纯的、无休止的怀疑和否定，甚至导致虚无主义。于是，黑格尔又设置了第三个环节——"思辨的或积极的理性"，即"思辨论"来限制辩证法向虚无主义方向滑动。

综上所述，黑格尔的方法论是由三个环节构成的。如果把他的方法论等同于辩证法，即否认第一个、第三个环节的存在，辩证法不是沦落为诡辩，就是沦落为虚无主义。实际上，这正是辩证法理论在当前面临的困境之一。

二　马克思究竟如何改造黑格尔的辩证法？

如前所述，马克思从黑格尔的整个方法论中抽取出第二个环节——辩证法，加以阐释和发挥。马克思明白，黑格尔的辩证法在其现有的形态上是无法服务于革命的、批判的目的的，必须对其进行根本性的改造。对黑格尔辩证法的改造，马克思有一段纲领性的文字："辩证法在黑格尔手中神秘化了，但这决没有妨碍他第一个全面地有意识地叙述了辩证法的一般运动形式。在他那里，辩证法是倒立着的。必须把它倒过来，以便发现神秘外壳中的合理内核。"② 在这段极其重要的文字中，辩证法的"神秘化"和"倒立"究竟指什么？"神秘外壳"和"合理内核"究竟指什么？关于这些问题，传统的阐释者们在观点上见仁见智，莫衷一是。事实上，迄今为止，马克思这段话的含义还被包裹在重重迷雾中。在对马克思的相关论

---

① 也可参见黑格尔《法哲学原理》，商务印书馆1979年版，第24—25页。
② 黑格尔：《小逻辑》，商务印书馆1980年版，第175页。

著做出了深入的研究之后，我们发现，马克思对黑格尔辩证法的改造主要是沿着以下两条线索展开的。

一条线索是改造黑格尔辩证法的载体。众所周知，黑格尔辩证法的载体是绝对精神。那么，黑格尔所说的绝对精神究竟是什么意思呢？在《神圣家族》中，马克思指出："在黑格尔的体系中有三个因素：斯宾诺莎的实体，费希特的自我意识以及前两个因素在黑格尔那里的必然的矛盾的统一，即绝对精神。第一个因素是形而上学地改了装的、脱离人的自然；第二个因素是形而上学地改了装的、脱离自然的精神；第三个因素是形而上学地改了装的以上两个因素的统一，即现实的人和现实的人类。"① 紧接着上面这段话，马克思又写道："费尔巴哈把形而上学的绝对精神归结为'以自然为基础的现实的人'，从而完成了对宗教的批判。同时也巧妙地拟定了对黑格尔的思辨以及一切形而上学的批判的基本要点。"② 显然，当时的马克思的思想还处于费尔巴哈的影响下，他是沿着费尔巴哈的思路来理解并揭示黑格尔辩证法的载体——绝对精神的秘密的，因而他把绝对精神解读为"现实的人和现实的人类"。

可是，马克思很快就意识到了费尔巴哈的理论失误："直观的唯物主义，即不是把感性理解为实践活动的唯物主义，至多也只能达到对单个人和市民社会的直观。"③ 也就是说，费尔巴哈的"以自然为基础的现实的人"仍然是抽象的、不现实的，而真正现实的个人是从事实践活动的人。这样一来，马克思就用"实践"取代了黑格尔的"绝对精神"，使之成为辩证法的新的载体。在这个意义上可以说，与马克思的实践唯物主义理论相应的是"实践辩证法"（dialectic of praxis）。必须指出，实践并不只是马克思认识论中的基础性概念，而是他的全部哲学理论中的基础性概念。在马克思看来，"全部社会生活在本质上是实践的"。④ 撇开实践这个基础性概念，根本就无法理解社会生活，遑论对其进行革命性的改造。由此可见，用实践概念取代黑格尔的绝对精神，使之成为辩证法的新载体，乃是马克思在辩证法发展史上的划时代的贡献。

当然，马克思并没有满足于对实践概念的泛泛之论，他从国民经济学

---

① 《马克思恩格斯全集》第 44 卷，人民出版社 2001 年版，第 22 页。
② 《马克思恩格斯全集》第 2 卷，人民出版社 1957 年版，第 177 页。
③ 《马克思恩格斯选集》第 1 卷，人民出版社 1995 年版，第 56—57 页。
④ 同上书，第 56 页。

的研究中得到启发，进一步把生产劳动理解为实践的基本形式。"这种活动、这种连续不断的感性劳动和创造、这种生产，正是整个现存的感性世界的基础，它哪怕只中断一年，费尔巴哈就会看到，不仅在自然界将发生巨大的变化，而且整个人类世界以及他自己的直观能力，甚至他本身的存在也会很快就没有了。"① 这段重要的论述启示我们，马克思进一步用"劳动"概念取代了黑格尔的"绝对精神"，使之成为辩证法的新载体。

其实，早在《1844 年经济学哲学手稿》中，马克思的上述思想已见端倪，他这样写道："黑格尔的《现象学》及其最后成果——作为推动原则和创造原则的否定性的辩证法——的伟大之处在于，黑格尔把人的自我产生看作一个过程，把对象化看作失去对象，看作外化和这种外化的扬弃，因而他抓住了劳动的本质，把对象性的人、现实的因而是真正的人理解为自己的劳动的结果。"② 在这段常为传统的阐释者们所忽视的论述中，马克思把黑格尔的"否定性的辩证法"、"劳动"和"现实的因而是真正的人"的生成这三个环节紧密地结合起来了。在马克思那里，"劳动"被阐释为辩证法的始源性载体。也就是说，前面提到的"实践辩证法"进一步被初始化、具体化为"劳动辩证法"（dialectic of labor）。③ 而值得注意的是，在论述劳动辩证法的过程中，马克思又从黑格尔那里引入了一个重要术语"异化"，并把它和劳动结合起来，从而提出了"异化劳动"的新概念。马克思不仅深入地分析了异化劳动的四种表现形式——劳动过程与劳动者的异化、劳动产品与劳动者的异化、人与人关系的异化、人与自己的类本质关系的异化，而且阐明了劳动辩证法在人类历史上的三个发展阶段，即异化前的劳动、异化劳动、异化劳动被扬弃后的劳动。后来，马克思在《1857—1858 年经济学手稿》中关于"三大社会形态"理论的论述、在《资本论》第一卷（1867 年）中对"商品拜物教"的批判，都是沿着劳动辩证法的思路来展开的。

总之，在实践唯物主义的基础上，把黑格尔辩证法的载体——绝对精

---

① 《马克思恩格斯选集》第 1 卷，人民出版社 1995 年版，第 77 页。
② 《马克思恩格斯全集》第 42 卷，人民出版社 1979 年版，第 163 页。
③ 为什么我们在这里使用"始源性"、"初始性"这样的概念？因为在实践的所有具体的表现形式中，生产劳动是基础性的、始源性的形式。马克思在谈到人类生存的前提时说："因此第一个历史活动就是生产满足这些需要的资料，即生产物质生活本身。"参见《马克思恩格斯全集》第 3 卷，人民出版社 1960 年版，第 31 页。

神阐释为实践，并进而具体化为劳动，这是马克思改造黑格尔辩证法的基础性工作，也是最根本的工作。然而，传统的阐释者们从未准确地理解马克思在这方面做出的可贵努力。

另一条线索是通过对黑格尔方法论中的第三个环节"思辨的或肯定的理性"，即"思辨论"的批判，完成对其辩证法的祛神秘化和祛颠倒化。如前所述，在黑格尔的方法论中，知性作为正题（第一环节）和辩证法作为反题（第二环节），都被紧紧地包裹在作为合题（第三环节）的思辨论中。思辨论集中地体现出黑格尔方法论的神秘性和颠倒性，马克思对思辨论的批判主要是沿着以下三个方向展开的。

第一个方向：批判思辨论的头足倒置。在《黑格尔法哲学批判》（1843 年）一书中，马克思在论及黑格尔关于家庭、市民社会和国家关系的理论时，批评道："理念变成了独立的主体，而家庭和市民社会对国家的关系变成了理念所具有的想象的内部活动。实际上，家庭和市民社会是国家的前提，它们才是真正的活动者；而思辨的理性却把这一切头足倒置。"① 在马克思看来，家庭和市民社会应该是国家的基础，然而，黑格尔的思辨理性却使国家成了家庭和市民社会的基础，从而把现实生活中的一切都头足倒置了。

第二个方向：批判思辨论的非批判性。在《黑格尔法哲学批判》中，马克思深刻地揭露了黑格尔的思辨论乃至他的整个思辨哲学，尤其是他的法哲学和宗教哲学的秘密——非批判性。马克思这样写道："这种非批判性，这种神秘主义，既构成了现代国家制度形式（［主要是］它的等级形式）的一个谜，也构成了黑格尔哲学，主要是他的法哲学和宗教哲学的秘密。"② 因为从外观上看，黑格尔的思辨论乃至他的整个思辨哲学似乎是在批判和清算现实生活，实际上非但不触动当时德国的政治制度，而且竭力为这一制度中的等级形式进行辩护。马克思敏锐地发现，黑格尔思辨论所蕴含的这种非批判性，不光出现在他的晚期著作中，甚至在他的早期著作，如《精神现象学》中，已经作为萌芽出现了。在《1844 年经济学哲学手稿》中，马克思指出："在《现象学》中，尽管已有一个完全否定的和批判的外表，尽管实际上已包含着那种往往早在后来发展之前就有的批

---

① 《马克思恩格斯全集》第 1 卷，人民出版社 1956 年版，第 250—251 页。
② 同上书，第 348 页。

判，黑格尔晚期著作的那种非批判的实证主义和同样非批判的唯心主义——现有经验在哲学上的分解和恢复——已经以一种潜在的方式，作为萌芽、潜能和秘密存在着了。"① 乍看起来，黑格尔运用其辩证法批判和否定了现实生活中的一切，实际上他真正批判和否定的不过是现实生活的知识形式。他仿佛颠覆了一切，实际上却什么也没有触动！在马克思看来，"那种非批判的实证主义和同样非批判的唯心主义"正是用思辨论包裹辩证法、窒息辩证法的结果。

第三个方向：批判思辨论把实体主体化、人格化。在《神圣家族》(1844 年) 一书中，马克思专门辟出"思辨结构的秘密"这一节的篇幅，对黑格尔的思辨论进行了透彻的批判。

第一步：从现实的苹果、梨、草莓、扁桃中得出"果实"这个抽象的观念。

第二步：把这一抽象的观念视为独立存在的本质。这样一来，"果实"就成了苹果、梨、扁桃、草莓的实体。换言之，苹果、梨、扁桃、草莓就倒过来成了"果实"的简单的存在形式，而"思辨的理性在苹果和梨中看出了共同的东西，在梨和扁桃中看出了共同的东西，这就是'果实'。具有不同特点的现实的果实从此就只是虚幻的果实，而它们的真正的本质则是'果实'这个'实体'"。②

第三步：现在的问题是，"一般果实"怎么会忽而表现为苹果，忽而表现为草莓，忽而表现为梨或扁桃呢？"思辨哲学家答道：这是因为'一般果实'并不是僵死的、无差别的、静止的本质，而是活生生的、自相区别的、能动的本质。"③ 也就是说，正是通过"果实"这一本质的自我活动、自相区别和自我规定，苹果、梨、草莓、扁桃等便被创造出来了，而"果实"的这种自我活动也就是绝对主体的自我活动。

马克思总结道："这种办法，用思辨的话来说，就是把实体了解为主体，了解为内部的过程，了解为绝对的人格。这种了解方式，就是黑格尔方法的基本特征。"④ 总之，在黑格尔思辨论的语境中，一方面，抽象的观念，如"水果"、"理念"、"精神"、"绝对精神"等变成了能动的、人格

---

① 《马克思恩格斯全集》第 42 卷，人民出版社 1979 年版，第 161—162 页。
② 《马克思恩格斯全集》第 2 卷，人民出版社 1957 年版，第 72 页。
③ 同上书，第 73 页。
④ 同上书，第 75 页。

化的主体；另一方面，作为社会历史的真正主体的、现实的人却失去了自己的能动性，因为在马克思看来，"思辨的理性把现实的人看得无限渺小"。①

综上所述，正是通过对黑格尔思辨论的上述三个方面的批判，马克思成功地完成了对黑格尔辩证法的祛神秘化和祛颠倒化的过程，同时，又把辩证法与绝对精神这个载体分离开来，重新安顿在实践、劳动这样的新载体之上。于是，在黑格尔方法论中几乎处于窒息状态的辩证法，在马克思那里获得了新生。

三　马克思辩证法的被遮蔽状态

尽管马克思对黑格尔辩证法做出了艰苦的改造和提升工作，然而，遗憾的是，他的同时代人费尔巴哈却从一般唯物主义的立场出发，开启了一条错误地改造黑格尔哲学（包括其辩证法）的道路。不幸的是，这条道路对传统的阐释者们产生了致命的影响，这种影响延续至今，一直没有得到彻底的清理。

在《关于哲学改造的临时纲要》（1842 年）一文中，费尔巴哈在批判黑格尔哲学时指出："我们只要经常将宾词当作主词，将主体当作客体和原则，就是说，只要将思辨哲学颠倒过来，就能得到毫无掩饰的、纯粹的、显明的真理。"② 从这段论述可以看出，把黑格尔思辨哲学颠倒过来的思路源于费尔巴哈。那么，费尔巴哈所说的把思辨哲学颠倒过来后将会出现的所谓"毫无掩饰的、纯粹的、显明的真理"究竟是什么呢？在同一篇文章中，费尔巴哈暗示我们："观察自然，观察人吧！在这里你们可以看到哲学的秘密。"③ 紧接着这段话，他又写道："自然是人的根据。"④ 这就明确地告诉我们，哲学的全部秘密都隐藏在作为人的根据的自然中。也就是说，把黑格尔的思辨哲学颠倒过来，其方法论（包括辩证法）的载体不再是意识、理念或精神，而是自然。事实上，自然正是费尔巴哈所主张的一般唯物主义的基础和出发点。

---

① 《马克思恩格斯全集》第 2 卷，人民出版社 1957 年版，第 49 页。
② 《费尔巴哈哲学著作选集》（上卷），商务印书馆 1984 年版，第 102 页。
③ 同上书，第 115 页。
④ 同上书，第 116 页。

毋庸讳言，费尔巴哈颠倒黑格尔思辨哲学的思路对恩格斯产生了决定性的影响。在《出路》中，当恩格斯谈到费尔巴哈的《基督教的本质》（1841 年）一书的出版时，写道："我们一时都成为费尔巴哈派了。"① 诚然，费尔巴哈的思想对马克思和恩格斯产生过重要的影响，然而，恩格斯却把这种影响夸大化了。在《出路》的序言中，恩格斯指出，他之所以撰写这本书，就是为了向费尔巴哈偿还一笔信誉债，因为"他在好些方面是黑格尔哲学和我们的观点之间的中间环节，我们却从来没有回顾过他。"② 当恩格斯把费尔巴哈视为"中间环节"时，他的本意是想说明，他和马克思的思想已经远远地超出了费尔巴哈。实际上，这个说法只对马克思有效，对恩格斯本人说来却并非如此，因为在哲学的基本立场上，恩格斯始终没有超越费尔巴哈的一般唯物主义，而且他还竭力用这种一般唯物主义的立场来阐释马克思哲学，从而导致了马克思唯物主义与旧唯物主义之间界限上的模糊化。

《出路》暗示我们："费尔巴哈的发展进程是一个黑格尔主义者（诚然，他从来不是完全正统的黑格尔主义者）走向唯物主义的发展进程，这一发展使他在一定阶段上同自己的这位先驱者的唯心主义体系完全决裂了。"③ 这段话表明，恩格斯把黑格尔哲学视为一般唯心主义，把费尔巴哈哲学视为一般唯物主义，而费尔巴哈思想发展的进程则是通过与黑格尔的一般唯心主义的决裂，走向一般唯物主义。凡熟悉恩格斯著作的都知道，恩格斯只批评费尔巴哈在历史领域里陷入唯心主义，而对他在自然观上主张的一般唯物主义立场从来都是赞赏有加的。所以，他写道："同黑格尔哲学的分离在这里也是由于返回到唯物主义观点而发生的。"④ 显然，恩格斯这里所说的与黑格尔一般唯心主义的"分离"及对一般唯物主义观点的"返回"正是费尔巴哈早已经历过的故事，这里没有任何新的思想酵素发生。恩格斯甚至强调："归根到底，黑格尔的体系只是一种就方法和内容来说唯心主义地倒置过来的唯物主义。"⑤

于是，下面这条权威性的阐释路线形成了：黑格尔的思辨哲学是以意

① 《马克思恩格斯选集》第 4 卷，人民出版社 1995 年版，第 222 页。
② 同上书，第 211—212 页。
③ 同上书，第 227 页。
④ 同上书，第 242 页。
⑤ 同上书，第 226 页。

识、理念、精神为载体的一般唯心主义，把它颠倒过来就是以自然为载体的一般唯物主义。再把一般唯物主义与取自黑格尔那里的辩证法结合起来，就形成了恩格斯所说的"自然辩证法"或"唯物主义辩证法"。①

那么，恩格斯究竟是如何理解"自然"概念的呢？在《自然辩证法》（1873—1886 年）中，他明确指出："唯物主义的自然观不过是对自然界本来面目的朴素的了解，不附加任何外来的成分。"② 显然，当恩格斯说"不附加任何外来的成分"时，既排除了超自然的上帝对自然的干预，也排除了人的实践活动对自然的干预。其实，后面一层意思也可以从恩格斯《出路》中的一段论述中得到印证："但是，社会发展史有一点是和自然发展史根本不同的。在自然界中（如果我们把人对自然界的反作用撇开不谈）全是没有意识的、盲目的动力，这些动力彼此发生作用，而一般作用就表现在这些动力的相互作用中。"③ 在这段话中，恩格斯明确表示要"把人对自然界的反作用撇开不谈"。这充分表明，与马克思对"人化自然"的关注不同，恩格斯关注的是与人的实践活动相分离的自然自身运动的辩证法。

恩格斯的上述见解又对普列汉诺夫和列宁发生了决定性的影响。他们把恩格斯提出的"唯物主义辩证法"改写为"辩证唯物主义"。列宁进一步把历史唯物主义阐释为辩证唯物主义在社会历史领域中的推广和应用。从此以后，在前苏联、东欧和中国的哲学教科书中，马克思哲学就被定格为辩证唯物主义（以自然为研究对象）和历史唯物主义（以社会历史为研究对象），而辩证法则被定格在辩证唯物主义的范围内。这就等于告诉我们，辩证法的载体始终是自然，自然辩证法就是马克思改造黑格尔方法论的结果。无疑地，这种见解遮蔽了马克思辩证法的本真含义。

难以置信的是，马克思关于"人化自然"的重要思想从未进入过恩格斯的视阈。尽管恩格斯偶尔也会谈到人的实践活动在改造自然中的作用，但这些见解在他的思想中始终处于边缘化的状态中。恩格斯在谈到 18 世纪欧洲自然科学的发展时，指出："当时哲学的最高荣誉就是：它没有被同时代的自然知识的狭隘状况引入迷途，它——从斯宾诺莎一直到伟大的法国唯物主义者——坚持从世界本身说明世界，从而把细节方面的证明留

---

① 《马克思恩格斯选集》第 4 卷，人民出版社 1995 年版，第 243 页。

② 同上书，第 247 页。

③ 恩格斯：《自然辩证法》，人民出版社 1971 年版，第 177 页。

给未来的自然科学。"① 显然，恩格斯这里所说的"从世界本身说明世界"与前面提到的"对自然界本来面目的朴素的了解，不附加任何外来的成分"一样，既排除了神学目的论对自然的干预，也排除了人的实践活动对自然的干预。总之，对他的自然观来说，具有决定性意义的见解始终是：从费尔巴哈式的一般唯物主义立场出发，撇开人的实践活动，单独地考察自然自身的辩证运动。

在"辩证唯物主义和历史唯物主义"的阐释框架中，由于辩证法是从属于辩证唯物主义的，因而在历史唯物主义内就出现了辩证法的空场。假如传统的阐释者们在这个领域里也谈论辩证法的话，这种辩证法至多只是把自然辩证法推广和应用到社会历史领域里的结果。然而，把撇开人的实践活动的、自然自身运动的辩证法推广和应用到以人的实践活动为基础的社会历史领域里，必定会重复费尔巴哈的理论错误。正如马克思早已敏锐地指出的："当费尔巴哈是一个唯物主义者的时候，历史在他的视野之外；当他去探讨历史的时候，他不是一个唯物主义者。在他那里，唯物主义和历史是彼此完全脱离的。"② 历史和实践一再表明，在自然观上坚持唯物主义的人，在历史观上未必是唯物主义的。反之，在历史上坚持唯物主义的人，在自然观上一定是唯物主义的。

这样一来，马克思辩证法的本真含义在传统的阐释者们那里，被严严实实地遮蔽起来了。因为在马克思那里，辩证法的根本落脚点是社会历史领域，辩证法的载体是人的实践活动，尤其是实践活动的基本形式——生产劳动。事实上，恩格斯试图加以描述的、脱离人的实践活动的、自然自身运动的辩证法，对于马克思来说，根本上就是不存在的。马克思早已告诉我们："被抽象地、孤立地理解的、被固定为与人分离的自然界，对人说来也是无。"③ 既然与人分离的自然界对人来说是根本不存在的，遑论"自然辩证法"。

四　恢复马克思辩证法的本真含义

在传统的阐释者们那里，马克思的辩证法流落他乡，成了与人的实践

---

① 恩格斯：《自然辩证法》，人民出版社1971年版，第177页。
② 《马克思恩格斯选集》第1卷，人民出版社1995年版，第78页。
③ 《马克思恩格斯全集》第42卷，人民出版社1957年版，第178页。

活动，尤其是生产劳动相分离的自然的座上宾。由于这种阐释方式影响甚广，所以对马克思辩证法的本真含义的恢复并非易事，需要我们在理论上做一系列正本清源的工作。

首先，我们必须清醒地意识到，马克思的辩证法作为方法论是从属于马克思哲学的。只有准确地理解马克思哲学，才可能真正解决马克思辩证法的载体问题。如前所述，按照"辩证唯物主义和历史唯物主义"的阐释框架，辩证唯物主义是研究自然的，历史唯物主义是研究社会历史的，而前者是后者的基础和出发点。这就不但把"自然"与"社会历史"分离开来了，而且"自然"始终处于逻辑在先的基础性位置上。对应于这种分离，"自然观"与"历史观"也被分离开来了，其逻辑结果是，马克思哲学成了二元论哲学。显然，在上述流行的阐释方式形成的过程中，作为马克思哲学的第一阐释者的恩格斯负有不可推卸的责任。我们注意到，在《反杜林论》的第三版序言（1894 年）中，恩格斯这样写道："马克思和我，可以说是把自觉的辩证法从德国唯心主义哲学中拯救出来并用于唯物主义自然观和历史观的唯一的人。"① 从这段话的上下文可以看出，恩格斯着力的是自然观（对应于他自己提出的"唯物主义辩证法"或"自然辩证法"，普列汉诺夫和列宁则称其为"辩证唯物主义"），马克思着力的则是历史观（对应于恩格斯所说的"唯物主义历史观"，普列汉诺夫、列宁所说的"历史唯物主义"），而"自然观"又是"历史观"的基础和出发点。

在这样的阐释方式中，辩证唯物主义作为与一般唯物主义立场一致的"自然观"，成了马克思哲学的基础和核心；而历史唯物主义则作为具体的"历史观"，被下降为应用性的哲学理论。无怪乎列宁的思想被误导。在《唯物主义和经验批判主义》（1908 年）中，他写道："马克思和恩格斯几十次地把自己的哲学观点叫做辩证唯物主义。"② 事实上，马克思从未使用过"辩证唯物主义"的概念，恩格斯也只有一次使用过"唯物主义辩证法"的概念，当然，这个概念在含义上是与"辩证唯物主义"一致的。

这种二元论的局面——自然与社会历史的分离、自然观与历史观的分离、辩证唯物主义与历史唯物主义的分离再也不能继续下去了。实际上，按照马克思的观点，根本就不存在与社会历史相分离的自然。在《1844 年

---

① 《马克思恩格斯全集》第 42 卷，人民出版社 1957 年版，第 122 页。
② 同上书，第 128 页。

经济学哲学手稿》中，马克思指出："社会是人同自然界的完成了的本质的统一。"① 也就是说，根本就没有外在于社会历史的自然界，自然界不过是社会历史的有机的组成部分。在此文的另一处，马克思说得更明确："在人类历史中，即在人类社会的产生过程中形成的自然界是人的现实的自然界；因此，通过工业——尽管以异化的形式——形成的自然界，是真正的、人类学的自然界。"② 在《德意志意识形态》中，马克思还使用了"历史的自然和自然的历史"③ 概念，充分阐明了自然与历史、自然观与历史观的不可分离性。从这种不可分离性出发去看待自然界，根本就不存在恩格斯所描述的、与人的实践活动相分离的、自然自身运动的辩证法（即自然辩证法），只存在马克思所主张的人化自然辩证法，而这种辩证法不过是马克思的社会历史辩证法的一个有机的组成部分。

既然自然与历史、自然观与历史观是不可分离的，那么把马克思哲学二元化为辩证唯物主义和历史唯物主义就缺乏任何根据。其实，明眼人一看就知道，这种二元化的前提是：历史唯物主义不能研究自然，只有辩证唯物主义才能研究自然。如前所述，既然马克思已经阐明，现实的自然界只是社会历史的一个组成部分，那就表明，历史唯物主义完全拥有研究自然界的合法性。按照我们的观点，马克思哲学是一元论的，"辩证唯物主义"完全是一个多余的概念，它可以像盲肠一样被割去。马克思哲学就是历史唯物主义，成熟时期的马克思没有提出过历史唯物主义以外的任何其他哲学理论。事实上，只有以这种方式去理解马克思哲学时，才能对马克思辩证法的载体作出准确的阐释，即马克思辩证法的载体绝不是与人的实践活动相分离的自然或物质，而是人的实践活动，尤其是人的生产劳动。在这个意义上，马克思的辩证法既不是自然辩证法，也不是唯物主义辩证法，而是社会历史辩证法（dialectic of socialhistory）。这种辩证法始终以人的实践活动作为基础和核心。我们认为，马克思的社会历史辩证法蕴含着以下三项基本内容：一是"实践辩证法"（包含"劳动辩证法"），主要探讨异化劳动及扬弃异化劳动的辩证过程；二是"人化自然辩证法"（dialectic of humanized nature），主要探讨人的实践活动与自然环境之间的辩证

---

① 《马克思恩格斯选集》第 3 卷，人民出版社 1995 年版，第 349 页。
② 《列宁选集》第 2 卷，人民出版社 1995 年版，第 12 页。
③ 《马克思恩格斯选集》第 1 卷，人民出版社 1995 年版，第 76 页。

过程；三是"社会形态辩证法"（dialectic of social formations），主要探讨人类社会历史深化的辩证过程。

其次，我们也必须清醒地意识到，黑格尔哲学不是一般唯心主义，而是历史唯心主义。我们绝不能重复费尔巴哈、恩格斯开启的思路，以为黑格尔哲学的实质是一般唯心主义，把它颠倒过来，就是一般唯物主义。我们必须沿着马克思的思路前进。按照这一思路，黑格尔哲学的实质是历史唯心主义，而把历史唯心主义颠倒过来，应该是历史唯物主义。换言之，把黑格尔哲学中的意识、理念、精神和绝对精神等观念颠倒过来，绝不是与人的实践活动相分离的自然或物质，而是人的实践活动，是生产劳动。也就是说，只有把马克思与黑格尔的理论关系解读为历史唯物主义与历史唯心主义之间的关系，才可能确保对黑格尔辩证法的改造工作沿着社会历史、人的实践和生产劳动的方向展开；才可能确保马克思的辩证法被理解为以人的实践活动为基础和核心的社会历史辩证法，而不是与人的实践活动相分离的自然辩证法。在这个意义上，马克思所说的黑格尔辩证法的"神秘外壳"就是指其历史唯心主义哲学与其思辨理论，而"合理内核"则是社会历史辩证法。

再次，正如我们在前面已经提及的，由于马克思哲学不是课堂里的高头讲章，而是服务于对现行的资本主义社会进行根本转变的革命目的的，因而，马克思在批判地考察黑格尔的方法论时，最注重的是从中抽取出第二个环节——辩证法，同时对黑格尔的辩证法做祛神秘化和祛颠倒化的工作。而在这样做时，他着重批判的是黑格尔方法论中的第三个环节——思辨论，从而在一定的程度上忽略了对黑格尔方法论中的第一个环节——抽象知性的探讨。如前所述，尽管抽象知性的缺点是使规定性和确定性失去其灵活性，但在合理的范围之内，抽象知性始终是辩证法的基础。当前中国人面临的思维困境是，在缺乏抽象知性的基础上奢谈辩证法，这就使辩证法具有沉沦到诡辩中的极大的危险。

综上所述，我们必须全面地、准确地、完整地理解黑格尔的方法论和马克思对黑格尔方法论的改造与提升，从而恢复马克思辩证法的本真含义。

［原载《复旦学报（社会科学版）》2011 年第 1 期］

辩证法当代价值的新阐释^①

——巴斯卡的《辩证法：自由的脉搏》探析

付文忠

批判实在论（Critical Realism）是一个为马克思主义辩护的哲学流派，经过三十多年的发展，批判实在论的影响在国际上日益扩大，其哲学方法已经扩展到了人文社会科学的各领域。批判实在论的创始人英国哲学家罗依·巴斯卡（Roy Bhaskar）被其追随者称为当代在世的最杰出的哲学家，他撰写的《辩证法：自由的脉搏》不但被誉为"二十世纪最重要的哲学著作"，^② 而且还誉为发动了"哥白尼革命"，因为他旗帜鲜明地捍卫马克思主义辩证法的当代性，批判后马克思主义与后现代主义对辩证法的解构与否定，断言否定辩证法的理论思潮都拥有一个共同的错误："就是试图把存在还原为知识，把本体论还原为认识论。"^③ 巴斯卡强调，尽管当代辩证法理论在发展过程中呈现出多样性，但是却拥有共同的构造逻辑：自由的逻辑，巴斯卡把自由的逻辑叫做辩证法的硬核。^④

巴斯卡从批判实在论哲学立场出发，对辩证法的自由的逻辑及其当代价值进行了新的阐释，他的自由辩证法理论一提出，就引起学术界极大关注，引发了激烈的理论争论。

---

① 基金项目：本文为作者主持的国家社科基金项目"马克思主义辩证法当代价值研究"（项目编号：10BZX004）阶段性成果；山东省高等学校人文社科计划项目（项目编号：J10WA60）成果。

② Hans G. Ehrbar, *Marxism and Critical Realism*, www. econ. utah. edu/ehrbar/marxre. pdf.

③ Roy Bhaskar, *Dialectic：the Pulse of Freedom*, London：Verso, 1993, p. 11.

④ Ibid. , p. 374.

一 巴斯卡自由辩证法理论的出场语境

巴斯卡辩证法理论的出场语境是 20 世纪末 "突如其来的历史巨变"，随着苏东解体与柏林墙的倒塌，马克思主义终结论甚嚣尘上，右翼学者福山宣布历史已经终结，社会主义和资本主义竞争的历史已经结束，自由民主与资本主义在竞争中胜出。

为了反思时代的新情况与新变化，回击新自由主义的挑战，捍卫马克思主义的当代性，西方左派提出了重建马克思主义的理论任务。重建马克思主义面临的重要任务是方法论的选择，① 当代影响比较大的方法有以下几种：新实证主义的方法，新康德主义的方法，新尼采主义的方法。分析的马克思主义学派推崇新实证主义方法，以哈贝马斯为代表的批判理论学派选用新康德主义的方法，以拉克劳、墨菲为代表的后马克思主义赞同新尼采主义的方法。这些方法虽然理论主张各异，哲学传统不同，但是却具有一个共同的立场：反对辩证法，否定本体论，主张把辩证法从马克思主义中排除出去。巴斯卡指出，新实证主义的方法是用 "科学" 排斥 "社会"，新康德主义的解释学是用 "社会" 排斥 "科学"，二者都割裂了科学与社会的辩证关系。②后马克思主义用话语理论解构辩证法，认为科学是神话，社会是话语。

巴斯卡对这些方案持批评态度，提出通过重建辩证法，重构马克思主义的解放规划。巴斯卡对辩证法的哲学传统、理论原则和构造逻辑做了全面的批判性考察，提出了批判实在论的辩证法理论，开创了反思辩证法当代价值的新范式，开辟了发展马克思主义辩证法的新途径。在后结构主义与后现代主义反哲学体系主张流行的今天，巴斯卡提出重建辩证法理论，捍卫辩证法理论的当代价值，这些理论主张产生了很大影响。巴斯卡宣布建构辩证法理论，是为了完成马克思计划写一本关于辩证法著作的遗愿，

---

① 美国《科学与社会》杂志 1998 年秋季号推出 "辩证法新前沿" 专刊；奥尔曼的《辩证法的舞蹈》（2004 年出版）；阿瑟的《新辩证法与马克思的资本论》（2004 年出版）；奥尔曼与斯密斯主编的《新世纪的辩证法》（2007 年出版）；詹姆逊的新著《辩证法的多维性》（2009 年出版）；诺瑞尔《辩证法与差异》（2010 年出版）；这些著作都是对这种新趋势的理论反映（详见文末参考文献）。

② Roy Bhaskar, *The Possibility of Naturalism: A Philosophical Critique of the Contemporary Human Sciences*, London and New York: Routledge, 1998, p. 123.

为了完成这一重要任务，巴斯卡对从巴门尼德、柏拉图到黑格尔、马克思的辩证法传统进行了深入的梳理与阐释。

巴斯卡捍卫马克思主义辩证法当代价值并不是孤立的理论行动，进入新世纪，英美马克思主义学者掀起一个辩证法保卫战，回击后现代主义和后马克思主义对辩证法的抛弃与否定。2008 年英美马克思主义学者推出了捍卫辩证法的论文集《新世纪的辩证法》，紧接着著名马克思主义学者詹姆逊于 2009 年也推出了自己反思辩证法的巨著《辩证法的多维性》，这些成果都是对辩证法当代价值的新阐释。詹姆逊认为，辩证法是一种思维方式，是思考未来的、尚未完成的现代性思维规划，黑格尔的辩证法是法国大革命的产物，马克思的辩证法是劳动力商品化的产物。① 根据詹姆逊的推论逻辑，可以说巴斯卡的辩证法是经济全球化时代的产物，20 世纪的思想史见证了辩证法的阐释历程，卢卡奇、阿多诺、萨特、列斐伏尔、奥尔曼、哈维与索亚等人多方面推动辩证法的发展，多角度阐述辩证法的当代意义，回击各种反辩证法思潮的挑战，开创了多视阈的辩证法解释模式。有些论者认为，辩证法的当代发展，导致某些方面已经基本不属于马克思主义的传统了，列斐伏尔对此发表过类似意见，他在提出空间辩证法时，是这样评价辩证法阐释的多样性："让辩证法回归自己的议程，但是空间辩证法已经不是马克思主义的辩证法，正如马克思的辩证法不再是黑格尔的辩证法一样。"②巴斯卡认为，辩证法的形态具有多样性，辩证法本身也是辩证发展的，但是，在辩证法理论体系的多样性中也存在着统一性，在多样性的辩证法阐释中拥有共同的核心，共同的构造逻辑：即自由的逻辑，巴斯卡把自由的逻辑叫做辩证法的硬核。③

"辩证法是自由的逻辑"，这一命题吸引了许多研究者的目光，为什么巴斯卡把辩证法看作是自由的逻辑？有些学者感觉这一命题不好理解，原因是巴斯卡的著作结构复杂，概念繁多，涉及的理论史从古希腊到后现代，从巴门尼德到马克思，造成了理解上的一些困难。而且，国际批判实在论学会前主席阿兰·诺瑞尔认为，很难从整体上把握巴斯卡《辩证法：

---

① Fredric Jameson, *Valences of the Dialectic*, London: Verso, 2009, p. 280.

② Rob Shields, *Lefebvre, Love and Struggle: Spatial dialectics*, London and New York, Routledge, 1999, p. 119.

③ Roy Bhaskar, *Dialectic: the Pulse of Freedom*, London: Verso, 1993, p. 374.

自由的脉搏》一书的主题，① 奥尔曼先生也认为巴斯卡著作中的新概念如
"茂密的热带花园的花朵一样繁多"，②阻挡了对其辩证法理论的理解。但
是，如果我们抽象出巴斯卡辩证法理论的核心命题，就可以比较容易地找
到巴斯卡建构新辩证法的理论框架。

二 巴斯卡自由辩证法的三个核心命题

笔者认为巴斯卡自由辩证法的构造逻辑并没有想象的那样复杂，感觉
复杂的原因，一是巴斯卡论证过程中使用了一些代数符号，二是论证方式
应用一些数理逻辑方法。笔者认为，巴斯卡对辩证法当代价值的阐释体现
在三个核心命题之中，把握住这三个核心命题，就比较容易理解巴斯卡辩
证法的构造逻辑。巴斯卡说："到目前为止，辩证法只赋予我们理解与改
变现实的能力。"那么，什么是辩证法呢？巴斯卡给出的定义是："辩证法
的真正定义是缺失之缺失。"（the real definition of dialectic as absenting ab-
sence）③因此，要理解巴斯卡对辩证法的新定义、新阐释，必须考察批判
实在论辩证法理论三个核心命题的理论逻辑：

第一个命题：缺失是辩证法理论的合理内核；

第二个命题：辩证法是自由的逻辑；

第三个命题：辩证法的真理就是人类的普遍解放。

1. 缺失是辩证法的合理内核。巴斯卡对辩证法的重构是从探索马克思
的 "辩证法合理内核" 之谜开始的，马克思曾经说他发现了被神秘外壳掩
盖着的黑格尔辩证法的合理内核，但是马克思没有时间写出来。这样马克
思视阈中的辩证法的合理内核，就成为一个哲学之谜。后来许多学者提出
各种各样的解释，但是没有形成定论。直到今天，人们仍然在为破解这一
辩证法之谜而争论。

鉴于此，有学者认为辩证法也许并没有什么合理内核与神秘外壳，辩
证法之谜可能是一种误导。但大部分学者认为合理内核是存在的，而且也
不神秘，如汪克认为合理内核就三个要素：辩证矛盾、变化过程、相互联

---

① Alan Norrie, *Dialectic and Difference*: *Dialectical Critical Realism and Grounds of Justice*, New York: Routledge, 2010, p. xii.

② 奥尔曼：《辩证法的舞蹈》，田世锭、何霜梅译，高等教育出版社 2006 年版，第 225 页。

③ Roy Bhaskar, *Dialectic*: *the Pulse of Freedom*, London: Verso, 1993, p. 374.

系。辩证矛盾是核心，矛盾引起变化，变化就是过程，过程就是联系，变化是矛盾的结果，矛盾是变化的原因，变化与矛盾紧密联系。①

但是，巴斯卡认为，辩证矛盾不是辩证法的合理内核，那么，什么才是辩证法的合理内核？巴斯卡说：缺失才是辩证法的合理内核。什么是缺失？巴斯卡说的"缺失"是指"absence"（名词）和"absenting"（动词）。名词 absence 是显示一种东西不在场，动词 absenting 是让不在场的东西出场，让在场的东西退场。"缺失"包括否定、过程、矛盾、冲突、弊端等，其中矛盾是缺失范畴中的一个概念。

巴斯卡指出："马克思谈论过辩证法的合理内核，而且是被黑格尔神秘化了的合理内核，那么，这个合理内核是什么呢？实际上，这个合理内核就是由缺失推动的发展过程。"②为什么说缺失就是马克思说的辩证法的合理内核？根据是什么？巴斯卡的论证如下：

当代世界与当代理论肯定不会尽善尽美，存在着不完善，不完善就是完善的缺失，完善的缺失引发了矛盾与分裂，这些矛盾与分裂的深化引发危机，危机的解决推动着事物的发展过程。

这个发展过程可以概括为四个阶段：

首先，由于完善的缺失引发了矛盾；

其次，矛盾蕴含的否定性引发了危机；

再次，在超越危机过程中，创造出新的东西；

最后，一个新的总体化过程又开始了。

可见，缺失是推动事物发展的动力，因此，巴斯卡把缺失称为"决定性的缺失"。什么是决定性的缺失呢？在《辩证法：自由的脉搏》出版7年后的一次哲学演讲中，巴斯卡对这个抽象范畴作了通俗解释，他说："批判实在论关注的缺失，是关于人们胃里食物的缺失，是关于人们头顶上方房屋的缺失。"③在社会领域，根据巴斯卡的解释，失业就是工作的缺失，歧视就是尊严的缺失。也就是说，缺失是社会的不平等，个人的不自由。可见，消除这些缺失，就成为社会进步与发展的动力。

巴斯卡还宣布他不仅发现了辩证法的合理内核，而且还发现了掩盖

---

① David Walker, *Marx, Methodology and Science*, England: Ashgate, 2001, pp. 78 – 79.

② Roy Bhaskar, *Reflections on Meta-reality*, New Delhi: Sage Publication, 2002, p. 42.

③ Ibid., p. 44.

"合理内核"的"神秘外壳",黑格尔的神秘外壳不是人们所说的唯心主义哲学体系,"黑格尔辩证法的神秘外壳,其实也是西方思想史中的神秘外壳,正是缺失概念的缺失。"①因此,重建辩证法理论,批判地解读黑格尔的辩证法,指认西方思想史的缺陷,缺失仍然是一个关键范畴。

2. 辩证法是自由的逻辑。巴斯卡说"辩证法就是对自由的追求,对限制追求自由的转化性否定"。辩证法为什么蕴含着对自由的追求和对限制自由的否定呢?巴斯卡认为这是他的理论发现。在哲学史上辩证法有多种形态,本体论辩证法、认识论辩证法、关系辩证法、实践辩证法等,这些辩证法差异非常大,但是所有的辩证法都有一个共同的特征,以自由价值观为核心。"辩证法是一个灵活的工具,但是它的建构围绕着一个硬核:自由的逻辑。"②辩证法是自由的逻辑命题,是巴斯卡对辩证法理论的新阐释,也是理解批判实在论辩证法理论核心思想的主线。辩证法为什么是自由的逻辑?自由为什么是辩证法理论的核心?自由价值观如何在辩证法理论中生成,许多巴斯卡的研究者感觉不太好理解。例如,阿兰·诺瑞尔在其研究巴斯卡辩证法的新著中说:"《辩证法》是一本很难读的书,读懂它很不容易。我变得很沮丧,因为无法从整体上理解这本书,我感到某些方面被神秘化了,特别是我不能把握巴斯卡的伦理学是如何成为社会历史辩证法的基础。"③

前面提到,理解辩证法是"自由的逻辑"的关键是缺失范畴,因为自由的逻辑就是"缺失的逻辑",比如社会不平等就是平等的缺失,争取社会平等就是缺失社会的不平等,争取社会平等一定会遇到许多限制,缺失这些限制就是争取自由,"这也给我们开辟了一条通向自由辩证法的道路"。巴斯卡把这个过程称为"缺失之缺失"(absenting absence),"缺失之缺失"就是辩证法的定义。辩证法就是对自由的追求,对限制追求自由的转化性否定。"任何弊病都是限制,限制就是自由的缺失。"④资本主义总体性的主人与奴隶关系是最大限制,也是批判实在论要清除的主要对象。

---

① 巴斯卡在分析黑格尔辩证法的根本缺陷时指出,黑格尔的辩证法体系有缺失思想,却没有相应的概念,"黑格尔丢失的并不是缺失——他的体系不缺少这些,而是丢失了缺失的概念。"(Bhaskar, *Reflections on Meta-reality* New Delhi: Sage Publication, 2002, p. 131)

② Roy Bhaskar, *Dialectic: the Pulse of Freedom*, London: Verso, 1993, p. 374.

③ Alan Norrie, *Dialectic and Difference: Dialectical Critical Realism and Grounds of Justice*, New York: Routledge, 2010, p. xii.

④ Roy Bhaskar, *Dialectic: the Pulse of Freedom*, London: Verso, 1993, p. 182.

巴斯卡说批判实在论的自由辩证法，是在继承了亚里士多德、黑格尔和马克思三大自由辩证法传统基础上发展起来的。

3. "辩证法的真理就是人类的普遍解放"。后马克思主义认为传统社会主义陷入危机，马克思主义的传统已经终结。巴斯卡不同意这些主张，他认为今天人类对自由解放的追求并没有停止，自由的脉搏仍在跳动。

为什么"辩证法的真理就是人类的普遍解放"？巴斯卡转向了马克思主义，"一旦我们开始考察自由问题、价值问题，我们自然走向人类自由与解放的整个问题。现在是考察马克思主义的时候了，马克思主义今天仍然是强大的思想体系。因为，马克思主义努力抽取出当代世界的基本特征。没有人否认资本主义仍然是我们社会存在的主要事实。"① 巴斯卡认为人类的普遍解放就是马克思说的共产主义社会，解放的标志就是每一个人的发展是所有人发展的前提条件。

"辩证法的真理就是人类的普遍解放"，这个命题可以从"缺失的逻辑"展开来理解，巴斯卡为了阐释辩证法与解放规划的联系，重新定义辩证法，他把辩证法进一步定义为"缺失对缺失之缺失的限制"，（absenting constraints on absenting absences)②。一些人不理解这个新定义的意图，其实，巴斯卡把辩证法的定义从"缺失之缺失"发展为"缺失对缺失之缺失的限制"，就是为了说明"缺失的行动已经设定了人类的普遍解放。"③辩证法如何设定解放规划的理论逻辑？理解这一逻辑需要具体化这一命题，也就是说"缺失对缺失之缺失的限制"在逻辑上是一个四重否定的展开过程：

1. 资本主义的压迫性的统治关系就是自由的缺失；
2. 争取人类的普遍解放就是缺失之缺失；
3. 资本主义国家机器就是对这种缺失之缺失的限制；
4. 打碎资本主义国家机器就是缺失这些限制。④

英国马克思主义学者约瑟夫（Joseph）把这个四重否定展开具体化为：

① Roy Bhaskar, *Reflections on Meta-reality*, New Delhi: Sage Publication, 2002, p. 129.

② Roy Bhaskar, *Dialectic: the Pulse of Freedom*, London: Verso, 1993, p. 233.

③ Ibid. , p. 372.

④ 批判实在论辩证法强调缺失逻辑（absence），是用四段论的辩证法取代黑格尔的三段论辩证法，黑格尔的三段论辩证法是：（1）肯定（从某物开始）；（2）否定（发现了自身的缺陷）；（3）否定之否定（克服这些缺陷）。巴斯卡的四段论辩证法是：（1）缺失（开始于不完善）；（2）缺失之缺失（清除这些不完善）；（3）缺失之缺失的限制（清除过程遇到障碍）；（4）缺失这些限制（克服这些障碍）。

（1）失业就是工作的缺失；（2）争取工作就是缺失的缺失；（3）通货膨胀是对缺失的缺失的限制；（4）消除通货膨胀就是缺失这种限制。①

因此，巴斯卡的批判实在论的辩证法是强调社会变革的实践辩证法，"是对限制争取自由行动的转化性否定"的辩证法，也是把哲学与解放规划联系起来的实践辩证法。

三 巴斯卡自由辩证法的四个维度解读

批判实在论辩证法的哲学基础是强调两个区别：其一，思想与存在的区别，强调存在先于思想；其二，本体论与认识论的区别，强调本体论先于认识论。

巴斯卡在吸取马克思对黑格尔辩证法研究成果的基础上，结合当代哲学新发展，提出了超越黑格尔辩证法的理论规划。黑格尔的辩证法是由同一性、否定性与总体性三个部分构成，批判实在论的辩证法体系由四个部分组成：非同一性、真正的否定性、开放的总体性、转变社会的能动实践性（巴斯卡把这四个方面简称为1M、2E、3L、4D）②。

1M 非同一性

"非同一性"是批判实在论辩证法的第一个维度，强调实在的非同一性。非同一性首先强调本体论与认识论的非同一性，肯定与否定的非同一性，结构与事件的非同一性。

本体论对批判实在论来说非常重要，是其辩证法的基石，本体论强调客观性，巴斯卡称作"自然必然性"，所谓"自然必然性"就是强调客观事物的结构、规律、运行机制不依赖主体的认识而存在。巴斯卡说，现代

---

① Andrew Brown, Steve Fleetwood, John Michael, *Critical Realism and Marxism*, New York：Routledge, 2002, p. 234.

② 巴斯卡的《辩证法：自由的脉搏》2008年由 Routledge 再版时，《批判实在论词典》的主编 Mervyn Hartwig 代写了新序言，Hartwig 介绍说批判实在论辩证法理论已经发展为7个维度，这7个维度的辩证法体系是在原来四个维度的基础上发展起来色，其发展顺序是：1M＜2E＜3L＜4D＜5A＜6R＜7A。1M 非同一性，2E 否定性，3L 总体性，4D 实践性。新增加的5A 代表精神解放的反思性，6R 代表脱出祛魅领域的复魅，7A 代表非二元性的存在之存在。其实，从5A 开始，巴斯卡的"精神哲学转向"已经使他偏离了批判实在论哲学传统。关于这个问题 Callinnicos 曾评论说："巴斯卡已经不再和我们同行，他选择了另外一条道路。"（*Critical Companion to Contemporary Marxism* Edited by Jacques Bidet and Stathis Kouvelakis, Boston：Brill, 2008, p. 585）

主义与后现代主义两者都认为本体论是不可能的，不承认本体论问题的真实性。事实上，每一个事物都包含在本体论之中，每一个事物都是真实的存在。这并不意味着在实际中没有区别，例如关于实在的知识与实在本身有本质区别，全球变暖的事实不依赖全球变暖的话语而存在，全球变暖的话语不等于全球变暖的事实，这就是本体论辩证法的非同一性。

非同一性另一含义是分层本体论。无论自然领域还是社会领域，存在都是由实在、现实、现象三个层次构成，例如社会实在是由社会结构、人的活动、人的意识三个层次构成，不能把社会结构的性质还原为主体的行动、意图与意识，三者之间不具有同一性。如果把对社会结构解释还原为对主体行动与意识的解释，就犯了"本体论平面化"（flat ontologising）的错误。

2E 真正的否定性

批判实在论辩证法第二个维度是实在的否定性。巴斯卡的否定性范畴通过缺失来定义，否定性是辩证法的变化逻辑，巴斯卡认为缺失（不在场）是辩证法的实质与核心。缺失（不在场）是一个非常广泛的范畴，包括矛盾、变化、过程等，都属于否定性。批判实在论认为，变化就是缺失，缺失优于在场，这是批判实在论辩证法的一个显著特征。

不完整性就是缺失。这些不完整性引发了矛盾，这些矛盾必然走向更大的总体性，用新的超越性概念、理论与实践，解释世界与改造世界。巴斯卡说，这是科学发展的基本过程，也是自然界和社会领域的发展过程。事物的一切发展都依赖于缺失，它们被缺失所推动，被缺失所修正。

缺失与突现（emergence）密切联系，突现是缺失范畴中肯定的一级。新事物与新概念的产生就是一种突现，来源于缺失。巴斯卡指出，西方哲学也关注否定性，黑格尔就是著名的一位，黑格尔的否定概念是无，认为事物发展是观念的外化，从无到突现，然后随着这些肯定性的展开，每一个事物出现了。所以缺失性否定在黑格尔那里是非决定性的，然而在批判实在论辩证法中缺失是决定性的否定，这就是"决定性的缺失"。"决定性的缺失"是推动世界发展与科学发现的辩证法，这是缺失范畴的理论逻辑与实践意义。

3L 开放的总体性

开放的总体性是辩证法第三个维度。在辩证法思想史中，最重要的概念是总体性，因为普遍性、客观性、因果性等概念都离不开总体性。总体性强调联系，把分散的现象看成是统一性整体的组成部分。批判实在论辩证法的总体性是开放的总体性，开放的原因是由于不在场东西的存在，总体性永远是开放的尚未完成的总体性。开放的总体性也是复杂的总体性，总体性可以包括多种层面，简单的总体性，亚总体性，分总体性。总体性强调相互联系与相互作用。以社会认同为例，后马克思主义者拉克劳认为当代社会认同方式发生深刻转型，从普遍性与确定性转向差异性与不确定性。①巴斯卡不这样认为，根据总体性辩证逻辑社会认同可以分为四个层面。

第一个层面是普遍性：普遍性是理解认同特殊性的基础，是对特殊性的概括。同样，要理解一个具体认同，不得不去理解全部认同中的每一个认同，这样不得不去考虑第二个层面，认同的具体性：考察认同的差异是什么？妇女，青少年，物理系学生，篮球运动员这些身份认同具有明显的差异性。然后考虑第三个层面，认同的社会历史性：这些认同是从哪里来的？要到哪里去？他们从哪里获得了认同，也就是考察社会认同的来龙去脉。第四个层面就是认同的独特性：世界上的每一个事物，实际的或潜在的，都是独一无二的，所有的认同既具有共同性，包括他们的差异，踪迹，地理历史轨迹，同时又存在着不可还原的独特性和唯一性。

巴斯卡指出这就是总体化的普遍性辩证法，一般与具体的辩证关系。这种普遍性辩证法意味着每一个普遍性在具体形态上是独特的，每一个具体的特殊性都可以被普遍化。

4D 转变社会的实践性

第四个维度是实践的辩证法，转变社会实践就是对社会的再总体化，实践辩证法主要作用是确保历史永远不会终结。巴斯卡对 4D 的定义是："在实践中的理论与实践的统一性。"②转变社会的实践是有意识的能动性活动，体现在对社会总体性的修复，批判实在论的能动性由以下几个方面构成。第一是行动的意向性，在人类的行动中包括思想与情感，思想与意识能发挥作用，但本身不是人类行动。第二是行动的强制性，巴斯卡说你没有选择，只能行动，不得不行动。"假如你躲避行动，这本身也是行动，

① Ernesto Laclau, *New Reflections on The Revolution of Our Time*, London and New York：Verso 1990, p. 190.

② Roy Bhaskar, *Dialectic: the Pulse of Freedom*, London：Verso, 1993, p. 9.

不行动也是行动。"① 第三是行动的自发性，许多行动是无意识的，这是行动的自发性。第四是行动的物质性，如果只是想着要做某事，但并不打算行动，事件就不会发生。

改造社会的实践性，可以从四个方面来理解，第一个是改造自然活动的层面，第二个是社会成员之间相互作用的层面，第三个是社会结构层面，第四个是人的发展层面。巴斯卡认为，所有的人类活动都是在这四个层面上展开的。

如何改造社会？马克思的著名论断是每一个人的自由发展是所有人自由发展的前提条件，这说明自觉性是能动性重要方面，自觉性就是主体的自我改造，自我改造具有本体论性质，自我改造是社会改造的基础，只有行动才能塑造自我。当人改变了自己，也同时改变了社会，因为每一个人都是社会的组成部分。②

辩证法的四个维度并不是孤立存在的，而是一个相互联系的整体。辩证法体系中每一个维度都相互依赖、相互作用与相互制约，也就是说 1M 产生了 2E，2E 产生了 3L，3L 产生了 4D；反过来，4D 以 3L 的存在为条件，3L 以 2E 的存在为条件，2E 以 1M 的存在为条件。③批判实在论辩证法四个维度展开的逻辑关系是：1M 的非同一性是同一性的不在场，同一性不在场就是对同一性的否定，由此引出 2E 的否定性；2E 的否定性强调缺失、矛盾、变化与发展，这样就提出了 3L 的总体性要求；3L 的总体性要求是将各种关系进行整合，但是，由于缺失的存在，3L 的总体性是开放的总体性、不完整的总体性、未完成的总体性，总体性的不完善性和开放性，引出了 4D；4D 是一种再总体化的社会实践，人类为了完善社会而进行的社会改造活动，本质上就是对自由的追求，追求自由的社会实践，彻底拆除了黑格尔的历史终点站。

巴斯卡认为卢卡奇辩证法和黑格尔的一样是 3L（总体性）辩证法，阿多诺的辩证法属于 1M（非同一性）辩证法，葛兰西的辩证法是 2E（否定）和 4D（实践）的辩证法。④

① Roy Bhaskar, *Reflections on Meta-reality*, New Delhi: Sage Publication, 2002, p. 50.

② Ibid., p. 51.

③ Roy Bhaskar, *Dialectic: the Pulse of Freedom*, London: Verso, 1993, p. 9.

④ Ibid., p. 307.

四　巴斯卡自由辩证法理论简评

巴斯卡的自由辩证法理论，承接了从柏拉图、亚里士多德到德国古典哲学的精神，继承了黑格尔和马克思的伟大的辩证哲学传统，巴斯卡旗帜鲜明地为辩证法当代价值辩护，坚持认为辩证法具有强大的生命力与理论说服力，辩证法是把握当代世界基本特征不可或缺的方法；对后结构主义、后现代主义、后马克思主义否定辩证法给予了严厉的批判。巴斯卡强调辩证法是把哲学与马克思的解放规划连接起来的桥梁，是发展马克思主义的新途径。

下面，笔者试图对巴斯卡的辩证法理论做几点简评：

正如阿兰·诺瑞尔所说，对巴斯卡辩证法理论进行评价是一件困难的事，巴斯卡对辩证法当代价值的反思引来一片赞扬，同时也遭到许多激烈的批评，尤其是批判实在论学派的一些重要成员也批评巴斯卡的辩证法转向，认为巴斯卡用缺失逻辑取代马克思的矛盾逻辑，既脱离了批判实在论的哲学立场，也偏离了马克思主义的辩证法传统。同时，如克林尼科斯所说，现在哲学界公认没有必要尝试建立哲学体系，巴斯卡却提出了辩证法的理论体系。[1] 笔者认为，巴斯卡对辩证法的反思具有重要的理论价值与实践意义，人们的不理解是暂时的，一方面是由于巴斯卡从新角度反思辩证法，有些超前，一些成员跟不上他的理论步伐，人们对这个辩证法理论的理解与认识有一个过程；另一方面，巴斯卡的辩证法体系非常难理解，造成一些误读，随着理论界对他的辩证法认识的深入，这种现象会逐渐改变。

我们也注意到，前批判实在论学会主席阿兰·诺瑞尔2010年刚出版的新著《差异与辩证法》对巴斯卡的辩证法进行了系统解读，经过10多年努力，他认为现在已经基本理解了巴斯卡的辩证法理论及其当代价值，以前由于没有完全理解其理论的创新性，对批判实在论辩证法理论的批评是建立在误读巴斯卡基础之上的。

批判实在论突出特征是辩证法当代价值的阐释路径的创新性，巴斯卡

---

[1] Alex Callinicos, "Critical Realism and Beyond: Roy Bhaskar's Dialectic", *Critical Companion to Contemporary Marxism*, Edited by Jacques Bidet and Stathis Kouvelakis, Boston: Brill, 2008, p. 584.

从马克思对黑格尔辩证法批判中发现辩证法的创新与发展的多样可能性，辩证法的理论形态不是固定不变的，是不断发展变化的，世界是辩证发展的，辩证法理论自身也在辩证发展。因此，巴斯卡自由辩证法的理论创新性应该给予肯定，"辩证法是自由的脉搏"的思想是其理论创新的主要标志。巴斯卡的自由辩证法与马克思的历史辩证法是一种互补关系，不存在所谓"推翻"与"取代"的问题。巴斯卡从自由解放的角度思考辩证法，阐释辩证法的当代价值，是对后马克思主义否定辩证法的理论回击。批判实在论辩证法理论的三个核心命题与四个理论维度，体现了辩证法的新发展。当代英美马克思主义对辩证法理论的创新研究，增强了马克思主义的理论活力与理论影响力。

奥尔曼先生追问，今天我们谈论辩证法有何意义？今天我们还需要辩证法吗?[①] 巴斯卡对这个问题作了明确回答。面对当代世界的新变化，新特征，需要新的理论话语与方法。面对后现代主义思潮在世界范围内蔓延，以及各种否定辩证法的学派与理论纷纷登场，捍卫辩证法的当代性，阐释辩证法的当代价值，就成为当代英美马克思主义重要的研究领域和理论任务。马克思主义与辩证法具有密切联系的传统，卢卡奇、萨特、阿多诺、巴斯卡都属于这个传统，通过辩证法发展马克思主义，用辩证法解释当代世界，是这个传统的显著特征。关于辩证法的当代价值，詹姆逊认为马克思主义的辩证法在三个领域仍然具有重要意义:[②]一是意识形态批判领域，在把握意识形态多样性与主体身份多重化方面辩证法具有价值；二是历史叙事学批判需要辩证法，把握当代世界的深刻历史变迁，辩证法是不可或缺的；三是认识当代世界矛盾与冲突离不开辩证法，当代世界充满深刻的矛盾与冲突，正确认识与把握当代世界与当代思想理论的深刻矛盾性，需要辩证法的矛盾分析理论。正如布洛赫所说，哪里充满矛盾，哪里就需要辩证法。德里达说辩证法就是发现矛盾，思考对立东西的统一性。巴斯卡说辩证法是自由的宣言，解放的号角，因此，可以说辩证法不是对世界的简单预测，而是对当代世界矛盾的深入思考与剖析。面对全球化与当代资本主义霸权，辩证法仍然是认识世界与改变世界锐利的思想武器。

巴斯卡开创了对马克思主义辩证法形态的新反思。关于马克思主义辩

---

① 奥尔曼:《辩证法的舞蹈》，田世锭、何霜梅译，高等教育出版社 2006 年版，第 200 页。

② Fredric Jameson, *Valences of the Dialectic*, London: Verso, 2009, p. 279.

证法体系的构成，英美学者存在着激烈的争论，概括的讲三种解释影响非常大①：（1）以史密斯和阿瑟为代表的辩证法体系学派，他们认为马克思的辩证法是体系辩证法，是建构《资本论》概念逻辑的辩证法；（2）奥尔曼和詹姆逊认为马克思的辩证法是历史辩证法，是关于历史叙事的辩证法；（3）巴斯卡认为马克思的辩证法是自由辩证法，是关于自由解放的辩证法。这样问题就出现了，马克思主义的辩证法有三种形态，哪一个解释是正确的？这是当代英美辩证法研究中的热点问题。巴斯卡的辩证法研究成果，给我们思考这些争论，启发认识，探索马克思辩证法的三个维度的意蕴，提供了新的可能性。笔者在这里提出一个理论假设：马克思的辩证法应该具有三种形态：一是体系辩证法；二是历史辩证法；三是自由辩证法。三种形态之间的关系不是排斥关系，而是相互联系、相互补充的整体。如果把体系辩证法、历史辩证法与自由辩证法看成是马克思的辩证法的三个维度，或者是一个完整的理论体系，也许可以结束英美马克思主义学者持续多年的争论。辩证法三形态缺失的是总体性的统一工作，深入研究辩证法三形态的内在统一性，可以为马克思主义辩证法当代创新研究提供了新的理论空间。

综上所述，巴斯卡的自由辩证法推动了辩证法研究的新发展，《辩证法：自由的脉搏》是一部非常有学术价值的著作，其建构逻辑的根本出发点是捍卫辩证法的当代价值，用批判实在论的话语重建马克思主义辩证法的实践意义。巴斯卡突出的理论贡献是开创了阐释辩证法的新角度，把辩证法视为对自由的追求，把自由解放价值观看成是辩证法的核心，强调辩证法的价值取向就是让缺失的自由出场，去除对自由的限制，在现实社会领域消除当代资本主义的主人与奴隶的总体性关系，也就是压迫性的统治关系，这无疑对我们研究马克思主义辩证法的当代价值具有重要启发意义。

（原载《学术月刊》2011 年第 10 期）

---

① 体系辩证法学派与历史辩证法学派存在激烈争论，参见 Bertell Ollman and Tony Smith（eds.），*Dialectics for the New Century*，New York：Palgrave，2007。关于辩证法的不同理解，参见詹姆逊《辩证法的多维性》，载 Fredric Jameson，*Valences of the Dialectic*，London：Verso，2009，pp. 3 - 74。

重思"颠倒"之谜

——从马克思对黑格尔的"颠倒"问题看辩证法本质

崔唯航

在马克思哲学研究中，关于马克思与黑格尔的关系问题历来受到普遍关注，其中广为人知的一个论断是马克思将黑格尔头足倒置的辩证法颠倒过来，将其移植到唯物主义的土壤之中，从而完成了一场哲学革命。应当说这一论断不无根据，其一，从文本上看，马克思曾公开声称自己是黑格尔的学生，并且在行文中曾经多次使用"颠倒"或"倒立"，并以之来论述自己同黑格尔的关系；其二，从内容上看，在马克思哲学中的确可以清楚看到黑格尔的影子，二者之间的渊源关系亦是不争之论；其三，从效果上看，这一论断具有相当的解释力，可以非常清晰地勾勒出二者关系的轮廓，有利于马克思哲学的传播。但问题在于，将一个事物或问题颠倒过来，就会发生根本性的变革吗？如果答案是肯定的，那么实现哲学革命的就不是马克思，而是费尔巴哈。因为费尔巴哈在马克思之前就已经把哲学拉回到唯物主义的地基之上了。正如阿尔都塞所说，颠倒"这个说法严格地讲对费尔巴哈完全适合，因为他的确重新使'思辨哲学用脚站地'"。① 如果答案是否定的呢？那么马克思哲学将不过是对黑格尔思想的一种重述，哲学革命无从谈起。因此，无论何种情况，都要求我们重新思考马克思对黑格尔的"颠倒"问题。一是传统"颠倒"论的前提批判在颠倒问题的传统观念中实质上存在着一些隐蔽的前提：其一，实体化。即辩证法、唯物主义、唯心主义被视为可以分离开来，独立存在的实体。三者可以根据需要任意组合，其差异仅在于各种成分所占比重的不同而已，就像一杯饮料中放入不同比例的糖和香精一样。其二，形式化。辩证法可以是一个

---

① 阿尔都塞：《保卫马克思》，商务印书馆 1984 年版，第 67 页。

纯粹形式的东西，可以从其所置身其中的内容中抽取出来，也可以重新置入另一个内容之中。就像数学一样，事实上，黑格尔辩证法也的确曾被看作"真正的革命代数学"①。其三，方法化。有了前两层意思，第三层意思也就顺理成章了。事实上，辩证法往往被视为一种方法，一种可以与特定对象分离并被运用到任何对象之上的方法。以上三个前提相互勾连，隐性地决定着传统的颠倒观念，而这种传统观念实际上是对黑格尔辩证法的粗暴扭曲。

熟悉黑格尔思想的人都会知道，对于近代哲学中的抽象化、形式化、工具化、手段化的倾向，黑格尔始终予以坚决的批判，甚至不乏辛辣的嘲讽。在《精神现象学》导论的开头第一段，黑格尔就批判了这一倾向，指出运用抽象的手段来达到目的，"根本是件于理不合的事情"。② 在此基础上，进而分析了这一倾向的前提假定："它假定着将认识视为一种工具和媒介物的观念，它也假定着我们自身与这种认识之间有一种差别，而它尤其假定着：绝对站在一边而认识站在另外一边，认识是自为的与绝对不相关联的，却倒是一种真实的东西，……这样的一种假定，不禁使人觉得那所谓害怕错误，实即是害怕真理"③。黑格尔在此一连用了三个"假定"，与我们前面分析的三个前提有异曲同工之处，但更具根本意义。伽达默尔曾经对黑格尔的这一立场予以精当的概括，他指出，在黑格尔看来，那种抽象的、形式的外部反思"就是忽此忽彼地活动着的推理能力，它不会停在某个特定的内容之上，但知道如何把一般原则运用到任何内容之上"。④ 在传统观念中，辩证法恰恰被当作了这种可以被运用到任何内容之上的一般原则或方法。这实质上是把黑格尔所坚决反对的东西当成了他自己的东西，可以想象，黑格尔面对这一被扭曲的命运，会是怎样的苦笑不已。既然黑格尔辩证法不是纯形式的东西，那它又是怎样的东西呢？黑格尔是如何看待自己的辩证法的呢？这需要回到黑格尔和他所面对的问题，这一问题同时就是时代的问题。因为作为一个具有强烈现实感的哲学家，黑格尔第一次自觉地把哲学视为思想中的时代，"每个人都是他那时代的产儿。哲学也是这样，它是被把握在思想中的它

---

① 普列汉诺夫：《马克思主义的基本问题》，人民出版社 1957 年版，第 25 页。
② 黑格尔：《精神现象学》（上卷），商务印书馆 1979 年版，第 51 页。
③ 同上书，第 52—53 页。
④ 伽达默尔：《哲学解释学》，上海译文出版社 2004 年版，第 113 页。

的时代。妄想一种哲学可以超出它那个时代，这与妄想个人可以跳出他的时代，跳出罗陀斯岛，是同样愚蠢的"。① 这段论述被后人誉为"哲学的秘密现在被无情地揭示了"。② 那黑格尔的时代是一个怎样的时代？又具有怎样的时代问题？黑格尔的时代乃是一个现代世界初步形成、现代性要求确证自我的时代。影响并塑造这一时代的主要历史事件是宗教改革、启蒙运动和法国大革命，而贯穿这些历史事件的主导原则是主体性，"说到底，现代世界的原则就是主体性的自由"。③ 而主体性的膨胀必然导致理性的分裂，而与理性的分裂遥相呼应的是生活世界的分裂。黑格尔认为自己所置身的时代乃是一个分裂的时代，古典模式的生活和观念系统已经崩溃，新的系统尚待建立。黑格尔将此看作是时代对哲学的挑战，认为回应这一挑战、重新整合分裂的世界是哲学的使命。从哲学上看，现代性的分裂主要体现为思维与存在、精神与自然、自我与世界、主体与客体的对立。黑格尔的工作就是要跨越二者之间那似乎不可逾越的鸿沟。而跨越的切入点，就是对现代性的主导原则——主体性的改造。我们知道，康德通过其"哥白尼革命"，确立了主体性原则的主导地位。但与康德的主体同时得以确立的，还有那只可思、不可知的物自体。要跨越二者之间的鸿沟，唯一可能的是让主体前进一步。而要实现"让主体前进一步"，就必须改造康德的主体。在康德那里，主体乃是空洞的、僵硬的逻辑主体。黑格尔的工作，就是要让空洞的主体充实起来、僵硬的主体运动起来，从而向前迈出跨越性的一步。而黑格尔之所以能够完成这一工作，一个重要的环节就是发现了劳动。

在论述著名的"主奴辩证法"中，黑格尔集中阐释了其劳动思想："劳动陶冶事物。对于对象的否定关系成为对象的形式并且成为一种有持久性的东西，这正因为对象对于那劳动者来说是有独立性的。这个否定的中介过程或陶冶的行动同时就是意识的个别性或意识的纯粹自为存在，这种意识现在在劳动中外在化自己，进入到持久的状态。因此那劳动者意识便达到了以独立存在为自己本身的直观。"这段略显晦涩的语言表达了一个伟大的思想：劳动者通过劳动实现了外化，因此他在对象之中看

---

① 黑格尔：《法哲学原理》，商务印书馆 1961 年版，第 12 页。
② 转引自张汝伦《现代西方哲学十五讲》，北京大学出版社 2003 年版，第 5 页。
③ 哈贝马斯：《现代性的哲学话语》，译林出版社 2004 年版，第 20 页。

到的不是别的，恰恰是他自己，"奴隶据以陶冶事物的形式由于是客观地被建立起来的，因而对他并不是一个外在的东西而即是他自身；因为这形式正是他的纯粹的自为存在，不过这个自为存在在陶冶事物的过程中才得到了实现"。这一思想在哲学上具有重大意义，因为过去哲学思维的导向是向内的，比如在面对"我是谁"的问题时，笛卡尔的回答是我思，康德的回答是先验的统觉，具体答案各有不同，但方向却是一致的，即都是向内寻找答案。黑格尔劳动思想的提出则改变了这一方向，要回答"我是谁"的问题，必须眼睛向外，从我的对象上寻找答案。换言之，我就是我的对象。正是基于这种思想，黑格尔说出了甚为难懂的话："我就是我们，而我们就是我。"① 马克思对此予以了高度评价，认为这构成了"黑格尔的《现象学》及其最后成果——辩证法，作为推动原则和创造原则的否定性——的伟大之处首先在于，黑格尔把人的自我产生看作一个过程，把对象化看作非对象化，看作外化和这种外化的扬弃；可见，他抓住了劳动的本质，把对象性的人、现实的因而是真正的人理解为他自己的劳动的结果"。②

马克思之所以对黑格尔的劳动思想予以如此之高的评价，一个重要的原因是他看到了这一思想对解决黑格尔面临的时代问题的重要作用。劳动思想的要害在于在打破思维与存在、主体与客体之间的对立上迈出了关键性的一步。既然我就是我的对象，我必须通过我的对象得以确证；而对象又是由我建构起来的，那么我和对象之间当然不再存在不可跨越的鸿沟了。在《精神现象学》的序言中，黑格尔将这一思想提升到更为一般的层面，提出了著名的"实体即主体"的思想，认为"一切问题的关键在于：不仅把真实的东西或真理理解和表述为实体，而且同样理解和表述为主体"。③ 这样的主体概念已经与康德的主体概念有根本的不同。进而言之，这样的主体实质上已经不再是主体了。因为传统主体概念得以成立的前提在于主体与客体的分离与对立。而经过黑格尔劳动思想的洗礼，特别是"实体即主体"的改造，主体与客体归于一统，主体概念得以成立的前提不复存在，所以卢卡奇在《历史与阶级意识》一书中正确地把这样的主体

① 黑格尔：《精神现象学》（上卷），商务印书馆1979年版，第130、131、122页。
② 马克思：《1844年经济学哲学手稿》，人民出版社2000年版，第101页。
③ 黑格尔：《精神现象学》（上卷），商务印书馆1979年版，第10页。

称为"同一的主体—客体"（identische Subjekt-Object）。黑格尔自己则称其
为绝对（精神）。这样的绝对，与其说是一个认识论概念，不如说是一个
存在论概念；与其说是一种特殊的主体，不如说是一个在主客体之上的第
三者。透过这个第三者，可以隐约看到巴门尼德"思有同一"的影子。

黑格尔的绝对（精神）不再像康德的主体那样空洞而僵硬，恰恰相
反，它不停息地运动着，而辩证法则构成了这一运动的内在动力和外在轨
迹。因此，黑格尔的辩证法绝非某种外在的形式方法，而就是事情本身。
科耶夫甚至认为，黑格尔"第一个有意识地抛弃被当作一种哲学方法的辩
证法。他仅限于观察和描述在历史过程中完成的辩证法，而不把它当作一
种方法"。① 尽管黑格尔本人有时也称辩证法为方法，但他同时会附加重要
的说明，比如，在《逻辑学》中他曾这样论述辩证法："从这个方法与其
对象和内容并无不同看来，这一点是自明的；——因为这正是内容本身，
正是内容在自身所具有的、推动内容前进的辩证法。显然，没有一种可以
算作科学的阐述而不遵循这种方法的过程，不适合它的单纯的节奏的，因
为它就是事情本身的过程。"②

二 黑格尔怎么看"颠倒"

现在回到颠倒问题。既然黑格尔的辩证法不是方法，而就是事情本
身，就是绝对，而绝对并不会因为一个简单的颠倒就改变自身的性质，颠
倒过来之后，绝对还是绝对。就像阿尔都塞所说的："如果问题的确仅仅
是把颠倒了的东西颠倒过来，那么事物的颠倒显然并不会因简单的位置移
动而改变本质和内容！用头着地的人，转过来用脚走路，总是同一个
人！"③ 因此，与其说颠倒是解决问题的一种方式，不如说它是一个比喻或
者象征。随之而来的问题是，既然颠倒不能解决问题，那马克思为什么热
衷使用颠倒一词呢？比如关于宗教的看法，马克思说，"这个国家、这个
社会产生了宗教，一种颠倒的世界意识，因为它们就是颠倒的世界。……

---

① 科耶夫：《黑格尔导读》，凤凰传媒出版集团 2005 年版，第 547 页。
② 黑格尔：《逻辑学》（上），商务印书馆 1966 年版，第 37 页。
③ 阿尔都塞：《保卫马克思》，商务印书馆 1984 年版，第 54 页。

因此，反宗教的斗争间接地就是反对以宗教为精神抚慰的那个世界的斗争"①；又如对黑格尔国家观的批判，马克思说，"家庭和市民社会都是国家的前提，它们才是真正活动着，而在思辨的思维中这一切却是颠倒的"。② 最为值得关注的是，在论及黑格尔辩证法时，马克思说："辩证法在黑格尔手中神秘化了，但这决没有妨碍他第一个全面地有意识地叙述了辩证法的一般运动形式。在他那里，辩证法是倒立着的。为了发现神秘外壳中的合理内核，必须把它倒过来。"③ 作为黑格尔的学生，马克思在此问题上受到了黑格尔的重要影响，因为正是黑格尔首先谈到了颠倒问题。那么随之而来的问题是，颠倒在黑格尔那里究竟是何种意义呢？

黑格尔关于"颠倒世界"的论述，集中在《精神现象学》讨论知性的结尾处，乃是从知性跃升到意识和自我意识，进而深入精神（Geist）的最后，也是最为关键的一步。伽达默尔将此部分关于"颠倒的世界"的论述看作《精神现象学》的核心结构④。《精神现象学》中的知性阶段，在某种意义上类似于康德所达到的知识阶段。在这一阶段中，理性利用作为知识模型的范畴对现实世界进行了一种抽象。这就是"第一个超感官世界"，或者"知性的世界"。黑格尔称之为"静止的规律的王国"，"因为第一个超感官世界只不过是知觉世界之直接地提高到普遍的成分"。⑤ 第一个超感官世界是对感性世界的抽象理解，即以逻辑化的语言来归纳感性世界中的规律。这是知性的功能，也是康德所探求的纯粹理性的界限。黑格尔批评康德只走了第一步，仅把主观的自我意识、语言、逻辑、理性看作事物的根据和本质，而没有对这种主观的反思进行再探究。黑格尔认为，只有通过这种再探究，知性的分裂的世界才能达到自为自在的世界，将对象的他物自觉为理性自身的现实。

黑格尔的这个自为自在的世界，被其称为"第二个超感官世界"："这第二个超感官世界就是颠倒了的世界，并且既然一方面已经出现在第一个

① 马克思：《〈黑格尔法哲学批判〉导言》，《马克思恩格斯全集》第 3 卷，人民出版社 2002年版，第 199—200 页。

② 马克思：《黑格尔法哲学批判》，《马克思恩格斯全集》第 3 卷，第 10 页。

③ 马克思：《〈资本论〉1872 年第二版跋》，《马克思恩格斯选集》第 2 卷，人民出版社 1995年版，第 112 页。

④ Hans-Georg Gadamer, "Hegel's 'inverted world'", Robert Stern, *G. W. F. Hegel*, *Critical Assessments Volume*（Ⅲ）, London: Routledge, 1993, p. 131.

⑤ 黑格尔：《精神现象学》（上卷），商务印书馆 1979 年版，第 107 页。

超感官世界内，所以这第二个超感官世界就是颠倒了的第一个超感官世界。"① 这个"颠倒的世界"是第二个超感官世界。作为对第一个超感官世界的颠倒，它实际上是"颠倒的颠倒"。因为第一个超感官的世界，即知性的世界，已经是对感性世界的颠倒。那么第二个超感官世界作为"颠倒的颠倒"是否会重回感性世界呢？如果是这样的话，那就真成了简单的"头足倒置"了。

但事实绝非如此。第二个超感官世界实际上是理性在一个更高层面上的跃迁，它与第一个超感官世界的差别不是外在的，而是内在的，而"内在的差别必须纯粹表明为并且理解为自身同一者本身与它本身的排斥和不等同者本身与它本身的等同"。紧随这句晦涩的论述之后，黑格尔给予了一个相对清晰的解说："在一个作为内在差别的差别里，那对立的一面并不仅仅是两个之中的一个，——如果这样，那差别就不是一个对立的东西，而是一个存在着的东西了；——而乃是对立面的一个对立面，换句话说，那对方是直接地现存于它自身之内。"至此，我们就可以知道，在黑格尔那里，两个超感官世界之间的差别，乃是同一整体内两个不同方面之间的差别；所谓"颠倒的颠倒"，绝非"头足倒置"意义上的翻转，而是一个理论上的跃迁，用比较熟悉的语言就是：一个更高层面上的对立统一。因此黑格尔说："那颠倒了的超感官世界是同时统摄了另一世界的，并且把另一世界包括在自身内。它自己是意识到它自己是颠倒了的世界，这就是说，它意识到它自己的反面；它是它自己和与它对立的世界在一个统一体中。"②

三 如何理解马克思对黑格尔的"颠倒"

在《资本论》第二版的跋中，马克思集中谈论了自己的辩证法与黑格尔辩证法的不同："辩证法在黑格尔手中神秘化了，但这决没有妨碍他第一个全面地有意识地叙述了辩证法的一般运动形式。在他那里，辩证法是倒立着的。为了发现神秘外壳中的合理内核，必须把它倒过来。"③ 这段著

① 黑格尔：《精神现象学》（上卷），商务印书馆 1979 年版，第 107 页。
② 同上书，第 109、110 页。
③ 马克思：《〈资本论〉1872 年第二版跋》，《马克思恩格斯选集》第 2 卷，人民出版社 1995 年版，第 112 页。

名的论述往往被视为"颠倒论"的重要理论依据。从字面上看，把黑格尔辩证法"倒过来"的确很容易理解为将其从唯心主义之中拯救出来，并赋予其唯物主义的基础。但是如果考虑到马克思哲学的根本旨趣和重大使命的话，那么思考的方向将会有所不同。

作为一个对德国哲学具有精湛造诣的思想家，马克思对黑格尔哲学的成绩和问题洞若观火。因此对于黑格尔哲学的重要贡献，他不仅高度评价，而且自觉吸收。比如马克思关于历史唯物主义基本原理的一个著名论述："意识［das Bewu tsein］在任何时候都只能是被意识到了的存在［dasbewu te Sein］，而人们的存在就是他们的现实生活过程。"① 在这一简短但却深邃的论述中，近代哲学的基本困境——思维与存在、主体与客体之间的对立烟消云散。透过消散的云烟，我们不难看到黑格尔的身影。正如伽达默尔所说，"没有人比德国唯心主义更清楚地知道，意识和它的对象，并不是两个互相分离的世界。……意识和客体事实上只是同一事物的两个方面，任何把他们区分成纯主体和纯客体的做法都是一种独断论"。②

当然，马克思与黑格尔之间的根本性差异也同样清晰，"现实生活过程"无论如何都不同于"精神发展过程"，就像马克思哲学无论如何都不能被视为黑格尔哲学的一种或一类一样？这不仅是因为马克思哲学在根本性质上超越了黑格尔哲学，更为重要的是，从严格而非约定俗成的意义上看，马克思超越了一切哲学，换言之，在马克思那里哲学终结了。这不仅体现在《〈黑格尔法哲学批判〉导言》中，他明确提出了"消灭哲学"，而且体现在《德意志意识形态》中，"哲学"和"哲学家"乃是作为负面的词汇而出现。马克思之所以要"消灭哲学"，归根结底在于他把实现无产阶级和全人类的解放视为自己的唯一使命。而要实现这一使命，单单用"词句反对词句"是无济于事的，"理论的对立本身的解决，只有通过实践方式，只有借助于人的实践力量，才是可能的；因此，这种对立的解决绝不是认识的任务，而是一个现实生活的任务，而哲学未能解决这个任务，正是因为哲学把这仅仅看作理论的任务"③，因此必须用现实的手段去反对现存的东西。为此，他不仅寻找到了无产阶级这一

① 马克思：《德意志意识形态》，《马克思恩格斯选集》第1卷，人民出版社1995年版，第72页。
② 伽达默尔：《哲学解释学》，上海译文出版社2004年版，第121页。
③ 马克思：《1844年经济学哲学手稿》，人民出版社2000年版，第88页。

革命的力量，而且为他们指引了革命的道路。如果立足于这一理解，那么在面对辩证法的颠倒问题时将会有不同的视阈，就会注意到紧随那段"辩证法是倒立着的"论述之后更为重要的表述："辩证法，在其合理形态上，引起资产阶级及其夸夸其谈的代言人的恼怒和恐怖，因为辩证法在对现存事物的肯定的理解中同时包含对现存事物的否定的理解，即对现存事物的必然灭亡的理解；辩证法对每一种既成的形式都是从不断的运动中，因而也是从它的暂时性方面去理解；辩证法不崇拜任何东西，按其本质来说，它是批判的和革命的。"① 在这段广为人知的论述中，大家的目光往往集中在后面的几句，这当然是正确的。因为正是后面几句揭示了马克思辩证法的本质："批判的和革命的"。但此处为了所论问题的需要，我更为注意往往被忽视的第一句："辩证法，在其合理形态上，引起资产阶级及其夸夸其谈的代言人的恼怒和恐怖。"

我的思考在于，为什么辩证法在其合理形态上会"引起资产阶级及其夸夸其谈的代言人的恼怒和恐怖"，仅仅是因为辩证法从唯心主义那里移植到唯物主义那里从而"颠倒"过来了吗？我认为不是，关键还在于如何理解马克思辩证法的本质：批判的和革命的。这里批判和革命的对象是谁？进而言之，是单纯的理论批判，还是现实层面上的实践批判；是哲学革命，还是政治革命。我以为，如果我们把握了马克思所肩负的伟大使命和他"改变世界"的根本旨趣的话，如果我们还能够想起早在1843年马克思就批评过费尔巴哈说"他过多地强调自然而过少地强调政治，然而这一联盟是现代哲学能够借以成为真理的唯一联盟"的话，如果我们还没有忘记《德意志意识形态》中那句被无数次引用的"对实践的唯物主义者即共产主义者来说，全部问题都在于使现存世界革命化，实际地反对并改变现存的事物"的话，那么答案将会偏向后者，因为只有从理论的层面上升到实践和政治的层面，才有可能实现无产阶级和全人类的解放，也才有可能"引起资产阶级及其夸夸其谈的代言人的恼怒和恐怖"。至此，"颠倒"问题也就呈现出另一层意蕴。在我看来，马克思对黑格尔的所谓"颠倒"，既非费尔巴哈"头足倒置"意义上的"翻转"，也非黑格尔对立统一意义上的理性跃迁，而是一种基本视阈的转换：从理性的思维过程转向现实的

---

① 马克思：《〈资本论〉1872年第二版跋》，《马克思恩格斯选集》第2卷，人民出版社1995年版，第112页。

批判过程；从理论意义上的解释世界转向实践意义上的改变世界。这一视阈的转换指向的是人类历史上第一次出现的无产者的革命。只有立足于此，我们才有可能理解为什么马克思把"哲学历书上最高尚的圣者和殉道者"这一无上荣誉献给了为人类盗火的普罗米修斯。①

［原载于《南京大学学报》（哲学·人文科学·社会科学版）2011 年第 6 期］

---

① 马克思：《德谟克利特的自然哲学和伊壁鸠鲁的自然哲学的差别》，《马克思恩格斯全集》第 1 卷，人民出版社 1995 年版，第 12 页。

价　值　论

社会主义核心价值与当代普世价值

——在 2011 中国价值学会年会上的发言

李德顺

近几年国内有两个与价值研究有关的话题吸引着人们的注意：一个是"社会主义核心价值体系"的提出和与之相关的"提炼社会主义核心价值观"的要求；另一个是关于"普世价值"的批判和争论。这两者作为具有时代敏感性的问题，都激发了人们的热情，并调动了大量社会资源投入，至今已经持续了三年之久。应该说，这项工作既雄辩地证明了30年来我国开展价值和价值观念研究的必要性，特别是它在思维方式层面深刻变革意义，也检验了这方面研究和应用的水平，暴露出在理论联系实际的深度和力度方面，还不足以适应时代的要求。我们的价值研究既有骄傲之处，又有惭愧之由。所以，目前特别需要对学风和思维方式进行必要的反思。

在这里，我想从"社会主义核心价值"与"普世价值"这两个话题入手，并着重就价值思维的方法和学风建设，谈谈几个值得注意的问题。

一 提炼"核心价值"要有开阔的视野

大家知道，自从包括了"四大块"内容的"社会主义核心价值体系"提出之后，在理论和实践中都产生了巨大反响，并引发了一系列的思考和争议。人们都觉得，这项工作的意义十分重大，但目前的表达似乎还不到位。对于动员和凝聚了全国人民投入中国特色社会主义事业并创造了奇迹的那种物质力量和精神力量，很难说它已经作出了准确的概括和表达。因此，有关领导部门后来又发出号召，要求社会各界特别是专家学者广泛参与，帮助进一步"提炼"。在这一号召下，很快涌现了大量新的尝试性表述。这些表述多着眼于价值规范的层面，力求凝练经典，陈述精华，有将其归纳成四字、八字的，也有十六字、廿四字、卅二字的……一时众说纷纭，琳琅满目。但这种"公选"式的提炼，言之者越是字斟句酌，真诚而自信，就越是表现出人们在"核心价值"的理解上存在着标准多元、层次不一、取舍失度的问题，从而更加陷入莫衷一是、难以决断的尴尬局面。

对于这种局面说明了什么，我想恐怕首先要超越那种仅限于规范层面的视野和急于求成的心态，注意从元理论和思维方式高度加以反思和突破，才能做出清醒的判断。

毋庸置疑，与过去根本不承认社会主义代表一种社会价值体系（只强调它代表"历史的必然"）的"左"的观念相比，我国今天不仅承认，而且积极地去探索自己的价值体系、表达价值观念，这是一个历史性的变化，是党和国家在社会主义理论和实践方面的一大突破。它代表着中国特色社会主义事业所含有的一种文化觉醒和文化自觉。因此，上述举动的意义确实重大，不可轻率。

但是，意识到一个问题的重要，并不等于就正确地回答解决了这个问题。目标确立之后，路径将起决定作用。事实表明，在事关价值和价值观念的问题上，必然还需要一种适合于价值思考的理论和方法。而这方面的欠缺或不自觉，恰恰是造成上述尴尬局面的主要原因。

为什么这样说？我认为这里的主要之点，是对于价值的思考脱离了价值的本性。

从理论上看，任何价值和价值观念都具有其特定的主体性，这是价值的本质特性。因此在谈论价值和价值观念时，一定要明白它是"谁的"；是谁的价值和价值观念体系，就要用谁的社会存在和社会实践来来说明，而不可以用随便什么人的主观意愿来代替。

这样的一个基本理论和方法，首先要求对主体有明确的定位，同时，更要求对这一主体有具体的、历史的、全面的理解。然而已往在思考和表达社会主义核心价值体系时，却忽略了这一主体性的自觉意识，或者不如说，是将中国特色社会主义价值体系的主体不恰当地加以分解、虚化、窄化了，由此造成了表述与现实的脱节。例如：

（1）关于表述的对象，是社会主义，还是当代中国？作为价值体系，"社会主义"与它的当代中国形态——"中国特色社会主义"之间，是一般与特殊的关系。因为社会主义是人类的事业，从最初的空想社会主义者，到现在和未来世界上的社会主义国家，都属于社会主义的体系。而我们当前要说的，实际是"中国特色的社会主义"，却使用了"社会主义"这个一般性的名称，这就忽视了主体层次的差别，把自己在当前条件下的特殊理解和附加规定，有意无意地当成了社会主义的普遍规则。例如我们讲的四条内容，既然叫"社会主义核心价值体系"，那么就意味着，它们应该是对一切历史阶段、所有形态的社会主义都普遍适用的科学描述和共同原则。但是，在已往的社会主义创立者和未来的社会主义探索者面前，我们是否确信自己已经具有了足够的权力和条件，可以宣称别的国家搞社会主义时，也必须遵循这四条内容？显然，如果具备了一定的总体性历史意识，在这里就会加以必要的分析、论证和自我限定，而不是简单地宣告。否则就可能意味着，社会主义事业的主体被加以特化和窄化了，这就难免导致对其价值体系的把握出现错位，使本该突出的中国特色社会主义价值体系及其核心理念，淹没于大而无当的空泛话语之中。

（2）关于表述的来源，是依据历史和实践，还是凭借一时的意愿？一般说来，任何价值观念，都一定是其主体头脑中"应然"系统的主观表达，这是不成问题的；但是，任何"应然"都必须以一定的"实然"为根据，才能构成真实有效的价值观念，否则就是一套空想甚至幻觉。这里的"实然"，简单地说，就是指主体及其价值体系发生发展的客观历史，就是其实践的过程和经验。因此，要讲社会主义的价值体系及其核心如何，就要以社会主义思想体系及其社会运动发生发展的历史和经验为根据，说明它所追求、所要实现的目标是什么，在理论和实践中所收获的主要成绩和教训是什么，等等。要讲中国特色社会主义的价值体系及其核心如何，就要以中国社会主义事业的历史和经验，特别是改革开放以来在理论和实践上的主要成果和教训为根据，说明它所追求、所要实现的目标应该是什么，它所体现的标准是什么，如何体现，等等。

反之，如果撇开了从空想社会主义到科学社会主义再到现实社会主义的整个历史进程，撇开了其中一以贯之的价值诉求和历史经验，而是仅仅以现在的一时感想和愿望为根据，那么这种表述必然会脱离社会主义的"实然"面貌，讲出来的东西多半与社会主义无关。例如现在有一些人，很热衷将"仁爱"、"和合"、"诚信"之类所谓传统美德，列为"社会主义核心价值观"的要素。其用心可谓良苦，善则善矣。然而，它们究竟在何种意义上与社会主义相关，甚至可以成为社会主义的核心理念，却很难从逻辑上和实践中找到合理的根据。

同样，在讲中国特色社会主义的价值体系及其核心时，如果撇开了我国改革开放前后的对比和相关经验教训，而是单凭现时的某种愿望去构造一套"美好"的话语，那么这种表述也必然会脱离当代中国的实际，模糊了中国特色社会主义的真实面目。这里以荣辱观为例：荣辱观属于价值观的一个要素或具体表现，虽然它不会是任何价值观念体系的核心，但是当邓小平总结出"社会主义要以共同富裕为荣，以共同贫穷为耻"的时候，他是触及了社会主义核心（本质）理念及其变革的关键之点的。"以共同富裕为荣，以共同贫穷为耻"这一新荣辱观的建立，对于催生新的社会主义价值观念体系，对于掀开中国历史巨变的一页，可以说确实起到了重大突破性的作用。实际上，像这样具有深刻变革意义的新价值观表现，30年来我们已经积累了很多，并且正在继续探索和积累着。例如关于计划与市场、自由与秩序、民主与民生、公平与正义、人治与法治等，各个领域的新观念、新经验层出不穷。在力图表述中国特色社会主义的价值体系及其核心观念时，如果不以这样的历史和实践为根据，撇开了这些切实有效的积累，而去凭空"提炼"出一些与之不搭界甚至不相符的东西，那么即使投入再多的人力物力，挖空了心思，也难以得到切实有力的准确表达，只能是闭门造车，欲速而不达，甚至产生南辕北辙的效果。

而更值得警惕的是，这种违背认识规律的路径偏差，实际上包含着更大的误区：对中国特色社会主义事业的主体——人民群众及其实践的漠视和虚化。

（3）关于表述的内容，是谁家价值体系的核心？作为核心价值和价值观的表述，弄清它的前提是"对于谁的价值"和"谁的价值观"，并给予明确的表达，是起码的要求，也往往是最大的难点。因为这种表述的澄明，有赖于在实践中探索和创造的进程。

一个以利益关系为基础的社会价值体系和作为其反映的价值观念体系，必有它自己的核心（利益和观念）；当某个价值体系的主体并非单一群体，而是由多个群体复合而成的时候，其中也会有某一群体成为其核心（主体）。而"体系的核心"与"主体的核心"、"价值体系的核心"与"核心主体的价值"之间，是既有关联又不可混淆的。例如：资本主义价值体系的核心是"自由"，而其核心主体——资本家阶级的核心价值则是"利润"。弄清这两者的现实关系，对于认清资本主义价值体系的来龙去脉，特别是它本质和核心来说，至关重要。事实上，从资本家对利润的追求，到资本主义社会价值体系的形成和稳定，正是资本主义几百年历史中的精华和主线。

在我国，作为社会主义制度主体的无疑应该是全体人民。因此社会主义的价值体系，就应该是一切为了人民的价值体系。那么，在一切为了人民的价值体系中，什么是最重要的、居于核心地位的，像种子能够生长出大树一样具有起始性、根源性、导向性和普适性的价值和价值观念呢？这是"价值体系的核心"问题；而作为主体的人民，是由多个民族、阶级、阶层和政党等所构成的。其中，中国共产党作为"领导我们事业的核心力量"，又可以看作是"主体的核心"。在这种情况下，中国特色的"社会主义核心价值"究竟表达谁的和什么样的价值内容，就必须在两个问题上做出明确的选择和规定：

一是党与人民的关系，党怎样按照自己的宗旨，通过对社会主义核心价值的表述，表达出人民的需要和意志，担负起与人民共为一体的历史性承诺？

二是社会主义"一切为了人民"的价值体系，究竟包含哪些基本的内容和原则，它们依怎样的结构和秩序形成了完整体系，从而证明和显现其中"核心"的面貌和意义？

这两个问题，可以称作是我们当下核心价值研究中的"硬问题"。它们意味着，对社会主义的主体及其价值体系的理解和贯彻，必须走向深化和具体化，不再停留于抽象的想象和空洞的口号。如果对这两个问题回答不自觉、不明确，不一致、不彻底，则意味着相应的理论和实践尚未成熟，至少也是对它们的认识和总结尚不真诚到位。如果以不成熟不真诚的理论和实践为基础，那么说得越多，所带来的困惑也就可能越多。

（4）关于表述的导向，是要推进还是要疏离人类的共同文明？无论社会主义还是中国特色社会主义，其价值和价值观念体系都一定具有人类历史的共性与自身个性的双重特征。我们在理解和阐述中国特色社会主义价值体系及其核心的时候，当然首先要体现并保持其应有的个性，坚持走自己的正确道路；但不能忘记，一定要将这种个性置于人类共同文明的背景之下，并自觉地追求与人类文明进步方向一致的先进性，才能体现我们个性的优越性。否则就会造成个性与共性之间的分离甚至对立，忽视甚至抹杀了中华民族对人类共同文明的权利、责任和贡献，走向"自我另类化、边缘化"。这正是那些敌视或惧怕我们的人所希望的。

与这一点相联系，如何看待自己的"核心价值"与当代"普世价值"的关系，是对我们的价值思考能力和价值观成熟程度的一个检验。

二　认同"普世价值"要有鲜明的立场

在如何看待自己的"核心价值"与当代"普世价值"的关系问题上，目前存在着某些认识和思想方法的误区。例如在有些情况下，人们仅仅看到了二者的个性和它们之间的差异，进而把二者隔绝甚至对立起来。他们或者认为，世界上并不存在真正的普世价值，因此社会主义核心价值与人类的普世价值全然无关；或者认为，"普世价值"是西方资本主义的话语霸权和政治阴谋，因此它与社会主义价值体系是完全对立、绝对排斥的；等等。

而在另一些情况下，人们却把价值的共性与客观真理的共性混同起来，进而否定价值体系的个性权利和责任。他们或者认为，世界上的价值体系虽然是多元的，却总有一种价值体系及其标准是最高的、普遍的、先进的，因此要求各种价值体系都只能向"普世价值"看齐；或者进一步认为，只有某一种模式，如西方或美国对当代普世价值阐释的政治化模式，才是唯一的"普世价值"，因此对普世价值的认同，就意味着要完全向西方或美国的政治模式看齐；等等。这些认识上的偏差，在实践特别是政治实践领域造成了很大的混乱。而它们的思想根源，则是来自价值和价值观念问题上的基础理论缺失、思维方式缺失所造成的混乱。

关于这一点，我曾在《怎样看待"普世价值"》（发表于《哲学研究》2011 年第 1 期）一文中做过较详细的分析。在此需要重复强调的是，跳出某种意识形态成见，科学地理解普世价值的意义，就应该看到：普世价值并不是外在于我们生活的异己之物，它无非就是人类长期生存发展中从自发到自觉地共同追求着的一切有益的、美好的前景的名称。所以普世价值并非如一些人所描述的那样神圣，也并不神秘。

对任何价值的判断和把握，都只能立足于主体的权利与责任，经过具体问题具体分析，落实于具体权责具体担当。因此对于认同普世价值究竟"意味着什么，不意味什么"，我们要有一个独立的、清醒的判断：普世价值意味着人的生命普遍性和人类的共同利益，不意味着某种人的个性和特殊利益的绝对统治；意味着人们对自己普遍权利和责任的自觉担当，不意味着取消多元主体和剥夺人的个性；意味着它是人们相互尊重、理解、交流和合作的基础，不意味着它可以成为任何人制造霸权、专制、迷信、强迫和恐惧的借口；等等。总之，我们认同普世价值，本质上就是认同自己作为人类成员的普遍权利和责任；认同某一具体的普世价值，就是自觉地担当起自己在追求某一共同目标方面的权利和责任。

因此我认为，作为正在致力于现代化建设，并以实现民族振兴和人类发展为己任的中国人，我们理所当然地需要而且能够担当起构建人类普遍价值的权利和责任，总体上采取一种积极主动的态度。当然，这种积极主动态度，并非表现为口号式的回应，更不应表现为行动的盲从，而应是一种主体性的自觉担当。我们需要以现实的中华民族、全体中国人为主体，立足于中国自己的当前实际和历史文化资源，自觉地承担起对普世价值的权利和责任，为引领人类共同文明的进步发挥应有的积极作用。

也就是说，我们对自己核心价值的确立与表达，如果它是科学的合理的先进的，那么就不应该与对当代普世价值的认同和担当相冲突，而是可以揭示出二者之间的交叉之点和重合之处，自觉地将普世价值担当包括在核心价值之内。基于这一看法，我在该文中提出：在当前形势下，中华民族对于当代普世价值的积极认同和自觉担当，应该并能够表现为思想和行动中的三个要点：一是保持"和而不同"的立场，二是追求"普遍共赢"的效果，三是举起"公平正义"的旗帜。

"和而不同"的本义，就是区分普遍与特殊前提下，主张在真正普遍性的层次上要保持"和"的原则，即多元主体之间要力求保持建设性和协调性；而在具体性特殊性的层次上则要尊重"不同"，即承认并保持主体自己的独立与个性；总体上力求使个性与共性之间达到一种自由的统一与和谐（"和而不同"）；所谓"共赢"，是指不同主体在同一价值链上的各自分享。其核心在于主体之间平等、共享、互利，各得其所。然而在现实中最容易发生的失误，正是"和""同"不分：要么"以同代和"，要么"因不同而不和"，它们所计较和追求的，仍然是"赢者通吃"，而是不是"众人拾柴火焰高"。例如在某种舆论偏见抢占了普世价值话语权的情况下，国内外有些人已经习惯于把某种特定模式当作普遍性的代表，将普世价值与某种"西方价值"甚至"美国价值"简单等同起来。这种简单化的思维和立场，往往导致了两种相反的极端态度：一种是以为认同普世价值就是接受西方或美国的价值观，就是要无条件地执行与之相应的整套规则和程序，这是一种"以同代和"的简单化和片面化；另一种也同样以为，认同普世价值就是接受西方或美国的价值观，但它觉得，要保持主体自己的独立个性，就必须拒绝乃至否定普世价值。显然，这是走向了"因不同而不和"的简单化和片面化。这两种对立的极端态度，源于同样一种简单化的思维和立场，它们的实践后果也必定殊途同归，会使我们陷入某种迷信或强迫的心理。无论对实现我国民族振兴还是对全球化时代的世界和平与发展来说，这种心理都是极其有害的。

我对上述两种极端态度及其单化思维的批评，被认为是采取了"中庸调和、不分是非"的立场，并给现实中争论的双方"各打五十大板"，于是自然会引起一些人的不满。然而有趣的是，双方不满的主要理由，在一点上却是高度一致的：他们都将争论视为一种纯粹的政治斗争，并以自己的"政治正确"为前提，指责我的观点属于一种"政治不正确"。当然，对于任何将"政治正确"与"理论和方法正确"分隔和对立起来的观点，我是不能接受的。我一向认为，任何政治上的正确，都必须以科学的理论和正确的方法为基础，否则不可能是真正的"正确"。特别是，当我们讨论的是"普世价值"这样一个特定的价值问题时，如果不以关于价值的科学理论和方法为根基，不以"普世"的即全人类的立场和视角来回答问题，而是各自仍执迷于狭隘的一己立场，那么讨论就失去了应有的公共性，"普世价值"也就沦为一个仅仅充当战场而不是交流合作平台的话题，争论也就会停留于盲目的意气之争，永远不可产生合理、积极、富有建设性的结果。说到底，这里还是一个如何理解"和而不同"、"追求共赢"，究竟愿不愿、会不会做到"和而不同"、实现"共赢"的问题。

显然，在这里我们遇到的不仅仅是一个政治观念的问题，毋宁说更是一个理论思维的层次和政治战略的水平问题。我注意到，在争论中，有人一再引用西方某些人物的说法，力求为普世价值概念圈定一个简单化的讨论范围，以限定问题的意义和话语的权限。例如他们引用美国学者亨廷顿在《文明的冲突与世界秩序的重建》中说的："普世文明的概念是西方文明的独特产物……20世纪末，普世文明的概念有助于为西方对其他社会的文化统治和那些社会模仿西方的实践和体制的需要作辩护。普世主义是西方对付非西方社会的意识形态。"他们还举出奥巴马政府的表态，以证明亨廷顿所言不虚：在《美国国家安全战略》报告中是这样申明的："对普世价值的坚定支持，这是我们区别于敌人、敌对政府和潜在对手的原因"；

而希拉里·克林顿 2010 年 12 月 15 日发布的美国《四年外交与发展评估报告》前言中也说："在新世界格局中我们必须推动美国的安全与繁荣，尊重普世价值观以及国际秩序。我们从这一点着手，确定重塑世界格局的趋势。"等等。有人用这些材料来强调说，美国领导人宣扬的普世价值有特定的背景、含义和战略意图，并非是 18 世纪启蒙思想家主张的自由、民主、人权概念的翻版。因此不应该故意模糊它的边际或者将它视作没有政治含义的抽象条文。但这里问题恰恰在于：所谓"边际"是由谁、怎样划定的？其"政治含义"亦是否意味着只有此一家或两家的话语权利，人们只能在这里规定的"政治正确"或"政治错误"之间选择，无人可以超出？正因为如此，我却觉得，必须超越其强迫性的语境，即"故意模糊"之，使之上升到哲学（抽象）的高度，才能有我们自主地分辨是非，讲清道理的空间！在批判抵制某些人普世主义的话语霸权时，不是回避或转移问题，而是有理有据地确立我们自己的普世价值观念。这正是我们所需要的一个立场。

实际上，上述引证中亨廷顿已经说得很清楚了：这里确有西方政客的某种政治策略和意图，即政治圈套。那么"非西方社会"应该怎样识别和应对这种圈套呢？亨廷顿没有说，也不会说。而我们的一些人虽然完全接受了亨廷顿的解释，却没有达到亨廷顿的批判视角和高度，从而也未能对应地表达出自己的理论角度和高度。而从时间上看，奥巴马政府的上述表态，恰恰是在我们大批"普世价值"之后越加起劲的一种姿态。那么这种美国式的"人来疯"，是否也受到了中国的启示，自以为抓住了别人的要害呢？打个比方：在斗牛场上，斗牛士拿出红布来一晃，牛就会冲上去。牛越是冲动，斗牛士就越是挥舞他的红布。如果西方政客想把普世价值当作手里的红布，难道我们就要扮演那牛么？清醒的政治思考当然不会如此。因为我们不是牛而是人，所以我们的对策应该是：夺下红布，让对方丢下这一套，坐下来，和我们用人对人的方式平等地对话。也就是说，必须旗帜鲜明地保持我们自己对待普世价值问题的话语权，而不是在别人设置的笼子里造反。

三 "公平正义"既是中国也是当代世界的价值诉求

由于普世价值最终要落实为具有时代特征的具体规范，因此也需要有规范层面的顶层设计和共识。种种迹象表明，人类的发展已将实现"公平正义"问题推向了普世价值的前沿。因此，我主张立足于当代中国的实际，对于构建和追求当代普世价值提出这样一个建议：以"公平正义"为当代普世价值的旗帜。

看待"公平"、"正义"问题一定要有历史的眼光。因为它既是一个老问题，也是一个新问题。"正义"虽然与"真、善、美、自由、平等"等观念一起，是早已在世界上获得公认的普世价值观念，然而在"何为正义，如何实现社会正义"问题上，却经历着艰苦曲折的探索过程。据我的研究发现，可以说迄今为止，世界上大体形成了两种具体的历史形态：一种是以自由为核心的"自由型正义"，另一种是以平等为核心的"公平型正义"①。这两种"正义"形态的区分，既是理论和逻辑上的，更是实践和历史所彰显的。

回顾欧洲文艺复兴运动提出"自由、平等、博爱"口号以来的历史，可以客观地说，资产阶级革命所带来的进步成果，主要是尽其可能地兑现着以个人为本位的自由。其所实践的资本主义价值体系，以"自由"为核心，突出强调并实施了"自由即正义"原则，代表着一种"自由型"的正义观。因此资本主义也常被看作是"自由主义"的同义语。在实践中，这种核心价值追求固然曾极大地激发了社会发展的活力，但过度的自由竞争必然带来弱肉强食、两极分化、贫富悬殊、社会对立等不公平现象，成为资本主义的致命顽症。这一致命的历史局限，不仅一直被资本主义弊病的批判者们所揭露，也逐渐为一些诚实而敏锐的西方思想家所觉察。例如美国著名政治学者罗尔斯的代表作《正义论》和《作为公平的正义》等，就是力图在自由主义的理论框架内，探讨如何解决资本主义所缺少的公平问题。尽管他的改良主义研究曾被极端自由主义者指责为向马克思主义和社会主义投降，但现实已经把公平问题提升为后资本主义时代的首要问题，这一历史趋势却不容回避。

而以"平等、公平"为核心的正义观，从来就是自空想社会主义以来的社会主义体系的核心理念。科学社会主义学说继承了人类的这一崇高理想，并使它立足于科学的基础之上。科学社会主义创始人马克思通过揭示

---

① 在拙作《法治文化论纲》中，明确提出了这两种正义概念的区分。见《中国政法大学学报》2007 年第 1 期（创刊号）。该文亦由《新华文摘》2008 年第 1 期转载。

资本主义剥削和压迫（不平等）的秘密，指明了实现人类解放的根本途径和现实任务，就是要在尊重和保障自由的基础上，进一步实现以平等、公平为特征的社会正义。在这里，"公平"成为正义的主要内涵和尺度。应该说，追求和实现社会的公平正义，正是社会主义作为后于资本主义、高于资本主义的一个历史阶段所特有的主导价值特征。虽然对于公平正义的内涵和外延如何具体界定尚存在着许多的疑点和难点，需要经过漫长的探索过程才能充分实现，但是从人类进步的整体高度看，它已经成为一种现实的普世价值。

对于坚持马克思主义，致力于建设有自己特色社会主义的中国来说，公平正义是一个既有自己个性，又符合时代潮流的核心价值。在思想理论上，可以说社会主义的理想和原则中最重要，同时也是最切实的目标和最大的承诺，就是如邓小平所说，要"解放和发展生产力，消灭剥削，消除两极分化，最终实现全体人民共同富裕"，即实现人类历史上尚未有过的新型公平正义。从实践中看，在我国历来讲究公平价值重于其他价值的传统文化氛围里，实现社会公平不仅有社会发展的历史意义，更具有迫切的现实意义。当前，如何通过深化改革和民主法治建设，使社会主义的本质和宗旨在经济、政治、文化和社会各领域的追求中不仅充分保障人权和自由，而且进一步体现出新型的公平正义，使之得到制度、体制和实践的落实与保障，这个问题正日益成为我国保持社会稳定和体现社会主义性质的敏感标志之一。

正因为如此，党和国家领导人近年来多次反复强调了"公平正义"原则。在中共十七届五中全会和它审议通过的《中共中央关于制定国民经济和社会发展第十二个五年规划的建议》中，也进一步明确强调，"在当代中国，坚持发展是硬道理的本质要求，就是坚持科学发展，更加注重以人为本，更加注重全面协调可持续发展，更加注重统筹兼顾，更加注重保障和改善民生，促进社会公平正义。""促进社会公平正义"被提升到科学发展的"本质要求"和根本目标的高度。胡锦涛在庆祝中国共产党成立90周年大会上的讲话中再次重申了这一点，并进一步指出，"有利于维护和促进社会公平正义、实现全体人民共同富裕"，是检验社会主义制度和体制的一个重要标志。

以"公平正义"为核心的价值理念，不仅反映了中国特色社会主义和中华民族振兴事业的当代核心价值，也是面向未来的世界性价值取向。作为一个普世价值概念，"公平正义"本身即含有尊重人与人、国与国之间的差异，平等地包容多元主体的正当权益，以寻求共赢效果的意思。这也有助于对外展示我国形象，回应世界各国面对中华崛起而产生的关切。

总而言之，无论表达和宣布一种"核心价值"，还是表达和认同某种"普世价值"，对于表达者来说，都意味着旗帜鲜明地表达自己的真实信念和追求，开诚布公地担当自己正当的权利和责任，意味着坚守和承认诺。正在走上世界舞台的中国，不仅必须面对，而且完全应该也能够举起"公平正义"的旗帜，展示自己表里如一的人格形象。

（原载《学术探索》2011 年第 10 期）

存在论的变革与价值概念的解释

吴向东

价值哲学首先要充分澄清价值概念的意义并把这理解为自己的基本任务，否则，无论它具有多么丰富的内容，归根到底仍然是盲目的，并且很有可能背离了自己最初的意图。哲学上对价值的解释总是与对存在的理解紧密关联着的。现代哲学的存在论变革使我们不仅能够透视以往关于价值解释的局限性，而且能够使价值意义的阐释达到一个新的高度。

一

人是主体性的存在，因而也是价值性的存在。作为有意识的存在物，人总是要过有价值、有意义的生活；作为活动的存在物，人的活动是有目的、有意识的活动，即追求价值和创造价值的活动，由人的活动形成的人的生活世界和动物世界存在着根本的不同，它是充满价值和意义的世界。因此，价值和价值问题自然也就成为哲学家们一直关注和努力研究的对象。

19 世纪以前，这种关注和研究主要表现为伦理学对善、正当、正义、幸福等的探讨。之后，随着西方哲学的主题逐渐从传统的抽象形而上学转向人的现实生活，价值问题也就成为哲学研究的中心问题。如菲力浦·劳顿所说：由于人们对其他人如何生活的关注日益增加，人们对社会内部的价值缺乏一致的看法等原因，哲学家们似乎全力以赴研究价值问题，① 以

---

① 菲力浦·劳顿、玛丽—路易丝·毕肖普：《生存的哲学》，湖南人民出版社 1988 年版，第125 页。

至兴起作为一门学科的价值论。洛采首先将价值概念变成一个哲学范畴，甚至"将它置于逻辑学和形而上学（以及论理学）之顶端，激起了许多对于'价值论'（哲学中一门新基础科学）的种种倡议"①。尼采在洛采之后提出了"对一切价值重新估价"的口号，在西方掀起了一场重新反省自己的文化和价值观念的运动，突出了价值问题的重要性。文德尔班、李凯尔特等新康德主义者则径直将自己的哲学称作价值哲学，强调哲学作为价值的一般理论，其任务就是从价值的角度对知识加以评价，从而建立事实与价值领域之间的联系；并认为从更大的意义上说，哲学研究的对象就是价值，研究价值之为价值的本质、价值的效用并探讨存在于一切价值中的普遍联系。这种价值哲学的兴起并不只是发生于弗赖堡学派内部，舍勒、哈特曼等人初步建立了系统的价值理论，而整个现当代西方哲学的重大转向在一定程度上都蕴含着价值哲学的旨趣。

在关于价值问题的诸多哲学研究中，我们发现，对基本概念总是存在着不同的、难以一致的看法。价值和事实不同，价值反映的是应当如此的东西，事实告诉我们的是实际如此的东西。然而，价值是什么？在西方哲学史上至少存在着三类不同的说法，一是以客体自身的功能和属性来规定价值，突出和强调价值的客观性。这种观点认为价值是我们在事物、人或境遇本身中所发现的某种东西，是寓于客体内部的一种性质，它不存在于观察它的人本身之中，如摩尔断言：许多事物本身就是善的或恶的。二是以主体和主体的需要来规定价值，即突出和强调价值的主观性。这种观点认为事物本身不具有价值，某物之所以有价值是因为它被人们所追求或使人们得到满足。价值存在于人们对对象的反应之中。如培里说，价值是任何兴趣的任何对象，杜威认为，在满足之外，没有任何价值存在。罗素、斯蒂文森和黑尔等称，价值判断表达的是情感、态度、欲望或规定、命令。三是以主体与客体关系来规定价值，这种观点认为价值既不是客观的也不是主观的，或者说既不是我们的独立创造，也不是行为或对象的独有属性，而是从人与行为或对象之间的某种关系中产生的，是主体和客体之间相互作用的结果。

国内学术界对价值的理解大体上也存在着相同的三类说法，其中，关系说占据着明显的主导地位。"价值关系，是主体与客体之间的一种客观

---

① 文德尔班：《哲学史教程》（下），商务印书馆1997年版，第927页。

的基本关系。这种关系就是：在主体的实践—认识活动中，客体的存在、属性和合乎规律的变化，具有与主体的生存和发展相一致、符合或接近与否的性质。""价值，是反映价值关系实质的哲学概念。在主客体相互关系中，客体是否按照主体的尺度满足主体需要，是否对主体的发展具有肯定的作用，这种作用或关系的表现就成为价值。因此，价值是对主客体相互关系的一种主体性描述，它代表着客体主体化过程的性质和程度。"①

　　价值的这三种解释存在着相互间的批评，而且一定程度上都抓住了对方的要害。相比较而言，价值关系说似乎略胜一筹。在我看来，这三种解释都属于同一种框架：主客体统一的认识论框架，它们各自的批评与反批评也都是在这一框架之内进行的。应该说这种框架对于我们理解价值是必要的，也是价值认识过程中必经的阶段。但是对价值解释的这一认识论框架存在着重大的缺陷：首先，它不能全面反映复杂的价值关系，特别是主体间的价值关系，或者说不能对这种价值关系作出合理的解释。事实上，物与人的关系和人与人的关系存在着根本的差别，不能遵循同样的逻辑予以说明。其次，它不能说明作为目的的价值本身。价值的主观说和关系说，都是基于需要来解释价值，无论对需要进行怎样的解释甚至辩解，无论怎样通过需要强调价值的主体性或主体尺度，需要也似乎主要和手段价值相关，对主体需要的满足，总是带有工具性、手段性的意味。它能够有效地说明工具性、效用性价值，但却难以说明人的存在的自成目的性，难以触及人的精神文化生命的归属与安顿，因而存在着导入价值相对主义和虚无主义的理论根源。再次，它在价值认识方法论上停留在知性范围内和经验层面上，缺乏合理的存在论的基础和超验的维度。这恰恰也是它的问题的根源之所在。

二

　　在对价值概念的理解上，无疑，我们需要突破价值的认识论框架，进入价值的存在论层面，或者说在价值与存在的关系中把握价值。"哲学本体论具有三重蕴含，即：追寻作为'世界统一性'的终极存在（存在论或狭义的本体论）；反思作为'知识统一性'的终极解释（知识论或认识

---

① 李德顺：《价值论》，中国人民大学出版社 1987 年版，第 107—108 页。

论）；体认作为'意义统一性'的终极价值（价值论或意义论）。"① 存在
是一切实在对象背后的那种终极存在，是事物的具体和特殊的存在及其各
种特性的基础，存在论探求"实事之所以是实事"，以寻求"最高原因的
基本原理"为宗旨。存在论是以知识论的形态为中介而指向世界的终极存
在，即在其直接的理论形态上，不是表现为关于世界统一性的存在论，而
是表现为关于知识统一性的认识论。人们总是通过对终极存在的确认和对
终极解释的占有，来奠定人类自身在世界中安身立命之本，即人类存在的
最高支撑点。这一立命之本、最高支撑点也是人类用以判断、说明、评价
和规范自己的全部思想和行为的根据、标准和尺度，即作为意义统一性的
终极价值。在这里我们看到，存在、真理和价值，存在论、认识论和伦理
学（价值论）是紧密联系着，具有内在的逻辑统一性的。价值的源泉是存
在，对价值的说明总是依赖于对存在的把握，对存在不同层次的认识和理
解决定着对价值认识的差异。

传统哲学用实体以及附属于实体的性质来定义存在，存在总是被理解
为某种自然的或者超验的实体。海德格尔把西方传统形而上学通称为本体
论——神学传统，根据这一传统，实体之间只存在着等级差别，人是各类
存在物中的一类，所有的实体皆因与最高实体的关系而得以存在，人也不
例外。自笛卡尔以来的近代哲学也没有分清存在与存在物的区别，存在不
是在事物意义上的实体，而是在事物本质意义上所说的实体。在这一存在
论传统中，伦理学被置于认识论之中，善往往被直接归结为是或真。如苏
格拉底断言："美德就是知识"，在柏拉图哲学中，善与真共存于同一的绝
对理念，善本身被看成是纯粹思维和逻辑的规定性。价值论的兴起本身包
含着不同的情况，一是强调价值论与本体论的断裂，而这种价值论实际上
处于无根状态，二是在传统本体论的基础上研究价值，这就导致价值理解
的认识论框架。当代哲学已经发生了存在论的深刻转换，即从抽象、超验
的实体转向人的生存。海德格尔把柏拉图以来的整个形而上学时代称为
"存在的遗忘的时代"，认为"形而上学不断以各种不同的方式说到存在。
形而上学表示并似乎确定，它询问并回答了关于存在的问题。实际上形而
上学从来没有解答过这种问题。因为它从来没有追问到这个问题。当它涉

---

① 孙正聿：《思想中的时代——当代哲学的理论自觉》，北京师范大学出版社 2004 年版，第
50 页。

及存在时，只是把存在想象为存在者。虽然它涉及存在，指的却是一切存在者。自始至终，形而上学的各种命题总是把存在者和存在相互混淆……由于这种永久的混淆，所谓形而上学提出存在的说法使我们陷入完全错误的境地"。① 黑格尔之后，从叔本华、尼采到柏格森、胡塞尔、海德格尔等则力图克服这一错误，从人、意志、生命、生成、此在等去理解和说明存在，萨特、马塞尔、梅洛—庞蒂和雅斯贝尔斯等人在胡塞尔的现象学方法和海德格尔的存在论的基础上，把人的存在作为哲学的主要对象，对个人和社会的各个方面进行了广泛深刻的研究。马克思哲学更是从人的存在出发去解读存在的意义，从人的存在方式——实践出发去理解和把握人与世界的关系，从而终结了传统形而上学，启动了现代西方哲学。如海德格尔所说："形而上学就是柏拉图主义。尼采把他自己的哲学标示为颠倒了的柏拉图主义。随着这一已经由卡尔·马克思完成了的对形而上学的颠倒，哲学达到了最极端的可能性。哲学进入其终结阶段了。"②

随着存在从人之外的某种抽象实体（无论是抽象的物质还是抽象的理念）到人的生存这一转换，价值之本体也就从人之外的抽象实体转向人自身，换言之，价值就不是一种固定存在着的某种抽象实体，甚至也不仅仅是关系，而是人的存在（生存）以及对人的存在（生存）所具有的意义。

三

价值首先而且根本上是人的存在。这需要从人的存在方式和现实世界的关系上加以说明。

马克思认为，人是对象性的存在，这种对象性的存在直接被理解为对象性的活动。"人通过自己的外化把自己现实的、对象性的本质力量设定为异己的对象时，设定并不是主体；它是对象性的本质力量的主体性，因此这些本质力量的活动也必须是对象性的活动。对象性的存在物进行对象性活动。"③ 在实践中，人是以物的方式去活动并同自然发生关系的，得到的却是自然以人的方式而存在；同时，人们总是在一定的社会形式中并借

---

① 海德格尔：《存在与时间》，生活·读书·新知三联书店1988年版，第13页。
② 海德格尔：《面向思的事情》，商务印书馆1996年版，第59—60页。
③ 《马克思恩格斯全集》第3卷，人民出版社2002年版，第324页。

助这种社会形式而实现对自然的占有，"自然界的人的本质只有对社会的人来说才是存在的"，"只有在社会中，自然界才是人自己的人的存在的基础"。① 这就是说，实践改造自然，不仅仅是改变自然物的形态，更重要的是在自然界中贯注人的本质力量和社会力量，使人的本质力量和社会力量本身进入到自然存在当中，并赋予自然存在以新的尺度——社会性或历史性，使人与自然的关系成为"为我而存在"的关系。如同自然被社会所中介一样，反过来，社会也被自然所中介。人类社会是在实践所引起的人与自然之间的物质变换中形成并发展起来的，在实践中，人们结成一定的经济关系：生产、分配、交换、消费，在这些关系的基础上，产生相应的政治关系、社会制度、家庭、等级等。因而正像社会本身生产作为人的人一样，人也生产社会，社会生活本质上是实践的。在实践中，人不仅创造着属人的自然和属人的社会，还创造着人自身，人正是人自己的实践活动的结果。海德格尔把人的存在称作"此在"，"这种存在者的'本质'在于它去存在"，这就是说，此在与其他存在者的区别在"去"上面，其他存在者的本质已经存在着，而此在的本质是通过自己的存在过程产生的，其实是在它的生存过程中产生的，因而也可以说"此在的'本质'在于它的生存"②。在这一点上，海德格尔和马克思是相通的。总之，人通过自己的生存活动人化自然，形成社会，创造人本身，因此正是人的存在或者说人的生存活动构成了现实世界的基础。"整个所谓世界历史不外是人通过人的劳动而诞生的过程"，③"这种活动、这种连续不断的感性劳动或创造、这种生产，正是整个现存的感性世界的基础"。④

作为对象性存在的人是有意识的、自为的存在，"通过实践创造对象世界，改造无机界，人证明自己是有意识的类存在物，就是说是这样一种存在物，它把类看作自己的本质，或者说把自身看作类存在物"⑤。人不仅通过自己的生存活动使世界成为属于人的现实世界，人的意识使得人追问世界意义，并通过直观人所创造的现实世界理解自身的本质力量，理解自身和世界的意义。如海德格尔所说，一切存在者均有其存在，而只有人才

---

① 《马克思恩格斯全集》第 3 卷，人民出版社 2002 年版，第 301 页。
② 海德格尔：《存在与时间》，生活·读书·新知三联书店 1988 年版，第 52—53 页。
③ 马克思：《1844 年经济学哲学手稿》，人民出版社 2000 年版，第 92 页。
④ 《马克思恩格斯选集》第 1 卷，人民出版社 1995 年版，第 77 页。
⑤ 《马克思恩格斯全集》第 3 卷，人民出版社 2002 年版，第 273 页。

关心其他存在者的存在，才可成为存在问题的提出者和追问者，揭示存在的意义。因此"对存在的领会本身就是此在的存在的规定"①。

正因为人通过人的感性实践活动建构属于人的现实世界，所以人是世界价值的树立者。正因为人是存在意义的追问者，也是其价值的赋予者，人应该具有最终价值。或者说人的存在就是价值，这里的价值是作为目的意义而言的。如亚里士多德在其《尼各马科伦理学》中所提出，如若在实践中确有某种为其自身而期求的目的，而一切其他事情都要为着它，而且并非全部抉择都是因他物而作出的，那么，这一为自身的目的也就是善自身，是最高的善（或价值自身）。在目的王国里，对某一目的有用的东西具有一定价格，但此物也可被另外某物所代替，唯有本身具有绝对价值的东西才拥有尊严，此物即是使其他事物变成有价值的条件。价值之为价值，不是根据因果模式，而是通过自身，从它自身方面说来，它是无穷尽的一系列自然变化过程的原因。"人是目的"这一命题在康德那里就已经提出来了，"我们现在在世界上只有一类的存在者，其因果作用是目的论的，那就是说向着目的的……这类的存在者就是人"。②"人是目的"的命题，确立了人的价值主体地位，实际上开启了哲学价值论研究的端绪。但是，人何以是价值世界生成的终极根据，人何以是本原的价值物，康德没有能够说清楚。在他那里，人的目的性是道德神学预设的，最高价值是在与经验世界无涉的超验领域里实现的，这样，价值的客观文化内涵被全部掏空了，并使之成为一个非历史主义的目标。在康德进行道德神学预设的地方，马克思通过对人的存在方式感性实践活动范畴的开掘说明了人的存在的本体地位，并进而说明了价值的特性：人的存在的主体性决定了价值的主体性，存在的过程性、历史性决定了价值的生成性、历史性，存在的开放性决定了价值领域的无限拓展性。

由于作为目的的人的存在本身就是价值，因此，各种对于人的存在所具有的意义或者效用，也就是价值关系说所表达的内容："客体对于主体需要的满足或肯定"，无疑也是价值。人的存在是一个动态展开的过程，在现实的历史过程中，手段性、工具性的存在，只要指向人的生存，就都具有价值。同时这种效用价值只是价值世界的一个层次或方面，更多的是

---

① 海德格尔：《存在与时间》，生活·读书·新知三联书店 1988 年版，第 14 页。
② 康德：《判断力批评》（下卷），商务印书馆 1964 年版，第 99 页。

手段意义上的价值。而且效用之所以能成为价值世界的一部分，归根到底并不在于效用，而在于效用的后面体现着人的本质力量。马克思说："工业的历史和工业的已经生成的对象性的存在，是一本打开了的关于人的本质力量的书，是感性地摆在我们面前的人的心理学；对这种心理学人们至今还没有从它同人的本质的联系，而总是仅仅从外在的有用性这种关系来理解。"而"如果科学从人的活动的如此广泛的丰富性中只知道那种可以用'需要'、'一般需要'的话来表达的东西，那么人们对于这种高傲地撇开人的劳动的这一巨大部分而不感觉自身不足的科学究竟应该怎样想呢？"① 因此，并不是说所有的"效用"、"有用性"都构成价值，只有实现、增强人的本质力量的"效用"，才具有效用价值，因而成为价值世界的一个方面。

（原载《学术研究》2011 年第 3 期）

---

① 《马克思恩格斯全集》第 3 卷，人民出版社 2002 年版，第 306、307 页。

幸福：当代社会价值体系的核心理念

江　畅

近几年来，人们广泛地讨论核心价值体系问题，讨论核心价值体系不能不讨论构成核心价值体系的核心价值理念。在一定意义上可以说，核心价值体系是由核心价值理念构成的体系。对于当代社会的核心价值体系包括哪些核心价值理念，人们会有不尽相同的看法，但是，有一个核心价值理念是人们应该形成共识的，那就是幸福。本文试就幸福应当作为当代核心价值理念、当代幸福的含义及相关问题作些阐述。

一　幸福是当代社会价值体系的核心理念

人的活动都是追求价值的，但人的价值追求并不是盲目的，不是随意的，而是有根据的。这种根据就是原则。这些原则包括目的原则，其中最重要的是我们的一切追求究竟为了什么，还包括手段原则，即怎样达到目的的原则。这些原则就构成了人的价值体系。价值体系是人的一切活动的深层结构。"价值体系，最简单地说，就是作为追求什么价值和怎样追求价值根据的内在价值原则系统。"这些原则一般都是以观念的形态存在的，因而价值体系实质上就是价值观念体系。

另外，价值原则又是人们活动的根据，人们总是以一定的价值原则为根据，并在一定的价值原则的指导下进行活动的，因而价值原则客观上对人的活动具有一定的规范性、约束性。从这种意义上，价值原则又不只是价值观念，同时又是活动规范，价值体系又是活动规范体系。总的看来，价值原则同时具有观念性和规范性，是价值观念和活动规范的统一，而价值体系则是价值观念体系和活动规范体系的统一。价值体系是由价值原则构成的，但显然价值原则并不等于价值体系。价值体系是由一系列价值原则构成的，是这一系列价值原则的协调化、系统化。

人在世界中生活一般都有自己的价值体系，但是，社会的价值体系与个人的价值体系并不完全相同。个人的价值体系包括目的原则和怎样实现目的的原则，但在怎样实现目的的原则中除了包含手段原则（通过什么手段实现目的）外，不一定包含规则原则和制约原则，至少不一定包含社会所期望的规则原则或制约原则。然而，社会的价值体系不仅包含目的原则和手段原则，而且包含规则原则和制约原则。这是因为国家是相当数量的人群的集合，国家的活动是通过不同的单个个体的自主活动实现的。不同的单个人在自主活动的过程中，必定会发生相互妨碍甚至相互伤害。为了避免这种情况的发生，就需要一些适当规范人们活动的规则，这些规则总是根据一定的原则确定的。确定这些规则的原则，就是规则原则。有了规范活动的规则还不够，因为有些人可能不在意这些规则，更有一些人为了自身利益胆敢故意违犯这些规则，因而必须对这种故意违犯规则的行为有惩治措施。这种惩治也不是任意的，而应当是恰如其分的，这样就必须有一定的原则。这种原则就是制约原则。据此，社会价值体系大体上可以划分为目的或目标、手段、规则、制约四个子系统。这四个子系统的基本原则就构成了价值体系的核心理念。目的系统根源于并且通常对应于人的需要，是直接基于对能满足人的需要的事物的认识而形成的。手段系统主要是由关于实现目的的手段的原则构成的系统。规则系统主要是由关于在运用手段实现目的的过程中（包括选择手段和确立目的本身）应遵循的规则原则构成的体系。所有这四个子系统各自有一定的相对独立性，其中某一子系统的某一要素发生变化并不一定就会引起整个价值体系结构的变化，但整个结构有鲜明的目的性，这就是怎样使价值目的有效地实现。正是这种目的性，使整个结构形成一个有机的整体。

人的一切活动都是有目的的，当把目的作为追求的对象时，目的就成为人活动的目标。在现实生活中，人们的目的各种各样，追求的目标也各种各样，但在所有这些各种各样的目的和目标背后，总有某种终极的东西发生着作用。它这就是我们所谓的终极目的。随着人类文明的进步，人的需要及满足需要的事物日益朝着多层次、多维度的方向发展，呈现出复杂的结构。这一事实决定了当代人类关于目的的原则也日益呈现出多层次、多维度、向未来开放的复杂结构。不过，无论这一结构怎样复杂，其中总包含着基于人的根本的、总体的需要所形成的终极目的。终极目的是就两种意义而言的：一是就根本意义而言，就是说所有其他的目的都是由这种终极目的派生的，最后又都指向这种终极目的。它既是根基，又是依归；二是就总体意义而言，就是说，所有其他的目的都从属于它，服从于它，服务于它。它既是全体，又是核心。无论是什么人，只要他健康正常，他都有这种终极目的作为他生活的指南，只不过有的人是自觉确立的，有的人是自发形成的；有的人意识到了，有的人没有意识到。终极目的规定着所有目的或目标的选择和确立，同时又是所有目的或目标的最后指向和最高追求。在价值体系中，终极目的是系统目的根本原则和最高原则，它规定着所有其他的目的原则乃至所有的价值原则，是人们所有价值判断的终极标准和所有价值追求的终极目的，因而是价值体系的核心理念。

选择和确立终极目的的基础和范围是目的王国中的目的。目的王国中的目的众多而又有不同层次，而且不同目的王国中的目的也不相同，这就给终极目的的选择和确立提供了各种可能。从人类历史看，不同社会、不同时期确定了不同的终极目的。中国传统社会将王朝的长治久安作为社会的终极目的，西方中世纪将死后进天国作为终极目的。事实证明，历史上所确立的这些终极目的都是有问题的，它们都忽视了作为社会成员的个人，忽视了个人的现世生活，势必导致社会异化。社会原本是属人的、为人的。当社会的终极目的不正确，特别是当社会以自身的稳定和发展作为终极目的，而个人的生存和发展从属于这种目的时，人就成了实现社会目的的手段，人就不再是社会服务的对象，而成了社会的奴仆甚至部件。正是因为以往社会确立的终极目的既不正确又导致了不良的社会后果，所以我们提出要将幸福作为社会的终极价值目的，以社会成员的普遍幸福的实现作为社会价值体系的终极目的原则。

与其他各种终极目的和终极目标原则相比，以幸福作为社会的终极目的，以普遍幸福作为社会价值体系的终极目的的原则和理念，理由更充分。首先，以幸福作为终极目标，符合人的本性。人不仅像其他动物一样要生活，而且要生活得好，要生活得更好。生活下去、生活得好、生活得更好，既体现了人的综合本性，又体现了人不同于其他动物、现代人不同于传统人的独特本性或本质特征。以生活得好为终极目标体现了人的根本需要。其次，以幸福作为终极目标，符合人的整体需要。幸福不是一种单向度的目标，而是一种综合性目标。"生活"是一个总体概念，不仅包括了道德生活，还包括了所有其他领域的生活，包括了人的整个生命过程。"好"也是一个总体概念，不仅包括了道德上的善，而且包括了其他领域的价值，包括了价值的所有维度。生活得更好，实际上就是要立足于充分地满足人的整体需要。再次，以幸福作为终极目标，符合人不断拓展和深化需要的必然趋向。人在理性的作用下，总是不满足现状，总要在追求。在追求中产生新的需要和寻求满足新的需要的手段。以幸福作为终极目标，就是要求人们不能满足于生活得好，而要追求生活得越来越好、好上加好。最后，以幸福为终极目标，符合社会的使命。人们组成社会，不是为了让社会来统治自己，而是为了使自己生活得更好、更幸福。社会的使命就是要使全体社会成员生活得越来越好。以幸福为终极目标，从社会的角度看就是要使全体社会成员生活得更好。这既反映了社会使命的要求，也与所有社会成员以生活得更好为终极追求完全统一了起来，传统社会中普遍存在的个体与整体的对立可以从根本上得到克服。幸福总是个体性的，以幸福作为终极目的，本身意味着以个人作为社会的终极实体，其他一切实体（包括国家和其他一切组织）都是派生的实体。坚持以幸福为终极目的，就可以防止个人与社会关系发生颠倒。

幸福是人类追求的终极目的，普遍幸福是社会价值体系的根本原则，人类一切活动最终只是为了社会成员幸福的普遍实现。这是人类数千年的实践得出的重要结论。在这一点上达成共识，是对于当代人类更好生存和发展具有根本意义的重大事情。

二 正确理解幸福

自古以来，无论是思想家还是普通人对幸福有种种不同的理解，对幸福对于人生的意义也有种种不同的看法，以至于康德曾发出这样的感慨："不幸的是：幸福的概念是如此模糊，以致虽然人人都在想得到它，但是，却谁也不能对自己所决意追求或选择的东西，说得清楚明白、条理一贯。"在伦理思想史上，对幸福的理解虽然存在着众多的分歧，但大致可以划分为两种倾向：一是苏格拉底、柏拉图和亚里士多德等人把幸福理解为德性的德性主义；二是以伊壁鸠鲁为主要代表把幸福理解为快乐的快乐主义。伦理思想史上关于幸福的学术资源有许多内容值得借鉴，如把幸福看做生活的终极目的，看做是最大的善和最高的善，看做是"满意地生活"和

"正当地行动"的统一，注重研究幸福与德性、快乐的关系，等等。但是，伦理思想史上的观点也都有其局限，主要体现在，无论是把幸福等同于快乐还是等同于德性，都把幸福的含义理解得过于狭窄；即使同时考虑德性和快乐这两个方面，也不足以真正阐明幸福的含义。

幸福是一种价值性质，即善性（或好性），并被许多伦理学家看做是最高的善，即至善。幸福这种价值性质是使人对生活总体上感到满意的价值性质。幸福并不就是需要的满足，而是生活的那种能使人的需要总体上得到满足并能使人由此产生愉悦感的性质。具有这种性质的生活就是幸福生活，即伦理学家们所说的"好生活"。好生活可以从两种不同意义上理解：一是把好生活理解为"值得赞赏的生活"，这是指的道德或德性高尚的生活；二是把好生活理解为"值得欲望的生活"，这是指的繁荣或发达的生活。真正的好生活应该既是"值得欲望的生活"，又是"值得赞赏的生活"。这种好生活在伦理学上被看做是人应该追求的理想生活，过上这种好生活则被看做是人生的终极目的。

幸福包括两方面的因素：客观因素和主观因素。

幸福的客观因素在于，人生存需要获得充分满足、发展需要获得一定程度满足并有可能得到进一步满足。人的需要是一个复杂的系统，有不同的维度和层次。随着社会的发展，人的需要还在迅速地向广度和深度扩展。在当代社会，人的需要与人的想要（欲望或愿望）越来越难以分辨，以至于人的需要呈现出没有限度的态势。如果以为幸福是人的所有需要都得到满足，人就不可能有幸福，因为人的需要太多，而且还在不断地产生，任何人都不可能使自己的所有需要都得到满足。因此，应当把幸福限定在人的根本的总体的需要得到某种程度的满足上。人的根本的总体的需要，就是人在世界上生存、发展和享受的需要。但是，人生存、发展和享受需要也难以得到完全的满足。在现实生活中，人们需要的满足只能达到这样的程度，即生存需要获得充分的满足、发展和享受需要获得一定程度的满足，而且还有进一步满足的可能。这三方面都是必要的，它们是幸福的关键因素，是使人对生活总体上感到满意的客观基础，是赋予生活以幸福性质的价值源泉。

具备了这三方面的客观因素，一个人就获得了幸福所需要的前提，他的生活才总体上看是好的，他也才有可能是幸福的。不具备幸福的客观因素，即使一个人感到幸福，他也不是真正幸福的。

要使生活具备使人的需要总体上得到满足的性质，必须具备一定的客观条件。这些条件很多，如家庭和睦、职业成功、综合素质高、社会公正和谐，等等。当代人们普遍谈论"幸福指数"，即国民幸福总值（Gross National Happiness，GNH）。"幸福指数"指的就是获得幸福所需要的主要客观条件。GNH 是一个对福利和幸福进行数量测量的概念，但关于 GNH 没有精确的定量性定义。有研究以人们的满意度为根据确定了 GNH 的七种测量标准，即：经济满意度，环境满意度，身体满意度，精神满意度，工作场所满足度，社会满意度，政治满意度；并认为 GNH 就是这七种测量标准的人均总平均数的指数函数。这些测量标准不一定是准确和全面的，但它表明影响幸福性质的因素是多方面的、复杂的。

一个人的生活具备了幸福的客观因素，或者说一个人客观上过上了好生活，并不一定就会感到幸福。这就涉及幸福的主观因素，即幸福的感受或幸福感。所谓幸福感，就是对自己客观上已过上好生活的状态进行反思和回味所产生的愉悦感。幸福感是幸福所必不可少的主观要素，有了幸福感，就意味着生活客观的好性质已经为个人意识到、感受到。幸福是人对生活总体上感到满意的价值性质，其主观条件是人对生活的反思和回味，即自己思考和体会自己正在过的生活。只有当一个人去反思和回味时，他才会发现和感受到这种性质，并使这种客观上的好生活转变成个人主观的感受，即愉悦感。如果这种客观上的好生活不经过反思和回味转变成个人的主观感受，客观上的好生活对于一个人来说就是外在的，没有变成对于他而言的幸福生活，他也因为没有意识到和感受到这种客观上的好生活而不是幸福的。因此，幸福感对于个人幸福来说是至关重要的。没有幸福感，即使一个人的一切欲望都得到了满足，他也肯定不会是幸福的。

由此看来，幸福感产生需要具备两个条件：一是客观上过上了好生活；二是要对这种生活有反思和回味。幸福感的前提和源泉是幸福生活所需要的客观条件。幸福所需要的客观条件对于幸福生活而言是决定性的。具备了这种条件，一个人就客观上过上了好生活；不具备这种条件，或者说客观上没有过上好生活，即使对他生活进行反思和回味，一般也不会产生幸福感。在现实生活中，有的人可能在根本没有过上客观的好生活的情况下产生了幸福感，这种幸福感不是真实的幸福感，而是虚假的幸福感。一个人即使有了这种幸福感，也并不意味着他是幸福的。

另外，一个客观上过上了好生活的人，也需要对这种生活进行反思和回味。只有通过反思和回味才会产生幸福感，有了这种幸福感，他才真正过上幸福生活。这种反思和回味是幸福生活必不可少的主观条件，也是幸福感产生的主观条件。如果一个人客观上过上了好生活，但他不对这种生活进行反思和回味，他就不会产生幸福感。没有这种幸福感，他也就不会认为他自己过上了幸福生活，而且由于缺乏幸福感，他的生活实际上也不是幸福的。反思和回味的重要前提是要有对幸福的理解，要有幸福意识。我们知道了幸福对人意味着什么和幸福是什么，并据此反思自己，我们才会产生我们自己幸福不幸福的感受，而如果我们这时客观上已经过上了好生活，我们就会产生幸福感。现实生活表明，并不是每一个客观上过上好生活的人都会产生幸福感，这即是常言所说的"身在福中不知福"。一般来说，一个人只有客观上过上了好生活，同时又有对这种生活的反思和回味，并由此产生了幸福感，他的生活才是真正幸福的，他才真正过上了幸福生活。

现实生活中有不少人将幸福与幸福感、真实幸福感与虚假幸福感混淆，将虚假幸福感等同于真实幸福感，将幸福感等同于幸福，从而对幸福发生误解。他们或者以为幸福完全是个人的主观感受或精神状态；或者以为幸福完全在于外在的客观条件。这种混淆和误解在实践上是很有害的，严重地妨碍了人们对幸福的正确追求。

幸福和快乐都可以使人产生愉悦感，但这两种愉悦感是有重要区别的。快乐的愉悦感是人的某种欲望特别是强烈欲望得到满足产生的，具有一事性、即时性、一时性，即只要某种欲望得到满足这种愉悦感就当即产生，事过即逝。而且，无论是正常、健康的欲望还是不正常、不健康的欲望都能产生快乐的愉悦感。幸福的愉悦感则不同，它是人的根本的总体需要得到满足产生的，具有整体性、持久性、反思性，即只有根本的总体的需要得到满足才可能产生，只有经过反思和回味才现实产生，一旦产生会成为一种持久的心理状态。而且这种根本的总体的需要包含了对法律和道德的要求，因而幸福的愉悦感总是正常的、健康的美好愉悦感。这两种愉悦感的区别实际上就是幸福与快乐的区别。不少人不了解这种区别，常常将快乐的愉悦感等同于幸福的愉悦感，将快乐等同于幸福，这是幸福观上的一个重大误区。"如果幸福在于肉体的快感，那么就应当说，牛找到草料吃的时候是幸福的。"赫拉克利特这句名言是值得我们记取的。当然，快乐对于人生也是具有重要意义的。德谟克利特说："一生没有宴饮，就像一条长路没有旅店一样。"这里所说的"宴饮"意指的就是快乐。没有快乐，人的生活就会是疲惫而乏味的。但是，快乐必须是健康的，只有健康的快乐才是幸福的重要补充，才可以使幸福生活更加丰富多彩，而不健康的快乐会损害幸福甚至正常生活。因此，必须将快乐纳入幸福的范围，用幸福规定快乐，使快乐从属于、服务于幸福生活。

三　正确处理"德福悖反"

将社会成员的普遍幸福作为社会价值体系的终极目的，要求社会管理者以社会成员的普遍幸福为一切管理活动的终极指向和根本原则，致力于提高社会的"幸福指数"，增强社会成员的幸福感。这是不言自明的。这里我们要着重讨论社会在追求普遍幸福的过程中如何正确处理道德和幸福"二律悖反"的问题，这是一个影响社会成员的普遍幸福实现的重大理论和现实难题。

无论在伦理思想史上还是在现实生活中，人们常常认为道德和幸福之间是存在着不一致甚至冲突的。这即是所谓的德福"二律悖反"。从伦理思想史的角度看，关于德福的关系主要有两种不一致的基本观点。

第一种是德福一致的观点。这种观点又有两种完全不同的倾向：一是苏格拉底、柏拉图、亚里士多德等人主张的德性主义观点，认为幸福在于德性或主要在于德性，德性与幸福在本质上是一致的；二是以伊壁鸠鲁等人主张的快乐主义观点，这种观点将快乐与善（或至善）、幸福等同起来，认为快乐就是善，同时也是幸福。主张这种观点的学者中也有人（如约翰·密尔）认为德性是实现幸福的工具，而且认为会发生德性由手段变成目的的异化情况，但并不认为德性与幸福相冲突。这两种观点虽然存在着分歧，但一般都把幸福看做是善或至善、把幸福生活看做是好生活，这种好生活就是人的理想生活，也是人追求的终极目的。

第二种观点是认为德福不一致的观点。这种观点认为道德和幸福是冲突的，有德之人难得有福或没有福，有福之人则通常没有德，并认为这种冲突在现实世界中是不可调和的。这种观点以康德为典型代表，他认为：道德法则之所以具有普遍性、必然性，就是因为它摒弃了一切快乐、幸福等因素，因此，"把个人幸福原理作为意志的动机，那是直接违反道德原理的"。但思想史上和现实生活中持这种看法的人相当多，这种观点在今天由于康德的学术影响而似乎成为了一种共识。

德福悖反观点的依据主要有两个方面。一是人性的依据。持德福悖反观点的学者一般都认为人性既有欲望、情感等感性方面，也有理性方面。人性的感性方面追求自爱、快乐、享受等个人利益，即幸福，而理性的方面则追求利他、为公等社会利益，即道德，而且这两个方面存在着不可调和的冲突。其最典型的说法是，道德或多或少以自我牺牲为前提；二是现实的依据。在社会现实生活中，不少富有的、有权势的、过着享乐生活的人是通过不道德的途径获得的他们的优越生活条件的，而那些道德之人则常常生活清苦甚至一无所有，根本无幸福可言。其最常见的说法就是，"有德者未必有福，有福者实多恶徒"——持这种观点的人据此认为，幸福与道德是分离的。

导致"德福悖反"结论既有观念方面的原因，也有现实的原因。对道德和幸福的不正确理解是导致德福悖反的观念方面的原因。传统的道德观以及一些伦理学理论是极端利他主义的，把道德片面地理解为为了他人或整体利益牺牲自我利益，将道德与自我牺牲画等号。这种道德观和伦理学的前提是把个人利益与他人、整体利益对立起来，认为两者是此消彼长、不可双赢的关系。既然如此，那么一个人要成为道德的，就必定会牺牲自我利益，一个人越是有道德，就越是要牺牲自己的利益甚至自己的生命。显然，如果我们不是将幸福等同于道德，而认为幸福包含个人生存、发展和享受需要的满足，那么道德之人是不可能有幸福的。

另外，传统的道德观以及一些伦理学理论对幸福的理解也不正确。它们要么把幸福狭隘地理解为对社会紧缺资源的占有，认为对金钱、财富、权力、名誉、地位等的占有越多越幸福；要么把幸福简单地等同个人生活的享受和满足，认为一个人生活越享受、越满足，他就越幸福。而在不公正的社会里，占有资源多的人、获得享受和满足多的人常常不是个人道德的报偿，而更有可能是通过不道德的途径获得的。

从现实情况看，在不公正的社会，社会对社会资源包括机会的分配是不公正的，存在着"强权即公理"、弱肉强食、"两极分化"等的问题。生活在这种不公正社会中的人，在很多情况下要靠唯利是图、不择手段的不道德途径来获得社会资源。因此，那些占有社会资源越多的人，常常是越不道德的人，而那些道德之人则往往成为这种不公正分配的牺牲品。这种社会现实加上对道德和幸福的不正确理解，必定会形成德福悖反的看法；而在不正确的道德观和幸福观的前提下，将德福背离的现实与人性的两面性联系起来，就会得出德福悖反的伦理学结论。

从导致"德福悖反"看法的原因看，要解决"德福悖反"的问题，首先要树立正确的道德观和幸福观。道德从个体的角度看并不等于为了他人和整体利益作出自我牺牲，而是一种有利于个体更好生存的生存智慧。这种生存智慧主要体现为正确处理三种基本关系，即个人与他人和整体的利益关系、眼前利益与长远利益的关系、局部利益与全局利益的关系。它要求通过无损于人、有益于人来实现自己的利益；通过他人和社会利益来更好地实现自己的利益；要求在追求眼前的、局部利益的同时兼顾长远的、全局的利益。在树立这种正确的道德观的同时还要树立正确的幸福观。幸福需要享有一定的资源，但幸福不等于占有资源；幸福也不是单纯的生活享受，而是与人的追求、奋斗相联系的。个人要靠自己合法、合德的勤奋努力来获得生存、发展和享受需要的满足，从而产生幸福感，过上幸福生活。幸福本身包含了道德的要求，包含了由个人作为和追求所产生的成就感和满足感。

解决"德福悖反"的问题，更要建立公正的社会制度。"德福悖反"的看法从根本上说是分配不公的社会现实的反映。要改变这种看法，关键是要消除人类社会长期以来存在的严重社会不公现象，建立公正的社会制度，实现资源、机会的公正分配，使社会成为每一个成员共有、共建、共享的社会，使每一个社会成员各受其教、各尽其能、各得其所，使人们的道德水平与其资源和机会享有正相关。只有这样，"德福悖反"这种流行的看法才会从根本上得到改变。

[原载《湖北大学学报（哲学社会科学版）》2011 年第 3 期]

现代性的私有幻象及其发展
伦理制约①

陈　忠

　　在 21 世纪反思私有问题，与马克思在 19 世纪批判私有制在所处的语境、任务、面对的问题等方面有本质延续，但也有诸多不同。从语境与任务看，19 世纪是现代性的重要生成期、阵痛期，人们所面对的主要任务是如何从传统社会更好地催生现代性，使现代性成为社会运行的主导范式；21 世纪是现代性的拓展期、转换期，现代性的成就与危机都更为巨大，人们所面对的重要任务是如何规范现代性的运行，建构更加合理、规范的现代性。从私有问题的特殊性看，马克思所面对更多的是作为一种经济与政治制度的私有，对社会生活甚至人的肉体的深刻伤害；今天，我们所面对的则更多是作为一种价值预设、文化前理解的私有文化、私有理念对现代性的公共性、精神家园的深刻伤害。一方面，私有似乎正在日益成为诸多主体所认为理所当然的基础理念；另一方面，私有化、私有理念的有限性、问题性也日益呈现，私有能否成为现代性精神家园的深层基点日益受到质疑与挑战。揭示私有幻象的历史特征与辩证作用，探索约束、超越私有幻象的伦理基础与实践路径，对建构更为合理的现代性及现代性文化精神、精神家园，意义重大。

---

　　①　本文为国家社科基金重点项目"发展伦理学的范式转换与'和谐世界'的历史构建"（07AZX005）的阶段性成果，并得到江苏省"青蓝工程"中青年学术带头人经费资助（英文翻译：sponsored by Qing Lan Project）。

一　私有幻象：一种片面发展的现代性

私有幻象是一种以个体为本位、以自我为中心理解、占有、使用财富、权力、知识等的观念、制度与行为；或者以个体为原点，把私有、私有化作为解决所有社会问题的根本手段，甚至社会发展的终极目标；或者以自我为本位思考所有问题，追求对财富、资源、权力、知识等的无限占有。具体而言，私有幻象表现在诸多方面。其一，从主体际性、主体关系看，私有幻象表现为个体、家族、民族、国家、人类等主体过多地追求自身利益，而忽视其他个体、家族、民族、国家、物种的存在、利益与价值。比如，个体中心主义、社群中心主义、种族中心主义、大国沙文主义、人类中心主义等都与私有幻象密切相关。其二，从主体与对象的关系看，私有幻象表现为人们以自我为中心追求无限度的占有、独占资源、财富、知识、权力等，表现为个体或少数主体对公共资源、公共财富、公共知识、公共权力等公共物品的侵占、独占。比如，诸多思想家所批判的商品拜物教、货币拜物教、权力拜物教。其三，从社会总体构成看，私有幻象表现为追求无穷财富、绝对权力、无限资源的观念与意识形态，表现为以自我为中心独占财富、权力、知识的行动与行为，表现为对私有化与个体本位过分依赖的体制与制度。比如，社会心理的物化、精神家园的缺失及对私有化、完全市场化的非理性迷恋等。其四，从社会权力的实际运行看，私有幻象的一个核心表现或者核心内容是公共物品、公共权力的显性或隐性私有化，公共权力的掌控主体把本应为公众服务的权力用来为自身谋利。比如，生活中人们时常遭遇的公权私用、权力寻租等。

以自我、个体为本位是私有幻象的核心特点。在现象与世俗的层面，以自我为中心、追求私有似乎是一种很现实、很实际的选择。"非对象性的存在物是非存在物。"[1] "从自由的角度看，财产是自由最初的定在的，它本身是本质的目的。"[2] 人是一种多重（物质、社会、知识等）的对象性存在，追求私有也就是追求与人相关或密不可分的现实对象性内容。作为一种有意识的、理性、对象性存在，在特定的阶段与时期，人以自我为

---

[1]　马克思：《1844 年经济学哲学手稿》，人民出版社 2000 年版，第 106 页。

[2]　黑格尔：《法哲学原理》，商务印书馆 1961 年版，第 54 页。

中心追求资源、财富、权力、知识等，把私有作为主体价值与社会建构的目标，有一定的"天然"、历史合理性。在生存论意义上，没有一定量的可支配、可控制的资源，主体的生存、生活会产生问题。在发展论意义上，不管是对个体或整体，发展的一个重要基本内容是拥有、占有更多的资源、财富、资本、知识等。甚至在超越论、意义论意义上，追求私有也似乎有其依据与理由，追求超越性意义世界，一方面意味着对物质欲望的不断克服，对终极意义的不断体验与靠近，另一方面也往往意味着特定主体（比如，具有一定地位的宗教人士）对终极意义、非世俗性知识的更多拥有、占有。

在个体与整体的张力与具体历史互动中，追求私有，有一定的历史合理性；但当对私有的追求跨越了合理边界，破坏了个体与整体的张力，甚至把个体、私有作为观察世界的价值基点、前理解时，追求私有便成为一种不合理现象，成为一种不真实、不具有现实性的幻象。从逻辑上看，私有幻象之所以成为一种幻象，有三个方面的原因。其一，以自我为中心占有资源、财富、知识、权力等需要社会、物质、体制等诸多条件，当人们忽视这些条件而追求私有时，追求私有便成为一种有问题的幻象。其二，任何层面的自我（个体、民族、国家）都是一种主体间性存在、社会关系存在，当自我忽视主体的社会性、关系性、主体间性而追求绝对的自我中心时，这种观念与追求便只能是一种幻象。其三，任何层面的具体自我、现实主体都有其生命周期，有一个从生成、发展到衰落、灭亡的历史进程，当人们忽视自我的生命有限性、具体时间性，追求对财富等的永恒占有时，也只能是一种幻象。也就是说，以自我为中心、追求私有受到环境、历史及自我本身等诸多条件限制，当人们忽视了这些条件限制，走向封闭、绝对、无限的自我，对自我的确认、对私有的追求便成为一种幻象。这一点正如《文化人类学》的作者哈维兰所分析，自我中心有一定的合理性，但如果自我中心走向自我中心主义、种族中心主义时，但表现出深刻的问题，会引发诸多矛盾与冲突。[①]

私有幻象是现代性的产物。虽然个体意识自古就有，但个体意识成为一种普遍的私有幻象却与现代性密不可分。从世界文明史的转换看，对个体、自我，特别是个体性自我的普遍发现，是近代的产物。没有印刷术等

---

① 哈维兰：《文化人类学》，上海社会科学院出版社 2006 年版，第 510 页。

知识传播技术的普及，没有商业革命、宗教革命、工业革命及与此相关的社会物质基础提升与社会结构变革，个体意识、自我意识不可能成为一种普遍的意识。正如马克思所指出，自由、平等等理念是近代的产物，离开了近现代的社会条件，把个体、私有作为价值基点便失去了历史与合理性基础。① 从人类思维史的转换看，从自我、个体出发理解世界也恰恰是近代思维的特征。近代以前，虽然也有德莫克利特的原子论等个体性思维，但人类思维的主体特征、普遍特征是总体性、整体性思维。从近代开始，以自我为原点才逐渐成为人类思维的主流特征。近代哲学之父笛卡尔是个体性思维的重要起始性代表。自我是笛卡尔怀疑论的确定性、不可怀疑性的基点。对自我体验、自我感觉的确认和不怀疑，是笛卡尔为近代思维、近代理性找到的根本基点，"我思故我在"的深层基点是自我。② 休谟从感觉出发的怀疑论，其确定的方法论出发点也恰恰是自我。经过费希特、康德再到黑格尔等，作为思维基点的自我日益强化，成为近代理性的重要根基，并成为以与自我为导向的民族观、国家观等交织在一起的重要现代性前理解。正如，休·希顿—沃森等所指出，民族—国家、民族主义等理念，其深层基础正是一种与自由主义密切相关的自我中心论。"个人主义思想与社会阶层水平式团结是民族意识发展的起点。"③

对现代性而言，产生私有幻象的原因是多方面的、辩证的。社会资源相对匮乏、社会福利水平相对低下，不能满足主体的生成与发展需求，是产生私有幻象的重要物质论原因；社会价值、社会教育的过分功利化、世俗化，是产生私有幻象的知识论原因；个体选择、个体理性的世俗化、物化，是导致私有化幻象的个体论原因；社会建构、社会规范的世俗化、功利化，是导致私有幻象的制度论原因。在这个意义上，可以说，私有幻象是有待进一步完善、发展的现代性和人类历史的重要阶段性特征。

私有幻象是与资源综合稀缺的现代性相伴随的一种自我乌托邦、一种深层的物化的主体性。产生私有幻象，一方面说明了现代性相对于传统社会的进步与成就，另一方面也说明了现代性的内在不足、有待完善，说明目前的现代性还仍是一种全面、综合的相对稀缺性社会。反思近代世界文

---

① 《马克思恩格斯选集》第 1 卷，人民出版社 1995 年版，第 150 页。
② 斯通普夫等：《西方哲学史》，中华书局 2005 年版，第 343 页。
③ 休·希顿—沃森：《民族与国家》，中央民族大学出版社 2009 年版，第 22 页。

明史，可以发现，私有幻象与现代性辩证互动、相互生成。一方面，正是在近代实践、近代交往、近代语境等多种力量的综合作用下，以自我为中心的私有才成为一种普遍的意识形态、社会建构，成为一种人们误以为永恒真实的幻象；另一方面，以自我为中心的价值观、世界观、财富观，虽然不够超越、深层虚幻，却正如黑格尔所说的"理性的狡计"一般，在相当程度上"辩证"地促成、推动、形塑了近现代世界文明史。

私有幻象是一种单向度发展、片面展开的现代性。确认或批判私有幻象的历史合理性，需要追问两个问题：其一，近现代世界文明史是否只是"自我"的成长史？其二，近现代以来的人类主流思维方式是否只有"以自我为中心"这一种？其一，回顾近代世界文明史，可以发现，现代性的生成与转换史，既是个体不断独立的历史，也是个体不断构建新型社会关系、社会纽带的历史。一方面，自我行为与自我利益的普遍化是传统及近代社会关系与社会条件的共同"社会性"产物，另一方面，即使在近现代条件下，自我也从未离开整体而存在。虽然，在近现代条件下，人的社会性的具体纽带、具体形态与前现代有诸多不同，从地缘、血缘关系向利益、职业等关系转换，但人却始终是一种社会性存在。前现代条件下，个体生活于家庭、部落、帝国、宗教的语境下，现代性条件下，个体生活于民族、国家、行业、社区等语境下。也就是说，现代性语境下，人的独立性仍然深刻建立在整体性基础上，离开了虽不同于传统社会却仍是社会性的新型社会环境、社会关系，所谓的个体、个性独立将不复存在。其二，回顾近现代人类思维史、思想史，可以发现，整体性思维始终是人类思维的一个重要支撑性内容。在个体意识、自我理性不断成长的过程中，以阶级、民族、社区、社群等为载体的公共意识、公共理性也在不断生成、转换、成熟。以马克思、哈贝马斯、鲍曼等为代表的倡导社会性、交往性、共同体性的整体性思维，始终是现代性思维方式中的重要构成。也就是说，不管是从实践史，还是从思维史的角度看，自我、个体始终没有成为现代性的唯一存在、唯一叙事主线。个体与整体、自我与社会的不可分离、有机互动、相互生成，是现代性的内在张力的历史原象。当人们把现代性仅仅归结于自我性、个体性，并走向私有幻象等片面的意识形态时，其根本问题是深刻地背离与误读了现代性的本真历史与现实原象。

二　私有幻象：历史作用与深层危害

私有幻象生成于现代性，也作用于现代性。作为一种特殊的"自我乌托邦"，私有幻象对现代性具有作用辩证。一方面，私有幻象对现代性的生成与发展具有重要推动作用，另一方面，私有幻象又对现代性的进一步完善又具有深层危害。私有幻象对现代性的生成与推动作用主要有：

——主体效应。对现代人性的历史性激活。个体权利、个体自由是现代性区别于传统代社会的一个重要特点。人性是具体的对象性存在，承认个体对身体、财富、知识等具有合理的不可剥夺的"私有"权利，是对人的主体性的一种现实而具体的确认。对私有财富、个体权利等的追求，是特定历史语境下实现、扩展人的主体性的一个重要途径。倡导、追求私有幻象，对培育现代社会的独立、自由主体，曾具有巨大的激励与解放作用。而发展自我、解放自我、实现自我，又是发展整体、解放整体以至人类的一种阶段性的曲折辩证方式。在这个意义上，甚至可以说，在现代性的生成期，私有幻象具有重要的人类解放意义。

——财富效应。生产性、创造性，是现代性区别于传统社会的一个重要特征，如何激活、保持生产性，实现社会物质财富、物质基础的不断积累、不断增长，对现代性至关重要。在主体性、主体素质不够成熟，特别是更为合理、科学的社会运行机制还未探索成熟、建立起来的语境下，以保护、扩大个体权利为特点，以私有财产神圣不可侵犯、技术与知识产权保护等为实现机制的私有幻象，对激活、保护、保持现代性的生产性、创造性，具有重要作用。① 在斯密等自由主义经济学家看来，个体追求自身利益会客观增加社会整体财富。这种主观为自己客观为别人的现象，也正是在更为自觉、合理的社会运行机制、建制理念确立之前，私有幻象所具有的客观财富效应。

---

① 当我们批判私有幻象，并把绝对、夸大式的知识产权保护视为私有幻象时，并不是主张侵犯知识产权。其实，稍加分析，就可以发现，侵权等现象恰恰是以私有幻象为基础的。侵权者的有意或无意深层理念基础正是不择手段的追求个体、自我利益的最大化，恰恰是一种现实版的私有幻象。也就是说，侵权是私有幻象为理念基础，是私有幻象的一种表现，而不恰当、不利于社会公共利益的技术与知识产权等保护同样也是一种私有幻象。

——规则效应。在霍布斯看来，前现代是一种人与人之间野蛮竞争的丛林社会，其理想是建立一种以国家为形式，以理性为基础的现代契约社会。从现代社会规则的实际生成看，人们对社会规范、社会契约的探索和认同需要一个过程，正是在日益激烈的相互竞争中，人们日益认识到人与人之间的本体性关联，认识到社会规则的不可或缺。私有幻象是一种以个体为本位的观念、行为和制度，以追求绝对的自我利益为特点。但在实现的利益竞争中，追求绝对自我利益的个体却只能辩证地走向相互妥协，走向对社会性、公共性的认同，走向对社会规则、社会契约的遵守。历史进程往往是辩证的，个体主义走向极端也会成为整体主义。罗尔斯所揭示的以"无知之幕"为基础的社会规则，在一定意义上，正是对个体主义辩证走向、辩证结果的一种揭示。如果说，霍布斯意义上的丛林社会是现代性初始阶段社会契约的生成路径，那么，私有幻象则是训练人们不断认识现代利益丛林条件下新社会性、新公共性必要性的一种辩证方式、问题路径。

——意义效应。现代性区别于前现代的一个重要特点是现实性、现世性，人们不再追求天国与来世，而是努力寻求现世的利益与享受。在马克思、西美尔等看来，现代性的物化性、异化性表现在人们过多地追求金钱、货币、财富，而忽视了对更全面、更合理生活的追求。但人却始终是一种总体性存在，现代性条件下，当人们把财富、货币、资本等作为世俗的宗教和上帝追求时，其实是以一种曲折的方式表达着对超越性、意义世界的追问。我们认为，在从传统走向现代乃至更合理现代性的过程中，当传统宗教的错误渐成常识，当新的超越性意义追求的知识与制度形态还未建立的情况下，追求私有财富的无限增长虽有问题，但毕竟也是一种追求，一种内涵"无限性"基质，并可能辩证地生成新公共性、新超越性产、新的意义世界。私有幻象对现代人的精神需求具有重要的世俗安慰作用，是诸多主体在日常生活中的现世精神家园。

应该充分肯定私有幻象对现代性的生成与推动作用，但同时，更应该看到私有幻象的片面性、功利性、问题性。私有幻象在主体、制度、理念等层面对现代性的进一步合理化具有综合破坏作用，突出表现在制度与理念两个方面。

其一，对现代社会"公共性"的深层伤害。公共领域与私人领域的边界存在一定的弹性、变动性，人们往往根据不同标准对二者进行边界划定，有的根据"国家和市民社会"，有的根据"政治的和个人的"。① 在边界变动中，私人领域的逐渐扩大是现代性发展的一个重要趋势。但是，这种趋势并不意味着私人领域的无限扩大、公共领域的无际缩小。在海伍德等看来，公共领域不可或缺，是一个自古就有、近乎常识的观念。比如，"在《政治学》一书中，亚里士多德声称'人是天然的政治动物'，意在说明，唯身处政治共同体之内，人类方能过'美好生活'"。② 卢梭对公共领域的公共性进行了理想勾画，在他看来，"要寻找一种结合的形式，使它能以全部共同的力量来卫护和保障每个人结合者的人身和财富，并且由于这一结合而使每一个与全体相联合的个人又只不过是在服从自己本人，并且仍然像以往一样地自由。"③ 但在现代性的实际运行中，公共权力被往往被权力的实际占有者所侵占。这一点正如权力寻租理论、公共选择理论等所指认，公共领域、公共权力往往现实性地由具有私人欲望的理性个人所组成、掌控，这些个人总是在追求自身利益的最大化。公权私有、公权私用，私有幻象对公共领域、公共权力的侵入，是现代性社会建构中的一个重大问题与难题。在《集体行动的逻辑》、《权力与繁荣》、《国家的兴衰》等著作中，奥尔森认为，传统社会之所以进步缓慢，威权性、君主制社会之所以很难现实发展，其重要原因正在于公权私用，公权占有者利用公权聚集了大量社会财富与资源，却把这些财富与资源用于个人享受，而不是用于推动发展。也就是说，不管一个社会在名义上是什么形态，只要公共权力在实际运行中没有真正的公共化，那么，这个社会的发展资源、发展潜力、发展进度必然受到侵害与阻碍。公权私有、公权私用的本质是私有幻象对社会公共领域的显性或潜在侵入，这是导致现代性诸多发展问题、发展矛盾的一个重要制度论原因。没有对公权私用等私有幻象的超越，也就没有现代性社会建制的深层合理化，没有现代性诸多矛盾的解决。

其二，对现代性"精神家园"的深层危害。众所周知，现代性以启蒙精神为理念基础，现代性是启蒙精神的现实化，启蒙精神是现代性的深层依据。启蒙精神是个体意识与整体意识统一，权利意义与责任意识的结

① 海伍德：《政治学》，中国人民大学出版社2006年版，第9、10页。
② 同上书，第10页。
③ 卢梭：《社会契约论》，商务印书馆1980年版，第23页。

合，世俗性与神圣性的辩证统一。正如麦克里兰所指认，"启蒙运动有志于将宽容与节制的原则扩充为个人生活及社会、政治生活的通则"①。"启蒙价值的多元之中，的确隐含着一个对节制的诉求。"② 在《什么是启蒙运动》一文中，康德认为，"启蒙运动就是人类脱离自己所加之于自己的不成熟状态"③。"这一启蒙运动除了自由而外并不需要任何别的东西。"④ 同时，康德又指出"自由并不是一点也不关怀公共的安宁和共同体的团结一致的"⑤。"共同体的利益"、"公共的目的"、"公民的义务"是追求自由的公民所必须关心与维护的东西。⑥ 也就是说，在精神指向上，启蒙精神是一种经过反思的自觉的个体与整体的统一，世俗性与神圣性的统一，既不是简单的取消个体权利，也不是单纯地的强调个体性与自我权利。但在现代性的现实发展中，在私有幻象意识形态的左右下，在以自我为中心追求无限的物质、财富的过程中，人们却把启蒙精神更多地理解为个体性、世俗性，而遮蔽、忽视了其整体性、非世俗性，从而使现代性的精神家园走向异化、物化。没有对私有幻象意识形态的深层超越，也就没有现代性精神家园的真正建构。

三 私有幻象：伦理制约与历史超越

人类可利用、可掌控的资源既有所增长又相对稀缺，主体性、主体素质不断成长却仍不够成熟，主体之间的规范、合理关系初步建立但主体之间的生存、发展等竞争仍十分激烈，是现代性的三个重要现实特征，也是私有幻象生成与存在的三个重要原因。在这个意义，可以说，在目前的情状与语境下，还不具有全面消除私有幻象的社会基础与社会条件，私有幻象还有其继续存在的条件、原因与理由，仍有其推进现代性的历史价值、进步意义。随着社会发展程度的不断提升，人们日益发现私有幻象的深刻问题性，日益认识到私有幻象的手段性特征，认识到私有幻象作用的历史

---

① 麦克里兰：《西方政治思想史》，海南出版社2003年版，第338页。
② 同上。
③ 江怡主编：《理性与启蒙》，东方出版社2004年版，第1页。
④ 同上书，第3页。
⑤ 同上书，第8页。
⑥ 同上书，第4页。

性、局限性，认识到私有幻象的非目的性。在利用私有幻象的同时，强调规范与制约私有幻象，日益成为人们的自然选择。制约、规范、应对私有幻象及其问题，需要把握以下几点。

1. 把握现代性发展方式、发展手段的辩证性、非目的性，为现代性实践注入自觉的发展伦理精神，为私有幻象批判提供意义原点与价值基点。社会发展进程中，人们往往混淆发展目的与发展手段，并以发展手段取代发展目的。私有制、市场化等现实化的私有幻象，虽然对现代性的推进作用巨大，但仍只是社会进步与社会发展的手段，而不是社会发展的目的。也就是说，私有幻象是一种可资利用的辩证、双面手段。一方面，私有幻象具有巨大的效率作用，它充分利用人们的现实私有欲，客观上提升了现代性的发展速度、增加了现代性的财富总量；另一方面，私有幻象又现实性僭越了社会发展的目的，僭越了社会构成的价值基点，并导致、放大了诸多社会矛盾与社会冲突。这样，确认现代性的目的与价值基础，就成为克服现代性诸多问题，规范、制约私有幻象、财富幻象、权力幻象等现代性手段，建构更合理现代性发展手段的重要基础。

正如古莱、可思波等发展伦理学家所指出，需要对发展手段、发展方向进行自觉的伦理价值反思，深层确认发展的属人性、为人性、"以人为本"性，为发展实践注入自觉的发展伦理精神，否则，发展将成为伤害人的"反发展"。虽然，古莱等的发展伦理研究存在诸多需要反思的问题，其对平等、自由、参与等的理解存在抽象化、西方中心论等色彩，但他们对发展手段、发展方向本身伦理反思与伦理确认这个导向本身仍具有重要参照价值。发展伦理研究、发展伦理视角对深刻私有幻象批判，揭示私有幻象的"物化"本质，确认现代性的价值基点，具有重要意义。发展伦理视野中，私有幻象在本质上只有一种重要的阶段性发展手段，而不是发展目的，以私有幻象为发展目的，在本质上是一种物化的社会观、发展观。确认发展目的的属人性、为人性，是规范、克服、超越私有幻象的重要价值论前提。虽然，人们对发展与现代性的属人性、为人性存在多样理解，但这种多样理解本身却内含着一种重要的共同价值诉求，就是在发展实践中始终需要对发展手段、发展行为进行目的、意义等伦理反思，以防止发展本身的异化与物化。

2. 把握社会发展总体逻辑，确认现代性本身的总体性、全面性、多样性，为私有幻象批判提供逻辑起点与理论构架。从生成与转换看，从经济性、政治性走向伦理性，是现代性的大致转换脉络。在现代性的早期，人们更多地注重从经济层面理解现代性；随着经济现代性的不断成熟，人们开始更为自觉地注重从政治层面建构现代性；随着政治现代性的不断发展，人们开始更多地注重从伦理层面理解现代性，希望建构一个经济、政治、伦理相统一的和谐、综合现代性。现代性的综合性、全面性，深层依据于社会发展总体逻辑。所谓社会发展总体逻辑，是指社会发展是一个政治、经济、社会、文化、生态、伦理等的综合互动过程。虽然，在一定的历史阶段与具体语境下，人们可以选择也实践性地选择以这些要素中某一项比如经济、政治作为建构新社会状态、解决社会发展难题的着力点、突破点，但在总体上，经济、政治、文化、伦理、生态任何一个要素都不可能离开其他要素的支撑、支持而单独进步。私有幻象的一个重要问题，正在于以一种片面的逻辑理解社会发展的动力与机制，从而成为一种片面的社会观、发展观。

社会发展总体逻辑是批判私有幻象的重要理论构架，社会发展总体逻辑的意义在于确认社会发展、现代性推进的总体性、非片面性、全面性。但社会发展总体逻辑并不意味着现代性实现方式与发展模式的单一性、唯一性。正如《可选择的现代性》的作者芬伯格等所指出，现代性在本体论意义上具有多样性、可选择性，并不存在一个唯一理想形态的现代性，人们总是根据自身的条件与需要对现代性建构方案、实现形态进行选择与调整。私有幻象的一个重要制度论问题，正在于把个体本位的私有理念、私有制度作为现代性的唯一理想形式，从而实践性地否认了现代性的多样性、可选择性。反思现代性的启蒙精神基础，回顾现代性历史进程，观察现代性的现实状态，都可以发现，现代性在构建原则、运行制度等方面从来没有采取单一个体、私有的方式。正如《私有化的局限》的作者所指出，以单一市场或孤立计划的方式推进社会发展中都是错误的，需要从实际出发，选择、探索适合自身条件的现代性的实现方式。"私有化应被看作是提高效率的手段而不是削减或破坏政府地位的途径。……我们主张对私有化的局限有一个健康的认识，而不是无条件地拥护或拒绝。"①

3. 把握集体行动的逻辑，探索不断规范私有幻象的现实体制和运行机制，为私有幻象批判提供实践路径与行动支点。当个体权利在其自身边界

---

① 魏伯乐等：《私有化的局限》，上海三联书店 2006 年版，第 545 页。

与限度内运行时，具有正当性，但当个体权利以各种方式侵入公共领域时，被公共领域为少数人谋利时，就成为制度化、现实化的私有幻象。私有幻象的制度化，会进一步生产具有私有幻象的主体，从而形成"私有理念—私有行为—私有制度—私有主体"的生产链、具有自生性的自组织系统，使现代社会成为一个以私有为根本原则、现实上帝的异化世界。如何实践性地约束、突破、打破私有幻象"生产怪圈"，是批判与超越私有幻象关节性难点。

私有幻象的历史进程与结果具有辩证性，现代性条件下，一方面，私有幻象不断成就自身，不断地现实化、制度化；另一方面，私有幻象也在不断地产生问题，当私有幻象的问题日益突出，人们日益进入以私有幻象为基础的现代性丛林社会时，人们也将日益现实地体验到私有幻象的问题性，并将开始探索约束自身、建构超越私有幻象的制度、伦理等路径。这样，等待私有幻象本身的辩证发展，等待私有幻象的问题不断积累、危害不断增加、内在矛盾不断激化，就成为一种守株待兔式的应对私有幻象的"自发超越"思路。这条思路的意义在于看到了私有幻象的本身辩证性，问题在于忽视了私有幻象的隐蔽性、坚韧性、自我调整性。以理想化的社会理论为基础，全面取消私有幻象及其现实形式，是一种"激进超越"的思路。这种思路的意义在于看到了幻象的问题性，问题在于忽视了私有幻象在现实条件下的历史合理性、有用性，并往往导致对个体权利的取消，走向私有幻象的反面"公共幻象"。我们认为，批判私有幻象的问题性，并不是要走向取消个体权力、私人领域，而是希望正确处理私人领域与公共领域的关系，探索公共领域公共化，限制公式领域私人化的有效途径与机制。

正如罗马俱乐部报告《私有化的局限》所指出，并不存在绝对理想私有化，"在某些条件下，私有化产生了积极的效果，而在另一些条件下，则是消极的结果。"① 对私有幻象，可以采取一种"自觉约束、逐渐超越"的方式。一方面，从现实条件出发，肯定私有幻象的效率作用、动力作用、历史作用；另一方面，通过合理的集体行动、制度行为，把私有幻象约束在一定的领域，以限制其危害与问题。公共领域、公共权力的真正公共化、非私有化，在正式制度与非正式制度两个层面探索公共权力公共化

---

① 魏伯乐等：《私有化的局限》，上海三联书店2006年版，第531页。

的有效实现形式，是全面制约、实践克服私有幻象生产链的关键环节。虽然，制度转换本身也是一个艰苦、逐渐而长期的过程，但无论如何，制度转换都是约束与超越私有幻象的关切点。从私有幻象本身的生成与维持看，私有制度既是私有理念的现实化，也是私有行为的现实依据。从私有幻象的约束看，在人们逐渐认识到私有幻象问题性的语境下，逐渐推进正式制度、非正式制度的非私有化，使公共权力真正成为公式权力，不仅是将有效约束私有幻象，也将逐渐培育起"个体与整体统一"的现代性精神家园，从而建构制度、理念、行为相互生产的新现代性。

（原载《社会科学辑刊》2011 年第 3 期）

文本研究

我们是否真的需要"回到赫斯"

——赫斯和马克思的关系研究史回顾①

韩立新

从 20 世纪 50 年代以来，在早期马克思的研究史上，从青年马克思的思想母体青年黑格尔派来直接说明马克思的思想形成过程成为一种新的研究进路。其中，相对于同时代的鲍威尔和卢格等人而言，莫泽斯·赫斯受到了特别的关注。而且，与过去往往将赫斯当作反面教材不同，人们开始有意识地强调了赫斯之于马克思的正面影响，从欧洲大陆到日本和中国，都出现了一场堪称"回到赫斯"或者说"赫斯复兴"的思想运动。

这场运动的初衷是从思想史的角度重新定位赫斯与马克思的思想关系，但是从这场运动的进程和后果来看，它超出了这一初衷，直接影响到了日本和中国这两个国家为摆脱传统的斯大林哲学体系而重构马克思的工作。因此，"回到赫斯"运动的目标就绝不那么简单，它蕴含着一定的理论风险，是需要我们认真对待的，特别是在《赫斯精粹》② 已经出版，我国读者也可以直接面对赫斯文本的今天。本文对"赫斯和马克思的关系"的研究史做一回顾，为进一步研究做一些铺垫工作。

一 科尔纽的"回到赫斯"

"赫斯复兴"运动最早是由欧洲人发起的。在欧洲，一些公认的马克

① 本文获"清华大学人文社科振兴基金：《马克思恩格斯全集》研究等"（项目批准号：2009WKWT001）和"教育部清华大学自主科研项目：以新 MEGA 为基础的马克思恩格斯手稿研究"（项目编号：2010THZ0）的资助。

② 莫泽斯·赫斯：《赫斯精粹》，邓习议编译，南京大学出版社 2010 年版。

思主义研究者，譬如梅林、卢卡奇、奥伊泽尔曼等人也都曾从赫斯是否影响到了马克思的角度研究过赫斯，但他们大多都得出了消极的结论。将这种倾向扭转过来的首推科尔纽，他不仅在第二次世界大战以前就已经对赫斯给予过积极的评价，战后他还和门克一道编辑了《莫泽斯·赫斯：哲学和社会主义文集（1837—1850）》（1961年），并撰写了一个堪称是"回到赫斯"宣言的长篇《序言》，正式开启了这场"回到赫斯"的运动。下面，我们就通过这篇《序言》从（1）赫斯本人的思想特质；（2）赫斯之于《巴黎手稿》的影响这两个角度对科尔纽的观点做一个分析和评述。

1. 赫斯的思想特质

赫斯本人是一个富有灵感和创见的哲学家，这源于他思想背后的德国古典哲学传统和青年黑格尔派的思想发展逻辑，特别是在《欧洲的三头政治》（1841年）到《最后的哲学家》（*Die letzten Philosophen*，1845年）这一思想最为活跃的时期，费希特的实践哲学和费尔巴哈的宗教异化理论对他的体系构建发挥了关键作用，堪称是赫斯思想体系的两块基石。

众所周知，费希特是德国古典哲学中非常强调主体创造精神的哲学家，其哲学的核心概念是"自我"和"实践"。虽然具有明显的主观唯心主义色彩，但却是鲍威尔（"自我意识"）和赫斯（"行动的哲学"）等人的直接思想来源。因为，在费希特那里，"非我"只不过是"自我"的设定；"自我"通过自己的"实践"打破"非我"对自身的限制，最终实现"自我创造"。这一逻辑中包含了高扬个人自由和反对一切外在限制的自由主义倾向，这种倾向与青年黑格尔派的宗教批判和政治批判的价值取向是不谋而合的。而费尔巴哈则是青年黑格尔派中极为独特的一员，他关于神是人的异化的"异化理论"、"人对人来说是上帝"等对基督教的人本主义批判，同样与卢格和马克思等人的"政治解放"和"人的解放"主张密切相连，譬如马克思就曾在当时提出了与费尔巴哈相似的"人是人的最高本质"命题；同时，与费希特将人的本质归结为个体的自由不同，费尔巴哈将它归结为带有共同体特征的"类"，这也为后来赫斯等人批判个人主义和利己主义，主张以"类"为核心的社会主义开辟了道路。总之，费希特的实践哲学和费尔巴哈的人本主义互相补充，共同构成了青年黑格尔派的思想基础。

从整体上看，科尔纽是以费希特和费尔巴哈为线索来概括赫斯的思想

的。科尔纽写道，"他［赫斯］在《行动的哲学》中，而且是以费希特和
费尔巴哈为基础非常详细地阐述了作为历史发展必然结果的共产主义原
则。他从费希特那里继承了主观唯心主义的历史观理论，以费尔巴哈为开
端，将扬弃宗教领域和社会领域的人的异化视为人的解放的根本条件。"①
《行动的哲学》是赫斯 1843 年 7 月发表于《来自瑞士的二十一印张》中的
三篇论文之一，它与《论货币的本质》一道构成了赫斯最重要的两大代表
作。按照上述科尔纽的说法，在《行动的哲学》中，赫斯同时受到了费希
特的实践哲学和费尔巴哈人本主义两方面的影响，他的社会主义理论是奠
定在将两者结合起来的基础上的。

　　实际上，在这篇《序言》中，科尔纽与他的其他赫斯研究著作②不同，
相对于费尔巴哈而言，他给了费希特的实践哲学以更多的笔墨。科尔纽指
出，在《行动的哲学》中，赫斯不仅以费希特的"活动性"（Tätigkeit）
为《行动的哲学》的原理阐明了人的"完全自由的活动"、"自由的自己
规定"的本质；而且还以费希特的自由概念为轴心，将资本主义看做是
"对自由的自我决定（Selbstbestimmung）的必然的否定"，并通过将人的本
质视为"自由且独立的活动"而"推导出共产主义的历史必然性"。正是
因为费希特哲学这一背景，结果使《行动的哲学》中的共产主义思想同时
兼具了浓厚的个人主义和无政府主义色彩。至于费尔巴哈，尽管科尔纽说
他与费希特一道构成了《行动的哲学》的基础，但实际上他更多的是充当
了理论目标的角色，即为《行动的哲学》所倡导的消灭人的异化和实现共
产主义的政治目标提供了哲学基础而已。

　　但是，到了《论货币的本质》，也就是《行动的哲学》发表后不到半
年，赫斯所依赖的哲学框架就从费希特转向了费尔巴哈。科尔纽说道："如
果说赫斯的思想在他最初试图为社会主义奠定哲学基础的时期处于费希特
和费尔巴哈的影响下的话，那么在他的发展后期，他接受费尔巴哈的思想

---

　　① Auguste Cornu und Wolfgang Mönke, *Einleitung*, In: Moses Hess, *Philosophische und sozialistische Schriften 1837 – 1850*, Eine Auswahl herausgegeben und eingeleitet von Auguste Cornu und Wolfgang Mönke. Akademie Verlag, Berlin, 1961, S. XXXV.

　　② A. Cornu, *Moses Hess et la gauche hégélienne*, Paris, 1934. A. Cornu, *Karl Marx und Friedrich Engels, Leben und Werk*, Berlin, Bd., Ⅰ, 1954, Bd., Ⅱ, 1962, Bd., Ⅲ, 1968. *Karl Marx und die Entwicklung des modernen Denkens*, Berlin, 1950.

要比以前多得多，而对费希特的依赖则越来越少。"① 赫斯之所以发生了这样的转变，一个原因是费希特哲学的固有缺陷所致，即费希特哲学往往导致个人主义和无政府主义，而这不符合赫斯所主张的个体与类相统一的社会主义理念，要想克服这一缺陷，还需要把人理解为"共同存在"（Gemeinwesen）、"类存在"（Gattungswesen），故转向了费尔巴哈。其结果，《论货币的本质》不再像《行动的哲学》那样，把人看做是"以牺牲类为前提恣意地追求自己的利益的"的个体，而是看做为"在和谐的类生活中为了一切人的共同利益而进行共同活动"的人。另外一个原因是，赫斯为了能够使"行动的哲学"真正从理论走向实践，需要对不合理的社会现实进行批判，而费尔巴哈的宗教批判方法正好能满足这一要求，于是费尔巴哈的异化概念就被赫斯应用于对资本主义社会经济现象和社会现象的分析。正是由于转向了费尔巴哈，《论货币的本质》同《来自瑞士的二十一印张》的三篇论文相比，"有了一个巨大的飞跃"，相对于同时期进步的思想家而言，"赫斯也许是将费尔巴哈的学说和社会主义结合起来的唯一的人"②。

因此，从《行动的哲学》到《货币的本质》，赫斯从依赖"费希特＋费尔巴哈"，到对前者依赖逐渐变弱，而对后者依赖逐渐变强的过程。这是我们从科尔纽和门克那一冗长的《序言》中能够提炼出来的一个颇为有效的解释框架。

2. 赫斯之于《巴黎手稿》的影响

从上面的论述来看，科尔纽认为，赫斯继承了费希特的实践哲学和费尔巴哈的人本主义，并在社会层面和经济层面上应用了他们的理论，揭露了资本主义社会中存在的异化问题，从而为共产主义理论奠定了哲学基础。而这与马克思当时的努力方向几乎是一致的。那么，马克思是不是受到了赫斯的影响？无论是谁都会很自然地提出这一问题。对此，科尔纽给出了肯定的答案，这就是从1843年的《黑格尔法哲学批判》开始到《巴黎手稿》（指1844年的《手稿》与《经济学笔记》之和）的写作结束为止，马克思受到了赫斯《来自瑞士的二十一印张》的三篇论文和《论货币

① Auguste Cornu und Wolfgang Mönke, *Einleitung*, In: Moses Hess, *Philosophische und sozialistische Schriften* 1837—1850, Eine Auswahl herausgegeben und eingeleitet von Auguste Cornu und Wolfgang Mönke. Akademie Verlag, Berlin, 1961, S. XL.

② Ibid., S. XLII.

的本质》的影响。具体说来，这种影响主要集中在下述两个方面。

第一，是《行动的哲学》中的实践概念。赫斯的实践概念——正如前面所分析的，实际上是费希特的实践概念——或者说"活动使人形成"的观念对马克思产生了深刻的影响。第二，是《论货币的本质》的异化概念。赫斯的异化概念——这实际上是经过改造的费尔巴哈的异化概念——对马克思产生了影响。这是科尔纽得出的两个重要结论。但是，这两个论断同他对赫斯思想特质的概括一样，也缺少必要的理论证明：（1）科尔纽没有对赫斯与马克思的实践概念做认真细致的比较研究；（2）科尔纽虽然提到了赫斯的异化概念对《德法年鉴》和《手稿》的影响，但是却论述得非常笼统，暧昧不清。倒是比这篇《序言》稍早或稍晚完成的《卡尔·马克思和弗里德里希·恩格斯，生涯和工作》中有确定的指认①，但也只是指认而已；（3）此外，科尔纽又认为马克思虽然是与赫斯同时，但却是独自地走完了走向共产主义的历程，并没有受到赫斯的实质性影响。

尽管科尔纽的研究还有许多不尽如人意的地方，但是，作为"回到赫斯"运动的始作俑者，他对赫斯的积极评价基本上成为后来世界上赫斯研究的基调。"实践和异化"、"费希特和费尔巴哈"，我们从科尔纽的论述中所提炼出来的这两组关键词也成为日后中日两国赫斯研究的基本框架。

二　日本的赫斯研究

在亚洲，日本是这场源于欧洲的"回到赫斯"运动的积极响应者。早在 1970 年，科尔纽和门克编辑的那本赫斯文集就已经被翻译出版，一桥大学的良知力还编译了《资料：德国早期社会主义——正义者同盟和黑格尔左派》（1974 年），并同广松涉一道率几十位学者编译了四卷本的《黑格尔左派论丛》（1986—2006 年），几乎将所有赫斯的重要文献都翻译成了日文。不仅如此，他们并没有单纯地介绍和继承欧洲的研究成果，而是提出了自己独立的见解。这里，我们主要介绍三种有代表性的研究。

---

① 譬如，"在这种影响（赫斯的影响）之下，马克思现在不仅是从社会政治的观点，而且从社会经济的观点来研究异化的问题了。赫斯的论文《论金钱的本质》[即《论货币的本质》] 促使马克思阐明金钱的作用，并且更加全面地论证了他对于《论犹太人问题》一文中业已接触到的那些问题的观点"。（奥古斯特·科尔纽：《马克思恩格斯传》I，刘丕坤等译，生活·读书·新知三联书店 1980 年版，第 629—630 页。）

1. 山中隆次和畑孝一的科尔纽批判

山中隆次和畑孝一是《莫泽斯·赫斯：哲学和社会主义文集（1837—1850）》一书的日译者，但他们并没有盲目接受科尔纽的意见，而是以日本人特有的治西学的方式，比较了赫斯的《行动的哲学》、《论货币的本质》与马克思的《论犹太人问题》、《巴黎手稿》这两方的文献，对科尔纽的两点结论进行了检验。

关于科尔纽的第一个结论，即《行动的哲学》的"实践概念"、"活动使人形成"的观念对马克思产生了重要的影响，山中隆次和畑孝一都将它与马克思在《手稿》中对赫斯的指认部分，即"关于拥有（Haben）这个范畴，见《来自瑞士的二十一个印张》文集中赫斯的论文"① 联系起来，承认此处马克思的思想与赫斯基本上一致，即由于私人所有使人的活动变成了单纯地"拥有"外在对象的贪欲，结果使人变得"不自由"和"片面化"，因此需要对私人所有进行批判。与此相联系，山中隆次进一步指出，赫斯基于"实践"概念的社会主义思想影响到了《手稿》中的共产主义观②。

尽管如此，他们又都认为，在对劳动（实践）本质的理解上，赫斯的实践只不过是一种带有唯心主义色彩的费希特式的实践，而马克思的实践则是唯物主义的"感性的对象化活动"，二者的哲学观有本质性的区别。这种区别反映在对"异化劳动"的理解上，畑孝一指出，由于马克思从唯物主义出发，承认了异化中对象的"独立的力量"，故能区分对象化和异化；而赫斯则从唯心主义出发，不承认对象的"独立的力量"，故无法区分异化和对象化；赫斯采取了一种类似于"唯意志论"的态度，认为人通过自己的主体性就可以克服异化和消灭私人所有，而马克思则认为，这一工作只有通过对其产生的社会物质条件和社会关系进行变革才有可能；由于赫斯是以费希特的方式来把握对象的客观性的，因此"赫斯的实践概念在解决现实问题上是软弱无力的，这也就是为什么赫斯在论述现实的社会实践时如此贫乏的原因"。由于存在着这些差异，"像科尔纽那样，将赫斯

---

① Karl Marx, *Ökonomisch-philosophische Manuskripte.* In：*MEGA*②，Ⅰ－2，Text, Dietz Verlag, Berlin，1982，S. 269。马克思：《1844 年经济学哲学手稿》，《马克思恩格斯全集》第 2 卷，人民出版社 2002 年版，第 303 页。

② 山中隆次「ヘスとマルクス——ドイツ古典哲学とフランス社会主義の結合を中心として——」、経済学史学会編『資本論の成立』、1967 年、岩波書店、175 頁を参照。

给马克思的'影响'归结为赫斯'为马克思创建唯物主义的实践概念进行了一定的准备'的做法无法令人赞同。"[1]

关于科尔纽的第二个结论,即《论货币的本质》的异化概念对马克思产生了影响,山中隆次和畑孝一都认为,赫斯和马克思虽然都将费尔巴哈的异化论应用到了对眼前的近代社会的分析,并都提出了经济异化问题,但两者的实质是不一样的。山中隆次指出,赫斯所看到的只是"一般私人所有"下的市民的"经济异化",并将这一异化的原因最终归结为货币拜物教;而马克思在《手稿》中所分析的则是特殊条件下的异化即"异化劳动",并将这一异化的原因归结为"劳动和资本的分离"以及"资本主义的私人所有"制度本身[2]。也就是说,赫斯的异化是指单纯商品生产中的人的异化,而马克思《手稿》中的异化则是指资本主义生产中的雇佣工人的异化。由于赫斯没有认识到资本家和雇佣工人这种关系的特殊性,他所说的经济异化的社会,充其量是一个"小贩世界"(Krämerwelt)或者说市民社会(die bürgerliche Gesellschaft);而马克思所说的经济异化的社会则是资本主义社会。这是马克思和赫斯的最根本的区别,也是赫斯没有影响到马克思的铁证。

总之,山中隆次和畑孝一认为,从科尔纽指出的两个指标即"实践"和"异化"概念来看,马克思与赫斯都存在着本质性的差异。因此,如果说赫斯对马克思有什么影响的话,那顶多是对《手稿》之前的《德法年鉴》,因为《论犹太人问题》中的确有跟赫斯相同的货币拜物教批判,而对马克思的《手稿》没有什么实质性影响。

2. 广松涉的赫斯"压倒性影响"说

如果说在山中隆次和畑孝一看来科尔纽的观点已经偏激,那么广松涉则采取了一种远比科尔纽积极的、甚至可以说是激进的观点。

广松涉在1967年发表的"早期马克思像的批判性重构"一文中,提出了一个研究早期马克思的重要的方法论问题,即针对当时"正统派"直接从"马克思主义的三个源泉"(列宁)来解释马克思早期思想的做法,

---

① 畑孝一「解説——ヘスとマルクス——」、モーゼス・ヘス『初期社会主義論集』山中隆次・畑孝一訳、未来社、1970 年、197—199 頁。

② 山中隆次「ヘスとマルクス——経済的疎外を中心として——」下、『経済理論』63 号、1961 年、36—37 頁。

提出应该从离马克思最近的"黑格尔左派自身内部的三种潮流及其综合"来说明马克思思想的形成过程。这三种潮流是"宗教批判系列"（施特劳斯、鲍威尔、费尔巴哈）、"黑格尔历史哲学批判系列"（切什考夫斯基、赫斯）、"黑格尔法哲学批判系列"（经由卢格而与马克思相连）①，其中赫斯的作用尤为重要。

按照广松涉关于早期马克思思想的那一"断裂"说，马克思在《手稿》和《德意志意识形态》（以下简称《形态》）之间存在着一条思想鸿沟，而以往的研究却未能对马克思是如何跨越这一鸿沟的原因做出说明，实际上，这是因为受到了赫斯的影响。广松涉说道："过去的研究之所以没能填平这一鸿沟，最大原因在于无视或低估了当时马克思处于'大前辈'莫泽斯·赫斯……的压倒性影响下这一点。被看做是早期马克思独创的《经济学哲学手稿》的各个立论，不仅其构想和视角，甚至在修辞上也有很多地方追随了赫斯，被誉为'唯物史观的天才萌芽'的《关于费尔巴哈的提纲》，从著名的第一条开始，就模仿了赫斯当时发表的某篇论文，而到了最后一条，则不外是站在赫斯的立场来批判费尔巴哈而已。《德意志意识形态》的旧层，也仍然残留着合著者之一赫斯的影子。"②

广松涉是这样推论的。马克思从1843年的黑格尔法哲学批判经由1844年的巴黎时期再到1845年年底的《形态》，其思想经历了从"黑格尔法哲学批判系列"到"黑格尔历史哲学批判系列"的转变。《手稿》就是马克思开始接受赫斯哲学范式的开始。这表现在，当时的马克思虽然继承了费尔巴哈的宗教异化思想，但他并没有将人局限于费尔巴哈的"类本质"和"爱"的水平上，而是把它"改释"成"社会性的劳动的主体"，并根据这种主体概念，来讨论社会、经济和革命的问题。而这些早已是赫斯完成了的工作！当时的赫斯已经不仅将人理解为"自我活动"（Selbstbetätigung）的主体，而且通过"共同活动"（Zusammenwirken）概念将人理解为"社会存在"，并根据这种主体概念，将共产主义视为自由和平等的真正实现，论述了实现共产主义的现实条件和历史条件以及社会经济机制等。而《手稿》时期马克思由于在思想上比较"落后"，他还不

---

① 広松涉「初期マルクス像の批判的再構成」『広松涉著作集』（第8卷）、岩波書店、1997年、303頁。

② 同上书，299—300頁。

能完全接受赫斯的先进思想。

之所以说马克思思想"落后"，是因为当时他在"主体概念的设定方式"上与赫斯有差距。马克思虽然和赫斯一样，能够将作为主体的人理解为"①社会的存在、②而且是自我活动、劳动的主体"，但他还同样强调了"③人是一种自然存在的一面，同时还残留着'自然是人的无机身体'这种费尔巴哈式的含义"，"④还遗留着将类本质 hypostasieren（实体化）的倾向"，而赫斯则在这两方面受费尔巴哈影响较少。更重要的是，马克思还"⑤将作为自然的类存在的'人'本身视为最高的价值，而在赫斯那里则是'自由'。"也就是说，马克思在③、④、⑤三点上都不如赫斯。由于③、④、⑤这三点都跟费尔巴哈有关，这说明当时马克思中费尔巴哈的毒太深，他的主体概念"孕育着陷入较赫斯更为抽象的哲学论证的危险。"譬如，在《手稿》中，马克思就还保留着"唯物主义和唯心主义的统一"、"人本主义＝自然主义"等费尔巴哈式的命题等。因此，如果说费尔巴哈是当时马克思思想转换的起点的话，赫斯则是这一思想转换的终点，《手稿》中的马克思还只能"处于费尔巴哈和赫斯的中间"①。

到了《提纲》马克思才终于追赶上了赫斯。广松涉说道："这 11 条《提纲》是宣告马克思从'所谓的处于费尔巴哈和赫斯的中间'到几乎完全过渡到赫斯的立场的文章"②。广松涉将赫斯的"论德国的社会主义运动"（Über die sozialistische Bewegung in Deutschland，写于 1844 年 5 月，出版于 1845 年前半年）与马克思的《提纲》做了对比，提出在《提纲》中马克思才意识到了费尔巴哈的"类本质"概念以及以此为基础的自我异化逻辑所包含着的困难，于是将《手稿》中的人的规定即"自然存在"转移到《提纲》中的"社会关系的总和"（《提纲》第 6 条）上来，而这一切也无非是赫斯早已提出的思想。伴随着马克思在对主体概念理解上的这一变化，马克思终于"同费尔巴哈拉开了距离"，开始从"唯心主义和唯物主义相统一的真理"向唯物主义进行转变。从而最后在《形态》中，彻底综合和扬弃了黑格尔左派的三个系列，超越了赫斯。

这是一个跟我们的常识完全相反的结论。如果说马克思的《手稿》受

---

① 広松渉「初期マルクス像の批判的再構成」『広松渉著作集』（第 8 巻）、岩波書店、1997 年、329 頁。

② 同上书，336 頁。

到了赫斯的影响还勉强说得过去，那么说《提纲》甚至《形态》都在赫斯的"压倒性影响"之下则令很多人无法接受。尽管广松涉辩白自己并没有想去否定"马克思的独创性"，但这种解释必然会给人们留下不良的印象，即到《形态》为止，马克思不是费尔巴哈就是赫斯，根本就没有自己的东西！后来，可能连广松涉本人也觉得这一说法有些过分，在 1984 年出版的"选书版"《马克思主义的成立过程》中，对自己早年的这一观点进行了"反省"，其大意是自己当时对赫斯与马克思的一致性强调得过多，而对他们的差异性分析得过少，结果没能说清楚马克思和恩格斯"内发的思想发展过程"，反而成了马克思和恩格斯仅仅是追随了赫斯这样一种论调①。当然，这是后话。

话虽这样说，实际上广松涉采取这种极端的观点是有其深层的理由的，正如广松涉这篇论文标题所示，他是想要用赫斯这一因素完成对"早期马克思像的批判性重构"，更进一步说他是想要完成自己对马克思的独创解释即"广松哲学"的建构。众所周知，广松涉在早期马克思研究史上曾提出过两个著名的命题："恩格斯主导说"和"从异化论到物象化论的飞跃"，而这两个命题其实都跟他的赫斯解释有关。所谓"恩格斯主导说"是广松涉《形态》文献学研究的基本结论，即作为历史唯物主义诞生地的《形态》不是在马克思主导下，而是在恩格斯主导下完成的。这一说法的一个重要的依据就是当时恩格斯的共产主义认识高于马克思，因为恩格斯比马克思早两年接受了赫斯的共产主义学说的影响；而且恩格斯在《形态》中构建分工理论时，也"具体接受和发展了"赫斯的"共同活动的异化"以及生产力等思想②。因此，在《形态》以前，让赫斯成为马克思追赶的目标是顺理成章的。至于"从异化论到物象化论的飞跃"命题，该命题的核心是将"马克思成为马克思"的时间定在《形态》，因此在那之前是不能让马克思以"独立"的思想者的身份登上历史舞台的，那么最好的办法就是将马克思置于别人，譬如赫斯的思想框架之下，让马克思的异化理论低于赫斯的水平。也就是说，广松涉采取这种极端的观点有利于支持自己的"恩格斯主导说"和"从异化论到物象化论的飞跃"命题。从这一

---

① 広松渉『マルクス主義の成立過程』「選書版へのあとがき」、『広松渉全集』第 8 巻、588 頁。

② 広松渉『エンゲルス論』（新装復刻版）、情況出版、1994 年、284 頁。

点来看，广松涉与其他的赫斯研究者不同，他显然是把赫斯当成了一个"广松哲学"的构建性因素，这在世界的赫斯研究中是不多见的，在笔者所接触的文献中，只有我国的张一兵具有同样的问题意识。

从"用于建构"这一问题意识而言，广松涉的赫斯研究的确有高人一筹的地方。但是，他毕竟走得太远了。广松涉的论文发表没多久，就遭到了日本研究黑格尔左派的第一号人物良知力的批评。

3. 良知力的"合题"立场

1969 年，良知力发表了一篇题为"赫斯能够成为青年马克思的坐标轴吗？——评广松涉先生的早期马克思论"的论文，批评广松涉"多少有些得意忘形了"①，并针锋相对地指出赫斯不足以成为青年马克思的坐标轴这一结论。

首先，良知力批评了广松涉在赫斯思想把握上的问题——譬如，在前面关于马克思和赫斯在"主体概念的设定方式"上的差异的论述中，广松涉没有采取"从费希特到费尔巴哈是一种进步"的分析视角，而是相反，认为费希特式的"自由"高于费尔巴哈的"人"——指出他没有看到在《行动的哲学》与《论货币的本质》中赫斯本人的思想发展，只是笼统地讨论赫斯之于马克思的影响的做法，明确提出赫斯在《来自瑞士的二十一个印张》上的三篇论文与《论货币的本质》中的方法论原理有着根本的区别。即《行动的哲学》的核心是"以自我意识的异化和扬弃为行为的发条的变革的哲学"；而《论货币的本质》则是"将以现实的人本主义为基础的异化理论应用于经济社会"。从《行动的哲学》到《论货币的本质》，赫斯的思想有一个从费希特（鲍威尔）到费尔巴哈的转变过程。从这一点来看，良知力和科尔纽的判断是一致的。

但是，广松涉却明显缺少这种从纵向把握赫斯思想发展的视角，结果提出了一个《手稿》中的马克思"还处于费尔巴哈和赫斯的中间"的荒唐结论。因为，按照上述分析，《行动的哲学》的立场是费希特（鲍威尔），而《论货币的本质》的立场则是费尔巴哈，1843—1844 年前期的赫斯还

---

① 良知力「ヘスは若きマルクスの座標軸たりうるか——広松渉氏の初期マルクス論によせて」『思想』第 539 号、1969 年 5 月。后来，这一论文又以「ヘスと若きマルクス」为题收录于良知力『ヘーゲル左派と初期マルクス』（岩波書店、2001 年）当中。参见后者的 297 頁。

处于无法将两者结合起来的"两极分解"状态，换句话说，他自己的思想还没有成型，顶多处于从费希特到费尔巴哈的转变途中。而《手稿》中的马克思虽然也受到了费希特和费尔巴哈的影响，"但是，正如《手稿》序言所表明的那样，《手稿》动摇于费尔巴哈的所谓'发现'和黑格尔隐秘的'批判'之间"。① 也就是说，此时的马克思已经超越了"费希特＋费尔巴哈"的框架而走向了要将费尔巴哈和黑格尔结合起来的道路。不要说结合费尔巴哈和黑格尔，就是多出一个黑格尔这样的思想背景，在当时的青年黑格尔派当中，已经是绝无仅有的，因为赫斯本人至死都没能真正地接近黑格尔的辩证法。因此，说《手稿》中的马克思"还处于费尔巴哈和赫斯的中间"的判断低估了马克思的思想水平。

其次，良知力对广松涉"直到《提纲》为止马克思才全面接受了赫斯"的判断也提出了批评。良知力在承认赫斯"论德国的社会主义运动"中的费尔巴哈批判的确和《提纲》有很多重合之处的基础上，指出了广松涉的论断忽略了马克思与赫斯之间的根本差异。这些差异包括：（1）广松涉说马克思在《提纲》中因"能够追随赫斯的水平"而转向了唯物主义，但问题是赫斯本人从来就不是一个唯物主义者，他虽然继承了费尔巴哈的哲学，但却一直没能接受费尔巴哈对黑格尔主谓颠倒的批判这一唯物主义立场。（2）因此，赫斯不可能以"感性确定性"为出发点，把"活动"和"实践""当做感性的人的活动，当做实践去理解，不是从主体方面去理解"（《提纲》第1条），而只能坚持"思维是人的自我活动"这种唯心主义的实践观。（3）赫斯跟费尔巴哈一样从直观概念出发，拒绝了黑格尔的中介范畴，因此"他所谓的社会本身都只能是脱离历史过程的、被形而上学地教条化和乌托邦化"②，马克思在《提纲》第6条中对费尔巴哈的批判同样也适合于赫斯。（4）赫斯由于有上述方法论上的缺陷，当他一旦把目光投向现存的经济社会，就只能用"超历史的规范与历史相对"，"只能在拜物的直接形式中去把握现实的经济社会"，而这恰恰是马克思在《形

---

① 良知力「ヘスは若きマルクスの座標軸たりうるか——広松渉氏の初期マルクス論によせて」『思想』第539号、1969年5月。后来，这一论文又以「ヘスと若きマルクス」为题收录于良知力『ヘーゲル左派と初期マルクス』（岩波書店、2001年）当中。参见后者的307页。

② 良知力「ヘスは若きマルクスの座標軸たりうるか——広松渉氏の初期マルクス論によせて」『思想』第539号、1969年5月。后来，这一论文又以「ヘスと若きマルクス」为题收录于良知力『ヘーゲル左派と初期マルクス』（岩波書店、2001年）当中。参见后者的321页。

态》中所根本反对的。一句话，《提纲》中的马克思与赫斯的差异是历史唯物主义与历史唯心主义的差异，而这种差异才是本质。

针对这一批判，广松涉后来又写了"对良知力先生批判的回应"① 一文，一方面声称自己并没有想让赫斯成为"青年马克思的坐标轴"，言外之意是说良知力误解了他；另一方面又有选择地对上述批评予以了回应，基本上拒绝了良知力的批判。对此，良知力一直未作回应，后来他在《试论早期马克思》的"后记"中对个中理由做了说明："这次我之所以没有那样做，一个原因是我没有时间再回到这一主题上来，另一个原因是我认为再对赫斯和马克思的关系这一特定的问题进行讨论已不是生产性的。"② 正是有了这样的判断，风行一时的所谓的"黑格尔左派论争"也就此中断，两位日本青年黑格尔派最重要的代表人物此后再也没有回到这一主题上来，这不能不说是日本马克思主义学界的一件憾事。

那么，良知力本人是如何看待赫斯与马克思的关系的呢？良知力从正面阐明自己的立场是在另一篇论文"德国早期社会主义中的历史构成理论"当中。在这篇论文中，他对比了魏特林和赫斯的共产主义思想，明确提出相对于魏特林的"平等主义的共产主义"，赫斯的"人本主义的共产主义"跟马克思的《手稿》更为接近；在将费尔巴哈的"异化"概念应用于社会批判这一点上，"赫斯那里存在着马克思《手稿》的观念论原型"③；在赫斯的"行为"和"实践"理论当中"存在着《手稿》人本主义的原型，隐含着存在主义解释的萌芽"④。由此看来，良知力也有跟广松涉相同的一面，积极地承认了赫斯对马克思的影响，只不过他不赞成将这一影响的范围扩大到《提纲》，更不认同将马克思早期的思想发展完全置于赫斯的框架之下。

但是，良知力在比较赫斯与马克思的思想背景时，提出了《手稿》中

---

① 広松渉「追記——良知氏のご批判によせて」『マルクス主義の地平』、勁草書房、1969年。
② 良知力『初期マルクス試論　現代マルクス主義の検討とあわせて』、未來社　1971年、262頁。
③ 良知力「ドイツ初期社会主義における歴史構成の理論——ヴィルヘルム・ヴァイトリングとモーゼス・ヘスをめぐって」『ヘーゲル左派と初期マルクス』、153頁。
④ 良知力「ヘスは若きマルクスの座標軸たりうるか——広松渉氏の初期マルクス論によせて」『思想』第539号、1969年5月。後来，这一论文又以「ヘスと若きマルクス」为题收录于良知力『ヘーゲル左派と初期マルクス』（岩波書店、2001年）当中。参见后者的168頁。

的马克思已经从赫斯的"两极分解"立场前进到开始吸收黑格尔辩证法这一点。我们知道，卢卡奇曾经在"莫泽斯·赫斯和观念辩证法的问题"①一文中将赫斯作为因不懂辩证法而成为马克思的"失败的先行者"的反例，彻底否定过赫斯之于马克思的影响，卢卡奇的观点后来在"回到赫斯"运动中也被作为轻视赫斯的反例遭到了批判。但是，与一般的"回到赫斯"论者相反，良知力不仅亲自翻译了卢卡奇的这部文献，而且继承了卢卡奇的赫斯批判，称赫斯由于毫无批判地接受了费尔巴哈对黑格尔的批判，结果与费尔巴哈一样，陷入了伦理性或宗教性共产主义的乌托邦。以笔者看来，良知力抓住了赫斯甚至整个青年黑格尔派的命门，这的确是马克思与赫斯们的最关键的区别。

从山中隆次和畑孝一对赫斯影响的否定，到广松涉对这一影响的夸大，再到良知力综合上述两种观点，对这一影响采取一种"合题"式的态度，日本的"回到赫斯"运动仿佛经过了一个对赫斯的"正—反—合"式的评价过程。这场运动的高潮出现在 20 世纪六七十年代，在那以后就相对沉寂了。

三　中国的赫斯研究

我国的赫斯研究基本上是来自欧洲的影响。尽管在资料整理和翻译方面我们不如欧洲和日本，但我国对赫斯的研究并不落后，特别是侯才和张一兵的研究在有些方面超过了欧洲。

1. 侯才的先驱性研究

侯才早在 1994 年就出版了《青年黑格尔派与马克思早期思想的发展》一书，该书分上下两章（第三、四章）分别从哲学观和社会主义观的角度考察了"马克思与赫斯的社会主义"之间的关系。由于该书所使用的赫斯相关文献主要是原文，因此并未受到我国在资料翻译上的限制，更难得的是该书还是一本实证性很强的学术史著作，开创了我国研究青年黑格尔派的先河。相对于欧洲和日本的赫斯研究而言，该书有两个特点值得关注。

---

① Georg Lukács, *Moses Hess und die Probleme der idealistischen Dialektik*, in *Archiv für die Geschichte des Sozialismus und der Arbeiterbewegung*, XII, Lpz., 1926.

第一，侯才主要是从费尔巴哈之于赫斯影响的角度来研究赫斯的。这是他的研究的一个根本特点。"在某种意义上，赫斯的'真正的'社会主义是费尔巴哈'类'学说的历史哲学或社会学的翻版。赫斯与费尔巴哈的思想关系经历了三部曲：转向、接纳与批判。"① 按照侯才所勾勒出来的"转向、接纳与批判"的"三部曲"，赫斯是在 1841 年下半年开始"转向"费尔巴哈的，在那之前主要受马克思的影响而处于鲍威尔自我意识哲学的框架之下；从 1842 年开始，赫斯开始"接纳"费尔巴哈，并借助于费尔巴哈哲学分别从哲学（1842—1843 年）和经济学（1844 年年初）两个方面对社会主义进行了论证。前者的核心是把人的本质理解为"人的社会物质交往关系"，将费尔巴哈的"类"概念同社会主义的本质——自由与平等——联系起来；后者的核心是将费尔巴哈异化理论引入经济和现实生活领域，揭示货币异化和现实生活异化的本质。其中《论货币的本质》是"接纳和推进"费尔巴哈哲学的"巅峰"②。但是不到半年，也就是从 1844 年中期开始，赫斯就从对费尔巴哈的崇拜转移到了对费尔巴哈的"批判"，因为"费尔巴哈并没有真正解决人的本质问题"，即他未能把人的本质归结为个体共同活动那样的社会本质，把人本主义学说归结为社会主义。

从整体上看，侯才是以费尔巴哈为坐标轴来定义赫斯的理论贡献及其局限的。但是，这一论述方式显然与前述的科尔纽以及日本学者的不同。他们都认为《行为的哲学》的思想背景是费希特，而《论货币的本质》的思想背景是费尔巴哈，从《行为的哲学》到《论货币的本质》是赫斯从费希特到费尔巴哈的重要转变。而侯才并没有采取这一解释框架，他似乎是有意避开了这一点，因为他似乎认为当时的赫斯接受费希特的影响是一个倒退。

第二，侯才回顾了科尔纽、门克、麦克莱伦等人关于《论货币的本质》与《德法年鉴》关系的讨论，明确地提出了《论货币的本质》的影响主要不是在《德法年鉴》，而是在那以后撰写的《詹姆斯·穆勒〈政治经济学原理〉一书摘要》（简称《穆勒评注》）和《手稿》，从而将讨论的

---

① 侯才：《青年黑格尔派与马克思早期思想的发展》，中国社会科学出版社 1994 年版，第124 页。

② 同上书，第128 页。

重心从《论犹太人问题》转移到了《巴黎手稿》上来。他说道："两者
[《论货币的本质》与《巴黎手稿》] 在论述的主题、基本线索以及在涉及
的一些主要观点上都有一致和类似之处。因此，我们能够据此肯定，马克
思的《摘要》、特别是《手稿》受到了赫斯的《论货币的本质》［侯才的
原文为《金钱的本质》］的某种启示和影响。"①

明确指认《论货币的本质》影响到了《穆勒评注》，这在笔者所接触
的文献中是不多见的。值得注意的是，侯才在强调两者一致性的异同时，
还阐明了两者的区别：（1）"两者虽然都把劳动理解为人的本质，但与赫
斯强调作为劳动中人与人之间关系的'交换'、'协作'和'交往'不同，
马克思更强调的是劳动一般。"也就是说，"马克思并没有仅限于突出和强
调作为人的本质规定的劳动的社会性"，而是"抓住了异化劳动这一中心
范畴"，全面地揭示了"劳动或物质生产在人们社会生活和历史发展中的
地位和作用，并借此奠定了自己的历史唯物主义大厦的基石"②。（2）马
克思和赫斯虽然在对货币的本质和作用、货币和宗教的关系，甚至在文章
的体例等都十分一致，但在货币的起源问题上存在着"重大的不同之处"，
即赫斯把货币的存在归结为人的孤立的、非联合的状态；而马克思则"把
货币归结为抽象的、一般的私有财产"，而私有财产起源于异化劳动，"于
是在马克思那里，货币同交换、私有制一样，都是从属和决定于劳动或生
产的范畴。"③从这些论述来看，侯才认为，相对于赫斯把人的本质归结为
"社会性"而言，马克思更注重劳动这一人的本质的主体性基础；相对于
赫斯更关注交换和货币而言，马克思更关注其背后的劳动，这应该是赫斯
与马克思在研究视角上的一个重要区别。

《论货币的本质》影响到了《穆勒评注》，对侯才而言，这只是他实证
分析的一个思想史结论。但是，这一结论中却蕴含着的一个重大的可能
性，这就是将马克思的《穆勒评注》视为与《论货币的本质》同等水平的
作品，这恐怕是侯才始料不及的。但在我国后来的研究中，正是这一点从
可能变成了现实！当然，这与侯才本人无关。

---

① 侯才：《青年黑格尔派与马克思早期思想的发展》，中国社会科学出版社1994年版，第
177页。
② 同上书，第164页。
③ 同上书，第170页。

2. 赫斯与《回到马克思》的建构

张一兵对赫斯的正式研究最早出现在《回到马克思》当中，在该书中他虽然是把赫斯作为青年马克思一个重要的"经济学的支援背景"来叙述的，但从内容来看，赫斯的作用绝不仅仅是一个"支援背景"，而是直接参与了《回到马克思》的建构。最近，他又为刚刚出版的《赫斯精粹》写了一个"代译序"，针对目前关于《穆勒评注》的讨论以及上述广松涉的论文对《回到马克思》中的观点做了进一步的补充说明。本文的分析将以这篇"代译序"为主。

在这篇"代译序"中，张一兵首先表明了自己的基本立场，就是"基本认同科尔纽的观点"，既要反对卢卡奇那样贬低赫斯的作用，又要反对广松涉那样对赫斯影响的夸大①。那么，究竟是赫斯的什么著作和什么思想影响到了马克思？在这一点上，张一兵认为是《论货币的本质》和"经济异化"观点。这里的"经济异化"观点主要是指：赫斯与以往只从"人的自由活动"的角度来规定人的本质不同，"进一步从社会关系的角度论证了人的类本质的社会实现，即交往（Verkehr）关系"，将"共同协作与交往看做是人的社会本质"，将交往中的"共同活动"看做是生产力，等等。仅从这点来看，张一兵与侯才基本上一样，但与侯才不同的是，张一兵认为赫斯这些观点的背后并非是费尔巴哈，而是国民经济学。他说道："人的现实本质是一种物质交往关系，这显然是赫斯在经济学研究中开始超越费尔巴哈哲学的一个重要进步。国内学者侯才没有意识到赫斯更深一层的经济学背景，仍然将赫斯此处的论说仅仅界定在费尔巴哈的哲学语境中，这显然是一种误解。"②

在指出这一点以后，张一兵提出了一个极为重要的问题，即如何评价受到《论货币的本质》影响的《穆勒评注》？在上面那段引文后面，张一兵接下来说道："与费尔巴哈相比，［赫斯］的确有了很重要的进步。但有两个致命错误：一、交往（实际上是商品经济的现代交换）被置于生产之

---

① 张一兵：《代译序：赫斯：一个马克思恩格斯的重要思想先行者和同路人》，《赫斯精粹》，第21—22、13—14（引文中的楷体部分是《回到马克思》中所没有的）、23 页。

② 《赫斯精粹》，第13 页。引文中的楷体部分在《回到马克思》中是以脚注形式出现的。不过，作为一个事实，在《青年黑格尔派与马克思早期思想的发展》第136—142 页，侯才曾对赫斯做过经济学分析，指出了赫斯通过研究经济学从而实现的对费尔巴哈哲学的推进。

上，他没有意识到这种"交往"是生产的结果。这一交往决定论是在古典经济学社会唯物主义第二层级上的倒退。我认为，青年马克思在后来的《穆勒笔记》中，就直接受到了赫斯这种交往决定论的影响。二、他更无法意识到，这种交往只是物质生产的一定历史条件下的产物，即资产阶级社会商品生产的特定历史结果。以费尔巴哈的类哲学去提升经济学，必然是从同样抽象了的交往（交换）出发。由此他更接近重商主义而不是斯密和李嘉图。当然，赫斯在此处观点的实质（包括他所标举的生产力、交往的共同活动等规定）在隐性逻辑上是非科学的。但我还要指出，比之于赫斯，此时青年马克思的思想远没有达及这种深度。"①

　　这段话中包含了张一兵自己对这一问题的回答：第一，《论货币的本质》的实质是一种"交往决定论"，而《穆勒评注》则正是受到了这种低水平的"交往决定论"的影响；第二，如果引文中的"此时"是指《巴黎手稿》中的《穆勒评注》阶段，那么《穆勒评注》甚至连赫斯《论货币的本质》的水平都没有达到。这与他在《回到马克思》中对《穆勒评注》的某些评价相比，大大地后退了。对此，我们姑且不论。

　　如果按照这两个判断再往下推，之所以说"是在古典经济学社会唯物主义第二层级上的倒退"，是因为在这种"交往决定论"把"交往（实际上是商品经济的现代交换）""置于生产之上"，"没有意识到这种'交往'是生产的结果"，也就是说忽略了其逻辑前提"生产"。反过来说，如果从"生产"出发就可视为是对"交往决定论"的超越。作为一个事实，马克思在《手稿》的《第一手稿》中讨论过"异化劳动"，如果让这里的"劳动"等同于"生产"——尽管这个"劳动"与马克思后来的"生产"概念根本不是一回事——的话，那么按照"生产"高于"交往"的逻辑，《手稿》就应该是未受到赫斯负面影响的作品。故张一兵不可能认同广松涉的观点，他在稍后对广松涉的批判中写道："赫斯的类本质更多的是倾向于人们之间的交往关系和共同活动，在这一点上，赫斯对青年马克思的影响恰恰体现在《穆勒笔记》的以货币中介为核心的'经济异化'（交往异化）之中，而不是《1844年手稿》的劳动异化。《1844年手稿》中，青年马克思对资产阶级经济结构中的劳动关系多重异化批判和基于工业生

　　① 张一兵：《代译序：赫斯：一个马克思恩格斯的重要思想先行者和同路人》，《赫斯精粹》，第21—22、13—14（引文中的楷体部分是《回到马克思》中所没有的）、23页。

产（动产）之上的客观逻辑批判，都是超越赫斯的。"① 与这一旨趣相同，张一兵在另一篇为最近出版的广松涉《唯物史观的原像》的中文版而写的"代译序"中也写道："赫斯的交往是以小商品生产者的简单商品流通为逻辑视阈而生成的表象，其中，流通当然就是重点。'在这个简单商品流通社会的模型中，该交往形式简直就是社会的分工＝协作的定在形式'。其实，青年马克思在《1844 年手稿》中将赫斯基于流通领域得出的交往异化推进到生产领域的劳动异化，就是意识到这个局限的表现。"②

这两段话不仅是在批评赫斯只停留在"交换"或者"流通"水平，而没有将"交往异化推进到生产领域的劳动异化"上的错误，在更深一层上，它是在强调张一兵关于《第一手稿》和《穆勒评注》关系的一个基本观点，即由于《穆勒评注》只相当于或者低于《论货币的本质》的水平，因此《穆勒评注》应该写于《第一手稿》之前，《穆勒评注》中的"交往异化"理论的水平也低于《第一手稿》的"异化劳动"。这里因论题所限无法展开，其实正是在这一问题上，我的意见和张一兵恰恰相反，即我认为无论是在文献学的考证上还是在思想逻辑的水平上，《穆勒评注》写于《第一手稿》之后，交往异化高于劳动异化③。张一兵之所以在两个"代译序"中写了旨趣相同的两段话，可能也是意识到了这一分歧。

总之，对张一兵而言，赫斯研究绝不是一个单纯的赫斯定位问题，而是一个关系到对早期马克思思想的分期，甚至还关系到《回到马克思》体系的设定问题。我们知道，《回到马克思》的一条主线是将"广义的历史唯物主义"诞生界定于 1845—1846 年，也即《提纲》和《形态》时期，其中一个重要尺度就是马克思经济学的成熟。张一兵之所以没有将《穆勒评注》视为马克思在 1845 年以前所能达到的经济学的高峰，恐怕跟这里的《穆勒评注》充其量是赫斯水平的判断有关。正是在这个意义上，我才说，赫斯参与了《回到马克思》的建构。

从侯才到张一兵，中国的赫斯研究走了一条很独特的研究进路。侯才

---

① 张一兵：《代译序：赫斯：一个马克思恩格斯的重要思想先行者和同路人》，《赫斯精粹》，第 21—22、13—14（引文中的楷体部分是《回到马克思》中所没有的）、23 页。

② 张一兵：《代译序：广松涉：物象化与历史唯物主义》，《唯物史观的原像》，南京大学出版社 2009 年版，第 22 页。

③ 参照韩立新《评日本的"早期马克思论争"——兼论〈穆勒评注〉对重构马克思异化论的意义》，《哲学研究》2010 年第 9 期；《〈穆勒评注〉中的交往异化：马克思的转折点——马克思〈詹姆斯·穆勒《政治经济学原理》一书摘要〉研究》，《现代哲学》2007 年第 5 期。

最大限度地强调了赫斯思想中的费尔巴哈元素，并将《论货币的本质》与马克思的《穆勒评注》联系起来。而张一兵则在此基础上，进一步得出了《穆勒评注》与《论货币的本质》是同等水平的作品，并从中推出了《穆勒评注》的思想水平低于《第一手稿》的结论。这一条研究进路虽令人颇感意外，但也可谓独树一帜。

小结：“回到赫斯”的意义与风险

以上，我们回顾了科尔纽和中日两国的“回到赫斯”运动，下面让我们结合我国目前马克思主义研究的实际情况简单地评述一下这场运动。

1. 撇开欧洲不谈，中日两国在历史上都曾深受苏联教科书体系的束缚，要想拿出自己独创的马克思主义理解，必须要从教科书体系回到马克思的原初语境，然后来重构马克思。日本是从 20 世纪 60 年代起开始这一进程的，一时间重构“马克思像”、“历史原像”等成为流行语。在这一过程中，青年黑格尔派研究，特别是“回到赫斯”担当起了重构马克思的“契机和进路”的角色，为“日本马克思主义”的形成发挥了重要的作用。从日本的经验来看，研究青年黑格尔派对于我国来重构马克思无疑是一条有价值的理论进路，其中，“回到赫斯”可看成是这条理论进路的典范。

2. 但是，“回到赫斯”这条进路也面临着一定的理论风险，特别是当我们将赫斯因素应用于对马克思哲学的建构时。从上述对赫斯研究史的梳理中我们可以发现，实际上，作为对以前轻视赫斯的“反动”，“回到赫斯”会很自然地出现夸大赫斯之与马克思影响的倾向。譬如广松涉，他甚至将赫斯的“压倒性影响”扩大到《提纲》甚至到《形态》。这种倾向，在客观上会带来一种用“外因”即外在的非本质的理论来说明马克思本人思想发展“内因”的危险；甚至会导致贬低马克思思想的独创性，把马克思所完成的哲学革命看成是对各种既成观点的“拼凑”。

3. 在这个意义上，实事求是地评价赫斯的理论地位以及赫斯之于马克思的影响是我们避免不必要的理论风险的关键，同时也是我们借助于青年黑格尔派来重构马克思这条理论路径成功的保证。

（原载《哲学动态》2011 年第 3 期）

如何看待"歌德现象"：
格律恩与恩格斯

聂锦芳

在马克思、恩格斯所撰写的众多著述中，相当一部分涉及对德国"国民性"的讨论。而在这些讨论中，他们并没有限于历史现象罗列、现实细节铺陈和"就事论事"地议论，更多的情形是撷取"典型"进行剖析，这其中尤以对黑格尔和歌德身上所显现的现代德国精神特质和民众心理的分析最多、最集中，也最为深刻。关于他们对黑格尔的论述，学界谈论得已经很多了；但有关他们分析歌德的文献、文本，梳理得却非常不够。事实上，马克思、恩格斯是相当重视对歌德的研究的，在其著述中，论及歌德及其作品和思想影响的竟有 140 余篇（部），就数量而言要远远超过黑格尔了，由此可见歌德及其现象在他们心目中的分量。

进一步的深究，我们还会发现，马克思、恩格斯对歌德及其现象的分析往往是通过对同时代人的不同看法的评论来进行的。这确实提供了一个非常重要的视角，即我们可以通过细致的文本解读，区分出面对同一精神现象和理论事件不同论者各自的关注重点、评价原则、论证思路和逻辑，有的关乎事实甄别，有的涉及观点分歧，经过对比，可以体悟和理解他们各自的分析在客观性、复杂性、深刻性等方面的差别，进而总结理论思维的功过得失。《德意志意识形态》是表征马克思主义哲学思想最重要的文本之一，而在作为其第二卷重要"补充"的《诗歌和散文中的德国社会主义》① 中，恩格斯就是通过对"真正的社会主义者"卡尔·格律恩所撰写的《从人的观点看歌德》的评论，来集中剖析"歌德现象"的。这里我们

---

① 关于这一文本与《德意志意识形态》的关系，参见拙文《〈德意志意识形态〉对"真正的社会主义"思潮的批判》，《马克思主义研究》2007 年第 3 期。

对这两个文本作出详尽而深入地解读。

一 德国现实探究中的"人学"转向

无论是恩格斯还是格律恩，他们探讨"歌德现象"，实际是其研究现代德国社会复杂状况的一个切入点。那么，他们为什么要从此处"切入"呢？这有一个探索过程。我们先来看格律恩的情况。

格律恩曾经撰写过《法兰西和比利时的社会运动》一书，以回顾历史的方式来透视时代的状况及其发展，但受议题所限，在那里他只能以一个"旁观者"的角色谈论别的国家的情况，即便如此还把他"弄得疲惫不堪"。而当他把目光投向自己的祖国，投向被马克思、恩格斯视为始终处于"停滞"状态的德国社会现实时，该从何处着手呢？颇费思量。

格律恩意识到，如果"对社会关系和私人关系疏于了解"① 是不能深刻认识现实的，只能使人产生"绝望"。现实的复杂性，往往会使认识者有"埋没于过分琐屑和杂乱无章之中的危险"。② 于是，自认为具有"属于我们灵魂的那种人的使命的崇高感情"、为了这一点觉得自己"就是入地狱也在所不惜"③ 的格律恩决定采取特有的处理方式：撇开被当时人们过度渲染的那些所谓"黑夜和黑夜里的可怕的事情"④，诸如危及社会治安和和谐生活的谋杀、通奸、盗窃、卖淫、放荡以及由傲慢而产生的恶习等社会表象，都不应纳入考虑的范围，甚至他认为，"谁想借助法律来建立一个必须长久存在的新秩序"的努力，也只是徒劳和虚妄，"应该被诅咒"⑤。相反，他觉得，更应该看重的是"人"的培育、塑造以及与此有关出现的精神现象。过去他就对此有过考虑，有一段时间在思考德国现实时，他曾想过以费尔巴哈为切入点，"一度向费尔巴哈的'人'问过问题"⑥，他还打算"嗅一下唯心主义"⑦。现在当格律恩又徘徊于"理论的边缘"的时候，尽管他自谓"背上就象有好多股冰水在奔流，使其浑身上

① K. Grün, *Über Goethe vom menschlichen Standpunkte*, Darmstadt, 1846, S. III.
② Ibid..
③ Ibid., S. V.
④ Ibid. S. 312.
⑤ Ibid. S. 305.
⑥ Ibid. S. 277.
⑦ Ibid., S. 187.

下毛骨悚然"①，但是，他最终决定把现代德国最伟大的精神创造——歌德作为一个社会现象来进行透视。他认为这种选择能突出"人"的价值和意义，"使自我意识摆脱困境"，进而"完全战胜了一切"：借此他就能真正地认识现实了。——用莎士比亚《哈姆雷特》中的一句说："整个说来，他的思路就是如此（Take it all in all）"②。

然而，在实际操作中，格律恩还是相当谨慎的。因为现实的综合性表明，任何想从单一角度、单一方面、单一思路乃至单一学科出发的观察都有可能是失准的和无效的，格律恩自然明了这一点。因此，他在着重讨论歌德之前，作为铺垫，也涉略了自然科学成就、经济发展状况、历史事件和理论形态的演变等诸多问题，与此相应，他还检讨了自然科学、政治经济学、历史学和哲学等学科介入现实研究的优劣。当然，格律恩认为，从实质上看，除了"从人的观点"立论外，这些方面都是"次要"的，而且必须用"人"将它们统摄起来才能获得正确的理解。恩格斯认为，正是这种态度和方式，使他对这些"次要"方面相当有限的考察以及生发的见解，漏洞和错误迭现。

1. 首先看自然科学

格律恩一方面认为，自然科学是"唯一实际的科学"，另一方面又把"对自然界的认识"看做"也是'人道的人'完善化的表现"。③ 关于前者，"他在这里没有详细地谈论"，只是"慢吞吞地吐出了几句话而已"④，而且使人不知其意，比如，在谈论霍尔巴赫《自然体系》一书时，他有这样的评论："在这里无法了解，自然体系是怎样突然中止的，是怎样突然中止在自由和自决应当从神经系统的必然性中冲出来的那一点上的。"⑤ 按照格律恩的自然科学知识和素养，当时尚未受到关注的一个问题，即关于头脑中意识的形成过程，他是可以提供准确而详细的说明和解释的。但是，在他那里恰恰是"这一点却没有得到任何阐明"。对此，恩格斯发出

① K. Grün, *Über Goethe vom menschlichen Standpunkte*, Darmstadt, 1846, S. 295.

② 莎士比亚：《哈姆雷特》，人民文学出版社 1977 年版，第 13 页。

③ K. Grün, *Über Goethe vom menschlichen Standpunkte*, Darmstadt, 1846, S. 247.

④ 恩格斯：《诗歌和散文中的德国社会主义》，《马克思恩格斯全集》第 4 卷，人民出版社 1958 年版，第 246 页。

⑤ K. Grün, *Über Goethe vom menschlichen Standpunkte*, Darmstadt, 1846, S. 70.

这样的感叹："很可惜!"① 还有一个例子,当时最著名的自然科学家诸如杜马、普莱费尔、法拉第、李比希等都坚持认为,氧是无臭无味的气体;然而格律恩主观推断,一切酸性的东西都是会刺激舌头的,"氧"也是"有刺激性的"②:这就显现出他似乎是"有意"与公认的科学常识背道而驰了。此外,为了显示"用新的事实来丰富声学和光学"的企图,他还设想制造"能使物体净化的音响和光照",前提是他认为声和光具有无可置疑的净化力:这就属于纯粹的胡扯了。更可笑的是,当时在生物学中占统治地位的看法认为,人是靠脊椎骨而挺立的,而且脊椎骨的数量在两打以上;受此启发,格律恩提出一个观点,认为脊椎骨有一种能使人成为"主体"的奇妙的特性,他所做的修正仅仅在于,把数量众多的脊椎骨简化为一根"特殊的脊椎骨";在谈到歌德的《少年维特之烦恼》时,他有所谓"维特是个没有脊椎骨的、尚未成为主体的人"③ 的评论,就是由这一观点演绎出来的。

格律恩上述关于自然科学的矛盾性见解被恩格斯嘲讽为"逢场作戏",原因在于他太把自然"人化"、把自然科学"人文科学化"了,他曾引用歌德的诗句来表达这一思考路向:"难道自然界的核心\不是存在于人的心里吗?④" 准此,他做了进一步的发挥:"自然界的核心存在于人的心里。人心里存在着自然界的核心。自然界在人的心里有自己的核心。"⑤ 而我们知道,马克思主义哲学在一定的意义上也强调自然"人化"、自然科学的"人文科学化",但需要特别指出的是,这不是绝对的、无条件、无界域的过渡、转换乃至等同,必须在自然与人、自然科学与人文科学之间相互区分而又相互关联的意义上把握和理解其关系,只讲一个方面而完全无视另一方面的制约,必然走向极端和偏见,最终导致荒谬。

2. 谈政治经济学

与自然科学相比,政治经济学当然不是"实际的科学",格律恩很瞧

---

① 恩格斯:《诗歌和散文中的德国社会主义》,《马克思恩格斯全集》第4卷,人民出版社1958年版,第247页。

② K. Grün, *Über Goethe vom menschlichen Standpunkte*, Darmstadt, 1846, S. 75.

③ Ibid., S. 94.

④ 歌德:《哀的美教书》,《歌德文集》第8卷,人民文学出版社1999年版,第15页。

⑤ K. Grün, *Über Goethe vom menschlichen Standpunkte*, Darmstadt, 1846, S. 250.

不起它;不过吊诡的是,他的言说却是非常"实际的"。比如,他注意到政治经济学所关注的"竞争"问题,他的解释是:"个人反对个人,于是就产生了普遍竞争"。① 这种看法表明,那些复杂的现实关系在不同时代嬗变的历史"论据",被他用一句轻飘飘的"个人反对个人"的解释给过滤掉了;形成现代意义上的竞争那漫长而曲折的过程和逻辑,被他用一种抽象而玄妙的说法给打发走了:是政治经济学不讲"实际"呢,还是格律恩压根认为它"并不是实际的科学"呢?

格律恩还谈到经济学研究中绕不开的"货币"问题,他的看法是:"金钱在中世纪还受到忠、爱、诚信等观念的约束;16 世纪打碎了这些枷锁,金钱就获得了自由。"② 对此该做何评论呢?恩格斯特意列举了撰写过《政治经济学原理》(1825 年)、《论赋税和公债制度的原理及实际影响》(1845 年)和《政治经济学文献》(1845 年),编辑过亚当·斯密的和大卫·李嘉图的著作的麦克库洛赫,还有"大无畏的革命家和社会主义的热烈拥护者"布朗基,他们都对此做过研究,都认为金钱"在中世纪受到约束",是由于没有开通通往美洲的交通线,以及由于技术条件所限不能突破封闭在安第斯山脉中的花冈岩层,从而无法开采那里的金矿所致。两相比较,他们是太"实际"、太看重物质环境了,如今格律恩却认为是由于纯粹的思想观念的约束,这是多么别致的"发现"啊!麦克库洛赫和布朗基只是煞费苦心地收集资料、关注自然,审慎地概括和推断,哪里会有这样的想法呢?至此,他们不应该"赞成给格律恩先生致贺词,以感谢他的这一发现"吗?③

3. 再次看历史学

如果说政治经济学不是"实际的科学",那么历史学也不可能是,但格律恩却企图赋予它以"实际"的性质,把他自己想象中的一系列事实拿来同历史上曾经发生过的事实相比照、相对立。

比如,歌德在其日记中曾记载 1815 年及其后几年间德国各邦政府曾"宣布"出版自由,格律恩纠正说,其实并不是什么"宣布",不过是

---

① K. Grün, *Über Goethe vom menschlichen Standpunkte*, Darmstadt, 1846, S. 211.

② Ibid. , S. 241.

③ 恩格斯:《诗歌和散文中的德国社会主义》,《马克思恩格斯全集》第 4 卷,人民出版社 1958 年版,第 247 页。

"允许"而已。① 这不是一个无关紧要的修正，知道这一段历史原委的人会发现，它实际上是把1815—1819年这四个"享有"出版自由的年头里所发生的事情，特别是期间被报刊公布的骚埃尔兰德等地发生的压制言论自由的丑恶行径以及最后通过1819年的联邦决议断然结束了这种"公开"的"出版自由"的恐怖行动都遮蔽了、抹杀了，仿佛"这一切都不过是一场梦而已。"歌德所谓"宣布"的说法，只是表明那几年有其法（而无其行），但格律恩易之为"允许"，则根本就是真假不辨、歪曲事实了。

再比如，格律恩在谈到德意志民族的历史时说，"自由之城"法兰克福根本不是一个国家，而"只是市民社会的一部分"②，并且认为在德意志境内也绝没有什么国家即所谓"帝国"的存在，而且人们也"愈来愈明白这种德意志无国家性的独特的好处。"③ 那么，究竟有什么好处呢？恩格斯不无愤怒地说："十分容易挨打的好处"！④ 还有，"无国家"实体的"市民社会"又是什么呢？不是活生生的现实，只是一种"抽象"、一个观念而已！格律恩又说：德意志人虽然没有国家，但他们却有着"巨额的真理的票据，并且这张票据一定能兑现，支取，变成硬币"⑤；对此恩格斯评论道："毫无疑问，这张票据是可以在格律恩先生交纳'税金，取得选入人的议会的权利'的那个账房里支取的！"⑥

相比较而言，更特别值得甄别的是格律恩关于法国大革命的所谓"极其重要的"说明。他发表了一种"独特的言论"："历史的法"和"以理性为基础的法"之间是对立的，而且这种对立具有重大的意义，因为二者都有历史根源。在这里，格律恩强调"以理性为基础的法"也是在历史过程中形成的，这是其"又新鲜又重要的发现"，但如果读过毕舍等所著的《议会史》从而了解法国议会曲折的变迁进程的人就会知道，所谓"历史的法"和"以理性为基础的法"之间的对立在革命中究竟起过什么作用——毫无作用！

---

① K. Grün, *Über Goethe vom menschlichen Standpunkte*, Darmstadt, 1846, S. 175.

② Ibid., S. 19.

③ Ibid., S. 157.

④ 恩格斯：《诗歌和散文中的德国社会主义》，《马克思恩格斯全集》第4卷，人民出版社1958年版，第249页。

⑤ K. Grün, *Über Goethe vom menschlichen Standpunkte*, Darmstadt, 1846, S. 5.

⑥ 恩格斯：《诗歌和散文中的德国社会主义》，《马克思恩格斯全集》第4卷，人民出版社1958年版，第249页。

　　然而，格律恩不愿多谈革命的什么"意义"，他宁愿详细地向我们证明革命的无用。对革命他有一种绝无仅有的但却是非常严重的责难：革命"没有研究'人'这个概念"。对于历史研究来说，这是多么"不可饶恕"的"粗枝大叶"啊！但恩格斯说，幸亏没有研究"人"这个概念，假如革命研究了它，那就既不会有热月九日的事件，也不会有雾月十八日的事件了①。

　　需要指出的是，对"'人'这个概念"如此重视，竟然把它与革命有无"意义"联系起来考虑，并不是格律恩的独创，而是他从黑格尔（《哲学史讲演录》）、霍尔巴赫（《自然体系》）、托马斯·莫尔（《乌托邦》）等人那里摘录、演绎和发挥的。对格律恩思想演进了然于胸的恩格斯更指出，在其早期的著作如《莱茵年鉴》第1卷刊登的《政治和社会主义》中，他曾经咒骂过人权，说那不过是小商人、小市民的权利；现在他竟然把它变成了普遍的"人的权利"、"人"所固有的权利了！这不是相互矛盾的吗？

　　不仅如此，这种矛盾性甚至在《从人的观点看歌德》同一本书的不同地方中也表现出来，在第251、252页上，他两次提到《浮士德》中的一句话"可惜谁也不肯照管我们的天赋人权"。这是什么意思呢？在歌德那里，是把这种权利直接同"象恶病一样遗传的法律和制度"②对立起来，即同旧制度（ancien régime）中传统的权利对立起来的。而格律恩却将其变成了"你的自然权，你的人权，从内心决定自己的行动和享受自己的成果的权利"，而同这种权利相对立的只是"天赋的、不以时效为转移的、不可让渡的人权"，即革命所宣布的人权、具体的人权，而绝不是"人"所固有的权利。③概而言之，格律恩是故意"把过去所写的东西忘掉，以便使歌德不失去人的观点。"④

　　最后，我们看格律恩给法国大革命中所张扬的"自由"所下的一个定义：自由是"摆脱不自由的普遍的本质"。这是一种多么难以理解的说法

---

　　①　热月九日指的1794年7月27日，这一天在法国发生了政变，颠覆了雅各宾党人的政府，建立了大资产阶级的统治。雾月十八日指的是1799年11月9日，这一天同样发生了政变，法国资产阶级势力取得了胜利，建立了拿破仑·波拿巴的专政。

　　②　歌德：《浮士德》，《歌德文集》第1卷，人民文学出版社1999年版，第93页。

　　③　恩格斯：《诗歌和散文中的德国社会主义》，《马克思恩格斯全集》第4卷，人民出版社1958年版，第251页。

　　④　同上。

啊！用"不自由"来定义"自由"，在逻辑上本身就是循环论证，是不通的，而"普遍的本质"又是什么意思呢？从词源上考证，格律恩所用的 allgemeine Wesen（普遍的本质）是由 Unwesen（怪物）、Gemeinwesen（共同体）而来的。马克思在《论犹太人问题》中曾对此有过深入的论述①，格律恩显然从中得到过启示，但他"学到的"仅是外在的皮毛，而根本没有理解其深邃的含义：《论犹太人问题》中等所讨论的"法"的"共同体"就变成了上述毫无意义的哲学上的"普遍的本质"；"摆脱不自由的普遍的本质"这句话就成了马克思曾论述过的"政治解放"在哲学上的简短公式。同样，在《从人的观点看歌德》第 XXVI 页上格律恩还利用了《神圣家族》中对感觉论和唯物主义所做的评论②，特别是引用了马克思、恩格斯的一个观点，即在 18 世纪的唯物主义者那里，尤其是在霍尔巴赫那里可以找到与现代社会主义运动相合之点；但可惜的是，他这样做的目的仅仅是想找到霍尔巴赫的话，并且给这些话加上"社会主义"的名号和解释，而根本不是为了探究现代社会主义的现实处境和出路。

从上述甄别和辨析中我们可以看出，像格律恩这样的"真正的社会主义者"通常都有一个习惯，即当他们遇到一个他们所不懂的论断的时候（这些论断涉及的往往不是观念和哲学，而是一些法律、经济及其他方面，是现实生活条件和过程），他们就立刻把它压缩成一句简短的、用哲学术语可以表述出来的句子，并且随时准备到处套用。

4. 最后谈谈哲学

格律恩摆出一副"非常瞧不起"哲学的样子，决绝地声称"今后要同宗教、哲学和政治分道扬镳了"，因为它们全都是"过时的东西，并且在一度解体之后就一蹶不振了"。但他又没有把话说死，而是留有余地紧接着说，在它们（宗教、哲学和政治）之中，特别是在哲学中，他"所要保存下来的仅仅是人和能够进行社会活动的社会本质"。③

但是，进一步深究就会知道，这些在哲学中保存下来的"人道的人"

---

① 参见马克思《论犹太人问题》，《马克思恩格斯文集》第 1 卷，人民出版社 2009 年版，第 42—43 页。

② 参见马克思、恩格斯《神圣家族》，《马克思恩格斯文集》第 1 卷，人民出版社 2009 年版，第 326—338 页。

③ K. Grün, *Über Goethe vom menschlichen Standpunkte*, Darmstadt, 1846, S. Ⅶ.

和各式各样的"本质"的说法,也不属于格律恩自己。恩格斯揭露说,格律恩"获得了黑格尔的大量的、虽然是杂乱无章的遗产","还在几年前他就不止一次地拜倒在黑格尔的半身像面前了"。① 除了黑格尔外,其他思想家也是格律恩思想的"源泉",比如,他在第8页上所援引的对"意志自由"这一容易引起争论的问题的"解答",就是从傅立叶的《论协作》中"论意志自由"那一章"借来"的。只有关于意志自由的理论是"德国精神的谬误"这一见解,才是格律恩本人独有的"谬误"。

以上的论述表明,多方位的观察、多角度的透视、多学科的介入,也没有保证格律恩对现实准确而到位的把握。于是,他决绝地转向了"人学",转向了作为德国精神现象和思想史事件的"歌德现象",决定以歌德为个案,"从人的观点"来观照德国。恩格斯形象地设计了一个场景:格律恩的房间非常舒适,他"把玫瑰和茶花放在自己房里,把木犀草和三色堇放在打开的窗口","房间里飘荡着玫瑰花和木犀草的微香,桌上放着一部全集"②;他"脱下了七哩靴③,穿上了拖鞋,披上了睡衣,躺在安乐椅上悠然自得地伸着懒腰"④,就在这样的氛围和状态下,他开始阅读歌德,进而评论德国现状了。

格律恩首先想说明歌德"存在的权利"及其在现代德国出现的合理性和必然性。他把歌德与莱辛、席勒联系起来分析,指出莱辛是"第一个使人依靠自身"的人;而歌德和席勒则是"没有行动的享乐"和"没有享乐的行动"之间对立的解决;"席勒可以成为一切,就是不能成为歌德。"这就是说,格律恩是用"人学"的方式来谈论三位文学家的关系及其意义的。

恩格斯明察秋毫,在格律恩对这些文学巨匠及其相互关系所做的"人学解释"中马上发现了他的所有论点的出处:强调"结构的形式,总体的基础",是众所周知的黑格尔调和对立的方法;而"依靠自身的人",是把黑格尔的术语应用于费尔巴哈;"没有行动的享乐"和"没有享乐的行

---

① 恩格斯:《诗歌和散文中的德国社会主义》,《马克思恩格斯全集》第4卷,人民出版社1958年版,第252页。

② K. Grün, *Über Goethe vom menschlichen Standpunkte*, Darmstadt, 1846, S. III \ IV.

③ 德国童话中巨人之靴,相传能渡海腾云,瞬息即达。

④ 恩格斯:《诗歌和散文中的德国社会主义》,《马克思恩格斯全集》第4卷,人民出版社1958年版,第245页。

动"，则是从赫斯的文集中借来的；至于关于歌德和席勒互补性的界定，"是把巴伐利亚的路德维希的桂冠据为己有了"，他有首著名的诗所述的情况与此如出一辙：罗马，你缺乏的，那不勒斯有，那不勒斯缺乏的，正好你有；＼假使你们两个城联合在一起，对于大地就是太多了。① 这里唯一欠缺的是文学史本身的说明、文学史材料的佐证；以"人学言语"取而代之，是格律恩评论的"独到"之处，也表明他是一个文学之外十足的"外行"！

二　对歌德三部杰作思想内容的理解

歌德首先是以他创作的那些伟大的文学作品显示其存在的，因此，要理解他的思想，必须首先认真研读其作品。格律恩明白这一点，所以写了专门的章节对歌德的三部代表作《浮士德》、《威廉·麦斯特》和《亲和力》进行了分析。这种选择显示了他的判断力和眼光，但可惜的是他对每部作品思想内容的把握都差强人意，有的甚至相当离奇。

1. 我们先来看关于《浮士德》的部分

首先是关于《浮士德》题材的来源。浮士德（Faust ＼ Faustus）是德国传说中的一位占星师，为了换取知识而将灵魂出卖给魔鬼，之后展开了一段曲折而又离奇的经历。歌德以这一故事为蓝本，推陈出新，描述了一个新兴资产阶级知识分子不满现实、竭力探索人生意义和社会理想的生命历程。但格律恩却认为，"歌德只是靠发现了植物结构的秘密"，就"能够创造出浮士德"；"要知道，浮士德……是靠自然科学才登上自己本性的顶峰的。"② 这是一种多么离奇和错位的评论啊！

其次是关于《浮士德》情节的背景。在歌德的叙述中，浮士德为了寻求新的生活，与魔鬼墨菲斯托签约：把自己的灵魂抵押给魔鬼，而魔鬼则要满足浮士德的一切要求；如果有一天浮士德认为自己得到了满足，那么他的灵魂就将归魔鬼所有。墨菲斯托使用魔法，让浮士德有了一番奇特的

---

① 转引自恩格斯《诗歌和散文中的德国社会主义》，《马克思恩格斯全集》第4卷，人民出版社1958年版，第254页。

② K. Grün, *Über Goethe vom menschlichen Standpunkte*, Darmstadt, 1846, S.116.

经历:他品尝过爱情的欢乐与辛酸,在治理国家中显过身手,在沙场上建立过奇功,最后又想在沙滩上建立起人间乐园。就在他沉醉于对美好未来的憧憬中、不由地发出“逗留一下吧,你是那样美!”的自我赞叹的时候,魔鬼履行诺言,欲将他的灵魂收去,这时天使赶来了,挽救了他的灵魂。浮士德这种貌似离奇的人生经历其实都有现实的依据,他走出阴暗的书斋,走向大自然和广阔的现实人生,高度浓缩和体现了从文艺复兴、宗教改革、直到“狂飙突进”运动几百年间德国乃至欧洲资产阶级探索和奋斗的精神历程。这里有歌德对追求狭隘的个人幸福和享乐主义的利己哲学的反思和否定,也体现出启蒙主义者一再描绘的“理性王国”的影子,并依稀可闻19世纪空想社会主义者呼唤未来的声音。但这么复杂的情节和融现实与魔幻于一体的艺术设计,并没有得到格律恩的理解,他只是把第一场里关于“兽的骨架和人的骨头”的描述看成“我们全部生活的抽象”,把浮士德与魔鬼墨菲斯托签约的意象看成《圣经》的启示,把歌德深思熟虑、匠心独运的关于社会“大世界”对个人“小世界”的超越解释成“黑格尔哲学”的应用。

最后是关于“浮士德”形象的意义。其实,作为一个艺术形象,浮士德更深刻的意义在于,歌德通过对其人格中相互冲突、矛盾的方面的展示,揭示了人类共同的处境和永久的难题,即每个人在追寻人生价值的时候都将无法逃避的肯定与否定、善与恶、“灵”与“肉”、自然欲求与道德境界、个人幸福与社会责任等之间的困惑、纠缠和两难选择。从某种意义上说,魔鬼墨菲斯托并不是浮士德外在的对手,而是他本人的另一种形象,是他内心矛盾中的一方,用浮士德的话说,“在我的胸中,唉,住着两个灵魂”[1],它们相互冲突、相互吸引、相互拯救又一同毁灭。“人类无处不把自己折磨”[2],这就是我们的宿命!格律恩自然更难理解这一点,于是乎我们看到,他也不深入地思考一下第二部中对日趋没落的神圣罗马帝国的描绘有何深刻蕴意,就径直把它与路易十四王朝联系起来,而且还补充说:“因此我们自然而然地就有了宪法和共和国。”这是多么荒腔走板的推断啊!更可笑的是,关于对《浮士德》的评价,格律恩延续其关于歌德创作浮士德缘由的看法,说它之所以“是当代的经典”,是因为在第二部

---

① 歌德:《浮士德》,《歌德文集》第1卷,人民文学出版社1999年版,第34页。
② 同上书,第22页。

中涉及自然科学方面的成就！

格律恩曾说："在意大利，歌德是用贝尔韦德的阿波罗①的眼睛来看自己的"；那么，他从"人的观点"来"看"歌德及其代表作《浮士德》时用的是一双什么样的眼睛呢？非常不幸（pour comble de malheur），是一双"没有眼球的"眼睛！

3. 我们再讨论《威廉·麦斯特》

这是歌德的另一部重要作品，包括《威廉·麦斯特的学习时代》和《威廉·麦斯特漫游时代》两部②，叙述了身为商人之子、满怀理想、充满朝气的威廉·麦斯特不满于市民阶层的平庸和唯利是图，寄希望于通过戏剧艺术和美育来改造社会，但混沌污浊的戏剧界令他陷入迷惘。于是他开始四处漂泊，接触种种世态，最终结识了由开明贵族组成的社会团体——塔楼兄弟会，成为不断追求人性完善和崇高社会理想的探求者。在这个理想社会里，人人都有自己的个性，同时又彼此敬重，同心同德；人人都有远大理想，同时个个又都是不善空谈的实干家。威廉最初寻求戏剧艺术，而最终得到了人生艺术。歌德通过对理想的社会制度的探求，认为人们只有在为集体福利而积极劳动中才能获得人生的意义。

与对《浮士德》评价上的荒腔走板不同，格律恩认为，歌德是试图通过《威廉·麦斯特》来确立"人类社会的理想"，而整部书的意旨就在于，说明"人不是教育人的本质，而是活着、行动着并且起着作用的本质"，"人的本质就是活动"。③ 这些看法大体是准确的，某种程度上说，也有一定的深刻性。

但比较离奇的是，格律恩把威廉·麦斯特的经历解读为一个"共产主义者"的成长过程，而且认为"共产主义者""在理论上是以美学观点为

---

① 古希腊神话中的太阳神，艺术的保护者，预言之神，转意是美男子的意思。贝尔韦德是宫殿的名称。

② 在中世纪，欧洲手工业者的成长往往要经历三个阶段：学习时代、漫游时代和为师时代。首先学习基本知识和专业技术，学习期满后再漫游各地扩大见闻，最后等自己的技术达到熟练的程度之后就招收学徒、为人师傅。歌德的这部小说通过威廉·麦斯特的人生经历阐发他的教育理念和理想，但只写出两个时代，从动笔到完成整整延续了52年之久，而且两部作品之间的写作间隔又有30多年。关于这两部作品的创作过程，参见中译者冯至、关惠文所写《译本序》，《歌德文集》第2、3卷，人民文学出版社1999年版。

③ K. Grün, *Über Goethe vom menschlichen Standpunkte*, Darmstadt, 1846, S. 257 \ 258 \ 261.

基础的。"① 那么,"以美学观点为基础"是什么意思呢?他引用歌德在短诗《虚无!虚无中的虚无!》中的说法进行解释:"我把事业建立在虚无上面,\ 于是便大胆地占有了世界。"② 至此,又需要进一步甄别:这个"虚无"究竟是什么?格律恩没有提出明确的定义,按照他的分析,"虚无"是"十分广阔和内容丰富的"。但他说到的一个细节倒显现出"虚无"的功能和作用,即在它的庇护下,可以避免"醉后头痛"这种不愉快的事情发生,"喝干所有的酒杯也不会发生任何不良的后果,也不会头痛"。③ 这就是说,在格律恩看来,是不能根据现实生活的经验和常识来理解和推断"虚无"及其意义的。他还把歌德的"我把事业建立在虚无上面"这首诗,看做是"真正的人"的真正的饷宴之歌,说:"这支歌在人类把自己安排得配得上唱它的时候将被歌唱"。④ 这就显得相当离奇了!

我们知道,马克思、恩格斯是把共产主义与唯物主义世界观紧密联系在一起的,后者是从现实出发又超越现实的理解世界的方式和前提;再扩大些范围说,不仅仅是无产阶级,任何资产者不也都明白,只有依靠足够的物质财富、足够的金钱才能占有世界吗?相形之下,作为一个"真正的社会主义者",格律恩却提出"以美学观点为基础的共产主义"和把自己的事业建立在"虚无"上面的论调,表征的是一种什么样的思考世界的方式、又是一种什么水准的社会主义,不是很清楚了吗?

3. 最后我们看《亲和力》

很多人都知道,就生活经历看,歌德一生多恋,但是他并不幸福。一生都在寻找,但知音难觅;有为数不多的知己,但或者不能结合,或者她们又"以各自的乖僻,给他带来痛苦";而与其缔结了婚姻的制花女工,虽然美丽、善良、贤淑,但精神上、思想上又与自己差距太大。为此,歌德不得不通过小说、借助艺术形象,对恋爱、婚姻中的不和谐问题进行痛苦的探求和思索。《少年维特之烦恼》是这样的作品,较之问世晚了 35 年的《亲和力》亦复如是。当然,二者在所表达的情感的奔放与理智、思考

---

① K. Grün, *Über Goethe vom menschlichen Standpunkte*, Darmstadt, 1846, S. 254.

② 绿原将题目译为《虚空!虚空中的虚空!》,将这一句译为:"我已对什么都不在意 \ 全世界都算是我的。"见《歌德文集》第 8 卷,人民文学出版社 1999 年版,第 251 页。这里做了改译。

③ K. Grün, *Über Goethe vom menschlichen Standpunkte*, Darmstadt, 1846, S. 254.

④ Ibid., S. 256.

的表象与深层诸方面，还是显现出很大的差别；就后者而言，歌德用化学里的"亲和力"现象作比喻，意在突出婚姻与爱情的矛盾和由此造成的无法避免的悲剧。在这部作品中，尽管一定程度上他谈到了情感上的"节制"和"断念"，但就思想主旨看，歌德肯定和颂扬的还是那种"无条件的在爱"的人，认为"年龄和社会地位的差异以及宗教戒条、法律准则、伦理规范等都不能成为爱的障碍；因为爱是不以人的主观意志为转移的，爱由人的亲和力所决定，爱就是命运。"① 与《浮士德》、《威廉·麦斯特》一样，这也是部蕴含深邃的作品，歌德曾经说："至少要读三遍"，才能看清他藏在《亲和力》中的东西。

那么，格律恩是怎样来理解这一切的呢？

他把这部小说理解为一部"充满了说教气味"的作品，乃至使恩格斯不无夸张地认为，他"给自己规定了一个任务，要把《亲和力》推荐为女子中学适用的教科书"。② 格律恩解释说，在这部作品中歌德是要"把恋爱和结婚区别开来"，但认为二者的区别仅在于："恋爱对于他是结婚的探求，而结婚则是获得了的、完成了的恋爱"。③ 就是说，一方面可以把恋爱看做是结婚的探求和准备，另一方面又可以肯定，在"青年恋爱自由"之后，作为"恋爱的最终结合"的结婚就一定会到来。为此，格律恩主张不妨宽容一下"浪荡公子的人生观"：在文明国家里，贤明的家长为了给儿子以后能找到一个门当户对的妻子来"最终结合"，先让他尽情地放荡几年。他说："如果人有真正自由的选择权……如果两个人的结合是建立在双方理性的意志上的，那就需要有浪荡公子的人生观。"④ 因为他深信，最放荡的青年人后来都会成为最模范的丈夫，因此，还不如对青年人的"浪漫"睁一只眼闭一只眼。

较之复杂的社会现实，格律恩的上述想法相当肤浅和主观。其实，在现代"文明国家"里，早就不把那种所谓"最终结合"看做道德上的约束了，恰恰相反，在那里，"丈夫拥有情妇，而妻子则给丈夫戴绿帽子"并不显见，忠诚和正直、"荒淫和放荡"、一时轻佻和蓄意破坏……都在发生

---

① 杨武能：《走进歌德》，河北教育出版社 1999 年版，第 93 页。
② 恩格斯：《诗歌和散文中的德国社会主义》，《马克思恩格斯全集》第 4 卷，人民出版社 1958 年版，第 273 页。
③ K. Grün, *Über Goethe vom menschlichen Standpunkte*, Darmstadt, 1846, S. 186.
④ Ibid., S. 288.

错位、移易乃至混淆、颠倒。

更为重要的是，歌德所深刻体味、咀嚼的人生痛苦，在格律恩这里"被看做小事情"，从而将其抹平了、淡化了。欢乐和苦楚、摆脱和羁绊、感性与理智……之间的矛盾，被他所幻想的那些"有良心的人"、"正直和善良的人"消融了、解决了。这是一些什么样的人呢？法国诗人帕尔尼的一首诗将其刻画得惟妙惟肖："……一个性情温和的小商人，\ 在商店里边抽着他的烟袋；\ 他怕他的老婆和她傲慢的声音；\ 他让她在家里统治着一切，\ 最微小的指使他也默默听从。\ 他就这样忍辱、挨打而满足地生活。"①

总之，对歌德这些代表作的分析表明，格律恩不仅没有像一个卓越的评论家那样，"入乎其内"又"出乎其外"，站在比作家更高的视角进行透视，反而低于作家的水准，很多细节上也没有理解其用意和苦心。

三 "研究了社会材料"和"站在革命之上"的歌德

尽管歌德自况，他的每一部作品都是其"巨幅自白的一个片段"，但实际从中反映出的却是时代的状况和"人与时代的关系"②。通过以上对歌德代表作的分析，再统观他的其他作品，可以看出，歌德非常重视对现代德国"社会的材料"的"研究"。格律恩也注意到这一点，并进行了分析；恩格斯则在此基础上做了新的甄别和评判。

从某种意义上说，歌德"作为社会的批判家实际上是在制造奇迹"，甚至可以说，他是"世界的审判官……文明的米诺斯③"。除了以上列举的代表作所述及的内容外，还可指出的是，在其他作品中，他曾简明地（tout bonnement）描述过私有制的起源，从而"预告了资产阶级世界的来临"，也时常发出一些浪漫的怨言"诅咒文明"，指责它抹杀了人的特点和个性。格律恩特别引证了他的一首讽刺短诗讨论他介入现实问题的深度："孩子，想一想，你的礼物都是从哪里来的？\ 你不能够从你自己那里得来。\ ——唉，一切都是从爸爸那里。\ 爸爸又从哪里得来？——从祖父

---

① 转引自恩格斯《诗歌和散文中的德国社会主义》，《马克思恩格斯全集》第 4 卷，人民出版社 1958 年版，第 274 页。

② 歌德：《诗与真》，《歌德文集》第 4 卷，人民文学出版社 1999 年版，第 2 页。

③ 希腊神话中冥府的审判官。

那里。\ 可是祖父到底是从哪里得来的呢？他是抢来的！"① 这是以"教义问答讲授"的方式重申了蒲鲁东那句振聋发聩的名言——财产就是盗窃（la propriété c'est le vol）。

还必须特别提到的是，歌德的另一重要作品《少年维特之烦恼》。恩格斯认为，他在青年时期创作了这一部书信体小说，可以说"是建立了一个最伟大的批判的功绩。"② 在恩格斯看来，这部作品绝不像格律恩这样"从人的观点"来读歌德的人所想的那样是一部平凡的感伤的爱情小说。其强烈的现实主义风格，横跨在残酷的现实与维特自己对这个现实所抱的幻想的鸿沟之中所发出的绝望的哀号和悲叹，是对当时社会的一种尖锐而深刻的批判；维特那句发人深省的喟叹——"唉，我不过是个漂泊者，是个在地球上来去匆匆的过客！难道你们就不是吗？"③ ——是社会转型时期青年一代对其现实处境的体味和反抗。有人曾质疑歌德写的是"奇闻异事"，为此他在后来的《瑞士来信》中做了这样的回应："奇闻异事？为什么要用这个愚蠢的字眼？……我们的日常生活，我们的虚伪的关系，这才是真正的奇闻异事，这才是令人惊奇的事情！"④

此外，像剧本《斯苔拉》中所描绘的"那种庸俗而又自满的、什么都要过问却什么也不懂得的、无孔不入的人"，虽然只叙述了他们"极其可怜的情况"，但无疑也属于对"社会的材料"的"研究"。而在《修业时代》的最后一卷谈到的关于生长在富贵人家中的优越、贵族对小市民的鄙视、小市民及其他一切非贵族阶级的不平等、只有极个别的人在特殊情况下方有可能上升到贵族等级以及社会的上层与有教养者"合谋"站在同一阶层对付其他社会群体，等等，不都是很典型的社会问题吗？

歌德重视现实问题，但不赞成对现实进行"革命式"的改变。所以对政治和革命的态度是他"引起那么多议论的一个基本问题"。⑤

---

① 转引自 K. Grün, *Über Goethe vom menschlichen Standpunkte*, Darmstadt, 1846, S. 253。
② 恩格斯：《诗歌和散文中的德国社会主义》，《马克思恩格斯全集》第4卷，人民出版社1958年版，第259页。
③ 歌德：《少年维特之烦恼》，《歌德文集》第6卷，人民文学出版社1999年版，第56页。
④ 转引自恩格斯《诗歌和散文中的德国社会主义》，《马克思恩格斯全集》第4卷，人民出版社1958年版，第259页。
⑤ 恩格斯：《诗歌和散文中的德国社会主义》，《马克思恩格斯全集》第4卷，人民出版社1958年版，第261页。

诚如格律恩所说，"歌德远远地超过了他的时代的实际发展"①，当"历史处于 1789 年，而歌德则已处于 1889 年"。② 但他不是革命的拥护者，而是"站在革命之上"。还在革命爆发之前、还处于萌芽时期的（in nuce）他就制止革命，"对它采取否定的态度，……摈弃它。"③ 他对革命家往往以"自由"为旗帜和导向所进行的鼓动很不以为然，早在 1773 年发表的文章中，他便无视"空喊家"所要求的自由，而"用不多的几句话彻底清除了所有关于自由的喊叫"。④ 更早一些，在其博士论文（1771 年）中他提出每个立法者都有做一种礼拜的义务的论点⑤，对此，格律恩指出："大学生时代的歌德就已经把革命的和当代法国的整个二重性当做穿破了的鞋底扔掉了。"⑥

与此相反，歌德上述被格律恩视为"正当的"对待革命的态度，在恩格斯看来显现的不是他的卓越、深刻和远见，而恰恰是"庸俗短浅的眼光"和"小市民的恐惧"，是"浅薄、怯懦和下贱"！比如，在《威尼斯警句》中，歌德有这样的诗句：法国的可悲的命运，大人物们要加以考虑，＼但是说真的，小人物们更要多多地考虑。＼大人物们消止了；可是谁来保护群众＼抵抗群众？这时群众是群众的暴君。⑦ 歌德在这里将"保护群众"与"抵抗群众"并列起来，明眼人一下就看清楚了：他是在为市民阶层的出路考虑、是在为"所有非常明智的市民"提出教诲！一句"群众是群众的暴君"就使其立场昭然若揭了。连格律恩也是这么认为的，他分析说，这些教诲"是海格立斯⑧的巨掌打的耳光，而它们的声音只是在现在我们方觉得是那样地悦耳，因为我们已经有了伟大而苦痛的经验"。⑨ 这里的"我们"指的是谁，不是很明确了吗？此外，如果考虑到在《美茵

① K. Grün, *Über Goethe vom menschlichen Standpunkte*, Darmstadt, 1846, S XXI.

② Ibid. , S. 84.

③ Ibid. , S. XXI.

④ Ibid. , S. 28.

⑤ 恩格斯认为，歌德只是把这个论点看做在法兰克福僧侣们的对话中所引出的一种看法，而格律恩却把它当做歌德本人的观点了。具体分析见恩格斯《诗歌和散文中的德国社会主义》，《马克思恩格斯全集》第 4 卷，人民出版社 1958 年版，第 261 页。

⑥ K. Grün, *Über Goethe vom menschlichen Standpunkte*, Darmstadt, 1846, S. 26.

⑦ 转引自恩格斯《诗歌和散文中的德国社会主义》，《马克思恩格斯全集》第 4 卷，人民出版社 1958 年版，第 262 页。

⑧ 古希腊神话中一个最为大家喜爱的半神半人的英雄。

⑨ K. Grün, *Über Goethe vom menschlichen Standpunkte*, Darmstadt, 1846, S. 136.

兹的被困》中，歌德有这样的描述："星期二……我匆匆地去……向……我的君主请安，同时我很荣幸地侍奉了亲王……我的殿下"；而在《赫尔曼与窦绿苔》中他竟把自己与普鲁士国王的近侍里茨等人联系在一起，那么，我们就会理解，恩格斯所谓"浅薄、怯懦和下贱"的指责，虽然语气上是尖刻了些，但确实是一针见血、切中肯綮的。

那么，歌德为什么要质疑革命呢？

在《市民将军》和《流亡者》等篇中，歌德明确地表达了他"对革命的全部反感，是由于这些永无止境的痛苦而引起的，是由于他看到人们光明磊落地挣来的和光明磊落地获得的地产被阴谋者、嫉妒者……所霸占而自己却被赶出来而引起的，是由于这种抢劫的非正义性而引起的……他的善于持家的爱和平的天性由于所有权的被侵害而被激怒了，这种侵害是用专横的手段造成的，它使大批的人流离失所，陷入贫困。"① 格律恩的这一指认是准确的。在歌德心目中，他确实认为资产者有"善于持家的爱和平的天性"，其地产是"光明磊落地挣来的和光明磊落地获得的"，就是说，是"正当得来的"；而那些毫不客气地（sans facon）扫荡这些地产的革命风暴被他看作是"专横"的行为，是"阴谋者、嫉妒者"的勾当。这样他当然要拒斥革命了。

此外，歌德还特别担心在革命以后多数人的"暴政"。他说："没有什么比多数更讨厌的了，因为它是由少数有力的首领、一些随机应变的骗子、被同化的弱者，以及尾随在他们后面的、完全不知道自己需要什么的群众所组成的。"② 这种见解被恩格斯斥之为"实在庸俗"、是"仅仅在德国这样的小国家里才能有的无知和近视"！③

正是本着对革命如许的态度和担忧，在《温和的讽刺诗》中，歌德"训示"人们，不要对现状有过分强烈的变革诉求：这只不过是旧日的污秽，\ 你们要变得更聪明！\ 若要永久不踩这块地方，你们就继续前行！④
而追根溯源，黑格尔在《历史哲学讲义》绪论中也有类似的看法，他说：

---

① K. Grün, *Über Goethe vom menschlichen Standpunkte*, Darmstadt, 1846, S. 151.

② 转引自恩格斯《诗歌和散文中的德国社会主义》，《马克思恩格斯全集》第4卷，人民出版社1958年版，第265页。

③ 恩格斯：《诗歌和散文中的德国社会主义》，《马克思恩格斯全集》第4卷，人民出版社1958年版，第265页。

④ 转引自 K. Grün, *Über Goethe vom menschlichen Standpunkte*, Darmstadt, 1846, S. 319。

"继续这种骇人听闻的骚乱,跟着人东奔西闯,\ 这样的态度和我们德意志人有点不相象。"①——像歌德、黑格尔这样"睿智而伟大"的德国哲人都共同坚持的看法,我们不禁要问:这是德国人根深蒂固的、"永恒"的观念吗?

四 歌德身上体现的是什么样的
"人"的什么样精神特质?

首先,我们看歌德本人对"人"的理解。

支撑着歌德对社会和国家进行批判的,是他对"人的本质"的理解以及这一本质在现实中未能得到体现的不满。

在歌德心目中,体现"人的本质"的人不是按照物质财富而是按照文明教养来决定对社会成员的态度的,因此,他们不是利欲熏心的大资产者的代表,当然更鄙视"流氓"无产者的生活状态。他们具有"善于持家的爱和平的天性",谦逊、知足,希望不要有什么暴风雨来打扰他们享受其微小的宁静的乐趣。他们认定"人是乐意生活在狭隘的环境里的";他们什么人也不羡慕,只要让他们安静地生活,他们就谢天谢地。他们全神贯注在"光明磊落地挣来的和光明磊落地获得的"生活上面,极端畏惧一切巨大的群众运动、一切强大的社会潮流。当运动迫近时,他们不是胆怯地躲在火炉背后,就是急忙卷起铺盖溜之大吉;当运动在进行的时候,这一过程对他们来说就只能是一段"苦痛的经验";但是运动刚一过去,他们就从容不迫地站在舞台前面,用"海格立斯"的巨掌打别人的耳光,并且认为所发生的一切都是"极其可笑的"。

这样的"人"在处理自身与社会的关系时的态度也颇可玩味。他们对其所生存的社会也不是没有负面的评价和看法,那么他们归罪于社会的是什么呢?首先,社会不符合其愿望和幻想。而这些幻想恰恰是那些喜欢空想的小市民的幻想,尤其是年轻的小市民的幻想。如果现实不符合这些幻想,不过是因为幻想只是幻想;然而,这些幻想本身却更加符合小市民的现实。这些幻想和现实的不同只不过像空想中的某一状态和这一状态的不同一样,因而以后也就谈不上使它变为现实了。其次,社会上存在威胁市

---

① 黑格尔:《历史哲学》,生活·读书·新知三联书店1956年版,第108页。

民制度的现象。他们对革命的全部攻击体现的就是小市民式的攻击，他们对自由主义者、对七月革命、对保护关税的憎恨极明显地表现出受压制的保守的小资产阶级对独立的进步的资产阶级的憎恨。

如果回顾一下思想史，就会发现，体现这种"人的本质"、反映小市民利益的学说已经是一种落伍的乃至倒退的"人学"思想了。我们知道，小市民阶层的兴盛是和行会制度分不开的。只有"在中世纪，同业公会把一个强者同其他强者联合起来，从而给前者以保护。"① 但是在歌德的时代行会制度已经处于衰落状态，竞争已经从四面八方侵入了。歌德在其回忆录中也曾对正在开始的市民阶层的分化、富裕家庭的没落、由此而引起的家庭生活的瓦解、家庭纽带的松弛以及在文明国家里受到应有的鄙视的其他各种市民的不幸等现象，"倾泻出令人心碎的哀鸣"。这实际上是一种充满矛盾而又深感无奈的心理的表征，哪里还有什么昂扬而愉悦的感觉呢？

这样的"人"对未来社会有怎样的期许呢？歌德设计了很多故事和场景，诸如"威廉·麦斯特从父母家里逃出"、"布鲁塞尔市民维护自己的权利和特权"，等等，试图通过作品中描述的这些事件表明，这些人"所希望的，我们大家所希望的，就是拯救我们的个性，就是真正的无政府状态"。在《温和的讽刺诗》里，他写道："为什么却在最新的世界里 \ 无政府状态是这样中我的心意？\ 每个人随心所欲地过活，\ 这也就是我的得获"。② 他设想，"在最新的世界里的无政府状态"，可以使每个人都可以随心所欲地生活，也就是说，他所看重的是那种由于封建制度和行会制度解体、由于资产阶级兴起和宗法制度被废弃而出现在日常生活中的独立性。在《财产》中，他还说："我知道，归我所有的，\ 只是从我的灵魂里自然流露的思想，\ 以及良善的命运，\ 使我彻底享受的 \ 每个幸福的瞬间。"③ 受此启发，他甚至修正了原先对"祖国"的理解，他说："如果我们在世界上找到一个地方，能够安安静静地生活和占有自己的财产，能够有足以供养我们的田地，能够有栖身之所，难道那里不就是我们的祖国吗？"对此，格律恩深表赞同地说："难道这些话不正是确切地表达出了我

① 恩格斯：《诗歌和散文中的德国社会主义》，《马克思恩格斯全集》第 4 卷，人民出版社 1958 年版，第 267 页。

② 转引自 K. Grün, *Über Goethe vom menschlichen Standpunkte*, Darmstadt, 1846, S. 320。

③ Ibid. .

们今天的期望吗？"①

其次，我们讨论一下格律恩在歌德身上发现的"人"是什么样的。

格律恩讨论德国现实最重要的"收获和功劳"，是他在歌德身上看到了"人"、发现了"人"。他用了一大堆赞语来称颂歌德在这一方面的价值和意义，诸如："歌德身上除了人的内容外没有别的内容"②，"歌德的诗篇是人类社会的理想"③，"歌德把人想象和描写成我们今天所希望实现的那样"④，他"是人类的真正法典"⑤，体现出"完美的人性"⑥，他"不能成为民族的诗人，因为他的使命是做人的诗人"⑦。格律恩甚至说了一句令人费解的话来吹捧歌德："我国人民"应该把歌德"看成自己本身的神圣化了的本质"⑧。这是什么意思呢？就是说，正如歌德"不是民族的诗人"而是"人的诗人"一样，德国人民也"不是民族的"人民而是"人的"人民，即超越了民族局限性的人，或者说是"神圣化了的"德国人民。比较而言，他对法国人是不以为然的，因为"直到现在法国的社会主义还只是希望替法国造福；而德国的作家却面对着全人类。"⑨ 这就是他所谓"人"就是"神圣化了的"德国人的含义。⑩

格律恩关于"人的本质"的这些喋喋不休的言说，似乎表明他对"'人'这个概念"有过"深刻的研究"，但恩格斯认为，实际上表征的不过是他的肤浅和幼稚，这里泄露了他作为"真正的社会主义者"通常的思考世界的方式——不是从现实出发考察"人"，而是从"人"出发观照现实。现实生活中的幼稚之人、高傲之辈普遍有一个毛病，极欲表达自己的

① K. Grün, *Über Goethe vom menschlichen Standpunkte*, Darmstadt, 1846, S. 32.

② Ibid., S. XVI.

③ Ibid., S. 12.

④ Ibid., S. XXI.

⑤ Ibid., S XXII.

⑥ Ibid., S. XXV.

⑦ Ibid., S. 25.

⑧ Ibid., S. 14. 《马克思恩格斯全集》第4卷将这一句译为"看成自己本身的变态的本质"。我们知道，"变态"一词在中文语境中通常是个贬义词，用在这里就使这段话变得相当费解了。查原文，这段的德文表述是：in Goethe, sein eigenes Wesen verklärt erblicken。Verklären 一词并没有"变态"的意思，而是指"使……具有幸福的表情"、"美化"、"神化"等情形，所以这里我将这一句改译为"……神圣化了的本质"。

⑨ K. Grün, *Über Goethe vom menschlichen Standpunkte*, Darmstadt, 1846, S. 4.

⑩ 按照前面注释的解释，我们这里没有根据《马克思恩格斯全集》第4卷将此句译为"'人'就是'变态的'德国人"，而是做了这样的更动。

看法，往往"想竭力大声压倒自己所有的伙伴而常常向世界说出了其他弟兄们宁肯闭口不谈的东西"①，滔滔不绝、口不择言。在恩格斯看来，格律恩就是这样的人。

那么，这是不是意味着，格律恩说歌德是作为"人的诗人"、认为"歌德身上有人的内容"是毫无根据的妄言呢？也不是。前文指出过，歌德自己时常也总是在比较夸张的意义上使用"人"和"人的"这些字眼的；但不同的地方在于，他使用这些字眼仅仅是指当时的人们以及后来黑格尔所使用的那种意义而言的，那时"人的"这个词主要是用在同"野蛮人"相对立的希腊人身上，是指远在费尔巴哈赋予这些术语以神秘的人学内容之前的那种意义而言的，就是说，这些字眼在歌德那里大多具有一种非概念化的、现实的、具体的含义；而格律恩却赋予了它们以哲学的、抽象的、超越性的"人本学"性质和意义：他这简直是把歌德变成费尔巴哈的弟子和"真正的社会主义者"了！所以，恩格斯说：格律恩在歌德身上发现的人"不是男人和女人所生的、自然的、生气蓬勃、有血有肉的人，而是在更高意义上的人，辩证的人，是提炼出圣父、圣子和圣灵的坩埚中的废物②，是《浮士德》中的侏儒的堂兄弟（cousin germain）。"③ 质言之，歌德所说的"人"根本不是格律恩所说的"人"！

恩格斯指出，如果跟着格律恩的论述和思路，观察到的只能是歌德的"一个方面"，而"对于歌德的一切确实伟大的和天才的地方"，他"丝毫没有描写"。比如，歌德1788年从意大利回到魏玛之后创作的《罗马哀歌》，回味他"当时幸福地享受着身心两方面长久被剥夺自由后的快意，记忆中充满对古代艺术与南国自然风光的眷恋"，也包括对于"性爱新观点的坦率而精确的表达"④，应该说也是很重要的作品。但对此，格律恩不是匆匆地一闪而过，就是滔滔不绝地说一通言之无物的废话，根本没有触及歌德在其中所表达的复杂而深邃的内心世界。相反，他却以他少有的勤勉去搜罗歌德其他作品中一些庸俗的、琐屑的东西，把其收集在一起，用

---

① 恩格斯：《诗歌和散文中的德国社会主义》，《马克思恩格斯全集》第4卷，人民出版社1958年版，第255页。

② caput mortuum 原意是："骷髅"，转意是：无用的残渣，经过加高热、化学反应等之后所剩下的废物。

③ 恩格斯：《诗歌和散文中的德国社会主义》，《马克思恩格斯全集》第4卷，人民出版社1958年版，第254页。

④ 参见《罗马哀歌·题注》，《歌德文集》第8卷，人民文学出版社1999年版，第163页。

"文学家的笔法"加以夸张,而且还常常利用歌德的权威(当然是被歪曲了)来支持自己狭隘性的见解。

千秋功名,任由后人评说。歌德的习惯是,"每次和历史面对面时就背弃它",为此,历史也给歌德以"报复",就是在其身后一直存在着毁誉不一,甚至是充斥着负面意义的评判。但在恩格斯看来,这种"报复"并不是门采尔的叫骂和白尔尼的辩驳,而是格律恩的解释:"他对歌德的每一句庸俗的言语所嘟嘟囔囔地说出来的感激不尽的话,这才是被侮辱的历史所能给予最伟大的德国诗人的最残酷的报复。"①

最后,我们看恩格斯对歌德思想特质"二重性"的揭示及其深远意义。

歌德本人的表述以及格律恩对其思想的概述,都无法获得恩格斯的认同。他入木三分地指出:这样的"人""穿着有产者式样的(à la propriétaire)大礼服,但同时却暴露出自己是个道地的小市民。"② 我们撇开歌德的自况和格律恩的言说,到底看看歌德身上体现的是什么样的"人"的什么样内容。

透过作品看歌德,再结合其漫长而曲折的人生经历,我们会发现,他对当时的德国社会的态度是带有两重性的:有时表现为敌视、讨厌、逃避、反对以及"辛辣的嘲笑";有时却又相反,亲近、"迁就"、称赞、保护乃至"帮助它抵抗那向它冲来的历史浪潮"。在歌德"心中经常进行着天才诗人和法兰克福市议员的谨慎的儿子、可敬的魏玛的枢密顾问之间的斗争;前者厌恶周围环境的鄙俗气,而后者却不得不对这种鄙俗气妥协、迁就。因此,歌德有时非常伟大,有时极为渺小;有时是叛逆的、爱嘲笑的、鄙视世界的天才,有时则是谨小慎微、事事知足、胸襟狭隘的庸人。连歌德也无力战胜德国的鄙俗气;相反,倒是鄙俗气战胜了他;鄙俗气对最伟大的德国人所取得的这个胜利,充分地证明了'从内部'战胜鄙俗气是根本不可能的。"③

究其实,产生上述矛盾的原因在于,"歌德过于博学,天性过于活跃,过于富有血肉,因此不能像席勒那样逃向康德的理想来摆脱鄙俗气;他过

---

① 恩格斯:《诗歌和散文中的德国社会主义》,《马克思恩格斯全集》第4卷,人民出版社1958年版,第275页。

② 同上书,第269页。

③ 同上书,第256页。

于敏锐，因此不能不看到这种逃跑归根到底不过是以夸张的庸俗气来代替平凡的鄙俗气。他的气质、他的精力、他的全部精神意向都把他推向实际生活，而他所接触的实际生活却是很可怜的。他的生活环境是他应该鄙视的，但是他又始终被困在这个他所能活动的唯一的生活环境里。歌德总是面临着这种进退维谷的境地，而且愈到晚年，这个伟大的诗人就愈是疲于斗争（de guerre lasse），愈是向平庸的魏玛大臣让步。"①

这是整部《诗歌和散文中的德国社会主义》中最精彩的段落，显现出恩格斯对"人性"的把握和分析是多么全面而深刻！他还特别指出，对歌德做出如上的分析，"绝不是从道德的、党派的观点来责备歌德，而只是从美学和历史的观点来责备他"；"并不是用道德的、政治的或'人的'尺度来衡量他"，甚至也没有"结合着他的整个时代、他的文学前辈和同代人"、"从他的发展上和结合着他的社会地位来描写他"，而"仅限于纯粹叙述事实而已"。联系当时对歌德毁誉不一的评价，恩格斯进一步申说："我们并不像白尔尼和门采尔那样责备歌德不是自由主义者，我们是嫌他有时居然是个庸人；我们并不是责备他没有热心争取德国的自由，而是嫌他由于对当代一切伟大的历史浪潮所产生的庸人的恐惧心理而牺牲了自己有时从心底出现的较正确的美感；我们并不是责备他做过宫臣，而是嫌他在拿破仑清扫德国这个庞大的奥吉亚斯的牛圈②的时候，竟能郑重其事地替德意志的一个微不足道的小宫廷做些毫无意义的事情和寻找'小小的乐趣'③。"④

恩格斯借对"歌德现象"的分析所展示的视野、原则、立场乃至情怀是多么值得我们深思啊！长期以来，不在少数的论者，甚至也包括部分马克思主义的研究者，往往从极端狭隘的意义上理解马克思主义观察社会、思考世界和评价历史的方式，把它归结为纯粹的唯物主义、单一的经济决定论、直观而机械的反映论和片面的阶级分析方法，等等。人们习惯用社会存在与社会意识的"二分法"来解释现实、时代及其演变，并且认为认

---

① 恩格斯：《诗歌和散文中的德国社会主义》，《马克思恩格斯全集》第4卷，人民出版社1958年版，第256—257页。

② 希腊神话中奥吉亚斯王的巨大的极其肮脏的牛圈。意思是指极端肮脏的地方。

③ menus plaisirs 意即"小小的乐趣"，也转意指"花在各种怪癖上的额外费用"。

④ 恩格斯：《诗歌和散文中的德国社会主义》，《马克思恩格斯全集》第4卷，人民出版社1958年版，第257页。

识、探究现实主要是了解社会的物质生产以及由其决定、支配的社会状况。其实这是对马克思主义社会结构学说和唯物史观的简单化、片面化的理解。与此不同,我们看到,恩格斯在探究社会现实时,特别重视对社会"理论"事件和精神现象的分析,因为在这些"理论"和"精神"的形式中反映和浓缩了复杂的社会现实的各个方面,既有物的因素、生产的根源,更有人的主体反映、建构和超越,也表征着人的精神的无限创造性以及不可摆脱的困境、矛盾和宿命。这才是社会认识中最最困难之点。

(原载《哲学动态》2011 年第 10 期)

社会再生产理论的构型与资本主义
批判理论的初步建构

——经济哲学语境中的《伦敦笔记》研究

孙乐强

《伦敦笔记》是马克思第三次经济学研究的原始记录。在这一笔记中，马克思在货币理论、社会再生产理论和资本主义危机理论方面，都取得了重要进展。首先，在货币理论上，马克思已经克服了"通货学派"和"银行学派"的缺陷，形成了自己独特的货币理论。在此基础上，马克思克服了李嘉图价值理论的基本缺陷，实现了对资本主义社会再生产理论的基本构型，并以此为基础，揭开了资本主义经济危机的内在根源，初步建构了资本主义批判理论。

一

在《哲学的贫困》中，马克思的货币理论显然还停留在李嘉图货币数量论的水平上。然而，1847年经济危机的爆发，为马克思看到李嘉图货币理论的缺陷提供了一个重要契机。危机爆发之前，在货币理论方面存在着两个互相对立的派别：一个是以琼斯·劳埃德、约·沃德·诺尔曼、威廉·克莱等为代表的通货学派，他们奉行李嘉图的货币数量论，虽然他们看到货币的不同职能，即充当流通手段的铸币与充当支付手段的信用货币，但是他们却认为二者是一回事，完全按照铸币的规律来发行银行券。另一派则是以图克、富拉顿和威尔逊等为代表的银行学派。他们认为，充当流通手段的货币和充当信用的货币（银行券）是完全不同的，进而强调把调节货币的规律同调节银行券的规律区分开来，反对完全按照铸币的规律来发行银行券。可以说，在危机之前，通货学派无疑占据了理论的上风，1844 年和 1845 年的银行法把这派信条变成了英格兰和苏格兰银行立法的基础，使这一信条成为整个银行实践的指导思想。但是，1847 年经济危机的爆发，宣告了通货学派在理论和实践上的双重破产，这为银行学派的反攻提供了口实。这种理论（银行学派）和事实（危机）上的双重触动必然促使马克思认真思考货币问题，而《伦敦笔记》恰恰就是从这两派的争论以及货币问题开始的。

马克思在 1850 年 9 月的 Ⅰ—Ⅲ 笔记本中详细摘录了"通货学派"和"银行学派"之间的论战著作。借助于银行学派，马克思逐渐认识到"通货学派"的缺陷。在此触动下，马克思又反过头来研究李嘉图的货币理论，于 1850 年 11—12 月的第Ⅳ笔记本中详细摘录了李嘉图《政治经济学和赋税原理》（1821 年伦敦第三版）中有关货币的论述，并起了一个标题"货币学说"。在摘录完李嘉图这段话"对货币的需求，不像对衣服或食物的需求那样有一定的数量。对货币的需求完全是由货币的价值决定的，而货币的价值又是由它的数量决定的"[①]。之后，马克思评价道："这是非常混乱的一章。李嘉图认为，黄金的生产费用只有在黄金的数量因此而增加或减少时才能产生影响，而这种影响只有很晚才会表现出来。另一方面，按照这种说法，流通中的货币量有多少是完全无关紧要的，因为流通的是许多价值低的金属还是少量价值高的金属，这是无关紧要的。"[②] 这段话表明马克思已经开始质疑李嘉图的货币理论。而在"货币［借贷］利息"的问题上，李嘉图也是一以贯之，用货币数量的变动来说明借贷利息，他总是首先假定货币数量的变动直接影响商品的价格，从而影响对信贷的需求，并由此来说明利息率的波动，在这里，他把借贷完全等同于铸币，用同样的规律来说明二者的运动。针对这种学说，马克思发表评论道："李嘉图为了考察利息率，他在这里如往常一样，首先是让货币量［的变动］直接影响商品的［价格］，其实借贷市场是由完全不同的其他情况决定的。"[③] 这段话表明，马克思开始反对李嘉图的观点，而赞同银行学派把信贷供求和流通手段区分开来的观点。

为了进一步深化对银行学派的认识，马克思于 1851 年年初开始在第

---

① 《马克思恩格斯全集》第 44 卷，人民出版社 1982 年版，第 81 页。
② 同上书，第 81—82 页。
③ 同上书，第 82 页。

Ⅴ笔记本上摘录《经济学家》上的文章，特别是它的主编威尔逊的文章。在对这些文章研究的基础上，马克思进一步确证，通货学派用货币的数量来决定商品价格的那套理论是错误的。① 这一结论集中反映在他在1851年2月3日写给恩格斯的信中，在这里，马克思果断地指出："我断定，除了在实践中永远不会出现但理论上完全可以设想的极其特殊的情况之外，即使在实行纯金属流通的情况下，金属货币的数量和它的增减，也同贵金属的流进或流出，同贸易的顺差或逆差，同汇率的有利或不利，没有任何关系。图克提出了同样的论断……你知道，这个问题是重要的。第一，这样一来，从根本上推翻了整个流通理论。第二，这证明，信用制度固然是危机的条件之一，但是危机过程所以和货币流通有关系，那只是因为国家政权疯狂地干预调节货币流通的工作，从而更加加深了当前的危机，就像1847年的情况那样。"② 由此来看，此时马克思已经接受了银行学派的观点，以此来驳斥李嘉图的货币数量论，这是马克思从经济学上超出《哲学的贫困》的重要一步。但针对银行学派自身的缺陷，此时马克思显然还无法辨识出来，这一点在后面的研究中才被制定出来的。

在接下来的研究中，马克思以货币为切入点，重新摘编了他所有的笔记本，包括《巴黎笔记》、《布鲁塞尔笔记》、《曼彻斯特笔记》和刚写的《伦敦笔记》，并在此基础上写成了一本专门的手稿《金银条块。完整的货币体系》（1851年3月）。从货币理论来看，这一手稿可以分为两个方面的内容：第一方面是厘清货币数量论的形成史，进一步批驳货币数量论；第二个方面是在银行学派的影响下研究货币与资本的区别。在这里，马克思对货币的探讨产生了一种全新的视角：从生产的维度来看货币的本质。"只有劳动可以自由交换货币，也就是说，只有同雇佣劳动制度联系在一起，货币制度本身才是纯粹的"③，因此，"流通取决于整个产业组织"④。一旦从资产阶级雇佣劳动的角度来看待货币，马克思必然能够清楚地看到，货币向资本的发展并不是一个自然的过程，而是资产阶级生产关系的

---

① 张钟朴：《从〈伦敦笔记〉到1857—1858年手稿的货币理论》，《马列主义研究资料》1983年第2辑，第46—47页。

② 《马克思恩格斯〈资本论〉书信集》，人民出版社1976年版，第33—34页。

③ 《马列主义研究资料》1984年第5辑，第27页。

④ 引自亚·马雷什《1850—1853年期间的经济学研究》，《马列主义研究资料》1982年第2辑，第64页。

产物；同样，货币之所以能够作为资本存在根源于生产过程（价值的余额），而不是由外在的流通决定的。正是因为马克思已经把思路由流通领域沉降到生产领域，才使马克思真正辨识出银行学派的谬误之处，从而使他能够超出银行学派的货币理论，制定自己的货币学说。

这一点集中体现在 1851 年 3—4 月写在第Ⅶ笔记本上的《反思》手稿中。银行学派虽然区分了货币的不同职能，但他们却无力理解货币与资本的差别。他们把实业家和实业家之间交易的信用货币叫做资本，把实业家和消费者之间交易的货币叫做货币，将二者严格地界划开来，并以此为基础来解释 1847 年的经济危机。他们认为，之所以会爆发经济危机，根本原因就在于缺少足够的信用货币，从而导致无法全部实现实业家与实业家之间的贸易，因此，危机中缺乏的并不是货币，而是资本和信用。针对这种学说，马克思在《反思》给予坚决的驳斥。马克思指出，划分货币与资本的标准并不是外在的流通，而是资本主义的生产关系，正是因为资本主义的生产能够带来一个"价值的余额"，货币才发展成为资本，这才是货币与资本之间的本质差异。不论是实业家与实业家之间的货币形式还是实业家与消费者之间的货币形式，在本质上都是流通手段，"即在真正贸易中的流通手段和在收入同商品即一部分资本相交换的流通手段"①，它们之间的差别只是货币不同职能的差别，是货币内部的差别，而不是资本与货币的差别。因此，银行学派"说在危机时全部问题在于缺乏信用而流通手段是无所谓的，这种说法是错误的……事实上缺乏的是流通手段"②。在这里，马克思的货币理论已经远远地超过了通货学派和银行学派，达到了一个全新的高度，为他后面制定科学的货币理论奠定了坚实的基础。

二

维·索·维戈茨基说："马克思的货币理论的成熟程度，是他的价值理论成熟程度的标志。"③ 我以为，这个判断是非常准确的。马克思的货币理论推进到什么程度，他的价值理论就会进展到什么程度。通过上面的分

---

① 引自亚·马雷什《1850—1853 年期间的经济学研究》，《马列主义研究资料》1982 年第 2 辑，第 64 页。

② 《马克思恩格斯全集》第 44 卷，人民出版社 1982 年版，第 157 页。

③ 维·索·维戈茨基：《〈资本论〉的创作史》，福建人民出版社 1982 年版，第 6 页。

析，我们可以看出，马克思已经将货币问题沉降到雇佣劳动的维度，从生产组织的角度来理解货币的本质。这就意味着，在马克思的视阈中，货币绝不仅仅是一个单纯的物，而是一种"建立在阶级对立之上的"① 社会关系。这种关系维度的强化，必然促使马克思加深对价值问题的理解，由此，也深化了他对资本主义社会再生产过程的理解。

此时马克思已经不再像《哲学的贫困》中那样停留在李嘉图的水平之上，货币问题的深化使马克思意识到李嘉图价值理论的缺陷，开始在更高的层面上批判后者的价值理论了。马克思指出，李嘉图固然也看到了价值与财富之间的不同，但他只是在概念上对二者做了区分，而没有从本质上对这两个范畴进行界定，仍然把使用价值看作资本主义生产的根本目的。"李嘉图只在概念上去分清价值与财富的区别，他消除不了困难。资产阶级的财富和资产阶级全部生产的目的是交换价值，而不是满足需要……商品生产的增长从来不是资产阶级生产的目的，价值生产的增长才是它的目的。"② 可见，马克思已经对资本主义生产的独特目的有了一定的了解。在此基础之上，马克思批判了李嘉图对"资本"的理解。他先是引述李嘉图的说法："资本是用于将来生产的目的的那部分国家财富，它可以和财富按照同样的方法增加。"③ 接着就批判道："李嘉图在这里把资本和构成资本的材料混为一谈了。财富只是资本的材料。资本总是重新供生产利用的价值总和；它不单是产品的总和，也不是为了去生产产品的，而是为了去生产价值的。"④ 物的维度与社会形式维度的区分已经成为马克思理论布展核心思路。

但如果仅仅依据这段话，将其等同于《雇佣劳动与资本》中的水平，显然又失之偏颇。在《雇佣劳动与资本》中，马克思虽然已经从关系的维度来解读资本，把资本理解为资本主义的生产关系，但是在那里，马克思显然对这种生产关系的实质还无法给出具体的解释，而到了这里，马克思已经对这种资本关系的实质作出了重要的推进：资本生产的目的就是获得"价值的余额"。那么，这种余额是怎么产生的呢？马克思认为，只能到生产过程中寻求。"为了做到他们之中的某个人在补偿总资本之后，手里还

---

① 《马克思恩格斯全集》第 44 卷，人民出版社 1982 年版，第 160 页。
② 同上书，第 109—110 页。
③ 同上书，第 110 页。
④ 同上书，第 110—111 页。

留下一些余额，这个余额本身必须存在。他们以欺诈的办法弄到的相对利润，只不过是全部余额的不平等的分配罢了。但要进行分配，就必须存在着待分配的东西：有了利润本身的存在，才可能有利润的不平等。因此，虽然个别的特殊利润可以由商业来说明，但商业却不能说明余额本身。如果提出关于整个工业资本家阶级的余额问题，那么，这样的说明一开始就毫无意义。因为用资本家作为阶级自己窃取自己的说法，是决不能说明这一余额的。"① 同样，用工业家阶级与土地所有者阶级之间的相互欺骗也是无法说明这一余额的，它只能是由工人阶级在生产过程中创造出来的，"这里涉及的问题是价值，而价值是相对的：它不是量，而是量对第三者的关系。这第三者只能是工人阶级……余额是这样产生的：工人从花费了20个工作日的产品中，只得到值10个等等工作日的产品"②。可见，马克思已经非常清晰地认识到，资本主义生产关系在本质上就是资本家无偿占有工人阶级创造出来的"价值余额"的奴役性关系。因此，资本主义的再生产过程无疑就是"用新价值创造新劳动，通过新劳动创造新价值"的过程，就是资本家与工人阶级之间奴役关系的再生产过程，这是马克思在狭义再生产理论上取得的重要推进。但是，我们必须要看到，这种狭义再生产理论离真正科学的层次还有一段距离，因为这里的价值理论显然还不是建立在具体劳动与抽象劳动的科学划分之上的，此时马克思还没有实现劳动到劳动力商品的转变。

其次，在广义再生产理论上，马克思此时已经搭建起初步的理论形态。在这里，马克思已经肯定斯密对两种贸易区分的积极意义，"贸易的区分——一方面是实业家和实业家之间的贸易，另一方面是实业家和消费者之间的贸易；前者是资本的转移，后者是收入和资本的交换；前者靠他们自己的货币来实现，后者靠他们自己的铸币来实现；——亚·斯密所作的这种区分是重要的"③。从总体来看，这里的实业家与实业家之间的贸易构成了后来第 I 部类的最初萌芽，而实业家与消费者之间的贸易则是后来第 II 部类的最初萌芽。此时，马克思已经突破了斯密对两种贸易之间的关系的论述。在斯密看来，一切商品的价格最终分解为工资和利润，也就是

---

① 《马克思恩格斯全集》中文第 1 版第 44 卷，人民出版社 1982 年版，第 140 页。

② 同上书，第 140—141 页。

③ 同上书，第 154 页。

说，一切商品的价格最终必然全部转化为消费基金，用于最终的个人消费，"实业家所卖的一切，终须卖归消费者。"这样当他在看待商品流通的时候，必然只会从一般简单商品流通入手，抬高实业家与消费者之间商品交换，看不到在再生产过程中用于补偿不变资本或生产资料部分的资本流通，因而，他必然会认为，"实业家彼此间流通的货物的价值，决不能超过实业家和消费者间流通的货物的价值"①。而此时马克思立足于危机的事实，反驳了斯密的错误结论。他指出，古典经济学家们都力图证明不可能发生生产过剩，断言前者之间的贸易额不会超出后者之间的贸易额，然而，"所有的危机事实上都表明，实业家和实业家之间的贸易，总是超出实业家和消费者之间的贸易为它设定的界限"②。以此来看，马克思确实是从社会总资本的流通和扩大再生产的角度来理解经济危机的。

但是我们必须要看到，这只是马克思广义再生产理论的最初级的形态，因为第一，广义再生产理论只有建立在科学的狭义再生产理论才是合法的，而此时马克思在狭义再生产理论上显然还没有突破"劳动商品"的缺陷，建立起科学的剩余价值理论。所以，此时的广义再生产只是一个最初级的形式，他显然还没有能力对两大部类之间的交换过程作出科学的分析，因而更无法揭示整个社会总资本再生产的详细过程。

第二，从马克思自身的理解来看，他像斯密一样，把实业家与实业家之间的贸易理解为"资本的转移"，把实业家与消费者之间的贸易看做"收入和资本的交换"，显然这种界定是无法涵盖两个部类之间所有流通过程的，比如收入与收入的交换。此外，实业家与实业家之间的交换并不总是资本的转移，它还可以是收入和资本之间的交换［第Ⅰ部类资本家（m）与第Ⅱ部类资本家（c）之间的交换］；实业家与消费者之间的交换也并不总是"收入和资本的交换"，它还可以是收入和收入的交换［第Ⅱ部类内部资本家（m）之间的交换］。犹如马克思后来评论的那样："'实业家'和'消费者'的说法也是不对的，因为实业家——生产资本家——在上述交换中同时表现为最终'消费者'。"③ 以此来看，将实业家与实业家之间的贸易看做后来的第Ⅰ部类的思想原型，将实业家与消费者之间的

---

① 亚当·斯密：《国民财富的性质和原因的研究》上卷，商务印书馆2008年版，第297页。译文有所改动。
② 《马克思恩格斯全集》第44卷，人民出版社1982年版，第154页。
③ 《马克思恩格斯全集》第48卷，人民出版社1985年版，第226页。

交换看做后来第 II 部类的思想原型，是绝对错误的。

第三，虽然马克思此时断言实业家与实业家之间的贸易总是超出实业家与消费者之间的贸易，但这一论断与后来在《1861—1863 年经济学手稿》和《资本论》第 2 卷中断言的含义存在着巨大差别。马克思这里的切入视角显然是危机，是通过危机的事实来反证两种不同贸易之间的关系，从而得出上述论断。而在《1861—1863 年经济学手稿》和《资本论》中，马克思的切入视角是不变资本的研究。在这时，马克思已经明确看到，不变资本是不可能完全通过实业家与消费者之间的交换进行弥补的，它只能依赖于实业家与实业家之间的流通。正是依据此，马克思才断言实业家与实业家之间的贸易必然超过实业家与消费者之间的贸易，这种断言是建立在广义再生产理论的成熟形态上的。与其相比，此处的断言显然还是一种最初级的形态，因为马克思还无法科学解剖这两种不同贸易的真正实质，这有待于剩余价值、不变资本和可变资本范畴的形成。

再次，日常意识的再生产。在《1848—1850 年法兰西阶级斗争》和《路易·波拿巴的雾月十八日》中，马克思已经看到无产阶级不仅会受到资产阶级国家意识形态的束缚，而且还会受到资产阶级经济社会产生的金钱拜物教的束缚。对于前者，马克思解释说，那是因为法国当时的工业还不发达，导致无产阶级把次一级的剥削形式比如高利贷、金融资本等当作他们最主要的敌人，而没有看到工业资产阶级的阶级本性，所以，才会受到工业资产阶级意识形态的迷惑。而对于金钱拜物教，马克思显然还没有给出合理的解释。而到了这里，马克思已经从资产阶级生产形式中找到了工人金钱拜物教的原因。

马克思指出，纯粹的货币制度是与资产阶级的生产形式紧密联系在一起的，在这个社会中，货币成为唯一的评判手段，"每个人必须拥有货币，才能进入消费贸易，也就是才有可能生活"①，拥有货币成为每一个人的生存状态。这就意味着，工人要想生存下去，就必须获得货币。依靠货币而生活，这并不是某些统治者的意识形态虚构，而是资产阶级生产方式产生的客观的必然形式。不论是工人还是资本家都生活在这种客观的金钱世界中，所以工人和资本家必然会把货币当作自己的目的，陷入到金钱拜物教的旋涡之中，并在日常意识中不断地把这种观念拜物教再生产出来。其

---

① 《马克思恩格斯全集》第 44 卷，人民出版社 1982 年版，第 159—160 页。

次，货币掩盖了工人与资本家之间的本质关系，蒙蔽了工人对阶级实质的判断。资本家与工人的关系是资本家无偿占有工人创造的"价值余额"的剥削关系，这是资本主义生产关系的实质。然而，一旦还原到货币上，这种关系就被掩盖起来了。"在货币的形式上，在金银或银行券的形式上，收入当然已经不能让人看出，它所归属的个人，只是作为属于某一阶级的个人，只是作为阶级的个人……［收入］转化为金银，抹杀和掩盖了阶级性质。由此造成了资产阶级社会中的表面上的平等。"① 这就意味着，只要工人停留在货币的层面，他就无法真实地理解他与资本家之间的本质关系，而是把资本家当作同他一样的买者和消费者，看作与他一样平等、自由的个体。货币对真实阶级关系的掩盖和抹杀致使工人无法看透资本主义生产关系的实质，无法剥离资本再生产过程带来的狡诈和欺骗性，而只会停留在外在的表象层面，陷入到金钱拜物教之中。

从以上的分析来看，马克思在此时显然已经基本形成再生产理论的基本构架：狭义再生产、广义再生产和生产当事人的日常意识的再生产，与前面的文本相比这是一个重大的进步，但这一进步显然还没有实现实质性的突破，不论狭义再生产还是广义再生产都还存在着重大缺陷：它们都还没有被置于科学的根基之上，劳动的二重性学说和科学的剩余价值理论还没有被制定出来，这也注定了此时的再生产理论（不论是狭义还是广义），不可能是马克思再生产理论的成熟形态，而只能被看作为再生产理论的基本构型。

<h2 style="text-align:center">三</h2>

马克思在价值理论和社会再生产理论上的推进，又不断深化了马克思的危机理论，逐层揭示了资本主义危机的内在根源，初步建立了资本主义批判理论。

在《1848—1850 年法兰西阶级斗争》中，马克思虽然把危机看作为生产力与资产阶级生产关系内在矛盾的外在体现，但对于这种"矛盾"本身马克思并没有揭示清楚。随着马克思经济学研究的深入，到了这里，马克思已经开始立足于资产阶级生产方式的内在矛盾来说明危机的原因了。

---

① 《马克思恩格斯全集》第 44 卷，人民出版社 1982 年版，第 161 页。

马克思在 1851 年 3 月的《金银条块。完整的货币体系》中指出："金和银作为货币在这里表现为媒介。交换行为分裂为彼此独立的买和卖行为。需求和供给。可见，货币的必然后果是这两个行为的分裂，这两个行为最终必然平衡，但是在每一既定时刻它们可能不协调，不合比例。因此，货币奠定了危机的基础。"① 然而，货币制度并不是自然的产物，它是与雇佣劳动紧密联系在一起的，没有资产阶级的生产组织，就不可能有纯粹的货币制度，那么，货币制度造成的危机在本质上决定于资产阶级的雇佣劳动制度，"商品不再是货币，它们不再换成货币。当然，这种缺乏被归咎于货币制度，归咎于货币制度的某种特殊形式。这是以货币制度的存在为基础的，同样，货币制度又以现有的生产方式为基础……在货币制度中不仅包含着［商品与货币］分离的可能性，而且已经存在着这种分离的现实性，并且这种情况证明，正是由于资本同货币相一致，资本不能实现其价值这一状况已经随着资本的存在，因而随着整个生产组织的存在而存在了。"② 因此，那种幻想通过改变货币制度来消除危机的人，简直就是愚蠢至极。危机的根源不在于货币制度，而在于货币制度的基础即现代资产阶级的生产方式的内在矛盾。

那么，这种内在矛盾究竟是什么呢？通过对李嘉图著作的进一步研究，马克思已经认识到，资本主义生产的目的绝不是为了单纯生产物质财富来满足人的需要，而是为了增加价值，此时马克思已经把价值与财富明确地区分开来。如果说在斯密、李嘉图那里，价值与财富（使用价值）的区分只是形式上的，那么，马克思则将这种划分看作实质上的划分。马克思意识到，在资本主义生产条件下，产品与价值之间的关系根本不是一致的，而是相互矛盾的，"生产力和商品生产的实际增长，是违背资产阶级生产的目的而进行的，价值增长在自己的运动中扬弃自己，转变为产品的增长，这种价值增长所产生的矛盾，是一切危机等等的基础。资产阶级的生产就是经常在这样的矛盾中打转的。"③ 资本主义生产的物质形态和社会形式之间的冲突，即使用价值与价值之间的矛盾构成资本主义不平衡发展的原因。以此来看，马克思已经把使用价值看做为资本主义生产的物质规

① 引自亚·马雷什《1850—1853 年期间的经济学研究》，《马列主义研究资料》1982 年第 2 辑，第 62 页。

② 《马克思恩格斯全集》第 44 卷，人民出版社 1982 年版，第 158—159 页。

③ 同上书，第 110 页。

定，把价值看做为资本主义生产的形式规定，并指认了二者之间的矛盾，这与《哲学的贫困》相比已经深化了不少，也为后面科学价值理论的形成奠定了基础。

但是，马克思并没有停留在这一层面，而是进一步追问：为什么随着价值的增长，资产阶级社会会爆发危机呢？马克思认为，最根本的原因在于资本主义生产组织和生产方式的本质，在于资本主义制度下资本家和工人阶级之间的根本矛盾，"生产过剩不只归因于生产的不合比例，而且也归因于资本家阶级和工人阶级之间的关系。"① 资产阶级生产的目的是为了更大限度地增殖价值，剥夺工人生产出来的"价值余额"，因而它必然会把工人的收入限制在最低限度内。而"最大的消费者阶级即工人所购买的物品的范围和品种，受他们的收入本身的性质的限制"②，受到资本主义生产关系的限制。这就意味着，工人用于消费的份额必然会相对较小，这样就引发了价值与使用价值的矛盾：随着价值的增长，使用价值也在不断增长，然而用于消费使用价值的收入却被死死地限制在最低限度之内，导致实业家与实业家之间的贸易远远超过实业家与消费者之间的交换，供给远远大于需求，从而引发资产阶级的生产危机。以此来看，马克思的危机理论是建立在资本主义生产关系和两部类之间再生产之上的，危机的根本原因不在于缺少货币，不在于缺少一般的需求，而在于资本主义生产关系的内在矛盾即工人与资本家阶级之间的根本矛盾，这是资本主义再生产永远不可能跨越的界限。

（原载《现代哲学》2011 年第 4 期）

---

① 《马克思恩格斯全集》第 44 卷，人民出版社 1982 年版，第 156 页。
② 同上书，第 162 页。

国外马克思主义研究

戈尔巴乔夫改革
与弗罗洛夫哲学

　　戈尔巴乔夫改革导致的苏联解体,[①] 有一系列复杂原因,其中有某种历史必然性,戈尔巴乔夫个人也难辞其咎。[②] 具体而言,苏联原有的以高度集中的计划经济为基础的社会体制必须改革,这是由客观的历史原因决定的,但是改革演变为社会灾难,主要责任在戈尔巴乔夫本人。正是他为改革确定的人道民主的社会主义目标和民主化公开性方针,使得改革引起的社会变化失去控制。这是酿成苏联剧变的主要原因。改革的客观必然性和戈尔巴乔夫错误的方针政策构成了苏联剧变的客观因素与主观因素,它们缠绕纠结,共同作用,使问题变得十分复杂。本文无意于对问题做全面分析,其宗旨是从一个角度,哲学的角度,对这场巨变的主观因素即戈尔巴乔夫的有关思想加以分析。从这样的角度出发我们会看到,戈尔巴乔夫之所以提出上述目标与方针,与苏联哲学,并且主要通过苏联哲学与俄罗斯历史传统及文化,紧密相关。戈尔巴乔夫改革只有在俄罗斯历史和俄罗斯文化的大背景下才能真正理解,考察苏联哲学的作用,是深刻认识戈尔巴乔夫改革的关键。

---

　　① "苏联解体"一词在俄罗斯主要指多民族国家苏联不复存在,在我国具有更多的意识形态色彩,除社会主义苏联解体外主要用以表达苏共退出舞台和社会主义制度终结。

　　② 在对戈尔巴乔夫改革的研究中,一种观点强调戈尔巴乔夫个人的作用,另一种观点把改革引起的社会巨变视为苏联社会主义制度不可避免的历史命运。这些看法都有片面性。相比之下美国学者大卫·科兹的意见比较全面。参见大卫·科兹《来自上层的革命》第3章,中国人民大学出版社2008年版。

一

人所共知，直接搞垮苏联并迫使戈尔巴乔夫下台的，是叶利钦。叶利钦高调退出苏共、推动多党制、镇压"8·19"事件、签订别洛韦日协议直至"炮打白宫"，最终彻底终结了社会主义苏联的存在。然而为什么叶利钦能够拥有这种呼风唤雨、为所欲为的能力？原因在于戈尔巴乔夫改革的方针政策。

1985年3月戈尔巴乔夫就任苏共中央总书记，4月召开中央全会，提出加速苏联社会和经济发展的方针。1986年2月苏共27大召开，正式打出改革的旗帜。1987年1月苏共召开"一月全会"，在这次会议上，改革的基本方针得到确定，这就是民主化、公开性。戈尔巴乔夫在"一月全会"上说："民主不是一个简单的口号，而是改革的实质。"[①] 实现民主的根本途径是完善选举与监督制度，为此，必须实行公开性原则。公开性即主张"在苏联社会不应当有不能批评的禁区"，[②] 放开对新闻舆论的集中控制。民主化、公开性方针一问世，很快掀起一场以揭露阴暗面为特征的历史反思运动。一方面形形色色的反苏、反共、反社会主义力量抓住机会发动宣传攻势；另一方面，对广大群众而言，正面宣传早已耳熟能详，倒是关于社会主义苏联70年历史中阴暗面的种种传闻具有刺激性、新鲜感，有关出版物因而分外畅销。一时间，广播、电视、电影、报纸、杂志、书籍，乃至学术会议、课堂、教研室活动，无不为批评社会主义制度和马克思列宁主义的内容所充斥。

这样一场旷日持久的宣传运动，直接后果是社会主义苏联威信扫地。一项具有权威性的社会调查指出：1990年，32%的苏联人认为苏联应以美国为榜样，同样有32%的人主张以日本为榜样，此外还分别有17%、11%的人认为苏联的榜样应该是德国和瑞典（有4%的人主张以中国为榜

---

① 戈尔巴乔夫：《关于改革与党的干部政策》，莫斯科新闻出版社1987年中文版，第26页。

② 同上书，第32页。推行公开性方针三年后，1990年6月苏联通过法律正式取消出版物的政治审查。

样进行改革）。① 1989 年 11 月 7 日十月革命纪念日，也即苏联的国庆节，莫斯科的群众游行队伍中出现这样的口号："反对一切形式的专制制度！"、"取消宪法第 6 条！"②、"十月政变③——俄罗斯的灾难！"、"伟大的十月成了伟大的欺骗！"、"永恒的光荣属于最早的改革者——1921 年喀琅斯塔得的水兵们！"④ 1990 年，苏联电影工作者协会所属的"自由论坛"俱乐部与科学院哲学研究所联合举行题为"马克思主义死亡了吗？"的讨论会，一位发言者引用另一位作者的这样一段话来说明马克思主义在当时苏联的处境："审判还没有开始，指控还没有提出，眼下，马克思主义还只是不再成为时髦。谈论和引证马克思主义已成为愚蠢的做法。马克思主义被沉默之墙包围，经典的斯大林风格的社会舆论正在一步一步地准备批准对自己昔日的偶像的摧残……"⑤

民主化、公开性方针引起了苏联社会的一系列深刻变化，启动了一条一旦启动任何人都无法改变、阻止的逻辑链条。社会主义和苏共威信扫地，人心思变，戈尔巴乔夫失去对局势的控制，反共旗手叶利钦上台不可避免。苏联解体，是链条的最后一环。

本文重复人所共知的上述事实，旨在强调苏联改革的灾难性后果与戈尔巴乔夫提出民主化、公开性方针有关。但是为什么戈尔巴乔夫要提出这样的方针？原因是他的思想深处有一种强烈的人道主义。

这种人道主义思想在戈尔巴乔夫关于改革的一系列论述中都有突出表现。他在 1989 年这样评价苏联的社会主义制度："斯大林对社会主义的歪曲使得马克思、列宁对社会主义的理解中最主要的东西不复存在了，这就是：人是目的而不是手段。取代每一个人的自由发展是一切人的自由发展的条件这一思想的，是把人作为党和国家机器上的'螺丝钉'的思想，是

---

① 见 1995 年 10 月 13 日《消息报》。本日《消息报》披露的材料还表明，苏联解体以后，由于民主派西化实践的失败，到 1992 年，只有 13% 的俄罗斯人崇拜美国模式，12% 崇拜日本模式，7% 崇拜德国模式。1995 年年末，认为西方模式适合于俄罗斯的人总共不到 25%。

② 该条款规定只能由苏共一党执政。1990 年被取消。

③ 指十月革命。

④ 这些水兵于 1921 年年初发动反对苏维埃政府的叛乱，很快被镇压。以上材料引自 А. Авторнанов, *Ленин в судьбе России*. 1990. C. 468—469。

⑤ Вопросы философии. 1990. №10. C. 19.

把劳动人民作为这一机器的'传送带'的思想。"① 他还在 1988 年说："我们把社会主义看作一种真正的、现实的人道主义制度，在社会主义制度下，人在实际上成为'一切事物的尺度'。社会的一切发展，从经济到精神—意识形态，目的都在于满足人的需要，都在于促进人的全面发展。……当谈到作为向共产主义迈进的一个重要阶段的我国社会的崭新状况时，我们所指的正是社会主义的这种民主的、人道的面貌。"② 基于这样的思想，他提出："通过改革赋予社会主义以新的活力，揭示社会主义制度的潜在力量，克服物质财产、生产资料、政治生活、政权、文化等对人的异化。我认为，这是真正的马克思主义的提法，它的中心是人。我们打算如何实现这一构想呢？答案就在上述构想本身之中，即：通过民主化和公开性，通过改造所有制关系和我国社会的政治结构，通过道德领域和全部精神生活的健康化。一句话，通过把人看作目的而不是手段。"③ 读到这些论述，人道主义热情扑面而来。然而这是一种抽象的人道主义。戈尔巴乔夫认为通过"民主化、公开性"就能消除社会中的异化现象，使人道主义得到实现，纯属空想。不仅如此，一旦用这种抽象的人道主义指导实践，一方面将带来社会实践的失败，另一方面会在解决问题的客观条件不成熟的情况下燃起人们对现实的强烈不满，从而导致社会混乱。在这里，他显得十分幼稚，连封建沙皇的政治智慧都没有。俄国女沙皇叶卡捷琳娜二世出于对 18 世纪法国启蒙思想家的仰慕，曾邀请狄德罗访问俄国并虚心向他请教，不久她看出了狄德罗诱人的说教中包含的危险，对他说："狄德罗先生，我非常高兴地聆听了体现您伟大思想的高见；不过，用您谈的这些大道理——我都非常理解，可以写一些好书，用来实践，却会把事情搞坏。在您的改良计划中，您忘掉了我们两人地位的差别：您只是在纸上工作，纸是逆来顺受、千篇一律、柔软灵活的，既不妨碍您的思路，也不抗拒您的笔锋。而我是一个可怜的女皇，要在一个怕痒疼、爱发火的人身上工作。"④ 叶卡捷琳娜并不否认狄德罗的思想是有价值的，只是说如果把它们用于实践，会把事情搞坏，因为有价值的思想能否用于实践要看

---

① Горбачёв М. С. *Идея социализма и революционная перестройка* \ \ Правда. 1989. 26. Ноября.

② *Материалы 19 конгресса КПСС.* М., 1988. С. 87、88.

③ См. Правда. 1989. 30. Октября.

④ 亨利·特罗亚：《风流女皇叶卡捷琳娜二世》，世界知识出版社 1983 年版，第 64 页。

客观条件，看具体国情。毛泽东曾经说："一个高级社（现在叫生产队）一条错误，七十几万个七十几万条错误，要登报，一年登到头也登不完。这样结果如何？国家必垮台。就是帝国主义不来，人民也要起来革命，把我们这些人统统打倒。办一张专讲坏话的报纸，不要说一年，一个星期也会灭亡的，大家无心工作了。"① 相比毛泽东，戈尔巴乔夫的民主化、公开性方针简直幼稚得无以复加。他不懂得对于俄罗斯这样的大国，现代化是一个复杂的长期的渐进的过程，掌舵人必须一切从实际出发，循序渐进，如履薄冰、如临深渊，否则是要翻车的。在国家的经济没有重大发展、人民的物质生活没有显著改善的情况下无休止地揭露社会的黑暗面，不要说社会生活民主化无法实现，社会动荡甚至冲突不可避免。

作为苏联的最高领导人，戈尔巴乔夫为什么会犯这样的错误？原因只有一个：他用以指导改革的思想是一种无视客观实际的抽象的人道主义。如果再进一步探寻这种抽象人道主义思想的来源，我们会看到，主要是因为他受到了人道主义化的苏联哲学的深刻影响。

二

戈尔巴乔夫的抽象人道主义思想以及相应的民主化、公开性方针，直接来源于哲学家 И. Т. 弗罗洛夫。

弗罗洛夫是 20 世纪后半叶俄罗斯最重要的哲学家，改革期间被戈尔巴乔夫高度倚重。1985 年戈尔巴乔夫上台，1986 年弗罗洛夫被任命为苏共中央机关刊物《共产党人》主编，1987 年担任戈尔巴乔夫的顾问，1989 年担任苏共中央书记、《真理报》主编，1990 年苏共 28 大上成为苏共中央政治局委员，28 大的筹备会上曾被提名为苏共中央副总书记的人选。1999 年弗罗洛夫在中国杭州去世，2001 年戈尔巴乔夫撰文纪念，称他为杰出的、真正的、有教养的、有原则的、勇敢的人。② 说到与弗罗洛夫的交往，戈尔巴乔夫称："对我而言，弗罗洛夫最初的'名片'是他从1968 年起担任主编的《哲学问题》新出的刊物。我和夫人赖莎不仅是《哲学问题》多年的老订户，而且更重要的是，我们是对该刊抱有浓厚兴

---

① 李锐：《庐山会议实录》（增订版），河南人民出版社 1995 年版，第 134 页。

② 见 *Академик Иван Тимофеевич Фролов*. М.，Наука. 2001. С. 336。

趣的读者，因为赖莎是讲授哲学、社会学、伦理学的高校教师，一直在关注莫斯科和国外的学术争论。"

关于自己对戈尔巴乔夫的影响，弗罗洛夫曾做过比较详细的说明，完全印证了戈尔巴乔夫的说法。他说：在 20 世纪 70 年代和 80 年代初，以他为首的苏联哲学家通过对全球性问题的研究得出必须立即实行人道主义的结论。

> 他带着这样的思想走到了改革的开始阶段。显然，改革的观念不是凭空产生的，后来戈尔巴乔夫不止一次地谈到这一点。戈尔巴乔夫强调，他还在斯塔夫罗波尔工作时就一直关注《哲学问题》上的文章，那时我是这个杂志的主编。他阅读了我的许多关于全球性问题以及人和人道主义问题的著作。他的夫人赖莎毕业于莫斯科大学哲学系，可能在这里起了一定的作用。……新的政治思维，优先考虑全人类的、全球性的价值和问题，也就是和平、裁军、环境、人口等问题，成为改革的根本性因素。最终而言就是必须优先考虑人和人的未来。这些思想改革以前就有了，不过遇到了阻力。因为，如我所说的，那时在我们的意识形态中占据首位的是阶级的利益而不是全人类的利益。
>
> 戈尔巴乔夫的功劳，改革的功劳，在于把这些全球性的、全人类的问题提到了政治的层面上，承认普遍性文明的过程高于社会形态（资本主义、社会主义）。①

弗罗洛夫称，不仅是一般的思想观念，戈尔巴乔夫改革中的许多具体做法都受到他的直接影响。例如他说，戈尔巴乔夫起初并不接受他关于新思维的思想。他曾经就此与戈尔巴乔夫通了多次电话，进行了很多争论，戈尔巴乔夫后来才使用了新思维这一提法，而且作为政治权威和自己的理由引用了列宁的话（列宁在第一个党纲的草案中，曾经说过反专制斗争的一般民主任务高于无产阶级的阶级利益）。直到 "1986 年在《共产党人》杂志的文章中，戈尔巴乔夫才第一次说：'时代要求新的思维'，而我，为

---

① *Философия России второй половины* X X *века*，*Иван. Тимофеевич Фролов.* М.，РОССПЭН，2010. C. 513.

自己以某种方式促进了戈尔巴乔夫这一思想的形成而感到骄傲。"① 人所共知，人道的民主的社会主义是戈尔巴乔夫为改革设定的基本目标，弗罗洛夫说，人道的民主的社会主义这一提法正是他向戈尔巴乔夫提出的。② 他还说，1987 年 4 月他担任戈尔巴乔夫的助手之后接受的第一个任务，是为戈尔巴乔夫起草代表党中央在纪念十月革命 70 周年大会上的报告。"这个报告里有许多新的提法，包括对我国历史的新理解。我努力在报告中从正面提到布哈林的名字（为此我还把 Ct. 科恩关于布哈林的书寄到克里米亚给戈尔巴乔夫，把书中的全部重点之处给他标出来），亲手把正面提到布哈林，还有赫鲁晓夫……以及苏共 20 大和'解冻'的想法写给他。"这些事情泄露到社会上，人们得到相关信息。因为有了官方依据，公开性方针实行后出现的对社会阴暗面的批评很快成为一场历史反思运动。③ 1991 年"8·19"事件后，弗罗洛夫认为博罗兹科夫、利加乔夫、久加诺夫等俄共领导人对这场危机负有重要责任。他说："戈尔巴乔夫几次问我：'在你看来，我们面前的主要危险是什么？'我总是回答：'来自右派的危险。'我所指的就是俄罗斯联邦共产党的领导人。他不说话，但是同意了。"④

弗罗洛夫用来影响戈尔巴乔夫的思想，总起来讲就是人道主义。关于自己对改革的理解，他说："对我来讲，改革是经过多年的极权政治和对人的镇压之后的精神复兴，是人和人道主义的复兴。"⑤

弗罗洛夫不仅用自己的人道主义思想影响戈尔巴乔夫，而且利用一切途径制造社会影响。成为戈尔巴乔夫的助手后，弗罗洛夫一手组织了戈尔巴乔夫与俄罗斯东正教大牧首的历史性会见，"这次会见对于官方与在普通俄罗斯人中享有很高威信的东正教教会的'和解'起了重大作用：会见之后将近 800 座教堂立即被开放"⑥。1989 年弗罗洛夫主编的哲学教材《哲学导论》出版，目的是取代使用多年的正统教材《马克思列宁主义哲

---

① *Философия России второй половины* X X *века*, Иван. Тимофеевич Фролов. М. ，РОССПЭН，2010. C. 514.

② 见 *Философия России второй половины* X X *века*，Иван. Тимофеевич Фролов. М. ，РОССПЭН，2010. C. 528.

③ Ibid. ，C. 519.

④ *Философия России второй половины* X X *века*，Иван. Тимофеевич Фролов. М. ，РОССПЭН，2010. C. 522.

⑤ Ibid. ，C. 513.

⑥ Ibid. ，C. 523.

学原理》。关于这本教材，他说："它将不是一本一般的教材，而是新人道主义哲学的教材，我们的教材。"①

弗罗洛夫哲学思想影响之大从《哲学问题》的发行量也可看出：1982年为2万5千至2万7千册，1989年5万2千册，1990年达到8万5千4百册，而且出版之后很快销售一空。苏联官方电视台还首次开播"哲学谈话"节目，给了哲学家在广大民众面前讨论苏联社会和文化中的各种紧迫问题的机会。

弗罗洛夫的人道主义思想一方面直接影响了戈尔巴乔夫，另一方面通过改变社会舆论为戈尔巴乔夫改革提供了思想准备。他对改革的影响是显而易见的。他能对苏联改革发挥如此重大的影响绝非偶然，因为人道主义化是斯大林去世后整个苏联哲学发展的基本趋势，而这一趋势的出现有着复杂的原因，一定程度上说是历史的必然。弗罗洛夫本人，则是得到公认的这一趋势的集中代表。

人道主义化趋势的出现是苏联和东欧各社会主义国家马克思主义哲学发展中的普遍现象。就苏联而言，赫鲁晓夫在苏共20大上对斯大林阶级斗争扩大化的批判把对人和人的价值的尊重问题突出地摆在苏联人的面前，苏共22大提出"一切为了人，一切为了人的幸福"的口号率先举起了人道主义的旗帜。另一方面苏联在1980年人均GDP达到4550美元，1975年前后全民普及了8年制教育，这些因素使苏联进入社会发展的敏感阶段，人的问题进一步凸显。当然西方国家以人道主义为旗帜对苏联的宣传攻势，包括西方马克思主义哲学对苏联哲学的影响，也有力地促进了人道主义思潮在苏联的兴起。以上变化相互推动、相互激荡，苏联长期奉行的以高度集中为特征的斯大林模式渐渐遭到人们的怀疑、诟病甚至抛弃。俄罗斯著名哲学家列克托尔斯基说：苏联坦克进入布拉格"不仅仅终结了'布拉格之春'，而且终结了人们对于在苏联更新社会主义的希望。哲学运动的许多参加者对于在50年代末和60年代使他们受到鼓舞的幼稚的唯科学主义产生失望，逐渐把独立的而不是由认识论和方法论研究派生出来的人类学问题摆在第一位。不少从事人类学研究的哲学家告别马克思主义，开始掌握西方哲学和俄罗斯传统哲学的现象学的、存在主义的思想，而在

① *Философия России второй половины* XX *века*, *Иван. Тимофеевич Фролов*. М. , РОССПЭН, 2010, C. 69.

某些情况下，对马克思的思想予以存在主义人类学的解释。"①

但是，弗罗洛夫之所以成为苏联哲学人道主义化的代表人物，其思想之所以产生广泛的社会影响，有一个特殊原因，这就是他紧紧抓住了核战争以及资源枯竭、环境恶化等威胁人类生存的全球性问题。这些问题的确客观存在，其危险确实超越了民族的、阶级的界限，具有全人类性，由于各种原因它们受到苏联广大民众的深切关注。1972 年罗马俱乐部发表第一个报告《增长的极限》，报告问世后 6 个月弗罗洛夫便在《哲学问题》编辑部组织研讨会，讨论人类面临的生存危机问题。В. С. 斯焦宾院士称弗罗洛夫天生具有领袖气质，"他率先开始谈论全球性问题以及使科学技术进步人道主义化的必要性，谈论对现代科学活动实行伦理学调控、必须积极研究人的问题并在研究中运用综合的跨学科的方法，等等问题。"②哲学家 С. Н. 科尔萨科夫说："弗罗洛夫成为苏联哲学的真正的领袖：作为学者，他自己思想的创造性发展，以其宽阔的视野与创新性为一大批研究者确立了方向，事实上勾画出了哲学在现时代应当研究的问题。"③他又说：弗罗洛夫强调"科学技术革命的现代生物学阶段为对人的遗传、生理、心理施加影响提供了前所未有的可能性，在异化社会里运用这些可能性，将不可避免地给保持人的心理稳定，保存整个人类社会以及人类文化，造成危险。在这个意义上，按照弗罗洛夫的意见，确立并捍卫人道主义，克服个人在劳动中和社会中的异化，赋予社会与日益全球化的世界相适应的现代面貌，成为中心任务"④。弗罗洛夫呼吁实现"人、科学、人道主义的综合"，呼吁在一切活动中都要把人道主义放到第一位——"人道主义是一种人的优先地位具有决定性意义的精神价值体系，它在今天成为哲学、科学和整个文化中的主要的核心观念。"⑤

正因为弗罗洛夫宣传的人道主义建立核战争和环境恶化等全球性问题对人类生存的现实威胁的研究之上，他的思想在苏联很快引起共鸣，得到从学术界到普通民众的广泛接受。其中也包括戈尔巴乔夫夫妇。上世纪整

① *Как это было：Воспоминания и размышления.* М.，2010. С. 11.

② *Философия России второй половины* XX *века，Иван. Тимофеевич Фролов.* М.，РОССПЭН，2010. С. 52.

③ Ibid.，С. 30。参见 *Академик Иван Тимофеевич Фролов.* М.，Наука. 2001. С. 101。

④ *Философия России второй половины* XX *века，Иван. Тимофеевич Фролов.* М.，РОССПЭН，2010. С. 35.

⑤ *Академик Иван Тимофеевич Фролов.* М.，Наука. 2001. С. 561.

个 70 年代和 80 年代，直到苏联解体之前，人的研究成为苏联哲学的核心问题，渗透到社会生活的一切领域。到 90 年代初，苏联建立了世界上独一无二的人研究所，出版了学术刊物《人》。

对人和人道主义问题给予高度关注是马克思主义和社会主义的题中应有之义，共产主义就是人道主义的真正的、彻底的实现。但是问题在于，马克思主义和其他人道主义理论是有根本区别的：它突出强调各种客观条件对人的制约，强调人的异化、人道主义的丧失以及人的本质回归和人道主义实现，不取决于人的愿望，而是由各种客观条件，主要是物质生产力决定的。无视客观条件对人道主义的实现途径及步骤的制约，是抽象人道主义的特点。弗罗洛夫所宣传的正是这样的抽象人道主义。

弗罗洛夫的相关思想集中体现在他的 "新人道主义"① 理论中。直到生命结束，弗罗洛夫都是真诚的马克思主义者。他一再强调他的人道主义是现实的、科学的，是从马克思的人道主义思想出发的。罗马俱乐部的创始人贝切伊写有《人的素质》一书，把全球性问题的根源归结为人的素质。弗罗洛夫多次批评贝切伊的思想是抽象人道主义：贝切伊等人 "常常不去分析世界发展中危机现象的具体社会经济原因与根源，相应地也没有指出消除这些危机现象的现实的社会政治可能性与方法。他们的基本立足点是改变意识和道德，创建新的 '有全球眼光的' 世界观，建立新的 '世界意识'、'全球性文化精神'，等等。……他们说：全球性问题的解决以及人类的未来，现在直接依赖于改变 '人的素质'，依赖于人的人道主义目标、意识和道德。"② 弗罗洛夫说他的新人道主义是马克思在 19 世纪中叶创建的科学人道主义，"新人道主义不仅是科学的，而且也是现实的，它依据的是把人类的高尚理想、'世界性的同情心'（陀思妥耶夫斯基）作为利己主义和一切形式的思想狂热的对立面，贯彻到生活中的实践活动"③。概括而言，他认为他的人道主义不是道德说教，而是表现为改造现实生活的实践活动。他说："真正的人道主义只有在存在民主、自由时才是可能的。民主、自由是一种巨大的价值，如果没有这一价值，国家和全

① 见 И. Т. Фролов. *Выступление на Христианской мировой конференции в 1988 г. // Академик Иван Тимофиеевич Фролов.* С. 512。又见 И. Т. Фролов. *Новый гуманизм. // Свободная мысль.* 1997. No 4。

② *Академик Иван Тимофеевич Фролов.* М.，Наука，2001. С. 404.

③ Ibid. .

球范围的进步就不可思议。"① 正因为如此，他竭力使戈尔巴乔夫改革成为以人道民主的社会主义为目标改造苏联的社会实践运动，一旦付诸实践，人道主义便不是抽象的。

这里他完全误解了马克思的人道主义思想。共产主义是人道主义的彻底实现，它的科学性主要不在于它的实现建立在改造现实社会的实践活动上，而在于这些活动本身必须从客观现实条件，主要是从受物质生产力制约的社会发展状况出发。贯彻人类高尚理想但无视客观条件的实践活动本身也是抽象的，也要失败。② 弗罗洛夫的新人道主义面对的问题是现实的，但是解决问题的方法、步骤未必是科学的。戈尔巴乔夫改革的失败，原因在于他接受了弗罗洛夫的抽象人道主义，想通过改革实践使苏联社会人道主义化，而改革的具体措施则完全脱离实际。知识分子弗罗洛夫的主张是可以理解的，政治家戈尔巴乔夫在改革实践中照搬这些主张，则表现得非常幼稚。

三

弗罗洛夫的抽象人道主义思想、苏联哲学的人道化以及它们对戈尔巴乔夫改革发挥的影响，与俄罗斯的文化、历史及民族性格有着深刻的联系。

在讲到自己思想的形成时，弗罗洛夫一再强调他深受俄罗斯传统文化的影响。他说，在笃信宗教的母亲的培养下，他从小便熟知基督教传统，晚年又重读基督教的"圣书"，获益良多。他又说："当然了，过去对我影响最大并一直在影响我的，是那些伟大哲学家们的著作，是俄罗斯的文学和科学，例如托尔斯泰、陀思妥耶夫斯基、契诃夫……"③ 他还说："索罗维约夫是唯心主义者，而别尔加耶夫甚至是反共主义者。但是我研究他们不仅仅是为了了解他们。我热爱他们，这些思想家。"④ 弗罗洛夫经常在自

---

① *Академик Иван Тимофеевич Фролов.* М.，Наука，2001，C. 571.
② 莫泽斯·赫斯的"行动的哲学"以及毛泽东晚年的阶级斗争决定论，就是这样的抽象理论。
③ *Философия России второй половины* X X *века，Иван. Тимофеевич Фролов.* М.，РОССПЭН，2010. C. 536.
④ Ibid.，C. 523.

己的著作中引证 Л. 托尔斯泰、Ф. 陀思妥耶夫斯基、Вл. 索罗维约夫、Н. 别尔加耶夫等人。

俄罗斯是后发展国家，它的传统文化带有前现代性质，但是与其他后发展国家相比，俄罗斯文化具有鲜明特点，其中最重要的是它的宗教性。这是俄罗斯文化的根本特点。

这一特点有众多表现。第一是它的超越性。俄罗斯文化没有经历过文艺复兴和启蒙运动的洗礼，它把精神追求放在高于一切的地位，主要关注"天上"的生活和精神世界。现世的幸福，物质富足、欲望满足，被忽视甚至拒斥。孜孜追求金钱的小市民在俄罗斯受到鄙视。完善的道德、对他人的爱、精神自由、社会公正，是俄罗斯文化追求的主要目标。与上述特点相关，人们拒绝科学理性对人的支配。为了生产更多的物质财富，人必须认识并遵从科学规律。但俄罗斯人往往认为，对外在客观规律的服从意味着人的精神自由的丧失，而这是不能忍受的。陀思妥耶夫斯基的名言"二二得四就是死亡的开始"，集中表现了俄罗斯文化拒绝科学理性支配人的决心。

第二，与上述特点相关，俄罗斯人向往以教会为中介通过爱的纽带实现人与人的和谐友爱。西方资本主义社会无产阶级的贫困、堕落，人与人的对立、冲突，社会的阶级分裂、阶级斗争，使俄罗斯知识分子看到了阶级划分和为利益而争夺的丑恶，看到了宗教的积极作用。他们的作品充满了对上帝的景仰和对人类之爱的赞美与呼唤。道德高于利益，唯道德主义者托尔斯泰受到普遍推崇。

第三是它的救世主义情怀。深刻的宗教性使俄罗斯文化越出狭隘的民族界限，遵从神的教导，以关心全人类的冷暖命运为己任。1453 年东正教的中心拜占庭帝国灭亡，到 16 世纪初，莫斯科公国宣称前两个基督教国家——罗马帝国和拜占庭帝国都已崩溃，莫斯科是继罗马、君士坦丁堡之后的"第三罗马"，是新的基督教信仰的中心和保护者，负有拯救整个世界的使命。这种救世主义情怀被深深植入俄罗斯文化之中，历久不衰。"十月革命"后列宁宣布成立第三国际，是"第三罗马"和它体现的救世主义的再现。①

---

① 上述关于俄罗斯文化宗教性三种表现的论述参考了 Н. А. 别尔加耶夫的《俄罗斯思想》和 В. В. 津科夫斯基的《俄国哲学史》。

　　具有如此浓厚宗教色彩的俄罗斯文化与适应工业文明需要高举个人主
义、享乐主义、理性主义旗帜的西方现代文化格格不入。对西方文化和西
方工业文明道路的批判，是19世纪至今俄罗斯思想文化领域的基本内容。
它贯穿于斯拉夫主义与西欧主义的论战、陀思妥耶夫斯基以及托尔斯泰等
人的文学创作以及俄罗斯哲学之中。陀思妥耶夫斯基指出，西方文明主张
人依靠科学理性追求自己的物质利益，但这必然导致血腥的战争："你们
注意到了没有，最狡猾的血腥屠杀者几乎都是最文明的大人先生们，……
人一旦有了文化，即使不是变得更为嗜血成性，那也一定会变得比以前的
嗜血成性更坏、更丑恶。他从前在血腥屠杀里看到的是正义，于是便心安
理得地去消灭该消灭的人；（指中世纪与异教徒的战争——引用者）而如
今我们即使认为血腥屠杀是丑恶行为，但仍然干着这丑恶行为，而且比以
前干得更多。"① 陀思妥耶夫斯基还强调科学理性的盛行会扼杀人的个性，
使人变成蚂蚁、绵羊、风琴上的琴键、销钉。他说：理性是个好东西，这
用不着争辩，但它不是人的生活的全部，只是它的二十分之一。当只有二
二得四时兴的时候，还说得上什么自己的意志呀？二二即便没有我的意志
也是得四。他主张人为了自由个性而与科学理性抗争："二二得四毕竟是
很讨厌的东西。二二得四——依我看来那只不过是耍无赖。二二得四它横
眉竖目、双手叉腰站着挡住了你们的去路并吐着唾沫。我同意二二得四是
很高超的东西；可是既然一切都得称赞一番，那么二二得五在有的时候也
就是非常可爱的东西。"② 俄罗斯第一个真正意义上的哲学家 B. C. 索罗维
约夫，1874年通过答辩的硕士论文标题便是"西方哲学的危机"。这篇论
文被认为是俄罗斯哲学诞生的标志。今天俄罗斯引以为傲的白银时代宗教
唯心主义哲学，基本精神是以基督教的抽象人道主义批判工业文明对人的
奴役。此外，整个苏联文化都可以归入对西方文化和资本主义工业文明的
拒斥批判之中。

　　以上分析表明，以基督教抽象人道主义否定西方工业文明，是俄罗斯
传统文化的基本内容。弗罗洛夫代表的苏联哲学人道化思潮，实质上是俄
罗斯文化在全球化背景下对西方文化和工业文明所做批判的继续。工业文
明在20世纪的新发展造成的各种全球性问题和人类生存危机，激活了潜

---

　　① 陀思妥耶夫斯基：《地下室手记》，商务印书馆1995年版，第43—45页。
　　② 同上书，第67页。

藏在弗罗洛夫及其他苏联知识分子（包括戈尔巴乔夫）灵魂深处由俄罗斯文化培养的对美好道德和精神生活的热爱、对人的自由解放的渴望、对全人类命运的关怀，为俄罗斯文化再次对西方文化展开批判提供了新的理由、新的机会。如果说陀思妥耶夫斯基、索洛维约夫、别尔加耶夫对西方文化的批判，在涉及西方工业文明将要给人类带来的灾难时有几分预言的成分，那么弗罗洛夫等人对科学理性崇拜及工业文明的批判依据的则是人们眼前的事实，而且是全人类灭亡这一更为可怕的危险。受传统文化的影响，苏联哲学不可能不人道主义化，不可能不产生用人道、民主、自由、正义等精神价值改造社会的冲动。

使苏联哲学对戈尔巴乔夫改革产生重要影响的原因，除了俄罗斯文化之外还有另外两个因素。其一是好走极端的俄罗斯民族性格。关于这种性格，许多俄罗斯学者都有论述。1867 年，新闻检察官 A. B. 尼基登科说："俄罗斯是个奇怪的国家。这是一个形形色色的试验——社会的、政治的，甚至道德的试验，大行其道的国家，与此同时，什么东西都不可能在俄罗斯长久扎根……它的命运总是在摇摆之中，总是在无意识中由一种生活方式转向另一种。"[①] 前不久去世的 D. C. 利哈乔夫院士说："在俄罗斯民众中，善与恶之间的摆幅特别大。俄罗斯民族是一个极端性的从一端迅速而突然转向另一个极端的民族，因此，这是一个其历史不可预测的民族。"[②] 1991 年俄罗斯抛弃社会主义选择正像 1917 年它接受这一选择一样出人意料。它由强调科学理性和阶级斗争重要作用的辩证唯物主义、历史唯物主义哲学转向抽象的人道主义也是如此。其二是重大社会变革自上而下进行这一历史传统。公元 988 年基辅罗斯接受基督教、18 世纪初彼得大帝改革、1917 年布尔什维克革命以及 30 年代的社会主义改造、戈尔巴乔夫推行民主人道的社会主义和叶利钦把美国式的资本主义强加给俄罗斯，都是这一传统的体现。知识分子热衷于指点江山，当政者习惯于发号施令，广大民众一切听命于"上面"。这一传统为叶利钦等人制造了取得政权的有利时机，也使得当苏联剧变发生时，大多数人虽然反对国家分裂却无动于衷。

苏联哲学的人道主义化以及随后苏联社会的剧烈变化，在深层上与上

---

① 转引自 В. Г. Горохов, *Как возможны наука и научное образование в эпоху академического капитализма?* \ \ Вопросы философии, №12. 2010。

② 利哈乔夫：《解读俄罗斯》，北京大学出版社 2003 年版，第 19 页。

述文化和历史传统等方面的特点密切相关。离开这些因素，仅仅从外部或者弗罗洛夫、戈尔巴乔夫等个人因素出发，是不能深刻理解苏联改革与苏联剧变的。这些因素之重要，我们只要与中国的改革略加比较就可以看得十分清楚。人所共知，正是缺少宗教性的中国文化的"务实"精神，中国人传统的实用理性，造就了邓小平的"不争论"和"摸着石头过河"的思想方针，从而保证了中国改革脚踏实地一步一步走向成功。

（原载《中国社会科学》2011 年第 6 期）

国外马克思主义研究的
四条路径及其评价

王凤才　　陈学明

关于国外马克思主义研究，目前学术界有各种不同的声音，例如"终结论"、"转向论"等；这涉及许多问题，例如：国外马克思主义、西方马克思主义、正统马克思主义、东欧新马克思主义、马克思学之间的关系，以及西方马克思主义与后马克思主义、英美马克思主义的关系等，这固然反映了该领域学术研究的日趋繁荣，但有时也陷入无谓的概念之争，甚至陷入了制造概念的混乱。所以，我们讨论这个问题的目的在于，试图为构造一个广义的"国外马克思主义研究"概念，为构建一个"多元包容、平等对话、求同存异、和谐发展"的学术平台，为"国外马克思主义研究"学科建设和学术发展，尽绵薄之力。也就是说，为了减少"国外马克思主义研究"学科建设的盲目性，增强该学科建设的科学性，也为了减少"国外马克思主义研究"领域里的无谓的概念之争，有必要澄清"国外马克思主义研究"的不同阐释路径。我们认为，所谓"国外马克思主义研究"，就是以广义理解的马克思主义为理论工具对当代资本主义、现实社会主义，以及人类文明本身进行批判性反思，并试图对马克思思想进行重释、补充、完善、修正、重建。这样，"国外马克思主义研究"就包括四条不同的阐释路径，即：正统马克思主义阐释路径、东欧新马克思主义阐释路径、西方马克思主义阐释路径、国外马克思学阐释路径。①

---

① 除这四条路径外，其他国家和地区的马克思主义研究也应引起注意，如日本、俄罗斯、拉美、亚洲、非洲等。

一 "正统马克思主义阐释路径"之演变

所谓正统马克思主义阐释路径，主要包括恩格斯及第二国际马克思主义、列宁主义及第三国际马克思主义、原苏东国家的传统马克思主义，以及今天西方国家（和非西方国家）的马克思主义正统派。尽管它们的具体观点有所不同，但这条阐释路径都是以恩格斯的"马克思主义观"为基础的。根据俞吾金教授的阐发，恩格斯对正统马克思主义阐释路径的定位，主要体现在以下几个方面：①

第一，接纳了黑格尔哲学的问题域，尤其是关于思维与存在关系问题的论述，并将它提升为所有哲学的基本问题；

第二，断定黑格尔哲学存在"体系、方法之争"：即保守的思辨唯心主义哲学体系与革命的辩证法之间存在根本矛盾；

第三，认定马克思从青年黑格尔主义转化为马克思主义，是由于返回到费尔巴哈的一般唯物主义立场发生的，当然，也指出了马克思的唯物主义与费尔巴哈的唯物主义有两点差别：一是费尔巴哈抛弃了黑格尔思辨唯心主义哲学体系，同时也抛弃了黑格尔的辩证法；而马克思则抛弃了黑格尔思辨唯心主义哲学体系，但拯救了黑格尔的辩证法，从而创立了"唯物主义辩证法"；二是费尔巴哈的唯物主义只停留在对自然界的说明中，并没有推广应用到社会历史领域；但是，马克思将唯物主义运用到一切知识领域中；

第四，试图将黑格尔的自然哲学改造成唯物主义自然观。无疑，恩格斯的"自然辩证法"与黑格尔的"自然哲学"存在密切的关系！这从《自然辩证法》、《反杜林论》对黑格尔的《自然哲学》、《逻辑学》的大量引证中可以看出来；

第五，赞同黑格尔关于"历史与逻辑一致"的观念。这个观念是黑格尔在《小逻辑》中提出来的，目的是为了批判历史虚无主义哲学史观，寻找哲学史的发展规律。然而，在这个论述中，黑格尔强调的是逻辑对历史的主导性、支配性作用。这就又一次显示出黑格尔哲学的理性主义倾向和

---

① 参见俞吾金、王凤才《关于诠释学视阈中的马克思哲学的学术对话》，《晋阳学刊》2009年第5期；并参见俞吾金《问题域的转换：对马克思与黑格尔关系的当代解读》，人民出版社2007年版。

历史唯心主义立场。恩格斯试图以唯物主义方式重新解读这个观念，但没有注意到要对黑格尔的"泛理性主义"倾向进行批判性考察。如果说，恩格斯赞同这个观念，那么，马克思对这个问题从来都不感兴趣，而是注重历史与逻辑的异质性和差异性；

第六，强调黑格尔哲学的大部分研究对象都可以让渡给实证科学，从而断言哲学是关于思维过程本身的规律的学说，即逻辑和辩证法。这样一来，马克思创立的历史唯物主义就被非哲学化和实证科学化；

第七，认同黑格尔关于必然与自由关系问题的论述，将自由问题从本体论领域还原为单纯的认识论领域。

这一阐释路线经过普列汉诺夫、列宁到斯大林被固定为传统教科书体系。就是说，正统马克思主义阐释者的"权威结论"是：马克思主义包括三个组成部分，其中，马克思主义哲学首先是辩证唯物主义；辩证唯物主义是在费尔巴哈的唯物主义（"基本内核"）和黑格尔的辩证法（"合理内核"）的基础上形成的；将辩证唯物主义推广和运用到社会历史领域，就形成历史唯物主义。这条阐释路径对后世产生了深刻影响，以至于迄今的马克思哲学教科书体系仍然以此为主导。

需要说明的是，广义理解的"正统马克思主义阐释路径"应该包括从"马克思主义"到"斯大林主义"。在这里，我们只想考察一下"马克思主义"、"列宁主义"、"马克思列宁主义"、"斯大林主义"这几个概念的流变。

第一，根据高放先生的考证①，"马克思主义"概念最早出现在 1883 年马克思逝世后。在《卡尔·马克思》一文中，考茨基三次提到"马克思主义"，并把它与无政府主义对立起来：（1）巴枯宁先生，这位无政府主义的权威人物，试图与马克思主义者所进行的宣传和组织工作相对立，从而制造革命；（2）我们自己阵营里的反对者，现在也集中在马克思主义旗帜周围；（3）今天在马克思主义阵营里可以找到马克思最顽强的反对者，最激进的无政府主义者，而他们并没有放弃自己真正的激进主义。不过，这里的"马克思主义"概念，只是作为定语的"马克思主义……"概念，因为这里出现的是"马克思主义者"、"马克思主义旗帜"、"马克思主义阵营"等。

---

① 参见高放《"马克思列宁主义"的来龙去脉》，《文史哲》2001 年第 3 期。

事实上，"马克思主义者"概念最早应该出现于 1881 年。1881 年 2 月 16 日，俄国革命者查苏利奇写信请求马克思对俄国农村公社的前景发表看法时提到，那些鼓吹"农村公社注定要灭亡"的人，自称是"你的学生和马克思主义者"。为了回信，马克思写了三个草稿。其中，第二个草稿（共五点）的第二点说：你信中讲到的以马克思主义者自居的俄国人，我毫无所知。现在和我保持个人联系的一些俄国人，是持同那些以马克思主义者自居的俄国人完全相反的看法的。①

那么，作为名词出现的"马克思主义"概念最早出现在何时？根据目前掌握的材料，我们是否可以说是 1882 年？因为自 1882 年起，恩格斯也使用"马克思主义"提法：法国的所谓"马克思主义"完全是这样一种特殊的产物，以致有一次马克思对拉法格说："有一点可以肯定，我不是马克思主义者。"②

第二，"列宁主义"概念，最初是作为贬义词出现的。1903 年，马尔托夫、普列汉诺夫就用否定的口气谈到了"列宁主义的危害性"。直到 1923 年，布尔什维克党才赋予"列宁主义"以褒义。譬如，在《对列宁主义的修正》一文中，加米涅夫是在肯定意义上使用这个概念的。斯大林在原苏共 12 大报告中指出："在中央委员会里，我们需要独立思考的人，但并不需要离开列宁主义而独立思考的人。"显然"列宁主义"在这里是一个褒义词。季诺维也夫断言："列宁主义这个概念同现代共产主义是同义词。"1924 年，原苏共中央《告全党和全体劳动人民书》正式提出"列宁主义"作为苏共的指导思想。③ 季诺维也夫说：列宁主义就是垄断资本主义（帝国主义）时代的马克思主义，是帝国主义战争、民族解放运动和无产阶级革命时代的马克思主义。斯大林将之凝炼为：列宁主义是帝国主义和无产阶级革命时代的马克思主义。

第三，"马克思列宁主义"概念，第一次出现在 1924 年共产国际第五次代表大会议文件中；但直到 1938 年以后，"马克思列宁主义"才被经常使用。在中国被简称为"马列主义"，并被作为中国共产党的指导思想。苏东剧变后，西方各国共产党不再提"马克思列宁主义"，只提"马克思

---

① 转引自叶卫平《西方"马克思学"研究》，中国人民大学出版社 1995 年版，第 100 页。
② 《马克思恩格斯全集》第 35 卷，人民出版社 1971 年版，第 385 页。
③ 参见高放《"马克思列宁主义"的来龙去脉》，《文史哲》2001 年第 3 期。

主义"或科学社会主义。

第四,"斯大林主义"的概念出现于 20 世纪 30 年代。譬如:在《要成为全面发展的人》(1934 年)一文中,加里宁首次提出"马恩列斯学说";1936 年,赫鲁晓夫第一次提"马克思列宁斯大林主义"。到 1948 年,季米特洛夫将斯大林主义与列宁主义联结在一起,称为"列宁主义—斯大林主义"。不过,在原苏东社会主义国家推崇"斯大林主义"的同时,西方世界则极力贬斥"斯大林主义",例如,法兰克福学派将"斯大林主义"与法西斯主义、垄断资本主义并称"极权主义"(Totalitarismus)。赫鲁晓夫秘密报告后,尤其是 1956 年以后,"斯大林主义"在西方世界成为一个贬义词。苏东剧变后,原苏东社会主义国家也出现了重新评价斯大林主义的热潮。

二 "东欧新马克思主义阐释路径"之特点

根据目前掌握的材料,"新马克思主义"概念最早出现在 1903 年:梅林在考茨基主编的《新时代》上发表的《新马克思主义》一文。按照这个概念的广义理解,凡是马克思之后的所有马克思主义者,都可以被视为"新马克思主义者",甚至包括恩格斯在内。不过,人们对之有不同的看法。在我们看来,从广义上说,"新马克思主义"是指包括"西方马克思主义"在内的一切非正统的马克思主义;从狭义上说,"新马克思主义"是指原东欧社会主义国家的非正统的马克思主义,当时又叫做"异端的马克思主义"或者"持不同政见者的马克思主义"。本文倾向于狭义的新马克思主义,即东欧新马克思主义,目的是为了将"新马克思主义"与"西方马克思主义"区分开来。

东欧新马克思主义,主要包括南斯拉夫实践派、匈牙利布达佩斯学派、波兰意识形态批判学派、捷克人本主义学派,等等。

南斯拉夫实践派因《实践》杂志而得名,它是指南斯拉夫用人道主义解释马克思主义的一个哲学派别,主要代表人物彼得洛维奇、马尔科维奇、弗兰尼茨基等人[①]认为,实践作为一种实现人的全部优秀潜能、使人

---

① 实践派主要代表作:彼得洛维奇的《哲学与马克思主义》(1966 年)、《哲学和革命——对马克思的一种解释》(1975 年)、《革命的思想》(1978 年);马尔科维奇的《辩证意义论》(1961 年)、《人道主义与辩证法》(1967 年)、《科学的哲学基础》(1981 年);弗兰尼茨基的《马克思主义史》(1961 年)、《马克思主义和社会主义》(1979 年);等等。

深感愉快的理想活动，是马克思主义哲学的基本概念；从对实践概念的这种理解出发，他们坚决反对辩证唯物主义，而把马克思主义理解为社会实践论；他们的中心议题是人道主义和异化问题：马克思主义本质上是人道主义，异化是社会主义的中心问题；因而要求对现存的一切进行毫不留情的批判，建立真正人道主义的社会主义。

匈牙利布达佩斯学派亦称卢卡奇学派，是20世纪60年代匈牙利的一个反对传统马克思主义观点的学术派别，主要代表人物赫勒、费赫尔、马尔库什、瓦伊达等人认为，"革命的马克思主义"不在于探讨哲学本体论，而是探讨社会本体论；哲学的对象是实践，社会和历史问题应该成为马克思主义研究的焦点；社会主义存在着异化，但与资本主义有着质的区别；社会本体论最终归宿是人的问题，因而，人的自由是马克思主义伦理学和整个实践哲学的必然前提。

波兰意识形态批判学派是20世纪50年代中期在波兰出现的一个"异端的"马克思主义流派，主要代表人物沙夫、科拉科夫斯基等人①一方面批判斯大林主义和苏联模式社会主义的异化，另一方面力图把马克思主义看作是一种人道主义并试图建立人道主义的社会主义。

捷克人本主义学派是在20世纪50年代中后期在捷克斯洛伐克形成的一个人道主义马克思主义派别，主要代表人物科西克在《具体辩证法》（1976年）、《新马克思主义：现代激进主义的含义》（1982年）等著作中，也力图论证马克思主义是一种人道主义；不过，具有更浓厚的思辨色彩，与海德格尔的存在主义，以及葛兰西主义关系密切；并且注重论证马克思前后思想的统一性，即统一于人道主义。

综上所述，东欧新马克思主义阐释路径，从理论框架看，是以人为核心的哲学人本主义与实践本体论，并以异化理论为基础对现实社会主义与当代资本主义进行批判，坚持以民主的、人道的、自治的社会主义为目标的社会改革方案。②从理论本质看，是第二次世界大战以来在原东欧社会

---

① 波兰意识形态批判学派主要代表作：沙夫的《人的哲学》（1962年）、《马克思主义与个人》（1965年）、《作为一种社会现象的异化》（1977年）、《处在十字路口的共产主义运动》（1981年）；科拉科夫斯基的《走向马克思主义的人道主义》（1969年）、《马克思主义的主要流派》（3卷本，1976—1978年）；等等。

② 参见衣俊卿《人道主义批判理论——东欧新马克思主义述评》中的有关论述，中国人民大学出版社2005年版。

主义国家兴起的一种旨在重释马克思主义的人道主义马克思主义思潮；不过，它并不是统一的政治派别或学术团体，其共同点仅仅在于研究对象，即马克思主义；尽管具体观点不同，但都认为马克思主义是一种人道主义。因而，东欧新马克思主义本质上是一种非正统的马克思主义。从发展趋势看，20世纪80年代以后，东欧新马克思主义的影响有所减弱，然而，仍然为各国学者所重视；20世纪80年代末和90年代苏东剧变以后，东欧新马克思主义与西方马克思主义逐渐合流；或者说，作为一种独立思潮的东欧新马克思主义已经不复存在，但它的历史影响仍然存在。

三　"西方马克思主义阐释路径"的多义性

"西方马克思主义"概念最早出现于1930年。1923年，卢卡奇、柯尔施分别发表《历史和阶级意识》、《马克思主义和哲学》以后，遭到了第二国际和第三国际理论家的猛烈批评[①]。后来，卢卡奇"一半是出于策略一半是出于诚实"（F. 哈利迪语）做了自我批评；但是柯尔施拒不接受批评，反而于1930年发表《关于〈马克思主义和哲学〉问题的现状》一文捍卫自己的立场，并对各种批评进行了反批评。他说："现在，一场关于今日马克思主义总体状况的根本争论已经开始，（新老正统马克思主义的）家族内部之争已经成为次要的甚至已经消逝，在所有重大的决定性的问题上，相互对立的双方是：以考茨基为代表的马克思主义老正统派和俄国的或'列宁主义'的马克思主义新正统派的联盟为一方；以今日工人运动理论中所有批判的进步的趋向为另一方。"[②] 因而，必须记住，尽管对俄国马克思主义与西方马克思主义的这种批评性比较来自今日俄国执政党的一个政治反对派，然而它的作者却是一个正统的普列汉诺夫信徒，一个在哲学上站在俄国马克思主义一边的人。因而，他的批评根本不是旨在反对"苏联的马克思主义"的一般历史结构，而是只反对它的最近的滑稽形式——它似乎使得"苏联的马克思主义"不像是俄国马克思主义理论传统的"发

---

① 譬如：考茨基于1924年6月3日在社会民主党理论刊物《社会》上著文批评说，柯尔施是共产主义内部的宗派；季诺维也夫在共产国际"五大"上批评说，卢卡奇、柯尔施是共产国际内部的修正主义；德波林等人认为，卢卡奇、柯尔施是唯心主义者。

② Karl Korsch, *Gesamtausgabe Krise des Marxismus*, Band 3, S. 373.

展和继续"而是"败坏和歪曲"。① 就是说，自 20 世纪 20 年代以来，围绕着马克思主义的争论，已经不再是第二国际理论家与第三国际理论家之间的争论，而是在新老正统马克思主义与西方马克思主义之间展开的。由此可见，在这里，柯尔施不仅明确提出了"西方马克思主义"概念，而且第一次从思想路线角度揭示它与正统马克思主义的对立，强调"西方马克思主义"的特定思想内涵。

然而，柯尔施的"西方马克思主义"概念，在当时并没有流传开来。直到梅洛—庞蒂在《辩证法的历险》（1955 年）中对"西方马克思主义"进行专门论述后，才引起了较大反响。在那里，梅洛—庞蒂不仅继承了柯尔施的"西方马克思主义"概念，而且第一次明确把卢卡奇称为西方马克思主义创始人，把《历史和阶级意识》称为"西方共产主义的圣经"；并把西方马克思主义内容归结为四个基本方面：一是突出"主体—客体相互作用辩证法"，否认自然辩证法存在，强调主体能动作用；二是强调"意识形态理论"，为意识形态恢复地位；三是重建"实践哲学"，并把阶级意识等同于实践；四是严格区分自然与历史，注重历史偶然性，宣扬历史相对主义。②

尽管卢卡奇本人否认自己是西方马克思主义创始人，否认西方马克思主义思潮存在。但是"西方马克思主义"概念，20 世纪 70 年代以后在西方世界得到了广泛流传，这得益于 P. 安德森③和 B. 阿格尔。当然，他们对其含义做了某些修正。例如，在《西方马克思主义探讨》（1976 年）中，P. 安德森不仅扩大使用了"西方马克思主义"概念，把结构主义的马克思主义、新实证主义的马克思主义等也包括在内；而且认为西方马克思主义在传播过程中出现了主题转换和区域西移，即"渐渐地不再从理论上重视重大的经济或政治问题了"，而"主要关注文化和意识形态问题"④，并从中东欧转移到西欧；此外，它还是一个世代性概念。可见，他

---

① 柯尔施：《马克思主义和哲学》，重庆出版社 1993 年版，第 72—73 页，译文有改动。

② 参见俞吾金、陈学明《国外马克思主义哲学流派新编——西方马克思主义卷》，复旦大学出版社 2002 年版，第 423—430 页。

③ 1962—1983 年，P. 安德森担任《新左派评论》（*New Left Review*）主编。该杂志是由《新理性主义者》（汤普森创办）与《大学与左翼评论》（霍尔创办）于 1960 年合并而成的，宗旨是提高英国马克思主义理论水平，创造一种革命的、国际主义的政治文化。1991 年，因经费问题停刊；2000 年改版后复刊。该杂志在英国马克思主义传播和发展过程中发挥了重要的作用。

④ P. 安德森：《西方马克思主义探讨》，高铦等译，人民出版社 1981 年版，第 100 页。

改变了柯尔施、梅洛—庞蒂等人从思想路线角度考察西方马克思主义的做法。再如，在《西方马克思主义概论》（1979）中，B. 阿格尔也对柯尔施、梅洛—庞蒂的"西方马克思主义"概念做了修正：一是消除了地域性含义，强调其特定的意识形态内涵。他说，西方马克思主义是与传统马克思主义具有不同意识形态内涵的马克思主义。任何一种马克思主义流派，例如，东欧新马克思主义，不论它诞生在东方还是西方，只要具有这些意识形态特征，都可以而且应当被包括在"西方马克思主义"之内。二是不再从思想路线角度将西方马克思主义特征归结为与列宁主义的对立。三是把某些并不以马克思主义者自居的，如 E. 帕西（Enzo Paci）等人的现象学马克思主义①，也纳入西方马克思主义之中。

综上所述，"西方马克思主义"概念大致可以归结为四种不同用法：

第一，纯粹地域性概念：把西方马克思主义等同于西方的马克思主义或西欧的马克思主义。例如，原南斯拉夫学者 A. 格尔科奇科夫将马克思主义分为三类：一是"东方马克思主义"（原苏东、中国等在内的社会主义国家的马克思主义）；二是"第三世界马克思主义"（亚非拉发展中国家的马克思主义）；三是"西方马克思主义"（欧美发达资本主义国家的马克思主义，既包括独立学者的马克思主义理论，又包括共产党的理论）。国内有些学者，如张本建议扩大"西方马克思主义"范围，将西方共产党的理论纳入其中。

第二，在地域性概念前提下，强调特定思想内涵：突出西方马克思主义与正统马克思主义尤其是列宁主义对立的特征。例如，柯尔施、梅洛—庞蒂就是从思想路线角度界定"西方马克思主义"的。再如，雅各比在为《马克思主义思想辞典》撰写辞条目说，西方马克思主义哲学和理论体系汇集成为向列宁主义挑战的政治体系。国内有些学者，如陈学明主张回到柯尔施、梅洛—庞蒂的"西方马克思主义"用法，并认为它有四个优点：一是这个用法是原本意义的，其他用法都是从这个用法演化而来的；二是他们作为西方马克思主义创始人或主要代表人物，对"西方马克思主义"概念的规定更具权威性；三是这个用法既包含地域性含义又不以此为限，

---

① 我们认为，"现象学马克思主义"不属于西方马克思主义，而是属于"马克思学"范畴。因为最早由法国学者 M. 吕贝尔于 1959 年提出的"马克思学"，被认为是一种并不以马克思主义者自居的学者对马克思主义进行的跨学科、超党派、纯学术性的研究；而"现象学马克思主义"符合这个要求。

内容比较全面；四是他们从思想路线角度强调"西方马克思主义"的特定思想内涵。因而，他们的揭示是实质性的，而 P. 安德森的概括只是表面的、形式上的。①。

第三，在地域性概念前提下，强调主题转换和世代更替：例如，P. 安德森将整个马克思主义发展史分为三个传统：一是经典马克思主义；二是斯大林主义；三是西方马克思主义。国内有些学者，如徐崇温在改造 P. 安德森的"西方马克思主义"用法基础上使用"西方马克思主义"概念，并指出了他所使用的"西方马克思主义"概念与 P. 安德森用法的区别。②王凤才有条件地赞同这种用法。③

第四，非地域性的纯粹意识形态概念：把西方马克思主义等同于"新马克思主义"。例如，B. 阿格尔认为，凡是超越第二国际"科学的社会主义"、第三国际的列宁主义、第四国际的托洛斯基主义的新马克思主义理论，不论它在东方还是在西方，都可以称之为西方马克思主义。国内有些学者，如李忠尚主张用"新马克思主义"来代替"西方马克思主义"。

我们认为，"西方马克思主义"概念应具有以下三个基本规定性：

第一，既有地域性限制，又有特定思想内涵——它是产生于西方并发展于西方的一种非正统的马克思主义。这样，它就既不同于东欧新马克思主义，又不同于正统马克思主义，当然，不能包括西方共产党的理论。

第二，既以马克思主义者自居，又主张马克思主义开放性、多元化——它自称是马克思主义继承者，但又用各种西方思潮来重释、补充、完善、修正、重建马克思主义。这样，它就既不同于各种非马克思主义，又不同于国外马克思学。

第三，既批判资本主义，又批判现实社会主义；既批判工业文明，又反思人类文明本身——就批判资本主义和工业文明而言，它与正统马克思主义没有什么不同；就批判现实社会主义而言，它与东欧新马克思主义一样；就批判人类文明本身而言，这是它自己的特色。

因而，从总体上看，西方马克思主义是一种体系庞杂、观点各异的非正统马克思主义与非马克思主义混合的、具有国际性影响的社会思潮。如

---

① 参见陈学明《"西方马克思主义"论》，辽宁教育出版社 1991 年版，第 23—24 页。
② 徐崇温：《"西方马克思主义"论丛》，重庆出版社 1993 年版，第 121—126 页。
③ 王凤才：《追寻马克思——走进西方马克思主义》，山东大学出版社 2003 年版，第 5 页。

此说来，西方马克思主义的主要流派就应该包括：黑格尔主义的马克思主义（例如，卢卡奇的历史辩证法、柯尔施的总体性理论、葛兰西的实践哲学、布洛赫的希望哲学等）；法兰克福学派的第一期发展与第二期发展①；存在主义的马克思主义；弗洛伊德主义的马克思主义；新实证主义的马克思主义；结构主义的马克思主义；生态学马克思主义；分析的马克思主义；文化马克思主义；后马克思主义；马克思主义批评学派；等等。这样，我们所理解的"西方马克思主义"就不包括"正统马克思主义"、"东欧新马克思主义"、"国外马克思学"，但包括"后马克思主义"。

四　"国外马克思学阐释路径"的崛起

据说，"马克思学家"概念最早是由梁赞诺夫提出的②。后来，俄国学者 N. 博尔迪烈夫称《马克思恩格斯全集》俄文第 2 版为"苏联马克思学的新成就"③。不过，学界一般认为，"马克思学"（Marxologie；Marxology）概念，最早来自 M. 吕贝尔创办的《马克思学研究》（*Etudes de Marxologie*，1959）。他说，马克思的大量思想遗产、社会活动、众多门徒、著作发表史、迄今尚无可靠的著作全集，以及各种马克思主义流派之间巨大的意识形态分歧，使得马克思学研究成为必要。因而，《马克思学研究》的第一步就是要"去意识形态化"④。1962 年，J. 波亨斯基在《苏联学：政治与现代史》中区分了"马克思学"（Marxologie）、"列宁学"（Leninologie）、

---

① 自 2004 年以来，在法兰克福学派批判理论研究领域，王凤才提出了几个重要概念，如"批判理论三期发展"、"政治伦理转向"、"后批判理论"。他认为，在几十年历史演变过程中，法兰克福学派批判理论经历了三期发展：第一期发展（20 世纪 30 年代初到 60 年代末，以霍克海默、阿多尔诺、马尔库塞为代表）侧重于批判理论建构与工业文明批判；第二期发展（20 世纪 60 年代末到 80 年代中期，以前期哈贝马斯、弗里德堡为代表）侧重于批判理论重建与现代性批判；第三期发展（20 世纪 80 年代中期至今，以后期哈贝马斯、霍耐特、维尔默、奥菲为代表）完成了批判理论的"政治伦理转向"。第三期发展不再属于传统的西方马克思主义范畴，而是已经进入到与当代西方实践哲学主流话语对话的语境之中。因此，王凤才提出了"批判理论三期发展"、"政治伦理转向"、"后批判理论"。（王凤才：《霍耐特与批判理论的"政治伦理转向"》，《现代哲学》2007 年第 3 期。）

② 梁赞诺夫：《马克思主义史概论》"序言"，1928 年版。（参见杜章智《一个反马克思主义的"马克思学家"：吕贝尔》，载《马列主义研究资料》1982 年第 5 辑，第 232 页。）

③ N. 博尔迪烈夫：《马克思学的新成就》，载苏联《经济科学》杂志 1982 年第 5 期，参见《马列主义研究资料》1983 年第 3 辑。

④ 叶卫平：《西方"马克思学"研究》，北京出版社 1995 年版，第 5—6 页。

"苏联学"（Sowjetologie）三个概念。20 世纪 60 年代末的学生运动①，以及随之而来的"马克思热"②，使马克思学概念广为流传。1974 年，J. 波亨斯基在《马克思主义—列宁主义：科学或信仰》中又区分了"马克思学家"（Marxologen）、"列宁学家"（Leninologen）、"苏联学家"（Sowjetologen）三个概念。1975 年，《大拉鲁斯法语辞典》将"马克思学"概念收为词条；1981 年，这个概念又被收入英国《马克思主义、社会主义和共产主义百科全书辞典》。

据介绍，1959—1970 年，吕贝尔与苏联马克思学家相安无事，而且还进行了直接的学术交流；苏联学者也接受了"马克思学"概念，例如，苏共中央马列主义研究院主编的《伟大的遗产》（1969 年）一书多次使用"马克思学"、"马克思学研究中心"、"苏联马克思学"等概念。但是，"反恩格斯宣言"事件导致了苏联学界对"国外马克思学"的系统批判③。

事实上，"国外马克思学"并不是统一的学派或系统的学科，共同性仅仅在于研究对象；但是研究对象又非常广泛：既包括 MEGA 的编辑出版，又包括对马克思恩格斯著作的文献考证、文本解读；既包括马克思恩格斯思想研究，又包括二者思想的差异的分析；既包括马克思所有后继者思想的考察，又包括各种马克思主义学派之间的差异的辨析。概言之，"国外马克思学"就是对马克思恩格斯生平著述、著作版本、思想发展、

---

① 1967 年 6 月，德国 SDS 学潮；1968 年 4 月，美国反战学潮；1968 年 5 月，法国"五月风暴"；1969 年，意大利工潮。

② 在德国，"几乎没有一个严肃的刊物不举办关于马克思主义的讨论"（《法兰克福总汇报》1968 年 1 月 31 日）。在美国，出现了"校园马克思主义思潮"，各种激进学术团体拥有 1 万多名大学教师和研究人员，有些还在学术团体担任主持人；创办了一批左翼学术刊物，如《每月评论》年销量达 40 万册以上；他们在历史学、经济学、社会学、未来学等领域取得了重要的成就，引起了不同程度的反响。（参见叶卫平《西方"马克思学"研究》，北京出版社 1995 年版，第 10—11 页。）

③ 1970 年 5 月，吕贝尔为 BRD 乌培塔尔市组织的纪念恩格斯诞辰 150 周年国际研讨会提交了论文：《关于"恩格斯是马克思主义创始人"论题的几点看法》。但是苏联东欧学者说：如果吕贝尔不撤回论文他们就退出会议。经过艰苦谈判最终达成妥协，吕贝尔的论文不宣读，也不收入论文集，而只供评论和讨论。1972 年，吕贝尔以《"马克思主义传奇"，或恩格斯是马克思主义创始人》为题发表在《马克思学研究》第 15 辑。这之后，苏联学界就开始了对"国外马克思学"的系统批判。例如，B. 库兹涅佐夫、A. 切普连科断言，西方"马克思学"是"对马克思时代的马克思主义的历史和理论的反马克思主义解释"。（《对马克思主义的资产阶级解释是毫无根据的》，载《苏共历史问题》1983 年第 10 期；参见鲁克俭《国外马克思学概况及对中国马克思学研究的启示》，《马克思主义与现实》2007 年第 1 期。）

理论观点、学术关系，以及马克思所有后继者思想以及各种马克思主义学派之间的差异进行跨学科、超党派、纯学术性的研究。因而，它首先是关于马克思恩格斯的文献学、文本学研究，因而它包括"恩格斯学"；其次是研究马克思所有后继者思想的研究，并且是对各种马克思主义学派之间差异的分析，因而它又是"马克思主义学"（Marxistologie）①。

从广义来讲，"国外马克思学"的历史演变大致经历了四个发展阶段：②

第一，萌芽期（19世纪末到20世纪20年代末）。据不完全统计，1883年以前，发表的关于马克思恩格斯的论著共有20多种；而1883—1904年间，仅在德国就发表关于马克思恩格斯的论著达280多种，其中，1895—1904年不到10年就达214种。③ 1914—1925年，俄国以外的欧洲国家出版了740种有关马克思主义的论著，其中，19种介绍马克思生平学说；64种是关于马克思传记资料和研究性文章。④

但是，早在《作为社会学的历史哲学》（1871年）一书中，P. 巴尔特就批判了恩格斯；到《黑格尔和包括马克思及哈特曼在内的黑格尔派的历史哲学史》（1890年）一书中，他又试图制造马克思恩格斯对立——这是国外马克思学的主要论题之一。后来，捷克斯洛伐克第一任总统马萨里克在《马克思主义的哲学与社会基础》（1898年）中提出了"马克思主义

---

① 梁树发：《马克思学与国外马克思主义研究学科建设》，《马克思主义与现实》2008年第1期。J. 维辛斯基主张将 Marxology 与 Marxistologie 区分开来：前者是"对马克思著作中的理论、概念、策略、主张的系统研究……不言而喻，它的研究水准是先进的，是由哲学家、政治学家、经济学家、社会学家和艺术家来进行的"；后者是"对各种色彩的马克思主义思想家在哲学、伦理学、政治学、政治经济学、社会学和自然科学这些领域中所提出的、支持的或者予以传播的主张、思想和学说的系统研究"。叶卫平认为，Marxologie 既不同于 Leninologie，也不同于 Marxistologie。Marxologie 与 Leninologie 都不是地域性概念，而是意识形态概念，但是研究对象不同；前者具有浓厚的哲学、经济学色彩，后者具有浓厚的政治色彩；前者集中在西欧，后者集中在美国。Marxologie 的研究对象是马克思恩格斯的思想发展史、生平活动史以及与同时代人和后来人的关系史，并不能包括 Marxistologie 所研究的"列宁学"、"苏联学"、"卢森堡学"、"卢卡奇学"、"葛兰西学"、"毛泽东学"等内容。（参见叶卫平《西方"马克思学"研究》，北京出版社1995年版，第25页。）

② 参见叶卫平《西方"马克思学"研究》，北京出版社1995年版，第1—14页。

③ W. 桑巴特：《卡尔·马克思的生平事业》，耶拿1909年版，第7—8页。（参见叶卫平《西方"马克思学"研究》，北京出版社1995年版，第1页。）

④ 措贝尔、盖杜：《关于马克思恩格斯和马克思主义的外国论著（1914—1925）》，载《马克思恩格斯文库》1925年第2卷。（参见叶卫平《西方"马克思学"研究》，北京出版社1995年版，第2页。）

危机";伯恩施坦的《社会主义的前提与社会民主党的任务》（1899 年）和比利时右翼社会民主党人 H. 德曼的《社会主义与心理学》（1926 年）提出了"马克思主义过时"——这些是国外马克思学出现的动因之一。格律恩堡的《社会主义和工人运动史文库》（1910—1930 年）和梁赞诺夫的 MEGA 编辑工作——为国外马克思学提供了学术规范。

第二，形成期（20 世纪 30 年代初到 50 年代末）有三个标志：

一是《1844 年经济学哲学手稿》的发表①，引发了西方学界对马克思早期思想的重视，并夸大马克思早期著作在马克思主义发展史上的地位，并提出"两个马克思"问题——这是国外马克思学的主要论题之一。H. 德曼的《新发现的马克思》（1932 年）和马尔库塞的《论历史唯物主义的新基础》（1932 年）等文章，都宣称在"手稿"中"重新发现了马克思"，即"人道主义的马克思"。

二是形成了国外马克思学研究队伍，出现了一大批重新理解马克思的著作。例如，法国马克思学家科尔纽的《马克思的生平和事业：从黑格尔主义到历史唯物主义》（1934 年）、《M. 赫斯和黑格尔左派》（1934 年）、《马克思和 1848 年革命》（1948 年）、《批判的马克思主义者论文集》（1949 年）、《马克思和现代思想的发展》（1950 年）、《马克思：经济学哲学手稿》（1955 年）、《马克思恩格斯传》（3 卷本，1955 年—　）、《马克思的思想起源》（1957 年）等；法国马克思学家吕贝尔的《马克思著作目录》（1956 年）、《马克思：思想发展史概论》（1957 年）等；德国马克思学家费彻尔的《从马克思到苏维埃的理论》（1956 年）等。此外还有：《从黑格尔到尼采、马克思和克尔凯郭尔》（洛维特，1950 年）；《马克思：国民经济学和哲学》（梯尔，1950 年）；《辩证唯物主义》（维特尔，1950 年）；《青年马克思：走向共产主义之路》（布罗伊尔，1954 年）；《马克思主义、列宁主义、斯大林主义》（朗格，1955 年）；《马克思与黑格尔研究》（伊波利特，1955 年）；《马克思的思想》（卡尔维兹，1956 年）；《当代争议领域中的路德与马克思》（舒尔茨，1956 年）；《青年马克思的人的

① 1927 年，该手稿曾经由梁赞诺夫主持翻译成俄文发表在《马克思恩格斯文库》，但未引起西方学界注意。1932 年，阿多拉斯基在 MEGA1 第 3 卷以《1844 年经济学哲学手稿：国民经济学批判》为题发表手稿德文原件，同时，德国右翼社会民主党人 Q. 朗兹胡特、J.P. 迈耶尔在《卡尔·马克思：历史唯物主义（早期著作）》第 1 卷，以《国民经济学和哲学》发表这个手稿，从而引发了西方学界重新解释马克思的兴趣。

概念》（梯尔，1957 年）；《马克思、桑巴特、韦伯的人本主义社会学方法论》（莱希，1957 年）等。

三是创办国外马克思学研究杂志。例如，费彻尔创办的《马克思主义研究》（1954 年），尤其是吕贝尔创办的《马克思学研究》（1959 年），标志着国外马克思学的真正形成。

第三，发展期（20 世纪 60 年代初到 80 年代末）主要体现在三个方面：

一是研究的问题更加广泛和深化。这个时期，人们从各个方面研究马克思思想及其演变，而且对马克思著作中的概念、范畴深入研究。例如，德国学者门克的《有关赫斯的研究资料》（1964 年）、《哲学与社会主义文集》（1980 年）；以色列学者阿维内里的《马克思的社会与政治思想》（1968 年）、《赫斯：共产主义与犹太复国主义的先知》（1985 年）；希腊学者阿克塞洛斯的《马克思思想中的异化、实践与技术》（1976 年）；等等；

二是加大了对恩格斯的研究：不仅出现了"恩格斯主义"概念，而且出现了第一部以马克思恩格斯对立为主题的著作，即莱文的《悲剧性骗局：马克思与恩格斯对立》（1975 年）；

三是国外马克思学家队伍更加壮大，并出现了一大批国外马克思学著作，例如，《马克思主义：历史与批判研究》（李希特海姆，1961 年）；《青年黑格尔派与马克思》（麦克莱伦，1969 年）；《社会主义与伦理学》（吕贝尔，1970 年）；《马克思与马克思主义》（费彻尔，1971 年）；《马克思之后的马克思主义》（麦克莱伦，1979 年）；《意识形态概念》（拉瑞恩，1979 年）；《马克思恩格斯的政治思想》（亨特，第 1 卷，1979 年；第 2 卷，1984 年）；《马克思主义以前的马克思》（麦克莱伦，1980 年）；《两种马克思主义：理论发展中的矛盾和异常》（古尔德纳，1980 年）；《马克思主义：赞成与反对》（海尔布隆纳，1980 年）；《马克思的社会理论》（卡弗，1982 年）；《马克思的意识形态理论》（帕雷克，1982 年）；《谢林、黑格尔和马克思》（卡恩，1982 年）；《马克思主义与意识形态》（拉瑞恩，1983 年）；《马克思：一种人的实在性哲学》（亨利，1983 年）；《马克思的方法、认识论和人道主义》（卡恩，1986 年）；《马克思主义与历史》（里格比，1987 年）；《马克思与伦理学》（卡恩，1988 年）；等。

第四，转型期（20 世纪 90 年代初— ）出现了一些新的变化：

一是国际马克思恩格斯基金会（IMES, Amsterdam）1990 年 10 月成立。成员单位有：柏林布兰登堡州科学院 MEGA 编辑部、阿姆斯特丹国际社会史研究所、特里尔马克思故居博物馆和研究中心（隶属于弗里德里希—艾尔伯特基金会）、俄罗斯社会史与政治史国家档案馆。主要使命是组织编辑出版 MEGA2，1995 年调整为 114 卷 123 册；迄今为止，共出版 57 卷；30 卷在编；27 卷待编。

二是更加重视文献考证和文本解读。例如，"巴黎手稿"、《关于费尔巴哈提纲》、《德意志意识形态》、《资本论》及其手稿的考证研究。

三是出现了一批新的国外马克思学著作。例如，《马克思主义与意识形态》（洛斯—兰迪，1990 年）；《恩格斯生平与思想：重新解释》（亨利，1991 年）；《恩格斯与马克思主义形成：历史、辩证法与革命》（里格比，1992 年）；《马克思的观念理论》（托兰斯，1995 年）；《后现代马克思》（卡弗，1998 年）；《马克思的复仇》（德赛，2002 年）；《马克思主义之后的马克思》（洛克莫尔，2002 年）；《政治理论中的人》（卡弗，2004 年）；《更新马克思主义思想的十三个尝试》（豪克，2005 年）；《不同的道路：马克思主义和恩格斯主义中的黑格尔》（莱文，2006 年）；等等。

综上所述，广义的"国外马克思学"可以分为三种基本类型①：

一是抱着反对马克思主义的明确目的研究国外马克思学说的学者，如胡克在《对卡尔·马克思的理解》（1933 年）、《从黑格尔到马克思：马克思思想发展研究》（1936 年）、《理性、社会神话和民主》（1940 年）等著作中，按照实用主义精神诠释马克思主义，力图使马克思主义实用主义化。

二是对社会现实有不满情绪，有改变资本主义弊端的愿望，试图在马克思思想中寻找精神资源的知识分子，如哈贝马斯等。

三是对马克思恩格斯以及其他马克思主义者的文本和思想进行跨学科、超党派、纯学术性的研究——这是狭义的"国外马克思学"，研究者是真正意义上的"国外马克思学家"，例如，法国的科尔纽、吕贝尔、洛克莫尔等；德国的费彻尔、豪克、诺伊豪斯等；美国的古尔德纳、海尔布隆纳、莱文、卡弗等；英国的麦克莱伦、塞耶斯、克莱特科等。本文的"国外马克思学"主要是指这种含义。

概括地说，国外马克思学研究主要集中在三方面：一是文献学考证。例如，《资本论》编辑中的马克思恩格斯问题；《黑格尔法哲学批判》及

---

① 借鉴王瑾、聂锦芳等教授的研究成果。

导言的写作时间问题。二是文本学解读。例如，《德意志意识形态》的文本学研究。三是理论问题研究。例如，马克思思想与马克思主义问题、马克思思想来源问题、马克思思想发展逻辑问题、马克思与恩格斯学术关系问题、马克思主义与意识形态问题、马克思主义与伦理学问题、剩余价值分配理论问题、剩余价值率向一般利润率转换问题、价值向价格转型问题等。

五　如何看待"国外马克思主义研究"中的四条阐释路径

（一）"国外马克思主义研究"四条路径之间的关系

1. 西方马克思主义与正统马克思主义的异同

相同点：都以马克思思想为主要思想来源，并以马克思主义为主要研究对象；都具有强烈的批判精神；都具有明确的乌托邦理想。

不同点：（1）前者试图将马克思思想与马克思主义区分开来，或者强调马克思主义的批判性，将马克思主义理解成为人道的马克思主义，或者强调马克思主义的科学性，将马克思主义理解成为科学的马克思主义；后者强调马克思思想与马克思主义的一致性，将马克思主义理解为实践基础上科学性与批判性的统一。（2）前者的批判对象既有资本主义又有现实社会主义，既批判资本主义工业文明又反思人类文明本身；后者的批判对象主要是资本主义和资本主义工业文明。（3）前者的乌托邦理想带有太多的理想主义成分，譬如：非压抑性文明社会、理想的交往共同体、法权共同体等；后者的理想很大程度上是现实主义的，譬如：自由人的联合体、共产主义等。

2. 西方马克思主义与东欧新马克思主义的异同

相同点：都以马克思思想为主要思想来源，并以马克思主义为主要研究对象；都具有强烈的批判精神；都具有明确的乌托邦理想。

不同点：后者只强调马克思主义的批判性，将马克思主义理解成人道的马克思主义；批判对象主要是现实社会主义；乌托邦理想是民主的、人道的、自治的社会主义。

3. 西方马克思主义与国外马克思学的异同

相同点：都以马克思思想为主要思想来源，并以马克思主义为主要研究对象。

不同点：前者更侧重于"思想"，或者说，更侧重于理论阐发与现实关注；后者更侧重于"学术"，或者说，更侧重于文献考证与文本解读。①

（二）后马克思主义与马克思主义、西方马克思主义的关系

在后马克思主义与马克思主义关系问题上，大致有三种不同观点：（1）极端观点认为，后马克思主义从根本上背离了马克思主义，因而它不再是一种马克思主义，而是变成了一种非马克思主义，甚至是一种反马克思主义；（2）肯定性观点认为，尽管后马克思主义不同于经典马克思主义，但它对马克思主义传统的继承多于偏离。所以从根本上说，它仍然是一种马克思主义，至少是一种新马克思主义；（3）流行观点认为，后马克思主义是对马克思主义的解构与重构，从总体上看，它对马克思主义的偏离多于继承。

在后马克思主义与西方马克思主义关系问题上，学界有一种观点认为，后马克思主义出现意味着西方马克思主义终结，因而，后马克思主义是独立于西方马克思主义之外的另一种思潮或运动。

那么，后马克思主义与马克思主义、西方马克思主义到底是什么关系呢？

首先看拉克劳、墨菲的论述：后马克思主义并不完全外在于马克思主义，它必须积极地介入到马克思主义的历史中，介入到马克思主义基本范畴的讨论中。当然，这种介入并不意味着对马克思主义一致性的教条式断定，而是对马克思主义多样性的证明。他们说，目前的危险，并不是马克思主义本质话语的延续，因为经典马克思主义已经彻底瓦解，没有人再相信它了；目前的危险在于，没有什么话语来替代经典马克思主义。如果一味地信仰和屈从马克思主义，到头来只能导致对马克思主义的完全抛弃。因而，后马克思主义必须从当代问题出发重新解读马克思主义，这必然包含着对马克思主义核心问题的解构。"现在我们正处于后马克思主义中，不可能再去坚持马克思主义的阶级主体概念，也不可能延续那种资本主义历史发展进程的幻想，当然也不能再承续无对抗的共产主义社会观念，如果本书的主题是后—马克思主义的（post-Marxist），它显然也是后—马克

---

① 参见鲁克俭《国外马克思学研究的热点问题》，中央编译出版社 2006 年版。

思主义的（post-Marxist）"①。

在我们看来，后马克思主义并不是独立于西方马克思主义之外的思潮或运动，而是西方马克思主义思潮内部的一个分支。简言之，后马克思主义不过是借助后结构主义来解构和重建马克思主义的西方马克思主义流派。因而，像其他西方马克思主义流派一样，后马克思主义继承了马克思主义的批判精神，肯定社会主义的价值目标，都是批判资本主义的新左翼思潮。但是，后马克思主义与其他西方马克思主义流派不同之处，在于它对马克思主义的立场、观点、方法的解构，在于它离马克思主义的距离更远。就像 E. W. 伍德所说，"后马克思主义与马克思主义的关联是极其脆弱而疏离的"②。概言之，尽管人们对"后马克思主义"，以及后马克思主义与马克思主义、西方马克思主义的关系有不同理解，但只有拉克劳、墨菲的激进多元民主才是典型的后马克思主义；就此而言，后马克思主义是对马克思主义的继承与超越、解构与重建。尽管拉克劳、墨菲一再强调后马克思主义既不在马克思主义之外，更不是一种反马克思主义，而是重视其他社会斗争形式的马克思主义；但无论如何，后马克思主义作为借助后结构主义来解构和重建马克思主义的西方马克思主义流派，离经典马克思主义已经相去甚远，与后现代主义有某些共同性，乃至表现出某些非马克思主义倾向。③

（三）英美马克思主义与西方马克思主义的关系

关于英美马克思主义与西方马克思主义的关系，目前学界有一种观点认为，英美马克思主义是西方马克思主义之后的一个发展阶段。这就意味着，西方马克思主义终结后，出现了一种不同于西方马克思主义的英美马克思主义思潮。

在我们看来，这个观点需要具体分析：诚然，将英美马克思主义笼统地视为西方马克思主义肯定是不确切的，但如果将英美马克思主义视为完

---

① Ernesto Laclau & Chantal Mouffe, *Hegemony and Socialist Strategy: Toward a Radical Democratic Politics*, Verso, 2001, p. 4.

② Ellen Meiksins Wood, *The Retreat from Class: A New "True" Socialism*, introduction, Verso, 1998.

③ 参见王凤才《继承与超越、解构与重建——后马克思主义与马克思主义关系阐释》，《当代国外马克思主义评论》(6)，人民出版社 2008 年版。

全不同于西方马克思主义的思潮，恐怕也有问题。因为事实上，英美马克思主义包括四个分支：（1）正统马克思主义，如英国马克思主义文学理论家（韦斯特、福克斯、林赛、考德威尔）；英国马克思主义历史学派（托尔、多布、贝尔纳、默顿、霍布斯鲍姆、希尔）；美国马克思主义经济学派（巴兰、斯威齐、布里奇曼）；美国马克思主义辩证法派（伯特尔·奥尔曼、托尼·史密斯）；（2）西方马克思主义，如英国文化马克思主义（霍加特、威廉斯、汤普森、霍尔、伊格尔顿、菲斯克）；英美分析的马克思主义（柯亨、埃尔斯特、罗默、赖特）；后马克思主义（拉劳、墨菲）；生态学马克思主义（奥康纳尔、福斯特、柏克特、帕佩）；后现代马克思主义（詹姆逊、哈维）；（3）批判理论在美国的发展（弗雷泽、麦卡锡、凯尔纳）；（4）马克思学，如麦克莱伦、塞尔斯、克莱特科、古尔德纳、海尔布隆纳、莱文、卡弗等。由此可见，在英美马克思主义之中，既有属于西方马克思主义的思潮，又有不属于西方马克思主义思潮；当然，在西方马克思主义之中，除了英美的西方马克思主义，更多的还是欧陆的西方马克思主义。所以说，英美马克思主义与西方马克思主义的关系是复杂的：既不能断言说，英美马克思主义是西方马克思主义之后的一个发展阶段；也不能断言说，英美马克思主义是西方马克思主义之后的一个分支。

总之，"国外马克思主义研究"应该包括正统马克思主义、东欧新马克思主义、西方马克思主义、国外马克思学。这四条阐释路径各有特点，不应采取"贴标签"的方式简单处理，而应采取实事求是的态度进行具体分析。在这里，应当避免两种错误倾向：一是将国外马克思主义研究"神圣化"——用国外马克思主义研究否定马克思主义中国化研究；二是将国外马克思主义研究"虚无化"——用虚无主义态度对待国外马克思主义研究。

（原载《学术月刊》2011 年第 2 期）

马克思主义与当代左翼思潮

汪行福

1989 年苏东解体后，马克思主义在世界范围内遭遇重大的信任危机，以至于福山认为，历史已经终结，两个世纪以来意识形态之争已经画下了休止符。然而，自 2007 年的经济危机爆发以来，这一历史场景已经发生了巨大的变化。霍布斯鲍姆说："马克思对资本主义的分析触及全球化、周期性危机和不稳定。过去几十年，人们相信市场可以摆平一切，对我来说，似乎是神学的论断而不是现实。"① 马克思主义对时代的批判和论断又恢复了应有的力度。在新的历史条件下，全球化和反全球化、西方与非西方、现代主义与后现代主义、世俗化与宗教、现代化与生态主义、国家主义与无政府主义等问题的出现，马克思主义研究所处的思想和政治格局空前复杂。一方面，新的现象和历史经验为马克思主义的发展提供了新的刺激；另一方面，意识形态和思想观念的分歧又使马克思主义陷入了各种争论。在这种情况下，如果我们不了解这些争论以及这些争论蕴含的问题性，就无法真正地理解马克思主义的理论和现实意义。

一　马克思主义：一体化还是多元化？

在全球化和后现代主义文化背景下，任何理论都要面对一和多的问题。全球化不仅意味着世界市场、超民族国家的政治秩序，也意味着全球与地方的文化互动。全球化不仅是文化同质化的过程，同样也是文化地方性的觉醒过程。在全球化和地方化的相互作用下，我们今天处在一种特殊

---

① Eric Hobsbawm, *Sunday Times*, 11/21/2008.

的"全球地方性"（glolocalism）格局之中，这一特殊的格局也将反映在马克思主义的讨论中。马克思主义是在欧洲现代性背景下产生的，它的文化和历史经验更多地来自西方。然而，自从它传播到非西方国家之后，就面临着与本土文化资源结合的问题。中国是最早意识马克思主义民族性的国家，早在革命时期就形成了中国化的马克思主义，直到今天中国化的马克思主义仍然是把握马克思主义与中国经验相结合的基本框架。但是，总体上说，中国化的马克思主义话语更多地把自己定位于应用层面，没有上升到马克思主义的本体层面，即马克思主义本身是"一"还是"多"的层面进行探讨，而在西方这个问题已经被明确地提出来。

德里达在《马克思的幽灵》中明确认为，马克思的幽灵必然是复数，"有诸多个马克思的精神，也必然有诸多个马克思的精神。"① 作为世界苦难的见证人和批判者，马克思的信徒是散居于世界各地的少数者，他们响应马克思的批判和解放精神，发出自己的声音。在这里，马克思的异质性和多样性化为在虚拟的精神感召下形成的非政党和非国家的联盟形式，这就是德里达所说的"新国际"。"新国际的名称在这里将被授予那些人所呼吁的一种没有机构组织的联盟友谊的东西。"② 这样，德里达以解构方法对马克思主义的多样性和同一性做出了自己的解释。

马克思主义是一还是多的问题是当下不可回避的问题。2008 年英国在伦敦召开的历史唯物主义年会的主题就是"多种马克思主义"（Many Marxisms）。按照会议组织者的理解，马克思主义是重要的、异质的和多面相的理论和政治传统，因为马克思主义今天必然暴露在各种异质的文化和知识背景之下。马克思主义在今天不能再退回到自我孤立的亚文化的学术小圈子中，自我封闭、孤芳自赏，必须通过与不同地域的经验、不同的学科和思想流派之间对话，才能得到真正的发展。

对马克思主义的多元化有多个思考角度。法国哲学家安德罗·托塞以法国思想史为背景阐述了它的历史演变。他认为，1968 年以后法国和意大利马克思主义经历了危机、重建和多元化三个阶段：1968—1975 年为危机阶段，其特征是：在正统马克思主义内部出现了异端，但没有人放弃正统

---

① 雅克·德里达：《马克思的幽灵：债务国家、哀悼活动和新国际》，何一译，中国人民大学出版社 1999 年版，第 21 页。

② 同上书，第 121 页。

性的信念，这典型地体现在阿尔都塞对马克思主义科学性的强烈辩护中；1975—1989 年为重建时期，此时出现了各种马克思主义的重建方案，如空间生产、现代性理论、救赎论马克思主义等，人们意识到马克思主义解释路径的多样性，但把它视为马克思主义理论本身的扩展和传统理论的补充；1989—2005 年为多元化时期，随着柏林墙的倒塌和苏联的解体，开启了一个多元化的马克思主义时代。当代学者以高度离散的形式介入马克思主义的研究，他们没有形成学派，也没有共同的根基，除了对马克思主义的忠诚和对资本主义的批判外，他们中间没有其他的共同点。作者认为，这些多元化的马克思主义产生有其必然性。我们的时代的特征是，共产主义没有实现，资本主义也没有摆脱危机，在此情况下，马克思主义只有通过多种形式的自我批判，才能找到积极重构的方式。① 雅各·彼岱也持类似的观点。他认为，虽然马克思理论对现实资本主义的解释和批判力并未受损害，但它只有与其他激进理论进行对话，吸收包括德里达、福柯、德勒兹、解放神学、世界体系论、调节学派、法兰克福学派等批判的思想资源，才能恢复其理论活力并找到与政治运动相结合的途径。②

瑞典著名左翼学者瑟博恩的新作《从马克思主义到后马克思主义》③，实际上是一本探讨从马克思主义到多元马克思主义的著作。在他看来，马克思主义是现代性的理论奇葩，传统马克思主义是一个有机的整体，包含着对现代资本主义社会的批判，强调矛盾和斗争是社会发展动力的辩证哲学，坚持认为社会主义是人类的根本出路，现代社会理论、历史辩证法和社会主义政治学这三者构成一个内在联系的三联体。但作者认为，在当代社会经济、政治、文化、技术条件变化下，这一传统马克思主义的理论三联体已经瓦解了，并且不可能再重新恢复。今天的左派的立场已经分化和多元化了，不仅有马克思主义的左派，也有非马克思主义的左派，有社会主义的左派，也有非社会主义的左派，即使在马克思主义内部也存在着新马克思主义、后马克思主义、反弹的马克思主义等不同倾向和立场。然而，他认为，从马克思主义到后马克思主义并非全然是消极的，相反，它

① Andre Tosel, "The development of Marxism: From the End of Marxism-Leninism to a Thousand Marxisms—Prance-Italy", 1975 - 2005, *Critical Companion to Contemporary Marxism*, edited by Jacques Bidet and StathisKouvelakis, Chicago: Haymarket Books, 2009.

② Jacques Bidet, "A Key to the Critical Companion to Comtemporary Marxism", ibid. .

③ GöranTherborn, *From Marxism to Post-Marxism*, Verso, 2008.

是马克思主义在新的时代释放其理论解释力的形式。

马克思主义的多样化直观上看是容易理解的。由于马克思主义者所处的不同地域和民族传统，不同的学术领域和学派的背景，他们在马克思主义研究中会有自己的问题意识和方法论原则。然而，马克思面对多样化要求又不向折中主义、虚无主义妥协，仍然是个问题。德国学者弗里兹·豪克相信，马克思主义的多样性和统一性是可以共存的。他从马克思的著作提炼出三条基本的公理：（1）"马克思的绝对命令"：必须推翻一切造成人被贬低、被奴役和被侮辱的社会条件；（2）为寻找社会平等，必须改变暗无天日的劳动；（3）必须坚持合理的再生产作为生产的调节原则。这三个公理相对应于马克思原初构想的三个批判，即意识形态批判、价值形式批判、客观主义批判。① 除此之外，马克思主义者无须追求其他的共同点。但是，这一通过减法来维持马克思主义的统一性是成问题的。公理化的马克思主义固然为不同的马克思主义者之间的对话提供了底线，但也容易把马克思主义抽象化和教条化。霍尔茨认为，把马克思理论限制在三条公理，不强调马克思思想的自然物质基础和阶级斗争学说，将使之成为空中楼阁。他认为，马克思的理论基础是世界的多样性统一，它具有开放的、发展的、自我修正的能力，但"不能有马克思主义的多元主义"。与豪克力主"复数的马克思主义"不同，迈彻尔提出了"一体化的马克思主义"（intergrativer Marxismus）。这种一体化的马克思主义有六个维度：（历史作为辩证过程的）本体论维度、（人与社会关系总体作为自然本性的）人类学维度、（统一理智概念的）认识论维度、（生产关系的）形态史维度、（世界形成、美学的）文化史维度、（反对压迫的表达、人权的）伦理与政治实践维度。马克思主义作为一种普遍理论，涵盖了人类知识的所有领域，未来马克思主义是一种包括本体论、认识论、人类学、经济学、政治学、伦理学、文化学等在内的整体的马克思主义。② 霍尔茨与迈克尔的观点比霍克的观点有可取之处，但它没有切中马克思主义的全球化所面对的问题，也是不全面的。

有关马克思主义的"一"与"多"的讨论涉及的核心问题不是马克思

---

① Vgl. Daniel Bratanovic, "pluraler Marxismus?", in: *Marxistische Blaetter*, 01/2010, S. 103.

② 对德国马克思主义对这个问题的讨论，借用了《国外马克思主义发展报告》（2011 年）中王凤才提供的材料，在此表示感谢。

主义是否应该融合其他领域的知识、其他学派的观念和视角，应该包容非西方的文化传统和政治经验，而在于马克思主义在与它们结合时能否仍然能够保持其一体化特征，不会多元化是否会使自己的传统产生内爆，分解为各种异质的不可通约的碎片。如果多元化意味着碎片化和不可通约的异质化，"多种马克思主义"概念本身就是瓦解了。可以预料，就其问题的理论和实践的复杂性，马克思主义的多样性和同一性的关系问题仍会继续被探讨。

二 马克思主义与后现代主义：不能和解的对抗？

自从利奥塔提出向宏大叙事和总体性开战后，后现代主义与马克思主义之间的关系就成为当代学术界争论的重要问题。卡罗·萨沙尼指出，"在学术界，至少是对'理论'感兴趣的人来说，近几十年是以马克思主义与后结构主义之间争吵为标志的，双方相互敌视，争夺着思想的霸权。双方的指控如下：马克思主义被指责为过于执著于整体、目的论和经济决定论，而后结构主义则被指责为遗忘历史、能动性和以语言游戏取代政治"①。其实，在西方学术界，有关马克思主义与后现代主义之间的关系的理解是错综复杂的。

从正统马克思主义的立场出发，两者的是非曲直是一目了然的。正统马克思主义把后现代主义理解为晚期资本主义现实的无意识反映，理解为对马克思主义的总体性理论和革命精神的背叛。它认为，后现代主义对总体性、目的论、乌托邦的批判，实际上是对马克思的资本主义的批判模式和人类平等解放理想的拒绝。艾伦·伍德认为，后现代主义是一种文化现象，它的物质基础恰恰就是晚期资本主义。在理论上，后现代主义是自相矛盾的，它反对总体化观念，自身的理论逻辑却是彻头彻尾的总体化理论。在政治上，它与保守主义形成了神圣同盟。"当今存在着一种奇怪的趋同现象：资本主义必胜信念与社会主义悲观论之间的一种神圣同盟。右派的胜利使左派放弃了对社会主义的追求。左派知识分子虽没有完全认为资本主

① 见 Carlo Salzani 对《穿越后结构主义的马克思》一书的书评。http：//marxandphiloso- phy. org. uk/reviewofbooks/reviews/2011/284. *Marx Through Poststructuralism*：*Lyotard*，*Derrida*，*Foucault*，*Deleuze*，Continuum，London，2010。

义是最好的制度，但对资本主义里寻求机会谋求更大的发展空间也不抱希望。他们所企求的仅仅是地方性的、特定人群的抗争。"① 贝拉米·福斯特认为，表面上，后现代主义批判启蒙的现代主义，批判理性的极权化、批判历史的目的论和乌托邦主义，但这三大否定的矛头最后都指向了马克思主义。"后现代主义具有讽刺意味的是：声称已然超越现代性，然而，从一开始就放弃了超越资本主义本身进入到后资本主义时代的全部希望。"②

但是，后现代主义同情者也大有人在。但有些学者看来，马克思主义与后现代主义之间的关系并非不可和解的，拉克劳、穆菲把后结构主义与马克思主义结合起来，创立了以非阶级对抗为中心的激进民主理论。詹姆逊在"马克思主义与后现代主义"③ 一文中指出，一个人既可以是后现代主义的代言人，也可以成为其卓越的批判者，因此，对后现代主义，不论在"思想上还是政治上都不可能简单地采取激赏或'不予承认'的态度。"他认为，从马克思主义出发，可以对后现代主义这一文化现象进行批判；然而，后现代主义作为离散的、分裂和多元的大众文化也包含着激进的政治潜能。作为资本主义发展的新阶段，后现代主义虽然否定了传统无产阶级的组织和斗争形式，也为全球无产阶级的重组和新的阶级意识的出现提供了条件。在哈特、奈格里的《帝国》中，他们把自己的分析方法称为"德勒兹—马克思"纲领，在这里，德勒兹的生命政治概念与马克思的劳动概念结合在一起，通过非物质生产为共产主义的实现开辟了新的道路。

在马克思主义与后现代主义的结合中，我们清楚地看到二大传统。受德国传统影响的思想家紧紧抓住阿多诺和本雅明的思想，受法国传统影响的思想家则紧随后结构主义大家。英国哲学家约翰·霍洛威从阿多诺的否定辩证法出发，提供了一种后现代主义风格的反抗逻辑。霍洛威属于开放的马克思主义派（Open Marxism），他在《死磕资本主义》中批判了以资本与国家为中心的传统马克思主义，包括国家资本主义理论和法国的调节学派。他强调，超越资本主义需要在体制上打开裂缝，而我们的在世之在本身就包含着否定的根源。人的存在就是存在，不能把它当作物任人宰割。只要我们不放弃这一立场，就能找到社会反抗的根源。霍洛威强调，

---

① 埃伦·梅克辛斯·伍德、约翰·贝拉米·福斯特主编：《保卫历史：马克思主义与后现代主义》，社会科学文献出版社 2009 年版，第 17 页。

② 《保卫历史：马克思主义与后现代主义》，第 225 页。

③ Fredric Jameson，"Marxism and Postmodernism"，*New Left Review* I/176，July-August 1989.

辩证法不是黑格尔式的正反合的运动，而是否定辩证法，是不配合的辩证法（dialectic of misfitting），在人的生存中，"尊严就是'不'的力量的展现"①。他相信，在日常生活中，每一种不同的做事方式都可成为对现行秩序的质疑，不论它是否具有明确的政治形式。在霍洛威看来，阿多诺的名言"我们还活着"，包含着对一切反抗可能性的本体论理解。对资本主义体制的反抗是无休止的否定运动，它体现的只是矛盾、断裂、对抗和拒绝，在这里，不存在肯定的同一性思维和综合的总体性。加兰指出："《敲打资本主义》的最有力度的观点之一是，它以详细的形式批判地探索了'做'是反对抽象劳动和劳动纪律的斗争。"② 与其他的后现代主义者一样，霍洛威虽然肯定人的生存中包含着反抗的力量，但拒绝传统马克思主义的历史目的论，在现实生活中有许许多多敲打资本主义的方式，但没有预言家，也没有救星，有的只有我们自己。今天敲打资本主义，就是迈向明天的共产主义。

与阿多诺传统不同，法国后结构主义往往被认为是与马克思主义完全对立的，然而，罗伊·博伊恩认为，德里达和福柯"他们二人都赞成并反对马克思主义：他们赞成马克思主义是因为他们揭露了资本主义拥有某种绝对真理和正义的虚假宣言；他们反对马克思主义是因为它的主要武器的欺骗性本质，这一主要武器是一个反社会的乌托邦翻版，在那里，所有的此类欺骗都将根除"③。最近，西蒙·乔特的《马克思穿越后结构主义》④沿着这个方向试图为两者关系提供另一种叙事。在他看来，后结构主义思想家利奥塔、德里达、福柯和德勒兹的理论有一个共同之处，即他们都受到阿尔都塞的影响。从问题史来说，阿尔都塞对马克思主义传统中的人道主义、历史主义和黑格尔哲学的批判构成了后结构主义者思考的共同前提，区别只在阿尔都塞想借此证明青年马克思和老年马克思之间的断裂以及"历史是一个没有主体或目的的过程"，后结构主义则以此来批判马克思主义整个传统。在利奥塔和德里达那里，对马克思的批判是对他的学说

---

① John Holloway, *Crack Capitalism*, Pluto Press, London, 2010, p. 3.

② Christian Garland, *Review on Crack Capitalism*, http://marxandphilosophy.org.uk/reviewofbooks/reviews/2011/291.

③ 罗伊·博伊恩：《福柯与德里达：理性的另一面》，贾辰阳译，北京大学出版社2010年版，第120页。

④ Simon Choat, *Marx through Post-Structuralism: Lyotard, Derrida, Foucault, Deleuze*, Continuum, 2010.

依赖的起源和目的的神秘承诺的批判，即相信异化的本质是可以恢复的，历史注定会实现解放的目的。福柯和德勒兹对马克思的批判是历史和政治的，他们强调权力是无处不在的，即使是真理也不例外，因此，关键不是寻找权力和真理的界限，而在于认识到真理的权力效果。简言之，他们认为，马克思的思想还不够彻底，虽然他批判了资产阶级意识形态，但保留了这个意识形态的形而上学前提。乔特认为，后现结构主义与马克思主义的理论遭遇并非是消极的，实际上，它提供的是一种祛除形而上学保证和真理幻想的新唯物主义。在这里，唯物主义不是对物质的哲学思辨，而是对思想的物质条件、思想本身的物质性以及它的政治介入后果的清醒认识。在新唯物主义中，对本体论和目的论的批判是与对特定情境的力量冲突和欲望的分析结合在一起的，在这里，理论不是表象，而是实践，是对地方性、异质性和多样性实践的介入。正是在这个意义上，后结构主义反过来为晚年阿尔都塞的偶遇唯物主义提供了基础。

应该承认，后现代主义与马克思主义的关系是非常复杂的问题。后结构主义者并不像哈贝马斯所批判的是青年保守派，也不像正统马克思主义所批评的，后现代主义是保守主义的神圣同盟军，从理论意图来说，后现代主义理论想为社会批判和反抗的可能性提供新的解释。然而，不论是阿多诺式否定辩证法，还是后结构主义式唯物主义，都没有回答马克思提出的问题：如何超越资本主义？否定辩证法面对的难题是，如果资本主义并不排斥一切否定，而是只排除对资本主义的基本原则的根本否定，它不仅不拒绝反抗和冲突，而且还借助于它来保持活力的，那将又如何呢？对后结构主义者也是一样，非阶级的多元斗争是否能够超越资本的一元统治逻辑，完全放弃历史主义和乌托邦目标的唯物主义能够实现后现代主义所追求的政治介入目标？可见，用后现代主义来改造马克思主义是困难的。

三　马克思主义与女性主义：不幸的婚姻？

1979 年海蒂·哈特曼曾发表一篇著名文章：《马克思主义与女权主义的不幸婚姻》，① 第一次挑明了马克思主义与女权主义关系的复杂性。在一

---

① Hardi Hardman，"The Unhappy Marriage of Marxism and Feminism：Towards a more Progressive Union"，*Capital and Class*，Summer 1979：3.

些女权主义看来，马克思主义虽然对妇女在资本主义社会的地位提供了经济和政治的解释，但是，妇女的经验和问题在这一传统中被边缘化了。琳达·尼科尔森认为，"20世纪的马克思主义用生产和阶级这样一些抽象化的概念剥夺了不能将其所受的压迫简单地归之于经济因素的妇女、黑人、同性恋者以及其他群众的需求"①。

在西方，女权主义可分为后马克思主义女权主义和马克思主义女权主义、社会主义女权主义和自由主义女权主义。后马克思主义女权主义受到后结构主义的影响，它虽然承认劳动在妇女生活中的重要性，并把劳动范畴作为理解妇女的生活经验的认识论基础。但是，它又反对回到"简单"的马克思主义立场。因为马克思主义往往只从资本的功能讨论两性关系，极少涉及女性的特殊经验和政治主体的建构方式，②也没有把父权统治放在与阶级统治同等地位来考虑，没有把物质再生产和人的再生产作为理解两性关系的贯穿始终的逻辑。因此，她们主张，今天的女权主义虽然不是反马克思主义的，但却是后马克思主义的。③

针对第三波女权主义对马克思主义的批判，朱迪丝·厄尔在《今天的马克思主义与女权主义》④一文中提出了质疑和反批评。她强调，每一次反对妇女压迫的斗争都会引起马克思主义与女权主义的争论，今天后马克思主义女性主义提出的问题并非全新的，德国革命的社会主义者蔡特金在19世纪就意识到女性问题不是抽象的性别关系问题，而是政治主体问题。在1896的一篇演讲中她说道："无产阶级妇女的解放斗争与资产阶级妇女发动的反对其本阶级男性的斗争是不一样的。……她的最终目标不是与男性的自由竞争，而是实现无产阶级的政治统治。无产阶级妇女与她本阶级的男人反对资本主义社会的斗争是并肩而立的。"⑤厄尔认

---

① 琳达·尼科尔森：《男女平等主义的各种矛盾》，引自《保卫历史：马克思主义与后现代主义》，社会科学文献出版社2009年版，第159页。

② Jules Townshend, "The unhappy Marriage of Marxism and Feminism: Decree Nisi?", http://psa. ac. uk/cps/ /2004/Townshend1 pdf.

③ Bryson, Valerie (2004), "Marxism and feminism: can the 'unhappy marriage' be saved?", *Journal of Political Ideologies*, 9 (1).

④ "Judith Orr, Marxism and feminism today", *International Socialism*, Issue: 127, 2010. http://www. isj. org. uk/? id=656.

⑤ 引自"Judith Orr, Marxism and feminism today", *International Socialism*, Issue: 127, 2010. http://www. isj. org. uk/? id=656。

为，马克思主义对女性解放的思考有自己的特点，在那里，女性解放是与社会主义的实现联系在一起的，社会主义追求的是被一切压迫者自主生活的权利，其中也包含着妇女选择和支配自己的物质生活和性生活的权利。在这里，如果把反对妇女压迫的斗争与反资本主义的斗争对立起来，对双方都是有害的。

女权主义与马克思主义的关系的讨论也引发了对经典马克思主义思想家的两性关系理论的兴趣。厄尔提醒人们注意恩格斯的《家庭、私有制和国家起源》和马克思对早期人类社会的思考中包含着对有利于女性解放的特殊思想资源。恩格斯指出，在父权制时代之前存在着一个母系时代，女性曾经拥有特殊的文化和社会地位，女性压迫的根源是私有制和一夫一妻制家庭。马克思、恩格斯早就破除了"解剖学即命运"的自然主义，强调妇女压迫的根源不是自然因素，而是社会因素，不是观念，而是社会经济条件。恩格斯认为，妇女遭受到"历史性失败"源于一夫一妻制家庭的出现，妇女成了传宗接代和抚育子女的工具。这意味着，妇女的压迫除了社会和阶级根源之外，还有家庭根源。因此，那种认为马克思主义没有关注家庭、没有批判父权制、没有关注女权的特殊经验的观点是片面的。

女权主义问题在当代也涉及性自由引起的特殊异化和压迫形式的论断。希拉·麦克雷格认为，马克思主义对人类社会的理解是建立在两种生产概念之上的，男人与女人获得其生存的手段本身也塑造了他们的行为模式，包括性行为。但在私有制和阶级出现之前，两性分工并不意味着男性对女性的压迫，妇女受压迫是与私有制和家庭的出现联系在一起的。马克思主义在女性解放上的立场是清楚的，这就是坚持以爱和共识为基础的两性关系，在这里，必须区分爱欲的解放与把女性身体色情化、商品化，因此，性解放不等于性自由。马克思主义承认两性的差别是真实的，性是人的真实本性的一部分，出卖性是出卖自身，"性工作是真正的性活动的反面，它所扮演的角色是把性工作与自己的人格关系分开"。① 基于这一立场，作者认为，女性解放并非追求抽象的性自由，而是重构人类新的团结关系，而在社会主义的新的团结模式中，而男性接纳女性作为平等的伙

① Sheila McGregor, "Sexuality, alienation and capitalism", *International Socialism*, Issue：130, 2010.

伴，本身就是团结的一部分。

性的商品化也是珍妮·普瑞恰德分析的对象。① 卖淫是以贫困和社会的两极分化等为条件的。按照恩格斯的观点，对资产阶级来说，卖淫是婚姻的另一面，是一夫一妻制家庭的必要补充。在家庭中，妇女成为传宗接代的工具，在卖淫中，妇女成为取乐的工具，它们都是资本主义所需要的。在对卖淫和性工作的解释上，马克思主义具有特殊的理论优势。非马克思主义女权主义虽然挑战了传统文化赋予两性的文化形象，以及男权中心主义在性自由上的二重标准，但没有澄清性自由权利与妇女解放之间的关系。如果把马克思的异化和物化理论运用于卖淫和性的商品化的分析上就可以看出，性产业根源于资本主义本身，市场竞争对人的关系的统治创造了人的性欲望被改造商品的条件。如果商品交换与性交易在社会根源上是同一的，人们不论在商品生产还是在性关系中受到的压迫和剥削，都必须通过自己的集体行动来改变。

马克思主义与女权主义的联姻是必要的，问题是：它们之间的关系是相濡以沫，还是相忘于江湖？从上面的讨论中可以看出，马克思主义的社会理论并不存在性别的盲点，虽然在具体研究中如何实现马克思主义与女权主义的联姻，还需要更多的努力。

四　马克思是欧洲中心主义者？

后殖民理论与马克思主义在政治上具有亲缘性，它们都反对殖民主义。然而，后殖民理论的创始人萨义德在其名著《东方主义》中却对马克思进行讨伐。他认为，马克思在1853年论印度的文章中确信，英国在毁灭亚洲的同时，也在那里发动了一场真正的社会革命。"马克思的经济分析与标准的东方学行为完全吻合，尽管从马克思的分析中显然可以看到他的博爱、他对人类不幸的同情。"东方学家在理解欧洲和亚洲、东方与西方的关系总是诉诸抽象的定义，"马克思也不例外。一般意义上的东方比现实存在的人类实体更容易用来证明他的理论。因为在东方与西方之间，如同一个意识到许诺日后必须兑现的宣言一样，只有毫无特色的普遍性才

---

① Jane Pritchard, "The sex work debate", *International Socialism*, Issue：125，2010.

有价值，或者说才会存在"①。总之，马克思虽然政治上反对殖民主义，但文化上仍然是一个欧洲中心主义和文化沙文主义者。萨义德认为，马克思不仅在社会历史理论中存在着欧洲中心主义的成见，而且在世界革命问题上也充满着偏见。在他看来，马克思相信，非西方国家要进行社会主义革命，首先必须复制西欧社会的发展道路，达到欧洲资本主义的发展水平，也必须按照欧洲工人阶级的政党和阶级斗争模式来进行。

后殖民主义对马克思的指责是公正的吗？马克思主义传统是否存在类似于性别盲点的族性盲点？在这个问题上，近年来有许多讨论。林德纳在"马克思的欧洲中心主义"②认为，马克思并非教条式的欧洲中心主义者，终其一生，马克思都在研究非西方社会，从其理论发展来看，马克思后来已经完全摆脱了欧洲中心主义。但作者又认为，后殖民理论对马克思主义的批评并非完全错误的，后殖民理论中包含着许多可供马克思主义借鉴和吸收的成分，因此，两者应该相互学习。

凯文·安德森的《马克思在边缘：民族主义、族性与非西方社会》③是当今为马克思辩护的重要著作。他指出，虽然自经济危机爆发以来，世界范围内出现了对马克思兴趣的复兴，但由于一些重要的意识形态和思想偏见，马克思思想的批判和政治潜能没有得以充分的释放。在当今马克思主义研究中存在着的重要偏见就是马克思的欧洲中心主义指责。"这里涉及围绕马克思的 1853 年论印度的文章和《共产党宣言》中有关中国的章节的辩论，在更一般的层面上，我们被那些进步人士告之，马克思告诉我们的是阶级和经济结构，而他的理论模型完全没有纳入种族、族性、性别或民族主义，或者说，即使有也是不多的。"④安德森通过对马克思思想史的历史学和文本学研究，雄辩地证明，"马克思分出相当多的时间和精力用于分析非西方社会以及欧洲和北美的种族、族性和民族主义问题。虽然有些著作中存在一些成问题的线性观点和种族中心主义的痕迹，但是，马

①　爱德华·W. 萨义德：《东方学》，生活·读书·新知三联书店 1999 年版，第 199—200页。

②　Kolja Lindner, "Marx's Eurocentrism: Postcolonial studies and Marx scholarship", *Radical Philosophy*, May/June 2010.

③　Kevin Aderson, *Marx at the Margins: Nationalism, Ethnicity and Non-Western Societies* (2010), University of Chicago Press.

④　Kevin B. Anderson, "Not Just Capital and Class: Marx on Non-Western Societies, Nationalism and Ethnicity", *Socialism and Democracy*, Vol. 24, No. 3, November 2010, p. 7.

克思的整体轨迹是面向民族、族性和殖民压迫的，是面向这些领域中的抵抗运动的"①。作者承认，马克思、恩格斯在 1850 年代讨论欧洲殖民统治对印度、印度尼西亚和中国的影响时，带有明显的欧洲中心论色彩。但从60 年代开始，马克思的反殖民主义观点得到越来越清楚地表达，其中包括他为《论坛报》写的文章和《1857—1858 政治经济学大纲》（以下简称《大纲》）中。在《大纲》中，马克思实际上已经提出了多线条的历史发展理论，其中最突出的是亚细亚生产方式概念的提出，这就为非西方社会的非欧洲中心主义思考提供了道路。在马克思的后期思想中，民族问题、族性问题、非西方社会问题受到越来越大的重视，其中包括对美国内战期间的阶级与族性关系的讨论，对波兰 1863 年起义的支持，对印度尼西亚爪哇岛、俄罗斯、阿尔及利亚、拉丁美洲以及前资本主义社会的关注等等。安德森认为，马克思不仅为非欧洲中心主义的社会理论提供了基础，而且也为非欧洲主义的革命理论提供了启示。"在这一研究中，我主张马克思已经提出了社会改变的辩证理论，这一理论既不是单线条的，也不是排他性地以阶级为基础的。正如他的社会发展理论涉及多个方向，他的革命理论也开始更多地关注族性、种族、民族和阶级之间的交叉关系。"马克思并非仅仅关心阶级和国家，而且也关心民族主义、族群、妇女、宗教等所谓的边缘化领域，在这个意义上，马克思不仅在中心，也在边缘。这正是该书的书名的寓意所在。

萨米尔·阿明在《欧洲中心主义》②一书，也对萨义德的指责做出回应。在他看来，欧洲中心主义不是通过东方与西方、自我与他者的二元论建构起来的，而是在殖民统治时代形成的。欧洲文明作为一种意识形态出现于 1492 年，即现代殖民主义的初期。自从欧洲大陆国家成为殖民地的宗主国后，它就开始自认为是高人一等的、统一的文明。欧洲中心主义本质是为新兴的资本主义和殖民主义进行辩护的意识形态。正是在欧洲国家获得全球统治地位后，西方的一些学者才开始发掘过去，重构历史，把欧洲理解为一个从其起源开始就是高级文明的神话。在阿明看来，萨义德对欧洲中心主义的批判走得不够远，未能认识到它的产生的历史和物质根

---

① Kevin Anderson, *Marx at the margins: On nationalism, ethnicity, and non-Western societies*, Chicago: University of Chicago Press, 2010.

② Samir Amin, *Eurocentrism*, Monthly Review Press, 2009.

源。欧洲中心主义不是资本主义占主导地位的意识形态，它寄生于资本主义经济的肥大机体的隐秘处，为资本主义经济和社会组织模式进行辩护。[①]在这个意义上，只有马克思主义对资本主义意识形态的批判才能为欧洲中心主义的批判提供基础。

马克思主义与欧洲中心主义的关系不仅是思想史问题，也是一个重要的现实问题。虽然后殖民理论把欧洲中心主义偏见归罪于马克思本人是片面的，但是，在教条式的马克思主义中确实不难发现欧洲中心主义偏见的痕迹。在马克思主义传播过程中，一些人不顾本地区的经济、政治和文化和传统，照搬照抄欧洲思想家对马克思主义的理解，实为一种有害的态度。

五 宗教仅仅是精神的鸦片？

在《论犹太人问题》中，马克思认为，真理的彼岸世界消逝后，历史的任务就是确立此岸世界的真理，宗教是人民的精神鸦片。此观点被一些学者认为对马克思在当代思想和政治场景中的边缘化负有一定的责任。托斯卡诺在《再思马克思与宗教》一文中认为，"对宗教作为一种社会变革和政治动员因素的当代研究中，马克思最好情况下也只是当作边缘性的参照系，最坏的情况则被当作死狗"[②]。虽然这种把马克思视为死狗的观点是片面的，但近十年来马克思主义传统中确实出现了宗教转向。宗教问题在马克思主义研究中的复兴有多重原因。自"9·11"后，宗教作为重要的地缘政治力量开始回归，成为对许多国内和国际冲突的根源：如伊斯兰教和其他宗教原教旨主义；在反资本主义的运动中出现了由宗教传统激发的反抗运动，如解放神学；世俗理性主义的困境以及生态灾难，等等。一些学者开始重新思考马克思主义与宗教、资本主义与宗教、宗教与政治等问题，试图发掘宗教传统的激进批判资源。具体来说：

第一，对马克思与宗教关系的重新认识。英国的莫利鲁克斯在《不仅

---

① 萨米尔·阿明：《自由主义病毒/欧洲中心主义批判》，社会科学文献出版社 2007 年版，第 203 页。

② A. Toscano, "Rethinking Marx and Religion", http：//www. marxau21. fr/? 07a31cebc06cb75f 34f91 de31bb85c29 ＝61e5b99731daaff723596445c2467eb1.

仅是鸦片：马克思主义与宗教》① 一文中指出，宗教不仅是精神的鸦片，也是社会反抗的精神来源。罗兰·波尔在《完整的故事：马克思主义与宗教》② 一文中指出，虽然宗教、权力与财富常常同床共眠，但把共产主义与宗教对立起来是片面的。基督徒可以成为社会主义者，社会主义者也可以成为宗教徒，"世俗与宗教的左派之间比他们想象的有更多的共同点"。

第二，一些人认为马克思对资本主义的批判同样可以用于对宗教的批判。一些学者开始关注本雅明在20世纪20年代提出的"作为宗教的资本主义"理论。托斯卡诺认为，他们认为，马克思理论的意义不在于世俗的无神论立场，而在于对资本主义日常生活宗教性的批判。美国马克思主义经济学家沃尔夫认为，资本主义本身就是一种宗教，亚当·斯密把市场作为一只万能的看不见的手，实际上包含着为资本主义辩护的世俗宗教（secular religion）的核心。③

第三，宗教传统中的对人类苦难的同情，对堕落和历史衰败的感叹以及对彻底救赎的向往被一些人用来改造马克思主义，特别是历史唯物主义，在马克思主义传统内部形成了一个弥赛亚主义的传统。迈克·洛威认为，本雅明是第一个超越历史唯物主义的进步主义意识形态的思想家，他把历史理解为进步与退步、文明与灾难相互交织和冲突的过程，对理解当代人类的处境有重要价值。阿甘本认为，只有放弃相信历史进步必然性的历史主义，才能形成真正的革命意识。"这不是说马克思和马克思主义没有为超越资本主义的政治经济体制提供坐标，而是说作为失败的国家实践，马克思主义过分地沉溺于进步主义的观念，对革命理论来说已经失效了。"④ 齐泽克说："要成为真正的辩证唯物主义者，这个人必须有基督教徒的经验。"⑤

第四，宗教成了激进政治思想家用来建构革命理论的资源。罗伯兹（John Roberts）在《"回归宗教"：弥赛亚主义、基督教与革命传统》中指

① J. Molyneux, "More than opium: Marxism and religion", *International Socialism*, 119 Issue, 2008.

② Roland Boer, "The Full Story: on Marxism and Religion", *International Socialism*, 123 Issue, 2009.

③ Richard Wolf, "Capitalism, Economy and Religion: A Christian-Marxist Dialogue", http://www.rdwolff.com/content/capitalism-economy-and-religion-christian-marxist-dialogue.

④ 引自 John Roberts, "The 'Returns to Religion': Messianism, Christianity and Revolutionary Tradition", *Historical Materialism*, No. 16.2 (2008), p. 96。

⑤ Slavoj Zizek, *The Puppet and the Dwarf*, Boston: MIT Press, 2003, p. 6.

出，当代激进思想家转向宗教不是回到一种非理性的蒙昧主义，而是要在西方工人运动和苏联式社会主义的失败后，重建革命的主体性理论，在这里，犹太—基督教遗产被理解为追求人类解放的政治记忆，而"马克思主义的遗产在这里被广义地等于恢复实践作为革命的虔诚理论"①。在当今西方激进思想家中，我们可以清晰地发现不同的派别，有保罗派、耶稣派、福音派和《圣经》批评派等。

保罗派的代表是巴迪欧和阿甘本，前者出版了《圣·保罗：普遍主义的基础》（2003 年），后者出版了《剩余的时间：保罗书信评注》（2005年）。巴迪欧把保罗的遗产理解为战斗的普遍主义，一种不分种族、语言、文化，只忠诚于纯粹平等主义真理的战斗共同体概念。阿甘本则借助本雅明的思想资源，认为保罗启示我们的是一种弥赛亚时间概念，它包含着对现行法律和秩序的彻底悬置和新时代的打开。

约伯派的代表人物是奈格里和齐泽克等人。奈格里的《约伯的劳作：作为人类劳动的经文》2009 年已被翻译成英文，在此书中，他依据对《约伯纪》的创造性解读，试图建立一个超越资产阶级正义概念的解放理想。一般人认为，《约伯记》的意义是建立了一种回报的逻辑（logic of retribution），在这里，正义等同于罪与罚、德性与价值之间的对待。奈格里认为，这样的理解只能为改良主义而不是共产主义提供基础。以恢复的逻辑为基础的正义概念与资本主义的价值概念一样，都是把公平建立的量的相等基础上，从这种逻辑中只能得出庸俗化的社会主义概念，即人类的解放意味着把财富还给劳动者，实现公平交易。这种社会不过是一种合理的资本主义社会、正义的资本主义社会、没有资本家的资本主义社会。他认为，应该把约伯的苦难以及对上帝的抱怨理解为正义的标准及其恢复的不可能性，理解为建立在同一性标准上的等同机制的枯竭。从无政府的自治主义立场出发，奈格里强调，唯一合理的价值秩序不能基于等同的交换原则，只能建立在劳动的创造性和个人的特殊性全面发展概念之上。"这一构成人类劳动特征的超越标准（measure）的创造性是神（divine）的真正形象。"② 齐泽克也多次谈到《圣经》中约伯的形象。他认为，约伯是耶

---

① John Roberts, "The 'Returns to Religion': Messianism, Christianity and Revolutionary Tradition", *Historical Materialism*, No. 16. 2 (2008), p. 80.

② Antonio Negri, *The labor of Job: the biblical text as a parable of human labor*, Duke University, 2009, p. vii.

稣的先驱，正如耶稣在被钉在十字架上曾抱怨上帝对他的遗弃一样，约伯对上帝的抱怨也表明，上帝已经死了，期待公正无私的上帝的拯救是不可能的，在这个意义上，约伯成了基督教中的无神论的先驱。齐泽克认为，在今天，约伯的形象具有强烈的意识形态批判意义，我们不应该把人类的苦难和社会的非正义理解为进步的代价，而要理解为绝对的恶。对待这样的社会，需要的不是自我克制，而是坚决的革命，就像列宁在《怎么办?》一书中告诉我们的那样。

福音派以伊格尔顿等人为代表。他在《福音书》中把耶稣称为革命家，他与使徒的团契生活代表着一种新的社会团结模式，在这里，财产和个人的私利已经被爱与仁慈取代。

当代激进左翼学者中出现的宗教转向是一个特别复杂的问题，它挑战了传统马克思主义的世俗主义立场，也挑战了马克思对宗教的批判和否定态度。虽然我们不能把这些人的思想理解为对革命的背叛，但是，在资本主义已经彻底自我拜物教化的今天，诉诸对马克思主义的宗教化理解，是否有可能使马克思主义重新变成马克思所批判的精神鸦片，这是一个值得沉思的问题。

六 革命的红色火焰与黑色火焰

从 19 世纪的有组织的反资本主义运动以来，就存在着以工人阶级政党为基础的共产主义与以自发的群众运动为基础的无政府主义之间的分歧。总体来说，整个 20 世纪的革命运动是以无产阶级政党为中心的，无政府主义处在边缘状态。但是，近年来，无政府主义的观念却在复兴。奈格里主张，成为共产主义者意味着反对一切国家权力，包括列宁主义的国家。霍洛威 2002 年出版的《改变世界但不掌握政权》成为世界社会论坛等群众运动的理论诠释。在当今反全球化运动中，无政府主义有着广泛的影响。"大学校园有越来越多的围绕着另一种全球化的思想运动，这些运动是由无政府主义塑造的，也以它为基础。"[1] 无政府主义是一种带有个人

---

[1] Sarat Colling, "Contemporary Anarchist Studies: An Introductory Anthology of Anarchy in the A-cademy", http://www.politicalmediareview.org/2009/03/contemporary-anarchist-studies-an-introductory-anthology-of-anarchy-in-the-academy/.

主义风格的反资本主义运动。

这种思潮的复兴与当代社会结构的变化和政治运动有关。瑟博恩在《从马克思主义到后马克思主义》一书对此有过解释。他认为，现代政治可以通过两个轴线来分析，一是反抗/叛逆，二是个人/集体。传统左派是叛逆的集体主义，而新兴左派是叛逆的个人主义，它的出现与法国"68"运动有关，也同城市化、大众教育、交往技术的发展有关。无政府主义的复兴是在批判苏联式的国家集权社会主义过程中出现的。一些人认为，无政府主义提供了用来恢复社会主义真正内涵的因素。哈贝马斯认为，任何人类解放理想中都包含着无政府主义的观念，即人类自由平等的交往关系的理想。法国的丹尼·盖兰（Daniel Guérin）认为，无政府主义是社会主义的同义词。乔姆斯基认为，首尾一贯的无政府主义者总是社会主义者，无政府主义是社会主义，是自由的社会主义。哈尔·德拉帕（Hal Draper）认为，无政府主义是自下而上的社会主义，区别于自上而下的国家社会主义。

近年来，无政府主义的研究积累了大量的文献。如大卫·贝里的《法国无政府主义运动史，1917—1945》和《无政府主义、劳动和工团主义研究新视角》、卢德·吉娜的《无政府主义与乌托邦》、诺曼·乔姆斯基的《乔姆斯基论无政府主义》、艾默斯特和伦达尔等人所编的《当代无政府主义研究》。无政府主义研究者非常活跃，他们在英国拉夫堡大学建立了"无政府主义研究网络"、出版电子杂志、建立博士生项目，组织学术会议。

在无政府主义的最新研究中影响最大的是瓦尔特和施米德合著的《黑色的火焰：无政府主义和工团主义的革命的阶级政治学》[1]。作者虽然承认无政府主义与马克思主义都是反资本主义的革命理论，但是，它们之间存在着极大的差别："无政府主义是一项旨在通过斗争创造一个建立在合作和相互帮助基础上的自由的无国家的社会主义社会。"因为无政府主义者认为，新的社会秩序应该透过劳动群众的力量和组织从下而上地建立，人民群众必须自己承担起建设社会的任务。而在马克思主义—列宁主义却意

---

① Lucien van der Waltand Michael Schmidt, *Black Flame: The Revolutionary Class Politics of Anarchism and Syndicalism*, AK Press, 2009.

在通过高度集中、非常军事化的政党组织夺取政权。① 显然，作者的观点与巴枯宁是一致的。巴枯宁在 1868 年的和平自由同盟大会上曾经说："我讨厌共产主义，因为它反对自由。我不能接受没有自由的人类。我不是共产主义者，因为共产主义把所有社会权力集中和吸收到国家，它一定会最终把财产集中到国家手中。相反，我要废除国家，要激进地消灭权威的原则和国家的监护。"② 瓦尔特和施米德把无政府主义称为黑色的火焰，以区别马克思主义的红色火焰。

现在的问题是，革命的红色火焰与黑色火焰之间是什么关系，它们能否对话，是否应该对话？这些问题成了争论的焦点。保罗·布莱克杰在"马克思主义和无政府主义"③ 一文中指出，无政府主义与马克思主义之间非对话的漫画式相互攻击是有害的，但是，用无政府主义去否定马克思主义更是片面的。一方面，无政府主义虽然看到革命运动中存在着自由与权威的冲突，但无政府主义不顾社会条件，单纯诉诸人性的自由冲动去实现自己的目标是不可能的。另一方面，马克思主义并未抛弃人类自由联合和个人的自主性要求，它只是想为社会主义和共产主义的实现指出正确的道路。布莱克杰并不认为列宁并非集权主义思想家，在他看来，苏维埃社会主义也是一种自下而上的社会主义。马克思主义应该理解为对无政府主义的扬弃，而不是简单地否定。

然而，伯查尔在"无政府主义的另一面"④ 中却持另一种观点。他认为，广义的无政府主义从 19 世纪以来就是国际激进左派的主要因素，是全球反对工业资本主义、集权统治、大地主和帝国主义的主要工具。他承认，马克思、列宁、托洛茨基等人都强调工人阶级的自我解放，强调无产阶级专政并非新型的集权主义国家，而是通过委员会、工会和公社等形式实现的民主自我组织形式，就此而言，他们与巴枯林、克鲁泡特金的观点是一致的。然而，他又认为，无政府主义对马克思主义具有积极的批判意义。无政府主义的核心理念是参与式民主，任何手段的运用都必须服从于

---

① Interview with co-author of "Black Flame: The Revolutionary Class Politics of Anarchism and Syndicalism", http://anarchistnews.org/? q = node/10452.

② 转引自赵京《马克思与巴枯林冲突的症结》，http://www.chinavalue.net/Article/Archive/2008/8/20/131105.html。

③ Paul Blackledge, "Marxism and Anarchism", *International Socialism*, Issue125, 2010.

④ Ian Birchall, "Another side of anarchism", *International Socialism*, Issue127, 2010.

革命的目的，即集体的自我管理和自我解放，工人运动本质上只能是大众阶级的反权力的力量。作为自由至上的共产主义（libertarian communism），无政府主义不承认策略与原则、手段与目的的不一致，反对"无产阶级的专政"变成对无产阶级的专政。作者的结论是："重申社会主义，我们必须重申被列宁式马克思主义压制的参与式民主和革命传统，这就要求马克思主义者严肃地介入到无政府主义和工团主义的黑火焰以及它的自由至上共产主义的版本、革命过程和激进民主之中，而不是盛气凌人地对待它。"[1]

我们认为，无政府主义对马克思主义的批评在许多方面是片面的，但它确实抓住了传统社会主义模式和革命运动中存在的问题。在传统社会主义模式失效后，两者的对话是有益的。有关无政府主义与马克思主义关系的讨论使我们意识到，如果社会主义的手段与目的发生冲突的话，我们再也不能简单地迷信手段的有效性，而放弃社会主义的目的本身。

七　马克思是普罗米修斯主义者？

科拉科夫斯基在《马克思主义主流》中把马克思称为"普罗米修斯式"（promethean）的思想家，这一观点得到一些生态主义者的附和，他们认为，马克思主义是生产主义和技术主义，历史唯物主义是培根的自然控制论的延续。卡罗林·穆钱特说："马克思和恩格斯在充分认识到资本主义的'生态'代价并深感痛心的同时，却接受了启蒙运动通过对控制取得进步的神话。"特德·本特也认为，历史唯物主义是普罗米修斯式的唯生产力论历史观。[2] 这些批评涉及一个重大问题，马克思主义理论是否存在生态盲点？

对马克思的绿色指责的重要依据之一是马克思在自己的著作中经常引述埃斯库罗斯的《被缚的普罗米修斯》，因而断定马克思是技术主义、生产主义和反生态思想家。福斯特认为，这种指责是不公正的。在马克思的

---

① Lucien van der Walt, "Counterpower, participatory democracy, revolutionary defence: debating Black Flame, revolutionary anarchism and historical Marxism", *International Socialism*, Issue: 130, April, 2011.

② 见约翰·贝拉米·福斯特《马克思与生态环境》，《保卫历史：马克思主义与后现代主义》，第174—176页。

著作中，普罗米修斯通常被视为革命的象征，很少被充作技术的象征。实际上，在马克思的时代，普罗米修斯是当时文化的中心人物，他不仅代表着技术，也代表着创造力、革命和对神灵的反抗。指责马克思的"这些评论家的著作抹掉了普罗米修斯神话所具有的历史、文化意义，将其说成是一种主张唯生产力和对自然（包括人性）进行控制的现代性本身的文化象征"①，因而是错误的。

许多学者认为，马克思主义与生态主义不是对立的，它不仅提供了对资本主义生态危机根源的解释，也提供了超越这种危机的出路。从当代左翼政治思想中，我们可以看到两种不同的马克思主义与生态主义的结合形式。以《每月评论》刊物为核心的一些学者主张生态社会主义，以齐泽克等人为代表的激进左派主张生态共产主义。贝拉米·福斯特和麦格道夫等人是生态社会主义的核心人物，新世纪以来，出版了一系列著作：《马克思的生态学：唯物主义与自然》（2000 年）、《生态学反对资本主义》（2002 年）、《生态革命：与星球和谐相处》（2009 年）和《生态裂缝：资本主义对地球的战争》（2010 年）。福斯特认为，马克思主义与生态主义不是两个互不相干的阵营，它们在许多方面的结论是一致的。在《马克思的生态学》中，福斯特强调，批判的马克思主义方法需要生态学的世界观，与此同时，批判的生态学必须取向于社会主义，两者共享的基础是"社会正义和环境的可持续性：拯救人类和拯救自然"。生态问题本质上不是生产问题、技术问题，而是阶级问题和经济制度问题。他认为，资本主义不仅生产出劳动的无产阶级，也生产出"环境无产阶级"，"当出现以系统的经济和环境的失败代表的双重矛盾时，只有社会主义才能有效地解决这些问题。"② 关于马克思的生态学核心观点，福斯特同意伯克特在"马克思的可持续发展观"③ 中阐述的观点，它可称为"生态学基本三元体"（elementary triangle of ecology）：（1）自然的社会使用，而非私有占有；（2）人类与自然之间新陈代谢关系的合理调节；（3）满足共同体的需要，包括现在和未来各代人的需要。总之，对福斯特之类的马克思主义生态学

---

① 《保卫历史：马克思主义与后现代主义》，第 176 页。

② John Bellamy Foster，"Marx and ecology: a vision for saving the world"，http：//www. greenleft. org. au/node/43372.

③ Paul Burkett，"Marx's Vision of Sustainable Human Development"，*Monthly Review*，2005，Volume 57，Issue 05.

家来说，人类面临的生态灾难是不能用"绿色资本主义"或零星的改良工程解决的，解决生态问题与实现社会主义是同一事物的不同方面。

除生态社会主义立场外，西方国家还出现了生态共产主义理论。齐泽克在《活在末日》中指出，量的变化正产生一个质的变化，生态和环境危机已经使人接近无法生存的零度状态。当今左派却熟视无睹。生态危机正把人类拖入新的冷战，最近各国对北冰洋海底资源的争夺就是典型的表现。齐泽克认为，生态和环境危机是每个人都无法逃避的灾难，在这种威胁面前，我们都是无产者。与生态社会主义的最大区别在于，齐泽克认为，面对生态危难，不能采取"现实主义的"立场，而要采取命定主义的末世论立场。在面对生态灾难时，唯一真正有效的战略必须反向思考，"代之以嚷嚷'未来是开放的，我们仍有时间去行动和预防最糟糕的事情发生'，我们应该将灾难作为无可避免之事接受下来，然后回溯地行动，瞄准那些'写入星相'里的东西，瞄准我们的命运"①。这就是齐泽克对末世学的反向运用战略，用布莱希特的话说：我们不应该去看旧的好的东西，而要看最近的恶的东西。生态危机暴露了资本主义的绝对界限，显现人类生存的共同性，它启示的不是社会主义，而是共产主义。

我们认为，马克思主义对生态问题的意义关键不在于，在历史上马克思曾经是什么，而在于根据历史唯物主义的批判精神和方法能否为今天的生态灾难提供什么。马克思的人类解放理想的核心是人类自觉地控制自己的生存条件，以实现人类的自由发展，诉诸这一理想，我们不仅要控制人类生存的经济条件，同样，也必须为控制人类生存的自然条件而斗争。在这个意义上，马克思主义与生态主义应该形成战斗的同盟。

（原载《学术月刊》2011 年第 1 期）

---

① 齐泽克：《生于末世》（节选），吴冠军译，《复旦政治哲学评论》2010 年第 2 辑，上海人民出版社 2010 年版，第 186 页。译文有改动。

威廉斯的"文化唯物主义"
意识形态论研究

张秀琴

威廉斯（Raymond Williams，1921—1988 年）① 是英国 20 世纪著名的"新左派"马克思主义"文化研究"理论奠基人之一。他的"文化唯物主义"（Cultural Materialism）意识形态论②，为马克思的意识形态论提供了一幅具有英国新左派风格的绘图。本文把这种介于西方马克思主义和传统（苏联）马克思主义之间的英国式解读方式称之为"'新左派'马克思主义"的意识形态观。为呈现这一新意识形态观的形成、内容与意义，本文拟从如下三个方面展开论述，即它的形成与方法论框架、内容与范畴推展，以及意义与分析评价。

一 文化唯物主义意识形态论的
形成与基本方法

意识形态论是威廉斯文化唯物主义的重要组成部分。文化唯物主义就是要在历史唯物主义的视野下来考察和审视文化生产与消费的主要方式（文艺、教育与传播）与基本特征。文化唯物主义因此成为一种分析社会

---

① 1921 年威廉斯出生于英国一个普通工人家庭，他获奖学金资助而进入剑桥大学三一学院学习，1939 年加入英国共产党，是《新左派评论》杂志编委会成员。被英语世界公认为著名的英国伯明翰学派文化研究理论的先驱者之一。其代表作包括：《文化与社会：1780—1950》（1958年）、《漫长的革命》（1961 年）、《马克思主义与文学》（1977 年）、《政治与文学》（1979 年）、《唯物主义和文化中的诸问题》（1980 年）、《文化》（1981 年）等。

② 意识形态论，即对意识形态（包括它的概念、理论与实践）的历史与现状进行分析与反思的学说与理论。

现象，包括意识形态现象的一个总的方法论前提。当然，在威廉斯这里，这一方法论框架，具体包括"文化研究"的主题确立和"'新左派'马克思主义"的立场选择两个方面，前者是威廉斯意识形态论的形成逻辑和研究主题；后者是其基本方法与研究立场。它们贯穿在威廉斯毕生的系列著述之中，它们在视角和研究重点上的转换与倾向，决定着威廉斯意识形态论的基调和逻辑线索。

1. 形成逻辑：文化研究主题的确立

威廉斯的文化研究包括对文化理论的概念史梳理和对具体文化实践样态（如电影、小说等）的社会影响力分析。本文的探讨聚焦于前者。其主要理论成果就是把文化区分为四个组成部分、三种定义和三种表现形式：首先，文化是由普遍的社会心理和习俗、知识发展、艺术状态乃至整个社会生活方式所构成。其次，以普遍的社会心理和习俗来界定文化概念，就是一种"理想的"（ideal）的文化定义；而以普遍的社会知识发展和艺术状态作为文化定义的主要内容，那就是一种"文献的"（documentary）文化定义；而"社会的"（social）文化定义则认为文化就是整个社会生活方式。最后，威廉斯还指出了文化的三种主要存在形式，即"主流文化"（the dominant culture）、"新生文化"（the emergent culture）和"残余文化"（the residual culture）。① 在文化的构成、定义和表现形式等方面所做的上述区分和梳理，与其说是在做英国传统经验主义式的逻辑考察与中性描述，毋宁说是在提供一种整体性的文化观，即认为文化不仅是特定社会人们的普遍价值诉求与人类理智发展的成果，而且反映在整个社会生活方式中的人类日常思维模式与体验。因此，文化不仅是表达人类理想与理智发展的符号系统（如语言、绘画、音乐、舞蹈、建筑、服饰、礼仪等符号系统），而且更是这些符号系统的实践过程给人们带来的感受体验和社会影响。毫无疑问，威廉斯的文化概念是一种不放弃唯物主义基础的、强调文化经验与实践的整体性的文化观。

为什么要坚持这种整体性的文化观？威廉斯认为，因为这才是真正的马克思主义文化理论的精神实质。威廉斯认为，文化的整体性特征决

---

① 上述划分在威廉斯的《文化与社会》、《漫长的革命》、《马克思主义与文学》以及发表在《新左派评论》中的系列论文（如《马克思文化理论中的基础与上层建筑》等，这些论文后来大多被收录于《唯物主义和文化诸问题》）等都有所论述。

定了文化研究的基本范式,即:(1)要从不同角度来分析和探讨文化理论与实践,因此,上述各种定义、区分和构成要素分析之间并非对抗或互相替代的,而是应该共同运用于分析特定时代与社会的文化形式与经验;(2)文化概念的整体性,决定了文化研究方法的更新,即不能就文化本身来研究文化,而是要在社会结构的全局之中、特别是在社会存在(以社会经济活动为基本表现形式,但绝不能代替其他形式的社会生产活动的物质性)的基础上来分析和研究各种文化现象;(3)因此,以文化为主题的文化研究,就不能只关注文化的精英生产线(在这里,文化的生产主体是作为社会组成部分的知识分子),而忽视文化的大众生产——特别是在当代商品社会中,文化更多地以大众生产和消费的形式出现的时代背景之下。总之,在威廉斯的整体性视野中,文化不仅与社会结构(社会经济、政治秩序与环境)相关,而且与个体生活(个体情感体验与思维习惯)相关。是故,威廉斯的文化研究,主要是介于"精英"与"民粹"之间,强调文化(包括其生产和消费)的多样性和多元化,因此,相对于前者来说,他的文化研究多一些平民色彩,而相对于后者来说,又多一些学院倾向,即强调文化的精神内涵和教化功能。

2. 方法论框架:新左派马克思主义的立场选择

新左派马克思主义是本文对威廉斯以文化唯物主义为关键词的、对马克思历史唯物主义的阅读的一次再阅读。根据威廉斯的阅读,文化研究必须遵循一个原则性的基础,这个基础就是马克思主义(历史唯物主义)的方法,但是,历史唯物主义的方法,在苏联主流马克思主义那里的正统描述,却让威廉斯无法满意,于是,在二战后刚传到英国的欧洲马克思主义(西方马克思主义)的影响下,威廉斯对马克思主义有了新的阐释,这个阐释用一个范畴表达出来就是文化唯物主义。这种文化唯物主义又因为与其理论资源提供者之一——西方马克思主义文化批判理论的不同立场,而无法摆脱其理论资源提供者之二——英国文化研究学派,特别是二战后的文化新左派的影响,所以,它在本文中又有了另外一个名称:新左派马克思主义。

作为威廉斯文化唯物主义的根本立场,新左派马克思主义的选择,以20世纪50年代末期为界,经历了一个从早期的英国正统马克思主义阶段向后期的英国新左派马克思主义阶段的转变过程。早期威廉斯主要受苏联马克思主义主流学说的影响，对马克思"没有完全建成"① 的文化理论开始着手进行初步重建："我在 1939—1941 年读大学时"，就坚持"那种坚定的且带有强烈排他性的马克思主义观点"，"我当时学到并笃信不疑的英国马克思主义正统观念，实际上是一种激进的民众主义"；② "在 40 年代末50 年代初政治与文化结构发生变化的那个时期里，我却由于处在例外的封闭状态中，……更加广泛地阅读了马克思主义著作，继续坚持其主要的政治立场与经济立场，更加深入自觉地进行文化的和文学的研究与探索。我在《文化与社会》一书特别是其中的'马克思主义与文化'一章中总结了那个阶段"③。威廉斯这里所说的英国正统马克思主义，指的是在苏联马克思主义主流学说的影响下形成的英国早期（特别是二战前）马克思主义流派，其主要特点就是过多关注"经济学上的推理"和"政治上的允诺"，④而缺乏对文化问题的关照。因此，文化研究主题对于英国乃至国际正统马克思主义来说，具有填补"空场"的作用。

然而，到了 20 世纪六七十年代，威廉斯的马克思主义立场却在西方马克思主义的影响下，经历了一次重大转折，那就是从早期的英国正统马克思主义立场转向了二战后的新左派马克思主义立场。"20 世纪 50 年代中期，形势发生了许多重大变化，例如出现了人们所说的'新左派'。我当时就发现，在文化及文学的观念上我同'新左派'有许多相似之处"，"我还发现，马克思的思想同我和大多数英国人所理解的那种马克思主义有所不同，就某些方面来说甚至存在着重大差异。这时候，接触到了一些先前未进入我们视野的已有的研究成果——例如卢卡奇……等人的著述"，于是，"我才能调整自己对迄今所知的马克思主义本意的尊重以及同马克思主义之间的距离；同时，对于那些在关于马克思以及马克思主义的全部长期争论与探讨中一直被大力阐述的、人所共知的正统观念，我也大大增强了进行取舍和说明的能力"。⑤ "在这种情况下，我有幸接触到了更多的

---

① 威廉斯同时指出，"这并非说马克思对这些结论作重大的扩展或对于充实他自己的文化理论的构想缺乏信心。问题在于，他的远见卓识使他认识到这个问题的困难性与复杂性以及他实事求是的立身行事的原则"。参见威廉斯《文化与社会》，吴松江等译，北京大学出版社 1991 年版，第 339 页。

② 威廉斯：《马克思主义与文学》，王尔勃等译，河南大学出版社 2008 年版，第 1—2 页。

③ 同上书，第 2—3 页。

④ 威廉斯：《文化与社会》，吴松江等译，北京大学出版社 1991 年版，第 338 页。

⑤ 威廉斯：《马克思主义与文学》，王尔勃等译，河南大学出版社 2008 年版，第 3 页。

马克思主义新著：卢卡奇的晚期著作……和阿尔都塞的著作"，"我又重读了一些原有的著作，其中主要包括法兰克福学派20—30年代兴盛期……的著作；另外还有安东尼·葛兰西的那些卓有见地的著作，以及马克思本人某些著作的新译本——特别是《大纲》① 一书"。② 以后，在与国际马克思学界进行频繁交流的过程中，威廉斯找到了自己作为一个马克思主义思想研究者的归属感和认同感，他感慨地说，"在这种环境里，我第一次感到自己工作在一种熟悉的、亲切的集体之中。同时我也感到，以往35年来我所做的每一点工作，都以某种复杂或间接的方式（虽然常常没有记载下来）同马克思主义的观念和讨论发生着联系"。③

二 文化唯物主义意识形态论的内容与范畴推展

遵循着文化研究主题丰富与转换的内在逻辑线索，立足于形成中新左派马克思主义的基本方法，威廉斯构建了自己文化唯物主义意识形态论：对意识形态及其重要命题（"基础—上层建筑"命题）与相关范畴（"文化"、"上层建筑"、"感受结构"和"领导权"等）的重新阐释。前者构成了文化唯物主义意识形态论的核心内容，后者则构成了其主要范畴推展表。

1. 核心内容：基于"基础—上层建筑"命题展开的马克思意识形态论考察

早在20世纪50年代中期之前的"英国正统马克思主义"阶段（其阶段性成果是《文化与社会》一书），威廉斯就找到了影响马克思主义文化理论和意识形态理论发展的一个核心命题："基础—上层建筑"模式，以后，随着文化理论研究的深入开展，新左派马克思主义立场与文化唯物主义的方法论逐步形成，威廉斯在缺乏明确逻辑转接关系交代的情况下，将文化研究的主题"细化"到意识形态理论研究领域，而这一转接任务的完成之作就是他后期的名著《马克思主义与文学》。他的工作主要有三个方面：

---

① 即《政治经济学批判大纲》，这或许是受葛兰西的影响。
② 威廉斯：《马克思主义与文学》，王尔勃等译，河南大学出版社2008年版，第4页。
③ 同上书，第5页。

第一，威廉斯梳理了马克思意识形态概念的理论来源，提出马克思的意识形态概念就是"托拉西式的科学实证主义＋拿破仑式的批判"的复杂综合体，并指出，这种综合体本身的不确定，比如用语上的类比或比喻所带来的语义混乱、处于论争之需而在语言表述上的不周延，是造成马克思身后的各类马克思主义者对其意识形态概念理解各异的原因之一。威廉斯说，马克思不仅继承了托拉西的反形而上学的、作为一种"科学"的实证主义的意识形态概念，也从拿破仑那里继承了另外一种相反的、贬义的意识形态概念，即认为意识形态是"不合实际的理论"和"抽象的幻想"，尽管马克思"出自新的立场"，但拿破仑式批判的"每一个要点""都被马克思和恩格斯在其早期著作中继承下来并加以应用"。① 威廉斯认为，这正是马克思和恩格斯在1846年基本写就的《德意志意识形态》一书中，对他们的德国同时代人展开抨击的基本立场。威廉斯指出，尽管"说'意识形态'应该去掉其'完全独立性的外观'是完全正确的，但是，'反射'、'反响'、'模糊幻想'、'升华物'等用语却过于简单化，而且在重复使用中造成严重后果"，因为"这种用语属于'机械唯物主义'的朴素二元论"。② 所以，尽管马克思的主旨性原意肯定不等于他身后的马克思主义者的相关思想，但马克思无论如何要对后来的"严重后果"负一定的责任——至少是表述（如照相机比喻）上的混乱等责任。

第二，威廉斯肯定了意识形态概念在马克思主义文化理论中的地位，概括了马克思主义意识形态概念的三种定义，并认为没有必要在这三个定义中分出优劣，但却有必要对马克思的意识形态概念进行重新界定和澄清。在威廉斯看来，意识形态是马克思主义文化理论的一个重要概念。他说，"'意识形态'这一概念并不是马克思主义首创的，也不限于马克思主义专用。但显而易见，在几乎所有的马克思主义文化思想理论——特别是关于文学和观念的理论当中，它是一个重要概念"。③ 为考察这一重要概念，威廉斯总结了马克思主义著作中的三种主要意识形态概念界定：第一，"指一定的阶级或集团所特有的信仰体系"；第二，"指一种由错误观念或错误意识构成的幻觉性的信仰体系，这种体系同真实的或科学的知识

---

① 威廉斯：《马克思主义与文学》，王尔勃等译，河南大学出版社2008年版，第61—62页。
② 同上书，第64页。
③ 同上书，第58页。

相对立";第三,"指生产各种意义和观念的一般过程"。① 威廉斯认为,许多马克思主义著作都采取了将第一种定义和第二种定义"结合在一起"的做法来理解意识形态概念。② 威廉斯关于意识形态概念的三种含义梳理,实际所区分的就是:作为政党意志或阶级实践意识的意识形态、作为虚假意识或被分离的、自我独立的理论的意识形态,以及作为观念或意义生产及其领域或精神文化生产的意识形态。第一种界定强调的是意识形态的阶级性,一般被视为一种中性的意识形态概念;第二种界定突出的则是意识形态的虚假性或扭曲性,这显然是一种贬义的意识形态概念;第三种界定力图说明的是意识形态的普遍性和一般性,这是一种泛化的意识形态概念。在他看来,这三种定义以及其各种形式的结合都有其历史原因和意义,因而没有必要进行优劣划分。在研究马克思主义意识形态理论时,应当采取的正确态度是:"除非出于论争的需要",否则"完全不必""确立'唯一'正确的马克思主义意识形态定义",而是"应把这一术语及其各种变体放回到它们得以形成的问题中去,特别是首先要放回到历史发展之中。这样,我们才能再回到它们现今如何呈现自身的问题上来,回到这一术语及其各种变体所揭示和隐匿的那些重要争论上来"。③ 可见,文化唯物主义的意识形态论并未剥离历史的维度。这也为他梳理马克思意识形态概念的历史起源与发展提供了理论合法性和逻辑基础。

第三,为了澄清马克思意识形态概念在经典起源那里的"混乱",也为了拯救这个概念在各种马克思主义变体那里的"迷失",威廉斯提出了要正确理解基础—上层建筑关系的科学任务和充分认识意识形态复杂性的理论任务。他说:显然,马克思在那段关于基础—上层建筑关系的著名论述中所"提及的区别极其重要,即使我们接受'基础与上层建筑'的公式,马克思仍为我们说过这样的话:后者的改变必须要用一种不同的、不那么精确的公式来加以探讨"。④ 这就是说,上层建筑由于自身的复杂性,是不能用一个精确地被(基础)决定的命令来完善其丰富内涵和变化的。因为"上层建筑涉及的是人类意识问题,它必然是非常复杂的,不仅仅是因为它的多样性,而且还因为它始终是历史的;任何时候,它既包括对过

① 威廉斯:《马克思主义与文学》,王尔勃等译,河南大学出版社 2008 年版,第 58、59 页。
② 同上书,第 1 页。
③ 同上书,第 59 页。
④ 威廉斯:《文化与社会》,吴松江等译,北京大学出版社 1991 年版,第 340 页。

去的延续，又包括对现存的反应。马克思有时确实把意识形态看成是一种虚幻意识：① 一种事实上被变革所破坏的延续传统"。② 但这样的看法如前所述，是出于论争的需要而不得不做出的。可见，威廉斯反对基础—上层建筑的模糊理解，就是因为它会导致对于作为上层建筑的人类意识（意识形态）与作为社会结构基础的物质经济现象之间，并非两阶段论的关系。什么是"两阶段论"呢？那就是认为"先有物质社会生活，然后在某种时间或空间的距离上再有意识和'它的'产物。这样就直接产生了简单的化约论：'意识'和'它的'产物不是别的，只能是物质性社会过程中发生过的一切的'反映'而已"，这种"把'意识及其产物'分离出去并抽象为某种'反映'或'第二阶段'的过程"。③

2. 范畴推展：从"文化"的"上层建筑"到"感受结构"的"领导权"

在威廉斯那里，文化、上层建筑、意识形态，是一个外延逐渐缩小的概念序列。或者说，意识形态是作为上层建筑的组成部分、文化的一种社会功能出场的，这样的出场方式，尽管满足了唯物主义的立场要求，但却无法成功地完成威廉斯所提出的在马克思主义意识形态论领域进行概念澄清和走出迷雾的任务。于是，威廉斯在自己意识形态论的范畴推展表中，继"文化"和"上层建筑"之后，又填补了"感受结构"和"领导权"概念。意识形态的出场方式，从文化的上层建筑，转向了感受结构的领导权领域。

当意识形态作为文化的上层建筑出场时，它更多地表现为一个依附性和隶属性概念，即意识形态概念是为了最终正确理解文化，并因此不得不正确理解上层建筑的复杂性的理论任务所必须解决的一个混乱的范畴。恰好，这个混乱的范畴的理论澄清，与威廉斯的文化研究主题以及由此而产生的上层建筑复杂性认识任务的完成之间，拥有一个共同的理论模式，这个模式就是所有马克思主义（历史唯物主义）都无法避免的"基础—上层建筑公式"，因此，澄清范畴定义与内容所遵循的共同理论模式或模型，使得威廉斯得以在不做任何理论逻辑关系澄清的情况下，就开始多少有点

---

① 中文一般译为"虚假意识"。
② 威廉斯：《文化与社会》，吴松江等译，北京大学出版社 1991 年版，第 340 页。
③ 威廉斯：《马克思主义与文学》，王尔勃等译，河南大学出版社 2008 年版，第 67 页。

不负责任地从文化这个大范畴、经由上层建筑这个范畴，转移到了相对较小的意识形态范畴之中。这就是意识形态作为文化上层建筑在威廉斯意识形态论中的出场逻辑。可惜，对于基础—上层建筑模式的深入研究，使得威廉斯似乎对于这一研究成果本身并不满意。

于是，威廉斯在梳理完马克思主义意识形态概念发展史的同时，就提出了意识形态的替代性概念，那就是"感受结构"和"领导权"范畴。所谓"感受结构"（structure of feeling）①，就是"一种现时在场的、处于活跃着的、正相互关联着的连续性之中的实践意识"和"处在过程当中"的"社会经验"，而"从方法论意义上讲，'感受结构'是一种文化假设"，② 它可以帮助我们理解一定时代中的人的实践意识和社会经验。可见，"感受结构"与文化、上层建筑、意识形态等范畴所要表达的主要内容是相似的，但也有不同之处，那就是"感受结构"更能生动地表达人类实践意识和社会经验的在场性或现在进行时态，而像意识形态等范畴更多指的是一种过去时态，感受结构也更加能表现实践意识和社会经验在社会大情境中的变化性和互动性，而不会像意识形态等范畴在传统含义上的那种基于"基础—上层建筑"模式而造成的机械性和僵化性。因此，如果说"意识形态"当它被称为意识形态的时候，当它已经是一个业已形成的、"沉淀"下来的、体系化的，因而更加"明显可见的、更为直接可用的社会意义构型"与人类实践意识和经验表达的时候，那么，感受结构则"可以被定义为溶解流动中的社会经验"。所以，威廉斯想用感受结构来替代"传统正规的"意识形态概念，③ 就是为了强调它们之间的区别，以便告诉大家：第一，"必须超越正规的把握方式和体系性的信仰"；④ 第二，我们每个拥有实践意识和社会经验的普通人其实都参与了社会意义和价值的建构过程，而且在这一多变的过程中，我们的感受结

---

① 也译为"感觉结构"或"情感结构"。据研究者考证，威廉斯在1954年的《电影导论》中就已提出该范畴，而在《漫长的革命》中则对这一术语进行了深入研究，提出了"感受结构就是某一时期的文化"的观点，以后又在随后的其他著作中，多有补充和论述。（参见 Andrew Milner, "Culture Materialism, Culturalism and Post-Culturlism: The Legacy of Raymond Williams", *Theory, Culture & Society*, SAGA, Vol. 11, 1994, p. 48。）

② 威廉斯：《马克思主义与文学》，王尔勃等译，河南大学出版社2008年版，第141、142页。

③ 同上书，第143页。

④ 同上书，第141页。

构作为非系统化的、甚至是粗糙的意义表达中介，但它以其灵活多变性
和现场鲜活性，而更接近于个体生活，它就是更加庞大的、系统性的集
体意识形态的"细分"或构成要素，尽管并不能在它们之间建立简单的
化约关系。

除了感受结构，威廉斯还提出了另外一个在他看来更适合替代传统
意识形态概念的范畴："领导权"①。他认为，"领导权"作为一种概念
"既涵盖了又超越了"文化概念和意识形态概念，特别是那种认为意识形
态就是"一种意义的和价值的体系总是在表达或体现着某一特定阶级的
利益"的意识形态观。② 因为领导权概念强调了活生生的人类生活过程的
"整体性"，而意识形态作为"一种相对正规的、被清晰表述出来的关于
意义、价值和信仰的体系"，却"排斥"、"边缘化"或"遮蔽"了"社
会生活中人们的那些相对复杂的、混合的、不完整的或未得到清晰表述
的思想意识"③。领导权概念不仅仅可以指"那些可以清晰表达出来的、
较高层次的'意识形态'，也不仅仅指意识形态的那些通常被视为'操
纵'或'灌输'的控制方式"，实际上，领导权概念可以"一种由实践
和期望构成的整体，这种整体覆盖了生活的全部——我们对于生命力量
的种种感觉和分配，我们对于自身以及周围世界的种种构成性的知觉体
察"，它是"一种实际体验到的意义、价值体系（既具有构成设定性又处
在构成设定中）"，它"为社会中的大多数人建构起一种现实感，一种绝
对的意义"，当然，"从最根本的意义上讲就是一种'文化'"。④

总之，感受结构概念的"流动性"和"领导权"概念的"整体
性"，都使得威廉斯觉得它们可以用来替代或超越传统正规的意识形态
概念。由此，威廉斯的意识形态概念解读范畴推展表，就从"文化"
的"上层建筑"阶段，转到了"感受结构"的"领导权"阶段。意识

① Hegemony，也译为"霸权"。有论者认为，威廉斯首次明确讨论领导权概念是在1973年
发表在《新左派评论》中的《马克思文化理论中的基础与上层建筑》一文（该文参见）中，以后
逐渐得到提炼，并因讨论主题而有所修改，在《马克思主义与文学》中，"为了克服意识形态概
念的诸多困难"，威廉斯"更改"了之前对这一术语的理解，即领导权从过去的"主导文化制度
所传递的核心价值观"转变为流动的、整体的文化过程。（参见 Nick Stevenson, *Culture, Ideology
and Socialism*, Ashagy Publishing Limited, 1995, pp. 51–52。）
② 威廉斯：《马克思主义与文学》，王尔勃等译，河南大学出版社2008年版，第116页。
③ 同上书，第117页。
④ 同上书，第117、118页。

形态概念因此在威廉斯那里经历了两个出场阶段。在"文化"的"上层建筑"出场阶段，威廉斯所有关于文化和上层建筑的历史梳理与分析，几乎都在对意识形态概念的探究中得到了如法炮制，而在"感受结构"的"领导权"出场阶段，无论是对于感受结构的探讨还是对于领导权概念的探讨，表达的是论者超越传统意识形态概念的旨趣，因此，可以把后一个出场语境，视为威廉斯意识形态论研究继第一次出场后的深入与发展。前者所要摒弃的是对意识形态概念在社会空间层面的被动性理解，后者则表达的是对意识形态概念在历史时间维度的现时性的强调。

综上所述，文化唯物主义意识形态论的主要意义就在于：第一，通过不放弃基础（社会存在）决定上层建筑（社会意识）的唯物主义立场，而坚持意识形态观的唯物主义基础和马克思主义传统；第二，借助于赋予"基础"、"上层建筑"和"决定"以不同含义，以凸显意识形态研究的文化视角，亦即意识形态作为文化的具体载体或表现形式之一，它的形成和产生作用的过程，并非脱离作为社会基础的社会存在而独立发生的，而是与社会存在相伴生的，从这个意义上来说，它本身也构成了一种社会存在，因而也具有物质性（基础）的含义；第三，强调社会意识形态的整体性、历史性和批判性，① 反对机械主义和经济主义（在意识形态论上表现为"反映论"、"中介论"或"结构论"）的意识形态观。然而，第二方面的理论努力，使得威廉斯的观点存在着否定第一个方面的嫌疑，也即有走向文化唯心主义的嫌疑；威廉斯为摆脱理论困境，提出了整体论，即不要在实践中截然区分基础与上层建筑，因为或许这种纯理论的、理想型的提问方式本身就掩盖了问题的实质，即它们之间其实是不可分的，因为它们总是处于一种整体的或一体的关系态中，变化是这一关系态的常态。总之，在文化唯物主义意识形态论的基本观点和研究方法中，我们既看到了传统马克思主义意识形态论影响下的对意识形态概念唯物论、阶级论和政

---

① 在1981年的《文化》中，威廉斯提出，应该保持意识形态概念的具体含义，不然它就会失去其批判诉求。可见，批判性是建立在这一概念不被泛化的基础之上的。当然，此时威廉斯有理由这样说，因为他可以用自己先前获得的感受结构概念来辅助完成这一将意识形态概念内涵具体化的工作，而将其无法覆盖的动态部分，用感受结构来补充，或者，还可以用领导权概念来替代。（相关论述请参见 Nick Stevenson, *Culture, Ideology and Socialism*, Ashagy Publishing Limited, 1995。）

（原载《哲学动态》2011 年第 2 期）

治属性的强调，又看到在西方马克思主义影响下的历史论、总体论和文化属性的凸显。或许，正确解决来自这两种方法论和视角之间的冲突与张力，正是我们今天在中国当下语境中研究和发展马克思意识形态论的主要任务和意义所在。

（原载《哲学动态》2011 年第 2 期）

马克思主义与后现代

现代性的镜像认同:鲍德里亚
论马克思、德鲁兹与福柯

仰海峰

鲍德里亚的镜像理论,不仅是他批评马克思的理论基础,也是他批判现代性的理论基础。在他看来,马克思的生产理论是对资本主义社会的镜像认同。与此相应,德鲁兹的欲望理论、福柯的权力理论,同样是对资本主义社会的镜像认同。在他看来,只有揭示了现代性的镜像认同,才能真正地找到超越现代性的理论之路。

一 镜像认同:从拉康到鲍德里亚

鲍德里亚的镜像理论,直接来源于拉康。拉康的镜像认同理论则是对近代以来哲学中"自我"观念的解构。

"自我"是近代以来西方哲学的一个核心概念。在对一切感官进行怀疑之后,笛卡尔认为,"我在"是无法怀疑的。但"我在"的"我"意味着什么?笛卡尔认为,"我"的"在"是通过"我思"来保证的。"那么我究竟是什么呢?是一个在思维的东西。什么是一个在思维的东西呢?那就是说,一个在怀疑,在领会,在肯定,在否定,在愿意,在不愿意,也在想象,在感觉的东西。"① 这种"我思"才是自我的本质规定。对于笛卡尔的这一自我理论,黑格尔进行了批评。在《精神现象学》中,黑格尔认为,仅沉沦于自身之内的思维并不是自我意识的本质规定,真正的自我意识是两个相互承认的意识,这种相互承认的自我意识只有在劳动过程中才可能实现。他认为这也是理性的本质规定。黑格尔的这一解释,将自我

---

① 笛卡尔:《第一哲学沉思录》,庞景仁译,商务印书馆1986年版,第27页。

的建构与社会历史的建构联系在一起，表明自我的构成与历史发展过程具有相关性。经过黑格尔的中介，我们就可以理解，自我的建构与现代性的发展是不可分割的，因为黑格尔所讲的劳动，是现代经济意义上的劳动。虽然黑格尔的自我意识理论与笛卡尔的思想存在着不同的理论维度，但他们具有共同的哲学信念：即自我是一个理性的存在。

弗洛伊德第一个对这种系统的理性与自我意识展开了批评。弗洛伊德指出：人的心灵是由意识与无意识构成的，传统哲学所关注的意识只是心灵的一小部分，广大的被压抑的无意识领域，被传统哲学排除了。实际上，以人的性本能为内核的无意识，在深层上制约甚至支配着人们的日常活动及思想观念。文明的发展是对无意识的压抑与升华。弗洛伊德的理论打碎了"自我"的自足性的神话，打开了探索"自我"的另一个空间。他对精神病的分析表明，自我在一定程度上是分裂的。他把这种分裂看做是性本能遭受压抑的结果。

弗洛伊德虽然揭示了无意识领域的存在及其意义，但其理论在根本特性上仍然是理性的。这正如拉康所说的，精神分析师的治疗过程是通过话语交流而展开的过程，这就需要有一个主体以主体身份来引起对方的注意，治疗的过程就是将无意识组织为有意识的话语的过程①。精神分析就是实现病人的无意识与理性的协调，在这种协调中，说到底是理性占据上风的。拉康进一步对分裂的"自我"的形成进行了分析，在他看来，这种分裂并不是压抑的结果，儿童在其最初的镜像认同中，就蕴含着分裂的根源。

1936 年 8 月 3 日下午，拉康在墨尔本第 14 届国际精神分析大会上做了关于"镜像阶段"的报告，第一次阐述了其镜像理论。1949 年 7 月在苏黎世召开的第 16 届国际精神分析大会上，拉康提交了"助成'我'的功能形成的镜子阶段"的论文，再次阐释其镜像认同理论。按照拉康的看法，镜像阶段是人类自我人格的形成、人类与世界关系的发展中必经的一个阶段。在 0—6 个月时，婴儿就产生了对自身躯体与外部世界的意识，但这种意识是片断的，是对身体各部分的意识，各个部分之间是一种分离的关系，并没有形成一个统一的整体。在 6 个月之后（到 18 个月），幼儿

---

① 参见拉康《精神分析中的侵凌性》，载《拉康选集》，褚孝泉译，上海三联书店 2001 年版，第 97—121 页。

开始涉及主体性的辨认现象，即在遇到自己镜中的形象时表现出欢天喜地的样子和寻找部位的游戏。拉康认为，虽然6个月大的幼儿在智力上远远落后于大猩猩，但就其能在镜中辨认自己的形象而言，这是任何猴子所无法比拟的。"一个尚处于婴儿阶段的孩子，举步趔趄，仰倚母怀，却兴奋地将镜中影像归属于自己，这在我们看来是一种典型的情境中表现了象征性模式。在这个模式中，我突进成一种首要的形式。以后，在与他人的认同过程的辩证关系中，我才客观化；以后，语言才给我重建起在普遍中的主体功能。"① 这是拉康对镜像认同的简要描述。

拉康认为，在儿童的镜像认同中，一方面是其自身行动整体性协调的缺换，另一方面是镜像中意象的格式塔效应，这使得儿童在一种外在的理想形象即"理想我"中来发现和认同自身。因此，主体借以超越其能力的成熟的身体的完整形式是以格式塔方式获得的，即在一种外在性中获得的，这种外在的形象是预先存在的。镜中的形象与外在空间构成了一个完整的外在世界，它是自我认同的基础，自我也正是在这样的情境中建立了与外部世界的关系。由于自我是在自身身体碎片化的状态下认同于一个外在的"理想我"，这种认同就涉及自我与外部世界的关系，而这个关系不仅是以机体内在的分裂为前提，而且这一认同本身又有待于不断地确证，这决定了有机体与外部实在的关系是异化的。"镜子阶段是场悲剧，它的内在冲劲从不足匮缺奔向预见先定——对于受空间确认诱惑的主体来说，它策动了从身体的残缺形象到我们称之为整体的矫形形式的种种狂想——一直达到建立起异化着的个体的强固框架，这个框架以其僵硬的结构将影响整个精神发展。由此，从内在世界到外在世界的循环的打破，导致了对自我的验证的无穷化解。"② 如果自我的认同最初就是在异化的幻象中发生的，那么，近代以来作为哲学根基的那个"我"，还真的存在吗？我们所确认的那个"我"，岂不是一种镜像中的形象？进一步说，那个成问题的"本真的我"（这是不存在的）岂不是由异化的镜像中的"我"建构起来的吗？在拉康看来，这个镜像中的"我"才是笛卡尔所说的那个"我"的真实形象。按照这个逻辑，黑格尔所说的社会中的"自我"，更是镜像中

① 参见拉康《精神分析中的侵凌性》，载《拉康选集》，褚孝泉译，上海三联书店2001年版，第90页。
② 同上书，第93页。

的"我"在社会中的重新建构。实际上，从弗洛伊德的精神分析学中可以知道，这两个"我"是同步建构的。在拉康看来，这种异化是无法通过异化的发展途径来消除的。"对于拉康而言，在镜像阶段出现的原初异化则被视为在社会中随机地编织它自己的路。""主格之'我'的'异化的命运'就是指，个体永远与其本身处于不一致之中：主格之'我'不知疲倦地倾注于凝结一个不可能被凝结的主体性过程，倾注于将凝固性引入人类欲望这一变动不居的领域。"① 这种利比多的倾注，在拉康看来正是一种病态的"自恋"。在拉康的思路中，镜像构成一切幻觉与精神分裂的来源，镜像中的认同是对异化的确认，这种确认只是反映了外部实在，而没有超越外部实在。

阿尔都塞将拉康关于"我"的批判与对资产阶级意识形态的批判结合起来。在《保卫马克思》与《读〈资本论〉》中，阿尔都塞认为：青年马克思从主体出发的人道主义，仍然是一种资产阶级的意识形态。在《德意志意识形态》之后，特别是到《资本论》等著作中，马克思才从这种意识形态中摆脱出来，走向一种科学的历史理论。在这一解读中，主体成为资产阶级意识形态建构的核心。在"意识形态与意识形态国家机器"这篇论文中，阿尔都塞进一步指出，资产阶级的意识形态就是将个体建构为"自我"，建构为主体。"没有不借助于主体并为了这些主体而存在的意识形态。这意味着，没有不为了这些具体的主体而存在的意识形态，而意识形态的这个目标又只有借助于主体——即借助于主体的范畴和它所发挥的功能——才能达到。"② 从前面关于拉康的论述中可以得出，这种主体只是一种幻觉。这就可以理解阿尔都塞对意识形态的另一种描述，即意识形态是个人与其实在生存条件的想象关系的表达。通过这些描述，阿尔都塞将拉康关于主体的幻觉认同理论与意识形态批判联系起来了。

鲍德里亚的镜像认同批判理论沿袭了这一思路。在《消费社会》的最后一章中，鲍德里亚讲述了1930年代拍摄的《布拉格的大学生》这部无声影片。贫困的大学生为了过上享乐的生活，与魔鬼做了一个交易，把自己镜中的影像卖给了魔鬼，换回了大量的黄金。有了钱的大学生从一个成功

---

① 玛尔考姆·波微：《拉康》，牛宏宝、陈喜贵译，昆仑出版社1999年版，第28页。
② 阿尔都塞：《意识形态与意识形态国家机器》，载《哲学与政治：阿尔都塞读本》，陈越编，吉林人民出版社2003年版，第361页。

走向另一个成功，但却总是猫着腰在镜子前走过，但他所出入的上流社会对镜子却趋之若鹜。与此同时，他的影子或者与他同时出入交际场所，或者离开原型单独活动，甚至犯罪，从而给大学生带来了无尽的麻烦。大学生躲避起来，影子认为大学生出卖了自己，到处追捕他。一天晚上影子追到大学生的屋子，从其第一次走出来的镜子前经过。大学生怀着对自己影像的怀念与对外在影像的愤怒，向镜中的影像开了枪。镜子碎了，影像消失了，但倒下的却是中枪的大学生。在杀死影像的同时，大学生杀死了自己。他在镜子的碎片中，重新看到了自己，以牺牲自己躯体的代价找回了正常的人像。这个故事与拉康的镜像理论有异曲同工之妙。外在的影像已经成为大学生的真实生活，并与整个外部世界联系一体，但这却是异化的存在。大学生也在这种镜像的异化中，找到了自己所希求的日常生活。但这种异化的存在总是要出问题的。只有在打碎镜像之后，大学生才能回到本真的存在。

《生产之镜》这个标题，就直接体现了上述的思想。鲍德里亚认为，马克思的生产理论体现了资产阶级意识形态，马克思实际上是在这种镜像中来面对资本主义社会的，这决定了马克思并没有跳出这种意识形态的陷阱。要揭示资本主义社会存在的真相，就需要打碎生产之镜，只有打碎了这一镜像之后，我们才能在新的碎片中看清这个镜像的本质，从而找到另一种替代方案。基于这一立场，鲍德里亚对马克思的生产理论展开了全面的批评。

二 生产之镜与历史唯物主义的幻象

按照我的理解，马克思的历史唯物主义可以区分为双重逻辑：一是一般人类学意义上的生产逻辑。在这一层面，马克思强调物质资料的生产与再生产是人类历史存在的前提。正是通过对此的讨论，马克思才从唯心史观中解放出来。一是面对资本主义社会与古典政治经济学的资本逻辑。生产逻辑虽然构成了一切社会存在的前提与条件，但仅从生产逻辑出发并不能批判地分析资本主义社会，马克思也无法将自己的理论同古典政治经济学真正区别开来，因为古典政治经济学也是从资本主义社会的物质生产出发的。资本逻辑关注的是资本运行过程以及剩余价值的榨取过程，从中揭示资本主义社会的内在矛盾及其可能性的社会前景，这是马克思批判资本主义社会及其意识形态、论证无产阶级解放的理论基础。实际上，只有进入到资本逻辑之中，马克思才能揭示资本主义社会的运行过程及其意识形态效应。历史唯物主义的这两个层面，都成为鲍德里亚的批判对象。

在《物体系》、《消费社会》与《符号政治经济学批判》中，鲍德里亚将消费社会理解为一个符号/价值占支配地位的社会，政治经济学批判中所理解的使用价值、交换价值都只有在符号/价值的统摄中才能得到真正理解，而这正是马克思的政治经济学批判没能开启的视野。鲍德里亚认为：马克思的政治经济学批判力图将使用价值从交换价值中解放出来，使之成为有用性。但马克思没有看到，这种有用性才是近代社会最具迷惑力的形而上学。在这种有用性的解放中，政治经济学批判设定了一个与人的需要相关的有用性对象，这种需要与有用性的区分与连接，恰恰是政治经济学的人类学的设定及其理论建构的前提。要摆脱这种困境，鲍德里亚认为就需要以符号政治经济学批判取代政治经济学批判。在《生产之镜》中，鲍德里亚通过讨论资本主义发展阶段再次提出这一问题。在《哲学的贫困》中，马克思描绘了交换价值发展的三个阶段：在第一阶段，交换的只是剩余产品，交换只具有局部的意义；在第二阶段，也就是资本主义工业生产阶段，所有的工业产品都处于交换之中，这是交换的普遍化；到第三阶段，人们认为不能出卖的东西，如德行、爱情、良心等，都成为出卖的对象。马克思认为，第一阶段到第二阶段的转变是质的飞跃，从第二阶段到第三阶段，则是一种量的变化①。针对马克思的这一理解，鲍德里亚认为："在第二阶段和第三阶段之间存在着决定性的转变。第三阶段是对第二阶段的革命，就像第二阶段是对第一阶段的革命一样。"②《资本论》适合于第二阶段，但已经不适合于第三阶段。这一新的阶段不再是资本的生产过程占据统治地位，而是符码逻辑占统治地位，即一切都是通过符码操控而实现的，这是资本主义体系的新革命。这一新的阶段，正是他的符号政治经济学批判想要批判的对象。

按照我的理解，鲍德里亚的这个批评可归于资本逻辑批判的维度。鲍德里亚关注到资本逻辑运行方式的转变，并由此反思马克思的政治经济学批判，但这并不意味着鲍德里亚抛弃了马克思的资本逻辑批判理论，而是

① 参见《马克思恩格斯全集》，人民出版社1958年版，第79—80页。
② 鲍德里亚：《生产之镜》，仰海峰译，中央编译出版社2005年版，第105页。

将这一理论发展到新的阶段。所以在《符号政治经济学批判》中，鲍德里亚认为自己是在发展马克思的思想。但在《生产之镜》以及《象征交换与死亡》中，鲍德里亚则对马克思的生产逻辑展开了致命的批判，同时也对马克思的资本逻辑进行了更激烈的批评。

在鲍德里亚看来，马克思的生产逻辑体现了资本主义意识形态幻象，这主要体现在以下几点：第一，生产逻辑的人类学基础是错误的。鲍德里亚认为，马克思的生产逻辑与政治经济学具有相同的人类学前提，即把匮乏看做是人与外部世界关系的最初存在状态，人是一个追求经济利益最大化的理性人，是一个有欲望与需要的人，物被规定为有用性。在《符号政治经济学批判》中，鲍德里亚对这种"有用性"与"需要"进行了批判，指出将物化约为有用性是近代社会最隐蔽的形而上学。在《生产之镜》中，他借助萨林斯的《石器时代的经济学》对匮乏的理念展开了批判。萨林斯认为，过去的人类学都将原始社会看做是一个匮乏的社会，并将现代经济学的理念作为解释原始社会的根据，以致原始社会成为现代社会的不发达的缩影。他通过对太平洋岛屿的土著人的研究，认为原始人的社会是一个丰裕的社会，这里的人不是欲望无边的人，他们也不按照现代经济的计算原则来规范自己的行为方式。与现代追求经济利益最大化的生产模式不同，原始人的生产模式是一种"低度生产的结构"，这是为了生计需要的生产，而不是为了剩余价值的生产。虽然这里也存在着交换，但这是一种互惠的交换，它以慷慨为特征，酋长的权力总与其慷慨联系在一起，权力就意味着在交换中要多给予①。很显然，这并不是匮乏的时代。马克思将原始社会看做是匮乏的社会，沿袭了古典政治经济学与现代社会的思想，并将之反射到了原始社会，马克思的"人体解剖对于猴体解剖是一把钥匙"的思想就充分地体现了这一点。不仅如此，马克思在面对奴隶社会与封建社会时，都是从现代社会的理念出发来解释的，这正意味着马克思并没有真正地跳出现代社会的意识形态。

第二，鲍德里亚认为，马克思将劳动看做人的潜能，将劳动力的解放看做人的解放，这正是古典政治经济学的逻辑。鲍德里亚结合马克思关于劳动二重性的分析认为，马克思揭示了资本主义社会中劳动力的质性规定

---

① 参见萨林斯《石器时代的经济学》，张经纬等译，生活·读书·新知三联书店2009年版，第二章、第三章。

被量化规定所替代，即具体劳动被抽象劳动所替代，他由此认为，马克思力图将具体劳动从抽象劳动中解放出来，即劳动力使用价值的解放。根据前面的讨论，如果使用价值就是现代社会的最隐蔽的形而上学，那么劳动力的使用价值的解放，同样会陷入这种形而上学中，成为近代社会的意识形态要素。与此相应，将劳动看做人的潜能的本质规定，同样是古典政治经济学的逻辑要求。在这个规定中，一方面确认了通过劳动征服自然的合法性。根据黑格尔的劳动辩证法，劳动的过程就是征服自然、形成自我意识的过程。鲍德里亚认为，马克思吸收了同样的思想，所以在马克思那里，对自然的征服被看做是一个理所当然的事情。这种征服的观念与人类学意义上的匮乏观念是一致的。另一方面，将劳动看做人的潜能的本质规定，是对古典政治经济学及相应社会秩序的确认。资本主义的市场体系就是要将人作为劳动力生产出来，这一体系就是建立在将个人生产为劳动力的基础上的。从更深的层面来说，劳动价值论的提出既是对人的本质特征的抽象，又对这种抽象的人赋予社会意义。所以鲍德里亚认为："马克思对政治经济学进行了激烈的批判，但仍然处于政治经济学的形式之中。"① 按照这个思路，鲍德里亚甚至认为："生产力与生产关系的辩证法、矛盾的连续逻辑、积极性和消极性的同质空间——所有这些（以及历史概念本身）都是根据资本主义生产方式的理想组织起来的，这个普遍的过程获得了自身的真理，达到了自己的目的。"② 在这个论述中，他从根本上否认了生产逻辑的合法性地位。

第三，鲍德里亚认为，我们今天处于生产终结的时代，这决定了马克思的生产逻辑无法适用于当代。在《象征交换与死亡》的第一章中，鲍德里亚就指出：在今天，符号形式支配着一切，征服了劳动，掏空了劳动的任何历史意义。符号将劳动吸收到自身之中，并分派劳动。生产性的劳动被符码的再生产所替代，劳动价值论也被符号的价值结构所替代，这才是资本统治的新形式。在这里，剩余价值的原则远不及由符号/价值所产生的歧视原则更为现实，这是新的价值结构的规律起作用的社会。按照我的理解，价值的结构规律指的是，随着消费社会的兴起和电子媒介先导作用的介入，传统实体意义上的价值规律转变为以符号结构为基础的价值指涉

---

① 鲍德里亚：《生产之镜》，仰海峰译，中央编译出版社 2005 年版，第 33 页。
② 同上书，第 95 页。

关系，这种指涉关系不仅仅局限于传统经济学领域，而且指向由符号结构而来的文化领域。结合《符号政治经济学批判》中的讨论，今天的价值首先体现为由符号差异原则所产生的身份与地位价值，这种身份与地位价值既隐藏了剥削，又构成了社会合法性的基础。在价值的结构规律中，真实的实体层面消失了，人们找不到受奴役的实体根源，奴役无处不在，但又是大众自发或自觉认同的过程。在鲍德里亚看来，新的价值结构的规律使得生产辩证法崩溃了。"使用价值/交换价值、生产力/生产关系，马克思主义赖以运转的所有这些对立（其实这和理性主义思想赖以运转的真与假、表象与实在、自然与文化的对立模式是一样的）也以同样的方式被中和了。"① 当生产辩证法终结时，建立在生产辩证法基础上的革命理论也随之走向了终点，新的替代方案只有针对符码统治才能提出来。

根据上面的分析可以看出，鲍德里亚认为马克思的生产逻辑是对古典政治经济学与自由资本主义社会的镜像反映。在这种镜像中，马克思建构了一种认同当下现实的方式，这正是马克思陷入到资产阶级意识形态中去的地方。要打破这种意识形态的幻象，就需要打破生产之镜。另外，根据鲍德里亚的分析，资本主义社会已经越过了马克思所分析的阶段，生产逻辑已经被符号逻辑所替代，这时拘泥于生产逻辑，既不能认清资本主义的当下变化，又进一步将自身绑缚在资本主义社会的战车上。如果说，在《符号政治经济学批判》中，鲍德里亚还认为自己是在发展马克思的批判理论，那么在《生产之镜》与《象征交换与死亡》中，他则明确地表达了抛弃马克思的想法。

虽然在《生产之镜》中，鲍德里亚把批判矛盾直接指向马克思，但实际上他是想以此来批判现代性理论。马克思的哲学是对传统哲学的变革，如果马克思并没有跳出现代性的意识形态陷阱，那么在马克思之后并批判现代性的思想家是否真的摆脱了现代性的思维逻辑呢？鲍德里亚同样给出了否定的答案。在他看来，德鲁兹陷入到了欲望之镜中，福柯则陷入到了权力之镜中。

---

① 鲍德里亚:《象征交换与死亡》，车槿山译，译林出版社 2006 年版，第 19 页。

三　镜像幻觉中的德鲁兹与福柯

在《生产之镜》的"序言"中，鲍德里亚在批评马克思的生产逻辑的同时，把写作《反俄狄浦斯》的德鲁兹和瓜塔里的创造性爱欲理论置于生产逻辑的同一维度上。在随后的《忘却福柯》中，对福柯的理论又展开了全面的批评。在这些批评中，他力图揭示存在于这些思想家身上的共同的东西。也正是在这些批判中，鲍德里亚不断地同现代性思想相决裂。

德鲁兹接受和发展了弗洛伊德的欲望理论，并将尼采的权力的本体论改造为创造性的欲望理论，将这种欲望的创造性与马克思的创造性生产思想结合起来，提出了欲望—机器这一概念，以此来建构一种新的唯物主义精神分析理论，反对现代性思想中的总体性、主体与再现理论，颠覆制约"欲望—生产"的一切因素。什么是欲望呢？对于欲望，传统的解释都是从缺失客体的意义上来理解的，从而将我们推到在生产与获得之间进行选择的处境，欲望只与获得有关。在这种理解中，欲望只与真实的缺乏有关，而欲望的创造性生产的内涵，则被忽视了。德鲁兹与瓜塔里认为，康德的欲望理念有了很大的进步，甚至是革命性的。康德把欲望看作是存在的能力，正是通过这种能力，现实事物才能被表象。在这里，康德已经将欲望看作是一种生产能力。但德鲁兹与瓜塔里又认为，康德并没有反思欲望概念，仍然把它当作一种缺失客体的生产能力。在这种情况下，欲望生产的只能是幻想的客体，所以精神分析学认为欲望只能生产幻想的客体，真实的客体是欲望所缺乏的，因为真实的客体只与外部自然界或社会生产相关联。精神分析学创造了一个与真实世界平行的幻想世界，这是欲望存在的世界，因此在每一个真实物体背后，总有着一个梦想的物体。但欲望的真正的创造性能量并没有得到充分的重视。在德鲁兹与瓜塔里看来，从马克思的观点出发，即自然与历史的相互内在规定出发，那么精神分析学本身就失去了社会历史的基础。对欲望的传统理解，也就使精神分析学无法真正地面对市场和交易，甚至使精神分析学认为无须去面对这一切。

从生产出发，德鲁兹与瓜塔里对欲望进行了新的理解。他们认为：欲望有其真实的对象，欲望的最后产品就是真实。欲望是被动的综合，它合成部分物体、身体，成为生产单元的功能。因此，欲望并不缺少对象，欲望所缺少的恰恰是主体。"恰恰是主体在欲望中缺失了，或者说欲望缺少固定的主体，除非存在着压抑，否则就没有固定的主体。欲望和其客体是一回事：机器，作为机器的机器。"① 欲望—生产体现了欲望的创造性能量，这是传统哲学的主体理念以及相应的形而上学理论所无法理解的。欲望—生产与社会生产之间的关系在于：生产总是将某些东西嫁接到产品上，而欲望—生产则是生产的生产，这种欲望机器的理想状态就是处于不断的转动之中。"事情的真相是，社会生产只是既定条件下的欲望生产。我们认为，社会领域是由欲望直接决定的，它是历史地决定的欲望生产，为了侵入和投入到生产力和生产关系中，利比多无须任何中介或升华、任何精神的运作、任何移情。只存在欲望和社会，没有任何其他的东西。"②

虽然德鲁兹与瓜塔里的欲望理论对现代性思想进行了批判与解构，但在鲍德里亚看来，尽管德鲁兹他们在批评马克思的思想，但其创造性的欲望理论与马克思的生产与劳动理论仍然具有逻辑上的同质性，这无非意味着将被俄狄浦斯情结所包围的无意识作为生产机器解放出来。对无意识的这种认识，正是在资本主义社会的镜像中完成的，这是一种欲望之镜，人们也正是在这样的镜像中实现了自我认同。与德鲁兹和瓜塔里的欲望理论相一致的，就是马尔库塞在《爱欲与文明》中所宣扬的爱欲观念，这同样是将爱欲理解一种创造性的生产潜能，这种生产潜能与劳动的潜能是一致的。马尔库塞将这种创造性的能量与游戏、劳动联系起来，以便从中寻找解放的可能性，这正是现代性的理念。可见，打破欲望之镜与打破生产之镜具有同样的意义。

那么福柯呢？道格拉斯·凯尔纳将福柯的思想发展划分为三个阶段：即早期关于人文知识的考古学分析，这主要以《疯癫与文明》、《诊所的诞生》、《词与物》为代表。中期关于权力的系谱学分析，这以《规训与惩罚》、《性经验史》为代表。80年代之后则转向了对自我技术、伦理学和自由的关注③。知识考古学关注的是人文知识的构成规则，揭示主体的虚幻性；系谱学则揭示知识的社会权力运作过程，揭示主体的政治化意义及其权力效应。在20世纪70年代，福柯可谓风头正劲。正是在这种语境中，1977年鲍德里亚写下了《忘却福柯》，对福柯的权力和性的理论进行

① Gilles Deleuze and Félix Guattari, *Anti-Oedipus*: *Capitalism and Schizophrenia*, Minnesota, 1983. p. 26.
② Ibid. , p. 29.
③ 凯尔纳、贝斯特：《后现代理论》，张志斌译，中央编译出版社1999年版，第三章。

了批判。

鲍德里亚认为，福柯的著作打开了话语分析与权力分析的空间，这是其著作中最有意义的东西，但"福柯的论述只是他所论述的权力的镜像"①，他关于性与权力关系的讨论就是如此。这是他对福柯理论的一个总体定位。根据前面关于镜像的讨论，如果福柯关于权力与性的讨论只是对当时社会的一种镜像表现，那么毫无疑问的是，福柯并没有超越这个社会及其意识形态的束缚。在这一总体定位下，鲍德里亚从以下几个方面来批判福柯的思想。

第一，福柯关于性与权力的思考仍然停留于古典视野中，将性与权力看作是一种真实的存在。在《性经验史》中，福柯指出：性压抑的学说是17世纪之后才出现的，这种理念与资本主义生产秩序相一致，表明性与资本主义一般劳动是不相容的。对于这种理论，福柯提出了三点质疑。第一个怀疑在于，性压抑真的是一种历史事实吗？第二个怀疑在于，在社会中起作用的权力机器在本质上是维护压抑的吗？第三个怀疑在于，有关压抑的话语是否与权力机制交织在一起了呢？② 在福柯看来，与性压抑相反，在资本主义发展过程中，性与权力构成了一种双螺旋，但其中性是作为快感、作为生产性的能力而得到提倡的。在这个分析中，福柯揭示出权力是无处不在的，权力不是一种压抑性的东西，它建立在积极的、行动的法则之上，它与欲望同时存在，并通过对性经验的探索使自己得以建立起来。鲍德里亚认为，福柯的这一权力观念与德鲁兹—瓜塔里的欲望理念是一致的，他们的差别在于：在福柯那里，权力替代了欲望的位置，而在德鲁兹这里，欲望总在那儿。在这种讨论中，欲望、性、权力都被看成是真实存在的，这就使得权力与性等具有了一种形而上学的意味。根据鲍德里亚关于消费社会的思考，即真实的存在已被符号—物所替代，这是资本主义社会发展的全新阶段。在这一全新的社会中，正如巴特所描述的美国一样：性存在于一切地方，唯独不存在于性中。如果还认为性与权力是一种真实的指涉物，并将之理解为一种创造性的力量，这无疑是成问题的。

第二，权力与性作为一种生产性的能量，与生产逻辑是一致的，这种秩序只能导向一种更高的权力，而不能导向象征秩序。在《忘却福柯》之

① Jean Baudrillard, *Forget Foucault*, Semiotext Foreign Agents Series, New York, 1987, p. 10.
② 参见福柯《性经验史》，佘碧平译，上海人民出版社2000年版，第9页。

前，鲍德里亚完成了《象征交换与死亡》，在《忘却福柯》之后，鲍德里亚又写下了《诱惑》，以象征交换与诱惑作为对立于资本主义生产逻辑与符号逻辑的另一种文明运行方式。在他看来，"生产的源初含义并不是生产物质性产品，而是使之呈现出来变得可见：生—产。"① 这种生—产就是上述的创造性理念。福柯虽然在批判人本主义的主体理念，但在其后期思想中，他还是想建立一种不同于近代主体的主体伦理学，一种能够真正规定自身躯体、欲望以及自由发展的创造性能力的伦理学。性与权力的这种创造性能量，与资本的创造性生产是一致的，可以说，将性与权力作为一种实体性力量解放出来，将身体作为一种创造性的自然存在解放出来，这正是资本逻辑的内在要求。在我看来，鲍德里亚是以批判福柯的名义，来批判将性、无意识、权力看做一种创造性的力量解放出来的理论观念与社会替代方案。在他看来，这种解放理念正是资本逻辑的意识形态。鲍德里亚认为，这同样是一种生—产的逻辑。诱惑是与生产相对立的，与生产秩序将一切显现化、清晰化不同，诱惑则是从生产中回收某些东西，在诱惑的文化中，性是一种礼物，是相互交换的礼物，做爱只是根据必须发生的仪式来度量的这种相互性的最后结果。而对处于现代性中的我们来说，性只是变成了欲望在快乐时刻的实现。在鲍德里亚这里，一种象征性的交换还占据着主导地位。相对于性而言，我们的文化是一种过早射精的文化，性就是一种欲望的实现，这里没有延期，只有当下的即刻性。因此无意识与利比多经济学，都只是为欲望的总体自然化提供了空间，以便性作为一种必须实现的自然状态，性欲作为一种能量，不断地释放出来，永不停止，这正如资本必须不停地运转一样。"资本必须运转，重力和凝固都必须消失，投资和收益的链条不能停止，价值必须不断地在各个方向延伸。……正是资本和性欲的形式，作为标语和模型，在身体中出现。"而身体除了作为生产与性欲的模型之外，也不再有其他的现实性。"正是资本催生了劳动力作为能量以及身体作为欲望和无意识中心这一现代梦想。"② "这就是欲望和无意识的本性：政治经济学的过量堆积以及资本的心理隐喻。"这使个人的一切都成为资本，个人也成为资本的管理者：即心理资本、利比多资本、性资本、无意识资本的管理者，这就是福柯告诉

---

① Jean Baudrillard, *Forget Foucault*, p. 21.

② Ibid., p. 25.

我们的东西："没有受到压抑的东西，一切都是生产的。"① 因此，欲望的解放正如生产力的解放一样，正好构成了资本逻辑所需要的意识形态，德鲁兹的欲望生产机器与福柯的性欲和权力的生产，同样如此。

第三，如果并不存在真实的性欲，存在的只是一种权力话语建构的性欲，那么这种权力是如何产生的？新权力又是什么样的？其实这是一个历史性维度的问题，这个问题对于以断裂为时间之维来理解权力建构的福柯来说，似乎并不存在。福柯的权力观还是一种单线式的、操纵的。如果权力是一种支配和统治，那么为什么没有反抗的存在？针对这种线性的权力观，鲍德里亚说"权力是可交换的东西"② 这种交换，不是经济学意义上的，而是诱惑意义上的可逆循环，否则权力就会消失。"单一性或碎片性：这是理性强加给我们的权力之梦。"③ 而一旦进入到历史性之维中，权力就不只是建构一种真实，如性欲，不只是将自身复制为真实，或者为现实原则开启了新的空间，权力本身就是超真实，就是一种消失的过程。因此，针对福柯的论述，鲍德里亚提出的问题是权力的终结问题，这同时也是真实策略的终结问题。在"拟真的进程"一文中，鲍德里亚以美国1971年一家电视台的全天候家庭生活电视直播节目为例指出：福柯用来理解权力存在机制的圆形监控已经让位于一种全天候的电视直播，这是从监控系统走向了恐怖系统。在这种直播中，什么是真实的？是家庭生活还是电视影像？在人的行动中，什么是积极的？什么是消极的？这里已经没有中心，没有边缘；没有主体，也没有客体。这是传统透视空间的终结④，同样也是传统权力的终结。在这个意义上，福柯的权力与性理论，都只是现代性的镜像反映。与马克思的生产逻辑一样，这种理论并不能真正地面对当代社会。

通过上面的讨论，鲍德里亚用一种镜像认同来描述马克思、德鲁兹、福柯等人的思想。在他看来，在这种镜像中，他们没有实现对当下文明的替代性思考，完成的只是对这种文明的极端完善境界的描述，在这个意义上，这是一种镜像中的认同，一种幻觉式的认同。这种镜像正是今天需要

---

① Jean Baudrillard, *Forget Foucault*, p. 26.
② Ibid. , p. 43.
③ Ibid. , p. 44.
④ Jean Baudrillard, *Simulacra and Simulation*, The University of Michigan Press, 1994, pp. 29 – 32.

打破的，我们需要的是另一种文明模式。此时的鲍德里亚认为，这种另一种文明模式是以象征交换为原型的。关于这一问题，需要再撰文论述。

（原载《现代哲学》2011 年第 4 期）

幽灵出没的激进批判与解放允诺

——德里达论马克思与马克思主义

王金林

马克思主义何去何从？这是德里达 20 世纪 90 年代初在作题为"马克思的幽灵"报告时试图回答的核心问题。然而在此之前，德里达数十年间对马克思基本上保持沉默，对解构与马克思主义之间的关系不愿多置一辞①。这在 20 世纪中后期的法国理论语境与政治背景中显得尤为唐突，颇为令人费解。或弹或赞，当时的法国思想家无不鲜明地表明自己对马克思主义的态度，而德里达却顶着巨大压力，既不加入法共，也不谈马克思，甚至不谈政治，只搞文本解构。其心可鉴乎？其意可辨乎？其实，在斯大林主义日益暴露出其极权主义面貌之后，"马克思主义何去何从？"对德氏而言早就不再是什么新鲜的问题。对于那些像他一样反对苏联体制与共产国际的人来说，这个问题早在 50 年代就已露端倪，因为他们的异议既不是出于保守或反动的动机，也不是基于温和的右翼思想或共和主义立场，而恰恰是要更好地坚持马克思原则。在他们心目中，马克思主义的某种终结早就开始了。德里达的困境在于，他既不同意阿尔都塞式结构主义的马克思主义，也不愿意自己对马克思或马克思主义的任何善意批判被右派当作攻击左派的炮弹。于是只能沉默。但不幸的

---

① 据 Geroge Salemohamed 考证，从 20 世纪 70 年代到 90 年代初，德氏只是零星涉猎马克思与马克思主义话题，《立场》(*Positions*)（德里达 1981：56—92）对 Scarpetta 与 Houbedine 的答问稍许广泛一点。有关解构与马克思主义之间的关系，论者意见分歧颇大。哈贝马斯认为解构只不过是后尼采主义或非理性主义的一种现代形式，无论是原则上还是事实上都同马克思主义格格不入。Michael Ryan 则努力调和马克思主义与解构，试图证明解构的激进政治潜力与它对马克思主义的可能用处。Ferry 与 Renaut 则处于上述两个极端之间，质疑解构参与政治活动的能力或解构能否具有一种连贯的政治观点。参见 Geroge Salemohamed，"Derrida and the Marxian promise"，*Economy and Society*，Volume 24，Number 3，August 1995，p. 472。

是，这种沉默成为人们批评解构的一个口实，似乎解构只是沉湎于文本解构，而对现实政治却冷漠得惊人。德里达在世人眼里几乎成了一个专门搞点花里胡哨后现代玩意的时髦人物。直到 80 年代末 90 年代初，整个东方共产主义阵营突然分崩离析之后，德氏才来谈马克思，才把解构用于马克思的文本。在他看来，此时才是可以从容谈论马克思而不必担心授人以柄的时机。这一谈，就谈出了一本《马克思的幽灵》（以下简称《幽灵书》）。人们期待已久的"事件"发生了："解构终于同马克思主义相遇了"①，并且开辟出一片新的思想天地：马克思幽灵学（spectrology）。

一

这一百多年以来读过马克思著作的人何其多也。马克思文本中幽灵比比皆是：《共产党宣言》以共产主义幽灵开篇；《德意志意识形态》批施蒂纳被幽灵附体；《路易·波拿巴的雾月十八日》批 1848 年的法国革命者被死人梦魇压得喘不过气来，只能在幽灵出没之所苟且于一种下降路线的革命；《资本论》批商品拜物教，说是木桌因为受到交换价值的幽灵附体而自动起舞。这一切有关幽灵的论述历历在目。但可惜没有一个人能像德里达那样使之成为一个专门论题，形成一个问题域。德氏文本解构功力由此可见一斑。当然，德氏之所以能抓出幽灵学，并不完全是文本功夫，更是他对 20 世纪共产主义运动史进行深切反思的结果。从某种意义上，我们可以说，是苏联的悖谬式实践逼出了马克思的幽灵学。因为他从苏联经验中发现，完全在场是不可能的，通体剔透也是不可能的，这在政治上意味着弥赛亚的允诺只能是没有弥赛亚主义的弥赛亚，历史永远是开放的。德里达的过人之处其实不仅仅在于他一眼发现了别人所未发现的马克思幽灵学。那些在场又不在场的说法其实早已包含在现象学原则之中，尤其是海德格尔的真理观念之中。德氏的过人之处在于他能够从马克思文本中发现一个意象来把对马克思的批判具象化，并由此开辟一个新的论题域。他

---

① Jules Townshend, "Derrida's deconstruction of Marx（ism）", *Contemporary Politics*, Volume 10, Number 2, June 2004, p. 127.

所发现的这个意象就是幽灵①。

那么，"马克思的幽灵"所指何谓呢？这至少可以在两种所有格的意义上来理解：一是指马克思文本中所涉及的诸多幽灵，二是苏东崩溃后仍然萦绕着社会历史的马克思或马克思主义幽灵。就文本中所涉及的幽灵而言，马克思是要竭力驱除的。在这一点上，德里达指出，马克思与欧洲旧势力一样都是祛灵者，只不过两者的政治目标不一。就国际共运失败之后马克思主义的幽灵而言，德里达相信这种幽灵仍然存在，马克思主义并不像福山之流所宣称的那样已经"死透"了②。

德里达认为，幽灵非生非死，非显非隐。马克思同其敌人即旧欧洲势力一样"敌视"幽灵，因为他同其敌人一样不能接受任何非生非死、非显非隐的东西。就存在论而言，马克思与欧洲旧势力在这一点上是相通的，即都不承认幽灵的必然性，也就是都要以在场形而上学来驱除幽灵。旧欧洲势力把共产主义称之为"幽灵"，目的有二，一是提醒对此保持足够的警惕，防止幽灵显形作乱；二是倘若幽灵终究显形作乱，神圣同盟必须合作把它置于死地，扼杀在幽灵状态之中。在旧欧洲势力看来，幽灵者，尚未成为实际在场的实在也。因此，要保持好幽灵与实在之间的分界线。防止幽灵越界成真。虽然马克思同其敌人在政治上誓不两立，虽然马克思主张开展以消灭私有制为目标的共产主义，而整个旧欧洲反动势力则力图把共产主义扼杀在摇篮之中，但在德里达看来，马克思本人同其敌人一样确信，在幽灵与实在之间，精神与真实之间存在着一条分界线。这是双方的共同之处。也就是说，双方在存在论上分享着同样的信念，其不同之处仅仅在于政治立场。换言之，坚持不同政治立场的双方分享着同样的存在论承诺。"它们 [指旧欧洲势力——引者注] 确信，在幽灵与实际在场的实在之间，在精神与Wirklichkeit（真实）之间，确实有一条分界线。……而且，对这种确定性的信心是它们同马克思本人分享的。"③（p. 47）不过，

---

① 当然按照德里达自己的说法，他之所以用"马克思的幽灵"这个说法起初倒与马克思文本无关。他的灵感来自《哈姆莱特》。他说在美国加州大学河滨分校做了"马克思的幽灵"讲座之后，他重读了马克思的文本，发现自己因为几十年未读马克思文本居然遗忘了《共产党宣言》开篇辞。也许可以这么说，在德里达那里，是莎士比亚的文学幽灵激活了马克思的政治幽灵。

② 幽灵的存在当然要破历史终结论。历史终结论的前提是完全在场，具体而言就是资本主义民主制度与自由市场能够完全在场，不受任何不在场的挑战。幽灵学所针对的正是这种前提。

③ Jacques Derrida, *Specters of Marx: The State of the Debt, the Work of Mourning, and the New International*, Trans. Peggy Kamuf, New York: Routledge, 2006, p. 47. 以下引此书只在引文后面注页码。

德氏接着指出，虽然马克思同其敌人一样相信幽灵与实在之间、精神与真实之间存在着一条分界线，但他并不认为这条分界线不可穿越。他相信可以通过一场革命来穿越鬼魂和现实性之间的这条分界线。也就是说，在他看来，革命能够使幽灵或鬼魂成为实在、现实或真实。简言之，革命能够使幽灵成真。革命就是要使共产主义幽灵去幽灵化，使共产主义幽灵成真。"全世界的共产党、共产国际将是幽灵的最终化身，幽灵的实在呈现，从而是幽灵域（the spectral）的终结。"（p. 128）旧欧洲势力则力图阻止幽灵成真，要在幽灵与实在之间，在精神与真实之间，在鬼魂与现实性之间挖掘一条不可跨越的鸿沟，把幽灵挡在实在、真实与现实性之外，使其不得投胎肉身。德里达指出，只有超越在场与不在场、现实性与非现实性、生命与非生命之间的对立，才能思考"幽灵的可能性"，才能思考"作为可能性的幽灵"（参见 p. 13）。马克思之所以同其敌人一样无法思考幽灵及其可能性，是因为马克思分享了其敌人的诸多观念：一是幽灵与实在之间的分界线，二是对幽灵的敌意，三是作法驱除幽灵。因此，虽然马克思同其敌人在有关能否穿越幽灵与实在的分界线，是否要使幽灵成真这些问题上存在重大分歧，但马克思同其敌人一样终究未能通达幽灵学之堂奥，因而忽视了一切既不完全在场又不完全不在场的东西、一切既不活又不死的东西以及一切徘徊在可感知物与不可感知物之间的东西。

德里达以幽灵性来反对在场形而上学，要求人们必须学会同鬼神与幽灵性一起生活。"幽灵性"这个术语指认某种既不是存在，又不是非—存在，既不是肉体，又不是灵魂的东西，即一切既在场又不在场的东西[1]。德里达认为，保持幽灵性可以克服存在论的狂妄自大。幽灵无处不出没，无人不被幽灵附体，无人能够真正驱除幽灵。或隐或显，幽灵总萦绕在肉体与精神之间，既不是肉体与精神，同时又是肉体与精神。幽灵在肉体与精神之间的不可决定性甚至玷污了肉体与精神这两极本身，使其不再那么泾渭分明、楚汉分界。幽灵逻辑表现在两方面：一是肉体还是精神，不可确定；二是这种不可决定性使肉体与精神作为对立的两极摇摇欲坠[2]。现在要问，这种幽灵逻辑同辩证法的扬弃区别何在？区别首先就在于辩证对

---

① 参见 Jules Townshend, "Derrida's deconstruction of Marx（ism）", *Contemporary Politics*, Volume 10, Number 2, June 2004, p. 129。

② 参见 Ernesto Laclau, "The Time Is out of Joint", *Diacritics*, Vol. 25, No. 2（Summer, 1995）, pp. 85 – 96。

立的双方被扬弃在综合性的第三方之中，并且这个第三方处于更高阶段，所谓螺旋式上升；而幽灵逻辑无所谓扬弃，幽灵既不扬弃肉体也不扬弃精神，幽灵甚至都难以确定到底是第几方，因为它既不是肉体也不是精神，但又是肉体又是精神，换言之，它既在场也不在场。辩证法的正反合都是历历在场的。幽灵神出鬼没，不是黑格尔马克思式目的论的辩证法可以规范的。幽灵恰恰要破辩证法的逻辑。幽灵性乃是对辩证法的反动。如果说辩证逻辑把现实性同理想性区别开来，并使它们相互对立，那么幽灵逻辑则超越了设置这种对立的辩证逻辑，并力图消除这种区别与对立，从而使人们能够看见或思考超越这种对立的事件①。

二

要维护马克思的幽灵，就必须忠诚于马克思的某种精神，因为在德里达看来幽灵乃是由精神赋予生命的。德里达认为，继承某种马克思的精神关乎人类的未来，不继承马克思诸多精神之一种，就没有未来可言。"没有马克思就没有［未来］；没有马克思，没有对马克思的记忆与继承，没有对无论如何某种马克思、他的天才、至少其诸精神之一种的记忆与继承，就没有未来。因为我们的假设或更准确地说我们的偏见将是这一点：马克思的精神不止一种，必定不止一种。"（p. 14）那么德氏所要"记忆与继承"的"马克思诸种精神之一种"是哪一种精神呢？

德里达指出，"要想继续从某种马克思主义的精神中汲取灵感，就必须忠实于那种总是把马克思主义原则上且首先构成为一种激进批判的东西，即一种随时准备进行其自我批判的方法。"（p. 110）这里德氏明确地把他要从中汲取灵感的某种马克思主义的精神归结为"激进批判"或"自我批判"。在他看来，只有忠实于激进批判或自我批判的原则，才能从某种马克思主义的精神中汲取灵感。作为一种随时准备进行其自我批判的方法，马克思主义必须经受自身的变革、重估与自我重释。可见，自我批判精神乃是德氏首先要坚持的某种马克思主义精神。

---

① 德里达欲借助鬼魂逻辑来超越辩证逻辑。"如果我们从一开始就如此坚持鬼魂的逻辑，这是因为它指向一种有关这样一种事件的思想：这种事件必然超越二元或辩证的逻辑，即那种把有效性或现实性（或者是在场的、经验的、活生生的，或者不是）同理想性（调节性的或绝对不在场）区别或对立起来的逻辑。"（p. 78）

　　但是，德里达强调，必须把这种自我批判精神区别于马克思主义的其他精神，因为其他精神在德氏看来会使马克思主义误入歧途："它们把它［指马克思主义——引者注］固定在马克思主义学说的躯体中，固定在它假定的体系性的、形而上学的或存在论的总体性中（明显地固定在它的'辩证方法'或'辩证唯物主义'中），固定在它有关劳动、生产方式、社会阶级的基本概念中，从而固定于其诸机构（被谋划的或实际的：劳工运动国际、无产阶级专政、单一政党、国家和最终极权主义的怪物）的整个历史中。"（pp. 110—111）德里达则要通过这种激进批判精神使马克思主义同上述这一切脱钩。在他看来，马克思主义之所以陷入辩证唯物主义与历史唯物主义之中，陷入国际共产主义运动之中，而不能自拔，恰恰是因为人们遗忘了自我批判这种最为宝贵的马克思主义精神。

　　而要坚持马克思主义的自我批判精神，就必须从根本上解构马克思主义存在论。如何解构呢？德里达指出，"……对马克思主义存在论的解构并不仅仅追求马克思主义文献的理论—思辨的层面，而且追求一切把这种文献同全世界劳工运动的机构与策略的最具体历史联结起来的事物。"（p. 111）这里值得特别注意的是，德氏企图使马克思主义文献同工人运动的全部历史脱钩，或者说使马克思主义文献摆脱工人运动历史的纠缠。因此，德氏明确强调，对马克思主义存在论的解构归根到底并不是一种方法步骤或理论步骤。

　　具体而言，德氏想把马克思主义批判精神同下述三种马克思主义区别开来：一是作为存在论、作为哲学与形而上学的体系、作为辩证唯物主义的马克思主义；二是作为历史唯物主义或历史方法的马克思主义；三是被纳入政党、国家或工人国际的组织机构之中的马克思主义。因此，德氏所要坚持的马克思主义批判精神既不是辩证唯物主义的马克思主义，也不是历史唯物主义的马克思主义，更不是政治组织机构的马克思主义。或者说，这种批判精神同存在论意义上的、方法论意义上的、政治组织意义上的马克思主义无关①。因此，《幽灵书》开篇即要求"没有关联地"维护马克思的幽灵（p. 1），也就是说，要不同任何政治实体如阶级、政党、国

———————————
　　① 但是，德里达认为，这种批判精神并不等同于解构，因为解构"不再单纯是一种批判"，它并不非此即彼地不是认同就是反对马克思主义、马克思主义存在论或马克思主义的批判对象（参见 pp. 85 – 86）。

家乃至国际相关地维护马克思的幽灵。换言之，维护马克思的幽灵必须摆脱现有的政治—经济关联。

除了激进批判或自我批判之外，德里达所要坚持的那种马克思主义精神，还有其他内涵吗？在诸多马克思主义精神当中，德里达声称，他永远不会放弃这样一种马克思主义精神。这种精神不仅仅是"批判观点"或"质疑姿态"，更是"某种解放和弥赛亚的主张"，即"对允诺的某种经验"。不过，这种允诺必须摆脱教条主义、形而上学—宗教的规定，必须摆脱任何形式的弥赛亚主义。他声称，"现在，如果说有一种我永远不愿放弃的马克思主义精神，它就不仅仅是那种批判观点或质疑姿态……它甚至更多的是某种解放的和弥赛亚的主张，某种对这样一种允诺的经验——人们能够努力把这种允诺从任何教条主义和甚至从任何形而上学—宗教的规定中，从任何弥赛亚主义中，解放出来。"（p. 111）

那么，这种允诺，这种必须从教条主义、形而上学—宗教的规定、弥赛亚主义中解放出来的允诺，究竟是一种什么样的允诺呢？似乎这种允诺终究还是解放和弥赛亚的主张。它同弥赛亚主义的允诺相比，只不过是排除了弥赛亚主义。可以称之为一种弥赛亚的允诺。在德氏看来，这种弥赛亚允诺不是无所作为的。它必须有所行动。"一个允诺必须保证被遵守，即不是停留在'精神的'或'抽象的'状态，而是要产生事件，产生行动、实践、组织等等的新的有效形式。"（pp. 111—112）也就是说，必须兑现这种允诺，使之超越"精神状态"或"抽象状态"。把这种允诺从教条主义中解放出来，其实也就是使它同"政党形式"或同国家或国际的某种形式决裂。但是，德氏强调这种决裂并不意味着放弃一切实际的或有效的组织形式①。至于这种允诺保证产生什么样的行动、实践、组织的新有效形式，这些事件有什么特征？德里达语焉不详。

概言之，一方面，必须把允诺同教条主义、形而上学—宗教的规定、弥赛亚主义区别开来，从而使它摆脱传统的政党形式、国家或国际的某种形式；另一方面，这种允诺不能仅仅停留在"精神的"或"抽象的"状态，而必须有所行动，必须产生事件，产生新形式的行动、实践与组织等。

可见，德氏所要坚持的马克思主义精神不仅要有激进批判的观点与姿

---

① "同'政党形式'或同国家或国际的某种形式的决裂并不意味着放弃一切实际的或有效的组织形式。这里对我们来讲尤为重要的，恰恰是相反情况。"（p. 112）

态，而且要坚持解放主张或弥赛亚主张，要坚持能够产生事件的允诺。这种马克思主义精神似乎不满足于仅仅纸上谈兵。

德氏声称自己所继承的马克思主义精神（即激进批判与解放允诺）同对马克思主义所作的两种主导阐释格格不入。这两种阐释，"一方面，是某些马克思主义者（尤其是法国马克思主义者和阿尔都塞周围的那些人）对马克思主义所作的最为警觉和最为现代的重新阐释——他们相信他们必须转而竭力把马克思主义从任何目的论或从任何弥赛亚式末世论中分离出来（但是我关注的恰恰是把后者从前者中区别开来）；另一方面，反马克思主义的阐释——这些阐释把一种形而上学的或存在—神学的内容（这种内容总是可以被解构的）赋予它们自己的解放末世论，由此来规定这种解放末世论。"（p. 112）德氏认为，在这两种主导阐释中，前者问题在于使解放允诺无从谈起，后者问题在于赋予解放允诺一种形而上学的或存在—神学的内容。德里达则一方面要求坚持解放允诺，另一方面又防止存在—神论对解放允诺的侵袭。

因此，德里达强调，解构性思维坚持解放主张与允诺的不可还原性，以及某种正义观念的不可解构性。只有把一种无限的激进批判合法化，解构性思维才能大显身手。"一种解构性思维，我这里所关心的那种解构性思维，总是已经指出了主张的不可还原性从而允诺的不可还原性，以及某种（在此同法律分离的）正义观念的不可解构性。这样一种思维不把一种激进的和无止境的、无限的批判（既是理论的也是实践的批判，如人们习惯说的那样）合法化，就不能运作。"（p. 112）这种批判可以称之为解构性批判。这种解构性批判同某种特定的弥赛亚精神之间有着一种本质性关联。它要求不确定性，向正在来临者的绝对未来开放，等待不能被任何先验话语掌握的他者与事件①。

三

德里达这种独特的解构性批判如何对待唯物史观呢？德里达明言他的

---

① 德里达指出："这种批判属于一种向正在来临者的绝对未来开放的经验的运动，也就是说，一种必然未确定的、抽象的、荒漠般的经验——这种经验被托付给、被暴露于、被交付给它对他者与事件的等待。在其纯粹形式性中，在它所要求的不确定性中，人们仍可发现它同某种弥赛亚精神之间的另一种本质性关联。"（p. 112）

解构方法虽然仍然忠诚于某种马克思主义精神，却不是马克思主义的。不过，他同时声明，不是马克思主义的，却并不意味着它是非马克思主义的。（参见 pp. 94—95）解构既不是马克思主义的，也不是非马克思主义的。如何理解德氏的这种立场呢？一方面，德氏的解构方法从一开始就质疑所谓马克思的"目的论历史观"，因此它不是马克思主义的；另一方面，德氏的解构方法至少忠诚于马克思主义诸多异质的精神之一种，因此它也不是非马克思主义的。这里必须悬置那种"非此即彼"的二元逻辑。德氏的解构逻辑恰恰是"非此非彼"，即既不是马克思主义的，也不是非马克思主义的。解构超越了实在逻辑与幽灵逻辑之间假定的对立，并且超越了这种对立所假定的存在论。

德里达所用的解构方法质疑唯物史观，把后者归诸于一种特定的历史观。他模仿海德格尔"存在—神论"（onto-theo-logy）的说法，称该历史观为"存在—神—始基—目的论"（onto-theo-archeo-teleology），或"存在—神论的且始基—目的论的历史观"。他认为黑格尔、马克思甚至海德格尔都分享着这种历史观。"某种特定的解构方法——至少是我认为我不得不运用的那种方法——从一开始就在于质疑在黑格尔、马克思那里或者甚至在海德格尔时代思想中存在的那种存在—神论的且始基—目的论的历史观。"（p. 93）在他看来，这种"存在—神—始基—目的论"的要害在于取消历史性，把弥赛亚允诺和解放允诺不是当作允诺，而是当作末世论的纲领或方案，这就使允诺非允诺化了，使历史性非历史化了，从而陷入到末世论而不能自拔。德氏之反对这种历史观，恰恰是要坚持遭到这种历史观所取消的历史性，坚持把允诺当作允诺，而不是要以非历史性取而代之。当然，德里达用来反对这种历史观的历史性不是黑格尔、马克思目的论意义上的历史性，也不是海德格尔存在时代意义上的历史性，而是"另一种历史性"。

以"另一种历史性"来反对"存在—神—始基—目的论的历史观"，这就是德氏解构方法的核心。那么如何理解这"另一种历史性"呢？德氏声称，它既不是一种新的历史，更不是一种"新的历史主义"，而是"事件性（event-ness）的另一种敞开"（p. 94）；这"另一种历史性"使人们能够坚持一种肯定性的思想，把弥赛亚允诺与解放允诺思为允诺，而不是思为"存在—神论的或目的—末世论的纲领或方案"。这种历史性不妨称之为"解构的历史性"或"允诺性的历史性"，其核心在于破除弥赛亚允诺的存在论承诺，保持允诺的允诺性或历史性。德氏所要坚持的历史性与允诺乃是允诺的历史性与历史性的允诺。

德氏明言，在此前提下，即在人们把弥赛亚的和解放的允诺仅仅当作允诺，而不是当作末世论的纲领或方案的前提下，人们不仅不应当放弃解放的欲望，而且要更加坚持这种欲望。这种解放的欲望是不可解构的。坚持解放的欲望，意味着不放弃作为允诺的允诺。这乃是再政治化的条件或前提。

德氏要求再政治化而反对祛政治化或非政治化。祛政治化乃是学术界对待马克思、马克思主义的惯用伎俩，尤其是在苏东剧变之后，马克思的著作或指令面临着祛政治化的危险："有人想在分类著作的轻松评注中使马克思同马克思主义互相争斗，以便中立化或至少是抑制那种政治命令。"（p. 37）学术时尚试图"彻底地使马克思主义的参照系非政治化"，"使一种潜在的力量中立化"。（p. 38）针对这种把马克思主义非政治化的学术时尚，德氏提出再政治化的要求①。如何再政治化呢？或者说，再政治化的条件是什么呢？他指出，为了再政治化，就必须坚持解放的欲望。不坚持解放的欲望，就不可能再政治化。再政治化的前提乃是坚持解放的欲望。

可见，德氏一方面解构了把弥赛亚允诺或解放允诺当作"存在—神论的"或"目的—末世论的"纲领或方案的做法，另一方面坚持把允诺思为允诺。正是由于把允诺思为允诺，而不是纲领或方案，德氏才能坚持解放的欲望，才能进而提出再政治化的要求。解构之后还要建构"另一种"政治概念或历史性，而不是要解构政治本身或历史性本身。解构乃是"另一种"之建构②。德里达所谓的"弥赛亚"，同实际的弥赛亚运动无关，而同面向他者与事件的"允诺"观念相连。德氏的基本立场是要弥赛亚，不要弥赛亚主义。因此，他主张没有弥赛亚主义的弥赛亚。要弥赛亚，就是要救世；不要弥赛亚主义，就是不要"存在—神—末世—目的论"。主张没有弥赛亚主义的弥赛亚，就是主张救世须避免"存在—神—末世—目的论"。德氏解构的理路是，世是要救的，但不能步唯物史观的后尘，重蹈存在论、神学、末世论、目的论或弥赛亚主义的覆辙，而必须另辟蹊径。

---

① 必须注意，德氏的再政治化要求不仅涉及马克思主义，而且涉及当代全部生活。

② 允诺之为允诺，而不是纲领或方案，意味着允诺保持其幽灵性，而不是重陷实在论之泥淖。

因此在这个意义上，我们甚至可以说，解构乃是德里达心目中的另一种救世方式。

四

如果说历史终结论以自由民主理念为名传颂新福音的话，那么德里达则强调历史的开放性与允诺性。面对当代如此之多的暴力、不平等、排斥、饥饿与经济压迫，历史终结论居然为自由民主与市场理念的"胜利"大唱赞歌，实在匪夷所思。相比于历史终结论者，德氏并不愿面对悲惨的现实而假装莺歌燕舞。但他也不愿缩在马克思或马克思主义的框架背后，鹦鹉学舌地批判社会。他要趟出一条解构之道来，超越马克思主义传统话语。但他反对利用马克思来反对马克思主义，反对把马克思的政治指令如"改变世界"中立化，反对把马克思主义的参照系非政治化①。虽然德氏承认从哲学—文献学上回到马克思是必要的，但他强调不能使这种意义上的回到马克思成为时尚。德氏之回到马克思，不是要以一种新的理论态度来对待马克思，使马克思著作中立化，以便把它们列入西方政治哲学的伟大经典。恰恰相反，德里达之回到马克思是要在剥离了存在—神论内容的前提下重新坚持民主与解放的理念。因此他把马克思主义的精神理解为复数、异质与诸多幽灵，认为对待这些不合时宜的幽灵的恰当方式不是驱除，而是清理、批判、接近并允许它们不时返回。不过，有意思的是，虽然德氏声称自己把马克思主义的精神理解为复数，但是他反复强调他所要坚持的乃是马克思主义诸精神之一种，这就是激进批判与解放允诺。

德里达自许自己一方面成功抵制了某种马克思主义教条霸权与形而上学霸权，另一方面并不因此落入反动的、保守主义的和反科学的陷阱。他声称自己并不打算放弃有关民主与解放的理念，而是要以别的方式思考这种理念并使其发挥作用（参见 p. 113）但问题是，在如此这般把马克思主义幽灵化之后，在把马克思主义不仅同辩证唯物主义与历史唯物主义剥离开来而且同国际共产主义运动剥离开来之后，马克思主义精神除了沦为空洞的激进批判与解放允诺之外，还能是什么？虽然德里达一再强调解放允

---

　　①　在德里达看来，把马克思的著作或政治命令非政治化与中立化，乃是当代可能发生的危险。（pp. 37 – 38）

诺不能仅仅停留在抽象状态与精神状态之中，而必须有所行为，必须产生新的政治形式与组织形式，但其所提出的"新国际"终究缺乏任何实质性的规定。这种新国际与第一国际、第二国际、第三国际这些社会主义或马克思主义的政治组织大相径庭，只局限于对国际法进行"一种深刻的变革"（p. 105），因而是"一种没有机构的联盟友谊"（p. 107）。这就难怪有人怀疑"德里达是否真的追随了马克思"①，也难怪甚至有人指责《幽灵书》弥漫着一种"神秘的信仰"，并质疑"德里达在试图把马克思主义从'遗忘'中拯救出来之际，是否事实上没有把它埋葬于宗教之中?"②

因此，《幽灵书》更多的是一种政治姿态或政治立场的表白。这种表白对马克思改变世界的政治指令的坚持，固然是避免了以一种新的理论态度来把马克思著作与指令中立化，但是其所揭示的马克思主义精神却终究难以"道成肉身"，不得不停留于"幽灵显形"的神出鬼没状态，而这同马克思政治指令的距离相差何至以道里计? 解构之后，马克思的指令如何"道成肉身"，终究是一个有待回答的难题。

[原载《苏州大学学报（哲学社会科学版)》2011 年第 1 期]

---

① Jules Townshend, "Derrida's deconstruction of Marx（ism）", *Contemporary Politics*, Volume 10, Number 2, June 2004, p. 141.

② Geroge Salemohamed, "Derrida and the Marxian promise", *Economy and Society*, Volume 24, Number 3, August 1995, p. 481.

无须回折——德里达
回应马克思

在"如何成为马克思主义者"这个问题上，德里达的态度十分明确，他说："此时此地并不用回折到直接性，或者说在场者的可重新挪用的同一性中，更不用回折到自我在场的那种同一性中。"① 这就是说，不用"回到马克思"，因为根本不存在作为原点的马克思。作为马克思主义创始人的马克思一开始就是一个幽灵，德里达所回应的是马克思的幽灵。

一　共产主义幽灵

"一个幽灵，共产主义的幽灵，在欧洲徘徊。"② 这是德里达在《马克思的幽灵》这本书中引用的《共产党宣言》的开场白。然而，马克思和恩格斯并不认为共产主义是一个幽灵，他们说："共产主义已经被欧洲的一切势力公认为一种势力；现在是共产党人向全世界公开说明自己的观点、自己的目的、自己的意图并且拿党自己的宣言来对抗关于共产主义幽灵的神话的时候了。"③ 在他们看来，幽灵近似于神话，没有现实性，而共产主义作为一个现实的未来前景，就共产党人的观点、目的和意图而言，是一定能够实现的。那么，是否具有现实性，能否实现，就成为幽灵与共产党人的共产主义理想的分界线。然而，这一分界线是否明确？

如果说共产主义是历史运动的一种趋势，作为一种可以分割的目标，

---

① 雅克·德里达：《马克思的幽灵》，何一译，中国人民大学出版社 1999 年版，第 47 页。
② 《马克思恩格斯选集》第 1 卷，人民出版社 1972 年版，第 250 页。
③ 同上。

它部分地实现了。不容否认，社会主义国家的建立，资本主义福利国家的出现，表明共产主义的社会目标在某种程度上成为现实，或者说它作为目标调整了现存的社会关系，对现实发挥了作用。但是，资本运动的全球化扩张，社会主义国家市场经济的发展，新自由主义思潮的高涨则表明，私有制在短时期内不可能废除，共产主义的整体社会目标不可能立即实现。那么，它究竟实现了没有呢？如果说在现实中发挥了作用，就能够认为是部分实现，并因此而具有现实性的话，幽灵也具有现实性。正如《共产党宣言》中所讲，共产主义作为幽灵成为一种势力，"旧欧洲的一切势力……为驱除这个幽灵而结成了神圣同盟"①。它造成了恐慌，这说明它会带来改变。就这一点而言，共产主义是幽灵还是理想都一样。显然，马克思、恩格斯所谓的现实性不同于在现实中发挥作用，他们所说的现实性，是指共产主义整体社会目标在未来的实现。这是就未来而言的现实，而不仅仅是指未来的一种可能性。因为，就共产主义作为一种未来的可能性而言，没有人会否定它。共产主义只是作为未来的现实而成为理想。

如果说未来可以提前被现实化，而现实能够取得未来的维度，那么在未来与现实之间就不存在一个不可跨越的鸿沟。既然如此，作为死者留存的幽灵与未来的理想之间也就不那么界限分明了，因为现在就是过去的未来。

二　精神的现象躯体

幽灵与理想共同的源头是精神。德里达说："显形的形式，精神的现象躯体，这就是幽灵的定义。幽灵是精神的现象。"② 这里的精神指什么？

"幽灵的生产，幽灵的作用的构成，并不简单地只是一种精神化，甚至也不只是精神、观念或思想的一种自治，就像在黑格尔式的唯心主义中典型地发生的那样。不！一旦这种自治实现了，伴随着相应的征用或异化，并且唯有那时，幽灵时刻就会来临，就会为它增加一个补充的维度，再来一次幻影、异化或征用。也就是一个躯体！"③ 从这段话中看出，德里

---

① 《马克思恩格斯选集》第 1 卷，人民出版社 1972 年版，第 250 页。
② 雅克·德里达：《马克思的幽灵》，何一译，中国人民大学出版社 1999 年版，第 190 页。
③ 同上书，第 179 页。

达借用了黑格尔的精神概念，并且指出了精神遭遇异化而产生幽灵的过程。黑格尔的精神是一种大写的精神，绝对精神，它通过自我对象化，亦即外化而产生了自己的认识对象——客观物质世界，并通过自我认识重新回到自身。当精神实现自我对象化的时候，作为主体对象化活动结果的客体出现了，并且作为主体的反面与之相对立，这就是异化。也就是说，主体的活动结果成了异己力量，并反过来危害或支配主体自身。但正如黑格尔所说："唯有这种正在重建其自身的同一性或在他物中的自身反映，才是绝对的真理。"① 在他那里，异化只是绝对精神重建自身同一性的一个步骤，是自我对象化活动的一个中介、一个环节，是自我同一前提下的对立，这样的对立最终将在自我认识的过程中被统一。换句话说，自身的影像回到自身。

德里达恰恰借助异化概念打击了黑格尔的绝对精神。在他看来，在绝对精神自我对象化、自我认识这样一个过程中，任何一个自治行为都伴随着一次征用或异化，是又一次幻影（不是自身的影像，而是与自身相异的影像）上面叠加幻影。这异化不再是精神自我对象化过程的一个环节，不是影像之异于自身，而是影像异于本相（如果有所谓本相的话）。这样一来，这个过程就不是精神的展现，而是对精神的背离了。这种背离不仅发生在精神自我对象化、自我实现的开始，而且伴随始终。这就意味着，精神的背离或者说异化会一直进行下去。绝对精神自我回归的道路是不存在的。这种异化在于肉体维度的添加。

当精神成为一种现实，或者说以某种方式与现实相联系的时候，它就必须能够显形，即获得肉体维度。正如马克思在《路易·波拿巴的五月十八日》中写道的："如果说反动派不停召唤来的'赤色幽灵'终于出现，那末它出现时就不是戴着无政府主义的弗利基亚帽，而是穿着秩序的制服、红色的军裤。"② 不管马克思对这些幽灵什么态度，他还是给革命精神戴上了帽子，穿上了衣服。也许有人会说，这里说的是革命精神被扭曲了，被玷污了。是的，的确如此。但是，有什么不被玷污的精神吗？如果精神总是圣洁的，它就是可望而不可即的了。精神要成为一种世俗力量，成为一种权力，它首先要成为具有肉体的人的精神，并且在具体的历史时

---

① 黑格尔：《精神现象学》（上），商务印书馆 1979 年版，第 11 页。
② 《马克思恩格斯选集》第 1 卷，人民出版社 1972 年版，第 626—627 页。

空中与其他人发生关联，要进入在场。这样，具有绝对性和超越性的精神，就被此时此刻这样一种在场玷污了。"我们这里所讲的……是指说话地点、经历事件的地点和亲缘关系的特殊性，某个人正是在这些地点和通过这些联系向那鬼魂讲话的。"① 精神具有了现象躯体，成为幽灵，总是在某种不真实的肉体形象中表现出来，失去了作为精神表象的身份，从而与精神异化了。所以说，幽灵的特征在于"它们被剥夺了镜像，被剥夺了真实的、正确的镜像"②。

三　本体论咒语

德里达指出，"它（幽灵的不可还原的特殊特征）不过是从一种本体论或者说一种关于我的本体论中派生出来的"③。正像我们在上面提到的，绝对精神作为幽灵的源头生产了幽灵。没有自我实现的绝对精神，就没有异化的受到玷污的精神，即幽灵。对于所有本体论模式，莫不如此。简而言之，本体论就是认为在现实世界背后，存在着一个绝对真实可靠的本体，万事万物皆可归结为它。这样的本体，是自我同一的、绝对的、完满的。在黑格尔那里，就是绝对精神。因此，从本体论观点出发，凡是与之不相符合的东西，都是受了玷污的、不应该存在的幽灵一样的东西。笛卡尔式的"我思"、康德式的"我思"、现象学的"我思"与黑格尔的绝对精神在这一点上又有什么不同呢？"'我思'的自我在场的基本模式，似乎就是这个'es spukt'的萦绕和沉迷。"④ 这不就是幽灵对于本体论的萦绕不去吗？幽灵只能围绕着本体论游荡，因为只有本体论态度才生产幽灵。所以，德里达说："本体论只有在一种驱魔术的运动中才与游荡学相对立。本体论就是一种咒语。"⑤

本体论既是召唤幽灵的咒语，也是驱赶幽灵的咒语。本体论态度产生了幽灵，同时本体论又不承认幽灵，试图驱赶它。这样的情形在现实生活中比比皆是。大到各类宗教战争、政治斗争，小到各种训诫和说教，不都

---

① 雅克·德里达：《马克思的幽灵》，何一译，中国人民大学出版社1999年版，第19页。
② 同上书，第215页。
③ 同上书，第206页。
④ 同上书，第188页。
⑤ 同上书，第221页。

是以"真理"之名在清除"不应该"吗？唯一的真理不容玷污，幽灵必须被驱除。尽管马克思强调改造世界，而不是解释世界，但他的各种批判也无法脱离本体论怪圈，例如他对施蒂纳的批判。

施蒂纳在《唯一者及其所有物》中，论述了自我在从青年到成人的过程中精神的内在化问题。他认为，"从言辞变成形体时起，世界就精神化了，就变幻形体了，就是幽灵了"①。世界概念化了，一切都成为概念的化身，是具有了形体的幻影和幽灵，例如使人敬畏的神、皇帝和国家。但到了成人阶段，"我摧毁思想的形体性，把思想收回到我自己的形体中来，并且说：只有我一个人有形体。我于是将世界作为我心目中的世界来把握，作为我的世界、我的所有物来把握：我把一切都收归于我"②。这就是说，如果成人认识到精神不过是我这个具有形体的人自己的精神，幽灵不过是我的思想，那么，它的形体就被摧毁了，幽灵消失了。

而马克思认为，通过把外在的幽灵内化为精神，并不能使幽灵消失，因为自我是一个更为抽象的概念，是幽灵的聚集地。通过驱除头脑中皇帝或教皇的怪影，人们并不能赶走现实中的皇帝或教皇；人们否定或摧毁祖国的幻影的时候，并没有触及构成它的"实际关系"。这就是说，从"经验的条件"、"经验的原因"、"一定的国家形式"出发，从"一定的交往关系和工业关系"出发才能找到人们头脑中产生这些观念的原因，从而真正摧毁它。那么，这里就要求助于实际关系，求助于不受精神干扰的实际关系的自治过程。如果把这个过程视为"幽灵般的现实性的自治的或相对自治的躯体"③予以考虑，它与绝对精神的自治有何不同？如果把这个过程视为精神的经验异质性维度，即黑格尔所谓绝对精神的对象化、外化、异化，那么，这种实际关系就是绝对精神的外在表现。黑格尔"凡是现实的都是合理的"命题正是对这种关系的阐述。在这种本体论框架中，幽灵是驱除不净的，所能做到的，只是把驱除的过程拉长，再拉长。在这个延宕的过程中，幽灵反而不断生产出来。

---

① 《马克思恩格斯选集》第3卷，人民出版社1972年版，第162页。
② 同上书，第45页。
③ 雅克·德里达：《马克思的幽灵》，何一译，中国人民大学出版社1999年版，第198页。

四　反射性恐惧与极权主义

幽灵作为精神的现象躯体，比精神多出了一个肉体维度，从而能够与具体的时空相联系，能够显形，成为在场。另一方面，它具有精神性，不是现实的特定时空中的在场，它总是"不合时宜"，能够穿越时空。它既可见又不可见，一会儿可见、一会儿不可见，既是幻象，又萦绕不去。既为幽灵，它总是要返回的，换句话说，它是那个一开始的第二次，它本来就是要回来的最一开始的返回。这是对实际在场的一种挑战，它的显形就是过去和未来的显形，是不在场的在场和不可能的可能。它宣告着实际在场没有实现和不可能实现的一种要求、一种责任和一种大写的正义。

以本体论态度看待世界的人，对幽灵怀有恐惧。他们维护由他们的本体论支持的现实和本体论提供的可能性范围内的未来，而横空出世的幽灵所代表的是与他们的可能性不同的可能性，或者说，不可能的可能性，一种真正的异质性。于是，他们就要驱除幽灵。例如，在共产主义刚刚现身之时，反动的欧洲就结成了驱除这个幽灵的神圣同盟。幽灵不是实际的在场，它是驱赶不走的，驱魔只能召唤出更多的幽灵。因为，幽灵在他们身上所激起的恐惧，迫使他们以一种神圣的名义宣战。在这种战争中现身的服务于现实目的的这种神圣，其实同样是一种幽灵。战争只能带来战争，恐惧造成的幽灵只能引发新的恐惧和新的幽灵。幽灵之间的折叠往返，造成了鬼魂的增补性折叠。幽灵在成群地游荡，战争代替了革命，"不停地延搁与有生命的躯体，与真正的、活生生的、实际的事件，与革命本身，恰当地说是与革命的亲自降临相遇，直至无限"①。这种反射性恐惧的政治性后果是严重的，它会带来一方对另一方日趋无情、日趋残酷的驱逐和打击，直至极权主义的产生。所以，德里达说，极权主义恶行是"以本体论方式处理鬼魂的幽灵性的结果"②。

德里达认为，"马克思主义的本体论也在以物质实在的在场名义同一般的鬼魂作斗争，因而极权主义社会的整个'马克思主义进程'也对同样

① Jacques Derrida, *Specters of Marx*, Translated by Peggy Kamuf, New York and London： Routledge, 1994, p. 118.

② Ibid. , p. 91.

的恐慌做出了反应"①。苏联斯大林时代的情况正是如此，这是十分令人遗憾的。为了避免重蹈覆辙，一定要反对关于马克思思想的本体论态度。

五　马克思的批判精神

为了逃避本体论陷阱，"它绝不可能总是在场，它仅仅只是可能，即使有任何可能，也只能是可能，它甚至必须一直是一种可能在场或或许在场，以便它还是一种需要"。作为一种需要的马克思，不是一种可以追溯到源头的并具有自身同一性的绝对精神，而是居无定所的幽灵。因此，如前所述，"此时此地并不用回折到直接性，或者说在场者的可重新挪用的同一性中，更不用回折到自我在场的那种同一性中"②。

只有作为幽灵，才能穿越时代，成为遗产。否则，它就是随着死人而被埋葬的死物，只是我们哀悼的对象罢了。马克思不在了，但他的思想仍然为我们所需要，它向一种不可能的可能性开放着。"马克思的幽灵们也是他自己的幽灵。它们首先可能是寄居于他那里的鬼魂，是马克思本人已经被占满的亡灵，是他想提前完成自己的任务的亡灵"③，不可胜数的幽灵穿越时空而来。所以，"有诸多个马克思的精神，也必须有诸多个马克思的精神"④。

但德里达指出，"我们从马克思的署名开始，不仅把它视作一个问题而且把它视作一种承诺或一种求助，我们将要分析其逻辑的那种幽灵性已经被马克思的本体论应答掩盖了"⑤。"而且马克思的马克思主义继承者的应答，到处都是以极为有效的、大量的和直接的方式，实际地、具体地得出了各种政治性的结论（不惜以千千万万将不断地在我们之中提出抗议的填补性的鬼魂为代价……）。"⑥ 这就是说，当我们把马克思的思想作为一个完整的系统，试图按照他的方式来回答他没有回答的问题，填补其思想体系中的各种空白的时候，实际上，是在以一个马克思遮蔽诸多的马克

---

① 雅克·德里达：《马克思的幽灵》，何一译，中国人民大学出版社1999年版，第148页。
② 同上书，第47页。
③ 同上书，第140页。
④ 同上书，第21页。
⑤ 同上书，第43页。
⑥ 同上书，第44页。

思。谁是权威？谁能够以一个真正的马克思主义者的身份说话，既然马克思都不认为自己是一个马克思主义者？

不再回折到同一性中，摒弃关于马克思的本体论态度，面对马克思的诸多幽灵，正如对其他幽灵一样，"不必驱除它们，而是应当清理、批评、靠近它们，允许它们回来"。根据这样的原则，德里达肯定了或者说选择了马克思的批判精神。他说："要想继续从马克思主义的精神中汲取灵感，就必须忠实于总是在原则上构成马克思主义而且首要的是构成马克思主义的一种激进的批判的东西，那就是一种随时准备进行自我批判的步骤。这种批判在原则上显然是自愿接受它自身的变革、价值重估和自我再阐释的。"① 德里达认为，应当把这种精神与其他的马克思主义精神区别开来，"那些精神把自己固定在马克思主义学说的躯干上的，固定在它假定的系统的、形而上学的和本体论的总体性中（尤其是固定在它的'辩证方法'或者说'辩证唯物主义'中），固定在它的有关劳动、生产方式、社会阶级等基本概念中，并因此固定在它的国家机器（谋划的或实际的：工人运动国际、无产阶级专政、一党制、国家以及最终的集权主义的残酷性）的整个历史中"②。

六　马克思主义批判的两种形式

德里达认为，作为马克思之后的人，都不可避免地是他思想的继承者。无论是马克思主义者、非马克思主义者、反对马克思的人还是自认与马克思无关的人，都自觉不自觉地成为他命定的继承人。作为继承人，自然面临一个如何继承的问题。诚如德里达所言，对于幽灵，要允许它们回来，不能驱除。但让它们回来之后呢？不是还要清理和批评吗？"我们不必回避这样一个事实，即不得不对这诸种精神进行指导和等级化的选择性的原则命中注定会反过来排斥它们。"③ 这就是说，我们这些有限的、终有一死的生灵必然要在幽灵中间进行选择，接纳一些，排斥一些。这也正是我们作为马克思的不同的继承者，形成关于马克思的不同观点的原因

---

① 雅克·德里达：《马克思的幽灵》，何一译，中国人民大学出版社 1999 年版，第 124 页。
② 同上书，第 125 页。
③ 同上书，第 123 页。

所在。

德里达论述了在当前的国际形势下，仍然需要忠实于马克思主义的两个不同理由，也可以说是马克思主义批判的两种形式。其一，以马克思主义的理想维度批判现实。"在今天的世界中所有出了毛病的东西都不过是经验的现实与不断调整的理想之间的差距的衡量尺度"这一假设是这种批判的前提。德里达认为，"如果人们知道如何使这种马克思主义的批判适应新的条件，不论是新的生产力、经济和科学技术的力量与知识的占有，还是国内法或国际法的话语与实践的司法程序，或公民资格和国籍的种种新问题，等等，那么这种马克思主义的批判就仍然能够结出硕果"①。其二，对理想的概念本身进行质疑。这一质疑必须扩展到市场的经济分析、各类资本的规律、人权、自由、平等等准总体性概念，以及人的概念、民主的确定的概念。"甚至在这后一种假设中，忠实于某种马克思主义的精神的遗产似乎仍然是一种责任。"② 这两种形式必须相互纠缠，"在一个复杂的、持续的反复重新估价的策略的过程中必须相互包含"。否则，这两种批判中的任何一个都可能会陷入"一种宿命论的理想主义或一种抽象的、教条的末世学"③。

坚守"反复重估"这一策略的目的就是"更新这种批判，尤其为的是使这种批判激进化"。这种激进化所要应对的是一种可能发生的危险，即"有人想在对归于一类的著作不费力的评注中利用马克思来反对马克思主义，以便能使政治律令中立化，或者说至少是要抑制政治律令"④。政治律令的中立化是对马克思的背叛，因为马克思意味着对正义的需要的应答，它本身就是一个伦理和政治律令的问题，"它甚至更主要的是某种解放的和弥赛亚式的声明，是某种允诺，即人们能够摆脱任何的教义，甚至任何形而上学的宗教的规定性和任何弥赛亚主义的经验。允诺必须保证兑现，也就是说不要停留在'精神的'或'抽象的'状态，而是要导致所允诺的事变，或者说行动、实践、组织等的新的有效形式。与'政党形式'或某种国家或国际形势决裂，并不意味着放弃所有实际的或有效的组织形

---

① 雅克·德里达:《马克思的幽灵》，何一译，中国人民大学出版社 1999 年版，第 122 页。
② 同上书，第 123 页。
③ 同上。
④ 同上书，第 45 页。

式"①。这就是"马克思的指令"所在。

七 遗留的问题

如何成为马克思主义者？这在德里达看来，不成为一个问题。因为在马克思之后的所有人，都是马克思的后人，是他的继承者。但如何面对马克思的诸多幽灵，则成为一个问题。德里达在《马克思的幽灵》一书中所做的努力，是要告诉我们，不能也不可能以一种本体论的态度去占有马克思。相反，必须承认，马克思之所以能够为我们所继承，正因为它作为幽灵，还是一种可能性。这种并非以现实为根据的可能性，并没有以潜在的形式存在于现实中，它是一种不可能的可能性。正因为如此，没有人能够以马克思的正统传人自居，也不必去寻觅那个原本的马克思。德里达把马克思幽灵化，是要打开马克思的异质性维度，让它重新成为当代思想的活力之源。

然而，在马克思的诸多幽灵中，我们选择哪一个？哪一个是我们所需要的马克思精神？德里达选择了马克思的批判精神，论述了马克思主义批判的两种形式。我们是否能够接受他的观点呢？这是本文遗留下来的问题。

有一点毋庸置疑，那就是接受马克思的指令，去选择、去行动。没有人能够替代我们作出选择，也没有人能够阻挡我们选择。只有做出选择，才能够去行动，作为有死有生的生者去活；而不是满足于吊唁死者，去塑造一个活着的死者，代替我们去行动，去活。也许做出选择并不难，困难仅在于知道我们应该去选择。把问题遗留下来，正是为了能够去选择。

[原载《苏州大学学报（哲学社会科学版）》2011年第1期]

---

① 雅克·德里达：《马克思的幽灵》，何一译，中国人民大学出版社1999年版，第126页。

回到黑格尔：后马克思主义的
隐形逻辑

夏　莹

　　"后马克思主义"的概念虽然是由迈克尔·波兰尼最早提出的，但其作为一种系统的理论主张，并逐渐演变形成一种理论思潮却肇始于拉克劳和墨菲。然而就其所界定的后马克思主义而言，却存在着一种固有的矛盾：一方面，他们认定"已经不再可能坚持马克思主义所阐述的主体性和阶级概念，也不再可能维持马克思主义关于资本主义发展的历史进程的看法，也就更不可能再抱有关于共产主义是没有对抗性的透明社会的观念"①。另一方面，拉克劳与墨菲却又强调后马克思主义理论只有立足于马克思主义之内予以建构才是可能的。所以这一思想规划"是后—马克思主义的（post-Marxist），那么，显然它也是后—马克思主义的（post-Marxist）"。② 这一理论的内在矛盾或者可以看作是后马克思主义思潮的一种内在张力，显现了后马克思主义对马克思主义的一种独特阐发。

　　然而，在我看来，如果不是借助于对黑格尔思想的创造性解读，那么这种独特的阐发是无法实现的。这不仅是因为那些可被归入后马克思主义的诸位思想家或多或少都在借助于对黑格尔文本的直接阐发来展现其独特的马克思主义，同时更因为他们在本质上都追随着黑格尔的辩证法、黑格尔式的概念逻辑。因此，如果因为其思想的表述中充斥着后现代色彩的话语方式，而忽视了其固有的黑格尔的隐形逻辑，那么对于后马克思主义思想的形成及其本质的理解必将产生偏差。由

---

　　① Laclau and Mouffe, *Hegemony and Socialist Strategy*: *towards a Radical Democratic Politics*, Verso, 1985, p. 4.

　　② Ibid. .

此，本文将从拉克劳与墨菲以及齐泽克等人的思想入手，展现后马克思主义在本质上向黑格尔的回归，进而展现后马克思主义逻辑展开的基本方式。

一 延迟的否定

作为一种思潮的后马克思主义以抛弃生产、阶级与革命等经典马克思主义的基本术语为切入点，以批判必然性与普遍性、彰显偶然性与特殊性为旨归。尽管他们批判以必然性的强制力量来完成一种理论建构，但却并没有从根本上放弃理论建构本身。作为后马克思主义重要的思想来源之一，阿尔都塞在抽掉马克思主义中人的存在的同时，建构了一个多元决定的结构化的马克思主义；阿多诺在通过对否定的强调来打破概念把握客观世界的完全性的同时，继承了本雅明的星丛概念以构建一种认识论的乌托邦；拉克劳与墨菲等人则在去除了无产阶级作为革命力量的必然性与先验性的基础上，重新构建了一个"霸权"（Hegemony）的观念，以整合多元化的各种社会力量。尽管这种霸权因不愿沾染本质主义的色彩而被界定为一种空洞的所指，但其作为一种整合特殊性的普遍性趋向却是无法去除的，否则拉克劳与墨菲的理论不过就是诸多后现代理论在政治哲学中的一种简单推演而已。

后马克思主义的这种理论旨归凸显了一种辩证法的基本原则。而这种辩证法来源于黑格尔哲学。辩证法作为一种以矛盾为其基本分析方法的理论，注定不能被归结为简单的、抽象的形式。因为形式本身是不包含矛盾的。辩证法在其分析过程中一定要携带内容。内容是辩证法自身的丰富性、具体性的保证，这是黑格尔辩证法的独特性所在。只有在黑格尔的辩证法中，矛盾才能始终作为矛盾而获得存在的合法性。正是基于对这一点的关注，引发了以"后"为前缀的诸多理论思潮对其的强调与关注。后马克思主义只是其中之一。

概而言之，辩证法通过对矛盾的强调在必然性与普遍性的逻辑中为特殊性与偶然性找到了立足之地。黑格尔称之为规定了的否定："这个否定是一个规定了的否定，它就有了一个内容。它是一个新的概念，但比先行的概念更高、更丰富；因为它由于成了先行概念的否定或对立面而变得更丰富了，所以它包含着先行的概念，但又比先行概念更多一些，并且是它和它的对立物的统一。"① 在这个规定了的否定当中，特殊性是作为否定性而存在的。在黑格尔那里，它就成为了内容本身，那个能为概念增添新东西的内容。并且这种特殊性从来不应在所谓否定之否定的规律下被彻底地消解掉。这是黑格尔哲学中常常为人所忽视的一个方面。相反由此带来的差异性与特殊性作为对立面始终存在于其中。

看到了黑格尔的这一点，也就在普遍性中看到了不能被消解的差异性。在某种意义上，也就在古典哲学中找到了诸多"后"学理论的根基所在。阿多诺在否定辩证法的建构中最先对此予以了阐发。因此，他被归入到后马克思主义的脉络当中是有一定道理的。②在辩证法问题上，阿多诺赞扬的是为辩证法的形式带来丰富内容的否定性，即黑格尔意义上的规定了的否定性，但却从根本上拒斥由否定性向肯定性的转入，即否定之否定的否定性，并将这种转入视为是一种意识形态的构建。这种意识形态在阿多诺那里是批判的对象，被其称之为形而上学，或者同一性哲学。

对应于这种同一性哲学，阿多诺提出了他所试图构建的"非—同一性"哲学，要理解非—同一性，首先需要明确的是阿多诺意义上的同一性所指为何？在阿多诺看来，概而言之，同一性所代表的是一种逻辑上的排他性，它总是以一方来同一、概括另一方。不管是柏拉图的理念，还是康德的我思，或者黑格尔的绝对精神都充当着同一他者的主导者，而他者、客观性的现实世界，总是作为被同一者而存在着，从而构成了阿多诺所谓的形而上学的基本特质。在阿多诺看来，这种同一是无法实现的。因为同一性所包含的逻辑的普遍性必然附带着单一性与特殊性的存在："如果没有同一性的意识，没有特殊之物的同一性，就没有普遍之物。反之亦然。这就是特殊与普遍的辩证法观念在认识论上的合法性。"③ 阿多诺所发现的这种同一性矛盾显然经过了黑格尔辩证法的洗礼，如果没有黑格尔对康德的形式主义所作出的深刻批判，特殊性、个别性，或者说作为认识内容的现实事物本身在认识（即思维的同一性活动）中是不可能获得其自身的合法性的。

---

① 黑格尔：《逻辑学》上卷，商务印书馆 1966 年版，第 36 页。

② John Baldacchino, *Post-Marxist Marxism*: *Questioning the Answer*, Avebury, 1996, p. 4.

③ Theodor W. Adorno, *Negative Dialektik*, in *Gesammelte Schriften*, Bd. 6 Suhrkamp Verlag, Frankfurt, 1997, S145 – 146. 转引自谢永康《形而上学的批判与拯救》，凤凰出版传媒集团 2008 年版，第 128—129 页。

这样一种改造的结果，直接导致了他者存在的合法性。逻辑的普遍性被阿多诺从逻辑之内打破了。这种示范显然具有相当的说服力。他给了诸多"后"学理论以重新思考黑格尔的支点。齐泽克甚至直接宣称黑格尔是"第一个后马克思主义者"。① 这种宣称虽然有些惊世骇俗，但却不是完全缺乏根据的独断。在齐泽克那里，正是通过对黑格尔哲学，特别是对其辩证法的独特解读，才展开了一种真正意义上的后马克思理论的构建。

与阿多诺一样，齐泽克不是将黑格尔的辩证法看作是包含有否定性，但最终完成了的过程，而是看作是停留在否定性之中的一种断裂。否定性不仅成为了辩证法的核心，而且成为了辩证法的全部。齐泽克称其为"延迟的否定"（tarrying with the negative）。

齐泽克的这种解读路径可以从其反复讨论的一个命题中获得更为深入的理解。这就是拉康的命题："真理来自误认。"这一命题的提出显然是以黑格尔的真理观为基础的。因为其本意无非意指真理在否定性中的存在。从较为表层上看，真理来自于误认直接表达了否定性对于认知真理的有效推动。在此，齐泽克还保有着将真理视为一个过程的辩证性思维，因此在其对拉康这一命题的阐释中，时间与历史成为了例证的主要来源。历史中存在的革命（如伯恩斯坦与罗莎·卢森堡对于革命的不同态度）以及在一段时间中对某个问题的认知（如《傲慢与偏见》中的主人公）都拥有一条从失败中获取真理的基本路径。齐泽克强调了在对这种失败的"重复"中真理最终显现出来。我们认为在此不能忽视齐泽克的这一强调。在黑格尔那里，经由否定性所达及的真理是通过所谓的"扬弃"环节来完成的。它包含着一种有保留的放弃。而齐泽克在此却完全不采纳"扬弃"这一术语，转而强调真理的过程在于"重复"那些失败，"重复"那些偶然性、断裂性，这本身就已经彰显出了齐泽克对黑格尔的根本性改造。真理来自于误认，并非指真理是扬弃误认的结果，而是指重复误认是获得真理的唯一方式，或者更为明确地说，真理就其本身而言就是一种误认（即否定）。辩证法的否定性显现了真理本身，而过程性成了一种无限的"延宕"。所谓延宕，"正是阐释这一行为构成的：阐释总是来得太晚，拖得太久，总是来在要被阐释的事件重复自己的时候"。② 延宕显然取消了黑格尔的螺旋

① 齐泽克：《意识形态的崇高客体》，季广茂译，中央编译出版社2002年版，第7—8页。
② 同上书，第86页。

式上升的空间。

于是黑格尔的辩证法在齐泽克这里获得了新的阐发："运动的中止正是辩证过程的关键时刻：所谓的'辩证发展'，就存在于开头的频繁重复之中，存在于预先假定内容的灭绝和回溯性重构之中。"① 这种重构的途径就是滞留于否定的环节之上。如同阿多诺一样，滞留于黑格尔所谓的规定的否定之上，从根本上打破黑格尔依靠辩证法的同一性逻辑所构建的封闭体系。这是所谓延迟的否定所必然导致的一个后果。

二 泛逻辑主义与辩证的"矛盾"

无论是齐泽克，还是阿多诺，对于黑格尔的态度都是模棱两可。他们一方面阐发着黑格尔哲学，另一方面将自己的理论隐蔽地输入其中，最终呈现出一副不同一般的黑格尔的面孔。相比于齐泽克和阿多诺，拉克劳与墨菲对黑格尔的背离较为有限。这种有限性体现在其霸权理论建构的基本方式之上。拉克劳的霸权理论作为一种政治理论形态，其根基并不在当下现实存在的社会运动之中，而在于逻辑学的形式规定。就此而言，黑格尔所一贯坚持的以概念、逻辑来把握现实的原则没有改变。不同的只是这种逻辑学的形式规定究竟是什么，拉克劳在此提出了与黑格尔不同的看法。

拉克劳批判了黑格尔的理性支配原则，称之为泛逻辑主义的理论建构。在黑格尔那里，理性显现为概念，并以概念来把握社会现实。因此在黑格尔看来，现实从来都不等同于现存，只有进入概念并被概念所把握的存在才是现实的存在。谢林、费尔巴哈以及当代的存在哲学都以现实为切入点，并提出"存在"优先于"理性"的原则。拉克劳则认为这是两个不同的理论传统，而他本人则以第三种方式来触及社会现实的问题：话语方法。这就是拉克劳所认定的逻辑学的形式规定。在拉克劳看来，话语的逻辑构建了社会现实，并且只有话语所构建的现实才是真正的社会现实。

于是接下来的问题就在于话语理论与黑格尔的逻辑主义之间究竟是一种怎样的关系。首先，借助于话语理论，拉克劳拒斥了存在与意识的坚硬区分，也批判了谢林等人将前逻辑、前概念、前反思意义上的存在作为社会现实的显现。但话语理论显然不能等同于理性的逻辑学。因为语言是一

---

① 齐泽克：《意识形态的崇高客体》，季广茂译，中央编译出版社 2002 年版，第 199 页。

种先于逻辑运动的存在。然而这种先于不是谢林意义上的那个"现实"。毋宁说，话语是现实的一种"表象"。话语赋予了现实以意义，这种意义同样可以是一种概念。只是这个概念与现实之间的关系是一种"比喻"的关联。于是黑格尔的辩证逻辑在拉克劳那里相应地变成了一种"比喻的运动，通过它一个名称作为一个隐喻而填满存在于推理之链上的鸿沟"①。于是"辩证逻辑是通用的修辞领域。黑格尔文本的丰富性并非在于它们从无条件的出发点严格地推导出概念的企图——这是它们在每一页上都违反的规则——而是在于精确的修辞，它控制着它们的转化"②。这是拉克劳与墨菲对于黑格尔哲学的一种解读。

由此可见：对于拉克劳来说，所谓的社会现实是一种话语体系，而话语体系本身与黑格尔的辩证逻辑并非异质。两者都是在一种观念的层面来"把捉"现实。只不过在黑格尔看来，概念本身就是现实，而在拉克劳看来，话语是对现实的一种隐喻。当拉克劳借此将黑格尔的辩证法解释为一种修辞的转化的时候，他也如齐泽克一样，隐蔽地将自身的理论输入到黑格尔哲学之中。其合理性与否并不是问题的关键，关键的问题在于这种输入一定要以黑格尔的辩证法为基础才是可能的。

黑格尔依靠辩证法，通过否定性实现了形式与内容、普遍性与特殊性的统一。这个统一的"一"使黑格尔在为同一性逻辑注入非同一性要素之后再次归顺于同一性的结果，也使黑格尔最终建构了自己的理论。正是在这种建构的意义上，黑格尔的理论仍应被视为典型的现代性理论。而后现代理论则是只破不立的，后马克思主义正是在这一点上与后现代理论截然不同。正如我们已经提到的那样，以拉克劳与墨菲为代表的后马克思主义是基于解构理论基础之上的一种建构。正是坚持着这种理论建构才使得后马克思主义有可能保留了马克思的革命理论，也才仍能将自身归入到马克思主义理论范式之中。

显然，霸权理论作为一种理论建构模式与黑格尔的辩证法之间存在着诸多关联。其中最为关键的问题在于如何将霸权所实现的多样性的统一与黑格尔辩证法所实现的多样性的统一加以区别。具体而言，这里的"统一"是怎样的一个"一"。在黑格尔那里，这个"一"在否定之否定的内

---

① 齐泽克：《意识形态的崇高客体》，季广茂译，中央编译出版社 2002 年版，第 59 页。
② 同上书，第 59—60 页。

涵中获得了确定无疑的肯定性。而在拉克劳这里，霸权所代表的"一"却是一个空洞的存在。也就是说，它存在，但却是一个不能有任何确定性的空洞的能指（空名）。它的所指（即内容）从来不能被肯定下来。诸多多样性共同指向这个空名，却没有任何一种多样性最终能够固定不变地填充这个空名。正是这种非确定性保证了霸权理论的建构没有最终回归到本质主义之中。在一定意义上，可以说这是对黑格尔哲学的一种背离，然而，如果我们进一步追问这种非本质主义的建构是何以可能的话，那么我们又不得不再次发现霸权理论与黑格尔辩证法之间的内在同构性。

拉克劳认为如果要使霸权没有确定性的内容，只有保持多样性的存在。特殊性并不能因为统一性的确定而去除了自身的特殊性。而特殊性的无法消除只能通过预设"对抗"这一客观关系的无法消除而获得。拉克劳将"对抗"视为霸权理论的核心概念，其原因就在于此。那么何为"对抗"？对抗是一种客观的关系，它意指："'他者'的存在使我无法完全成为我自己，我与'他者'的这种关系并不是从完全的总体中产生出来，而是从它们构成的不可能性中产生出来。"① 也就是说在一种对抗的范围内，我不能成为我自己的完整存在，即对抗概念所表达的是一种非完整性。它使得"多样性的统一"中的"一"无法实现。他者的介入是这种非完整性的前提。这个"他者"与"我"之间的关系是对抗性的关系。因为他者的存在，我就是非完整的。然而这种使我非完整的他者却又不得不始终存在着，否则这个"我"也是不存在的。就这一点而言，拉克劳显然是在吸纳了拉康哲学中那个不可能的真实界之后所得出的一个结果："社会象征的领域被构想为围绕着某种创伤性的不可能性而构成。"② 霸权正是因为这种对抗的存在而始终无法实现向本质主义的回归。对抗保证了多元存在的必要性，并且正是这些多元存在的无法消除才最终保证了民主与激进的双重维度。

拉克劳在论述对抗概念的时候，极力将对抗与对立、矛盾区分开来，并特别强调对抗不是黑格尔意义上的"辩证矛盾"。然而，在我们看来，拉克劳的这种区分是徒劳的。如果从对抗和矛盾作为社会发展的动力来

---

① Laclau and Mouffe, *Hegemony and Socialist Strategy: towards a Radical Democratic Politics*, Verso, 1985, p. 125.

② Ernesto Laclau, *New Reflections on The Revolution of Our Time*, Verso, p. 249.

看，两者之间确实存在着本质上的差异。对抗不能被扬弃、消解，它保证了社会的非缝合性，而黑格尔的矛盾则作为被扬弃的必要环节保证了体系最终的完整性，或者按照拉克劳的说法：体系的缝合性。然而，问题在于"对抗"与黑格尔的辩证矛盾本身的意义是否相同。如果我们仔细分析黑格尔对在矛盾中得以存在的"自我意识"以及"精神"的本质规定，就会发现蕴含于这些概念中的辩证矛盾与拉克劳的对抗并无二质。

黑格尔依靠着"精神"的显现而一步步触及真理。辩证矛盾存在于每一精神阶段的自我演进之中。精神最先在自我意识的双重化中被显现出来："意识，作为自我意识，在这里就拥有双重的对象：一个是直接的感觉和知觉的对象，这对象从自我意识看来，带着否定的特性的标志，另一个就是意识自身，它之所以是一个真实的本质，首先就只在于有第一个对象和它相对立。"① 作为自我意识否定性的感觉和知觉的对象成为与自我意识相矛盾的他者。自我意识的真实性也存在于这一矛盾当中，自我意识的形成本质上需要他者的承认和确证。黑格尔辩证矛盾的这种起源说明了矛盾双方的排他性，以及矛盾自身的不可消除性。自我意识所内含的这种矛盾在本质上是不能被扬弃的，尽管黑格尔用"精神"这一概念意指这种扬弃。在对"精神"的界定中，黑格尔再次凸显了一种二元对立的存在样态。"精神是这样的绝对的实体，它在它的对立面之充分的自由和独立中，亦即在相互差异、各个独立存在的自我意识中，作为它们的统一而存在：我就是我们，而我们就是我。"② 精神在本质上是一种主体间性，精神的统一是一种不能消解对立的统一，我就是我们，我们就是我，只有在不能消解对立的意义上去理解才是可能的。

精神作为真理得以显现的方式本身就是一种矛盾的对立，这是辩证矛盾赖以产生和发展的理论环境，在这一意义上，矛盾对立的相互依存性（同时也就意味着一种相互的限制），矛盾对立的不可消解都与对抗的概念异曲同工。因此拉克劳在反思自身理论的时候就曾清楚地指出了黑格尔哲学为建构霸权理论"提供了部分的本体论工具"。③

---

① 黑格尔：《精神现象学》上卷，贺麟、王玖兴译，商务印书馆 1979 年版，第 117 页。
② 同上书，第 122 页。
③ 拉克劳、齐泽克、巴特勒等：《偶然性、霸权和普遍性》，江苏人民出版社 2004 年版，第 60 页。

三　空洞的普遍性

对抗的存在使得矛盾的扬弃成为不可能，这种不可能性在拉克劳与墨菲的理论中表现为霸权的空洞性。霸权作为统一特殊性的普遍性成为一种空洞的能指，这是理解拉克劳理论，以及各色后马克思主义理论特质的一个关键之点。普遍性作为一种思维的特质，在齐泽克眼中拥有三种理解方式：第一个普遍概念是笛卡尔的"我思"，它具有客观的和自然的内容；第二个普遍概念来源于马克思，普遍性成为了特殊性的歪曲的表现；第三个则是拉克劳所提出的空洞的普遍性。它是霸权，是偶然性斗争的结果，同时也因为彰显特殊性对抗的无法消除，而成为一种不可能性。①

齐泽克的这种划分是否合理并不是问题的关键，问题的关键在于黑格尔所宣称的富有辩证性的普遍性在齐泽克的视阈中应放置于何处。在一般意义上说，黑格尔作为马克思思想的重要来源，马克思的辩证法在很大意义上就是黑格尔的辩证法，因此黑格尔的普遍性观念就应属于第二种类当中。然而在后马克思主义的研究中，对黑格尔的普遍性的言说却并非如此。它总是作为一种空洞的普遍性为后马克思主义所津津乐道。对于黑格尔哲学的这种研究方式值得我们的关注。

在阿尔都塞早期的长篇论文《论黑格尔思想中的内容概念》中，我们已经可以发现其抽空主体、人以及普遍性的基本倾向。其中黑格尔关于形式与内容的辩证法得到了系统阐发。概念被视为这一内容与形式得以统一的地方。以概念的起源、认识和误读为主线，展开了对黑格尔精神哲学的全面批判。黑格尔哲学在阿尔都塞这里再次不断的呈现出诸多"后"学色彩。

在阿尔都塞看来，通过概念与语言所构筑的第三个世界，成为黑格尔超越逻辑主义与实证主义的途径。因此，语言是黑格尔用以调节哲学史中二元对立的方式之一。拉克劳称黑格尔的哲学仍是泛逻辑主义的，而阿尔都塞则早在其之前就指出了这一批判是一种误读。② 在阿尔都塞的视阈中，

---

① 参见拉克劳、齐泽克、巴特勒等：《偶然性、霸权和普遍性》，江苏人民出版社2004年版，第54页。

② 参见阿尔都塞《黑格尔的幽灵》，南京大学出版社2005年版，第145页。

语言与概念是同一的，而语言作为一种中介，已经超越了逻辑主义的基本界定。由于他眼中的黑格尔是经过了亚历山大·科耶夫所讲述的黑格尔，因此黑格尔关于语言问题的表述与当代语言学的研究并无本质的差别。阿尔都塞指出黑格尔的自我意识的提出所基于的理论前提就是：在黑格尔看来，人"他是唯一能说'我'的动物，也是唯一能在词语中反思其普遍性的动物"①。只是"通过词语，人便重新占有了自己；这就是说，他在一个语词中重新占有了他过去的自己，而这一词语所表达的又并非是他现在的自己，所以，他就是虚无"②。也就是说语言昭示出的是人本质的空无性。

正是依赖于对语言的凸显，以及将人与这种语言的显现对应起来，阿尔都塞眼中的黑格尔体会到了普遍的空洞性。因为如同科耶夫一样，阿尔都塞将自我意识与人本身等同起来。人作为唯一能够使用语言的动物，成为了唯一能够反思，因此能够显现精神（即普遍性）的存在。从这一意义上说，人的空如正是普遍性空无的一种直接反应。

基于此，阿尔都塞对于黑格尔在《精神现象学》中将精神等同于一块头盖骨的做法提出了他的意见。这是一个有些荒谬，但又被黑格尔郑重其事加以论述的命题，它困扰了许多的研究者。黑格尔在《精神现象学》的"丙（甲）理性"中谈到了精神与头盖骨之间的关系。在这一段中，黑格尔试图考察的是理性在现实中对自己的观察："就观察的理性看来，所认识的仅仅是事物，但就我们看来，所认识的是意识自身。"③ 将精神与头盖骨联系起来被黑格尔视为是观察理性所包含的各运动环节的最后一环，即对自我意识与其直接现实的关系的观察。

在此，我们发现，黑格尔在面向感性现实的时候，让精神这个纯粹意识的存在努力与客观存在相关联。精神被要求一种现实的显现。对于这种显现，黑格尔依照他所特有的逻辑三段论将其同样划分为三个不同的阶段：为心理学的显现，为面相学的显现，以及头盖骨相学的呈现，它们代表了意识是如何一步步直接呈现出来的。黑格尔将头盖骨的呈现视为："精神的外在方面终于是一种完全固定不变的现实了，它自身不是一种传情达意的符号，它与自觉的运动完全无关，而只自为地呈现为一种赤裸的

---

① 参见阿尔都塞《黑格尔的幽灵》，南京大学出版社 2005 年版，第 144—145 页。
② 同上。
③ 黑格尔：《精神现象学》上卷，商务印书馆 1979 年版，第 162—163 页。

纯粹的事物。"① 按照黑格尔的逻辑，我们在此或者可以得出这样一个结论：这个处于逻辑最终环节的头盖骨的显现恰恰成为了对精神本质的一种显现，精神如果可以在现实中得到直接的显现的话，那么精神就只能是在头盖骨相学中显现出来。头盖骨是"精神的这种具体存在"。②

毫无疑问，黑格尔的这一段论述充斥着虚假的编造，与其哲学的深邃和富有洞察力的一贯风格相差甚远，但阿尔都塞却认为这是黑格尔对如何显现精神的一个最好说明：头盖骨是具体的单个人的象征，精神作为一种普遍性被这个具体的人显现出来，由此"普遍性的内容与普遍性是不相称的。或者，从相反的那个极端看这件事情，这内容不得不装作它不是的那个东西，它是一种无视其自身的普遍性。人的自我分裂的深刻理由就在于此"。③ 换句话说，普遍性必须被这个不具普遍性的存在所显现。它所昭示的是"一个空洞的普遍性"④。

阿尔都塞对"普遍性的空无"的讨论无疑对后马克思主义的理论构建产生了巨大影响。仅就其对于"精神是块头盖骨"这一命题的解读，就同样引发了后马克思主义者齐泽克的强烈兴趣。所不同的是，这一次的阐发已经是在明确的后马克思主义的理论视阈之中了。

在齐泽克看来，"精神是块头盖骨"的命题所具有的真理性恰恰就存在于其形式的荒谬。黑格尔的"精神"在齐泽克这里被解读为拉康意义上的"主体"。这种等同不仅在于精神与意识以及由此与主体的等同，关键在于精神具有拉康意义上的主体所具有的那种"不可能性"。

黑格尔的"精神现象学"所关注的是一般知识的形成过程，这一过程就是从最初没有精神的东西变成精神的东西的过程。⑤ 而激发黑格尔建构这一个认知体系的哲学动因就在于康德哲学以来为哲学所设定的那个不可知的"自在之物"。黑格尔试图通过精神的认知过程将"自在之物"纳入到理性可以认知的范围之内，以最终确立理性的力量。然而如同阿多诺以来的诸多后马克思主义一样，极为注重否定性的齐泽克，显然不认为黑格尔的努力是成功的。相反，"黑格尔的批判比这要严厉得多：与康德相反，

---

① 黑格尔：《精神现象学》上卷，商务印书馆1979年版，第215页。
② 同上书，第217页。
③ 阿尔都塞：《黑格尔的幽灵》，南京大学出版社2005年版，第170页。
④ 同上。
⑤ 参见黑格尔《精神现象学》，商务印书馆1979年版，第17页。

它从未断言在理念与现象之间存在着进行某种'和解'—'调停'的可能性，存在着跨越理念和现象之间的鸿沟的可能性，存在着消除极端的'他性'的可能性，消除理念—原质与现象之间的极端否定性关系的可能性。"① 将黑格尔的辩证法终止于否定性与差异性，齐泽克也自然将那个依赖辩证法所最终达到的"自在之物"，或者说精神的自我认知推向了彼岸。因此齐泽克认为黑格尔比康德还康德，他以更为隐蔽的方式掩盖了自在之物，或者精神的不可能性。

在齐泽克看来，这种隐蔽的方式就在于命名与被命名物之间的错位。就此而言，齐泽克与阿尔都塞在分析上是一致的。精神与头盖骨的等同就是以最为直接的方式揭示了这种错位。在此主语"精神"与宾语"头盖骨"是绝对不和谐的。然而"我们借助于失败，通过严重的不足，通过谓语在它与主语关系问题上的绝对失调，成功地传送了主体性之维"②。主体在拉康的哲学中就是那个只能通过"非我"（非主体）的存在加以填充的空洞命名。换句话说，主体通过了一个完全与主体异质的存在来获得说明，就如同能动性的精神只能通过僵死的头盖骨来获得自身存在的显现，在黑格尔断言他找到了精神与具体现实的直接关联之时，齐泽克也认为黑格尔找到了说明精神的唯一方式，就是以非—精神来说明它。由此精神与拉康的主体理论具有了共同的逻辑，即都通过短缺的能指（不和谐的言说方式）来符号化了能指的短缺（那个不能说的原质，这一原质在康德那里是自在之物，在黑格尔那里是精神，而在拉康那里则是主体）。

齐泽克对于精神的这种拉康化的解读，虽然以主体为表述方式，但就其共同的言说对象——精神来说，两者并无二质。黑格尔的精神在其理论中就是普遍性的一种象征。它通过感性确定性、知性以及理性等诸环节诠释了特殊性与普遍性的辩证法。并且正如我们已经指出的那样，精神的本质并不是一个独立的主体，如同笛卡尔的"我思"。它在黑格尔视阈中从来都是一个中介："精神并不是自我意识中自我的主体性的基础，而是中介，在此中介中一个我与另一个我交往，作为一个绝对的中介，这两个我从它相互形成主体。意识作为中间地带存在，主体在那里彼此相遇，没有

---

① 齐泽克：《意识形态的崇高客体》，中央编译出版社 2002 年版，第 280 页。
② 同上书，第 284 页。

相遇它们彼此就不能作为主体存在。"① 也就是说，精神从其诞生之日起就是主体间的，并总是以一个非我的存在来证实着自身的存在。因此这种普遍性必然包含了一种内在的张力，从而使其失去了普遍性在传统哲学中无差别的同一，走向了黑格尔所提出的"我即我们，我们即我"的多样性统一。而正是在这一点上，后现代主义的诸多解读直接将统一性的外衣剥离，呈现多样性的存在方式，而后马克思主义则以最为接近黑格尔的方式完成了对黑格尔的解读：以空洞的普遍性为最终旨归，但仍保留着多元化的存在方式。阿尔都塞的多元决定论、齐泽克对精神本质的空洞化阐发都是对空洞普遍性的一种保留。上文中提出的拉克劳与墨菲的后马克思主义的霸权，就是在这样一种理论渊源与背景下提出的，正如我们已经指出的那样，霸权作为一种政治策略，不过就是这种空洞的普遍性在政治哲学中的一个变种罢了。

诸多后马克思主义者对于黑格尔哲学的研究和阐释，给我们展现了诸多不同面孔的黑格尔，但问题的关键在于为什么后马克思主义如此热衷于通过解读黑格尔来展开自身的理论？在我们看来，这并非偶然。经过结构主义与后结构主义的洗礼，当代哲学已经为我们揭示了语言对于现实世界的构造能力。如果说在黑格尔的时代，理论还面临着与现实之间的对立，那么在当下，现实本身就是理论构造的产物。话语的世界不再是逻辑的、理论的世界，它就是我们现实世界本身，就是当下社会现实的构造方式。因此，推崇以逻辑的方式来构造和言说世界的黑格尔哲学必然再次成为这个时代的哲学最有可能被利用的理论资源。这也就决定了后马克思主义必然回到黑格尔哲学来寻找自身的理论依据。

（原载《南京社会科学》2011 年第 6 期）

---

① 黑格尔：《小逻辑》，商务印书馆 1980 年版，第 560 页。

马克思主义与空间理论

历史唯物主义为何与如何面对空间化问题？

刘怀玉

一 历史唯物主义空间化问题研究现状

当今人类正步入以航天、核能、计算机、电信等技术为引擎的全球化时代，社会生活呈现出高度共时性、互动化、网络化、流动化特征。由此，"空间"问题渐次成为自然科学、建筑工程学、地理学、哲学、文学艺术、史学、社会学、政治学和经济学等学科共同关注的焦点。作为始终走在时代前沿的马克思主义哲学，自然不能忽视这一重大的空间化转向问题。本文认为，空间化问题既是传统哲学研究所忽略的、因而应当重视的领域，也是理解历史唯物主义当代意义的独特视角。

迄今为止，国内外学界对该问题已有广泛研究。许多西方马克思主义者和左派理论家都对历史唯物主义进行了空间化解释，并提出相应替代方案。主要代表有：列斐伏尔的空间生产与空间辩证法理论；哈维的弹性资本积累与希望空间理论；索亚的第三空间与后现代地理学理论；詹姆逊的空间图绘理论；卡斯特的网络社会理论；阿锐基的现代世界体系理论以及奈格里与哈特的帝国理论、布伦纳的新国家空间理论，等等。他们认为：资本主义发展已从物质生产走向空间生产；当代资本主义空间化发展表现为全球性金融重组与政治经济文化结构重组的地理景观；这种空间领域的扩张是资本主义得以克服危机、垂而不死的关键。因此，只有赋予历史唯物主义和辩证法以空间化视角，才能理解当今世界最新现实。应当说西方学者从不同角度为历史唯物主义的空间化问题研究作出可贵尝试，但其成果常有矫枉过正之嫌，易盲从后现代理论而放弃历史唯物主义基本立场。

国内学界也对该问题作出了大量研究，聚焦于三个议题：一是历史唯物主义的社会时空理论，共同认为马克思哲学所说的"时空"即社会时空，它们是基于人类实践尤其是生产劳动过程而形成的；但有学者认为时间是人类生存发展的积极形式，而空间则表征着人类生存的保守消极特征①。二是从马克思的"世界历史"理论出发探讨全球化问题，认为今天人类正处在资本的全球化空间化发展时代②。三是从空间视角探讨当代资本主义生产方式与积累方式问题，有学者认为当代资本主义生产方式主要是空间的生产和再生产，资本积累是通过地理空间上的不平衡发展实现的。应当说国内学者对该课题的讨论已取得不少成果，但也存在一些不足：一是相关研究比较零散，常局限于特定专业和个别问题之中，缺乏自觉而整体地探讨；二是对马克思主义哲学的空间理论发展史总体回顾反思不够；三是相关研究多停留在对国外思潮的引进及评述上，缺乏理论自主性。

综上所述，我们认为研究历史唯物主义空间化这个问题有重要意义。首先，当代社会现实新变化要求我们关注空间问题，而传统唯物史观不足以直接回答这个时代问题，空间化研究是弘扬马克思主义哲学当代价值的根本途径。其次，只有以历史唯物主义为指导提出符合当代现实的空间化理论，才能澄清目前国内外相关研究中的问题，辨明空间研究的科学方向。

二 历史唯物主义空间化研究 已成为现时代突出课题

一方面，当今世界在交通、通信等核心技术推动下，原有地理边界、社会结构、国际秩序被彻底打破，人员、资金、信息在全球规模上高度流动，生产、技术、资本、劳动力在全球空间重新布局，生态、性别、种族、阶级、国家等政治主题也发生着深刻变化。没有空间的理论视野，马

---

① 参见刘奔《时间是人类发展的空间——社会时—空特性初探》（载《哲学研究》1991 年第 10 期）、俞吾金《马克思时空观新论》（载《哲学研究》1996 年第 3 期）等文，刘森林《辩证法的社会空间》（吉林人民出版社 2006 年版）等著。

② 参见丰子义《用马克思主义观点看待全球化》（载《求是》2001 年第 3 期）、王南湜《新的全球秩序何以可能》（载《河北学刊》2002 年第 7 期）等文。

克思主义是无法科学理解与判断这些新现象的。另一方面，当代空间研究又常被纷繁复杂、流动多变的空间现象所迷惑，容易走向相对主义，甚至陷入神秘主义与虚无主义。这正是缺少历史唯物主义科学指导所致。总之，历史唯物主义只有走向空间化问题研究，才能深入当今社会具体现实，没有空间感的历史唯物主义是抽象空洞的；而对空间问题的研究同样离不开历史唯物主义方法，没有历史方向感的空间哲学是神秘和盲目的。

三　传统历史唯物主义研究的空间角度的缺失及其基本难题

　　传统唯物史观研究存在一些经典难题，这在很大程度上与空间视角缺失有内在关系。一是资本主义起源问题。传统观点认为资本主义起源于封建主义。该论点不能充分解释为什么资本主义最早出现于西方而不是东方？究其方法论，这是一种隐性的西方中心论历史观空间观，事实上资本主义的诞生是一个全球性历史地理"共时性"互动的空间化过程。资本主义作为一种历史的生产方式，它的出现不仅有赖于西欧近代社会所特有的地方与民族国家主权空间，而且内在地具有一种与生俱来的全世界性经济交往体系与政治统治空间。资本主义不仅是一种物质生产方式和社会关系生产方式，而且是一种政治权力与意识形态的生产空间。二是资本主义何以历经危机仍绵延不衰？传统研究多因循直线论和历史目的论，把资本主义视为静止封闭的结构，而实际上资本主义社会既有周期性危机的历史特征，也有高度灵活的自我调节潜能和无限弹变、扩张的空间特性。三是经济决定论教条。它既缺少社会整体空间结构观念，墨守实体主义和本质要素还原论思维窠臼；也缺乏实践的复杂的社会空间辩证法意识，而拘泥于机械封闭的空间观，它无法理解社会现实是由多重异质空间冲突交融而成的具体总体。由此可见，历史唯物主义的自身难题不仅需要突出空间化问题意识，而且需要空间化理论研究方法创新。

四　经典历史唯物主义的空间化问题的思想谱系考古

　　历史唯物论的空间化问题绝非晚近的"发明"，而是早已有之，但它经历了从不自觉到自觉、由隐而显的过程。首先，马克思关于"资本的本性力求超越一切空间界限"的观点，已经预感到资本主义的生产必然要突破自然空间限制，而寻求在社会关系所生产出的社会空间中实现自我无限生产。马克思哲学的革命关键，不是发现历史而是克服对历史的进化式庸俗式理解，确立具体总体性的视野，这个视野中特定的维度是有空间性，这个空间性是特定历史自身生产的总体。由此来看，普世主义的历史概念是缺少空间—地点感的抽象空间统治下的历史概念，后马克思主义的问题是用流动性空间对抗抽象空间。而实际上，特定的地方性历史性生产空间仍然是确立具体历史主体的所在，这正是马克思历史唯物主义科学性之特质所在。其次，列宁、卢森堡等经典作家关于资本积累与发展不平衡理论。他们认为资本主义由于其不可克服的矛盾而必然导致发展的过程、结构与政治经济地理布展上的不平衡性。特别值得一提的是卢森堡，她明确指出：不平衡性的空间结构是资本主义发展的历史前提而不是结果。资本主义历史地生育并发达于非资本主义环境之中。可以分成三个阶段，资本对自然经济的斗争，资本对商品经济的斗争，资本在世界舞台上为争夺现存的积累条件而斗争①。这些观点已敏锐直觉到当代人类社会空间化发展现实，20世纪60年代以来南美洲的依附理论和世界体系论都秉承了该传统。最后，西方马克思主义总体性辩证法也暗含空间批判视野。无论是从卢卡奇到哈贝马斯所高扬的主体向度，还是从葛兰西到阿尔都塞、普兰查斯所突出的结构分析，都把资本主义当成一种总体性空间来批判透视，但前者陷入人本主义的主观时间体验，过于强调空间化的消极物化统治特征；后者则迷于结构主义的共时性幻觉，空间化变成凝固历史的无意识语言牢笼。四是受西方马克思主义影响的西方左派史学与社会理论（城市社会学、地理学、区域经济学等），它们自觉凸显空间批判向度，强调哲学与具体实证科学结合，更具现实针对性和方法上的可操作性。但由于发达资本主义的现实迷惑，这些空间理论研究常热衷于追逐变幻无常的文化地理景观而忽视了经济基础的历史批判。

---

① 参见卢森堡《资本积累论》，彭尘舜、吴纪先译，生活·读书·新知三联书店1959年版，第291—292、335页等处。

五　当代历史唯物主义空间化研究如何可能？

空间化是以物质生产与社会关系生产和再生产为核心的历史辩证法内在的一个基本视野。它既是社会历史与社会关系得以传承与积累的物的载体，也是抽象的社会历史关系的具体化形式。历史唯物主义所理解的"空间"不是传统的几何与地理概念或先验的感性直观形式，亦非透明或抽象的心理形式、文化符号结构，而是社会关系的重组与社会秩序实践性建构过程。在某种程度上，生产的社会关系是具有空间性存在的社会存在；它们在生产空间的同时将自己铭刻投射于空间，否则它们就会永远处于纯粹抽象状态。换言之，空间是"具体的抽象物"，即其抽象母体（社会生产关系）的共存性与具体化。空间化研究不仅不否定历史原则，反而是其具体深化。我们认为历史唯物主义的空间化研究之所以可能，是有以下前提与结构作保证的：

1. 空间化概念的核心逻辑

一指在改造即人化自然的物质生产过程中所形成的相对封闭的"社会生活空间"，它摆脱并区别于自然空间。如马克思所说的"地方性发展"，德勒兹所说的"辖域化"，福柯所说的"排斥性权力空间"。二指人们在社会关系的生产与再生产过程中所建构起来的相对静止的"空间性社会结构"，这是一个既瓦解或主导许多其他社会空间又形成新的社会空间的再生产结构。资本主义就起源于这种空间化生产方式，马克思喻为"普照的光"，列斐伏尔叫它"抽象空间"，福柯称为"规训性权力空间"，德勒兹描述为"解辖域化"和"再辖域化"，吉登斯称之为"脱域化"。它具有"同质化"、"碎片化"与"等级制"的特征（列斐伏尔语）①。三指占主导地位的空间性社会结构自我超越、自我重组过程中所形成的"空间化社会存在"，它具有非地域性、共时性、流动化特征。如马克思所说"用时间去消灭空间"，哈维所谓"弹性积累空间"，德勒兹所讲"欲望主体游

---

① 参见 Henri Lefebvre, "State, Space, World", *Selected Essays*, pp. 212 – 216, Edited by Neil Brenner and Stuart Elden, Translated by Gerald Moore, Neil Brenner, and Stuart Elden, *University of Minnesota Press*, *Minneapolis London*, 2009。

牧的高原"，等等。

2. 空间化理论的认识对象

一是日常生活空间：消费社会和技术管理体制控制下的身体化的微观现实；二是城市化社会空间：资本积累所支配、国家所规划以及全球化交往所链接拼贴的社会关系载体；三是政治主权空间或者国家空间①：世界一体化、跨国资本主义体制和保持民族特性悖结中的地区国家；四是全球化空间，它具有共时性、流动化、等级制、超地域的网络化诸特征。

3. 空间化视野中的人类历史发展问题

前资本主义的历史是多种地方历史并存、相互排斥的异质生活空间，现代性历史则是统一的生产方式，即世界历史时间机制所支配下的多种文明交融过程，其极致就是全球资本主义所导致的世界体系，而未来的人类历史则是单一的统治空间和一元性历史的瓦解以及新的多元性空间化人类历史的形成。换言之，空间化视野中的人类历史就是从地方性的多元历史到世界性的一元历史，再到空间化流动化的多元人类历史。

4. 空间化视野中的社会批判与建设理论

历史唯物主义的任务始终是在批判旧世界中发现新世界。当今资本主义的统治形式发生了显著变化，它逐步从固定的地方与民族的有形空间统治走向流动的全球化网络化的隐形空间控制，这也是一个从抽象形式到具体内容、从宏观到微观、从经济政治到日常生活、道德心理逐步深入的异化过程。只有深入批判和改造资本主义的统治形式和时空生产机制，我们才有可能营造更加合理和美好的"希望的空间"。空间既是压迫的工具也是理想的国度。当代马克思主义哲学既需要主体的重构和历史的重思，也呼唤空间想象力的重建。在某种意义上，当代社会主义的本质就是消灭作为空间压迫与空间异化的"蜗居"和"蚁民"现象，实现居者有其屋，建得广厦千万间，大庇天下寒士俱欢颜！

---

① 参见 *State/Space*：*A. Reader*，Edited by Neil Brenner，Bob Jessop，Martin Jones，and Gordon MacLeod，Blackwell Publishing，2003；Neil Brenner，*New State Spaces Urban Governance and the Rescaling of Statehood*，Oxford University Press Inc.，2004。

六 资本主义的新变化与历史唯物主义的 "空间化" 转向

我们不仅要充分认识到马克思所批判的资本主义社会在本质上的历史局限性，更要关注马克思所批判的那个时代的资本主义的历史局限性及批判本身的历史局限性。因此，如何克服与更新经典马克思主义对资本主义理解的这种局限性，理所当然地就成了当代历史唯物主义研究的新课题。从经济决定论的单一历史概念到经济政治互动的结构构成的再生产关系历史概念，这是理解资本主义历史与逻辑的新的角度。但研究历史唯物主义与资本主义批判的当代方法，其决定性环节的还是国家权力的重新发现，文化只是意识形态的国家机器。资本主义的内在本质是权力性的而不是符号性的。资本主义的历史性空出的秘密就是形成一个强有力的权力空间中心，而具有重新辖地域化的能力。资本主义的秘密既有流动性更有一种自我固定化。作为超验性或者超越性之历史维度向来总是具有空间的固定性，资本主义的空间固定性是开放而不是封闭的。私有制的本质就是固定化，但资本主义社会化大生产的无政府状态，却是具有 "去地域性" 的革命破坏力量。马克思的名言是：资本主义社会基本矛盾乃是个别生产的有组织性即私有性与整个社会无政府状态即去地域性。

当今资本主义的新变化，要求问题意识的重建和方法论上的全新变革。要想真正去理解资本主义的新变化，就要求我们在方法论上也取得相应的突破。缺乏空间要素的历史唯物主义作为方法论的基础也是不牢固的，空间必须成为辩证法思想中的不可或缺的核心要素，即使我们不一定套用哈维的说法，要将历史唯物主义升级为 "历史地理唯物主义"①，但是历史唯物主义的空间化转向值得关注。我们认为，对当代资本主义的理解、研究应该将时间维度和空间维度结合起来、将历时性和共时性视角结合起来，既要探讨资本主义在时间上的发生过程，也要研究其在空间上的布展，用哈维的话说，我们必须研究 "资本主义的历史地理学"，即研究 "资本主义怎样生产了它自己的地理" 这个问题。这种方法论上的 "转向" 或 "升级" 的目标应该是建立一种开放的、辩证的方法，既注重资本

---

① 参见哈维《后现代的状况：对文化变迁之缘起的探究》，阎嘉译，商务印书馆 2003 年版。

主义的总体化和一体化的特征，也关注其内部的多元性和差异性；既要重视对具体的、区域的地理学景观进行探究，也要注重对抽象的话语、概念布展进行分析、探讨。

1. 当代资本主义发展已经从物的和社会关系的生产走向空间的生产。在经典马克思主义著作中，"生产"主要被理解为物质生活资料的生产和再生产、人的生产、生产关系和社会关系的生产和再生产，最后还有意识和"精神"的生产。其中，物质层面的生产和再生产具有根基性的作用。而在当前，资本主义的发展已经从马克思时代的物的生产走向空间的生产，这里并不是说具体的物的生产已经完全被后者所取代，而是指"空间的生产"成为当前资本主义社会生产与再生产的主要方式。资本主义的"生产"不但是一定空间与时间制约下的物质生产，而且更是一个不断地超越地理空间限制，而实现的空间的"自我生产"过程，换句话说，资本主义社会的生产关系生产与再生产本身就是空间的，而不是空间中的物的生产。资本的生产本质上绝对不是简单的重复生产，而是不断扩大、突破自身界限的再生产，资本的扩张伴随的是空间的拓展。而且这种空间的拓展并不仅仅是传统地缘意义上的地理空间的扩张，而是经由对日常生活、微观身体等领域的"殖民"走向抽象化、内在化控制。资本的扩张按照其自身的逻辑和殖民需求生产出特定的同质性和差异性的空间，这种生产出来的空间成为这个时代的生产和生活方式，现实地制约着人们的生存和发展。

2. 资本在空间领域的扩张是资本主义不断延续和幸存的关键。对当代资本主义社会空间化的理解至关重要，它不仅是理解当前资本主义生产方式的关键，而且是理解资本主义之所以不断得以延存的关键。我们知道，经典的马克思主义理论认为，资本主义的发展存在着自身的界限，在马克思关于资本主义的分析中，当生产力超出自己的时空界限的时候，社会中仅存的两大阶级即资产阶级和无产阶级间的对抗也会激化到极致，最终导致资本主义社会的崩溃。而列宁更是曾经断言帝国主义是资本主义发展的最高和最后阶段。然而实际上，资本主义始终是垂而不死、腐而不朽，甚至可以说在当代仍有很强的生命力。究其原因，除了资本主义在产生以来面对危机不断进行制度上的自我调整之外，资本在空间领域的拓展和殖民也是重要原因。某种程度上说，资本就像一个吸血鬼，通过不断地扩张和压榨，延续着自己的生命。而空间就成为资本扩展的核心领域，空间扩张成为资本扩展的核心工具和手段。

　　3. 当代资本主义空间化发展呈现为不断变化着的全球性金融重组周期与形形色色的政治经济文化结构重组的地理景观。20 世纪五六十年代以来，垄断资本主义在全球化范围以及对国家管理和规划的高度依赖性，表明了资本主义社会形态中新的空间与时间重组。20 世纪 80 年代以来，资本主义呈现如下新的地理景观：金融资本不受地域限制的更加全球化流动化。大规模的资本主义工业化首次发生于一系列的边缘性国家和区域，而许多核心国家已经历了广泛的区域性工业衰退。工业与资本的加速的地理流动性引起了各国政府之间的投资的地域性竞争。各国内区域的劳动分工正相应地发生着剧变。随之导致高工资/高技术工人与低工资/低技术工人之间的愈益明显的职业两极化，这加剧了劳工内部的竞争与矛盾。而职业、种族、民族、移民身份、收入、生活方式和其他与就业相关的可变因素，正在制造愈益严重的"区隔"现象①。只有理解了这种全球性空间的结构重组，以及由之带来的全新的地理景观，才能在当代的意义上重新理解和批判资本主义。

　　　　　　　　　　　　　　　　　　（原载《天津社会科学》2011 年第 1 期）

---

　　① 参见哈维《后现代的状况：对文化变迁之缘起的探究》，阎嘉译，商务印书馆 2003 年版；苏贾《后现代地理学》，王文斌译，商务印书馆 2007 年版。

马克思主义与空间理论

胡大平

　　眼前这本第二届空间理论与城市问题全国学术研讨会论文集，以非常醒目的方式呈现了当前哲学界空间关注的焦点。这个问题可以用论文集中文章主标题提供的五组关键词来概括：空间转向——社会空间、生活空间、城市；空间生产——重构、规划、建构、再造、转型；理论——逻辑、历史、视阈、思想、辩证法；力量——资本、技术、新自由主义、金融；代表性框架——哈维。这五组关键词串起来讲，中国哲学界已经充分注意国际社会理论之空间转向，把社会空间的生产作为自己研究的当代落点，以当代中国城市化为入口，一方面努力在理论上建构空间哲学，另一方面在现实关切上把当代生活重组过程中起主导力量的资本作为分析批判的对象，借鉴哈维这样的案例，来实现自己的历史使命和价值①。这是一个相当完整的体系结构。

　　如果进一步注意到参加会议的多数学者都是从事马克思主义相关研究的，空间视角在其中承载着深化马克思主义或者使之当代化的梦想。这可能是近年来空间问题或理论在马克思主义研究中流行的基本原因。我介入这个问题②，并不出于纯理论的兴趣。当我认为空间是当代中国人文社会

---

　　① 例如，邹诗鹏：《"空间"转向，抑或问题》；胡大平：《从城市化到生活空间再造：当前中国城市化浪潮的哲学批评》；陈忠：《城市启蒙与城市辩证法：再论城市哲学的建构》；仰海峰：《资本逻辑与空间规划》；孙希磊：《哈维对城市空间不平等的哲学批判》；李兰芬：《城市空间生产的意义问题研究》，等等，第二届空间理论与城市问题全国学术研讨会论文集，2011 年 6 月10—12 日，中国苏州。

　　② 在其中，我亦做了一点工作，除了翻译哈维的《希望空间》和《自然、正义和差异地理学》外，亦写了一些关于哈维和马克思主义"空间转向"的论文，它们包括：《晚期马克思主义研究》，《南京大学学报（哲学人文社科版）》2004 年第 5 期；《从地理学到生态社会主义政治学：文献史和问题史中的哈维》，《历史地理唯物主义与希望的空间：晚期马克思主义视阈中的哈维》，

科学的一个重要的生长点时，我看重的是它能够成为致力于中国境遇改善的当代知识的有效落点。这一点对于马克思主义研究也尤为重要。可以说，这是中国马克思主义研究者改变自己话语方式，更充分地发挥马克思主义改造世界功能，更为有效地在目前进行的超大规模的中国社会空间重组过程中做出自己贡献的一个独特的生长点。基于这一认识，在这个路径的起点上，需要更清晰和准确地判断它的学科史和理论史背景、它所面对的问题和理论空间，以及自身的界限。在此，我简要地阐明自己对如下三个问题的看法：（1）空间作为一个问题在马克思主义理论发展中的地位及其变化；（2）西方激进理论"空间转向"的意味；（3）从空间角度推动马克思主义理论创新的落脚点。

一　马克思主义理论中的空间问题谱系

空间，作为一种专门化的学院视角，当然是近十多年才在全球马克思主义或激进思潮中成为焦点之一的，尽管空间问题具有漫长而复杂的理论史。这种视角偏爱将自己的前提理解为福柯在 20 世纪 60 年代对 19 世纪知识型的批判，或者列斐伏尔的空间生产和现代性理论。然而，正是从这一点来看，空间视角本身不只是围绕空间发展起来的，而且是现代性批判逻辑深化的一个自然结果。

不过，如果仅仅从理论逻辑的变迁或断裂角度来谈论空间视角的价值，恐怕有失偏颇。这是因为，作为描述人类社会生活的基本维度之一，即使是在没有提供专门化的空间理论的经典马克思主义中，空间亦不是一个缺失。马克思主义固然比较明显地强调了时间维度的优先性，但这种强调本身并非源自它对空间的忽视，而是作为现代性反抗话语在诞生之初所面临的理论条件使然。

19 世纪初，尽管自由主义并没有取得彻底的胜利，但它却牢牢地占据了现代性想象的意识形态基础地位。它之所以能够如此，核心原因在于，17 世纪以来，整个欧洲加速从神学—君主政治向民主政治转型的过

《地理学想象与社会理论：社会理论视域中的哈维》，载张一兵、周晓虹、周宪主编：《社会理论论丛》第三辑，南京大学出版社 2006 年版；《为什么以及如何通过空间来探寻希望？哈维〈希望的空间〉感言》，《中国图书评论》2007 年第 5 期；《社会批判理论之空间转向与历史唯物主义的空间化》，《江海学刊》2007 年第 2 期。

程中，它不仅始终致力于描绘这种政治的图景，而且为作为其物质基础的市场经济（即资本主义生产方式）作出了最好的辩护。也正因为此，在新的生产方式确立和发展过程中解放出发的全部技术反过来能够不受阻碍地服务于这种生产方式本身，从而产生马克思恩格斯在《宣言》中的那种感慨：资产阶级在它的不到一百年的阶级统治中所创造的生产力，比过去一切世代创造的全部生产力还要多，还要大。在新的政治想象结晶成资产阶级社会之际，针对其内在矛盾和破坏性后果，马克思主义作为替代想象便产生了。作为一种话语，与传统乌托邦不一样的是，马克思主义不只是试图描绘不同于自由主义政治想象的另一种世俗天国的图景，而且要求直接掌握已经被后者攫取的社会控制权。因为这一点，尽管它的落点在于社会空间生产的控制权，但它却首要地选择了时间的偏好。至少在黑格尔的辩证法那里，以生成为内容的客观性时间乃是对抗物化的有效的利器。在这一点，后来的福柯是正确的，在反对权力话语过程中，包括马克思在内，哲学首要地把时间作为对抗空间政治学的利器。正是这一原因，后来的马克思主义始终试图以客观化的时间（即规律）作为自身意识形态地位的合法前提。这便产生了哈维等人批评的以时间压倒空间的知识偏好问题。

不过，必须同时承认，尽管马克思的《资本论》计划并没有真正完成，但马克思的思考并不满足于时间，毋宁说，他的旨趣是空间的。他要求抓住的是作为从必然王国向自由王国飞跃前提和基础的自由时间，这一点指向的正是资本主义生产方式的要害——剩余价值的生产。正是因为这一点，马克思的《资本论》是在与自由主义经济学完全不同层次上的形式分析或空间分析。没有这一点，后来的结构主义者，无论是谈论唯物主义象征理论的列维—斯特劳斯，强调马克思发明了征兆的拉康，还是分析《资本论》对象的阿尔都塞，都是不可想象的。强调这一点，并不是试图把马克思视为全能理论的奠基者，而是强调，不能因为空间及其生产问题的当代突出地位而不负责地贬低。真正的问题，毋宁是，如果说马克思的分析中蕴含着巨大的空间分析潜能，为何它们恰恰在马克思主义主潮中被压抑了？这个问题与全部现实社会主义实践的基本特征有关，它们无一例外地在社会基础结构上都不是世界历史的同时代人，因此只能在历史意识上保持这种同时代性（借助于马克思在《"黑格尔法哲学批判"导言》中对德国的评论）。这是在今天需要进一步深入反思的问题。

另一方面，马克思主义的空间分析并没有停滞。如果是列宁的《国家与革命》借由时间而把马克思主义置入单个民族国家空间，那么，卢森堡的《资本积累论》则使马克思本人试图将之严格限定在西欧范围的《资本论》走到全球，以意外的方式去实现马克思关于世界市场的分析计划。来自非资本主义生产方式的剩余价值构成资本主义生产方式扩大再生产的源泉，这一事实表明，借由历史时间优势而成为主导力量的资本已经把那种优势本身转向现代空间的结构原则，无论是单一民族国家内部的两极分析（阶级问题），还是世界范围内发达与不发达的"马太效应"，都只不过是其后果与表象。实际上，卢森堡以更忠实于《资本论》精神的论证为列宁关于打破权力链条薄弱环节的革命策略提供了辩护，也暗示了 20 世纪 60 年代后阿明所谓的"脱钩"（delink）战略，尽管她本人似乎更倾向于世界革命主张。无论如何，空间问题在第二国际后期便成为马克思主义的焦点问题之一。

20 世纪 60 年代以后，受"第三世界"作为一种政治力量崛起的影响，针对非洲和拉美等地区的发展困境，也作为对时间化的主流现代化理论的回应，不平等交换理论（阿明等）、马克思主义依附论（多斯桑托斯）、依附性积累理论（弗兰克）应运而生。为说明资本主义的性质及其长时间变迁机制和未来，华勒斯坦的世界体系分析也逐步成为一种强劲的批判视角。所以这些，都具有直接的马克思主义的背景，因此构成马克思主义空间视角发展的谱系之有机组成部分。

这一线索，在苏贾的作为批判性社会理论的后现代地理学谱系中，尽管被提及，但它们实际上是被压抑的[①]。因为苏贾更看重 20 世纪 70 年代列斐伏尔、卡斯特和哈维等人发展起来的发达资本主义批判，以及整个结构主义思潮在对 19 世纪知识型批判过程中突出的形式分析。这一偏好的更深层原因在于，后两种路线为整个西方马克思主义的失败及其突围提供了一种诊断和药方。更直接地说，它们实际上在元理论层次提出了马克思主义知识学前提的局限性问题。由于这一点，像苏贾这样试图追随发达资本主义现实变迁而把批判理论后现代化的操作便显得自然而然，就如拉克劳和墨菲提出"后马克思主义"主张时以资本主义本体变迁为依据而为民

---

① 苏贾：《后现代地理学》，王文斌译，商务印书馆 2004 年版。这一著作在直接的意义上是最为完整地审理社会批判理论谱系的著作，故我把它作为对话的直接参照。

主社会主义传统辩护那样。

关于苏贾的论证，第二部分还要展开分析。在此，首先强调的是，不可盲从苏贾的后现代地理学叙述。描述谱系树的不同方式本身就是一个政治问题，这一点通过不同的马克思主义史叙述早就呈现得一清二楚。如果看不到这一点，我们就不能充分理解 20 世纪 90 年代以后一些重要的理论进展的独特意义，例如弗兰克的"重新定向"世界历史的《白银资本》、阿里吉的《亚当·斯密在北京》、德里克的《全球现代性》① 等。这些成果的焦点并不在于突出了中国代表的东方在世界历史形成过程中的作用，而是试图探讨在欧洲主导的世界历史进程中超越欧洲中心主义眼光来看待世界历史本身的可能性。我们将发现，该问题正是中国特色社会主义这个命题的核心。当然，从马克思主义旨趣和立意看，它也正是马克思主义的一般使命所在，更重要的是，它能够受到更为广泛的跨地区的经验研究成果的支持。甚至可以说，在大尺度或宏观的空间重构层次上，或哈维所称的规模生产层次上，这是问题的真正所在。缺乏这一维度，苏贾式的后现代地理学，在最好的情况下，只是早期西方马克思主义之微观政治学的变体，它对当代资本积累及其霸权后果的分析自然具有某种优越性，但显然最终的结局不会超越阐释范围。这个问题，在直接的意义上，也正是哈维在《希望的空间》中通过表述反叛的建筑师这个问题而加以防范的。并且，也正如哈维在表述这个问题时出其不意地诉诸早期乌托邦想象所表明，在既定资本主义结构中，它又是一种极度的无奈。这种无奈，我们可以在许多像哈维这样的具有批判精神的地理学家和建筑学家那里清晰地看到，从霍华德、格迪斯、柯布西耶、芒德福等这些先驱，到今日各种后现代的田园诗化的建筑实践，当他们在多数时候不是被大规模商业挪用以便其增殖的资源就是权力美化自身的资源，那种无奈是作为一种反讽存在的。

对于马克思主义理论中的空间视角之谱系的审理，其意义不仅在于为纯理论研究建构其合法的历史前提，而且是观察空间作为战场的意味，以及它给马克思主义提出的任务。从这一角度出发，谱系研究的焦点是使那

---

① 弗兰克：《白银资本》，刘北成译，中央编译出版社 2000 年版；阿里吉：《亚当·斯密在北京》，路爱国等译，社会科学文献出版社 2009 年版；德里克：《全球现代性》，胡大平译，南京大学出版社，即出。

些独立的点结构成为一个谱系图的力量，这种力量即马克思所称的贯穿于迄今为止人类共同体生活之中的生产力与生产关系、经济基础与上层建筑之间的冲突，当然，在现代社会，它有自己的具体表现形式。在《共产党宣言》中，马克思恩格斯以简化的形式描述了现代社会的大致结构，而其政治经济学批判则试图从资本生产的细节再现其过程和环节。必须承认的是，马克思只完成了其计划的基础部分，即资本一般的分析，随着社会历史的进一步发展，主要发达资本主义国家的技术、生产组织形式、社会结构和国家结构以及意识形态等各个层次的变迁，资本主义国家之间及其与非资本主义国家在全球层次的相互作用，甚至今天全球各地建构自身资本历史的努力，这些变迁的性质与后果，都构成马克思主义理论题中应有之义，有待于马克思主义者来完成。空间视角，正是围绕这一中心任务从第二国际到今天逐步发展起来的。

二　西方激进理论的"空间转向"及其意味

在谱系追踪时，我们已经表达了与苏贾不一样的立场。值得补充说明的是，这种立场差异并非因为我将视野严格地限定于马克思主义，而苏贾则更宽泛地讨论批判的社会理论。因为，实际上，不仅"批判的社会理论"主要渊源都是围绕马克思主义而集结起来的，而且，苏贾的旨趣正是试图用那个术语替代马克思主义。这正是"空间转向"的主要旨趣。如果不是这样的话，这一转向的谱系应该广泛地包含各种主流社会科学的进展，例如经济学、社会学和人类学。在其他地方，我已经以克鲁格曼国际贸易理论在地理学问题上对激进政治经济学的回应作为例子说明过这一点，在此，进一步说说吉登斯的例子。在苏贾的讨论中，吉登斯的社会构成理论打开了对历史决定论进行批判的窗口，但他本人却错失了从空间角度重构批判的社会理论契机，原因在于他对地理学学科之特殊的分离主义的潜在敌意。这一解释，关于原因倒是正确的，但对吉登斯理论的性质判断过于武断。对照一下哈维，我们将有不一样的发现。哈维的起点是地理学，他在 1973 年《社会正义与城市》一书中向批判理论的飞跃，关键在于发现空间形态的历史属性，即空间的形成源自多种历史力量的冲突。同样，吉登斯是从社会学起步的，他转向批判的社会学，原因于发现社会学处理的社会对象并非给定的事实而是流动的事实，即作为一种贯穿着多种历史力量的人工环境。通过对社会学方法准则的反思和现代社会学历史建构的理解，他提出自己的社会构成理论，恰恰是重新引入马克思的历史视角，即人们创造着自己的历史但又非在自己选择的环境下创造这一见解。这两个人的转向是一致的，即为作为结构或形式的空间分析引入时间维度。在恰当的意义上，他们代表着实证社会科学的时间化。

从吉登斯和哈维的例子看，当代社会批判理论，其批判性仍然出自经典西方马克思主义的时间偏好，尽管后者借由"总体性"观念而物化了。正是这一原因，不仅吉登斯而且哈维都敌视主流社会科学的那种分离主义，在他们看来，主流社会科学顺从了空间商品化（这个观点与列斐伏尔的空间生产理论直接相关）的条件而缺乏对其应有的批判意识。吉登斯主张的社会学感受力和哈维强调的地理学想象力（它们都来自对米尔斯社会学想象力的挪用）都突出历史的和批判的知识探询维度，一方面对抗主流社会科学的非历史性，另一方面纠正传统批判理论空泛的时间性（即对客观历史规律的偏好）。正是在后一意义上，对于批判理论传统来，"空间转向"才构成自我升华的一个契机。从一种契机变成一种现实，列斐伏尔的社会空间理论和福柯的微机权力批判理论确实起了关键作用。也因为这一点，包括苏贾在内的从地理学或空间角度重申社会批判理论的当代作家，都将他们置于自己理论的中心。

苏贾的《后现代地理学》，作为一个宣言式文本，公开阐明了社会批判理论之"空间转向"的旨趣。不过，"空间转向"这个术语所描述的人文社会科学发展动态，早在术语出现之前便明确地存在。从（霍克海默定义而由法兰克福学派代表的）传统批判理论的失败角度来理解"空间转向"，具有特别的意义。福柯确实是恰当的入口。他在20世纪80年代便明确地讲过，古典时代（即资本主义形成时代）的知识型倾向于空间性质的，而哲学不得不诉诸时间来对抗这种权力话语对社会历史的塑造[①]。这是不是事实，我们可以进一步讨论。可以肯定的是，在福柯崛起的20世纪60年代法国知识条件下，它是成立的。萨特的《辩证理性批判》代表的以时间的总体化为前提的自由主张，尽管陷入了自己的悖论，但构成战后法国的主潮。结构主义，作为一种替代性思潮，正是在反叛萨特过程中产生的。列维—斯特劳斯、阿尔都塞、福柯都明确地说明过这一点。特别

---

① 福柯：《权力的眼睛：福柯访谈录》，严锋译，上海人民出版社1997年版，第152页。

是为整个结构主义打开空间的列维—斯特劳斯的《野性思维》正是建立在对萨特以时间为底蕴的历史辩证法的反驳之上的。在直接的意义上，结构主义是对经典西方马克思主义代表的传统批判理论的更新，它内在的空间化偏好是对那种丧失了批判力量的总体化的时间假定的反叛。当阿尔都塞强调理论上的反人本主义的马克思主义，把历史科学锁定在"无主体（即去掉具有时间特征的目的论）的过程"（作为结构的总体性）之上，十分清晰地表明了这一点。

在批判理论传统中，"空间转向"确如苏贾阐明的那样，代表着对这一传统旨趣的重申和对历史资源的更新。这种更新的实质便是打破现实社会主义国家意识形态和经典西方马克思主义对客观时间的偏好，[①] 由于这种偏好，批判本身流于抽象的历史哲学而缺乏实现它的落脚点，而重申和更新则试图走向一个具体的场地、地形或位置（place）。阿尔都塞从实践撤退到理论（科学），福柯从制度撤退到话语，空间都是它们理论化的工具。以福柯为例，当他把眼光投到权力的末端，便发现"个人不是一个被权力的实施抓牢的预先给定的实体。个人及其身份和特性是权力关系对身体、运动、欲望、力量施展作用的产物"[②]，这使得他把微观的权力关系而不是宏观的制度作为批判的入口，在这一过程中，他发展出话语分析策略，试图从权力的战略和战术的角度出发揭示话语的形成和知识的谱系，后者正如康德关于科学何以可能的追问所表明的那样，正是权力的条件，因此亦其连续性的表现。由此，福柯把列维—斯特劳斯关于文化或历史一般结构的象征分析转化成对特定社会历史条件的话语结构分析，从而为批判理论在晚期资本主义条件下的新生提供一种建设性思路。这正是福柯成为20世纪80年代以后批判理论教主的基本原因。

当然，福柯是深刻复杂而充满矛盾的。因为这一点，他对马克思主义以及主流社会科学的拒斥都对批判理论的发展产生了多种不良影响，这主要集中于批判的烦琐化和隐喻化，即吉登斯所不屑的"学院化"或"学术化"。这决定直接由福柯的理论进行空间化操作存在着极大的难度（当然，也产生了许多卓有成效的成果，例如，包括吉登斯等人把福柯关注的现代

---

① 这种偏好在两者那里是同构的，尽管前者落在客观的物质条件下而倾向于决定论的必然过程和目的，而后者则试图通过客观时间把主体性置于历史之根而使之散发出人性光辉。这种同构性，在既往研究中，几乎没有得到重视。

② 福柯：《权力的眼睛：福柯访谈录》，严锋译，上海人民出版社1997年版，第209页。

监禁这个主题的具体化，发展出对现代空间隔离的具体批判），而在另一层次工作的列斐伏尔、卡斯特和哈维等人则能够提供更便利的通道。他们拒斥了决定论的马克思主义，但始终保留着对马克思的历史唯物主义的尊重，因此，他们的理论能够抓住传统马克思主义之历史必然性的时间之矢，使之牢牢地钉在当代资本主义这个目标上。列斐伏尔通过自己空间生产理论隐约地表达的新社会主义战略，哈维试图把历史唯物主义升级到历史地理唯物主义的理论突破，都决定性地描述出批判理论重生的基本方向。苏贾的后现代地理学所做的，在确定意义上，试图通过一个战斗的口号把这些方向更加激进化，激进到替代马克思主义的程度。

苏贾试图通过批判理论的再地理学化而摆脱声名狼藉的历史决定论并由此激活马克思主义对现代性的批判，尽管这一旨趣是值得充分肯定的，但不能轻信他的叙述。有三点理由：（1）元理论重构过程中的本体论误置。他所称社会存在之客观物质性与观念主观性两个维度并非新的发现，而是卢卡奇以降的西方马克思主义的基本内核。没有这个内核，也不可能产生哈贝马斯式从社会进化（实质上是时间维度）对批判理论的重建。焦点问题既不是强调二者之一，也不是突出它们之间的辩证的相互作用，更不是哈贝马斯以个体间关系发展出来的作为新的客观支柱的主体间性，而是具体社会历史情境下的构成社会历史变迁元结构的基础关系与其再生产的主导关系之间的复杂作用。批判理论家在结构与过程两端的本体论摇摆见证了该问题的意义。这正是在阿尔都塞那里抽象表述和吉登斯那里以经验描述的核心问题。但它并没有一个简单的答案。（2）夸张的知识史叙述。苏贾对空间理论谱系学的考察表现了可以理解的立场偏好，不能简单地以对错加以评判。不过，以曼德尔与不平衡发展理论关系为例，他不仅忽视了这种关系之政治经济学前提和意味，而且在不平衡发展理论史中错置了曼德尔的位置。在整体上，在突出自己主题时，苏贾明显地表现出一种令人遗憾的武断。(3) 令人困惑的后现代诉求。对于多数人来说，后现代本身就是令人困惑的，但这并不妨碍其作为一种解释学思潮的力度。不过，对于以自由旨趣为核心的批判的社会理论来说，其游离的立场可能就不是优点了。这正是当代西方后现代激进思潮的普遍问题。由于这些问题的存在，作为一种激进思潮，其表现为吆喝大于功能的商业广告式操作。

当然，这不是否认他的主张的有效性。苏贾的综合能力很强，其观察也很敏锐，叙述也具有微观关注的品质，这些都是当代社会批判理论所需要的基本素质。这更不是贬低空间转向这个问题的独特意义，相反，我支持深化这种转向并将之当代马克思主义理论创新的基本参照点。出于这一原因，需要再一次简要地论述一下哈维，在空间转向路径上，他是最重要的一位马克思主义思想家。哈维同样具有元理论冲动并且多次试图表述它们，甚至其《自然、正义和差异地理学》可以视为类似旨趣的著作。① 不过，哈维的最重要的理论贡献，并不在于元理论，而是在长期研究中发展起来的那种对当代社会分析具有冲击力的理论质点，例如从使用价值的社会生产角度对《资本论》重构而提出的危机理论、不平衡的地理发展、时空压缩、空间定位、剥夺性积累等等，这些理论已经广泛地受到人们的重视。通过这些理论，他成为当代最卓越的社会批判理论家之一。也正是他的例子把我们引向下述问题。

三　马克思主义的空间理论，　还是历史地理唯物主义？

这两个术语都是一种在学术上描述马克思主义在当今生长趋势的方式，但术语本身并没有多大价值，如果它们不曾在传播学上得到确认的话。苏贾的成功之处之一便是以"后现代地理学"来描述批判理论的更新，不过他带来的潜在风险正如前文所述，像制造媒体事件那样进行理论生产，从而把理论研究本身贬为传播学上争夺眼球的战争。所以，尽管我们提出这个问题，但并不就其本身给出答案。真正的问题是，作为马克思主义的传人，如何在空间这个问题上打下干预世界的楔子？这一点恐怕是今天热衷于空间的多数中国马克思主义研究者所没有认真思考过的。

简单地说，流行的研究成果，存在着两个明显的问题：其一，价值与理论判断的误置；其二，理论的不同层次和政治学的不同维度的僭越。空间视角的兴起或者空间转向，是批判理论的更新，在这一点上，中国与西方一致。但不同的是，中国的事情与西方并不一致，因此不能简单地套用西方既有成果。最典型的例子之一便是房地产问题。中国的情况有与西方一致的地方，例如地产业与金融业共谋的商业投机，也有不一致的地方，例如地方利益和政府权力的不良介入。但它的问题绝不能简单地归结为地

---

① 哈维：《自然、正义和差异地理学》，胡大平译，上海人民出版社 2010 年版。

产商、银行和政府的合谋。如果是这样的话，问题早就解决了。实际上，它作为一个问题的突出，与中国市场经济建设的独特历史路径、当代全球条件、中国百姓的现代化期望以及所有这些力量最终在其中发挥作用的市场和政策双元结构的特点都有直接的相关性。更具体地说，权力管制下的市场、权力的资本化、资源货币化的快速资本积累策略、满足于从廉价劳动力和商业流通中攫取高比例的剩余价值分配等这些结构和事件都参与了当代中国房地产难题的形成，在直接的意义上，这一难题是赶超式现代化政治诉求以及与其一致的但更加急功近利的经济暴发逻辑共同作用下的社会问题的集中爆发。在更深远的范围内，它可能是我国建设市场经济不能避免的一个阶段。因为，尽管形式和程度都不一致，但我们仍然可以在许多发达市场经济国家的早期阶段观察到类似的问题。因此，可以说，这一难题是后发条件和赶超型现代化所必然产生的那种"压缩性现代"的征兆。上述问题，在实证研究中多少已经被触及，我们亦可以通过更广泛的社会经济史资料而识别它们。奇怪的是，多数职业的马克思主义理论研究者似乎对它们较为陌生。而缺乏历史经验和理论支撑的社会批判，不是仅仅具有"焰火效应"，就是隔靴搔痒。

马克思主义研究者都应该记得，在表述唯物主义历史观时，马克思曾经在结论部分提出这个问题：人类始终只提出自己能够解决的任务，因为只要仔细考察就可以发现，任务本身，只有在解决它的物质条件已经存在或者至少是在生成过程中的时候，才会产生。① 这是一个原则，马克思虽然是从宏观的社会形态转型角度提出的，但它同样适用微观社会问题研究。马克思主义者不应该回避价值，但他们提出价值的时候总是从社会历史变迁提出的必然性要求出发的。在空间研究中，这是一个至关重要的问题：如果没有经济史、政治史和社会史等实证研究的支撑，在价值判断和理论分析之间的错位是必然的。抽象地谈论空间正义，正是该错位的表现之一。也因此，研究本身对自己的问题及其所处的空间规模也缺乏清晰的意识，往往在社区、城市、省级规模的地区、国家等层次或规模间不恰当地替代，从而形成对问题的性质和程度的误判，在操持批判时干脆来个天下乌鸦一般黑的逻辑。这也就更不能保证在理论依据、现实判断和对策之政治学三个维度之间保持一致的逻辑关系了。

---

① 《马克思恩格斯选集》第 2 卷，人民出版社 1995 年版，第 33 页。

　　由于上述问题的存在，在今天的中国提出马克思主义的空间理论和历史唯物主义的理论要求，可能面临巨大的困难。这也是我在回应这个问题时转向强调通过空间入口发挥马克思主义社会干预品质的原因。或许，在今天的学院专业化背景下，这会引起许多的人异议。毕竟，马克思主义学者不能替代职业的建筑师和规划师。但是，我们不应该忽视，在现代城市和区域规划思想和实践的历史中，至今仍然散发出独特魅力的霍华德、格迪斯等人都不是职业的建筑师和规划师。马克思主义对空间问题的介入，一方面是其对现代性政治经济分析的强大能力的充分发挥，另一方面则是改造世界旨趣的当代落脚。因此，有理由相信，无论是对当代空间重组的解释还是对它的干预，马克思主义都具有巨大的理论空间。这也正是西方社会批判理论之空间转向的基本启示。

（原载《哲学动态》2011 年第 11 期）

马克思主义哲学中国化的社会时空问题研究

李俊文

随着信息化和虚拟哲学研究的兴起，马克思社会时间与空间理论在中国哲学界受到关注，这种关注最直接的原因是对传统哲学教科书中时空观的反思。传统哲学教科书由于受历史的局限并没有完全反映马克思时空理论的全貌和特色，在一定条件下还容易造成人们对马克思时空观的误读或片面理解。它在强调时空客观实在性时有把时空绝对化、抽象化之嫌，让人觉得它表述的是一种与人的活动相分离的以抽象物质或抽象自然界为载体的超越人类社会历史的时空观，所以引来不少质问甚至否定，也影响了对马克思主义哲学中国化问题的理解。关于马克思主义哲学中国化的实质，简言之，首先是马克思主义哲学的历史化，其次是马克思主义哲学的现实化。[①] 在这里，历史化和现实化既是人类社会的范畴又是时空范畴，历史化主要是时间范畴，现实化则侧重空间范畴。当然，这种区别并不是绝对的，我们只是为了论述方便才对两者在时间与空间方面进行有所侧重的区分表述。因此，历史化和现实化就成为社会时空范畴。从马克思主义哲学中国化的理论和实践来看，这个表述都是成立的。也就是说，马克思主义哲学中国化作为一个客观的现实历史过程，每时每刻都是在具体的时空范围内存在和进行着，马克思主义哲学中国化离不开社会时空范畴。

---

① 李中祥：《近年来马克思主义哲学中国化研究述评》，《河北省社会主义学院学报》2010年第 1 期。

一　马克思主义哲学中国化离不开社会时空范畴

为了更好地理解马克思主义哲学中国化的社会时空内蕴，我们有必要对马克思主义时空观作一分析。在传统的哲学教科书中马克思的时空理论是根据恩格斯的《自然辩证法》、《反杜林论》和列宁的《唯物主义和经验批判主义》等著作来获得阐述的，它科学地说明了与人相分离的物质世界的时空特性，因此可以将其定位为辩证的自然时空观。辩证唯物主义时空观认为，时空是物质运动的存在形式，它们与物质运动不可分。它包含着两方面的内容，一方面，物质运动离不开时空，任何物质运动都具有时空特性，都占有一定的时空，离开时空的物质运动是不存在的。"世界上除了运动着的物质，什么也没有，而运动着的物质只能在空间和时间中运动。"① 另一方面，时空也离不开物质运动，时空不是脱离物质运动之外独立存在的实体，它本身就是物质运动存在的形式，是运动着的物质本身所固有的属性。"物质的这两种存在形式离开了物质当然都是无，都只是仅仅存在于我们头脑之中的空洞的观念、抽象。"② 这个原理准确地揭示了时间和空间同物质运动之间的内在联系，是对时间和空间同物质运动关系的哲学概括。传统哲学教科书中的时空理论，强调时空与运动的不可分离性，根除了认为时空与运动无关的牛顿"绝对时空"观；强调时空存在的客观性，否定了夸大时空主观性错误（如康德的"先天直观形式"、马赫的"整理感觉材料的工具"）；强调时空的无限性，否定了时空有限性错误（如杜林认为世界在时间上有开端、空间上有界限）。因此，传统哲学教科书具有自己的科学性，轻易质问和否定是不可取的。

但是，马克思的时空理论具有更重要的社会时空维度，而不只限于上述自然时空维度，并且社会时空维度更能体现马克思时空理论的实质。然而，以往的研究和传统哲学教科书对马克思时空理论的社会维度却严重忽视了，这不能不说是马克思主义哲学研究中的一个重大缺失。其实，社会时空观原本就是马克思主义哲学不可或缺的重要组成部分，并非传统哲学教科书对之只是在唯物史观一些原理的略有涉及的些许表述而已。这意味

---

① 《列宁选集》第 2 卷，人民出版社 1995 年版，第 137 页。
② 《马克思恩格斯选集》第 4 卷，人民出版社 1995 年版，第 343 页。

着时空不仅是辩证法范畴，而且是一个唯物史观范畴。唯物史观视野中的时空范畴，由人的实践活动赋予其含义，是获得了社会规定性的社会时空范畴。这样，从自然维度与社会维度可以获得对时空的完整理解。具体说来，时间有两种样态：一是自然时间，是物质存在和运动的持续性，它反映自然界本身的相互作用与相互关系。二是社会时间，是社会活动的持续性和顺序性，表现为人类活动存在和活动过程的久暂，一活动和另一活动及它们的过程依次出现的先后顺序及间隔的长短。社会时间使人的活动得以延续，由此推动社会进化并表征社会进步和发展的状况。社会时间不是从来就存在的，而是与社会历史一起出现的，它是唯物史观意义上的时间范畴。空间也表现为两种样态：一是自然空间，是自然物质的广延性，它是传统唯物辩证法意义上的所指。二是社会空间，是指社会运动的广延性，它表现为一种人类活动发生发展所需要的场所，不同人类活动彼此之间的并存关系或分离状态。社会空间的这种广延性体现两个层面，一方面以实体形式存在的人化自然，表现为人们进行生产、生活、科学研究和从事各种活动不可或缺的场所，这是人类在自然时空的基础上通过社会实践活动创造和拓展的；另一方面以关系形式存在的人文空间，这是人们在社会实践活动中结成的经济、政治、文化等的交往关系。这两种空间都是通过人类活动创造的、人化的空间，也是唯物史观意义上的空间形态。社会时空具有结构性、延展性和开放性特征。

当然，人类社会历史的发展与自然界历史的发展在时间和空间上有着各自明显不同的特质，人类社会作为物质运动的高级形式具有自己特有的时空结构。社会时间和社会空间是衡量人类对自然的占有规模以及人类社会联系和发展程度的特殊尺度。马克思主义哲学认为，人类"历史不外是人通过人的劳动而诞生的过程"，而劳动集中地体现了时间和空间这两个人类存在的基本维度，时间和空间通过劳动相互统一起来。即是说，马克思等经典作家是在生产劳动的视野中考察时空问题的，"劳动是活的、塑造形象的火；是物的易逝性，物的暂时性，这种易逝性和暂时性表现为这些物通过活的时间而被赋予形式"①。物质在资本主义生产方式中以商品为载体而呈现出普遍的存在方式，而商品正是通过劳动塑造的。于是，从生产劳动出发来阐述时空问题，传统哲学所论述与人无关的抽象的物质或超

---

① 《马克思恩格斯全集》第46卷（上），人民出版社1979年版，第331页。

历史的实体，就立即转化为人类实践活动的生产基本要素，亦即表现为属人的存在物。全人类历史就是在人类的劳动中从过去走向未来的实践活动对时空不断拓展的过程。因此，社会的时空范畴就是社会运动的规律性在时空关系上的客观体现。人类社会时空范畴的这种客观运动规律性，主要通过具体的社会时间和社会空间来体现。人类社会发展的历史，既是社会运动和人类活动在社会时间的展开和表现，同时又是社会运动和人类活动在社会空间上的展开和表现。人们正是在这种错综复杂的、多种多样的社会历史关系中从事社会实践活动的。

基于上述马克思主义哲学时空观的一般了解表明，任何事物都在一定的时空内存在和发展的，马克思主义哲学中国化也是如此，离不开社会时空范畴。作为马克思主义哲学和中国实践经验有机统一的马克思主义哲学中国化，是在具体的人类社会时间和社会空间中进行的。马克思主义哲学中国化，是马克思主义哲学、中国社会运动及中国的革命和建设的实践活动在时空上的展开和表现。离开了内含着社会时空理论的马克思主义哲学，就不可能有马克思主义哲学中国化；同样，离开了在具体的中国社会时间和社会空间的中国人的实践活动，也不可能有马克思主义哲学中国化。

二 社会时空内涵是马克思主义
哲学中国化题中应有之义

19世纪后半期及20世纪，马克思时空理论引起西方不少理论家的关注，他们之中有的还创造性地阐发了这一理论，如马尔库塞提出自由的前提是缩短劳动时间，阿尔都塞提出"历史时间"，吉登斯则提出"时空分延"，把时空问题和现代性联系起来。他们意识到马克思的时空学说与生存、价值、自由之间所具有的内在联系。特别是20世纪五六十年代以来，西方国家出现的城市中心衰落、城市财政危机、城市暴乱等城市问题，触发了列斐伏尔、卡斯特尔斯、哈维、苏贾等一批学者对城市化、空间—社会关系、空间—资本关系等问题的关注。这样在西方社会科学中出现了一种空间转向，空间问题成为诸多学科关注和研究的对象，这一研究最重要的特点是将马克思学说引入空间研究领域并发展成为一种新的研究范式。国内学者在很长一段时期里对于马克思空间思想的探讨仍然停留于空间的自然观层面，而马克思的社会空间思想则少有人问津。直到 20 世纪 90 代初，在西方社会科学理论的"空间转向"契机下，有学者开始关注"社会时空"问题，从社会的时间结构和社会空间、时空的相互转化、时空关系与分工规律、社会形态的时空转型、时空关系与人的自由等方面揭示马克思时空理论的内涵。如一些学者在社会时空的特征（主体性、主观性、社会历史性、相互转换性）、人类个体发展的可能性空间、自由时间和闲暇时间、社会时空与历史发展中的因果关系、可持续发展的社会时空特性、数字化时代的社会时空观等方面进行了深入探讨。其中具有代表性的观点有两种，一是从哲学的时空框架中逻辑地推出马克思主义哲学的社会时空观。① 二是时空来源于人的社会实践。② 前者认为社会时空是自然时空在社会运动领域的特殊表现形式，后者认为人类接触的自然界只能是人化自然，所以根本不存在脱离人类实践活动的绝对自然时空，自然时空包含于社会时空中。尽管两种观点相互区别，但都肯定了社会时空范畴对于马克思主义哲学特别是唯物史观所具有的不可缺少的重要意义和价值，所以说，社会时空内涵是马克思主义哲学中国化题中应有之义。

马克思社会时空观在当代的最新发展主要表现在近年来对虚拟时空的研究。这一研究集中在虚拟实践与社会时间形态的转型（社会时间的弹性化、即时化、可逆化）、虚拟空间的结构和特点（社会空间结构的新分析、虚拟空间的特点）、信息化对时空特性的影响以及中国信息化进程的时空特点等方面。③ 可见，马克思社会时空理论具有强大的生命力和影响力，在当代人类社会发展进程中发挥着巨大作用。既然如此，马克思主义哲学中国化离不开社会时空范畴。遗憾的是，尽管国内学术界个别学者对马克思社会时空观问题做过相对深入的探讨，却没有对马克思主义哲学中国化内含的社会时空范畴予以重视。关于马克思主义哲学的研究和传统哲学教科书对该理论的阐释还主要停留在辩证的自然时空观上。由此可知，我们必须还原历史与马克思主义哲学的本来面目，充分探讨马克思主义哲学中国化这一社会进程内蕴着社会时空范畴。

马克思主义哲学中国化内蕴着社会时空范畴，是马克思主义哲学中国

① 刘奔：《时间是人类的发展的空间：社会时—空初探》，《哲学研究》1991 年第 10 期。
② 俞吾金：《马克思时空观新论》，《哲学研究》1996 年第 3 期。
③ 高鸿：《近年来马克思社会时空观研究综述》，《教学与研究》2003 年第 10 期。

化的内在要求，或说是题中应有之义。离开了作为马克思主义哲学不可或缺的组成部分的社会时空观理论来谈马克思主义哲学中国化，当然不是马克思主义哲学中国化。马克思主义哲学本身要求我们在马克思主义哲学中国化进程中不能离开社会时空，而应在一定的社会时空条件下进行马克思主义哲学中国化。从马克思社会时空观的理论特色来看，马克思主义哲学中国化包含着社会时空范畴。马克思在时空问题上反对那种超历史的抽象的态度，主张从考察人的生存实践活动尤其是资本主义生产劳动出发来阐述社会时空学说。因此，马克思社会时空观的理论特色主要有三个方面。一是马克思从经济学角度表述时空观，这是基于现实社会批判的需要而不是为了纯粹理论的建构，所以它始终着眼于社会实践的思维方式和批判方式；二是马克思从人类实践活动（特别是生产劳动）引申出时空概念，而不是从传统哲学时空框架引申出时空概念；三是马克思始终把时空问题放在资本主义社会这一特定社会历史条件下进行考察。马克思抓住了资本主义生产的内在逻辑，超越了"物质—运动—时空—规律"这种形而上学模式的局限。可见，马克思真正和始终关注的是社会时空，其时空理论主要是在不同于自然领域的社会领域中体现和展开的，真正能代表马克思时空观是他在《政治经济学批判》、《资本论》等著作中的有关表述。因此，马克思时空理论是社会时空理论。马克思的社会时空理论贡献主要有四个方面。一是确立了时空的社会属性（考察时空的社会属性并把时空理解为人类社会实践活动）；二是提出"时间是人类发展的空间"的论断（从宏观的社会发展时间、空间、客体、主体四维视野考察世界历史进程）；三是社会时空在人类活动中相互转化；四是社会形态时空理论（从时空角度确定人类社会的三大形态，不同的社会形态下的实践活动制约着人们的时空观）。① 马克思社会时空理论突显出人类社会实践活动对于时空的利用、限制和改造中表现出来的主体性。

　　从马克思社会时空观基于现实社会批判的需要，从人的实践活动特别是生产劳动出发引申出时空概念，始终把时空问题放在特定的资本主义社会历史条件下进行考察的理论特色来看，其所强调的是资本主义社会时空条件下的社会实践。马克思主义哲学与中国革命和建设的实践相结合，是马克思主义哲学中国化的最重要的内涵。马克思主义哲学中国化，所强调

---

① 吴绍红：《马克思的社会时空观》，《科技信息》2008 年第 6 期。

的同样是在一定社会时空条件下（中国革命和建设）的社会实践。无论是新民主主义的革命年代，还是对生产资料私有制的社会主义改造的建国初期，以及实现历史伟大转折的改革开放新时期，无不是马克思主义哲学中国化所依存的以中国人的实践活动为基础的具体的时间和空间。正是在这些中华民族生死存亡、兴旺发达密切相关的时空内，产生了以《矛盾论》、《实践论》等为代表的毛泽东哲学思想，以《解放思想，实事求是，团结一致向前看》、《坚持四项基本原则》等诸多著作论述坚持矛盾规律是辩证法的核心、生产力论是历史唯物主义的基本组成部分、社会主义社会基本矛盾理论的邓小平哲学思想，以及"三个代表"重要思想、科学发展观等等马克思主义哲学中国化最新成果。因此，马克思主义哲学中国化内含着社会时空范畴。

三　社会时空内涵通过马克思主义哲学中国化实践展开

马克思主义哲学的革命性变革，就是把唯物主义从传统的唯物质形态变革为唯实践形态，从而创立实践唯物主义，贯穿整个马克思主义学说的逻辑主线是实践，马克思主义的理论基础是实践。马克思时空观作为物质存在基本形式的表述，也在这个新的变革过程中转化为对人类社会实践活动的持续和规模的哲学表达，从而使马克思时空观成为一种实践时空观。因此，马克思主义哲学中国化离不开实践，对马克思社会时空观的理解只能放在社会实践的广阔视野中进行。关于马克思主义哲学中国化、时代化、大众化这"三化"的本质，有研究者指出，"'三化'的本质是实践化，'三化'的过程就是中国革命、建设与改革的实践过程"①。这就是说，马克思主义哲学中国化是建立在中国革命和建设坚实的实践基础上的。一方面，马克思主义哲学中国化离不开社会时空范畴，就是因为它离不开在中国大地上轰轰烈烈地进行着的现实的社会实践活动，马克思主义哲学中国化正是通过实践活动来具体展开其社会时空内涵的。另一方面，马克思主义哲学中国化社会时空内涵通过中国革命和建设的社会实践具体

---

① 董振华：《"马克思主义哲学中国化时代化大众化"理论研讨会综述》，《哲学动态》2010年第12期。

展开，就是因为马克思社会时空观本身所具有的实践内涵，马克思社会时空观的提出具有社会实践方面的重大意义，主要目的在于创立实践唯物主义指导人类社会实践活动，而这一切都已被马克思主义哲学中国化的具体实践所证明。

首先，马克思主义哲学中国化建立在中国革命和建设的实践活动之上。马克思时空理论认为，并不存在与人的实践活动相脱离的"自然时空"。如果从所谓的自己运动着的物质世界或自然界本身出发去阐述马克思的时空观，撇开实践活动而形成所谓的自然时空，就会把马克思的时空观二元化。马克思认为，人通过劳动实践而生成而自立，劳动实践是创造生命和世界的活动，是认识和理解人、自然以及整个物质世界的根基和奥秘所在。马克思正是赋予世界以属人性质，使世界向人和人的生活现实回归，从而作为一个唯物者与先前的一切唯物主义者相比，在对世界的理解上发生了根本转折。在对客观世界这种理解上的根本区别，不仅使马克思用劳动实践超越了抽象的物质或自然，确立了实践活动作为世界基础的地位，使原来作为物质存在基本形式的时空不再局限于只与物质相关联，而是进一步与人类实践活动紧密结合起来，并作为表征实践活动规模范围大小和持续时间长短的重要工具。马克思社会时空观以人类实践活动为基础，并由实践而演绎出马克思社会时空观的一切要素和特点。一部中国共产党历史就是一部马克思主义哲学中国化历史。建党之初，党的早期组织的建立过程中马克思主义哲学开始在中国传播，党在土地革命战争时期产生了马克思主义哲学中国化的毛泽东哲学思想，并经过在社会主义过渡时期、社会主义建设的全面开展过程中对中国建设社会主义道路的艰辛探索而形成毛泽东哲学思想，随着改革开放新时代的开创与深入而形成中国特色社会主义理论，马克思主义哲学中国化最新成果得到了良好体现。可见，马克思主义哲学中国化建立在中国革命和建设的实践活动之上。

其次，只有在马克思主义哲学中国化的具体实践中，才能理解马克思社会时空观与物质、价值、自由等人类实践活动中的重要问题的关系，从而真正理解马克思提出社会时空观的意义。实践是时空概念的基础，实践使马克思的时空观与价值、自由、社会革命等问题关联在一起，开拓了实践唯物主义的新境域。[①] 马克思将人类实践作为社会时空的基础和源泉，

---

① 俞吾金：《马克思时空观新论》，《哲学研究》1996 年第 3 期。

并通过对时间结构（必要劳动时间、剩余劳动时间和自由时间）和社会时空学说的分析，建立了"时空理论"与人类争取自由的活动之间的内在联系，从而揭示了时空背后的社会历史内涵。[①] 一方面，马克思社会时空观具有的实践特征，要求时空范畴要满足每一代人实践活动的需要，由于不同时代、不同群体的人的实践方式、目的、手段等的不同，使得时空也具有不同的内容；另一方面，马克思社会时空观因为与分工、阶级、人的发展、自由、价值、革命等一系列社会实践的根本问题相关联，使之呈现出价值性特点。马克思的时空观从根本上超越了传统哲学将时空问题建立在抽象物质运动或主观意识先天形式上的观念，把自然时空和社会时空区分开来，并强调社会时空对于人类实践活动的重要价值和意义，这是人类在时空认识上划时代的进步。在马克思主义哲学中国化的具体实践中，为了满足中国革命和建设不同阶段实践活动的需要，其时空观也因之具有不同的具体内容，而且内容十分丰富，但实事求是始终是马克思主义哲学中国化最重要的内容，也是马克思主义哲学中国化的首要价值。马克思主义哲学中国化是辩证唯物主义和历史唯物主义中国化，实事求是是对马克思主义哲学中国化精髓的科学概括。邓小平说，实事求是"是毛泽东哲学思想的精髓"[②]，"是无产阶级世界观的基础，是马克思主义的思想基础"[③]，"是马克思主义的精髓"[④]。这是对作为马克思主义哲学和马克思主义哲学中国化成果的毛泽东哲学思想的高度概括，是对共产党人世界观和方法论的高度概括。因此，只有理解实事求是所包含的科学内涵，才能真正理解马克思社会时空观与物质、价值、自由等人类实践活动中的重要问题的关系，从而真正理解马克思主义哲学中国化的时空内容。因为实事求是是贯穿马克思主义哲学中国化各个组成部分的根本立场、观点和方法，体现着马克思主义唯物论、辩证法、认识论和历史唯物论的有机统一。当然，在马克思主义哲学中国化过程中，在理解马克思社会时空观与物质、价值、自由等人类实践活动中的重要问题的关系上，我们也走过一些弯路甚至歧途。比如文化大革命中以无产阶级专政下继续革命为价值中心，搞乱甚至

---

① 董振华：《"马克思主义哲学中国化时代化大众化"理论研讨会综述》，《哲学动态》2010年第12期。

② 《邓小平文选》第2卷，人民出版社1994年版，第67页。

③ 同上书，第143页。

④ 《邓小平文选》第3卷，人民出版社1993年版，第382页。

颠倒了社会时空观与物质、价值、自由等人类实践活动中的重要问题的关系，发动"文化大革命"，"其乐无穷"地"与天斗、与地斗、与人斗"的政治狂热主宰了在中国大地上的社会实践活动时空，使斗争哲学成为所谓的马克思主义哲学中国化的歪曲表现，严重背离了实事求是的基本精神，给中国社会主义建设带来了不可估量的损失。

最后，马克思主义哲学中国化之社会时空内涵通过中国革命和建设的社会实践具体展开，还表现在社会时间和社会空间通过实践而相互包容、相互转化，通过马克思主义哲学的时代化和民族化，进而不断实现马克思主义哲学中国化。时间和空间是相互联系又相互区别的，时间是人类活动的顺序和过程，空间是人类活动的目的和结果。社会时间和社会空间是社会实践活动的不同表现形式，两者也是相互联系、相互区别的。社会时间是社会发展的必须空间，社会空间是社会时间的凝结，两者通过人的实践活动而扭结在一起。在马克思社会时空观的视野中，时间和空间通过人的实践活动而相互影响、相互转化，时间可以转化为空间，空间也可以转化为时间，而且这种转化是一种积极的能动的转化。社会时间在消耗中转化为社会空间的扩展，社会空间的发展以社会时间的消耗为代价。正如马克思所说："时间是人类发展的空间"①，"时间实际上是人的积极存在，它不仅是人的生命的尺度，而且是人的发展的空间。"② 一方面，人类在时间中进行劳动实践活动，并以不断"积淀"的形式表现为日趋拓展的社会空间状态。人类某一具体劳动是一个过程，它随着时间而流逝，而时间却不随这一劳动过程的结束而消失，反而是以劳动成果的形式转换成了人类社会空间的存在。另一方面，作为固化形式存在的社会空间，也会以加速或延缓、或停滞的方式影响人类的时间进程。人类社会正是在社会空间和社会时间通过人类实践活动而得以的相互影响和相互转化中不断存在、延续和发展的。从社会时间和社会空间通过实践而相互包容、相互转化角度来看，马克思主义哲学中国化既是一个时代化的社会时间延续过程，又是一个民族化的社会空间拓展过程。时代化使马克思主义哲学始终充满活力并成为当代中华文明活的灵魂，它侧重社会时间维度；民族化使马克思主义哲学具有中国特色、中国风格和中国气派，它侧重社会空间维度。有学者

① 《马克思恩格斯选集》第2卷，人民出版社1995年版，第90页。
② 《马克思恩格斯全集》第47卷，人民出版社1979年版，第532页。

指出，马克思主义哲学中国化的过程，就是它传入中国并在中国得到运用和发展的过程，是在化中国的同时被中国化的过程。① 把马克思主义哲学的普遍真理与中国革命、建设和改革实践相结合，在中国先后实现了两次历史性飞跃：毛泽东哲学思想、邓小平哲学思想与科学发展观和构建和谐社会的哲学思想。这既是马克思主义哲学在中国的发展历程，也是马克思主义哲学中国化的过程。也就是说，它既是时代化的过程，又是民族化的过程。事实证明，以实践为基础的马克思主义哲学中国化的社会时空内涵是统一的、不可分离的。应当看到，马克思主义哲学中国化是时代化与民族化、历时态与共时态、社会时间与社会空间统一的过程，要避免马克思主义哲学中国化过程的线性化、单一化，要看到这个过程是马克思主义哲学与其他各种外来思潮和中国传统思想相互碰撞、相互影响又相互吸取的过程。

（原载《哲学动态》2011 年第 12 期）

---

① 马俊峰：《马克思主义哲学中国化的几个问题》，《学术研究》2006 年第 3 期。